Heinrich Drimmel

Vom Kanzlermord zum Anschluß

Heinrich Drimmel

Vom Kanzlermord zum Anschluß

Österreich 1934-1938

Amalthea

Das Umschlagbild ist die Reproduktion eines Fotos, das am Abend des 12. März 1938 in Linz aufgenommen wurde. Hitler erlebt auf dem Balkon des Rathauses des mehrheitlich roten Linz eine ihn selbst in diesem Ausmaß überraschende Begrüßung durch die Massen. Der Eindruck dessen sowie die Ratschläge seiner Umgebung, vor allem Görings, bestimmten ihn, das bereits unter nationalsozialistischer Kontrolle stehende Österreich zu einem Land des Deutschen Reiches zu erklären.

3. Auflage 1992

© 1987 by Amalthea Verlag Ges.m.b.H., Wien · München
Alle Rechte vorbehalten
Schutzumschlag: Karl Schaumann unter Verwendung
eines Fotos aus dem Österreichischen Landesarchiv, Linz
Satz: Fotosatz Völkl, Germering bei München
Druck und Binden: Wiener Verlag, Himberg bei Wien
Printed in Austria 1992
ISBN 3-85002-241-2

Inhalt

Die Kampfparole 1934

Nie wieder Krieg!
das war neben der „**Internationalen Solidarität**" eines der vielen **Schlagwörter**, die der jüdische Austromarxismus seinen gutgläubigen Anhängern seit Jahren in die Gehirne hämmerte.

Die **Internationale** hat sich für die roten Arbeiter bereits klar **als gemeiner jüdischer Schwindel entlarvt: Nicht eine Arbeiterfaust rührte sich** im marxistischen Auslande, als die austrofaschistische Reaktion die österreichische Sozialdemokratie blutig zusammenkartätschte.

Nie wieder Krieg!
hat der **rote Jude Dr. Otto Bauer** in hunderten von Reden und Artikeln seinen Genossen gepredigt. Trotzdem trieb er sie samt **Frauen und Kindern vor die Maschinengewehre und Kanonen des Kleriko-Faschismus.**

Und heute?
In der Folge vom 18. März seines im sicheren Brünn herausgegebenen Emigrantenblattes wendet sich **Dr. Bauer** wieder an seine ehemaligen Genossen und verheißt ihnen:

„Die ganze internationale Entwicklung, die auf **einen neuen Weltkrieg** zusteuert, all das **gibt uns die Gewähr**, daß die Gelegenheiten für eine neue revolutionäre Volkserhebung in Österreich kommen werden."

Diesem feigen Galizianer ist also noch nicht genug Arbeiterblut geflossen.

Ein neuer Weltkrieg soll entfesselt werden, damit die ins Ausland ausgerissenen Judenbonzen des Austromarxismus wieder durch eine „neue revolutionäre Volkserhebung" — daß dabei wieder die jüdischen „Führer" durch Abwesenheit glänzen werden, ist klar! — an ihre festen Futterkrippen zurückkehren können.

Arbeiter, Genossen!

Der internationale jüdische Marxismus hat Euch seit Jahrzehnten tausendfach betrogen und verraten! Seine wichtigsten Programmpunkte, an die Ihr ehrlich geglaubt und für deren Verwirklichung Ihr seit Generationen gekämpft und geopfert habt, werden, wenn die jüdische Führerklique in Lebensgefahr gerät und ihr Postscheckkonto bedroht ist, einfach verleugnet und aufgegeben!

Wer jetzt noch nicht den ungeheuren Betrug des Marxismus am schaffenden Arbeiter der Stirn und der Faust erkannt hat, dem ist nicht zu helfen! Der verdient auch nichts besseres, als zu riskieren, sich noch einmal für jüdisch-kapitalistische Interessen zusammenschießen oder aufhängen zu lassen.

Arbeiter, Genossen!

Gebt den Seichern und Judenbonzen in der verspießerten Sozialdemokratie den langverdienten Tritt in den feisten Hintern! Kämpft Seite an Seite mit den Nazis unter der Führung des deutschen Arbeiters Adolf Hitler, der nie seine Ziele und sein Programm verriet, gegen die Reaktion und alle ihre offenen und heimlichen Träger!

Ihr waret Sozialdemokraten. **Werdet Sozialisten, unter dem roten Banner des Hakenkreuzes!**

Flugblatt, herausgegeben von einer nicht feststellbaren Organisation der illegalen NSDAP, verteilt nach dem Schutzbundaufstand 1934 in Wiener Betrieben.

Beinahe hätte auch ich geschossen

Die Mittagsstunden des 25. Juli 1934 erlebte ich in der Sachwalterschaft an der Universität Wien. Als an diesem Tag das Mittagsprogramm von Radio Wien momentan unterbrochen und die überraschende Nachricht durchgegeben wurde, Bundeskanzler Dollfuß sei zurückgetreten und Anton Rintelen werde neuer Bundeskanzler, dachte ich vom Fleck weg an einen Putsch der Nationalsozialisten. Ich hielt es nach Kenntnis der Person für ausgeschlossen, daß Dollfuß sein Amt widerstandslos einem Parteigänger der österreichischen Nationalsozialisten überlassen würde. Rintelen war trotz seiner bisherigen ausgezeichneten Tarnung jedenfalls in akademischen Kreisen zu gut als Gewährsmann der zum Nationalsozialismus abgeschwenkten politischen Rechten in Österreich bekannt.

Das scheinbare Ende des Dollfußregimes in Österreich wurde nach Durchgabe der Demissionsnachricht ausgerechnet mit dem Abspielen des Tiroler Schützenmarsches musikalisch untermalt. Für derlei musikalische Ausmalungen hatte ich keinen Sinn und keine Zeit. Ich lief sofort in die Bundesführung des Österreichischen Heimatschutzes, da das Kommando des Studentenfreikorps in der Ferienzeit nicht besetzt war. Die Bundesführung war in einem kleinen Palais in der Jaurèsgasse eingemietet, in dem jetzt die Hotelfachschule untergebracht ist. Außer dem Kulturreferenten der Bundesführung und ein paar Ordonnanzen war niemand im Haus. Der Bundesführer, Ernst Rüdiger Fürst Starhemberg, weilte in Italien, die Stabswache war in den Urlaub geschickt worden. Nach und nach kamen mehr Studenten vom Freikorps. Wir verbarrikadierten die Toreinfahrt und brachten ein altes MG, System Schwarzlose, wassergekühlt, in Stellung. An den beiden Ecken des Häuserblocks stellten wir Avisoposten auf, die ein Herannahen von Putschisten signalisieren sollten. Nach längerem Warten winkte der Posten an der Ecke gegenüber der deutschen und sowjetischen Gesandtschaft. Wir luden durch und waren entschlossen, die Stellung zu verteidigen. Aber es kamen keine Nationalsozialisten, sondern PKW mit Heimatschützern aus Niederösterreich. Der Heimatschutzführer des Weinviertels, Georg Seidl, in ruhigeren Zeiten ein ruhiger Abgeordneter zum Nationalrat, hatte die Männer buchstäblich von der Arbeit auf den Feldern weggeholt, auf die PKWs verladen und nach Wien in Marsch gesetzt. Ich sehe heute noch den massigen Georg Seidl, der Historiker werden wollte und nach dem Tod seines älteren Bruders im Ersten Weltkrieg Bauer geworden war, aus der Fahrerkabine des ersten Wagens steigen und auf uns zugehen. Auf der Egalisierungsfarbe des früheren niederösterreichischen Infanterieregiments Nr. 84 trug er die Distinktion eines HW-Regimentskommandanten. Weit mehr als das imponierte die Goldene Tapferkeitsmedaille, die er als einzige Auszeichnung trug. Seidl stieg über unsere Verbarrikadierung und fragte uns: »Was tat's denn do?« Daß er unsere Einsatzbereitschaft offenbar übersah oder geringschätzte, überraschte uns maßlos. Wir versuchten die Lage zu erklären. Er aber sagte nur: »Tat's dös MG weg, sonst passiert noch was.« Dann wurde Seidl kommunikativer. Er erklärte uns, daß die Putschisten es wohl nie gewagt hätten, vor der deutschen und der sowjetischen Gesandtschaft eine Schießerei anzufangen. Das sahen wir ein. Aber Seidl mußte einsehen, daß wir wenigen Freikorpsleute eine Stellung aufgebaut hatten, für die nachher einige PKW von Heimatschützern herangefahren wurden. Und daß die SS ohne Schuß sogar ins Kanzleramt gelangt war.

Über all dem lag die Nachricht von der Katastrophe, die inzwischen im Bundeskanzleramt eingetreten war. Dollfuß war tot. Er ist der einzige Regierungschef, der Adolf Hitler gegenüber die Stellung nicht geräumt hat, der auf seinem Posten gefallen ist, ohne zu kapitulieren. Daß er in seiner Todesstunde einen Priester verlangte, beweist eine Grundeinstellung, die für meine Freunde und mich mehr wiegt als dialogisieren bei Juice und Käsebäckerei.

Viele sprachen an jenem 25. Juli 1934 jenes fatale »finis Austriae« aus. Aber wir entwickelten unter Kurt von Schuschnigg in den nächsten vier Jahren doch noch jenen Typ des Abwehrkämpfers, der entschlossen war, weder gegen den Hitlerismus noch gegen die aufkommende Volksfront zu kapitulieren. Wir spürten mehr, als daß wir es hätten errechnen können, was geschehen würde, wenn unsere Abwehrfront zerbrechen sollte. Das Ausmaß der Katastrophe von 1945 hätten in jenem Juli 1934 selbst die kühlsten Rechner und Realpolitiker nicht erahnen können.

Aus: Heinrich Drimmel, Die Häuser meines Lebens, Erinnerungen eines Engagierten, Wien 1975, Seiten 201 ff.

Die Demokratie in der Ära des Faschismus

Roosevelts und Hitlers Aufstieg

Der 4. März 1933, ein Samstag, war ein *dies ater*, ein Unglückstag, wie die Römer sagten. In *Wien*, als Provinzbühne des Weltgeschehens, wurde an diesem Tag jenes Stück aufgeführt, das nachher den umstrittenen Untertitel »Selbstausschaltung des Nationalrates« bekam. Der die Sitzung leitende Erste Präsident des Hohen Hauses, Karl Renner, legte aus rein parteitaktischen Gründen sein Amt und damit den Vorsitz nieder, um als *nunmehr stimmberechtigter Abgeordneter* zur Fraktion der SDAPÖ einzurücken und so zu helfen, im Falle der Wiederholung einer geschäftsordnungswidrig verlaufenen Abstimmung die äußerst flache Mehrheit der Opposition zu verfestigen und eventuell so die Regierung Dollfuß zu stürzen. Nach den Februarkämpfen 1934 hat Otto Bauer mit der ihm eigenen intellektuellen Redlichkeit ausdrücklich bestätigt, daß er es war, der seiner Partei – und vor allem Renner – diese fragwürdige Taktik geraten hat. Gemäß der ihm eigenen austromarxistischen Ausdrucksweise nannte er dieses Vorgehen eine »linke Abweichung«. Eine Abweichung, die dann verheerende Folgen gehabt hat.

An jenem 4. März 1933 fand in *Washington* die Amtseinführung des im November des vergangenen Jahres gewählten 32. Präsidenten der USA, Franklin Delano Roosevelt, statt. Über diesem Ereignis lag der Schatten eines bösen Omens: Denn am Morgen der Amtseinführung erlag der Bürgermeister von Chicago, Anton(in) Joseph Cermak, ein unentwegter Verfechter der Politik Roosevelts, jenen Schußverletzungen, die ein italienischer Anarchist eigentlich dem neuen Präsidenten der USA zugedacht hatte. Mordanschläge auf Präsidenten der USA waren und sind keine Seltenheit. Im fraglichen Fall jedoch gab der Attentäter zu, er habe Roosevelt töten wollen, weil das allen Reichen und Mächtigen gebühre und weil ihn an jenem Tag seine Magengeschwüre besonders gequält hätten. Der Attentäter endete auf dem elektrischen Stuhl.

Der Tod, der ihm bestimmt war, aber Cermak ereilt hatte, ging Roosevelt nicht aus dem Sinn, als er zur Vereidigung fuhr. Noch

11

mehr quälte ihn die Sorge, ob seine Finanzberater firm genug sein würden, sich von den Finanzberatern seines Vorgängers Herbert Hoover die *Verantwortung für eine Schließung aller Banken* im Land nicht aufschwatzen zu lassen. Diese Maßnahme war notwendig, weil an jenem Samstag – der Samstag war noch ein Arbeitstag – ein Run auf die Banken zu erwarten war, aber nicht genug Geld vorhanden, den Run zu bestehen. Überdies gab es im Moment keine gesetzliche Grundlage, um die von einzelnen Gouverneuren für ihren Bereich bereits verfügten Schließungen der Banken auch für das ganze Bundesgebiet der USA anzuordnen. Wie sich Roosevelt dieses Dilemmas entledigte, wird noch erzählt werden. Um es gleich hier anzudeuten: Er tat es genau so, wie sich Dollfuß des Dilemmas entledigte, das mit der Selbstausschaltung des Nationalrates am 4. März 1933 auf ihn zugekommen war.

Aber der 4. März 1933 bedeutete auch das Ende des Wahlkampfes im *Deutschen Reich*, von dem sich Adolf Hitler jenen Sieg erhoffte, der es ihm ermöglichen sollte, den Reichstag zu einer Selbstentäußerung seiner gesetzgebenden Gewalt zu bringen. Der Entwurf eines Gesetzes zur Behebung der Not von Volk und Reich lag bereits in Umrissen vor; mit diesem Ermächtigungsgesetz sollte die Regierung Hitler die Möglichkeit erhalten, selbst von der Reichsverfassung abweichende Gesetze ohne die weitere Mitwirkung der Volksvertretung zu erlassen. Mit anderen Worten: Die unerschütterliche Basis eines »Führerstaates«, einer Diktatur, sollte geschaffen werden.

Roosevelt und Hitler wurden 1933 nicht durch das Vertrauen des Volkes in die Qualität ihrer Wahlversprechen in den Besitz der Macht gebracht. Beide wurden bei ihrer Wahl von einer Flut von Not und Elend – den Folgen der 1929 durch den Börsenkrach in New York ausgelösten Wirtschaftskrise – mit einem unermeßlichen Vertrauensvorschuß ausgestattet. Beim Amtsantritt Roosevelts gab es in den USA 13 Millionen Beschäftigungslose, denen von Staats wegen keine Hilfe gewährt wurde. Im Deutschen Reich gab es kurz vor der Machtergreifung Hitlers am 30. Jänner 1933 sechs Millionen Arbeitslose, für die zwar – anders als in den USA – von Gesetzes wegen gewisse Hilfen vorgesehen waren, aber die Kassenbestände der Sozialversicherungsanstalten waren erschöpft, ein Massenelend nie gekannten Ausmaßes stand bevor. Das und eine politische Gefahr, die für die meisten Deutschen der Kommunismus bedeutete, kamen Hitler zugute. In den USA versuchten die Kommunisten gleichfalls Kapital aus der Notsituation zu schlagen, es gelang ihnen aber nie, auch nur einen Genossen in die gesetzgebenden Körperschaften der USA zu entsenden. Im Deutschen Reich aber besaßen zuletzt vor dem Kommen Hitlers die Kommunisten zusammen mit den Sozialdemokraten die relative Mehrheit. Genauso geriet damals die Entwicklung in Spanien und Frankreich, als sich Linksliberale, Sozialdemokraten und Kommunisten (samt Anarchisten) in einer Volksfront zusammenschlossen.

In den USA bestand die augenblickliche Gefahr einer Katastrophe weniger auf parteipolitischem Gebiet als vielmehr auf dem Gebiet der Wirtschaft: Die Industrieproduktion und das Nationaleinkommen waren beim Amtsantritt Roosevelts auf die Hälfte dessen gesunken, was zuletzt in den zwanziger Jahren erwirtschaftet werden konnte. In Detroit wurden vor Ausbruch der Weltwirtschaftskrise jährlich 4,1 Millionen Autos erzeugt. Anfang 1933 sank die Produktionszahl auf etwas mehr als eine Million. Das alles wurde aber von der katastrophalen Situation der Landwirtschaft übertroffen. Diese litt seit Jahren an Überproduktion, vernichtendem Konkurrenzkampf und dem Mangel an jedweder Planung. Die Farmer, bisher verläßliche Wähler des jeweiligen konservativen Präsidentschaftskandidaten, standen größtenteils vor der Gefahr der Zwangsversteigerung ihres Besitzes. Banken und Landwirtschaft befanden sich also beim Amtsantritt Roosevelts in einer Krise, die Arbeitslosigkeit wurde zu einem nicht zu bewältigenden Problem, und so wurden unter gleichen Umständen zur gleichen Zeit Roosevelt und Hitler durch einen vorläufig durch nichts begründeten Vertrauensvorschuß an die Macht gebracht. Niemand ahnte in jenen Tagen im März, daß Hitler und Roosevelt ihre Völker in den Zweiten Weltkrieg führen werden; nur wenige im Deutschen Reich konnten die Gefahr abschätzen, die in der Absicht Hitlers lag, die riesigen Weiten des europäischen Ostens für sein »Volk ohne Raum« in Besitz zu nehmen. Noch weniger ahnten Bürger der USA, daß Roosevelt nicht zögern wird, die USA – so wie einer seiner Vorgänger, Woodrow Wilson – in einen europäischen Krieg zu führen und diesen damit zum Weltkrieg zu machen. Auch die USA standen, genauso wie Hitler, vor einem raumpolitischen Experiment unermeßlichen Ausmaßes: Für sie ging es um ihre Präsenz im ostasiatischen Raum, um den Sieg in der Konkurrenz mit Japan, das seinerseits für seinen Bevölkerungsüberschuß weite Gebiete auf dem asiatischen Festland in Besitz nehmen wollte. Hitlers raumgreifende Maßnahmen werden im Hochwinter 1943 in den verlustreichen Kämpfen an der Wolga bei Stalingrad scheitern; nach Kriegsende wird die Machtkontrolle der Sowjetunion in Europa bis auf 50 Kilometer an Hamburg und Wien heranreichen.

So hinterließ Hitler der Nachwelt ein bis auf den Grund zerstörtes

Europa, Roosevelt aber einen Sieg im Zweiten Weltkrieg, über dem für alle Zeiten der Schatten des ersten Atombombenabwurfs liegt. Die ganze Menschheit gewöhnte sich seither daran, mit der unablässigen Gefahr der Möglichkeit eines dritten, noch viel mörderischen Weltkrieges zu leben.

Es wird noch die Rede davon sein, daß Hitler am 30. Jänner 1933 in buchstabengetreuer Erfüllung der Verfassung von Weimar 1919 an die Macht kam; und ebenso davon, daß selbst nach 1945 angelsächsische Juristen nicht bezweifeln werden, daß er nach dem Reichstagsbeschluß über das sogenannte *Ermächtigungsgesetz 1933* rechtens seinen Führerstaat, also die Diktatur, aufgerichtet hat. Anders Roosevelt: Er hat sich am 4. März 1933 zur Verhinderung eines Runs auf die Banken mit Maßnahmen beholfen, die man seither dem österreichischen Bundeskanzler Dollfuß bei der seit dem 4. März 1933 bestehenden Absenz einer effektiven gesetzmäßigen Körperschaft als einen üblen Trick zur Umgehung der parlamentarischen Demokratie ankreidet. Hier ist die Rede davon, daß sich Roosevelt nach seinem Amtseintritt am 4. März 1933 eines *kriegswirtschaftlichen Ermächtigungsgesetzes* bediente, um die akute Gefahr des Zusammenbruchs des Bankwesens und der Dollarwährung zu beseitigen. Es handelte sich um ein Gesetz aus der Zeit des Ersten Weltkrieges, das 1917 vom Kongreß beschlossen worden war, das sich aber zunächst nicht mit der Schließung von Banken beschäftigte, sondern den Handel der USA mit damals feindlichen Staaten betraf. Aus diesem Gesetz leitete die Roosevelt-Administration das Recht ab, Banken für vier, nachher noch einmal für acht Tage zu schließen. Die guten Bürger der USA nahmen die Maßnahme der Schließung der Banken und der Edelmetallsperre wegen des Sonntags erst am Montag, dem 6. März, geradezu dankbar auf. Die Politiker murrten nicht. Ein Alltag ohne Benützung der Bankguthaben begann. Was in Österreich als eine Ungeheuerlichkeit aufgefaßt wurde, nämlich die Heranziehung jenes Ermächtigungsgesetzes aus 1917, empfanden die Bürger der USA als eine Erleichterung.

Und sie wurden mit den Tagen ohne Benützung der Bankguthaben auf ihre Weise fertig. An den Kinokassen wurden Schecks auf geschlossene Banken entgegengenommen, obwohl es in vielen Fällen ungewiß war, ob diese oder jene Bank jemals wieder die Schalter würde öffnen können. Stadtverwaltungen und Großfirmen gaben Notgeld heraus. Die uralte Methode des Tauschgeschäfts erblühte aufs neue. Ein Boxkampf im Madison Square Garden wurde nicht abgesagt, vielmehr wurde verlautbart, man nähme an den Kassen auch *Naturalien* an Zahlungs Statt. Und während die Bürger der

USA mit bemerkenswerter Diszipliniertheit diese unerhörte, aber doch eher blamable Situation ihres Staates hinnahmen, arbeiteten die Beamten der Regierung Tag und Nacht daran, die Solvenzen von etwa 19 000 Banken zu prüfen.

Mehr noch: Der erste Schritt Roosevelts auf dem Boden einer wackligen Legalität, den er unter Heranziehung des Gesetzes aus dem Siebzehnerjahr unternommen hatte, wurde in der ersten Republik der Neuzeit, im Mutterland der modernen Demokratie, vielfach mit der Aufforderung begrüßt, der Präsident möge doch auf diesem Weg weitergehen. Viele schrieben, er möge *diktatorische* Vollmachten in Anspruch nehmen. Schließlich ging es ums Geld, und in solchen Dingen verstanden die guten Bürger der USA keinen Spaß. Nun folgte aber die ganz große Überraschung: An sich war ein Zusammentreten des Parlaments, des Kongresses, erst für den Frühherbst 1933 zu erwarten. Roosevelt berief aber den Kongreß für den 9. März ein. Und er durfte es wagen, denn hinter den Abgeordneten war die Angst der Bürger her, die es ihren Vertretern nicht gestattet hätten, jetzt mit Wortklauberei und endlosen Debatten das dankenswerte Bemühen des Präsidenten zu bremsen. Also beschloß das Repräsentantenhaus am 9. März 1933 Mann für Mann ein Gesetz, dessen Bestimmungen nicht nur die Notstandsmaßnahmen vom 6. März bestätigten, sondern weit darüber hinausgingen. Ohne Gegenstimme und per Akklamation stimmten die Abgeordneten einem Gesetz zu, von dem sie nicht einmal einen gedruckten Entwurf in Händen hatten. Im Senat gab es natürlich einige Reaktionäre – es waren ihrer sieben –, die mit dieser Vereinfachung des Rituals der Demokratie nicht einverstanden waren und die eine ausführliche Diskussion wollten. Doch 75 Senatoren stimmten diese Unbelehrbaren kurzweg nieder. So entstand jenes Gesetz, mit dem Roosevelt ermächtigt wurde, nach seinem Gutdünken die Banken wieder zu öffnen, wobei er gleichzeitig die Zustimmung für die Ausgabe von zwei Milliarden Papierdollar bekam; außerdem wurde nicht nur der Verkauf von Gold und Silber untersagt, sondern sogar der bloße Besitz dieser Edelmetalle in privater Hand wurde mit Strafen bis zu 10 000 Dollar und Haft bis zu zehn Jahren bedroht. Nach den zögernden und wenig wirksamen Maßnahmen von Roosevelts Vorgänger wurde diese neue Art zu regieren zunächst wie ein erfrischender Regen nach langer Dürre begrüßt. Man denkt unwillkürlich daran, wie in Österreich die Landsleute Dollfuß' im März 1933 dessen erste Abwehrmaßnahmen gegen den nach der Machtergreifung Hitlers gewaltig ins Land strömenden Nationalsozialismus kritisierten; nicht zuletzt jene, die nach 1945 am lautesten gegen Nazis und Piefkes wetterten . . .

Die abgetretene Hoover-Administration hatte sich vergebens den Kopf zerbrochen, wie sie über das zu erwartende Budgetdefizit hinwegkommen würde. Roosevelt ging an die Lösung des Problems auf dem Weg des geringsten Widerstands heran. Der Kongreß beschloß vom Fleck weg, ihn zu ermächtigen, alle Gehälter, Pensionen und Renten um 15 Prozent zu kürzen. Fast alle Betroffenen duckten sich angesichts des gefährlichen Unwetters, das über der Wirtschaft des Landes lag, und nahmen die einschneidende Maßnahme hin. Nur die Kriegsveteranen muckten erneut auf. Im Sommer 1932 waren sie ausmarschiert, um in den Anacostia Flats der Hauptstadt zu kampieren und die damalige Regierung zur Rücknahme von Maßnahmen ähnlicher Art zu zwingen. Herbert Hoover setzte zwar die Armee gegen die alten Kameraden ein, gab aber in der Sache nach. Also entschlossen sich die Veteranen, auch Roosevelt die Zähne zu zeigen. Aber der Kongreß hatte kurzen Prozeß gemacht: 98 demokratische Abgeordnete hatten zwar im Repräsentantenhaus gegen die Gesetzesvorlage ihres Präsidenten zur Kürzung der Pensionen und zu anderen Maßnahmen gestimmt, aber 69 politische Gegner Roosevelts aus der Republikanischen Partei machten diesen Ausfall wett und retteten so den Start des *New Deal*.

1932 hatte Roosevelt begonnen, für seine Präsidentschaft mit dem Schlagwort »New Deal« zu werben. New Deal bezeichnet die Situation eines Kartenspielers, der am Verlieren ist. Er erwartet sich von einem neuen Blatt eine Gewinnchance. Die auf dem Spieltisch liegenden Karten werden gesammelt, neu gemischt und verteilt. Man wird ja sehen, ob sich das Blatt wendet. Bis in den Mai 1935 glaubten die guten Bürger der USA, der New Deal würde ihnen etwas einbringen. Dann versackte die erste spontane Hoffnung, denn der Oberste Gerichtshof der USA entzog mit seinem Beschluß dem ganzen New Deal die legale Grundlage. Bis dahin hatte aber Roosevelt seine Chance längst genützt. Und jene, die auf New Deal gesetzt hatten, sahen sich anfänglich tatsächlich nicht getäuscht, denn am 14. März 1933 öffneten 2400 Banken die Schalter. Es gab keinen Run auf die Banken. Im Gegenteil! Die Besitzer von Gold und Silber brachten diesen wertvollen und oft lange gehüteten Besitz ein und nahmen dafür die Papierdollar gutgläubig in Empfang. Mehr noch: Eine Hausse entstand in Höhe von 15 Prozent.

Roosevelt hatte aber die Opposition, die seine Parteifreunde bei der Abstimmung über das Gesetz vom 9. März bewiesen hatten, nicht vergessen. Er tat etwas, um die Stimmung zu heben, und mit dem Satz: »*Es ist Zeit für ein Bier*«, eröffnete er die Kampagne gegen die Prohibition, gegen das unter Präsident Wilson eingeführte Alkoholverbot, das bekanntlich nicht dem Suff zu Leibe rückte, sondern gewissen Gangsterbanden die Supergewinne einer illegalen Herstellung und Einführung mieser Alkoholika brachte. Es gab Widerstände; die Gattin Roosevelts, Eleanor, blieb stur beim Antialkoholismus. Aber der Kampfruf *»Beer for April!«* hatte gezogen. Mrs. Roosevelt blieb unerschütterlich. Als eine der renommierten Brauereien Milwaukees per Flugzeug die erste Kiste Bier an das Weiße Haus lieferte, bemächtigte sich die Präsidentengattin dieses teuflischen Stoffes und ließ die Sendung bemerkenswerterweise in den Presseklub befördern.

So wie 1960 die Hippies dachten, ihr John F. Kennedy würde der erste Hippie im Weißen Haus sein – um nachher gründlich enttäuscht zu werden –, geschah es auch nach dem Amtsantritt Roosevelts. Im Brain-Trust Roosevelts befanden sich nicht wenige *Linksintellektuelle*, deren Abstand zum Kommunismus oft nur sehr schwer wahrzunehmen war. Diese Ratgeber hatten zuweilen beträchtlichen Einfluß auf die Entscheidungen des Staatsoberhauptes; sie genossen aber den Vorteil, daß der Präsident für ihr Tun dem Kongreß gegenüber nicht verantwortlich war, wie dies bei den amtlichen Mitarbeitern seiner Administration der Fall war. Solche Typen konnten sich Dinge herausnehmen, die der Kongreß, wäre er hierin kompetent gewesen, nie gebilligt hätte.

Unter diesen Typen befand sich ein richtiger Kommunist namens Rexford Tugwell. Die KP in den USA war zahlenmäßig schwach, sie verfügte aber mit der wachsenden Zahl von Linksintellektuellen über einen Stoßtrupp, der in dieser Schärfe keiner der etablierten Parteien zustand. Die Tatsache, daß die Gesinnungsfreunde dieser Typen in Zeitungsredaktionen arbeiteten, deren Eigentümer oder Herausgeber derlei Versionen der Politik ganz und gar nicht billigten, die aber das Prinzip des Journalismus in den USA – *to print everything that fits to print* – hinnehmen mußten, multiplizierte die Wirksamkeit dieser Typen. So turnte sich in der Roosevelt-Ära Alger Hiss, der nach 1945 als Spion der Sowjetunion entlarvt wurde, in die höchsten Sphären politischen Einflusses hinauf. Er stand 1944 in Jalta neben Roosevelt, und Stalin sah diesen unersetzlichen Mitarbeiter mit starrem Blick an. Im Brain-Trust Roosevelts befand sich auch ein berufsmäßiger Spion der Sowjetunion, ein Bürger der USA namens Whittacker-Chambers. Er erntete, was in den Tagen der Planung in den von Linksintellektuellen kontrollierten Einrichtungen anfiel und sorgte für die geordnete und rasche Beförderung dieses Materials nach Moskau. Dies vorausgesetzt, versteht man, daß während des Zweiten Weltkrieges die Dinge so weit gediehen, daß Stalin auf dem

17

Höhepunkt des mörderischen Stalinismus dem Volk in den USA mit dem Image eines guten *Uncle Joe* vorgestellt werden konnte.

Einige dieser Typen wurden nach 1945 enttarnt, einige bestraft. Der 39. Präsident der USA, Jimmy Carter, hat nicht gezögert, einige dieser »Opfer« eines faschistischen Anti-Antikommunismus zu rehabilitieren.

Mancher amerikanische Politiker und Staatsmann hat darauf gehalten, *in den ersten 100 Tagen* ein bestimmtes Ziel zu erreichen. Diese magische Zahl warfen auch die Agitatoren und Propagandisten des New Deal unter die Masse. Was folgte, war ein unablässiger Regen von Detailregelungen und weitausholenden Plänen, die dem bisherigen Land der unbegrenzten Möglichkeiten ein neues, ganz ungewohntes Bild geben sollten. Der quirlige Präsident schien den Massen eine rasche und erfolgreiche Wende zum Besseren zu bringen. Die wahre Flut von Gesetzen ließ die Masse vergessen, daß es auch Menschen gab, die den rechten Grund in diesem New Deal vermißten.

Jene Amerikaner, die erwartet hatten, Roosevelt würde sich des Kongresses entledigen, um rasch und gründlich allein *seine* Ideen zu verwirklichen, mußten sich anhören, daß sie hitlerisch dachten. Aber da gab es einen Unterschied: Hitler besiegte die Demokratie mittels der ihr eigenen Methoden und stellte sie nach der Machtergreifung in den Winkel. Roosevelt aber verstand es, im Besitz der staatlichen Macht dermaßen gut mit dem Kongreß zurechtzukommen, daß es ein Fehler gewesen wäre, hätte er sich zu früh des Schamtuchs seines Imperiums von oben entledigt.

Und da war das System der Vielheit:

Zuerst wollte Roosevelt das Heer der Arbeitslosen dezimieren. Mit dem Civilian Conservation Corps schuf er etwas, das in den Augen österreichischer Sozialdemokraten ein Werk des Teufels war: einen Arbeitsdienst, der tatsächlich eine verteufelte äußere Ähnlichkeit mit dem eben in Gründung begriffenen Reichsarbeitsdienst des Dritten Reiches hatte. 350 000 Beschäftigungslose wurden in Camps untergebracht, die U.S. Army baute für sie Baracken, die Männer bezogen einen Monatslohn von 30 Dollar. Gearbeitet wurde bei Aufforstungen, Hochwasserschutz und dergleichen. Später wurden diese Projekte einem eigenen Amt unterstellt, der Works Progress Administration.

Bald baute die Republik Kraftwerke und enteignete die privaten; sie entwickelte ein Bewässerungssystem, organisierte ein Flußschiffahrtssystem und dergleichen. Die Linksintellektuellen im Brain-Trust des Präsidenten und ihre Claque in den Redaktionen jubelten über den Fortschritt eines *Staatssozialismus,* der sichtlich über den absterbenden Kapitalismus siegte, ohne daß Blut vergossen werden mußte.

Dieses Riesenunternehmen des Staates verschlang zehn Milliarden Dollar, aber es besorgte letztlich nutzlose Arbeiten, und das Management geriet bald in den Verdacht, daß es bei der Verhinderung ungerechtfertigter Bereicherungen zu lässig war. Es ist immer populär, wenn die Regierung dem Volk sagt, sie sei hinter ungerechtem Mammon und dessen Besitzern her. Roosevelt half einem schon seit der Zeit seines Vorgängers bestandenen Untersuchungsausschuß auf die Beine und übertrug den Vorsitz dem Sohn eines blutarmen Einwanderers aus Sizilien. Leute wie Morgan und andere Koryphäen der Wallstreet mußten es sich gefallen lassen, daß in den Zeitungen so geschrieben wurde, als ob es ihnen nun an den Kragen ginge. Aber die langwierigen und vieldiskutierten Untersuchungen taten niemandem viel zuleide, denn das Wichtigste, die erwartete strafrechtliche Untersuchung und Verfolgung, blieb aus. Roosevelt verurteilte das System des Mammonismus, aber die hohen Würdenträger des Systems brauchte er.

Danach waren die Farmer dran, ihren Dew Deal zu bekommen. Roosevelt wagte es, gegen eine scheinbar unvermeidliche Situation anzugehen und eine totale Änderung herbeizuführen. Der Agricultural Adjustment Act gab ihm die gesetzliche Grundlage zu allerlei ungewöhnlichen Maßnahmen des Staates: Die Republik pachtete weite bisher landwirtschaftlich genutzte Flächen, ließ sie aber brach liegen. Farmer, die freiwillig ihre Produktion drastisch einschränkten, bekamen vom Staat Prämien. Ultima ratio war am Vorabend der Ernte 1933 der Brand des Herangewachsenen. Das erwähnte Gesetz ermächtigte nämlich auch zur Vernichtung eines Viertels der Ernte von 1933, Getreide wie Baumwolle. Sieben Millionen Ferkel wurden geschlachtet. Einige Kirchen wetterten gegen diese schandbare Vernichtung der Gottesgaben. Aber die Farmer hörten nicht auf das, was ihnen in den Gotteshäusern gepredigt wurde, sondern auf die Ratschläge der Männer, die auf dem flachen Land den New Deal verkündeten. Farmer, bisher eher feste Stützen der Konservativen, schworen auf den liberalen Roosevelt. Warnende Stimmen wurden überhört, Anhänger der in Freiheit gewachsenen Gesellschaftsordnung sahen ihr politisches und wirtschaftliches Gefüge als hoffnungslos rückständig an.

Nun wartete die Industrie auf ihren Deal. Was sie bekommen sollte, das stand im National Recovery Act. Seit der Zeit, in welcher der erste Roosevelt von 1901 bis 1909 Herr im Weißen Haus gewesen war, galten die Antitrustgesetze als unerschütterlich. Absprachen zwischen Arbeitgebern mit dem Ziel einer Preisfestsetzung und einer Marktbeherrschung waren verboten. Der zweite Roosevelt ging den umgekehrten Weg, allerdings einen, auf dem das System seiner Kommandowirtschaft des Staates richtunggebend war. Die Handhabung der Antitrustgesetze wurde jedenfalls ausgesetzt und die Industrie aufgefordert, unter Aufsicht der Regierung Bedingungen für den Wettbewerb festzulegen sowie sich auf gemeinsame Löhne und Arbeitszeiten zu einigen. Die Gewerkschaften sollten dabei mitreden, und Tarifverträge sollten abgesprochen werden. Dieses Abgehen vom Prinzip der freien Marktwirtschaft hatte in den Augen einiger Kenner eine gewisse Ähnlichkeit mit dem faschistischen System der Korporationen, mit dem Mussolini dem Klassenkampf ein Ende bereiten wollte. Also: Gleiche Methoden hüben und drüben, aber bei unterschiedlichen Ideologien.

Die Unternehmer kamen den Bestrebungen der staatlichen Kommandowirtschaft vielfach gerne entgegen. Manche boten ihre Betriebe dem Staat zum Kauf an. Das geschah vor allem in der Bergwerksindustrie. Wie strikt der Staat das neue System ausnützte, zeigte der Fall einer Vereinbarung zwischen einem Textilmagnaten und der Gewerkschaft, in der man sich auf eine 40-Stunden-Woche einigte. Aus dem Weißen Haus kam aber das unabweisbare Verlangen, es müsse eine 36-Stunden-Woche eingeführt werden, bei einem Wochenlohn von 11 Dollar. (An sich eine von Textilarbeiterinnen schon vor 1914 erhobene Forderung.)

Zu all dem brauchte es eine Organisation, um die Massen zum Mitvollzug dieser Hinwendung zu einem Staatskapitalismus zu bewegen. Hitler hatte dazu seine DAF, die Deutsche Arbeitsfront, und die NSDAP. Roosevelt schuf eine National Recovery Administration, die er einem früheren General anvertraute, der Manns genug war, um Zaghafte in Bewegung zu setzen. Diese Organisation wählte als Symbol den Blauen Adler, eine abgewandelte Form des Wappentiers der USA. Dieser Blaue Adler trug in einem Fang die gewohnten Pfeile wie beim Staatswappen, im anderen ein Zahnrad. Diese Aufmachung war recht sinnfällig für eine neue Art des Etatismus. Mehr noch: Nur solche Firmen durften sich dieses Symbols bedienen, die vorbehaltlos auf dem Boden des National Recovery Act standen. Und im ganzen Land wurde jetzt unter diesem Symbol Propaganda und Agitation betrieben und – marschiert. Hausfrauen wurden ermahnt, nur in Geschäften einzukaufen, an deren Tür der Blaue Adler zu sehen war. Die Gewerkschaften stellten sich in den Dienst der Sache. Fast schien es, als würde auch in den USA die ganze Nation Tritt fassen, um im Gleichschritt auf das vom Präsidenten aufgezeigte Ziel zu marschieren. Selbst ein Mann wie Henry Ford, der, bei aller Sympathie für Hitler, denn doch Herr im eigenen Haus sein wollte, machte schließlich auf seine Art mit.

Von Staats wegen wurde propagiert, wie viele Arbeitssuchende täglich Arbeit gefunden hatten. Und die Zahl der Beschäftigungslosen sank, nicht im gleichen Tempo wie im Dritten Reich, aber immerhin stark genug, um damit Staat zu machen.

Eine damalige Praxis feierte 50 Jahre später in Europa zu Zeiten der erneuten Arbeitslosigkeit fröhliche Urständ. Viele Arbeitssuchende wurden einfach dadurch außer Evidenz gebracht, daß sie mit dem Geld der Steuerträger quasi entlohnt wurden. Dabei wurde wenig auf den wirtschaftlichen Ertrag dieser Geldhingabe gesehen. An solchen und ähnlichen Punkten entstand der Widerstand derer, denen es nicht um die Ideologie des Blauen Adlers und seine Publizität ging, sondern um die Wirtschaft. Unverbesserliche Reaktionäre redeten von sozialistischen Methoden, von einer Gleichmacherei, von einem Ende des American way of life. Die Kommunisten in den USA setzten sich sofort gegen den Vorwurf zur Wehr, wonach unter dem Blauen Adler das geschähe, was andernorts unter dem fünfzackigen roten Stern praktiziert wurde. Nach kommunistischer Ansicht war der New Deal nicht eine Nachahmung kommunistischer Methoden, vielmehr solcher, die in Europa unter der Ägide Hitlers betrieben wurden. Demnach wäre auch Roosevelt auf jenem Weg gewesen, den Hitler schon auf weiten Strecken hinter sich hatte:
Vom Hunger zum Faschismus und vom Faschismus zum Krieg. Die Linksintellektuellen im Brain-Trust des Präsidenten verließen zum Teil den Umkreis des Weißen Hauses; und ein aufgeregter katholischer Priester, Pater Coughlin, nannte das ganze Getue unter dem Blauen Adler einen Schwindel und den Präsidenten einen Lügner.

Die Begeisterung für die Bewegung unter dem Blauen Adler flaute ab, aber die einmal angekurbelte Massenorganisation werkelte weiter. Die im Brain-Trust verbliebenen Linksintellektuellen bestärkten den Präsidenten in seinem Vorhaben und rieten ihm, es doch mit der Planwirtschaft des Stalinismus zu versuchen! Nur so ist es verständlich, daß sich Roosevelt mit Stalin am 28. November 1943 in einem unter vier Augen in Teheran geführten Gespräch dahingehend einigte, Indien nach seiner Befreiung von der britischen Kolonialherrschaft ein Regime zu geben, für dessen Ingangsetzung Stalin seine Leute stellen sollte; Leute, die Stalin als unbeteiligt bezeichnete und die, anders als die Briten, die Dinge objektiver (!) betrachten würden.

1935 befand sich Roosevelt inmitten des unter dem Blauen Adler entstandenen Gerümpels in einer eher fatalen Situation: Die Unternehmer fingen an aufzubegehren, die mit sozialistischen Ideen liebäu-
gelnden Ratgeber rieten ihm, den Weg resolut zu Ende zu gehen.
Die Besitzer einer Hühnerfarm auf Long Island befreiten Roosevelt
von dieser Alternative: Die Firmeninhaber wurden wegen eines Verstoßes gegen den National Recovery Act belangt, aber in erster In-
stanz freigesprochen. Der eifrige Vertreter der unterlegenen Partei
brachte den Fall vor den Obersten Gerichtshof der USA. Dieser erklärte mit einstimmig gefaßtem Beschluß den fundamentalen National Recovery Act für *verfassungswidrig*. So haben einige Hühner-
züchter dem New Deal und dem Symbol des Blauen Adlers den Gar-
aus gemacht. Roosevelt war klug genug, nicht auf jene zu hören, die
ihm anrieten, es doch mit dem Obersten Gerichtshof aufzunehmen.
Das tat nun Roosevelt nicht; im engsten Kreis seiner Berater wußte
man, daß der Präsident selbst vom New Deal genug hatte. Auf einer
Pressekonferenz, die Roosevelt wenige Tage nach dem Black Monday, dem Tag, an dem der Oberste Gerichtshof dem New Deal das
Grab zu schaufeln begonnen hatte, gab, bewies der Präsident seine
Meisterschaft bei der Dressur der Journalisten und der Knetung der
öffentlichen Meinung. Roosevelt brauchte nicht die Methoden eines
Goebbels bei der Lenkung der Medien und der Beeinflussung der öf-
fentlichen Meinung; er kam auf seine Weise zum gleichen Ziel und
erntete noch dazu den Ruhm, die legendäre Pressefreiheit und die
Freiheit der Meinungsbildung respektiert zu haben.
Das gute Volk in den USA nahm nach dem Black Monday vom New
Deal mit der gleichen Fixigkeit Abschied, mit der es sich diesem Experiment am Anfang hingegeben hatte. So wie nach dem Sturz Mussolinis am 25. Juli 1943 in ganz Italien wie durch Zauberschlag alle
Symbole des Faschismus aus der Öffentlichkeit verschwanden, verschwand 1935 in den USA der Blaue Adler. Nur: Die Pleite des New
Deal schmälerte nicht die Popularität Roosevelts, und da der Höhepunkt der Weltwirtschaftskrise 1929 in jenem Jahr schon überschrit-
ten war, schien man überzeugt, daß es schließlich doch dieser Präsident gewesen war, der sich bei der Bewältigung der ärgsten Not bewährt hatte. Ihm wollte man auch weiterhin die Zukunft des Landes
anvertrauen. Nur zu gerne wählte das gute Volk am Ende der ersten
Amtsperiode Roosevelts den amtierenden Präsidenten ein zweites
Mal; die Wahlniederlage seines Gegenkandidaten war katastrophal,
nur in den kleinen Staaten Vermont und Maine war jener voran. Mit
diesem Wahlsieg hatte der *Roosevelt-Liberalismus* für mehr als ein
Jahrzehnt das Heft in der Hand. Er machte die Kriegspolitik, und er

bestimmte die Kriegsziele der USA sowie die Friedensordnung nach 1945. Er wurde für Europa das Schicksal.

Einmal hat der Schöpfer der österreichischen Bundesverfassung 1920, Hans Kelsen, angesichts der Gefahr des Bolschewismus erklärt, es läge ganz in der Linie des Liberalismus, daß in einem frei gewählten System jemand mit Mehrheit gewählt wird, der nachher mit autoritären Maßnahmen die freiheitlich Denkenden kalt niederschlägt. Und am 5. März 1933, am Tag nach der Selbstausschaltung des österreichischen Nationalrates, wählten im Deutschen Reich 44 Prozent des Wählervolkes die Liste der NSDAP; nur die Reichstagsfraktion der SPD versagte am 24. März 1933 dem von Hitler verlangten Ermächtigungsgesetz zur Behebung der Not von Volk und Reich die Zustimmung; aber nach dem Mai 1933 stimmte die inzwischen dezimierte Fraktion der SPD der sogenannten Friedensresolution im Reichstag zu; damit war die parlamentarische Demokratie vollends abgewürgt. Jeder weitausholende Schritt Hitlers bei der Zertrümmerung der Ordnung von Versailles (1919) wurde von der NSDAP benützt, um ein verständliches nationales Anliegen mit dem Aufruf für eine erneute Wahl Hitlers und seiner Bewegung zu verbinden; so erbrachte die Wahl im November 1933 nach dem Austritt des Deutschen Reiches aus dem Völkerbund bereits eine Mehrheit von 92 Prozent für Hitler; im Jänner 1935, nach der Rückgliederung des Saargebietes, waren es 91 Prozent; aber im selben Jahr billigten 99 Prozent der Wähler die Kündigung des mit den Westmächten eingegangenen Locarno-Vertrages und die Wiederbesetzung der 1918 demilitarisierten Zone am Rhein; am 10. April 1938 stimmten nach dem Einmarsch deutscher Truppen in Österreich und der Machtergreifung der Nationalsozialisten im Roten Wien 99,75 Prozent dem Anschluß Österreichs an das Deutsche Reich zu.

Die dreißiger Jahre brachten den Beweis, daß die im Ersten Weltkrieg erdachte Friedensordnung und die endliche Demokratisierung der Alten Welt nie zustande gekommen sind. Mehr noch: 1930 befürchtete der englische Wissenschaftler G. W. Keeton allen Ernstes, daß Großbritannien, Mutterland der neuzeitlichen Demokratie und des Parlamentarismus, am Rand einer Diktatur (!) existiere. Er führte an, daß ein *Übergang zur Diktatur* auf legale Weise und ohne Blutvergießen leicht und rasch vor sich gehen könnte. Keeton meinte, daß das große Erbe des Parlamentarismus in England, die Rule of Law, die Herrschaft des Rechtes, dahin gelangt sei, daß eine *Regierung* ihre Maßnahmen treffen könnte, ohne daran von der Verfassung oder der Volksvertretung gehindert zu werden. Was der Engländer für sein Land befürchtete, ist den Deutschen bald danach widerfahren.

Die sogenannte Zwischenkriegszeit nach dem Ersten Weltkrieg bestätigte eine Warnung, die Metternich angesichts der Revolution von 1848 ausgesprochen hatte, die aber von liberaler Seite als der Schmerzenslaut eines schlechten Verlierers abgetan worden war: »Ein System zu stürzen ist ein unschuldiges Unternehmen, während ein Reich stürzen in allen Fällen ein Etwas Bedenkliches ist.« Wilson trat erst nach dem Sturz der Romanows und dem Ausbruch der Revolution in Rußland in den Ersten Weltkrieg ein. 1918 ließ er die deutsche Regierung unzweideutig wissen, daß er mit dem Kaiserreich keine Verhandlungen wegen eines Waffenstillstandes eingehen wolle. Daß Wilson im Herbst 1918 Österreich-Ungarn den Fanghieb versetzt hat, ist bekannt. Bekannt ist aber auch, was sich über den Trümmern dreier Kaiserreiche erhoben hat: in *Rußland* das mörderische System der Bolschewiken, unter dem, wie Solschenizyn nachgewiesen hat, alle Unterdrückungen des Zarenreiches hundertfach übertraffen worden sind; die Ausrottung einer Klasse mit Methoden, deren Perfektion und zahlenmäßiges Ergebnis bei weitem den seit 1945 den Deutschen zur Last gelegten Holocaust übertreffen, von allen zeitlich näher liegenden Folgen abgesehen. Im *Osmanischen Reich* wurden andere Religionen als der Islam jahrhundertelang geduldet; die 1909 an die Macht gekommenen laizistischen Jungtürken haben im Ersten Weltkrieg an Kurden und Armeniern grausame Massaker verübt; aber die endlosen Massaker, die sich jetzt auf den ehemals türkischen Gebieten in Nahost abspielen, übertreffen selbst die ärgsten Exzesse unter dem Sultanat. Und was *Österreich-Ungarn* betrifft, so sei an dieser Stelle Winston Churchill zitiert: »Es gibt keine einzige Völkerschaft oder Provinz des habsburgischen Reiches, der das Erlangen der Unabhängigkeit nicht die Qual gebracht hätte, wie sie von den alten Dichtern und Theologen für die Verdammten der Hölle vorgesehen sind . . .«

Das Ungute an diesem Urteil ist nur, daß Churchill zu seiner Zeit mit aller Kraft an der Zerstörung der Donaumonarchie mitgewirkt hat, so wie er die erstaunte Welt von 1945 auf den Eisernen Vorhang, der seit Kriegsende auf unabsehbare Zeiten über Europa hängt, hingewiesen hat, nachdem er bei den vorangegangenen Verhandlungen mit Stalin unfaßbare Zugeständnisse gemacht hatte, ohne die es besagten Vorhang heute nicht gäbe.

Tatsache ist, daß die Demokratie dort auf dem europäischen Kontinent mißraten ist, wohin die Sieger von 1919 sie transplantiert haben; obwohl einsichtige angelsächsische Staatsmänner und Wissenschaftler schon lange vor 1919 darauf aufmerksam gemacht hatten, daß die in ihren Ländern entwickelte parlamentarische Demokratie, wie überhaupt das Demokratieverständnis, kein Exportgut sein kann und soll.

So entstand auf ehedem russischem Gebiet die Diktatur in *Polen*, eine Diktatur in den *baltischen Staaten* Estland, Lettland und Litauen, wo sich Pseudodemokraten in der Zeit nach 1918 zu Machthabern mauserten, die sich der Parteienvielfalt in ihrem Land entledigten und es auch ihren Gesinnungsfreunden nicht ratsam erscheinen ließen, an das Regime ihres Chefs zu tippen. Auf dem Boden der seinerzeitigen österreichisch-ungarischen Monarchie entstanden Nachfolgestaaten und Teilhaber an der Ausschlachtung dieses Kommunikationsraumes, die alle mehr oder weniger *ohne Demokratie* auskommen wollten. Das in Ungarn entstandene Horthy-Regime wäre in den Augen des ehemaligen Obersten Kriegsherrn Horthys, Kaiser Franz Joseph I., eine Ungeheuerlichkeit gewesen. In *Belgrad* richtete 1929 König Alexander I., am Rande Mitwisser der Ereignisse von Sarajevo des Jahres 1914, seine Diktatur ein, nachdem es ihm nicht gelungen war, den in der Habsburgermonarchie einigermaßen gebändigten Nationalitätenstreit der Südslawen, Mazedonier und Albaner in seinem Vielvölkerstaat unter Kontrolle zu bringen. Und die *ČSR*, vielfach als das Musterkind der Ordnung von 1918/19 hingestellt, hat mit ihrem auf den Nutzen der Tschechen abgestellten krassen Zentralismus die Autonomieansprüche der auf ihrem Gebiet lebenden Nationalitäten schamlos unterdrückt. Die in Prag formal einwandfrei geübte parlamentarische Demokratie im Parteienstaat war das Schamtuch jener Unterdrückungsmaßnahmen, die dazu führten, daß 1938 nicht nur Hitler und Mussolini, sondern auch der linksliberale Franzose Daladier und der altkonservative Brite Chamberlain zu der Überzeugung kamen, daß es so nicht weitergehen könne, und daher der ersten Teilung der ČSR zustimmten; einer Teilung, an der sich übrigens auch die 1918 entstandene *Republik Polen* und nachher auch *Ungarn* beteiligten.

Rumänien war jenes unglückliche Königreich, das durch die Dekadenz seiner Dynastie in einen Zustand geriet, der nach einer mißglückten Diktatur des elenden Carol II. zum Verbot aller Parteien und zur Herrschaft einer Bewegung der nationalen Wiedergeburt führte; ein Experiment, dem 1944 eines unter dem Kommunismus folgte. *Bulgarien* war nach 1918 Operationsgebiet kommunistischer Umstürzler, die auf jene Dankesschuld der Bulgaren hofften, die das Land, das einmal von Rußland von der türkischen Herrschaft befreit worden war, schuldete; nach einem mißglückten Putsch der Kom-

25

munisten gelang ein Staatsstreich der Armee, wonach 1936 Boris III.
eine königliche Diktatur errichtete; er machte den Fehler, sich mit
Hitler einzulassen, ein Versuch, der ihm ein rasches und überra-
schendes Ende einbrachte. Im benachbarten *Griechenland* errichtete
der bei den Westmächten bestens angeschriebene Meister der politischen Intrige Metaxas 1936 ein Regime, das seine Freunde im Westen
nur mit Rücksicht auf die Unentbehrlichkeit ihrer Stützpunkte im
Ostmittelmeer ihren Völkern nicht als undemokratisch vorstellten.
Daß die Demokratie in *Albanien* nur schwach entwickelt war,
braucht in diesem Zusammenhang nicht näher erläutert zu werden.
Spanien und Portugal entwickelten vor mehr als 150 Jahren die Modelle für jene unablässigen Folgen von Umstürzen, die sich in ihren
ehemaligen Kolonien bis heute ereignen. Nach Serien von Umstürzen in den vorangegangenen 150 Jahren errichtete in Spanien der Sieger im Spanischen Bürgerkrieg (1936–1939) seine Diktatur; hätten
die Roten gesiegt, wäre das Privilegium einer Herrschaft unter Ausschaltung des Klassenfeindes und seiner Parteien unausweichlich gewesen; einige Generalproben dazu hatten die Roten seit dem Sturz
der Monarchie im Jahr 1931 abgehalten. Davon wird noch ausführlich die Rede sein. *Portugal* war um 1928 seit langer Zeit nur mehr ein
Beiboot der Weltmacht Großbritannien, ein unveräußerlicher Stütz-
punkt am Eingang zum Mittelmeer. In London war man 1928 darüber nicht ungehalten, daß ein gescheiter und politisch bewanderter
Universitätsprofessor sein Experiment eines Ständestaates begann;
der Mann hieß Salazar, und es gelang ihm, nicht nur krasse Gewaltanwendung zu verhindern, sondern die Säbelherrschaft des Militärs
im Hintergrund zu halten. Als sich nach seinem Tod einer seiner Generäle in einer Art Demokratie versuchte, entwickelte sich im Land
ein beklagenswerter, bis heute andauernder Zustand; die Kolonien
Angola und Mozambique kamen mit Wissen der USA unter die
Kontrolle des Kommunismus.
Und *Frankreich?*
Frankreich, zweitälteste Republik der Neuzeit und Mutterland der
Demokratie in Kontinentaleuropa, scheute sich in den zwanziger
Jahren nicht, seine Kontrollmacht über Mittel- und Ostmitteleuropa
auszuüben, gestützt auf Staaten mit mäßig entwickelter Demokratie:
die ČSR, Rumänien und Jugoslawien. In Wien war man am Vorabend der Februarkämpfe 1934 zunächst über die Krise der Demokratie in Frankreich überrascht. Krebsübel der Demokratie ist aber
in vielen Fällen die Korruption. Frankreich nahm in der Zwischenkriegszeit jahrelang das Korruptionssystem hin, in dessen Mittelpunkt der aus Russisch-Polen stammende Alexander Stavisky stand.

Stavisky war zweifellos ein Meister unter allen Korruptionisten der Zwischenkriegszeit. Zu seinen Erfolgen verhalfen ihm vor allem auch Politiker und Staatsmänner aus den Reihen der linksliberalen Radikalsozialisten, also jener Partei, die Frankreich in die militärische Katastrophe von 1940 geführt hat. Je länger Stavisky die Szene beherrschte, desto mehr richtete sich gegen ihn der Widerstand derer, die in der üblichen Terminologie Rechtsradikale waren. Radikal im Sinne von faschistisch oder wenigstens faschistoid. Und so kam es am Vorabend des Februarputsches in Österreich zu einem Februarputsch in Paris. Ministerpräsident einer Linksregierung war jener Daladier, der 1938 bei der ersten Teilung der ČSR mitmachen sollte. Überall in Frankreich, insbesondere in Paris, marschierten am 5. Februar 1934 die nationalen Ligen, die Action Française, die Jeunesses Patriotes und die Solidarité Française mit dem Ruf auf: »Nieder mit den Räubern!« Gemeint waren die Typen des Systems Stavisky, von denen einige an prominenter Stelle für das Heil der Republik tätig waren. Viele Pariser, die nicht etwa üble Rechtsradikale waren, säumten die Straßen und bezeigten den Marschierern ihren Beifall. Ziel der Demonstration war das Palais Bourbon, der Sitz der Abgeordnetenkammer, wo einige Schutzherren Staviskys das große Wort führten. Das Regime war auf der Wacht. Daladier überließ es dem Sicherheitsminister, einem eben von den Sozialdemokraten gekommenen Überläufer, mit dem Unfug der Rechten fertig zu werden. Der Mann war jung und versprach Entschiedenheit im Umgang mit Rechtsradikalen; nicht so der langjährige Polizeipräsident der Hauptstadt. Daladier versuchte diesen wegzuloben, weil er ihn im Verdacht hatte, für Stavisky und dessen politische Gönner nichts übrig zu haben. Aber der Polizeipräsident ging nicht auf den Leim. Daladier blieb nichts anderes übrig, als trotz der Unruhe in der Stadt den Polizeipräsidenten zu beurlauben. Darauf verlegten sich die Demonstranten auf die Parole: »Es lebe Chiappe!« Chiappe, das war der Name des aus dem Amt beförderten Polizeipräsidenten.

In der Kammer war Daladier am Wort. Aber Kommunisten und Sozialdemokraten stimmten die »Internationale« an, und anstatt einer Diskussion kam es zu Handgreiflichkeiten und Tumulten im Hohen Haus. Einige Männer des Volkes ließen sich vorsichtshalber von zu Hause Räuberzivil bringen, um im Ernstfall bei der Flucht aus ihrer Verantwortung dem Volk gegenüber, dessen Vertreter sie ja waren, unerkannt in der Menge unterzutauchen. Bei Anbruch der Dämmerung sah man in Brand gesteckte Fahrzeuge, eine Gaslaterne war umgestürzt worden, und so wie bei mancher Revolution wurde das ausströmende Gas entzündet. Die Bürger genossen den Schauder, an

dieser Flamme ihre Zigarre anzuzünden. Schon gab es Barrikaden im Umkreis des Parlamentsgebäudes. Polizisten und Mobilgarden leisteten den andringenden Demonstranten Widerstand, bis immer mehr von ihnen blutend und mit zerfetzten Uniformen ins Parlamentsgebäude gingen, wo man eine Labestation und ärztliche Versorgung eingerichtet hatte. Daladier erwies sich in dieser Stunde als Steher, der er ja dann 1938 in München und 1939/40 im Krieg nicht gewesen ist. Rasch aber brach die Hysterie im Hohen Haus aus. Ein kriegsversehrter Abgeordneter rief: »Sie schießen auf die Menge!« Ja, so war es. Nachdem berittene Polizei mehrmals vergeblich gegen die Massen angeritten war, fielen Schüsse. Es gab Tote und Verletzte. Aber dann zogen hinter einem Fahnenwald die Frontkämpfer auf, die anfangs nicht mit den Demonstranten der Rechten gemeinsame Sache machen wollten. Die Zahl der in die Spitäler eingelieferten Verletzten stieg auf nahezu 500. Jetzt wurde Militärassistenz angefordert. Und der Kriegsminister stand zu Diensten:
Insgesamt wurden in Frankreich an jenem Tag 18 Bataillone Infanterie, 12 Schwadronen Kavallerie und Panzerfahrzeuge eingesetzt. Die Berittenen kamen so schlecht an wie am 15. Juli 1927 die berittene Polizei in Wien. Denn jetzt mengte sich jener Mob unter die Demonstranten, der bei allen Anlässen dieser Art zur Stelle ist, um zu plündern und Brände zu legen. Wieder gab es Tote.
Die Regierung versuchte es mit einem Trick, indem sie den legendären Retter von Verdun im Ersten Weltkrieg, Marschall Pétain, zum Kriegsminister machte. Sie erwartete, daß die Rechtsradikalen dem Helden des Krieges keine Schwierigkeiten machen würden. Und Pétain folgte dem Lockruf der Linksliberalen, in deren Reihen er an sich nichts verloren hatte, so wie er 1940 das fatale Erbe der unfähigen Regierung Reynaud auf sich nahm. Pétain trieb jener Ehrgeiz, der ihm schließlich nach 1945 des Todesurteil eingetragen hat.
Niemand hörte auf Pétain. Aber nicht alle hörten auf den Aufruf zum Generalstreik, den Sozialdemokraten und Kommunisten jetzt brauchten. Die äußerste Linke rief in Vorwegnahme des Systems der *Volksfront* nach einer »nationalen Einigung«, einer unter ihrer Führung. Nun stand Daladier an jener Kippe, wo nicht einmal ein Linksliberaler das liberale Prinzip befolgt, wonach es für einen Liberalen links keinen Gegner geben kann. In Marseille machte sich die Hefe der Hafenbevölkerung bemerkbar. Ein Clemenceau, der in höchster Gefahr stets bedenkenlos die Demokratie für eine Weile in den Winkel gestellt hat, war Daladier nicht. Ihn rettete die Ziellosigkeit der Marschierer und Demonstranten, unter denen es nicht jene Führertypen gab, die in einer bewegten Stunde nach der Macht im Staate

greifen. Zum Heil Daladiers gingen die Hochwasser zurück, die verderbte Demokratie konnte weitermachen. Die Linke war nach dem 5. Februar 1934 fest davon überzeugt, zusammen mit den Linksliberalen an die Macht zu kommen. Die Rechte erwartete, daß das gute Volk doch nicht die Stimmen den Gönnern Staviskys, dem Regime der Polizisten und Militärs geben würde, die am 5. Februar 1934 rücksichtslos gefeuert hatten. Aber es kam anders. Es kam Léon Blum, der 1936 in Frankreich das Experiment der Volksfront zusammen mit den Kommunisten und Linksliberalen aufzog.

Denn 1936 zogen anstatt zehn nunmehr 72 Kommunisten in die Kammer, die Sozialdemokraten brachten es auf 146 Mandate. Vergessen war Stavisky, und die linksliberale Partei der Radikalsozialisten konnte wieder Fuß fassen. In Westeuropa tauchte das Gespenst einer Volksfrontregierung in Spanien und in Frankreich auf. Es blieb aus, denn Léon Blum war nicht der Mann jener Gewalt, die es brauchte, um, gestützt auf eine Volksfront, einen totalen Umsturz zu erreichen.

In den dreißiger Jahren war eigentlich die Demokratie zuletzt nur in den sozialdemokratisch regierten skandinavischen Königreichen intakt. In *Dänemark* war die Regierung eines sozialdemokratischen Ministerpräsidenten beim Einmarsch der deutschen Wehrmacht im Jahre 1940 dermaßen unumstritten, daß die Besatzungsmacht einen Sozialdemokraten im Amt beließ. Anders als in Österreich 1938. *Belgien und die Niederlande* steuerten mit korrekt amtierenden Koalitionsregierungen einen neutralistischen Kurs, der 1940 ihren Untergang im Westfeldzug beschleunigte. Im übrigen gab es in allen Ländern Europas, die Sowjetunion ausgenommen, Infektionsherde dessen, was man nach kommunistischer Terminologie vereinfachend und unzutreffend *Faschismus* nannte. In Wahrheit war dies ein Wirrwarr rechtsgerichteter Erneuerungsbewegungen, bevor über dem Kontinent ein geröteter Himmel aufging.

Selbst in Großbritannien gab es Faschisten, die British Union of Fascists. An ihrer Spitze stand Sir Mosley, ein Troublemaker, der bei den Konservativen anfing, unter einem sozialistischen Premierminister Regierungsmitglied wurde und 1932 besagten Haufen aufstellte. Erst ein Jahr nach Kriegsausbruch (!) wurde diese Bewegung unterdrückt, Mosley selbst einige Jahre interniert, aber noch vor Kriegsende entlassen. Nach 1945 versuchte er es nochmals mit dem Faschismus in Form des bedeutungslosen Union Movement. Aber was war Sir Mosleys Bewegung, verglichen mit den Sympathien, die in Großbritannien der große alte Mann des Liberalismus Lloyd George und der letztlich konservative Churchill für Hitler einige Zeit empfunden haben! Lloyd George machte eine Wallfahrt nach Berchtesgaden und kam mit der Überzeugung zurück, er könne seinem Land in Notzeiten nur einen Mann wie Hitler wünschen. Österreichische Aristokraten, die damals Besuche in England machten, wurden zuweilen belehrt, daß es Unsinn sei, Hitler Widerstand zu leisten. Ja selbst im unglücklichen Irland legten die gewerblichen Unruhestifter blaue Hemden an und taten, als ob sie Nazis wären.

Was der NSDAP in Österreich nie gelang, das schaffte in Belgien die dortige der NSDAP gesinnungsmäßig verwandte Rexistenpartei unter Léon *Degrelle:* Sie zog mit 21 Abgeordneten ins Parlament ein; nachher, im Krieg, stellten die Belgier eine SS-Freiwilligenbrigade, die an der Ostfront Furore machte. Nicht so erfolgreich wie Degrelle war im benachbarten Holland der Führer der Nationaal-Socialistische Bewegging *Mussert.* Dafür wurde er ein Handlanger jener Österreicher, die Hitler nach der Eroberung der Niederlande an die Spitze des Besatzungsregimes stellte und deren Wirken von den Betroffenen lange Zeit nicht vergessen wurde. Mussert wurde unter Seyß-Inquart zum »Leiter« des niederländischen Volkes bestellt, nach 1945 wurde er hingerichtet. So wie die Niederländer stellten auch die Dänen einen sehr schlagkräftigen Kampfverband für die Ostfront, der 1945 die letzten Abwehrkämpfe im ungarischen Raum unerschütterlich bestanden hat. Schweden stießen unter Christian Frederick von *Schalburg* zur Wehrmacht.

Norwegische Freiwillige und Krankenschwestern, die an der Ostfront fielen, liegen in verschollenen Gräbern. Aber der Name des norwegischen Majors Vidkun *Quisling* war lange Zeit das Symbol der Kollaboration mit der Nazibesatzung. Dabei trat Quisling schon lange vor dem Krieg mit seiner Nasjonal Samling auf den Plan. Er kannte die Zustände in der Sowjetunion besser als Hitler. Nach 1920 arbeitete er unter Fridtjof Nansen, um die unter der sowjetischen Agrarwirtschaft verhungernden Menschen der Sowjetunion vor dem Ärgsten zu bewahren; nach 1928 war er als Diplomat in Moskau. Erst Jahre nachher trat er mit seinen Warnungen vor der Sowjetunion hervor. Er gehörte zu jenen Unglücklichen, die einen hinsichtlich des Ostens schlecht informierten Hitler besser informieren wollten. Da kam er aber nicht gut an. Er hatte sich bei Hitler schon unbeliebt gemacht, als er 1940 vor der bevorstehenden Invasion Großbritanniens in Norwegen warnte, ehe dies von der deutschen Abwehr erkannt wurde. Daß die Ostvölker zahlreiche Freiwilligenverbände und politisch Verbündete stellten, war selbstverständlich. Daß aber der frühere niederländische Generalstabschef, Generalleutnant Seyffardt, Inspekteur der Freiwilligen seines Landes wurde, war ein ungeheurer Skandal; der General wurde denn auch 1943 ermordet. Inmitten dieses Wirrwarrs, der zuweilen zu einer Hölle geriet, ehe ein zweiter Weltkrieg ausbrach, wagte Dollfuß das Experiment, gegen den Hitlerismus anzukämpfen. Anders als andere Gegner und Feinde Hitlers überlebte er das Jahr 1945 nicht. Er fiel am 25. Juli 1934 in der Stellung, die er im Bewußtsein der auf ihn zukommenden Gefahr nicht verließ, nachdem er die anderen Mitglieder seiner Regierung in ihren Ministerien in Sicherheit wußte. Engelbert Dollfuß paßte in keine der gängigen Vorstellungen eines Diktators von damals:

Der erste und größte Diktator, *Lenin,* war Abkömmling einer Familie des russischen Beamtenadels, er gehörte der Sozialdemokratischen Arbeiterpartei Rußlands an, die erst 1919 den Namen Kommunistische Partei Rußlands (b) annahm. Zusammen mit Trotzki, den er später liquidieren ließ, richtete er im Klassenkampf den größten Holocaust der Weltgeschichte an. Ebenfalls aus der Sozialdemokratischen Partei seines Landes ging der dem polnisch-litauischen Kleinadel entstammende polnische Diktator Jozéf *Pilsudski* hervor. Im zaristischen Rußland Anarchist, wechselte er oft die Fronten, bis er 1935 als erster der mit Hitler Verbündeten starb. In diesem Zusammenhang gehört auch der Schöpfer des Faschismus in Italien, Benito *Mussolini,* genannt. Er erhielt seinen Taufnamen nach dem politischen Vorbild seines Vaters, welcher den mexikanischen Feind der Habsburger, Benito Juarez, verehrte. Aber der alte Mussolini war kein Proletarier, denn vor 100 Jahren gehörte der Schmied zur gehobenen Schicht im Dorf. Ehe der spätere Duce Sozialdemokrat und Journalist dieser Partei wurde, hatte er sich in dem versucht, was die Wiener einmal »anarchisteln« nannten. Er hat 1914 den Revolver Princips und die Bombe des Gabrinovic nach dem Mord in Sarajevo gepriesen. 1915 schwenkte er von der Parteilinie der SPI ab und trat – nach einer Beitragsleistung der Industrie – als Zeitungsherausgeber für den Kriegseintritt Italiens ein. Keinem dieser drei aus der sozialdemokratischen Bewegung hervorgegangenen Diktatoren haftete also der Adel einer proletarischen Herkunft an; noch weniger dem Schöpfer der laizistischen Türkei, dem Retter der Türkei aus ärgster Bedrängnis, *Kemal Atatürk.* 1909 gehörte er der türkischen Garnison in Saloniki und einer der dortigen Logen an. Die meisten Jungtürken, die später mit dem Sultanat Schluß machten, waren Schüler der Loge, ehe sie deren humane Grundsätze vergaßen, um bei der brutalen Säbelherrschaft Kemal Atatürks mitzumachen.

Unter den Diktatoren, Faschisten und Rechtsradikalen der Zwischenkriegszeit gab es Menschen unterschiedlicher Herkunft: ehe-

malige Sozialdemokraten wie Lenin, Pilsudski und Mussolini, ehemalige Offiziere wie Quisling und jener erwähnte unglückliche niederländische Generalleutnant, aber auch Typen wie die Machthaber
in den baltischen Staaten Estland, Lettland und Litauen. In dieser Linie stand der ehemalige Flügeladjutant Franz Josephs I., Miklos
Horthy, ebenso wie der Sohn des ehemaligen k. u. k. Generalstabs-
obersten Kwaternik, jener junge *Kwaternik*, dessen Grausamkeit im
Partisanenkampf selbst die Exzesse der Tito-Partisanen übertroffen
hat. Da waren auch der aus kleinbürgerlichen Verhältnissen hervorgegangene Adolf Hitler und der Sohn aus einer wohlsituierten Beamtenfamilie Lenin. Die Diktatur der dreißiger Jahre war nicht durch-
wegs nach rechts hin und ebensowenig durchaus nach links hin ausgerichtet. Sie entstand aus einer spezifischen Situation, die es den
Diktatoren erlaubte, die mit der Demokratie und dem Liberalismus
unzufriedenen Menschen jener Zeit für ihre Zwecke auszunützen.
In diesen Raster paßte die Persönlichkeit Engelbert Dollfuß' jedoch
nicht. Ihn haben zu Lebzeiten Männer, die an der Spitze eines Landes standen und die es mit der Demokratie und dem Parlamentarismus nicht genau nahmen, belächelt. Typen, die nach 1945 treuherzig
bekannten, daß in ihrem Fall eigentlich nur die Rettung der Demokratie Anlaß gewesen war, ein wenig mit der Gewalt zu spielen. Große Männer des Nachkriegseuropa haben auch nach dem Ende des
Dollfuß-Österreich mit Hitler paktiert. Stalin wurde sogar Kriegs-
verbündeter Hitlers und trug am Ausbruch des Zweiten Weltkrieges
mindestens ebensoviel Schuld wie Hitler; gierig verschlang er seinen
Beuteanteil: Ostpolen, die baltischen Staaten, Bessarabien und die
östliche ČSR. All das haben während des Krieges die Westalliierten
sukzessive mitgemacht, und zuletzt hat auch eine westdeutsche Regierung jene Westgrenze der Sowjetunion nochmals bestätigt, die
man die Ribbentrop-Molotow-Linie nannte, weil sie die Folge des
von den beiden unterzeichneten Bündnis- und grenzverändernden
Vertrags von 1939 ist; nicht zu reden von jenen, die nach 1945 noch
einmal mit Erfolg die Bühne der Politik betraten. Wie es sich mit
Dollfuß verhalten hat und verhält, wird noch dargestellt.

ROT UND BRAUN VEREINT GEGEN DOLLFUSS?

Alternativen und Risken

In den dreißiger Jahren, als die Konfrontation des Faschismus mit der Volksfront der Linken dem Höhepunkt zustrebte, befand sich Dollfuß in einer außergewöhnlichen, sehr gefährlichen Situation. Sie wird am besten durch einen Spruch deutlich, der nach den Februarkämpfen 1934 in den Wiener Betrieben der Steyr-Werke und bald in vielen anderen Betrieben die Runde machte:
»Wenn die Nazis uns versprechen, den Dollfuß und den Fey aufzuhängen, dann gehen wir mit ihnen.«
Die Parole gefiel vielen Sozialdemokraten, die nach der Zerschlagung ihrer Organisationen und der Inhaftierung ihrer Führer erst daran waren, ihr Kampfziel aufs neue zu erfassen und den Kampf im Untergrund aufzunehmen. Da fuhr aber Otto Bauer gehörig dazwischen. Nach seiner Flucht aus dem noch umkämpften Wien gab er in seinem Exil in Brünn eine auf Dünndruckpapier hergestellte Ausgabe der »Arbeiter-Zeitung« heraus, die auf verschiedenste Weise nach Österreich geschmuggelt und hier verteilt wurde. Nicht daß Bauer an dem erwähnten Spruch etwa die Sache mit dem Hängen verurteilt hätte; er tadelte vielmehr den Gedanken eines Zusammengehens seiner Genossen mit den gleichfalls illegalen Nationalsozialisten. Denn eine solche Kampfgemeinschaft mit den Nazis hätte nach der Ansicht Bauers den *eigenen* Kampf seiner Genossen gegen die Regierung Dollfuß gefährdet. Ein Sieg über den Faschismus in Österreich, nach dem man als Sieger den Siegespreis womöglich mit den Nazis hatte teilen müssen, war für Bauer unvorstellbar. Und dies, obwohl Bauer das gleiche strategische Ziel im Auge hatte, das dem Angriff der illegalen Nationalsozialisten auf das System die historische Bedeutung gegeben hat: den *Anschluß* Österreichs an das Deutsche Reich.
Bauer hat bis zu seinem Tod im französischen Exil am 4. Juli 1938 an der Idee festgehalten, die für ihn als politischen Leiter des Außenressorts im ersten Kabinett Renner 1918/19 maßgebend gewesen war: Die Sozialdemokratie betrachtete den Anschluß Deutsch-Österreichs an das Deutsche Reich als notwendigen Abschluß der nationalen Revolution von 1918. Renner tat damals gut daran, Bauer zu den

Friedensverhandlungen in Saint-Germain nicht mitzunehmen. Die beharrliche Vertretung der Anschlußidee, der unentwegte Kampf um Südtirol, aber auch um die von Sudetendeutschen besiedelten Gebiete der ČSR machten Bauer in den Augen der Sieger von 1918 unausstehlich und widerlich. Man ließ dies Renner in Saint-Germain wissen. So mußte er der Pression der Sieger im Interesse einer möglichen Erleichterung der Österreich zugedachten Friedensbedingungen schließlich Rechnung tragen. Bauer schied für immer aus der Regierung, aber er setzte in Wort und Schrift seinen Kampf um die Verwirklichung der Anschlußidee fort, wie das auch die späteren Bundespräsidenten der Zweiten Republik Karl Renner und Theodor Körner bei Veranstaltungen in Österreich und im Deutschen Reich taten. Und er blieb selbst nach dem Anschluß Österreichs an das Deutsche Reich im Jahr 1938 während der wenigen Monate bis zu seinem Tod im Sommer dieses Jahres bei dieser Ansicht. Er verurteilte alles, was vom Nationalsozialismus ausging, aber er wollte, daß der im Frühjahr 1938 vollzogene Anschluß, unabhängig von Erfolgen und Mißerfolgen Hitlers, Bestand haben sollte. Viele Österreicher, nicht nur die Bischöfe, dachten so. Karl Renner und Karl Seitz gaben Erklärungen ab, wonach sie bei der für den 10. April 1938 anberaumten Wahl zum Großdeutschen Reichstag mit Ja stimmen wollten, ohne deswegen bei sich die bisherige Gegnerschaft zum Nationalsozialismus aufzugeben.

1934 ging Bauers Haß gegen das System in Österreich so weit, daß in der »Arbeiter-Zeitung« ein Zitat aus jenem Gedicht abgedruckt wurde, das Heinrich Heine 1849 nach dem Sieg der Habsburgermonarchie über die Revolutionäre in Ungarn unter Zusammenfassung seiner ganzen Haßgefühle verfaßt hatte, um diese Verse der schwarzgelben Hyäne entgegenzuschleudern:

»Anständige Bestien sind es doch, / die ganz honett dich überwunden. / Doch wir geraten unters Joch / von Wölfen, Schweinen und gemeinen Hunden.«

Für den im Exil weilenden Heinrich Heine war das Militär seines preußischen Heimatstaates, das unter dem Befehl des späteren Kaisers Wilhelm I., des sogenannten Kartätschenprinzen von 1849, die Revolution in Preußen liquidierte, honett. Dagegen waren die k.k. Truppen, die gleichzeitig gegen die Heere des ungarischen *Diktators* Lajos Kossuth kämpften, ein Haufen von Wölfen, Schweinen und gemeinen Hunden.

Um jenen Genossen in Österreich, denen die entsprechenden Kenntnisse in Literatur und Geschichte abgingen, den Vergleich Heines verständlich zu machen, beschrieb Bauer 1934 die in Österreich am

Werk gewesenen Wölfe, Schweine und gemeinen Hunde als Vertreter einer – so wörtlich – kulturlosen Spießerhaftigkeit, einer pharisäerischen Heuchelei und kleinlichen Zwergbosheit. Aber derlei Typen wären zwischen 1934 und 1938 nie imstande gewesen, im Europa der Ära von Volksfront und Faschismus den Zweifrontenkrieg gegen Rot und Braun durchzustehen.

Was das nach den Februarkämpfen 1934 von Bauer befürchtete Zusammengehen seiner jetzt illegalen Genossen mit den bereits seit dem Sommer 1933 illegalen Nationalsozialisten betraf, so war derlei in Österreich nicht zu befürchten. Schon am 12. Februar 1934 hatten sich in Wien in der Wohnung des nationalsozialistischen Publizisten Gilbert In der Maur, der 1937/38 im Endkampf um Österreich eine wichtige Rolle spielen sollte, SA-Führer und Parteiamtswalter versammelt, um zu beraten, ob es tunlich wäre, dem System während seines Kampfes mit den Roten in den Rücken zu fallen. Man kam überein, es für diesmal bleiben zu lassen. Diesen Männern und ihren Kameraden im Untergrund ging es darum, aus der Liquidationsmasse der Arbeiterpartei, vor allem aus der des Schutzbundes, *die* Kämpfer für die Hitlerbewegung zu gewinnen, deren Haß gegen Dollfuß zu jenem Zeitpunkt sogar jenen gegen den Hitlerismus übertraf.

Schon kurz nach den Februarkämpfen 1934 wurde in den Betrieben unter der Arbeiterschaft jenes von den Nationalsozialisten herausgegebene Flugblatt verteilt, das eindeutig auf die Tatsache verwies, daß die Nationalsozialisten zwar auf die Werbung enttäuschter sozialistischer Februarkämpfer aus waren, im übrigen aber als politische Bewegung mit einer unter Otto Bauer und Genossen tätigen Arbeiterpartei nichts zu tun haben wollten.

Das Flugblatt trug eine Überschrift, deren Text allen im Geist des Austromarxismus Erzogenen seit 1918 unzählige Male eingehammert worden war: *Nie wieder Krieg!*

Diesen Satz stellten die Verfasser des Flugblatts als eines jener Schlagworte hin, die zusammen mit dem Gerede von der internationalen Solidarität den gutgläubigen Anhängern des jüdischen Austromarxismus in die Gehirne gehämmert worden waren. Aber die fragliche Internationale hätte sich als ein gemeiner jüdischer Schwindel erwiesen: Nicht eine Arbeiterfaust (!) hätte sich gerührt, als die austrofaschistische Reaktion die österreichische Sozialdemokratie blutig zusammenschlug. Hier erinnert man sich daran, daß während der Februarkämpfe 1934 die linksliberale Regierung in Paris eben daran war, einen allgemeinen Aufruhr gegen ihr vom Stavisky-Skandal schwer erschüttertes System mit Infanterie, Kavallerie und Panzerwagen zu unterdrücken und daher keine Hand frei hatte, um den Aufständischen in Österreich zu Hilfe zu kommen.

Otto Bauer wurde in dem fraglichen Flugzettel vorgeworfen, er hätte seine Genossen samt ihren Frauen und Kindern vor die Maschinengewehre und Kanonen des Kleriko-Faschismus gehetzt. Es gehört zum Mythos der Revolution, stets Frauen und Kinder als die Opfer der Gegenrevolution zu nennen, weniger aber jene zu erwähnen, die bei den unentwegten Angriffen der Revolution seit 1789 in Europa gefallen sind. Und Bauer hat am 12. Februar den Schutzbund nicht aufgeboten. Im Gegenteil: Er versuchte noch am frühen Morgen dieses Tages die Genossen in Linz vom Losschlagen abzuhalten; es hat zwar der Schutzbund als der Wehrverband der SDAPÖ *angegriffen,* aber selbstverständlich nicht mit jener gemeinen, freilich da und dort üblichen Methode, bei der den Angreifern Frauen und Kinder voranschreiten . . .

Das Flugblatt bezog sich auf eine Vorhersage Bauers, die in der Ausgabe der »Arbeiter-Zeitung« vom 18. März enthalten war. In der Hitze des Gefechtes entschlüpfte Bauer eine Formulierung, die nicht die allgemeine Gefahr eines Weltkrieges aufzeigte (sie bestand im Frühjahr 1934 noch nicht), sondern eher die erhoffte Chance feststellte, wonach die auf einen Weltkrieg *zusteuernde* Entwicklung den Sozialisten in Österreich »die Chance für eine neue revolutionäre Volkserhebung« geben würde. Und dann fettgedruckt:

»Diesem feigen Galizianer ist also noch nicht genug Arbeiterblut geflossen.«

Bauer war weder Galizianer, sondern gebürtiger Wiener, noch war er feig, vielmehr war er einer der ersten Reserveoffiziere der alten Armee, dem wegen Tapferkeit vor dem Feind, also dem Zarismus, das Militärverdienstkreuz verliehen worden war. Dann aber kam der Text zu einem an Arbeiter und Genossen gerichteten Aufruf, demzufolge der internationale jüdische Marxismus die Arbeiter seit Jahrzehnten tausendfach betrogen und verraten hätte. Und die jüdische Führerclique hätte, während die Arbeiter ehrlich geglaubt und gekämpft hätten, in der Gefahr, ums Leben und um ihr Postscheckkonto zu kommen, einfach aufgegeben. Wer nach all dem den ungeheuren Betrug des Marxismus am schaffenden Arbeiter der Stirn und der Faust nicht erkannt hätte, dem sei nicht zu helfen. Und der verdiene auch nichts Besseres als zu riskieren, sich noch einmal für jüdisch-kapitalistische Interessen zusammenschießen oder aufhängen zu lassen. Noch einmal wandte sich der Texter des Flugblatts an Arbeiter und Genossen:

»Gebt den Seicherln und Judenbonzen in der verspießerten Sozialdemokratie den langverdienten Tritt in den feisten Hintern! Kämpft Seite an Seite mit den Nazis unter der Führung des deutschen Arbeiters Adolf Hitler, der nie seine Ziele und sein Programm verriet, gegen die Reaktion und alle ihre offenen und heimlichen Träger! Ihr waret Sozialdemokraten. Werdet Sozialisten, unter dem roten Banner des Hakenkreuzes!«

Es war ein Flugblatt, wie es in jenen Jahren in Österreich zahlreiche gab. Die Bedeutung dieses im Monat nach den Februarkämpfen herausgegebenen Flugblatts bestand darin, daß die nationalsozialistischen Illegalen, so wie Otto Bauer und seine Genossen, eine Zusammenarbeit beider Bewegungen gegen das System ablehnten. Vielmehr lag ihnen daran, aus dem Wirrwarr der Desorientierung, die nach dem Februar 1934 unter den Kämpfern der alten Arbeiterbewegung herrschte, *einzelne unentwegte Kämpfer* für die Hitlerbewegung herauszureklamieren. Und das ist denn auch tatsächlich in einem gewissen Ausmaß gelungen. Bis 1938 setzten etwa 10 Prozent der Februarkämpfer, die nicht aufgeben wollten, so oder so in den Reihen der Hitlerbewegung den Kampf gegen das System fort. Im Juli 1934 brachte der Prozeß gegen den ehemaligen Schutzbundangehörigen Josef Gerl zutage, wie jene Männer tatsächlich dachten, die nach dem Februar 1934 nicht willens waren aufzugeben.

Das Flugblatt zeigte aber auch ein Motiv auf, das bis 1938 nicht mehr aus der Propaganda der nationalsozialistischen Illegalen, zumal jener in den Reihen der Jugend und der Studenten, verschwinden sollte: Die Kämpfer für den Dollfuß-Staat wurden dabei den feigen jüdischen Emigranten gleichgestellt und als *Judenknechte* verächtlich gemacht. Nach 1938 sind nicht wenige Österreicher als bisherige Judenknechte unter die Räder und ins KZ gekommen und nach 1945 in der amerikanischen und britischen Besatzungszone verfolgt worden. Man kann annehmen, daß der Hinweis der Nazipropaganda auf die »Seicherln und Judenbonzen in der verspießerten Sozialdemokratie« eine schwärende Wunde im Gewissen vieler Kämpfer unter der roten Fahne bloßlegte. Schon vor dem 12. Februar 1934 hatte der oberösterreichische Schutzbundführer und Parteifunktionär Richard Bernaschek, der nachher mit Hilfe von Nationalsozialisten aus der Untersuchungshaft entfliehen konnte, darauf hingewiesen, daß die Standesstärke im illegalen Schutzbund im Schwinden war, und das nicht nur deshalb, weil nicht wenige Genossen aufgaben. Die Gefahr, die Bernaschek zum Aufstand trieb, war vielmehr die, daß gerade die kämpferisch veranlagten Schutzbündler den Weg zu den Kommunisten suchten. Der Hieb mit der Verwendung des Wortes »Seicherln« und die Klassifizierung »verspießerte Sozialdemokratie«

hat also nach den Februarkämpfen gezogen. Und nicht zum erstenmal seit 1848 schoß auch in der Arbeiterschaft ein gewisser Antisemitismus hoch, der sich zugleich mit Verachtung gegen die Judenknechte im System, aber auch gegen jene wandte, die sich in der Führung des Revolutionsgeschehens weiterhin zu sehr in den Vordergrund drängten. Die Bezeichnung Judenknecht bedeutete in der Studentenschaft der Hochschulen, wo der Nationalsozialismus mehr als im Deutschen Reich zuerst festen Fuß gefaßt hatte, mehr als einen Ausdruck bloßer politischer Gegnerschaft; schon eher war sie ein Synonym für Abartigkeit und dergleichen.

Von jenen Februarkämpfern, die sogleich oder auf dem Umweg über die ČSR in die Sowjetunion geflüchtet waren, gibt es Aufzeichnungen, auch solche in Buchform. Sieht man von den unvermeidlichen Verbeugungen vor dem damals herrschenden Stalinismus und der Herabminderung der Gegner ab, dann kommt doch in allen diesen vergessenen Worten von Tatzeugen der Februarkämpfe der Mißmut und die Verachtung der Führung der SDAPÖ zum Ausdruck. Von diesen Flüchtlingen machten nachher viele die Kämpfe des Spanischen Bürgerkrieges auf seiten der Roten mit. Ihr soldatischer Einsatz in den Reihen der Internationalen Brigaden verdient die Achtung, die jedem Kämpfer gebührt, der sein Leben im Kampf gegen das des Gegners einsetzt und keine Stellvertreter ins Feuer schickt. Um so grausamer war ihr Schicksal, sofern sie nach dem Sieg Francos in die Sowjetunion zurückkehrten. Dort erlebten sie einige der schändlichsten und blutigsten Säuberungsaktionen der Stalin-Ära, gerieten in die Fänge von Intriganten und Bütteln des herrschenden Systems und starben befleckt mit dem Makel, Verräter der Arbeiterklasse und Handlanger des Faschismus gewesen zu sein (!).

Im politischen Geschehen ist Verrat, also *Hochverrat, eine Frage des Datums*. Der als guter Christ verstorbene Fürst Talleyrand hat es im Laufe seines Lebens verstanden, seine Taten jeweils so zu setzen, daß sie dem momentan obwaltenden System genehm waren; ging dieses System unter, dann entzog er sich für eine Weile der politischen Bühne oder berief sich bei den neuen Machthabern darauf, daß er insgeheim längst ihr gefälliger Diener gewesen sei. So wurde er unter dem Königtum Bischof, ohne je das Wesen des Priestertums erfaßt zu haben; nachher diente er den Machern der Französischen Revolution, der Justizminister, der Massenmörder Danton, verschaffte ihm jedoch rechtzeitig Paß und Passage zur Flucht in die USA; als er wieder in Paris auf der Bühne der Politik auftrat, waren die großen Macher der Revolution schon guillotiniert, und was von der Revolution übriggeblieben war, war ein Haufen gesinnungsloser Lumpen und

Nutznießer, deren Amtsführung dem Erben der Revolution, dem jungen Bonaparte, den Weg zur Macht erleichterte. Rechtzeitig sicherte sich Talleyrand das Vertrauen des Generals, und an der Seite Napoleons machte er den Aufstieg des Revolutionsgenerals zum Kaiser der Franzosen mit; 1809 fand er in der Person des österreichischen Gesandten in Paris, Graf Metternich, einen kongenialen Partner, einen Mitarbeiter bei den Intrigen zum Sturz Napoleons; mit einiger Eleganz schwang sich nachher der gewesene Marquis dem aus dem Exil heimgekehrten König Ludwig XVIII. zu und rettete auf dem Wiener Kongreß das besiegte Frankreich vor dem Schicksal, das die Franzosen 1918 den Deutschen bereiteten. Und wieder tat er zum richtigen Datum weiter, als man nach dem zweiten Königtum in Frankreich das des Hauses Orléans aufrichtete; da war er wieder dabei als Handlanger des Bürgerkönigs Louis Philippe, dessen edler Vater 1792 für den Tod seines Verwandten Ludwig XVI. gestimmt hatte. Nochmals kam er über eine Hürde hinweg, um als französischer Botschafter in London das erste Gewebe jener Entente der großen Mächte zu stricken, durch welches im Ersten Weltkrieg die Mittelmächte besiegt wurden. Zuletzt gefürstet, hat er mit einigen Frauen in Beziehungen gelebt, von denen eine genügt hätte, um ihn als Bischof zu zensurieren. Aber, wie gesagt, *er starb als guter Christ:* Den Geistlichen, der ihm die Letzte Ölung verabreichte, machte er bei der Salbung der Hände darauf aufmerksam, daß er als geweihter Bischof Anspruch habe, auch an den Innenseiten der Hände mit dem heiligen Öl gesalbt zu werden. Dank solcher Typen geriet Frankreich seit der Französischen Revolution von 1789 zu drei konstitutionellen Königreichen, zu zwei Kaiserreichen und zu bisher fünf Republiken.

Über Österreich brach eine Kavalkade von Verfassungsreformen und Experimenten mit einem Verfassungsentwurf von 1848 herein. Nachher kam der Wechsel der legitimierenden Staatsideen nicht mehr zum Stillstand; nach 1918 gab es eine Erste und eine Zweite Republik, dazwischen den Ständestaat von 1934 und den Führerstaat von 1938; bei der Zweiten Republik angelangt und mit einigermaßen festem Boden unter den Füßen, tönt aber schon aus den Bergen der Ruf nach einer dritten Republik. So war also auch in Österreich Hochverrat des öfteren eine Frage des Datums. In jedem Fall war jener Hochverräter, der zuletzt nicht den Kerkerschlüssel in Händen hatte, sondern Insasse dieser unheimlichen Behausung wurde.

Bei Ausbruch der Februarkämpfe 1934 drohte die Regierung indirekt mit dem Strick, als sie am 12. Februar 1934 das Standrecht verhängte; nicht um rascher und öfter mit dem Strick bei der Hand zu sein, sondern in der Erwartung, daß die Schutzbündler die Waffen niederlegen würden, um dieser Ultima ratio zu entgehen. Aber die damals im Kampf befindlichen Männer des Schutzbundes waren keine Radiohörer, und wären sie es gewesen, hätte besagte Drohung ihren Widerstandswillen nur verstärkt. Die Geschichte lehrt, daß im Bürgerkrieg derlei Drohungen nur selten dem Blutvergießen Einhalt gebieten, sondern im Gegenteil die Kampfentschlossenheit der Unbedingten aufs äußerste reizen. Tatsächlich folgte der fatalen Maßnahme das *Verhängnis*, das Aufständische wie Regierung traf.

Als das schrecklichste Ereignis dieser Tage, die Vollstreckung der von den Standgerichten verhängten Todesurteile, geschehen war, stellte sich Justizminister Schuschnigg der in- und ausländischen Presse. In ausländischen Zeitungen war das falsche Gerücht verbreitet worden, wonach man im faschistischen Österreich schwerverletzte Schutzbundkämpfer nach ihrer Gefangennahme und Aburteilung unter die Galgen geschleppt und gehenkt hätte.

Am 14. Februar 1934 hatte Dollfuß namens der Bundesregierung über den Rundfunk die Schutzbundkämpfer aufgefordert, bis zum nächsten Tag zu Mittag die Waffen abzuliefern. Allen, die binnen der gesetzten Frist der Aufforderung der Bundesregierung nachkamen, war die *Straffreiheit* sicher. Es gehört aber zur Tragik des Kampfgeschehens im Bürgerkrieg, daß eine solche Aufforderung zur Waffenniederlegung als Preis für die Straffreiheit der Aufständischen gerade die Unbedingten und Unbeugsamen veranlaßt, jene Gewehre, die 1927 Karl Seitz die »heiligen Gewehre« genannt hat, nicht dem Todfeind zu überlassen.

Einer dieser Unbedingten war der 43jährige arbeitslose Schuster Karl Münichreiter, Vater dreier Kinder. Trotz einer Schußverletzung kümmerte er sich nicht um die Chance, straffrei aus der Sache herauszukommen, er kämpfte weiter und fiel zuletzt nach der Mittagsstunde des 15. Februar der Exekutive in die Hände; nach tagelangem Kampfgeschehen, in dem er einer der Vorkämpfer der Aufständischen gewesen war.

Zusammen mit neun anderen Genossen stand er in Wien vor dem Standgericht. Neun der Angeklagten entkamen dem Henker, weil selbst der Staatsanwalt in ihren Fällen Zweifel am subjektiven Tatbestand hegte; Zweifel, die im Fall Münichreiter nicht entstehen konnten. Die Verteidigung hatte auf Verhandlungsunfähigkeit Münichreiters plädiert. Obwohl die ärztliche Untersuchung die im Kampf erlittene Verwundung Münichreiters als eine solche qualifiziert hatte, die das standrechtliche Verfahren keineswegs ausschloß. Beim Vorliegen einer bloß *leichten* Verletzung verlor Münichreiter aber die Chance, daß das Verfahren erst nach Ende des Standrechts vor einem ordentlichen Gericht stattfinden, er also dem Henker entgehen würde.

Bei der erwähnten Pressekonferenz wußten die Journalisten schon mehr: Die Obduktion hatte nämlich ergeben, daß Münichreiter, der im Kampf und vor Gericht seinen Feinden keine Schwäche zeigte, eine Schußbruchverletzung, also eine *schwere* Verletzung, erlitten hatte, die ein Verfahren während der Geltung des Standrechts und also eine Hinrichtung ausgeschlossen hätte, wäre das gerichtsärztliche Parere nicht falsch gewesen. Die Tragik des Falles war damit nicht zu Ende:

Zugleich mit dem Verfahren gegen Münichreiter lief eines gegen einen anderen Schutzbundangehörigen, der als MG-Schütze nicht nur die Aufforderung der Regierung zur Waffenniederlegung mißachtet, sondern ein Ehepaar, von dem er sich während des Feuergefechts mit der Exekutive beobachtet sah, kaltblütig umgebracht hatte. Dies, nachdem er sein MG vergraben hatte. Sein nachfolgender Selbstmordversuch mißlang, aber seine schwere Verwundung lag dermaßen sichtbar zutage, daß seine Verhandlung während der Dauer des von der Bundesregierung verhängten Standrechtes nicht möglich war. Der zum Schwerverbrecher gewordene Februarkämpfer kam, anders als Münichreiter, mit dem Leben davon . . .

Die furchtbare Mechanik bei Ausübung des Standrechtes forderte ein weiteres Opfer: den Brandadjunkten der Städtischen Feuerwehr Georg Weissel. Er hatte nach der Heimkehr aus dem Krieg an der Technischen Hochschule in Wien studiert, als Ingenieur trat er in den Dienst der Gemeinde Wien. Sein ernsthaft verstandener Radikalismus ließ ihn eine Zeitlang überlegen, die SDAPÖ zu verlassen, um in die Sowjetunion auszuwandern. Dazu kam es nicht. Bis zum 12. Februar 1934 hatte er aus Angehörigen der Städtischen Feuerwehr der Feuerwache Floridsdorf eine Kampfgruppe ausgesucht, deren Aufgabe es sein sollte, zusammen mit anderen Schutzbundkämpfern das Polizeikommissariat der Sicherheitswache in Floridsdorf zu zernieren und so die örtliche Befehlsstelle des Feindes lahmzulegen. Er trat erst am Morgen des 13. Februar seinen Dienst in der Feuerwache an. Beim Betreten der Küche erstarrte er: Seine Frau wärmte auf dem Gasrechaud so wie jeden Morgen das Frühstück; die Städtischen Gaswerke, Zentrum des Aufstandsgeschehens, waren also nicht in den Streik getreten; der gedachte Generalstreik fand nicht statt.

Das war für Weissel kein Grund, selbst aufzugeben. Indessen hatte schon jetzt sein anfänglicher Kampfplan zwei gefährliche Beeinträchtigungen erlitten. Für den Alarmfall, wie einer am 12. Februar

vorlag, bestand die Dienstvorschrift, daß sich die nicht im Dienst befindlichen Angehörigen der Städtischen Feuerwehr nicht an ihren Dienstort begeben, sondern zur nächstliegenden Feuerwache einrücken sollten. Also gab es am 13. Februar in der Feuerwache Floridsdorf Feuerwehrmänner, die nicht zur Kampfgruppe Weissels gehörten, in den Plan nicht eingeweiht, ja gar nicht willens waren zu kämpfen. Dazu kam ein noch gefährlicherer Schwachpunkt. Der Branddirektor von Wien bekam Kenntnis von der Tatsache, daß Weissel einen Rüstwagen der Brandwache Floridsdorf ausgeschickt hatte, der mit dem ständigen Hornsignal »Feuer!« alle Sperren der Exekutive anstandslos durchfahren und die andernorts gelagerten Waffen und Munitionsbestände wie geplant für den Kampf in Floridsdorf herbeischaffen konnte. Vergebens hatte der Branddirektor versucht, Weissel an einer Fortsetzung dieses dienstwidrigen Verhaltens zu hindern; als Weissel nicht nachgab, meldete der verzweifelte Branddirektor den Fall der Magistratsdirektion im Rathaus; dort herrschte aber bereits die Situation nach der tags zuvor erfolgten Festnahme des Bürgermeisters Karl Seitz, und von den neuen Herren im Rathaus hätte Weissel selbstverständlich keine Weisungen entgegengenommen. Während all dem gelang es nichtuniformierten Kriminalbeamten auf unblutige Weise, die Kampfbereiten in der Feuerwache durch Zureden außer Gefecht zu setzen; das war nicht schwer, es waren ja genug Männer auf der Feuerwache, die auf keinen Fall mit Weissel gehen wollten. Die ins Gebäude eindringenden Exekutivbeamten stellten Weissel, forderten ihn zur *Waffenniederlegung* auf und verfolgten den Flüchtenden im Stiegenhaus: In dieser Situation gab Weissel einen Warnschuß (?) ab. Damit verwirkte er die Chance der Straffreiheit endgültig. Dazu kam, daß alles, was Weissel getan hatte, den Tatbestand des Aufruhrs erfüllte. Der Staatsanwalt Dr. Wachsmann, 1942 im KZ Theresienstadt umgekommen, beantragte die Erwirkung einer Begnadigung. Der Gerichtshof lehnte die Befürwortung ab. Während Weissel von Frau und Sohn Abschied nahm, kam die Nachricht vom endgültigen Scheitern aller zugunsten der Verurteilten gemachten Versuche.
Der Apparat rasselte nach dem Tod Weissels weiter. Die Grabinschrift: »Ein Stein unter Steinen im Aufbau der Menschheit«, mußte wegen angeblicher Gutheißung einer verbrecherischen Handlung entfernt werden; sie steht heute auf dem wuchtigen Denkmal, das sich nach 1945 über der Grabstätte Weissels erhoben hat.
Unter den Todesopfern der Exekutive befand sich auch eine Schlüsselfigur aus den Reihen der zum Überfall auf das Bundeskanzleramt bereiten Nationalsozialisten: Polizeimajor Viktor Friedrich. Er ge-

hörte jener Alarmabteilung der Wiener Sicherheitswache an, die nach den Ereignissen des 15. Juli 1927 aufgestellt und mit leichten Infanteriewaffen ausgerüstet worden war. Der selbst national eingestellte Polizeipräsident Schober hat gern Gesinnungsfreunde bei der Sicherheitswache eingestellt, er konnte aber nicht ahnen, daß diese einmal als Nationalsozialisten eine verhängnisvolle Rolle spielen sollten, als die NSDAP mit ihrem vehementen Angriff auf Dollfuß und seine Regierung begann. Friedrich gehörte zu jenen Männern in der Alarmabteilung, die schon im Herbst 1933 einen Überfall dieser Abteilung auf das Bundeskanzleramt planten; sein Tod während der Februarkämpfe war ein schwerer Verlust für jene Angehörigen der SS-Standarte 89, die im Juli 1934 den Anschlag, trotz schwerer Mängel in der Planung, tatsächlich ausführten.

Es war reiner Zufall, daß nicht die Illegalen der NSDAP und ihrer Wehrverbände als erste zum bewaffneten Aufstand schritten, sondern der Republikanische Schutzbund der SDAPÖ. Im Herbst 1933 war nämlich alles für einen Anschlag der Alarmabteilung der Polizei auf die Regierung vorbereitet. Die nicht eingeweihten Angehörigen dieser Abteilung sollten von ihren nationalsozialistischen Vorgesetzten dahingehend getäuscht werden, daß es sich um einen Einsatz zum Schutz der im Bundeskanzleramt versammelten Minister handle. Einmal im Einsatz, hätte ohnedies im ärgsten Fall der Satz gegolten: Mitgefangen, mitgehangen; jedenfalls wäre es den Nichteingeweihten nicht mehr möglich gewesen, rechtzeitig abzuspringen oder sich zu verdrücken.

Zum harten Kern des im Verband der Alarmabteilung rekrutierten Überfallkommandos gehörte auch der Kompaniekommandant Polizeimajor Josef Heischmann. Er unterhielt enge Beziehungen zu dem vom Bundesheer zur Abrichtung der Männer der Alarmabteilung abgestellten Major des Bundesheeres Rudolf Selinger. Im Bundesheer bestand auch nach dem Verbot der Betätigung für die NSDAP der nunmehr illegal gewordene »Deutsche Soldatenbund«, praktisch eine Teilorganisation der Hitlerbewegung im Heer. Selinger war ein Großsprecher, der den Parteifreunden in der Alarmabteilung vorfaselte, es würden sich große Teile des Heeres einem Anschlag der Alarmabteilung anschließen. Tatsächlich produzierte der Deutsche Soldatenbund nur wenige kampfentschlossene Männer; unter ihnen befand sich der ehemalige Infanterist Fridolin Glass, der dann am 25. Juli 1934 die militärische Leitung des Unternehmens gegen das Bundeskanzleramt unter sich hatte und dabei kläglich scheiterte. Glass brachte es im Heer, obwohl er Maturant war, nicht einmal zum Gefreiten, er wurde nach verbotener Betätigung für die Hitlerbewegung ausgeschieden und war von Stund an entschlossen, jedes Unternehmen zum Sturz des Systems mitzumachen.

Es gab 1933/34 tatsächlich Nationalsozialisten im Heer, darunter auch Offiziere, wie den späteren Generalobersten des deutschen Heeres, Lothar Rendulic, der seit 1932 eingeschriebenes Mitglied der NSDAP war. Als Militärattaché der österreichischen Gesandtschaft in Paris zugeteilt, wirkte er nicht gerade im Sinn seiner Regierung. Wie gut Rendulic über die Absichten der Nationalsozialisten in Österreich informiert war, beweist sein Gespräch mit einem Kameraden im Attachékorps, dem er unverhohlen die Gefahr aufzeigte, die Dollfuß und seiner Regierung drohte. Dollfuß war sicher schlecht beraten, als er 1933 den intriganten Steirer Anton Rintelen, einen der Macher des Pfrimer-Putsches des Steirischen Heimatschutzes von 1931 und frühen Sympathisanten der NSDAP, zum Gesandten in Rom machte und Rendulic als Militärattaché nach Paris entsandte.

So wenig man 1933 dahinterkam, daß Rendulic und andere Heeresoffiziere noch vor deren Betätigungsverbot Mitglieder der NSDAP wurden, so wenig kam der für das Sicherheitswesen zuständige Major Fey dahinter, was wirklich an jenem Gerücht Wahres dran war, wonach die Alarmabteilung der Wiener Sicherheitswache von engagierten Parteigängern der Hitlerbewegung organisiert und kommandiert wurde. Immerhin war Fey entschieden genug, auch auf bloßen Verdacht hin das dem Nationalsozialismus ergebene Führungskorps in der Alarmabteilung zu zerstreuen, was bedeutete, daß diese Männer in Polizeikommissariate versetzt wurden. Das hat die von dieser Maßnahme betroffenen Polizeioffiziere und Konzeptsbeamten freilich nicht daran gehindert, aufs eifrigste bei den Vorbereitungen für den Putsch des 25. Juli 1934 in Wien führend mitzumachen.

Da also die Alarmabteilung für einen Überfall auf das Bundeskanzleramt und die Regierung nicht mehr disponibel war, unternahmen es der bisherige Kompaniekommandant der Alarmabteilung, Polizeimajor Josef Heischmann, und besagter Major des Bundesheeres, Rudolf Selinger, ein neues Rollkommando zum gleichen Zweck zusammenzustellen. Dafür standen bald genug aus dem Heer entlassene Nationalsozialisten zur Verfügung, aber auch normalmäßig verabschiedete; so der Angehörige einer Wiener Verbindung des CV, Wilhelm Kern, der während seiner Dienstleistung beim Heer ein Rechtsstudium an der Universität Wien absolvieren konnte.

Man hat sich nach dem 25. Juli 1934, als die seinerzeitigen Vorgänge in der Alarmabteilung aufgedeckt wurden, gefragt, warum das damals

44

gut vorbereitete Unternehmen im Herbst 1933 nicht gestiegen ist. Verschiedene Ursachen sind bekannt. Wenn jene zutreffend ist, wonach im Herbst 1933 »im Reich an höchster Stelle« eine derartige Aktion nicht genehm war, weil Hitler mit der Schaffung seines Führerstaates nicht ganz fertig und die außenpolitische Lage Berlins noch prekär war, dann wäre das ein Indiz dafür, daß der Führer und Reichskanzler schon sehr früh die Möglichkeit in Rechnung gestellt hatte, sich seines Gegners in Wien auf eine sehr dramatische Weise zu entledigen.

Nachdem der geniale Plan, die Regierung durch eine Eliteeinheit der Wiener Sicherheitswache ausheben zu lassen, gefallen war, dauerte es eine Weile, bis ein neuer Plan für einen Anschlag auf das Bundeskanzleramt fertig und die Mannschaft für dessen Ausführung vergattert war. Nun trat der aktive Kriminalbezirksinspektor Konrad Rotter, der bis zum Parteiverbot Gemeinderat der Fraktion der NSDAP im Wiener Rathaus gewesen war, in den Vordergrund. Rotter genoß den Ruf eines verwendungsfähigen Kriminalbeamten, er war auf seine Art charakterfest und ging mit großer Entschiedenheit ans Werk. Schon in der Verbotszeit bestand eine illegale Bezirksorganisation Gersthof, als Rotter, abgesondert von dieser stets gefährdeten illegalen Organisation, im verborgenen eine Gruppe »Gersthof 2« gründete. Eine seltsame Gruppe. Sie bestand nämlich aus Männern und Frauen, die im Dienst der Polizeidirektion Wien standen. Aus diesem Kader konnte Rotter Männer aussieben, die für mehr zu haben waren, als Beiträge und Spenden für die Partei einzusammeln oder derlei zu leisten.

Ein weiterer Kriminalbeamter spielte bei diesen Planungen eine Rolle, nämlich Franz Kamba. Er war als »besonders verläßlicher Mann« der sogenannten Kanzlerwache im Bundeskanzleramt zugeteilt. Beruflich sichtlich nicht ausgelastet, benutzte Kamba den Dienst im Bundeskanzleramt dazu, das komplizierte System der Stiegenhäuser, Gänge und Zimmerfluchten des alten Gebäudes zu erkunden und die Ergebnisse seinen Kameraden mitzuteilen, damit der Überfall auf das Kanzleramt zielgerecht angesetzt und durchgeführt werden konnte. Jetzt, nach 50 Jahren, in einer Zeit, in der die Regierungsgebäude in der freien Welt von schwerbewaffneten Spezialeinheiten der Polizei und von Antiterrorkommandos bewacht werden, fällt die Lässigkeit auf, mit der das Bundeskanzleramt in der Ära Dollfuß bewacht wurde: ein jeweils von der Polizeidirektion Wien gestellter Sicherheitswachebeamter in Uniform als Torposten, dazu ein Kriminalbeamter und die beiden vom Heer gestellten Posten der Ehrenwache, deren Gewehre zur Leistung der Ehrenbezeigung dienten und daher nicht geladen waren . . .

45

Rotters Entschiedenheit wurde zuweilen seitens der Partei von höherer Stelle aus gerne gesehen, zunächst aber gebremst. Das war in der Zeit, als es der Sache Hitlers nicht dienlich war, das Problem Österreich mit Skandalen und Gewalttaten anzugehen. Andererseits war auch noch nicht die Zeit gekommen, in der man, wie 50 Jahre später, einfach politische Gegner oder deren Angehörige als Geiseln nimmt, um eine bestimmte Verhaltensweise der Regierung eines Staates zu erpressen, oder eine jener auf internationaler Basis bestehenden Banden einsetzt, die unerwünschte Funktionäre in Staat, Politik und Wirtschaft beseitigen oder einfach jenes Hotel in die Luft sprengen, in dem sich eben die gesamte Prominenz einer politischen Partei getroffen hat. Wären die Männer des Schutzbundes im Februar 1934 so weit gewesen wie die heutigen Terror- und Mordkommandos, dann hätten sie leicht von der Tatsache Gebrauch machen können, daß am Vormittag des 12. Februar die Gattinnen des Bundeskanzlers und des Vizekanzlers in *Arbeiterbezirken* unterwegs waren, um Wohlfahrtseinrichtungen zu besuchen und Wünsche entgegenzunehmen . . .

Die nunmehr veröffentlichten Texte der Ministerratsprotokolle der Ära Dollfuß widerlegen eindeutig das Gerücht, wonach angeblich Fey irgendwie an der Vorbereitung oder dem Anschlag auf das Bundeskanzleramt am 25. Juli 1934 beteiligt gewesen sein soll. Gerade Fey hat im Frühjahr 1934 seine Kollegen in der Regierung darauf aufmerksam gemacht, daß Gefahr nicht von den Massen der Bevölkerung drohe, sondern aus den Reihen der Staatsbediensteten (!). Für Fey stand in den zwanziger Jahren der Feind links. Seit der Machtergreifung Hitlers in Berlin und endlichen Wahlerfolgen der NSDAP in Österreich verlief für ihn die Abwehrfront gegenüber dem vehement angreifenden Nationalsozialismus. Fey tat nach dem Anschluß gut daran, zusammen mit seiner Familie freiwillig aus dem Leben zu scheiden, ehe das auf ihn angesetzte Rollkommando an der Tür läutete.

Im Jänner 1934 stand die Regierung in einer ernsten diplomatischen Auseinandersetzung mit der *Regierung in Berlin* und hatte sich der ununterbrochen aus dem Untergrund *angreifenden Hitlerbewegung im eigenen Land* zu erwehren. Fey war überzeugt, mit einem Putsch der Nationalsozialisten militärisch fertig werden zu können. Dazu brauchte er aber Rückenfreiheit gegenüber dem bereits illegalen, aber schlagkräftigen Schutzbund und der immer noch legalen SDAPÖ. Fey wollte nicht eine blutige Auseinandersetzung mit dem Schutzbund, die seine Kampfkraft gegenüber den Nationalsozialisten im Land schwächen mußte. Daher die Taktik: Entwaffnung des

Schutzbundes und vorläufige Festnahme seiner Führungskräfte. Die Marschierer in der HW haben denn auch im Februar 1934 den Aufstand des Schutzbundes als einen Stich in den Rücken empfunden, der um so mehr schmerzte, als sie soeben als Hilfspolizei gegen die illegalen Nationalsozialisten aufgeboten worden waren.

Eine wertvolle Kampfunterstützung bekamen die Nationalsozialisten in Österreich ab dem Studienjahr 1932/33 durch eine Umorientierung im Lager der Nationalen an den österreichischen Hochschulen. Die seit 1919 in der Deutschen Studentenschaft bestandene Unterscheidung zwischen Deutsch-Völkischen und Völkisch-Sozialen verlor an Bedeutung, ein breiter Strom von Studierenden ging ins Lager der Nationalsozialisten über. Nicht alle kämpften mit im Untergrund, aber die traditionellen Gegner des Nationalsozialismus an den Hochschulen, die »Katholen«, gerieten in eine Minderheit, die auch durch die Unterstützung durch die HW nicht behoben wurde. Für viele Angehörige von Waffenverbindungen war dieser Wandel keineswegs unbedingt willkommen, zumal sie nach der Machtergreifung Hitlers im Deutschen Reich mitansehen mußten, wie dort ihre Korporationsverbände immer mehr unter die Kontrolle des NSD-Studentenbundes gerieten und zuletzt von diesem aufgesogen wurden. Immerhin geschah es andererseits zum Beispiel in Wien, daß die Burschenschaft »Teutonia« einen ungewohnt starken Zustrom bekam, weil sie der SA den Tarnschutz bot. Immer mehr lockte die Hitlerbewegung Menschen zu den traditionellen Waffenverbindungen, die bald nicht mehr umhin konnten, der Hitlerbewegung entgegenzukommen, etwa in der Weise, daß der Paukboden Appellplatz der SA wurde. Im Sog dieser Entwicklung gerieten die Dinge so weit, daß in den Hochschulstädten, vor allem in Graz, die Machtergreifung durch den Nationalsozialismus vorwiegend von Studenten getragen und im hellen Licht des Tages alle seit 1933 die nationalsozialistische Bewegung hemmenden behördlichen Hindernisse gesprengt wurden. Der *Antiklerikalismus*, der Anfang der achtziger Jahre des 19. Jahrhunderts den Zielvorstellungen Georg von Schönerers und Victor Adlers gemeinsam war, dauerte selbstverständlich in der seit 1933 bestehenden Unterdrückung der Sozialdemokraten und Nationalsozialisten fort. Aber zunächst erwies sich der krasse *Antisemitismus* der Nationalsozialisten angesichts der unter den Revolutionären Sozialisten hervortretenden prominenten jüdischen Kommilitonen als dominant; das erleichterte es den in der Minderheit befindlichen »Katholen«, im Verein mit den Studentengruppen der regierungstreuen Wehrverbände eine Abwehr aufrechtzuerhalten, die zweifellos zusammengebrochen wäre, hätten sich die Epigonen des Vorläu-

fers Hitlers, also Schönerers, mit jenen des Einigers der deutschen
Sozialdemokratie Victor Adler irgendwie gefunden. Von den Folgen
der gemeinsam verbrachten Haftzeiten von Nationalsozialisten und
Kämpfern in den Reihen der Revolutionären Sozialisten wird noch
die Rede sein.

Ein sensationelles Geschehen schien dennoch zu beweisen, daß Rot
und Braun gemeinsam Front gegen Dollfuß und seine Regierung
machten. Am 2. April 1934 flüchtete der oberösterreichische Schutzbundführer Richard Bernaschek, der am 12. Februar 1934 in Linz
das Kampfgeschehen der Februarereignisse ausgelöst hatte, zusammen mit vier anderen Inhaftierten sowie dem diensthabenden Aufse-
her aus dem Gefangenenhaus des Landesgerichtes Linz. Die Flüchtlinge entkamen über die Grenze ins Dritte Reich, wo sie mit Freuden
begrüßt wurden. Hier nur ein Wort über diesen *individuellen* Vorgang, der für Bernaschek selbst ein böses Ende nahm: Er übersiedelte
in die Schweiz, von dort in die ČSR, dann weiter in die Sowjetunion
und von dort rechtzeitig vor einer neuen Terrorwelle des Stalinismus
nach Frankreich. 1939 kehrte er nach Linz zurück. Aber 1944 wurde
er erneut verhaftet, diesmal von jenen, die ihn 1934 aus der Haft im
Dollfuß-Österreich befreit hatten. Sie haben ihn im Jahr 1945 im KZ
Mauthausen ermordet.

Die Situation der österreichischen Regierung war im Frühjahr und
im Sommer 1934 trotz des Ausgangs der Februarkämpfe prekär.
Wie erwähnt, war es Fey, der im Ministerrat die Tatsache aufzeigte,
wonach der Regierung die Gefahr nicht so sehr aus der Masse der
Bevölkerung drohte, sondern eher infolge des Verhaltens großer
Teile der Beamtenschaft. Die Staatsbediensteten hatten ja seit dem
Untergang der Monarchie einige Regimeänderungen mitgemacht;
jetzt schien es, als würden sie einmal ihren Ruhegenuß in einem
Großdeutschen Reich beziehen. Für diesen Fall sorgten viele vor; es
entwickelte sich der Typ des politisch außergewöhnlich versativen
Beamten, der etwa in der Ära Dollfuß nach der salvatorischen Klau-
sel: *Schwör'n ma halt a bisserl*, die Angelobung für das nunmehrige
Regime ohne Gewissensbisse hinter sich brachte. Alle Staatsbediensteten waren quasi von Dienstes wegen Mitglieder der Dienst-
stellenorganisation der Vaterländischen Front. Sie trugen das rotweißrote Bändchen, das Dollfuß 1933 als Ausdruck eines Bekennt-
nisses zu Österreich gedacht hatte, vielfach nur als Beigabe zum
Dienstanzug; im Jargon der Illegalen hieß daher dieses Abzeichen
der »G'wissenswurm«.

Bernascheks Flucht schreckte die Regierung auf. Fey brachte Unruhe in die Beratungen der Regierung. Er verlangte, die unsicheren

Kantonisten aus *politischen* Gründen – das war die Novität – zu pensionieren oder wenigstens fürs erste zu beurlauben.

Die Diskussion darüber brachte ungeheuerliche Zustände zutage. Die Dienststellen der Bundesbahnen erwiesen sich als ein System von Stützpunkten illegaler Nationalsozialisten. Dieses Unternehmen unterstand in den zwanziger Jahren lange Zeit großdeutschen politischen Ressortleitern für Angelegenheiten des Verkehrs; eine Anstellung bei der Bahn war gesucht, der Bewerber bekam sie aber erst, wenn er der Nationalen Gewerkschaft beitrat. Das betraf vor allem Akademiker im Dienst der OBB; sie führten eine Schwenkung vieler Bediensteter ins Lager der Nationalsozialisten an. Schwachpunkte des Regimes waren vor allem Gebiete, in denen der noch nicht aufgelöste Landbund stark vertreten war. Der liberale Landbund, ein Gegner der HW und aller Wehrverbände, hatte sich zuletzt selbst einen Wehrverband beigelegt, der im Juliputsch 1934 gemeinsame Sache mit der SA machte. Aber die Jungen gingen in den Einzugsgebieten des Landbundes lieber gleich zu den Nationalsozialisten. Das geschah insbesondere in Kärnten, wo ganze Dörfer auch nach dem Verbot der Betätigung für die NSDAP fest in den Händen der Nationalsozialisten blieben, die in aller Öffentlichkeit Beiträge kassierten, zugleich honette Bürger dermaßen diskriminierten, daß diese nolens volens bei dem gefährlichen Tun mitmachten.

Nach den Februarkämpfen hat Dollfuß die sozialdemokratischen Konsumvereine und deren Großeinkaufsgenossenschaft nicht aufgelöst, sondern der Obhut seines Freundes Strobl übergeben, der denn auch das ihm anvertraute fremde Gut pfleglich betreut hat. Unter dieser leichten Hand gerieten die Dinge so, daß drei Viertel der früheren leitenden sozialdemokratischen Mitarbeiter weiter beschäftigt wurden, ohne daß ihnen ein Gesinnungswandel zugemutet wurde. Nicht überall wurde nach den Februarereignissen so gründlich gesäubert wie in der Wiener Magistratsverwaltung; dort gedieh die Säuberung dermaßen konsequent, daß Starhemberg nach den Februarkämpfen in einer Rede im Wiener Konzerthaus sagte, die HW sei nicht ins Gefecht gerückt, um den Schwarzen die Posten zu verschaffen; es sei ein Fehler, die Kleinen unter den Roten das Bad ausgießen zu lassen, das einmal die Bonzen angerichtet haben.

Je nach der unterschiedlichen Interessenlage gerieten die Vorschläge der Regierungsmitglieder zur Bereinigung der Zustände in der Beamtenschaft und in der Wirtschaft. Handelsminister Stockinger, von den Nazis »Standlminister Hackinger« genannt, war für die Auflösung der Konsumvereine und der Großeinkaufsgenossenschaft, Einrichtungen, die bürgerlichen Handeltreibenden seit jeher ein Dorn im Auge waren. Der für die Angelegenheiten der inneren Verwaltung zuständige Minister Kerber, ein Liberaler der alten Denkweise, war gegen die robusten Säuberungen im Beamtenkorps. Der christlichsoziale Freiheitsbund war schon deswegen gegen das harte Durchgreifen im Wiener Rathaus, da viele Sozialdemokraten nach den Februarereignissen im Freiheitsbund Zuflucht gesucht hatten, wo sie gerne zur Auffüllung der schütteren Kompaniestärken begrüßt wurden und sie ihrerseits das Überdauern der Dollfuß-Ära für gewährleistet hielten. Fey, der immer die Uniformierten im Auge hatte, traute nicht länger den Männern der Zollwache; zuviel nationalsozialistisches Propagandamaterial passierte anstandslos die Grenze zu Bayern, und die Zöllner entsprachen auch gerne den Wünschen der Betriebsleitungen von in Österreich ansässigen Tochterunternehmen reichsdeutscher Firmen, wodurch allerlei Gut ins Land kam, das eigentlich die Observierung durch die Staatspolizei verdient hätte.

Fey zögerte nicht, die Finanzlandesdirektion für Wien, Niederösterreich und das Burgenland als eine Stätte schamlos ausgeübten nationalsozialistischen Terrors hinzustellen. Die Gegner der Nazis konnten sich dort bei ihrem legalen Tun kaum der Illegalen erwehren. Fey fand einen Kampfgefährten in dem zu den Beratungen zugezogenen Ministerialrat Arbogast Fleisch, von den Illegalen mit dem obszönen »Fleibogast Arsch« belegt. Dollfuß hatte Fleisch bei seiner Übersiedlung vom Landwirtschaftsministerium ins Bundeskanzleramt mitgenommen. Zunächst Disziplinaranwalt im Ressortbereich, rückte Fleisch zum Bundeskommissär für Personalangelegenheiten auf. Was er dem Ministerrat als Bericht zur Lage vorlegte bewies, daß es höchste Zeit war, daß Fleisch mit seiner Säuberungsaktion zu Rande kam. Zur Verhandlung standen zwei Maßnahmen:

Erstens sollten für gewisse wichtige Posten politische Kommissäre bestellt werden, sofern die bisherigen Inhaber nicht willens oder in der Lage schienen, ihre Dienstobliegenheiten richtig auszuüben. Fey sagte hiezu, es müsse nicht nur gegen Regierungsfeinde vorgegangen werden, sondern auch gegen Schwächlinge, die gegenüber den Provokationen der Illegalen nicht standfest genug seien.

Zweitens sollten höhere Posten nur mehr mit absolut geeigneten und verläßlichen Kandidaten besetzt werden, und zwar unabhängig von Rangordnung und Dienstalter.

Was hierin die österreichische Regierung im Frühjahr 1934 einigermaßen zögernd ins Auge faßte, schien den erschreckten Zeitgenossen nichts anderes zu sein als Gesinnungsterror gegenüber der Beamtenschaft. Die fragliche Praxis war in der Tat in Österreich neu, nicht

aber in der ersten Republik der Neuzeit, in den USA, wo der neuge-
wählte Präsident nach dem Grundsatz: To the victor belong the
spoils, handelt, indem er die Gewährsmänner seines Vorgängers aus
ihren Funktionen entfernt, um sie sofort durch seine Parteigänger zu
ersetzen, die seine Wahl finanziert und propagiert haben, mit dem
Entschluß, dem neuen Regime dienlich zu sein.

In der Dollfuß-Ära blieb die Säuberung des Beamtenkorps jedoch
umstritten. Anfangs war man der Meinung, es würde allein die Androhung solcher Maßnahmen auf die Gemüter der unsicheren Kantonisten wirken. Dem stand die Ansicht entgegen, es würde dem Ansehen der Regierung schaden, wenn die bevorstehende Säuberung
nicht *vorher* publik gemacht würde, denn im Ausland könnte man
das als Zeichen der Schwäche des Regimes ansehen. Tatsächlich wurde die Drohung *nicht* publik gemacht; sie wurde in den Kreisen der
Illegalen sowieso längst erwartet, weil eben der Beamtenkörper aller
Ressorts mit Sympathisanten der Hitlerbewegung oder solchen Typen durchsetzt war, die sich für den Fall eines Regimewechsels bei
den Herren von morgen ein Bildl einlegen wollten.

Fey hatte noch andere Bedenken. Einmal waren die Werke der
Oesterreichisch-Alpinen Montangesellschaft Rekrutierungsbezirk
der HW und ihrer Gewerkschaft; das änderte sich blitzschnell nach
den wachsenden Wahlerfolgen Hitlers im Deutschen Reich. Fortan
galt das Wohlwollen der Betriebsleitung der NSDAP und den von
ihr gestellten Betriebsräten, und die dem Bundesführer Starhemberg
treu gebliebenen HW-Betriebsräte wurden samt und sonders abge-
wählt; neben einigen Außenseitern fielen die Mandate fast alle an engagierte Parteigänger der Hitlerbewegung. Das war ein Fall für Fey.
Er bekam Schützenhilfe von seiten des Staatssekretärs Neustädter-
Stürmer, bis 1919 noch im Besitz seines Adelsprädikats Marchese
Gozzani, der gerade eine antinazistische Phase seines politischen
Werdegangs durchmachte. Der gewesene Marchese beanstandete die
schlechte Behandlung von Angehörigen der Wehrverbände, die nach
ihrer Teilnahme an den Februarkämpfen einen sogenannten *Einstell-
schein*, eine Anwartschaft auf eine Beschäftigung, bekommen hatten:
Die Aktion verlaufe schleppend, man habe den Eindruck, als würden
die Sesselreiter in den Personalbüros diesen unerwünschten Zugang
blockieren.

Und was die horrenden Zustände bei der Alpinen Montangesellschaft in der Steiermark anbelangte, so wies Neustädter-Stürmer auf
die Möglichkeit hin, den in reichsdeutschem Besitz befindlichen Fir-
menanteil einer italienischen Interessentengruppe zu verschaffen.
Das brächte nicht nur wirtschaftliche Vorteile, es wäre auch das Ende

eines Nazispuks in der Steiermark. Letztere Ausdrucksweise wurde nicht im Ministerrat gebraucht, dafür um so mehr bei Versammlungen in den Notstandsgebieten der Steiermark, wo Arbeitslose, die oft schon den Wandel von der sozialdemokratischen Gewerkschaft zur HW-Gewerkschaft und jenen von der HW-Gewerkschaft zu der nationalsozialistischen Ausrichtung mitgemacht hatten, um des täglichen Brotes willen entschlossen waren, sich sogar unter der Aktionärsmehrheit der Männer des Duce entsprechend organisieren zu lassen. Der nach dem 25. Juli 1934 nach Wien gekommene Gesandte Hitlers, Herr von Papen, ging vom Fleck weg daran, dieses Changement zugunsten der Italiener zum Vorteil reichsdeutscher Interessenten zu unterbinden. Er hatte Erfolg.

Die von Dollfuß geleiteten Sitzungen des Ministerrates unterschieden sich denn doch in der Art der Prozedur sehr von jenen der nachfolgenden Zweiten Republik, als die Sitzungen mehr ad publicandum dessen dienten, was vorher im Koalitionsausschuß in der Sache vorentschieden worden war. Dollfuß legte während stundenlanger Sitzungen größten Wert auf eine ausführliche Sacherörterung; er stand nicht an, vor dem Plenum des Ministerrates auch bei prinzipiellen und folgenschweren Entscheidungen seine eigene in die Verhandlungen eingebrachte Version zurückzuziehen, sofern die Sachberatungen zu einem anderen und besseren Ertrag führten. Ihm ging bei seinem Einzug in die Bundesregierung, zunächst als Landwirtschaftsminister, das für die dreißiger Jahre typische Gehabe der sogenannten starken Männer ab, jener, die auf die Macht im Staate aus waren und im Besitz derselben dann bedenkenlos über katastrophale Wendungen hinweggegangen sind. Treue zu politischen Grundsätzen bedeutete im Falle Dollfuß nicht Voreingenommenheit. Erst der mit ganzer Macht angreifende und auch auf Österreich übergreifende Nationalsozialismus wurde für ihn das Schicksal. Er geriet in eine Rundumverteidigung des selbständigen Österreich. Ein Burgfrieden unter den Gegnern des Nationalsozialismus war nicht erreichbar. Es geschah ihm, wie er einmal Freunden erklärt hat:

»Ich befand mich im Frühjahr 1933 in der Situation eines Mannes, der nach einer Eisenbahnkatastrophe in einer Tunnelstrecke den Wirrwarr derer erlebt, denen Rauch und Qualm die Sicht nehmen und die sich unschlüssig darüber sind, in welcher Richtung sie den rettenden Ausgang suchen sollen.«

So entstehendem gefährlichem Wirrwarr entkommen *meistens* jene, die sich ohne Zögern raschest in einer Richtung aus der Gefahrenzone entfernen und so das Tageslicht erreichen.

ÖSTERREICH ODER DIE VERFASSUNG

Machtkampf oder Existenzkampf?

Die Selbstbehauptung der Regierung Dollfuß gegen die feindselige Haltung Berlins und die unentwegten Angriffe der illegalen Nationalsozialisten im eigenen Land erlitten durch die Februarkämpfe keine Unterbrechung. Im Gegenteil. Hitler selbst sah im Aufstand des Schutzbundes und in den Schwierigkeiten, die der österreichischen Regierung bei der Abwehr dieses Angriffes von links her erwuchsen, ein Zeichen der Schwäche des Dollfuß-Regimes und daher keinen Grund, die aggressive Haltung gegen dieses Regime zu ändern. Gleiches galt für die Nationalsozialisten im Land, die mit ihren Anschlägen aus dem Untergrund nicht aufhörten.

Und während die österreichische Regierung noch mit der Bereinigung der nach den Februarkämpfen entstandenen Wirren beschäftigt war, beschloß sie, die absolut unbefriedigende Antwort der deutschen Regierung auf die österreichische Protestnote vom 17. Jänner 1934 und die einschlägige rüde Antwort des Führers und Reichskanzlers in seiner Rede vom darauffolgenden 30. Jänner mit einem Vorbringen der österreichischen Beschwerden vor dem Genfer Völkerbund zu quittieren. *Das nun gefiel dem Duce ganz und gar nicht.* In seinem Auftrag richtete sein Staatssekretär für Auswärtige Angelegenheiten, Fulvio Suvich, nach einem Besuch in Wien einen Brief an den Kanzler, der der österreichischen Regierung im Sinne der Mitteleuropapolitik Mussolinis auf die Sprünge helfen sollte. Man versteht, daß dem Duce in diesen Monaten, da er ernstlich daran war, Ungarn und Österreich in einem Dreierabkommen mit Rom an die Leine zu nehmen, eine Befassung des Völkerbundes mit der Österreichfrage absolut nicht genehm war. Sosehr das Ansehen des Völkerbundes um diese Zeit schon gesunken sein mochte, so sehr war dem Duce eine Mitbefassung Frankreichs, das noch immer den hervorragendsten Rang in Genf innehatte, in der Österreichfrage zuwider.

Der Brief Suvichs ist eine einzige Rüge der Regierung Dollfuß, die sichtlich dem Duce das schuldig geblieben war, wozu sich der österreichische Kanzler bei seiner Zusammenkunft mit Mussolini in Riccione im August 1933 nach Ansicht des italienischen Regierungs-chefs verpflichtet hatte. Um Dollfuß im Sinne der Erwartungen des Duce gefügiger zu machen, übernahm es Suvich, den österreichi-schen Regierungschef in ziemlich unverblümter Weise darauf auf-merksam zu machen, daß die Lage der österreichischen Regierung miserabel sei und sie gut daran täte, endlich die Erwartungen des Du-ce zu erfüllen.

Suvich war im Jänner 1933 in Wien, als die Anschläge der illegalen Nationalsozialisten auf das System einen Höhepunkt erreichten. Kampfauftrag der Illegalen war, dem hohen Gast aus Rom vor Au-gen zu führen, daß die italienische Regierung einen Fehler beginge, wenn sie sich des dekrepiten Regimes in Wien annähme. Suvich be-gann sein an Dollfuß gerichtetes Monitum vom 26. Jänner mit dem drastischen Hinweis, daß die innere Lage Österreichs »insbesondere in den Provinzen an einem *kritischen Punkt* angelangt« sei. In den Provinzen, also nicht im Roten Wien, in der »roten Festungsburg«, wie der Duce zu schreiben beliebte. In diesem Zusammenhang deu-tete Suvich an, daß es ohne die HW nicht ginge. Mehr noch: Suvich glaubte ein ziemlich weitverbreitetes Unbehagen in der Be-völkerung Österreichs feststellen zu können. Es war aber ein glatter Irrtum oder eine unverschämte Insinuation, wenn er als Grund dafür das Ausbleiben dessen, was der Duce als eine Erneuerung bezeichne-te, angab. Was aber hätte die Regierung in diesem Augenblick tun sollen, um das Unbehagen der Österreicher zu dämpfen? Suvich zählte die Notwendigkeiten, so wie sie sein Duce für richtig fand, auf:

Da war erstens *der Kampf gegen den Marxismus*, und dies in einem Moment, in dem die Regierung in einem schweren Abwehrkampf gegen die Regierung in Berlin und gegen die Anschläge der illegalen Nationalsozialisten aus dem Untergrund lag, andererseits aber die österreichischen Sozialdemokraten bis zum Vorabend des 12. Febru-ar 1934 in den Zentralstellen ihrer Partei zu Wien durchaus nicht an einen militanten Anschlag auf die Regierung dachten; dieser An-schlag ging bekanntlich am 12. Februar von Linz aus, und zwar auf Grund eines eigenmächtigen Losschlagens des dortigen Schutzbund-führers Bernaschek, dem gegenüber sich eine letzte Warnung aus Wien als machtlos erwies.

Als zweite Forderung verlangte Rom eine *Verfassungsänderung im korporativen, aber faschistischen Sinn*, eine Forderung, die Dollfuß deswegen nicht zupaß kam, weil er nicht geneigt war, auf die soge-nannte Faschisierung Österreichs einzugehen, sondern willens und entschlossen blieb, dem Marxismus und dem Nationalsozialismus, aber auch dem Wirtschaftsliberalismus mit seiner Alternative auf Grund der Soziallehre der Kirche entgegenzutreten.

Und da war drittens die Forderung Roms, *die politischen Parteien zum Verschwinden zu bringen.* Diese Forderung erreichte den Kanzler, nachdem er am 18. Jänner 1934 in einer Rede im christlichsozialen Klub der National- und Bundesräte jenen Appell an die »ehrlichen Arbeiterführer« gerichtet hatte, der sofort eine wütende Entgegnung der SDAPÖ hervorgerufen hatte. Also keine Spur einer Absicht, diese Partei aufzulösen, aber auch nicht eine Spur dieser Partei, sich irgendwie an dem von Dollfuß vor seinen Parteifreunden auf parlamentarischem Boden verkündeten Kampf um die Unabhängigkeit Österreichs zu beteiligen. Neben der Partei des Kanzlers, die eigentlich den Kern der sich formierenden Vaterländischen Front bildete, bestanden noch immer der liberale Landbund für Österreich samt seinen Bauernwehren und die Großdeutsche Volkspartei, die allerdings bereits nach der im Mai 1933 mit der NSDAP eingegangenen Kampfgemeinschaft in der nationalsozialistischen Bewegung aufging.

Suvich schloß die Aufzählung der drei Forderungen mit dem Verlangen, Dollfuß möge die Forderungen Italiens in Angriff nehmen und nicht länger hinausschieben. Daß Dollfuß bis zu diesem Zeitpunkt die seit dem vergangenen Frühjahr 1933 vom Duce verlangte »Faschisierung« hinausgeschoben hatte, war also in Rom nicht übersehen worden. Und dann kam Suvich zum Kern der Sache:

Bei seinem unlängst erfolgten Besuch in Wien hätte er mit Mißfallen die Tatsache einer scharfen diplomatischen Auseinandersetzung zwischen Wien und Berlin zur Kenntnis nehmen müssen. Das nun passe dem Duce gar nicht; er wolle keinen Konflikt der Wiener Regierung mit der in Berlin, sondern mindestens jenes vertrauensvolle Verhältnis, das die Regierung in Budapest mit der Regierung Hitler unterhalte. Der Duce habe weiter, so im Brief Suvichs, eine ganz bestimmte Vorstellung, warum es in Wien und ganz Österreich mit der Verbesserung der Beziehung zur Regierung des nationalsozialistischen Deutschland nicht weitergehe. Suvich drückte das so aus: »Ich bemerkte noch (bei meinem jüngsten Besuch in Wien), daß eine Art Verschwörung [besteht], die teils interessiert, teils unbewußt alle Aktionen der Nazis besonders hervorstreicht, indem sie diesen eine größere Bedeutung zumißt, als sie in Wirklichkeit haben. Das ist eine Gefahr, und zwar eine ernste Gefahr, da sie den Seelenzustand des ›Unvermeidlichen‹ schafft. Auch diese Gefahr könnte beseitigt werden, wenn die österreichische Regierung die oben angedeuteten Maßnahmen ergriffe, die nun die gesunden Kräfte im Lande erwarten und für unaufschiebbar halten.«

Mehr noch: Der Duce warnte den Bundeskanzler vor Österreichern, die zu Hause bleiben, um ruhig leben zu können, morgen aber bereit sein werden, ein wie immer geartetes neues Regime anzunehmen. Diesen Typen stellte Suvich in seinem Brief Typen gegenüber, die mit ihrer Person bezahlen und sich in der Öffentlichkeit zeigen, was heute mehr als notwendig sei. Das war ein gewichtiges Wort zugunsten der HW. Aber im gleichen Zusammenhang kam Suvich, so wie gewohntermaßen der Duce, auf eine *Jugend* zu sprechen, die angeblich nur auf das wartete, was der Staatssekretär des Duce dem österreichischen Kanzler eben vorgeschrieben hatte. Und dann präsentierte der gebürtige Triestiner Suvich, der aus der Zeit der Monarchie wußte, wie man mit den laschen Österreichern umspringen kann, ein Ultimatum: Der Duce sei daran, erstmals in Rom die Regierungschefs Ungarns und Österreichs zu einem Gespräch zu dritt zusammenzubringen. Bis dahin müßte Dollfuß allerdings die im August 1933 in Riccione übernommenen Verpflichtungen erfüllt haben. Im September 1933 hatte Dollfuß eher kursorisch auf das detaillierte Erneuerungsprogramm des Duce erwidert und abschließend ein gutes Wort zugunsten des Holzexports Österreichs eingelegt. Aber die fragliche Faschisierung Österreichs stand noch im Jänner 1934 an, und man versteht, daß der Duce über diesen Stau verärgert war und seinem Staatssekretär nach dessen Besuch in Wien ein abschließendes Schreiben an den österreichischen Regierungschef erlaubte.

Am 30. Jänner 1934, am Tag der Rede Hitlers zum ersten Jahrestag seiner Machtergreifung im Reich, beantwortete Dollfuß das im Auftrag des Duce verfaßte Mahnschreiben Suvichs. Die unverhüllten Drohungen des Triestiners quittierte der Kanzler mit der schmeichelhaften Bemerkung, wonach der Besuch Suvichs eine moralische Wirkung in Österreich erzeugt habe, die der Regierung zugute gekommen sei. Suvich hatte aber in Wahrheit nichts erreicht. Und Dollfuß übersah keineswegs die Tatsache, daß der Konflikt mit Berlin und die Anschläge der Nationalsozialisten aus dem Untergrund unverändert anhielten, andererseits übersah er aber auch nicht den Umstand, daß nach Aussagen verläßlicher Vertrauensleute die eher zuwartende Haltung der SDAPÖ anhielt. Wie hart die Kämpfe an der Front gegen den Nationalsozialismus waren, ergibt sich aus der Tatsache, daß das zum Kampf gegen diese aufgebotene Freiwillige Schutzkorps unter Waffen gehalten wurde, obwohl die Kosten dafür schließlich nur durch die Einführung einer Sicherheitssteuer gedeckt werden konnten.

Im Augenblick war der Kanzler dem Duce gegenüber in dem Punkt gefällig, daß er den erwarteten Staatsbesuch in Budapest ankündigte. Als Zeit dafür nannte Dollfuß die Tage zwischen dem 5. und 12. Februar (!), wobei er aber andeutete, daß Budapest in der Terminfrage andere Vorschläge in petto hätte. An dieser Stelle drängt sich die Frage auf, ob die Regierung Dollfuß, wie ihr das Mr. Gulick in seinem in den USA erschienenen Werk »Austria from Habsburg to Hitler« unterstellte, gleichzeitig mit der Reise nach Budapest den Anschlag auf die Arbeiterpartei im eigenen Land hätte durchführen wollen. Die einschlägige falsche Behauptung Gulicks wurde eine Säule in gewissen zeitgeschichtlichen Darstellungen, wie sie vielfach auch im öffentlichen Unterricht, in sogenannten Dokumentationen der Massenmedien und in der staatsbürgerlichen Ausrichtung der Erfolgsgeneration in Österreich bis auf den heutigen Tag maßgebend wurden.

Die Februarereignisse 1934 änderten das Bild der Lage. Aber die europäischen Großmächte – das Deutsche Reich ausgenommen – beschäftigte nach den Februarkämpfen weniger das Los der Besiegten als vielmehr die Sorge um die von Berlin bedrohte und in Österreich umkämpfte Unabhängigkeit des Landes. Hitler hatte ja die Ende Jänner von der österreichischen Regierung aufgezeigten Fakten, also die Terrorhandlungen seiner Partei in Österreich, mit einer Äußerung des Unwillens abgetan, und das Außenamt in Berlin beeilte sich nachher, in der an Wien gerichteten Antwortnote Gleiches zu tun. Bemerkenswert bleibt, daß Berlin die von Wien aufgezeigten Terrorfakten nicht sehen wollte; ein Eingehen auf dieses Problem hätte den Führer und Reichskanzler gegenüber den Mächten in eine ungute Lage gebracht. Sowenig dem Duce des Faschismus der Konflikt zwischen den Regierungen in Wien und in Berlin in seinen Plan paßte, so sehr mußte er zugeben – und Suvich hatte es in seinem Brief an Dollfuß aufgezeigt –, daß die Lage in den »Provinzen« Österreichs kritisch geworden war. Doch in den Provinzen griffen nicht etwa vorwiegend die Roten an, sondern die Nazis. Mussolini betrieb hierin also eine Politik des doppelten Bodens; er war strikt gegen eine Befassung des Völkerbundes mit der Österreichfrage, aber er sah ein, daß auf dem Boden der internationalen Politik sofort etwas getan werden mußte, um die Unabhängigkeit Österreichs abzustützen. Er verhandelte also geschickt mit den Regierungen in Paris und London, um so den Schutzeffekt der europäischen Großmächte zugunsten des unabhängigen Österreich zustande zu bringen. Und die Regierungen Frankreichs und Englands, Länder, in deren Zeitungen meistens eine wilde Polemik gegen die im Kampf mit dem Schutzbund befindlichen österreichischen Regierungen geführt wurde, zögerten nicht, entgegen einer vielfach anders orientierten öffentlichen

Meinung in ihren Ländern, dieser Regierung in Wien zu Hilfe zu kommen.

Noch einmal fanden sich in dieser Frage die verbündeten Feinde der Mittelmächte aus der Zeit des Ersten Weltkrieges zu gemeinsamer Aktion. Und die Februarkämpfe beeinträchtigten keineswegs den günstigen Verlauf dieser gemeinsamen Aktion des faschistischen Italien und der demokratischen Westmächte, vielmehr erfolgten am 17. Februar, zwei Tage nach dem militärischen Ende der Februarkämpfe in Österreich, die gleichlautenden Erklärungen der drei Großmächte, in denen Berlin gegenüber die Notwendigkeit der Unabhängigkeit Österreichs unmißverständlich aufgezeigt wurde. Die nach 1945 vielfach verbreitete Version, wonach das austrofaschistische Dollfuß-Regime ein Einschreiten der demokratischen Westmächte zugunsten der Unabhängigkeit unmöglich gemacht hätte, ist also eine Fabel. Daß eine Wiederholung dessen, was am 17. Februar 1934 im Schatten der Februarkämpfe zum Vorteil der Unabhängigkeit Österreichs geschah, im Februar/März 1938 unterblieb, hatte mit einer Dissonanz zwischen der Politik der Westmächte und dem System des Ständestaates nichts zu tun. Dazu wird noch viel zu erzählen sein.

Ehe noch die Vorarbeiten zu einer Verfassung des Ständestaates beendet waren, wurden gleich nach den Februarkämpfen in den *Bundesländern* die ersten Schritte zu einer autoritären Verfassung getan. Schon am 27. Februar 1934 beschloß der oberösterreichische Landtag eine Novelle, gemäß der bis zum Inkrafttreten der künftigen Bundesverfassung die Landesregierung ermächtigt wurde, alle bisher dem Landtag zustehenden Befugnisse, insbesondere die Kompetenz der Landesgesetzgebung, auszuüben. Personalbesetzungen, die bisher vom Landtag vorzunehmen waren, standen fortan der Landesregierung in Form von Ernennungen zu. Anfang März folgte Vorarlberg diesem Beispiel. In der Steiermark kam es zu einer bemerkenswerten Kompromißlösung, die faktisch die ausdrückliche Bestätigung der Methode war, die unter dem seinerzeitigen Landeshauptmann Anton Rintelen als Selbstverständlichkeit gehandhabt wurde. Damals war ein Landtagsbeschluß ohne das Ja des sogenannten »Königs Anton« politisch unmöglich, obwohl rechtlich gangbar. Daß nach dem Februar 1934 die ausdrückliche Bestimmung galt, wonach nur jener Landtagsbeschluß bindend sein sollte, dem der Landeshauptmann beitrat, war in rechtlicher Hinsicht ein umstürzender Akt, in politischer Hinsicht nur eine Bestätigung der Methode, mit der in der Ära Rintelen jahrelang regiert worden war.

Symptomatisch war in jenem Hochwinter 1934 der Wechsel auf den

Posten der Landeshauptleute. Starhemberg selbst drängte auf die Neubesetzung, beginnend in seinem Heimatland Oberösterreich. Am 14. Februar 1934 fand in Ansfelden in Oberösterreich das Begräbnis eines im Kampf gegen den Schutzbund gefallenen HW-Mannes statt. Starhemberg hatte sich vorweg die Teilnahme des Landeshauptmanns Josef Schlegel an einer Beerdigung von Opfern aus den Reihen der HW verbeten. Immerhin stand Schlegel im Jahr 1934 seit 35 Jahren als Mitglied der Landesregierung und seit sieben Jahren als Landeshauptmann in Diensten des Landes an oberster Stelle. Starhemberg aber legte am offenen Grab in Ansfelden Wert darauf zu sagen, daß die demokratischen Korruptionspolitiker *aller* Schattierungen, die während der (seit 1918) vergangenen 16 Jahre so viele Kompromisse mit dem Austromarxismus geschlossen hatten, schuldig geworden waren an der Tatsache, daß soviel Blut vergossen wurde. Im vollen Bewußtsein dessen, was er sagte, bezichtigte er den Landeshauptmann der alleinigen Schuld an den blutigen Zusammenstößen in Oberösterreich.

Das im Vorfeld der Kirche erscheinende »Linzer Volksblatt« scheute sich nicht, zu den Äußerungen Starhembergs ergänzend zu berichten, was die Heimwehr dem Landeshauptmann zur Last legte. Demnach hatte der Landeshauptmann während der Februarkämpfe einem »roten Bonzen« einen Passierschein ausgestellt, der diesen vor drohender schwerer Haftstrafe schützte.

Der Reporter der amerikanischen Presseagentur »Associated Press« wußte anderslautende Äußerungen maßgebender Politiker des herrschenden Systems. Demnach wären die Wiener Parteifreunde des zum Rücktritt gezwungenen Landeshauptmanns Schlegel dermaßen aufgebracht gewesen, daß sie die Einberufung des Nationalrates forderten, um dem Treiben der HW ein Ende zu bereiten. Aber dem war nicht so. Die letzten Nachhuten der einstens mächtigen und kämpferisch eingestellten Lueger-Partei gingen nicht zum Angriff auf die HW zwecks Verteidigung ihres Parteifreundes Schlegel über. Schlegel kam einem Wunsch des Kanzlers nach, als er infolge der Affäre von Ansfelden seine Tätigkeit als Landeshauptmann beendete und kurz darauf dem Landtag sein Rücktrittsgesuch vorlegte. Am 26. Februar 1934 verabschiedete der oberösterreichische Landtag in aller Form und unter ausdrücklicher Würdigung der langjährigen und erfolgreichen Tätigkeit den bisherigen Landeshauptmann Schlegel. Sogleich bemächtigte sich die Gerüchteküche dieses umstrittenen Vorgangs. Meinten dazu die einen, Schlegel hätte, wie einmal Rintelen in der Steiermark, der Politik Dollfuß' im Wege gestanden, wußten andere, der Kanzler hätte mit sanftem Druck den Abgang

Schlegels herbeigeführt, um nicht den Eindruck zu erwecken, der verdiente Landespolitiker sei dem Terror der HW zum Opfer gefallen.

In Tirol behauptete sich Landeshauptmann Franz Stumpf, unbeschadet des schon am 4. Februar 1934 gemachten Versuchs der dortigen HW, anstatt der Landesregierung einen ihr genehmen Landesausschuß einzusetzen, noch fast ein ganzes Jahr in seinem Amt. Damit war die Krise freilich nicht behoben, und im Februar/März 1935 hatte Tirol keinen Landeshauptmann, bis Josef Schumacher, ein Landesbeamter, dieses Amt antreten konnte. Das aber ereignete sich schon in der Ära Schuschnigg. In Kärnten versuchte der bisherige Landeshauptmann zu lavieren, mußte aber dem sogenannten Wehrführer der HW, General Hülgerth, Platz machen. Im Burgenland ging das Amt des Landeshauptmanns auf den Kammeramtspräsidenten Hans Sylvester über, einen resoluten Gegner der HW, die über dessen »Burgenländische Landesschützen« bis 1938 nicht hinwegkam. In Vorarlberg wurde noch vor dem Tod Dollfuß' Otto Ender, der neben seiner Tätigkeit als Landeshauptmann als Regierungsmitglied mit den Vorarbeiten zur Maiverfassung 1934 beschäftigt gewesen war, durch Ernst Winsauer ersetzt. Mit diesen Revirements ergaben sich bemerkenswerte Veränderungen:

Da war zunächst die Tatsache, daß es der HW nicht gelang, in den Bauernrepubliken die Macht zu ergreifen; nicht einmal in Oberösterreich gelang das nach dem Rücktritt Schlegels, denn dessen Nachfolger, Heinrich Gleißner, war zwar im Krieg hochdekorierter Kaiserschützenoffizier gewesen, aber einem Wehrverband hat er nie angehört. In Wien war die Vorentscheidung mit der Bestellung des früheren Vizekanzlers Richard Schmitz zum Staatskommissär und nachher zum Bürgermeister in einer Weise entschieden worden, die der HW nur Ärger verursachte, denn Schmitz brachte der HW und Starhemberg alle Ressentiments entgegen, die ein alter Parteigänger der Lueger-Partei aufbringen konnte. An die Persönlichkeit des Salzburger Landeshauptmanns Franz Rehrl (er war seit 1922 im Amt) konnte man nicht einmal antippen. Gleiches galt für Josef Reither in Niederösterreich.

So wurde zwar dem autoritären Prinzip auch in den Bundesländern Rechnung getragen, gleichzeitig aber mit der Verstärkung der Autorität des Landeshauptmannes die gewisse historisch gewordene Eigenständigkeit des Landes gegenüber der Zentrale betont. Es fand eine Generationsablösung statt, aber die Reflektanten der HW kamen dabei nicht zum Zug. Hitler wird sich dann viel darauf zugute halten, eine *völlige* Loslösung der Länder, nunmehr Reichsgaue, von

Wien vollendet zu haben; wenn auch diese Extremlösung nach 1945 zusammenbrach, so entstand dafür in dem durch vier Besatzungsmächte zerrissenen Gesamtstaat eine durch die Not der Zeit gebotene erhöhte Bedeutung der Landesverwaltungen, die der Zweiten Republik ihr Gepräge gab.

Die den Landeshauptleuten nunmehr zukommende Autorität mochte dem Duce gegenüber als Beweis dafür gelten, daß seine an Dollfuß gerichteten Worte nicht in den Wind gesprochen waren. Zu dieser Zeit war Italien das *einzige* Nachbarland Österreichs, das die Unabhängigkeit des Landes unter Dollfuß bejahte und gewisse Aspirationen anderer Staaten zurückzuweisen in der Lage war, wie dies am 25. Juli 1934 dann tatsächlich geschah.

Dollfuß war kein Arbeiterfeind. Bis zu seinem Tod bemühte er sich, die Arbeiterfrage, wie sie der Liberalismus hinterlassen hatte und die Sozialdemokratie mit dem Prinzip des Klassenkampfes nicht hatte lösen können, in der berufsständischen Ordnung zu lösen. Im Ständestaat sollte weder ein Staatskapitalismus noch der traditionelle Wirtschaftsliberalismus herrschen. Beiden hat Dollfuß in seiner Trabrennplatzrede im September 1933 den Kampf angesagt. Drei Wochen nach den Februarkämpfen schuf er eine Einheitsgewerkschaft; zunächst wurde das in Arbeiterkreisen als eine ungeheuerliche Herausforderung angesehen, zumal der christliche Gewerkschafter Johann Staud an deren Spitze berufen wurde. Taktisch klüger handelten jene Sozialisten, die ihre parteipolitische Tätigkeit im Untergrund fortsetzten, gleichzeitig aber die Berufung als Vertrauensmänner der neuen Gewerkschaft annahmen und für ihre Interessen nützten. Dies führte zu einer gewissen Befriedung, eröffnete aber gleichzeitig die Möglichkeit, bei der 1936 anberaumten Wahl der Vertrauensmänner zu kandidieren. Die Wahlbeteiligung betrug 92 Prozent; wichtiger war aber, daß von den 9 358 Vertrauensmännern, die in der Dollfuß-Ära *ernannt* worden waren, 5 719 *bestätigt* wurden. Damals mehrten sich im Umkreis der Regierung die Stimmen, dem Nationalsozialismus und gewissen Kritiken im Ausland sukzessive durch Wahlen in die diversen Vertretungskörper des Ständestaates effektvoll entgegenzutreten. Es war die Zeit, in der die bäuerliche Struktur der Gesellschaft das Gepräge gab und Klein- und Mittelbetriebe noch nicht der Gigantomanie des Wirtschaftswunders der Nachkriegszeit zum Opfer gefallen waren. Wahlen für die Vertretung der Landwirtschaftsarbeiter gaben diesem Drängen recht; auf Arbeitgeberseite war es dem Nationalsozialismus nicht gelungen, die dominierende Stellung des von Julius Raab gegründeten Gewerbebundes ernstlich zu erschüttern. Den Generalbaß in der Innenpolitik gab jedoch nach wie vor der Bauernbund an. Und – 1936 ebbte die 1929 durch den Börsenkrach in New York ausgelöste Weltwirtschaftskrise ab. Was sich im Westen verheißungsvoll erhob, mußte ja, wenn auch mit Verspätung, Österreich zugute kommen. Freilich litt die Fremdenverkehrswirtschaft unter dem Würgegriff der 1 000-Mark-Sperre, eine Bedrängnis, die in der Zweiten Republik erst in den achtziger Jahren besser verstanden wurde, als aus anderen Gründen die Fremden auszubleiben drohten.

Der gewesene Landesinspekteur der NSDAP in Österreich, Theo Habicht, längst wieder im Reich, hatte im Februar 1934 der Regierung ungefragt ein Waffenstillstandsangebot (!) gemacht, um das Gesicht in Sachen Antimarxismus zu wahren. Tatsächlich ruhten die blutigen Kampfhandlungen zwischen Rot und Braun längst. Nachdem in der Außenpolitik (im Konflikt mit Berlin) und im Inneren die Sicherheitsverhältnisse nach den Februarkämpfen einigermaßen konsolidiert waren, bestand kein Grund mehr, die von Mussolini gewünschte Unterfertigung der sogenannten *Römischen Protokolle* im Verein mit Ungarn in Rom zu besorgen. Das auf diplomatischem Weg erstellte Vertragswerk gewährte Österreich eine Vorzugsbehandlung für Industriewaren, Ungarn eine solche für landwirtschaftliche Produkte. Der momentane Ertrag dessen war für die beiden Donauländer eher bescheiden; insgesamt investierte aber Italien einiges, um sein Konzept einer Mitteleuropapolitik mit einem gewissen Substrat zu versehen. Für Ungarn und Österreich war die Lenkung ihres Seehandels über die einst florierenden Seehäfen Fiume und Triest ein Ziel. Der Erfolg des Duce bestand darin, daß er in der Mitteleuropapolitik Frankreich und der Kleinen Entente für diesmal den Rang ablaufen konnte.

Die Reise Dollfuß' in die italienische Hauptstadt fand freilich zu einem Zeitpunkt statt, zu welchem der österreichische Kanzler dem Duce gegenüber in puncto »Erneuerungen in der österreichischen Innenpolitik« noch arg im Debet stand. Dollfuß versuchte also, wenigstens einige spektakuläre Personalveränderungen in seinem Kabinett vorzunehmen, um nicht vollends mit leeren Händen nach Rom zu kommen. So ernannte er im letzten Augenblick, am 12. März, den ehemaligen k.u.k. Generalobersten Fürst Schönburg-Hartenstein zum Bundesminister für Heereswesen. Der Fürst gehörte seit 1933 nominell der HW an, eine HW-Uniform dürfte sich aber nie in seiner Garderobe befunden haben; dafür war bekannt, daß der seinerzeit im Krieg bewährte und persönlich tapfere Truppenführer der im Exil lebenden kaiserlichen Familie nahestand. Übrigens hatte der Fürst während der Februarkämpfe den von Staatssekretär Karwinsky stammenden Plan, die Kampfhandlungen durch den Beschuß der Kampfstellungen des Schutzbundes mit Artillerie rascher zu einem Ende zu bringen, nicht gebilligt. Heute ist offenbar, daß für den Einsatz der mit reduzierter Sprengwirkung versehenen Munition nicht militärische oder polizeiliche, sondern außenpolitische Erwägungen entscheidend gewesen waren. Wie in jeder schweren Krise im Österreich der Zwischenkriegszeit lauerten auch im Februar 1934 ungute Nachbarstaaten auf die Möglichkeit, sich am Gebiet eines im Zerfall befindlichen Staatsgebildes zu bereichern. Was Jugoslawien betraf, so war die resolute Haltung des Duce zugunsten Österreichs ein Dämpfer auf längst gehegte und nie aufgegebene Aspirationen auf österreichisches Gebiet in Südkärnten und in der Südsteiermark.

Der Duce verabschiedete sich nach Unterzeichnung der Römischen Protokolle vom österreichischen Bundeskanzler mit der Einladung, im Sommer wiederzukommen. Im Badeort Riccione hoffte Mussolini, die Vorbehalte Dollfuß', mit denen dieser der in Rom erdachten Faschisierung begegnete, endgültig zu beseitigen und auch die gestörten Beziehungen zwischen Wien und Berlin ins Reine zu bringen. Um es gleich hier zu sagen: Es war das Blutbad, das Hitler im Verein mit Heinrich Himmler und Konsorten am 30. Juni 1934 anrichtete, das den Duce noch einmal in der Absicht bestärkte, Österreich nicht den in Berlin gehegten Aspirationen auszuliefern. Die Bredouille, in die der Duce mit seinem militärischen Engagement in Abessinien geriet, vor allem die in dieser Krise vom britischen Außenminister Eden betriebene Intransigenz haben den Duce erst 1936 in jene Interessengemeinschaft mit Hitler getrieben, die 1945 mit der Zertrümmerung des Deutschen Reiches und der endgültigen Niederwerfung des faschistischen Italien in Norditalien endete. Erst als nach dem Tod Dollfuß' eine Erkaltung des Interesses des Duce an seiner Mitteleuropapolitik eintrat und er einer imperialistischen Annexionspolitik in Europa und Afrika zustrebte, erkannten die Spötter am Ballhausplatz, daß die Römischen Protokolle aus 1934 denn doch mehr bedeutet hatten, als auf dem Papier stand. 1934 war jedenfalls der Führer und Reichskanzler vom Ergebnis seiner ersten Begegnung mit dem Duce sehr enttäuscht; der Instinkt des Duce war damals noch wach genug, um nicht in jene vorbehaltlose Verehrung Hitlers zu verfallen, die ihn dann später mit ins Verderben riß. Nach dem Dollfußmord überließ es Hitler seinen Kameraden in Österreich, den Kampf gegen das System aus dem Untergrund fortzusetzen; sein nach dem Dollfußmord für Wien ernannter Gesandter, Herr von Papen, übernahm es, den Abwehrwillen, wie ihn Dollfuß

geweckt hatte, zu paralysieren. Es war die Zeit, in der ein *Illegaler*
eben ein Nationalsozialist war, und kein Roter, und das *System* die
Regierung Schuschnigg. Die Erinnerung an das 1848 gestürzte System Metternich gab dem Begriff »System« neuerdings etwas Verab-
scheuungswürdiges, worin sich selbst gewisse Liberale in Österreich
mit Nationalsozialisten in der Anschauung fanden.
Dollfuß kehrte aus Rom an die Front in Österreich zurück. Das resolute Auftreten des Duce zugunsten der Politik des Kanzlers hat diesem den von ihm im eigenen Land geführten Zweifrontenkrieg nicht
erleichtert. So unvereinbar die Ziele und Methoden der illegalen Sozialisten und jene der Nationalsozialisten waren, so einig waren sich
die beiden im Untergrund kämpfenden Bewegungen in der Einschätzung der Ausgangslage ihres Kampfes; für beide Bewegungen war
die Dollfuß-Ära eine *vorübergehende Episode*. Die Frage war nur,
welche von den beiden Bewegungen der anderen bei der Machtergreifung in Österreich zuvorkommen würde. Die Verwirrung und
die Niedergeschlagenheit in den Reihen der Sozialisten schwanden
im Sommer 1934 mehr und mehr, seit in Westeuropa das System der
Volksfront, also die politische Allianz von Sozialdemokraten, Kommunisten und Linksliberalen, sichtlich zur politischen Macht wurde.
Die in Spanien in Gang befindliche sukzessive Zerstörung der alten
Ordnung, die Hilflosigkeit der dortigen Bourgeoisie in der Abwehr
der Angriffe von links weckten die Hoffnung, daß die dreißiger Jahre
denn doch nicht als das Jahrzehnt des Faschismus in Europa zu Ende
gehen würden. Die SDAPÖ war im Februar 1934 kämpfend untergegangen. Es sollte nie mehr eine *sozialdemokratische* Partei geben;
die Revolutionären Sozialisten, die sich langsam im Untergrund fanden und neuen Kampfzielen zuwandten, sammelten sich weitab von
den Standpunkten der im Februar 1934 inhaftierten Führung der
SDAPÖ, ihrer Gewerkschaften und Verbandsfunktionäre. Während die nach der Entlassung aus der Inquisitenhaft unter Polizeiauf-
sicht stehenden großen Alten der Arbeiterpartei – Seitz, Renner, später auch Körner und andere – einander in gutbürgerlichen Cafés trafen, um der Polizei jeden Anlaß zur Verhaftung wegen Geheimbün-
delei zu nehmen, fanden sich die Besten der ersten Nachkriegsgeneration in den Reihen der »Revolutionären Sozialisten« zusammen:
junge Männer und Frauen, die freilich nicht im soldatischen Sinn wie
die Schutzbündler oder die SA kampfentschlossen waren und die
ihre ersten Fehler bei der Übung der Konspiration zunächst mit Haft
und Verurteilung büßen mußten.
Im Umkreis der Regierung rissen die Putschgerüchte nicht ab. Theodor Körner hat diese Überschwemmung des Regimes mit Gerüchten

geradezu als ein Mittel zur Zerfaserung der Abwehrkämpfe des Systems bezeichnet. In der Tat war die Gewöhnung an das tägliche Putschgerücht eine der Ursachen für die Lässigkeit, mit der am 25. Juli 1934 die Exekutive zur Abwehr des drohenden Überfalls auf das Bundeskanzleramt antrat. Noch wurden die betont national geschriebenen »Wiener Neuesten Nachrichten« zusammen mit üblen Boulevardblättern auch im Straßenverkauf abgesetzt; Kolporteure, die zum Netz des Systems der illegalen Nationalsozialisten gehörten, pflegten augenzwinkernd dieses Blatt mit dem leise hinzugefügten Werbesatz: »*Es tut sich was*«, anzubieten.

In dieser spannungsgeladenen Atmosphäre begann sich in der HW die letzte Ursache des nie mehr überbrückten Konflikts zwischen dem Bundesführer Starhemberg und dem Führer der WHW, Vizekanzler Fey, herauszubilden. In Regierungskreisen war bekannt, daß die Publizierung der neuen Verfassung des Ständestaates am 1. Mai 1934 erfolgen und bei diesem Anlaß eine Regierungsumbildung vor sich gehen sollte: der Ersatz des Vizekanzlers Fey durch den Bundesführer der HW Starhemberg. Fey war klug genug, diese drohende Gefahr als die beginnende Demontage seiner politischen Position anzusehen. Er und seine Männer in der WHW sahen in dem beabsichtigten Revirement einen Akt groben Undanks gegenüber den Opfern, welche gerade die Wiener HW in den Februarkämpfen gebracht hatte, und eine Schmach, die man dem damaligen Ressortzuständigen für Sicherheit, Fey, nicht antun dürfe. Später wurde gesagt, Fey hätte besagte Demontage seiner Macht damit quittiert, daß er am 25. Juli 1934, als er seinen Einfluß auf das Sicherheitswesen bereits an Baron Karwinsky abgegeben hatte, ihm zugekommene Alarmnachrichten mit einer gewissen Lässigkeit behandelte, ja daß er vor und während des Anschlags auf das Bundeskanzleramt mit den SS-Männern des Überfallkommandos mehr oder weniger Bruder im Spiel gewesen sei. *Derlei ist Lüge!* Aber die Lüge verkaufte sich vor 1938 im Kampf der Illegalen gegen das System sehr gut; denn in Österreich, wo das angebliche Geheimnis von Mayerling mehr Publikumseffekt hat als die Staatengeschichte der Länder der Donaumonarchie, kamen die Gerüchte über »Geheimnisse des 25. Juli 1934« nicht nur bei Illegalen, sondern bei allen Klatschbasen beiderlei Geschlechts bestens an.

Die Wahrheit ist, daß Fey bis zum letzten Tag seiner Verantwortung für die Staatssicherheit seine Kollegen im Ministerrat sowohl vor einem neuen *Anschlag von links* als auch – und dies vor allem – vor den *Gefahren des Nationalsozialismus* gewarnt hat. Die Publizierung der Ministerratsprotokolle der Ersten Republik, namentlich jener aus der Zeit der Kabinette Dollfuß, bestätigt endlich die unermüdliche Wachsamkeit Feys.

Es versteht sich andererseits, daß Dollfuß willens und entschlossen war, den Staat aus der Gefechtszone des Bürgerkrieges herauszuführen und also mit dem konkreten Aufbau eines neuen Staates den Übergang zu einem normalmäßigen Regieren des Landes einzuleiten. Noch vor der Unterzeichnung der Römischen Protokolle legte der mit der Ausarbeitung der Verfassung eines Ständestaates betraute Bundesminister Otto Ender erste Entwürfe vor; hinsichtlich jener Passagen, in denen es offene Fragen gab, wünschte er die Mitarbeit der Regierungskollegen bei der Lösung *juristischer* Probleme und *politischer Grundsatzfragen* von größter Bedeutung. Damit trat an Dollfuß die Entscheidung über das *Prinzip* der Neuerung heran, und der Kanzler stellte sich dieser schwerwiegenden Entscheidung in der Sitzung vom 12. März 1934, als er die Frage des künftigen Apparates der Bundesgesetzgebung vor seiner Romreise geklärt wissen wollte. Die Protokolle der Sitzungen des Ministerrates wurden von den beamteten Schriftführern nicht wortgetreu verfaßt; der Bundeskanzler verifizierte die so entstandene Fassung, also entspricht sie sicher im Sinn dem, was Dollfuß unter Punkt 2 der Sitzung vom 12. März gesagt hatte. Der Kanzler erklärte zunächst, er sei sich von Anfang an der Schwierigkeit bewußt gewesen, die mit der *Konstruktion des Aktes der Gesetzgebung* in der künftigen Verfassung verbunden sei. Er sei aber mit dem Ergebnis der Vorberatungen zufrieden. Und, so der Text des Protokolls:

». . . zunächst sei zu begrüßen, daß die Bezeichnung des Vertretungskörpers als ›Parlament‹ [Redehaus] abgeschafft wurde, womit schon der neue Charakter der [künftigen] Gesetzgebung gekennzeichnet sei.«

Späteren Nachfahren erscheint diese Feststellung geradezu ungeheuerlich. Die parlamentarische Demokratie im Zeitalter der UNO ist ein unersetzlicher Wert an sich; und dies trotz der grausamen Verstümmelungen, die sie in kommunistischen Ländern, in Staaten der dritten Welt sowie in den von permanenten Umstürzen erschütterten zahlreichen anderen Staaten der Erde tagtäglich erfährt. Diesen Glauben an einen Ewigkeitswert der Demokratie und damit auch der parlamentarischen Demokratie gab es seit Ende der zwanziger Jahre in vielen Nationen nicht mehr oder noch nicht. In Österreich ist der Schutzbund am 12. Februar 1934 nicht etwa angetreten, um die parlamentarische Demokratie zu reparieren und das Staatswesen auf diese Basis zurückzuführen; das mit dem Wesen des Austromarxismus verbundene System des Klassenkampfs sah und sieht ausdrück-

lich die Diktatur des Proletariats vor, die Otto Bauer auf dem Parteitag der SDAPÖ in Linz 1926 unter dem Beifall der Delegierten dem
Kapitalismus angedroht hatte; wobei Bauer die damalige Mehrheit
im österreichischen Volk, die dem Marxismus ablehnend gegenüberstand, rundweg mit der umfassenden Begriffsvorstellung »Kapitalismus« diffamierte und die Gegner des Austromarxismus gleichsetzte
mit der »besitzenden Klasse«, ihre Gegner aber als die »besitzlose
Klasse« einstufte. Dies war eine Unterscheidung gemäß radikaler
marxistischer Auffassung, die aber mit der tatsächlichen Bevölkerungsstruktur im Parteiensystem absolut nicht übereinstimmte.
Gleichzeitig hatte die *NSDAP* der formalen Demokratie längst ihre
Absage erteilt. Hitler hatte die Demokratie im Deutschen Reich mit
ihrer eigenen Methode überwältigt und im Führerstaat die ursprünglich liberale, nachher marxistische Form der Demokratie abgeschafft. In Österreich waren jene Teile der *HW*, die sich wie Starhemberg und andere HW-Führer zu einem »Austrofaschismus« bekannten, entschiedene Gegner der 1918 rezipierten Form der wesentlichen parlamentarischen Demokratie und ihres Parteiensystems. *Dollfuß* hat nie das faschistische Modell für seine Idee einer
auf der christlichen Sozialllehre gegründeten Erneuerung in Österreich gebraucht. Die zwei Generationen nachher üblich gewordene
weitgehende Identifizierung kirchlicher Kreise mit der formalen Demokratie von heute und die vielfachen Versuche, diese zu einem unentbehrlichen Bestandteil der Kirche zu machen, hat es um 1930
nicht gegeben, und dies hat ja auch bis jetzt nicht überall in der neuzeitlichen Form des Katholizismus Platz gefunden. Dollfuß selbst
hat sich der Idee des Faschismus nie als Krückstock bedient. Er stand
aber andererseits zu seiner Zeit mit der erwähnten Absage an den
Parlamentarismus in der einstens vom Liberalismus geprägten Form
keineswegs im Kontrast zur kirchlichen Lehre und der für ihn gültigen Glaubensvorstellung, die immer noch die Mehrheit der Österreicher, zumal in Form der Volksgläubigkeit, geteilt hat.
Schuschnigg, im Kabinett Dollfuß Justizminister und nach dem 25.
Juli 1934 dessen Nachfolger, bekannte sich nach seiner Rückkehr aus
dem Exil in den USA im Jahr 1957 zu der geschichtlichen Erfahrung,
wonach *jede Revolution aus einem Rechtsbruch hervorgeht,* um damit zugleich die Rechtswidrigkeit derer, die sie ablöst, zum Ausdruck zu bringen. In diesem Sinn waren der Exodus der deutschen
Abgeordneten aus dem alten Reichsrat, geschehen am 21. Oktober
1918, die Konstituierung dieser Rumpfkörperschaft als Provisorische Nationalversammlung für Deutsch-Österreich und alle darauf
basierenden staatsgründenden Akte bis zur Ausrufung der Republik

Deutsch-Österreich am 12. November 1918 Folgen eines eklatanten Bruchs der 1867 begründeten Rechtstradition; ein revolutionärer Akt, wenngleich er nicht mit jenem Blutvergießen verbunden war, das üblicherweise zum mythischen Glanz einer Revolution gehört. *Blut muß fließen bei der Revolution,* haben im Oktober 1848 selbst Altliberale, die sich nachher als Stützen des staatstreuen Liberalismus von 1867 bewährten, offen gesagt. Dieser Blutspur bedurfte es, nicht nur im Wien von 1848, um eine Rückkehr, eine Reaktion, unter allen Umständen zu verhindern.

In der Zeit des Ständestaates haben die damaligen Universitätsprofessoren für Staatsrecht Ludwig Adamovich und Adolf Merkl die unter Dollfuß erlassene Maiverfassung 1934 ausgiebig kommentiert – aber nicht abgeurteilt; Adamovich trat 1938 als Justizminister in das letzte Kabinett Schuschnigg ein.

Nach 1945 hat Adamovich die 1929 zwischen der Regierung und der sozialdemokratischen Opposition ausgehandelte Verfassungsreform – sie wird heute von sozialistischer Seite als präfaschistisch abqualifiziert – richtigerweise dahingehend gekennzeichnet, daß sie keineswegs eine wirkliche Befriedung des damaligen öffentlichen Lebens brachte. Hier ist daran zu erinnern, daß die fragliche Unzufriedenheit mit der Verfassungsreform schon 1927 vor allem in Kreisen der HW bestand; dort sah man in der Neuerung einen Erfolg der sozialdemokratischen Unterhändler, die damit der HW-Bewegung die Speerspitze abbrachen. Nie mehr hat die HW die 1929/30 erreichte Bedeutung als eine Massenbewegung wiedererlangt. Tatsächlich hat bei den Verhandlungen über die Verfassungsreform 1929 der sozialdemokratische Politiker Robert Danneberg dem einschlägigen HW-Begehren »die Giftzähne gezogen«, wie ein Tatzeuge feststellte.

Im Frühjahr 1934 hatte Dollfuß mit Neustädter-Stürmer jenen HW-Politiker in seiner Regierung, der sich als einer der wenigen tatsächlich und gründlich mit dem befaßt hat, was um diese Zeit auch im deutschsprachigen Raum als Doktrin des Faschismus beschrieben und sofort in heftige Polemiken geraten ist. Wohl haben schon vorher gewisse Schreier in HW-Versammlungen und auf Kundgebungen die Drohung mit der Diktatur des Proletariats mit der Androhung des Faschismus quittiert; für sie und ihre Zuhörer war das aber nicht mehr als die Kundgebung der Entschlossenheit, den Drohungen der SDAPÖ rechtzeitig entgegenzutreten. Und diese Alternative zum militanten Austromarxismus hat sich tatsächlich als ungemein werbekräftig erwiesen.

Im Frühjahr 1934 sah Neustädter-Stürmer eine österreichische Version des Faschismus eher als eine Alternative zu dem mit großer Hef-

tigkeit angreifenden Nationalsozialismus an. Als erklärter Antiklerikaler hielt er gar nichts von den windelweichen Typen der letzten
Nachhut der Christlichsozialen Partei, die er als Packler aus Prinzip
verachtete, mochten sie in Niederösterreich mit den Sozis im Spiel
sein oder auf anderer Ebene mit den Nazis. Neustädter-Stürmer war
ein theoretisch geschulter, praxiszugewandter Vertreter einer Idee
des Ständestaates und damit einer Alternative zum Klassenkampf *in
Form der Begegnung von Partnern im Gefüge einer berufsständischen Ordnung im Staat.* Er verachtete die wilden Wortgefechte
ebenso wie die blutigen Auseinandersetzungen, die 1918 begonnen
und bis zuletzt nie mehr aufgehört hatten.
In der Zeit, als die Regierung mit dem Abschluß der Beratungen über
den Entwurf der Maiverfassung 1934 beschäftigt war, ereignete sich
ein Terroranschlag, der zu ernsten Bedenken Anlaß gab. Auf der
Westbahnstrecke zwischen Linz und Salzburg erfolgte in einer stür-
mischen Regennacht, in der die Streckenwärter versagten oder schlie-
fen, ein Anschlag auf den D-Zug Wien−Paris. Mit großem Geschick
und in kürzester Zeit waren bei Marchtrenk die Schienen zum richtigen Zeitpunkt demontiert worden, so daß der D-Zug mit einer Ge-
schwindigkeit von 85 km/h entgleiste. Es gab zwei Tote, 17 Schwer-
und zahlreiche Leichtverletzte, ein wahrer Glücksfall angesichts des
teuflisch ersonnenen Plans. Sofort entstand das Gerücht – und es hielt
sich hartnäckig –, daß es sich in diesem Fall nicht um einen der üblichen Anschläge von Nationalsozialisten auf Bahnanlagen handelte,
sondern daß diesmal eine Zusammenarbeit von illegalen Nationalsozialisten und illegalen Sozialisten unter den Bahnarbeitern stattgefunden habe. Eine solche Zusammenarbeit war anfangs selten, dann häuf-
ten sich jene Fälle, in denen Sozialisten, vor allem Februarkämpfer,
ihren Angriff auf die Regierung in Anlehnung an die Nationalsozialisten oder schon in deren Reihen fortsetzten. Der Fall des ehemaligen
Schutzbündlers Josef Gerl, der nach mißlungenem Anschlag einen Sicherheitswachebeamten niederschoß, brachte in der Gerichtsver-
handlung die Erklärung zutage, wonach er sich im Augenblick der
Tat, begangen in der Nacht zum 20. Juli 1934, als eher mit den Nationalsozialisten sympathisierend betrachtete.
Neustädter-Stürmer rechnete mit der Möglichkeit einer solchen
Kampfgemeinschaft der Illegalen eher und richtiger als die aus der
Christlichsozialen Partei hervorgegangenen Politiker alter Schule,
unter denen es genug gab, die sich nicht vorstellen konnten, wie sich
das im Programm der NSDAP wörtlich ausgesprochene Bekenntnis
der Hitlerbewegung zu einem »positiven Christentum« zum Antiklerikalismus und Atheismus der im Anschluß an Marx entstandenen

politischen Bewegungen fügen konnte. Hierin sah der antiklerikale Neustädter-Stürmer klarer; er wußte um die geschichtliche Erfahrung, daß im Gefüge der Politik der Antiklerikalismus sehr wohl eine Zeitlang ein Zusammengehen zweier zielverschiedener Richtungen zum Tragen bringen kann. Neustädter-Stürmer lehnte die in katholischen Kreisen bestehende Ansicht ab, die vermeinte, die Berufsstände würden quasi aus dem Naturrecht erwachsen. Nach seiner Auffassung besagte das Naturrecht nichts über Berufsstände. Der berufsständische Aufbau war nach Neustädter-Stürmer ein organisatorisches, politisches Experiment, bei der man sich entscheiden mußte, was man als Berufsstand ansah und anerkennen wollte.

Wie wenig Neustädter-Stürmer seine frühe Beschäftigung mit dem System des Ständestaates als eine im *Weltanschaulichen* begründete Aufgabe ansah, ergab sich in der nächsten Phase seines politischen Lebens: Als er sah, daß die Frist, die das Schicksal dem Experiment des Ständestaates gesetzt hatte, abgelaufen war, da zögerte er nicht, sich unter die sogenannten »betont Nationalen« zu mengen, deren Abstand zum Nationalsozialismus in der letzten Zeit vor 1938 immer mehr schrumpfte. Die Rechtfertigung dieses Abschwenkens begründeten er und andere vor sich selbst und alten Kameraden in der HW mit dem Hinweis, man sei in die HW gekommen, um den Marxismus zu bekämpfen, nicht aber, um den Anschluß Österreichs an das Dritte Reich zu verhindern. Im sogenannten Siebener-Ausschuß 1937/ 38, einem merkwürdigen Gebilde, mit dem den illegalen Nationalsozialisten quasi eine legale Basis geschaffen wurde, hatte er einen Vertrauensmann aus Kärnten sitzen. Indessen tat er gut daran, daß er sich nach dem Anschluß selbst richtete, um einem eventuellen Rollkommando zu entgehen. So wurde er eines der typischen Opfer im Wirrwarr der sich zuweilen hundertfach kreuzenden und überschneidenden politischen Kräftelinien in Österreich.

Zum ausgesprochenen Konflikt zwischen Dollfuß und Neustädter-Stürmer kam es in der kurzen Zeit, die dem Kanzler nach Vollendung der Vorarbeiten an der Maiverfassung und nach deren Inkrafttreten beschieden war, nicht. Bekannt ist nur, daß schon in der Ministerberatung vom 12. März 1934 Neustädter-Stürmer erklärte, man – besser: er selbst – wisse nicht, wie die Berufsstände am Ende aussehen würden. Dem widersprach der Kanzler entschieden. Dollfuß' Standpunkt auf der Basis der kirchlichen Soz="ehre war für ihn eine genügend feste Position, von der aus er den einmal eingeschlagenen Weg weiter verfolgen wollte. Nach der Bewährung des Staates und seiner Anhänger in den Februartagen 1934 war er überzeugt, auch einem Anschlag des Nationalsozialismus gewachsen zu sein.

DER BRUCH

Schluß mit dem Staat von 1918

»Ich habe mit Starhemberg gesprochen. Wir sind uns einig geworden, daß er am Tag der Verkündung der Verfassung des Ständestaates anstatt Fey als Vizekanzler in meine Regierung eintritt.« Der Gesprächspartner des Bundeskanzlers, der an einem Apriltag des Jahres 1934 diese Beratung mit Dollfuß unter vier Augen führte, sagte nichts, er wartete sichtlich auf eine andere Mitteilung des Regierungschefs. Auf eine, die ihn mehr interessierte als der Ersatz eines Heimwehrführers durch einen anderen. Er hatte in der Zeit der Monarchie im k.u.k. Kriegsministerium gedient, nicht als Soldat, sondern als Jurist. Als beim Umsturz 1918 die politische Ressortleitung für das Heereswesen der werdenden Republik faktisch auf den Sozialdemokraten Julius Deutsch überging, hatte er seinen Posten im Ministerium behalten. Nach dem Ende der damaligen großen Koalition und dem Übergang der Ressortleitung an den Christlichsozialen Carl Vaugoin gewann er mehr und mehr Einfluß in juristischen Fragen. Im Moment des Gesprächs gehörte er dem Bundeskanzleramt an. Er war nicht der Vorstand des damaligen Verfassungsamtes des Kanzleramtes, aber sehr zum Ärger des Inhabers dieser Funktion, Ministerialrat Jäckl, hatte er seit ein den schweren und risikenreichen Auseinandersetzungen zwischen der Regierung Dollfuß und der von Sozialdemokraten und Großdeutschen gebildeten Opposition anläßlich des Kampfes um die Lausanner Anleihe von 1932 jenen Weg gewiesen, an dessen Ende man nunmehr stand. Der Ministerrat hatte im März 1934 in vier Sondersitzungen den Entwurf der Verfassung für den Ständestaat an Hand eines vom Bundesminister für Verfassungs- und Verwaltungsreform, Otto Ender, ausgearbeiteten Entwurfs beraten. Dabei kam es im Kabinett zu Meinungsverschiedenheiten, wobei der Kanzler immer Wert darauf legte, daß sie im Ministerrat ausgiebig diskutiert wurden. Er selbst erläuterte immer wieder die legitimierende Staatsidee, wie er sie im September 1933 in seiner sogenannten Trabrennplatzrede beim ersten Generalappell der Vaterländischen Front verkündet hatte. Von diesem Duktus ließ er keine grundsätzlichen Änderungen zu. Ansonsten sind nicht wenige

Änderungen vorgenommen worden. Jetzt ging es in dem Vieraugengespräch um den Vorgang der Beschlußfassung und die Publikation des Verfassungsgesetzes. Wer aber beriet den Kanzler?

Gegner und Feinde des Kanzlers sahen mit scheelen Augen auf die Zusammenarbeit des CVers Dollfuß mit dem Juden Hecht. K.u.K. hieß die Abkürzung für dieses Duo, in Worten: *Kutte und Kaftan.* Bereits im Herbst 1932, als es um die umkämpfte Bereinigung der Credit-Anstalt-Affäre ging und es ein Risiko war, die unbedingt notwendige Finalisierung der Sanierung der Bank den wackeligen Mehrheitsverhältnissen im Nationalrat anzuvertrauen, hatte Hecht den Kanzler auf die Möglichkeit hingewiesen, zur Erledigung der Affäre das sogenannte *Kriegswirtschaftliche Ermächtigungsgesetz vom 24. Juli 1917* heranzuziehen. Dieses vom Reichsrat beschlossene Gesetz ermächtigte die Regierung, während der Dauer der durch den Krieg hervorgerufenen außerordentlichen Verhältnisse notwendige Verfügungen durch Verordnung zu treffen. Darüber, daß die durch den Krieg hervorgerufenen außerordentlichen Verhältnisse auch in den kritischen Zeiten der Jahre 1933 und 1934 fortdauerten, konnte an sich kein Streit bestehen. Worüber Dollfuß selbst nicht ohne weiteres hinwegkam, war die Tatsache, daß der Wortlaut des Gesetzes aus dem Siebzehnerjahr auf wirtschaftliche Belange abgestellt war. Immerhin steckte ein *Politikum* in der Frage: In der Ära der Regierungen Renner 1919/20 wurde auch von sozialdemokratischer Seite Wert darauf gelegt, das Kriegswirtschaftliche Ermächtigungsgesetz in den Katalog des Rechtsbesitzes der Republik aufzunehmen. Nach dem 15. Juli 1927 drängten einige Sozialdemokraten darauf, dieses Gesetz aufzuheben. Anläßlich der Verfassungsreform 1929 hatten die Sozialdemokraten nicht auf dieser Änderung bestanden. Die Großdeutschen hatten in den zwanziger Jahren, als sie Regierungspartei waren, dem Fortbestand des Gesetzes zugestimmt und zusammen men mit ihrem damaligen christlichsozialen Koalitionspartner eine einschlägige Gegenforderung der Sozialdemokraten verworfen. Jetzt, im Frühjahr 1934, war die letzte Nachhut der Großdeutschen im Rumpfparlament drauf und dran, als Oppositionspartei nicht nur von sich aus dagegen zu sein, sondern auch den Part der seit den Februarereignissen 1934 aufgelösten SDAPÖ zu spielen.

Es war für Hecht eine undankbare Aufgabe, bei seiner ursprünglichen Ansicht zu verharren und die Regierung über die letzte Hürde vor dem Beschluß der neuen Verfassung zu bringen. Seit einiger Zeit war ein Einwand im Gespräch, den die Verteidigung des HW-Führers Walter Pfrimer in dem 1931 gegen ihn geführten *Hochverratsprozeß* gemacht hatte: Demnach konnte in diesem Fall von Hochverrat keine Rede sein, weil die Republik von 1918 selbst unter *Bruch der Rechtstradition* zustande gekommen war. Damals ging das Gericht nicht auf diesen unerwarteten Einwand ein. Aber in Fachkreisen blieb der Einwand in Erörterung, und dabei blieb es bis in die Zeit der Zweiten Republik, als der Bundesverfassungsdienst zu der bemerkenswerten Ansicht kam, daß in rechtlicher Hinsicht im Herbst 1918 bei der Schaffung der Verfassung der Republik kein gültiger Rechtsakt auf Grund der Verfassung 1867 gesetzt, sondern ein revolutionärer Vorgang durchgezogen wurde. Eine veritable, freilich allergrößtenteils unblutige Revolution. Ein Umsturz eben oder wie immer die *geschichtliche* Betrachtung diesen Rechtsbruch wertet.

Ursprung des revolutionären Geschehens im Oktober 1918 war die Tatsache, daß die 1911 für die Dauer von sechs (!) Jahren gewählten Angehörigen einer »Deutschen (!) Nationalversammlung« nach ihrem Exodus den Boden der noch bestehenden sogenannten Dezemberverfassung 1867 verließen und die bisher zuständigen obersten Organe abgesetzt wurden. Es ist bekannt, wie der nach dem Tod Victor Adlers mit der politischen Ressortleitung für auswärtige Angelegenheiten betraute Otto Bauer im Gegensatz zu seinem Vorgänger mit den Organen des Ballhausplatzes umgesprungen ist. Bauer und andere Funktionäre der neuen Ordnung hatten vom Fleck weg die oberste Staatsgewalt in Anspruch genommen, ohne sich darum zu kümmern, daß der Staatskörper auf Grund der Dezemberverfassung 1867 fortbestand und für das revolutionäre Vorgehen keine Handhabe vorhanden war, ja nicht vorhanden sein konnte! Damals trug der politische Zusammenhalt der deutschen Sozialdemokraten, der Wiener Freiheitlichen und der in diesem Punkt einigen deutschnationalen Parteien schließlich den Sieg über die eher zögernden Christlichsozialen davon, also zugunsten eines Fortgangs der Revolution; so wie die Epigonen dieser politischen Bewegungen 1933/34 das Ergebnis des Umsturzes 1918 mit Zähnen und Klauen gegen die Regierung Dollfuß verteidigten. Denn es gehört zum Prinzip einer Revolution, daß sie nach ihrem Sieg sofort für sich den Rechtsschutz der Legalität beansprucht und damit die von gestern in den Stand potentieller Hochverräter versetzt.

Aber gerade das, was die Opposition 1934 der Regierung Dollfuß mit ihrer außerparlamentarischen Kampfweise im Untergrund vorgeworfen hat, nämlich die Abhaltung einer Volksabstimmung über den Regime- und späteren Verfassungswechsel, haben die Revolutionäre 1918/19 und 1920 bewußt unterlassen. Bekanntlich hat damals der christlichsoziale Abgeordnete Miklas den Mangel einer Befassung des ganzen Volkes über den Wechsel des Systems beanstandet, ohne damit bei den neuen Herren anzukommen. So gesehen, bekam Talleyrand Jahrzehnte nach seinem Tod recht mit seiner fatalen Formel, wonach Hochverrat eine Frage des Datums ist.

Dollfuß nahm 1934 in Anspruch, was 1918/19 die Staatsgründer für ihr Vorhaben in Anspruch nahmen: den geschichtlichen Auftrag angesichts einer existentiellen Bedrohung des Landes, damals angesichts des Zusammenbruchs von 1918 und dessen Folgen, 1933/34 die Bedrohung Österreichs durch die unverkennbaren Absichten Hitlers und seiner Bewegung, welch letztere nie im österreichischen Nationalrat vertreten war, die aber mit den klassischen Methoden einer außerparlamentarischen Opposition die Macht im Staate erreichen wollte. Hier muß auch daran erinnert werden, daß es nicht Kampfziel und Auftrag des Schutzbundes war, mit dem Aufstand vom Februar 1934 die politischen Zustände in Österreich mit Gewalt wieder auf den Boden der parlamentarischen Demokratie und ihrer bisherigen Ordnung der Gesellschaft im Staat zu heben.

All das lag unter dem politischen Horizont der Betrachtung vom April 1934. Dollfuß hatte mit der von den Wehrverbänden unterstützten Exekutive die Februarkämpfe bestanden. Er war nicht in allem mit der Art der Ressortleitung Feys einverstanden. Aber er war sich auch bewußt, daß infolge der brüsken Ablehnung der auf diplomatischem Weg im Jänner 1934 versuchten Bereinigung der Streitsituation mit dem Führerstaat im Dritten Reich, des unablässigen Fortgangs der Terroranschläge der Nationalsozialisten in Österreich und anderer prinzipieller Verschiedenheiten mit der Neuordnung der staatlichen Verhältnisse nicht länger gezögert werden durfte:

Für ihn war die *berufsständische Ordnung* die Alternative zu dem nach wie vor von sozialistischer Seite vertretenen Prinzip des *Klassenkampfes* und zu den fortdauernden Bestrebungen Hitlers und seiner Bewegung zur Auslöschung der Existenz Österreichs. Wie sehr Hitler nicht nur an einem Anschluß Österreichs an das Deutsche Reich, sondern an einer Zertrümmerung der geschichtlichen Gewordenheit Österreichs lag, hat er im September 1941 in einem in der Wolfsschanze geführten sogenannten Tischgespräch vorbehaltlos ausgedrückt:

»Für den Bereich der Ostmark war es [1938] das Richtige, den Zentralstaat [Österreich] auf Kosten von Wien zu zerschlagen und die [habsburgischen] Kronländer wiederherzustellen. Mit einem Schlage ist damit eine Unzahl von Reibungsflächen verschwunden: Jeder [Reichs-]Gau ist glücklich, sein eigener Herr zu sein.«

Zweifellos hat diese Verabschiedung der Länder von Wien Nachwirkungen gehabt, die weit über die Zeit des Dritten Reiches hinaus bei der Entwicklung des Föderalismus eine Rolle spielen.

In dem Vieraugengespräch mit Hecht konnte die Phantasie des Kanzlers selbstverständlich nicht solche im Jahr 1934 kaum absehbare Folgerungen erfassen. Für ihn waren inmitten des Existenzkampfes des Jahres 1934 die Teile der Präambel der Verfassung 1934 kein Spiel mit Worten, sondern Ausdruck seiner Alternative zu Ideologien und Machtfaktoren, die sich damals in ganz Europa zur Macht drängten. Gedacht war hier die vom Duce erwartete *Faschisierung Österreichs im totalen Staat* und eine *im Klassenkampf drohende Diktatur des Proletariats.* Es war umstritten, ob die Verfassung 1934 eine Gesamtänderung darstellte. In der Präambel traten jedenfalls jene Momente zutage, durch die sich der Ständestaat vom Staat des 12. November 1918 abhob.

Der erste Satz der Bundesverfassung 1920/29 drückte das Axiom aus, wonach die Staatsmacht vom Volk ausgeht. Einen anderen Ursprung läßt dieser Rechtssatz nicht zu, und er steht damit im Gegensatz zur traditionellen Rechtsanschauung des Abendlandes, wonach alles Recht von *Gott* ausgeht. Letzteren Satz an die Spitze der Präambel der Verfassung 1934 zu stellen, war für Dollfuß kein advokatorischer Kniff zur Ausschaltung der Rechte der Volksvertretung, sondern eine Absage an die Omnipotenz des modernen Territorialstaates und seines Verfassungsgefüges.

Die Präambel enthält den Namen des Adressaten in einer neuen Fassung: Die Verfassung ist die des österreichischen Volkes. Noch ist in diesem Gesetzeswerk die Bedeutung der Worte »Volk« und »österreichisch« nicht näher ausgeführt. Aber von hier aus wird im nächsten Staat, in der 1945 geschaffenen Zweiten Republik, der Weg weitab führen von den bisher geradezu geheiligten Vorstellungen, die mit den Worten »deutsch« und »Volk« verbunden waren; ehedem, lange vor dem Vierunddreißigerjahr. Dann aber wird man auch mit geringschätzigem Lächeln und mit Verhöhnung über das »christliche Abendland« herziehen; über das, was im Denken Dollfuß' und seiner Freunde noch vorhanden war, das sie veranlaßte, von einem *christlichen* Staat zu sprechen.

Nach 1945 wird man anfangen zu fragen, ob es das legendäre katholische Österreich überhaupt noch gibt, und nach einigen Variationen des Themas zu der Überzeugung gelangen, daß man auch die Vorstellung vom »christlichen Abendland« ruhig den Kabarettisten und anderen scharfzüngigen Verneinern überlassen kann.

Dann wird auch, nach 1945, das einsilbige Wort »deutsch« überall dort getilgt werden, wo man es nach 1918, nach dem Ende des alten

Österreich, eilfertig und betulich appliziert hatte, um die enttäuschende Kleinheit und Unbedeutendheit der jungen Republik zu kaschieren und einem Enthusiasmus einer anderen Jugend eine Atmosphäre zu bieten.

Bundesstaat: Das Wort stand in der Präambel 1934, wo ehedem das Wort Republik als Spezifikum des Österreich von 1918 stand. Aber das Wort Republik war nur für den Augenblick übertüncht. Es wird nach 1945 retuschiert aufscheinen. Nur der Kern des Begriffs Bundesstaat, 1934 als eine Alternative zum Zentralismus der Linken und zur Gleichschalterei der Nazis gedacht, wahrte über die Zeiten hinweg eine gewisse Bedeutung: den Sinn der Österreicher für Föderalismus – eine Garantie für den Fortbestand dessen, was einmal, in den Königreichen und Ländern der Habsburger über den Heimatbegriff emporragend, die Verfestigung der geschichtlichen Gewordenheit eines Königreiches, eines Herzogtums oder einer gefürsteten Grafschaft, also der Landesherrschaft, den Boden gegeben hat. Zuletzt standen 1934 jene zwei Worte in der Präambel, mit denen sich viele Österreicher teils aus gegnerischer Ansicht nicht identifizieren wollten oder – bei aller Loyalität zum System – nicht konnten: die *berufsständische Gliederung,* also das Substrat des in der Geschichte gewordenen und wieder untergegangenen Ständestaates, von dem sich seltsamerweise ein Partikel im System der Zweiten Republik wiederfinden sollte: die Sozialpartnerschaft, das Pactum de non petendo angesichts der stets drohenden Gefahr des Klassenkampfes und der Reaktion . . .

Zwischen 14. und 18. April 1934 befaßte sich der Ministerrat mit der seit dem März fertiggestellten sogenannten Oster-Fassung des Entwurfs einer neuen Bundesverfassung. 1918/19 hatte sich Karl Renner selbst sogleich mit Entwürfen für die Symbole der jungen Republik und der Textierung jener Hymne beschäftigt, für die dann Wilhelm Kienzl eine Alternative zur Haydn-Hymne komponierte, deren bloß staatsoffizieller Charakter aber leider jeden Anspruch eines inneren Aufschwungs bei jung und alt lähmte. Der Ständestaat tat den letzten fälligen Schritt mit dem Rückgriff auf die Melodie der Volkshymne, zu welcher der von Karl Kraus grausam verhöhnte Priesterdichter Ottokar Kernstock lange vorher einen Text geschrieben hatte. Die in großen Teilen der Bevölkerung noch bestehende *Gewöhnung an die Haydn-Melodie* gab dem Neuen einen fragwürdigen Charakter. Wann immer die alte Melodie erklang, sangen die einen dazu den Text des »*Gott erhalte*«, andere jenen des *Deutschlandliedes,* wenige nur kannten, außer Schulkindern, den neuen Text, der mit den Worten begann: »Sei gesegnet ohne Ende.« Sozialisten aller

Konfessionen haben ihre eigenen Hymnen, gaben nie sehr viel auf hymnische Bekenntnisse zu einem Staat, dessen sich noch der Kapitalismus bedient, ignorierten im Ständestaat einfach die neue Hymne, wie sie den Wortlaut der von Renner getexteten nur in seltenen Fällen gekannt haben. So kam die Gemütsverwirrung jener Tage just dann zum Ausdruck, wenn mit der hymnischen Erhabenheit ein Aufschwung zu einer erneuten Hingabe an den Staat, an Österreich, hätte erfolgen sollen.

Lange Jahre litt und leidet die Zweite Republik unter dem Eindruck, den das aus der Zeit der Ersten Republik übernommene Staatswappen in der freien Welt des Westens, wie man lange Zeit sagte, erweckte. Die Republik Österreich war und ist nämlich der einzige Staat in dieser Region, der im Wappen *Sichel und Hammer* als Symbole führt, Symbole, die ansonsten nur kommunistischen Ländern zugeschrieben werden. Und doch liegt hier ein Irrtum vor, an welchem dem oberflächlich betrachtenden Ausländer nicht viel liegt, wenn er erst einmal Sichel und Hammer im österreichischen Wappen entdeckt hat. Renner hat nämlich dem einköpfigen Adler der vorhabsburgischen Zeit der Babenberger nicht nur Sichel und Hammer in die Fänge gegeben, sondern auch den Kopf mit der *Bürgerkrone,* dem dritten Symbol der Dreiheit: *Arbeiter, Bauern, Bürger,* ausgezeichnet. Der Ständestaat griff auf den Doppeladler zurück. Der aber geriet in der Ausfertigung zu jenem mickrigen Dingsda, das ihn fernab von den Geheimnissen der Heraldik zu dem machte, was man im Amtsgebrauch zum *Stampiglieren* von amtlichen Alltagserledigungen braucht. Dollfuß hatte, von seinem Standpunkt aus richtig, darauf gedrungen, das Kruckenkreuz in der Mitte des Querbalkens einzufügen; aber die Heraldiker waren dagegen, sie wollten das Wappen möglichst einfach ausgestattet sehen. Das ist ihnen denn auch in dem Sinn gelungen, daß sie kein Symbol, sondern den Mittelpunkt einer simplen, für den täglichen Amtsgebrauch genügenden Stampiglie anbrachten. Was überdauerte war die Fahne:

Das schon von Renner gewählte Rot-Weiß-Rot bekam in den dreißiger Jahren und nachher im opferreichen Kampf um Österreich den echten Symbolcharakter, den das gleichfarbige Bändchen in denselben Farben als Zeichen der Zugehörigkeit zur VF nicht in dem Sinn bekam, den ihm Dollfuß in den bewegten Tagen des Jahres 1933 zugedacht hatte: kein Abzeichen einer Parteiung, sondern – nicht mehr und nicht weniger – Zeichen eines Ja zu Österreich. Wie immer es war: Um die rotweißrote Fahne sammelten sich in der Besatzungszeit nach 1945 unterschiedslos die Österreicher, diese Fahne wehte nach dem Ende der Besatzungszeit über dem freien Österreich.

Unversehens schien das im Moment verpönte Wort »Republik« dennoch im Text der Bundesverfassung 1934 auf. Im Artikel 21 der neuen Verfassung ist von jenem Konkordat die Rede, das die *Republik Österreich* im Juli 1933 mit dem Heiligen Stuhl geschlossen hatte. In der Ministerberatung wurde erwogen, an dieser Stelle das Wort Republik durch das Wort Österreich zu ersetzen. Bundesminister Ender beharrte aus gutem Grund auf dem umstrittenen Wort, denn es war tatsächlich ein Vertrag, den die *Republik* Österreich mit Rom abgeschlossen hatte. Ein Vertrag, der nach einer nach 1945 geltenden Rechtsauffassung niemals ratifiziert worden ist, bis sich 1956 der sozialistische Koalitionspartner entschloß, die Rechtsgültigkeit des *internationalen* Vertragswerkes aus 1933 anzuerkennen und damit nicht nur die Brücke für die Rezeption wichtiger Teile des sogenannten Dollfuß-Konkordats in den Gesetzeskatalog der Republik zu schlagen.

Neuerungsabsichten im Sinne einer künftigen berufsständischen Ordnung gerieten selbst bei Dollfuß in Konflikt mit dem gewohnten Denken in den Kategorien der Staatspolitik. Dollfuß vertrat den Standpunkt, daß das Schwergewicht der berufsständischen Organisation in den *Ländern* liegen sollte, weil dadurch die Berufsstände den Interessenten nähergerückt würden; der Kanzler befürchtete auch, daß als Folge der Errichtung von zentralen Kammern die Bundesministerien überflüssig würden. Neustädter-Stürmer, stets bemüht, seine theoretischen Ansichten zum Tragen zu bringen, verlangte aber, daß der berufsständische Aufbau nach *einheitlichen* Gesichtspunkten erfolgen müsse. Er wandte sich dagegen, daß nur die Landwirtschaftskammer die Arbeitnehmer einbeziehe, die anderen aber nicht. Denn wenn jede Kammer die fachliche Gliederung anders einrichten könne, würde die Organisation an der Spitze nicht funktionieren. Der Aufbau der berufsständischen Organisationen stand im Frühjahr 1934 am Beginn; das hatte zur Folge, daß die erste Konstituierung der Vertretungskörper – an sich grundsätzlich als Ertrag von Wahlen aus ihrer Mitte gedacht – durch *Ernennung* erfolgen mußte. So geriet der berufsständische Aufbau in das Provisorium jener Übergangsregelung, bei der die Mitglieder der künftigen Organe der Bundesgesetzgebung durch Ernennung berufen wurden. Das ergab folgende Struktur:

Der *Staatsrat* hatte die gesamtstaatlichen, der *Bundeswirtschaftsrat* die wirtschaftlichen, der *Bundeskulturrat* die kulturellen und der *Länderrat* die Interessen der Länder wahrzunehmen. Der Länderrat wurde sogleich durch Entsendungen der Länder, also nicht durch Ernennung von oben, konstituiert.

Die Zahl der Mitglieder des Staatsrates war nicht genau festgelegt, es sollte die Möglichkeit bestehen, Persönlichkeiten mit Wissen und Erfahrung sowie von Ansehen ohne Rücksicht auf eine zahlenmäßige Begrenzung zu berufen; die Zahl sollte jedoch nicht unter 40 sinken oder 50 übersteigen. Der Bundeskulturrat, bestehend aus Vertretern des Schul-, Erziehungs- und Volksbildungswesens, der Wissenschaft und der Kunst sowie der anerkannten Kirchen und Religionsgemeinschaften, wurde auf 30 bis 40 Mitglieder beschränkt. In den Bundeswirtschaftsrat entsandten die wirtschaftlichen Berufsstände maximal 80, mindestens 70 Mitglieder.

Diesen vier Räten kam eine *beratende* Tätigkeit im Zuge der Bundesgesetzgebung zu. Der aus Mitgliedern der vier Räte konstituierte *Bundestag* sollte für die *Beschlußfassung* zuständig sein, und zwar für Gesetzesvorlagen der Bundesregierung, den Bundesvoranschlag, die Aufnahme oder Konvertierung von Anleihen, die Verfügung über das Vermögen des Bundes, die Genehmigung des Rechnungsabschlusses und die Berichte des Rechnungshofes. Eine Bundesversammlung, bestehend aus *allen* Mitgliedern der Räte, war als umfassendes beschlußfassendes Organ geplant; ihm war anfangs auch die Wahl des Bundespräsidenten zugedacht (eine Regelung, die völlig abgeändert worden ist), die Beeidigung des Bundespräsidenten und die Kriegserklärung.

So türmte sich mitten im Bürgerkrieg, in einer Wirtschaftskrise ohnegleichen und im Kampf um die Existenz des Staates ein Berg von Neuerungen auf, die über verbliebenen Partien der Bundesverfassung 1920/29 entstehen sollten, für die aber nicht nur erst das Baugelände frei gemacht, sondern auch ein Raum- und Funktionsprogramm mit bisher unbekannten Faktoren staatlicher Existenz erdacht werden mußte. Das sowie die Bedrängtheit des Staates durch Anschlage von innen und außen erforderten die auf das Amt des Bundeskanzlers zentrierte *Regierungsgewalt der Bundesregierung*, die wahlweise mit der begutachtenden und beschlußfassenden Tätigkeit der erwähnten Räte des Bundestages konkurrierte. Es entstand keineswegs das Gefüge eines totalen Staates. Vor allem zielte die von Dollfuß eingeleitete berufsständische Neuordnung weder auf die Errichtung eines Führerstaates wie im Dritten Reich ab noch auf die umfassende Fülle der Gewalt, wie sie der Duce des faschistischen Italien für sich hatte.

Im Gegenteil. Abgeschafft wurden im Moment die mäßig geschätzten politischen Parteien als Träger der Ausübung des Wahlrechts, nicht aber das Prinzip der Wahlen an sich. Die Ernennung der Mitglieder der Räte war das Dilemma in der Stunde äußerster Bedrängnis, aber nicht Endziel der berufsständischen Ordnung. Vielleicht ist die Regierung in der ihr gesetzten Frist zuwenig oder zu spät das Risiko von Wahlen in die berufsständischen Vertretungen und damit auch in die gesetzgebenden Körperschaften eingegangen. Die enorme Kampfkraft, die von den Nationalsozialisten aus dem Untergrund gegen das System ausging, täuschte an diesem Frontabschnitt eine *zahlenmäßige* Stärke vor, die bis 1938 nie bestanden hat. Die 1938 beginnende Erfassung der Mitglieder und Anwärter der NSDAP erbrachte Zahlen, die es verständlich machten, daß gewisse Kreis- und Gauleiter in ihren an die Reichsparteileitung gerichteten Erfolgsmeldungen reichlich übertrieben und *nach* dem Anschluß ein sehr engmaschiges Netz durchs Meer der sogenannten »Märzveilchen 1938« gezogen haben . . .

Die Mitglieder der vier vorberatenden Organe wurden am 1. November 1934 ernannt. Nur tastend ließ man sich auf Wahlen in die Vertretungskörperschaften und damit auf die als Folge daraus gedachte Wahl in die Räte ein. Die Entscheidung in dieser an sich schwierigen Frage fiel nicht auf dem Boden der Innenpolitik. Sie mußte in Schwebe bleiben, solange die Existenz des selbständigen Staates ein Problem der *internationalen* Politik blieb und die Westmächte, zuletzt auch Italien, sichtlich von der Schutzstellung abrückten, die sie dem Dollfuß-Staat in den Krisen des Jahres 1934 hatten zuteil werden lassen. Seither hat das Revolutionsgeschehen in vielen Teilen der Erde bewiesen, daß das von angelsächsischen Theoretikern und Praktikern als allein anerkennenswert betrachtete System der Demokratie keineswegs so weit gediehen ist, daß die Macht von Ideen und nicht die der *Gewehre* die Willensbildung bestimmt. Für das Österreich von 1934 ist so eine Einschätzung in der Krise des Jahres 1938 nicht zum Tragen gekommen. Damit sind Wert oder Unwert je nach dem Standpunkt im Freund-Feind-Verhältnis des Politischen angedeutet. Die letztlich gültige Probe aufs Exempel des Experiments Dollfuß' hat es nicht gegeben. Das kommt dem heute gültigen Prinzip bei einer fast nur mehr sozialkritischen Betrachtung der damaligen Problematik zugute. Die *Verteidigung der Unabhängigkeit* verlangte, wie es nachher das Schicksal größerer Länder und Staaten bewiesen hat, Anstrengungen, die zuweilen über Menschenkraft hinausgingen. Alle Mühe und Einsatzbereitschaft, alle Opfer, die hiefür erbracht wurden, gingen natürlich beim Aufbau und Ausbau der berufsständischen Ordnung ab. Diese Verteidigung der Selbständigkeit Österreichs ging bis zur Gefahr einer militärischen Intervention des Dritten Reiches. Daß diese tatsächlich in der Nacht zum 12. März 1938 erfolgte, ersparte Österreich eher das tragische

Schicksal, dem Deutschland nach dem Untergang des Dritten Reiches verfiel. Österreich war nach 1945 *kein »liberated country«*, aber auch kein Feindesland der Sieger. Das war für alle von Vorteil, die nach 1945 die Geschichte des Landes leiteten, die aber zu lange die Opfer jener vergessen machten, die bereits *vor* 1938 ihr Leben hingegeben hatten.

Der 1. Mai 1934 war ein Dienstag, ein Staatsfeiertag, wie in allen Jahren seit 1918 und bis heute. Dollfuß wollte dem Ständestaat ein anderes Fundament legen als jenes, das die Arbeiterpartei in der Monarchie mit friedlichen Mitteln erkämpft hatte. Er hielt an jenem Tag im Kanzleramt eine Rede an die Bevölkerung, die über alle Sender übertragen wurde. Bis in die Dörfer hörte man diese Rede. Meistens wurde sie der Mittelpunkt einer Feier an Ort, wo für die Übermittlung durch Lautsprecher gesorgt war. Ein Gottesdienst gab der Veranstaltung jene Einstimmung, die zum Sinn der Präambel paßte, wonach Österreich ein christlicher Staat sein sollte. Der Kanzler hatte Wert auf feierliche Gestaltung des Tages gelegt.

Tags zuvor, am 30. April, hatte es noch einmal im Hohen Haus am Ring, alsbald *Haus der Bundesgesetzgebung* des Ständestaates, die Aufführung der letzten Szene im Ablauf der im Umsturz 1918 entstandenen Republik gegeben. Nicht ohne weiteres hat Dollfuß die Entwicklung der Verfassungsreform zu diesem Finale bringen können. Da gab es nicht nur den Streit, ob es sich bei dem Neuen um eine *Gesamtreform* der Verfassung 1920/29 oder um eine neue, eine andere Verfassung handle. Tatsächlich enthielt der Wortlaut der Maiverfassung 1934 viele Elemente des Verfassungstextes der Republik aus 1918, darunter nicht wenige, die seit 1848 in der Verfassungsgeschichte des alten und neuen Österreich ihre Bedeutung und ihren Bestand behalten hatten.

Starhemberg hatte sich erst gar nicht auf den Boden solcher Auseinandersetzungen der Juristen begeben, sondern einfach verlangt, daß die Verfassung des Ständestaates *ex auctoritate* geschehe, also quasi von oben her, nicht auf Grund einer Prozedur im Nationalrat, für dessen Wiedererweckung zu neuer politischer Bedeutung nicht einmal der Schutzbund im Februar 1934 gekämpft hatte. Sektionschef Hecht bewog den Kanzler, hierin Starhemberg die Chance zu geben, mit seiner Version zum Zug zu kommen, um sich als künftiger Vizekanzler gegen »die Wilden in den Gebirgstälern«, die ohnedies dem Kanzler und seiner VF nicht immer grün waren, besser durchzusetzen. Hecht betrachtete den am 24. April erfolgten Beschluß der Bundesregierung, womit auf Grund des umstrittenen Kriegswirtschaftlichen Ermächtigungsgesetzes die Verfassung des Ständestaates erlassen werde, als eine Episode; man wird sie vergessen, wenn erst einmal am 1. Mai 1934 die feierliche Promulgation gemäß dem Beschluß des Rumpfnationalrates erfolgt sein wird.

Und so geschah es, daß am 30. April 1934 das Rumpfparlament der Ersten Republik im Hohen Haus zusammentrat. Es präsidierte Rudolf Ramek, der am 4. März 1933, so wie der damalige Erste Präsident Karl Renner und der Dritte Präsident, der Großdeutsche Sepp Straffner, seine Funktion niedergelegt hatte. Renner besaß seit dem Verbot der SDAPÖ im Februar 1934 kein Mandat mehr, und Straffner war längst zu den Nationalsozialisten übergegangen. Also fungierte Ramek, dem mit einer Änderung der Geschäftsordnung vom 28. April die Möglichkeit zugestanden wurde, als Mandatar des Nationalrates seine Funktion, die er am 4. März abgegeben hatte, die damit aber nicht erloschen war (?), wieder aufzunehmen, als Präsident.

Ramek präsidierte einem Rumpfparlament, bestehend aus 66 Christlichsozialen, sechs Abgeordneten des Heimatblocks, zwei Abgeordneten des Landbundes und zwei Abgeordneten der Großdeutschen Volkspartei. Die Fraktion der SDAPÖ gab es seit dem Februar 1934 nicht mehr, ihren Mandataren war damals zugleich mit dem Verbot der Partei das Mandat aberkannt worden. Noch einmal wurde von Dollfuß der frühere Bundeskanzler Buresch beauftragt, vor Beginn der Sitzung des Nationalrates Kontakte mit den Sprechern des Landbundes und der Großdeutschen aufzunehmen. Es ergab sich, daß die Abgeordneten des Landbundes eher bereit waren, der Regierungsvorlage zuzustimmen, nicht aber die beiden Großdeutschen Foppa und Hampel. Den Abgeordneten lag der Text vor, der in der Vorwoche auf Grund des Kriegswirtschaftlichen Ermächtigungsgesetzes mit Beschluß der Bundesregierung verabschiedet worden war.

Ramek nahm die niemals geschlossene Verhandlung vom 1. März 1933 auf, um sie nach einigen Formalitäten zu schließen. Nach Wiederaufnahme der Sitzung ergriff der Großdeutsche Hampel das Wort. Es ergab sich, daß er und sein Parteifreund sich nicht an die unverbindliche Absprache halten wollten, zu der sie sich bei der erwähnten Unterredung mit Dr. Buresch bereit erklärt hatten. Anders als der Landbund, dessen oppositionell eingestellte Mandatare einfach der Sitzung fernblieben, ritt Hampel eine scharfe Attacke gegen das Vorgehen der Regierung und ging gegen die zwischendurch eingelegte Sitzung des Verfassungsausschusses los, um dann im Plenum gegen die »frivole Durchpeitschung« eminent wichtiger Gesetzesvorlagen Verwahrung einzulegen. Das konsequent ausgedrückte Nein der Großdeutschen bezog sich nicht zuletzt darauf, daß nunmehr der Rumpfnationalrat in aller Eile etwa 500 Gesetzesmaterien beschließen sollte, bei denen es sich um Maßnahmen handelte, die von der Regierung seit dem 4. März 1933 auf Grund des Kriegswirtschaftlichen Ermächtigungsgesetzes aus 1917 beschlossen worden waren.

Sichtlich unbeeindruckt von der heftigen Kritik des Oppositionsredners referierte nachher der Berichterstatter, der Vorarlberger Winsauer, der mit dem Antrag schloß, das Hohe Haus möge *alle* in Frage stehenden Regierungsbeschlüsse im Sinne des Gesetzes vom Siebzehnerjahr genehm halten. Jetzt trat der Großdeutsche Hampel neuerlich in die Schranken. Er vergaß dabei, daß er zu jenen Mitgliedern einer Fraktion gehörte, die als Koalitionspartner der Christlichsozialen die Fortdauer der Gültigkeit des nun umstrittenen Gesetzes aus der Kriegszeit bejaht hatte. Dies auch, als 1928 der sozialdemokratische Abgeordnete Albert Sever, anders als zur Zeit der Regierung Renner 1920, die Eliminierung des Ermächtigungsgesetzes aus dem Gesetzeskatalog der Republik vergebens verlangt hatte. Jetzt bestritt er die Gültigkeit.

Dieser Streit und die rasche Abfolge im Bruch der Rechtskontinuität, wie sie seit 1848 das Verfassungsleben in Österreich beherrscht hat, spielten im April 1934 in der Öffentlichkeit der Linken und den mit ihr verbündeten Großdeutschen die Rolle des Verfassungshüters zu. *Beide* vergaßen, daß sie 1918 ohne Bedenken über den Einwand hinweggeschritten waren, der sich ergab, als die deutschen Reichsratsabgeordneten mit ihrem Exodus den Boden der Verfassung aus 1867 verließen und unter *Bruch der Rechtskontinuität* von einem Rumpfparlament aus dem Jahr 1911 die verfassungsmäßige Grundlage der Republik von 1918 geschaffen wurde. Vergessen war, daß damals der nunmehrige Bundespräsident Miklas vergebens verlangt hatte, diesen Bruch durch eine Volksabstimmung über die Verfassung der jungen Republik einigermaßen zu sanieren. Mit anderen Worten: So viel oder so wenig Recht wie die Väter des Staates von 1918 hatte auch Dollfuß 1933/34 bei der Hand.

Vor Beginn der Abstimmungen über die Regierungsvorlage betreffend die Maiverfassung 1934 verlangte der großdeutsche Abgeordnete Hampel, es möge die Zahl der Anwesenden festgestellt werden. Seine Absicht war klar: Nach der bisher gültigen Vorschrift mußte bei der Abstimmung über eine verfassungsrechtliche Materie mindestens die Hälfte der dem Hohen Haus angehörenden Mitglieder anwesend sein. Bisher 83 von 165. Am 30. April 1934 gehörten dem Hohen Haus nur mehr 91 Mitglieder an. Der Präsident Ramek schritt unter der Annahme zur Abstimmung, daß die letztere Zahl tatsächlich die Hälfte jener Zahl ausmachte, die nach der Aberkennung der Mandate der zu den Nationalsozialisten abgeschwenkten Mandatare des Heimatblocks 1930 sowie der im Februar 1934 um ihr Mandat gekommenen Sozialdemokraten übriggeblieben war. Nach mehrmaligem scharfem Wortwechsel zwischen dem Präsidenten und den beiden großdeutschen Abgeordneten wurde dem Abgeordneten Hampel ein Ordnungsruf erteilt. Es war selbstverständlich, daß die im Hohen Haus verbliebenen Abgeordneten der Großdeutschen Volkspartei nach ihrem im Mai 1933 mit der NSDAP geschlossenen Kampfbündnis gegen die Regierung Dollfuß im Schatten der Illegalen tätig blieben; so rächten sie sich an Dollfuß, der sich bisher dem Wunsch nach Neuwahlen widersetzt hatte, weil sie nach dem im Reich stattgefundenen Sieg, den Hitler dort mit den Methoden der Demokratie über die Demokratie errungen hatte, auch in Österreich die Machtergreifung des Nationalsozialismus erwarteten.

Das war die Fatalität der Demokratie in Österreich: Warf man 1934 der Regierung Dollfuß vor, es hätten bei Neuwahlen nach dem 4. März 1933 längst nicht mehr die für die Regierung Dollfuß günstigeren Mandatsverhältnisse aus 1930 bestanden, nachdem die Nationalsozialisten längst den Sieg ihrer Bewegung und die totale Zertrümmerung der Regierungspartei erwarteten, dann galt Gleiches auch für das Zustandekommen des Staates von 1918 und dessen Verfassung. Schon der damalige Exodus der deutschen Abgeordneten aus dem Reichsrat war die *willkürlich* vorgenommene Selbstauswahl einer ungesetzlich zustandegekommenen Körperschaft, eine durch kein Gesetz gedeckte Maßnahme. Die am damaligen Exodus Beteiligten waren 1911 gewählt worden; normalerweise wäre die Funktionsdauer des in diesem Jahr gewählten Abgeordnetenhauses 1917 erloschen. 1918/19 wären niemals derlei Mandatszahlen zustande gekommen, nachdem im November 1918 die nationale und soziale Revolution den Staat von 1911 zertrümmert hatte. Trotzdem hat damals Renner den Rechtsbruch benützt, um ein Fundament für die Republik von 1918 zu finden. Hier geht es nicht darum, die historische Tat Renners vom Spätherbst 1918 zu schmälern; sehr zu Unrecht haben aber 1934 die Epigonen das Bemühen Dollfuß', der unter den von Grund auf gewandelten Verhältnissen der dreißiger Jahre ein staatliches Gefüge gegen den mit ungeheurer Wucht angreifenden Nationalsozialismus aufrichten wollte, als eines der abwegigsten Mittel zur Aufrichtung einer persönlich beanspruchten Diktatur (!) hingestellt und so für die Zukunft zum abschreckenden Beispiel des Mißbrauches von Recht und Macht im öffentlichen Unterricht sowie bei der Heranbildung eines neuen Motivs der staatsbürgerlichen Gesinnung gemacht.

Die Vorgänge am und um den 1. Mai 1934 waren bestens geeignet, eine längst bestehende innere Ablehnung des an der Macht befindlichen *Klerikalismus* zu offenbaren. Denn diese gemeinsam erbrachte Feindeshaltung der nationalen, liberalen und sozialistischen Bevölkerungsteile bestand im Grund seit 1881, seit Georg von Schönerer und Victor Adler den schon aufkeimenden Antisemitismus in deutsch-freiheitlichen Kreisen bewußt übersahen, um sich in dem gemeinsam entworfenen Linzer Programm für eine deutschnationale und damit antiklerikale Partei in einem Aktionsprogramm zu einigen. Damit wurde ein Stahlseil im politischen Leben Österreichs gesponnen, das bis nahe an das Jahr 2000 heranreicht. Verständlicherweise war es 1934 eine heftige Herausforderung für den im Land herrschenden Antiklerikalismus, eine Minorität der Bevölkerung, wenn am 1. Mai der Tag mit einem *Festgottesdienst* in der Wiener Stephanskirche begann und das Staatsoberhaupt höchstpersönlich das mit dem Heiligen Stuhl abgeschlossene *Konkordat 1933* kundmachte.

Am Nachmittag feierte man in Wien den Tag vor dem Rathaus. Auf einer schmucklosen Estrade plazierte man den Bundespräsidenten, zu dessen Seiten den Bürgermeister von Wien und den Bundeskanzler. Frack war für den Anlaß vorgeschrieben. Bürgermeister Schmitz trug die Bürgermeisterkette, die Karl Seitz in Gewärtigung seiner Festnahme am 12. Februar 1934 angelegt hatte. Das Staatsoberhaupt trug noch nicht das Collane der ihm anläßlich des Abschlusses des Konkordats verliehenen höchsten päpstlichen Auszeichnung, des Christusordens. Dollfuß sagte die Szene sichtlich nicht zu. Anders als seine beiden Nachbarn hatte er den Zylinderhut abgenommen und hielt ihn vor sich auf dem Schoß, als hielte er das Ding für nicht passend. Sein Blick ging über die nächste Szenerie hinweg, vielleicht dachte er an die Radioansprache, die er an diesem Tag gehalten hatte . . .

Anders als Adolf Hitler, der seine großen Reden immer mit den Erinnerungen an seinen Ausmarsch als Soldat des Ersten Weltkrieges begann, ist Dollfuß an jenem Tag von dem Politikum ausgegangen, das das Stigma der Republik von 1918 war und blieb. Für ihn war der 4. März 1933 der Trennungsstrich zwischen ihm und seinen Mitkämpfern gegenüber der Revolutionsepoche der Nachkriegszeit. Er hat die Formel der Linken (sie überdauerte das Jahr 1945), wonach Demokratie nicht viel ist, weil Sozialismus das Ziel bleibt, immer so ernst genommen, wie sie gedacht war. Immer hat er bedauert, daß die unter Seipel bestandene Einheitsfront der Gegner des Austromarxismus zerbrochen war, daß am 4. März 1933 die Großdeutschen mit den Sozialdemokraten zusammengingen, um der Regierung Dollfuß jene Schlappe zu bereiten, die den Sturz des Kabinetts nach sich ziehen sollte.

Er erinnerte sich an jenem 1. Mai 1934, dem letzten Tag dieses Datums, den er erleben sollte, wie er in seiner Radioansprache nicht die parlamentarische Formalität verteidigt, sondern neue Kräfte aufgerufen hatte, die eine andere Staatsgesinnung tragen sollten: die *Jugend* des Landes, die *Arbeiter,* die für immer diesen Tag als ihren Feiertag behalten sollten; und er vergaß in diesem Zusammenhang nicht die *Arbeitslosen,* so wie er der *Mütter* gedachte, seiner Mutter, aber auch der Magna Mater Austriae. Und er zögerte nicht, auf die Prozedur einzugehen, die am Vortag im Parlament stattgefunden hatte. Starhemberg hatte ihn vor der Komödie, gespielt im Hohen Haus mit der schwachen Besetzung des Rumpfparlaments, gewarnt. Aber die Juristen hatten den Kanzler gedrängt, den Schein einer parlamentarischen Demokratie zu wahren. Und der Obmann der in den letzten Zügen liegenden Christlichsozialen Partei hatte ihn – trotz des weitum auf dem europäischen Kontinent stattfindenden Zusammenbruchs der demokratischen Ordnung sowie angesichts der scheinbaren Überlegenheit des Faschismus – gewarnt:

»Die Christlichsozialen unterstützen deinen Kampf gegen den Hitler, aber die Demokratie ist nicht tot.«

Das Wort ist dem Kanzler nie mehr aus dem Sinn gekommen; und inmitten des ihm fremden staatsoffiziellen Gepränges der Feier vor dem Wiener Rathaus kam ihm die seltsame Rede des Bundespräsidenten in den Sinn, denn auch Wilhelm Miklas hatte anläßlich der Feiern des 1. Mai das Wort ergriffen, und zwar in einer *Ansprache an die Regierung.* Er sprach davon, daß die innere Entwicklung und die äußere Geltung Österreichs an einem Wendepunkt angelangt seien. Dann aber kam der Satz, mit dem der Bundespräsident den ganzen Abstand seiner Einstellung zu dem Neuen des heutigen Tages, ja geradezu seine Reservatio mentalis, zum Ausdruck brachte:

»Die neue Verfassung unseres Staates, die mit dem heutigen Tage in Kraft getreten ist, ist wohl noch zu jung, um schon heute ein endgültiges Werturteil abzugeben.«

Wohl sprach das Staatsoberhaupt von soliden Grundlagen der Neuerung, aber es müsse zuerst einmal rüstig weitergebaut werden. Da hat der Kanzler wohl bei sich gedacht, daß sich Bauleute schwer tun, wenn ihre Arbeit tagtäglich durch unablässige Anschläge der Illegalen gestört wird, wenn eine oft beschämende Lässigkeit der Getreuesten dem Kanzler auf die Nerven geht, weil diese Typen nicht einsehen wollen, daß es schon ein Kampf ums Überleben, ein Kampf auf

Leben und Tod ist. Manchmal konnte Dollfuß die Betulichkeit der Hochbürokratie zur Verzweiflung bringen, zumal jene der Alten, die meinten, das *Neue* sollte doch eher wie das *Alte von Vorgestern* werden.

Ja, auch Dollfuß wollte nicht den Kampf, sondern – so die Worte des Bundespräsidenten – eine *Konkordanz;* und er war erleichtert zu hören, daß das Staatsoberhaupt von einer Konkordanz zwischen der absolut notwendigen autoritären Staatsleitung und einem »klar umschriebenen Mitbestimmungsrecht des ständisch gegliederten Volkes« sprach. Ach, allein das Wort von der bloßen Mitbestimmung mußte alle erbittern, die, anders als der Kanzler, in der Überzeugung Politik machen wollten, wonach angeblich alles Recht vom *Volk* ausgeht. Seit 150 Jahren praktizierte nach letzterer Maxime das Volk der Vereinigten Staaten Demokratie, hoffend, es würde so eine *bessere Menschheit* herangezogen werden als jene, die man erst unlängst in einem blutigen Weltkrieg hatte belehren müssen, daß die Maxime der Alten Welt nichts taugt. Aber was war seither unter der Bezeichnung Demokratie nicht alles verübt worden, von der einschlägigen Praxis in der Sowjetunion gar nicht zu reden.

Dann hatte der Bundespräsident für das Fremdwort Konkordanz ein Synonym in deutscher Sprache gefunden: *Ausgleich.* Einen rechten und gerechten Ausgleich wollte Wilhelm Miklas zwischen den *beiden Polen* ein und derselben Volksgemeinschaft finden. Der Ausgleich sei ja Voraussetzung für die Bildung eines klaren, alle Bundesbürger erfüllenden gemeinsamen und einheitlichen Staatswillens. Das Beispiel mit den zwei Polen, ein Beispiel, geholt aus der Elektrizitätslehre, erschien naheliegend: Zwei verschiedene Metalle, ausgesetzt einer Säure, lassen zwischen den beiden Polen ein Potentialgefälle entstehen – eben Strom, Energie. Aber das Beispiel paßte nicht auf den Zustand der inneren und äußeren Front des Landes. Gewiß, es gab außer der Linken zwei verschiedene Elemente: jene, die unter dem Hakenkreuz kämpften, und die anderen, denen Dollfuß das Symbol des Kruckenkreuzes vorantragen wollte. Wellen von Säuren umspülten diese Zweiheit, aber keine, die Energie erzeugten, denn es waren zersetzende und zerstörende Säuren, deren schädliches Wirken bis an die Existenz Österreichs herankam.

Der Blick des Kanzlers, der auf dem Rathausplatz in der ihm gar nicht zusagenden Aufmachung in Claque und Frack, aber entblößten Hauptes neben dem Staatsoberhaupt und dem Bürgermeister saß, ging seltsam verhangen hinüber auf das Gebäude des Burgtheaters. Gewiß, auch in ihm war nicht nur ein Nachhall dessen, von dem der Bundespräsident heute zur Regierung gesprochen hatte: einträchtiges Zusammenwirken aller Bürger des Vaterlandes. Aber das Wort Vaterland, das erinnerte die Illegalen eher an die Vaterländische Front, sie riefen nach Volk und Reich und nach ihrem Führer, und noch in der Zweiten Republik wird es viele Menschen in Österreich geben, die vorweg jenen ein falsches Pathos unterstellen, die von *Vaterland* und von der *Heimat* reden, und die Volk mehr als das ansehen, was Bert Brecht unter Volk verstand: *Bevölkerung.*

Dollfuß riß sich los von trüben Gedanken, deren Ausdruck im Gesicht des Kanzlers seinen Freunden in der nächsten Umgebung der Estrade vor dem Rathausturm nicht entging. Er faßte sich nach all dem, was er sich in jenen Tagen in den endlosen Verhandlungen, die er in der Bundesregierung betreffs der Verfassung hatte anhören müssen, was aus der Propaganda im Untergrund emporquoll und die Runde im Ausland machte. Er verglich die Fahrlässigkeit vieler seiner Parteigänger, die oft besten Willens waren, aber nicht den Willen zur Tat aufbrachten, mit der Entschiedenheit, die etwa seine Frau, die er sich aus Norddeutschland geholt hatte, im letzten Kampf um Österreich an seiner Seite bewies.

Ja, sagte er sich, es war notwendig, daß sich die Bundesregierung eine Gesetzesinitiative und, für kritische Zeiten, neben dem Bundespräsidenten ein in ganz neue Formen gebrachtes Notrecht vorbehalten hat. Aus den vielen Monaten der Fronterfahrung hatte er sich das Gespür des Soldaten bewahrt, der ahnt, wenn windige Zeiten im Kommen sind oder daß man ihn an einer windigen Ecke eingesetzt hat. Von allen Heucheleien, die der Feind dem Kanzler vorweg zumutete, war die Heuchelei in Glaubensdingen die am öftesten gebrauchte. Gerade darin irrten selbst jene, die an sich mit dem Kanzler gingen, aber eines echten religiösen Gefühls und der daraus erwachsenden Entschiedenheit nicht mehr fähig waren. Aus gutem Grund hatte der Kanzler seine Radioansprache vom Vormittag dieses 1. Mai mit dem Vers aus der Bundeshymne geschlossen:

»Gott mit dir, mein Österreich!«

Der Tag ging zu Ende, und es schlugen aufs neue die Wellen des politischen Tagesgeschehens über dem Kanzler zusammen.

KEINE STRAFE OHNE GESETZ

Der 30. Juni 1934

Ende 1933 war für Hitler *seine* Revolution in Deutschland am Ziel. Die politischen Parteien, die NSDAP ausgenommen, waren ausgerottet, die Gewerkschaften zertrümmert, gewisse Reste vereinnahmt. Hitler selbst bot in dem von der Staats- und Parteipropaganda verbreiteten Bild seiner Persönlichkeit den Anblick eines tadellosen *deutschen Arbeiters,* der auch im Glanz des Machtbesitzes nichts von dem eingebüßt hat, was ihn und seine Bewegung an die Macht gebracht hatte. Er hatte dem Kapitalismus, vor allem dem in jüdischen Händen, die Giftzähne ausgebrochen. Antikapitalismus war nach Hitlers Machtergreifung lange kein Thema, bis am Vorabend des Zweiten Weltkrieges der Monopolkapitalismus der Westmächte ein neues Angriffsziel bot.

Die Massen, welche die SPD und die KPD gewählt hatten und deren Vertretung im Reichstag einmal insgesamt die Mehrheit gewesen war, verhielten sich merkwürdig still. Nicht von dort her, wo der Widerstand gegen das Regime erst im Untergrund heranwuchs, kam jetzt eine neue Welle des Antikapitalismus, sondern aus gewissen Teilen der Hitlerbewegung, die mit dem nationalsozialistischen Programm Ernst machen wollten, die sich als den wahren Kern der Bewegung ansahen und für die die Revolution noch lange nicht zu Ende war.

Um diese Zeit war das Heftchen, in dem 1927 Gottfried Feder, dieser Diplomingenieur, der noch vor Hitler der Bewegung angehörte, das Programm der NSDAP und deren weltanschaulichen Grundgedanken aufgezeigt hatte, im Dritten Reich längst außer Evidenz geraten. Feder hatte 1919 über die *Brechung der Zinsknechtschaft* geschrieben, wenige Jahre später die Strukturen eines *deutschen Staates auf sozialer Grundlage* aufgezeigt und den Programmpunkt, in dem von einem *positiven Christentum* die Rede ist, ausgedeutet. Aber um 1933 war Feder nur mehr einflußloser Staatssekretär im Reichswirtschaftsministerium, um alsbald im Lehrkörper der Technischen Hochschule Charlottenburg zu verschwinden.

Seltsamerweise gab es im Jahr des Sieges 1933 noch genug Parteigenossen, die einmal Feders Programm bejaht hatten und mit Hilfe seines leicht lesbaren Kommentars zu dem von Hitler 1920 im Münchener Hofbräuhaus verkündeten Parteiprogramm der damals noch DAP genannten späteren NSDAP viele Deutsche für die Hitlerbewegung werben konnten. Menschen, denen es weniger um eine nationale als um eine *soziale* Revolution in Deutschland ging. Diese Menschen erkannten nach einem Jahr nationalsozialistischer Herrschaft im Land, daß nicht nur wenig geschah, um jenen Punkt des Parteiprogramms zu erfüllen, in dem von der Abschaffung des arbeitsfreien und mühelosen Einkommens die Rede war, sondern daß die Bewegung weit entfernt von diesem Punkt zum Stillstand gekommen war. Die Zinsknechtschaft, im Kommentar von Feder als ein Übel herausgestrichen, war nicht abgeschafft. Noch immer erfreuten sich nicht so sehr Juden, sondern allerlei der Partei angehörende oder ihr dienliche Typen eines vor und nach 1933 erworbenen Reichtums. Die Aktiengesellschaften waren nicht verstaatlicht, die goldene Verheißung einer Gewinnbeteiligung der Arbeitnehmer lag in weiter Ferne. Von einer Kommunalisierung der Großwarenhäuser und ihrer Vermietung zu billigen Preisen an Kleingewerbetreibende war nicht die Rede. Es gab kein Gesetz zur *unentgeltlichen* Enteignung von Boden für gemeinnützige Zwecke, die Bodenspekulation blühte, Wucherer und Schieber waren nicht die Typen, die der jetzt häufiger im Betrieb befindlichen Guillotine zum Opfer fielen. Es gab Gutgläubige in Deutschland, die meinten, die legendären 25 Punkte von 1920 seien wortwörtlich zu nehmen, zumal ihnen zu oft gesagt worden war, dieses Programm hätte Ewigkeitswert.

Hätte Hitler nach diesem Programm Politik gemacht, wäre er 1945 nicht zum Selbstmörder geworden, hätte es nach 1945 keine Kriegsverbrecherprozesse gegeben, wäre nicht dem deutschen Volk die Kollektivschuld an Verbrechen angelastet worden, die nach 1945 vielfach benutzt wurden, um die unheimlichen Deutschen auf Generationen niederzuhalten, ihre Nation und ihr Reich zu spalten. Aber sobald Hitler mit der Schaffung seines Führerstaates fertig war, Arbeit und Brot unter die Massen kam und es sichtlich aufwärts ging in Deutschland, ließ er die *sozialistischen* Bestandteile des Programms fallen. Denn nun hatten genug in den Köder gebissen, den Gottfried Feder und andere Nationalsozialisten der ersten Stunde damals durchaus gutgläubig ins Meer der Massen geworfen hatten.

Hitler war richtig verärgert, als 1934 neuerlich in der Öffentlichkeit vom Sozialismus die Rede war, und zwar just von den Männern, die einmal im Kampf um Deutschland bei der Ausrottung aller im Anschluß an Marx entstandenen Bewegungen am rücksichtslosesten zugegriffen hatten: Männer der SA. Die meisten SA-Männer der Kampfzeit hatten nicht die Absicht, nach Erledigung des Marxismus eine neue Blüte des Kapitalismus hinzunehmen. Sie hatten es satt, bloß vor jüdischen Geschäftslokalen zu stehen und Käufer von deren Besuch abzuhalten oder gelegentlich einem Juden eine sogenannte Abreibung zu verpassen. Diese Männer werden nach 1939 ins Feld ziehen, zuletzt gegen einen von der Propaganda aufgezeigten *Monopolkapitalismus des Westens,* nicht wissend, daß sie in der Heimat die unversehrt gebliebenen Festungen des Kapitalismus hinter sich ließen. Für diese Männer war im Jahr 1934 die Revolution nicht zu Ende, ganz im Gegenteil: Sie standen bereit, sie in jene Regionen vorwärts zu tragen, die im Parteiprogramm so klar und deutlich angesprochen waren und die sichtlich nicht mehr so ernst genommen wurden, wie sie diese in der Kampfzeit des Nationalsozialismus ernst genommen hatten. Kurz gesagt: In diesen Kreisen der Unzufriedenheit war von einer »Zweiten Revolution« die Rede, und es gab genug SA-Führer, die willens waren, den OSAF, also den Obersten SA-Führer Adolf Hitler, für diesen Vormarsch zu gewinnen.

In besagten Führerkreisen bestanden zudem ernste Bedenken dagegen, daß es im Dritten Reich einen Machtfaktor gab, an dem der Führer und seine Bewegung nicht rütteln konnten: die *Reichswehr,* deren Oberster Befehlshaber der preußische Generalfeldmarschall von Hindenburg war. Er war seit 1925 Reichspräsident, war 1932 mit Unterstützung der Sozialdemokraten und des katholischen Zentrums ein zweites Mal, und zwar mit Hitler als Gegenkandidaten, wiedergewählt worden. Wenn den »ollen Hindenburg« unlängst, 1932, noch die Massen der Roten gewählt hatten, dann war anzunehmen, daß der alte Herr genug Einsicht besaß, um sich ein Deutsches Reich auf dem Boden jenes Sozialismus vorzustellen, das jene Männer zu tragen gewillt waren, die vor 1933 alle Konfessionen des Marxismus mit Stumpf und Stiel ausgerottet hatten. Wer ahnte schon, daß der Reichspräsident unter dem Einfluß von Kreisen stand, die sich ihm gegenüber als konservativ ausgaben, in Wirklichkeit aber vorwiegend großagrarische Interessen vertraten? Der Einfluß dieser verborgenen Akteure in der Politik hatte kurz nach der Wiederwahl den Reichspräsidenten dazu gebracht, den amtierenden Reichskanzler Brüning, der Hindenburg 1932 bei der Wiederwahl die Stimmen der Katholiken im Reich gebracht hatte, zu entlassen. Dies geschah, weil man dem alten Herrn eingeredet hatte, Brünings Bodenreformprogramm sei das Konzept eines *Agrarbolschewiken.* Aber derlei Kleinkrieg in der Republik von Weimar war nach ihrem Untergang nicht mehr Thema der aufbruchsbereiten Kämpfer einer Zweiten Revolution in Deutschland.

Diese Kämpfer hatten nicht nur unzutreffende Vorstellungen vom Wirken des legendären Hindenburg, des populären Führers des deutschen Heeres im Weltkrieg, sie täuschten sich auch bei der Annahme einer Bereitschaft der Reichswehr, sich von der nationalsozialistischen Revolution vereinnahmen zu lassen. Jede richtige Revolution erringt ihren Endsieg mit der Schaffung einer ihr ergebenen neuen Wehrmacht: *Cromwell* in England mit seinen »Eisenseiten«, nachher die *Französische Revolution* mit ihren Revolutionsheeren (die ihr Napoleon entwand), die *Bolschewiken* in Rußland mit Trotzkis Roter Armee. Was lag näher als die Absicht, aus der Reichswehr, Produkt der bestandenen Republik von Weimar, eine braune Wehr des Reiches zu machen. Die Reichswehr war stillgestanden, als Hitler nach seiner Machtergreifung den Führerstaat schuf. Aber die nationalsozialistische *Macht* im Reich hatte die SA herangezwungen. Blieb ihr das Monopol der bewaffneten Macht im Staate versagt, dann war der bisherige Verlauf der Revolution weitab vom eigentlichen Ziel der Bewegung, der man mit Mut und Blut gedient hatte.

Längst waren Reichsminister, Reste von Landesregierungen, Spitzenorganisationen der Wirtschaft, eben alles, in einem totalen Staat der Gleichschaltung *willentlich* zum Opfer gefallen. Alle Inhaber hoher Würden und Ämter waren nur mehr Hampelmänner des Führers und einer von ihm beigezogenen Clique. Nur die SA hatte einen Stabschef, der es sich herausnahm, aus freiem Entschluß, aber auf seine Weise, die Revolution, von der viele Gegner sagten, sie sei nie eine gewesen, zu Ende zu führen. Der Mann hieß Röhm, und er hatte bis zu seinem jähen Ende im Sommer 1934 einen bewegten Lebenslauf hinter sich.

Röhm war gebürtiger Münchener, also in der nunmehrigen *Stadt der Bewegung* auf die Welt gekommen. Aus einer Beamtenfamilie stammend, wurde er Berufsoffizier, im Krieg im Jahr 1917 Hauptmann. Hauptmann, das blieb er bis zum Tod, denn er lehnte es ab, nach der Machtergreifung etwa Göring nachzuahmen und wie dieser den Sprung vom Weltkriegsoffizier zum General des Dritten Reiches zu machen. In den ausgehenden zwanziger und beginnenden dreißiger Jahren verkörperte er das, was man damals in gewissen Kreisen als einen Typ des *politischen Soldaten* schätzte: kämpferischen Mut, Tatkraft, Entschiedenheit anstatt der Schwächeanfälle, die in den Reihen der Prominenz der darniederliegenden Demokratie grassierten. Nach dem Krieg trat Röhm in die Reichswehr ein, gleichzeitig übernahm er die Betreuung der in Bayern entstehenden nationalen

Wehrverbände. Am 9. November 1923 trat er offen als aktiver Reichswehroffizier an die Seite Hitlers. Das Scheitern dieses Putsches bedeutete für Röhm das Ende des Dienstes in der Reichswehr. 1924 wurde er als einer der ersten Nationalsozialisten in den Reichstag gewählt; das war damals, als die NSDAP nach dem Novemberputsch unterdrückt war; man behalf sich mit der Tarnbezeichnung Nationalsozialistische Freiheitspartei und dem sogenannten Frontbanner als Auffangorganisation der gleichfalls verbotenen SA. 1925 trennte sich Röhm von Hitler, dessen militärpolitisches Programm ihm unzureichend war; eine SA als Saalschutz war für Röhm zuwenig. Bis 1930 wirkte Röhm als Instruktionsoffizier in Bolivien. Nach dem sensationellen Wahlerfolg der NSDAP im Jahr 1930 rief Hitler Röhm zurück und machte ihn zum Stabschef der SA. Er wurde Mitglied der Reichsregierung, durfte als einer der wenigen Duzfreunde Hitlers den Reichskanzler in aller Öffentlichkeit duzen. Hätte Hitler Röhms Memoiren »Geschichte eines Hochverräters« aufmerksam gelesen, dann wäre er wohl nie auf den Gedanken gekommen, daß sich ein Röhm mit der Funktion eines Stabschefs der SA unter dem OSAF und mit dem Gehalt eines funktionslosen Reichsministers begnügen würde. Man darf annehmen, daß Röhm, so wie viele Marschierer der ersten Stunde, Hitler längst durchschaut hatte, als dieser noch im Reichskanzlerpalais so tat, als wäre er der glaubensstarke Erneuerer Deutschlands, der Mann treuergebener Männer und Frauen, die gläubigen Herzens aufnahmen, was der Führer und Reichskanzler in den heute unausstehlich klingenden Reden von sich gab. Röhm hatte Respekt vor den Kommunisten in Deutschland. Sie waren ihm sympathischer als jene Sozialdemokraten, die 1919 die vor den Siegern verborgenen Waffen des kaiserlichen Heeres deren Kontrolleuren auslieferten. Als Reichswehroffizier hatte Röhm nach dem Krieg Kenntnis von den Waffenlagern gehabt, die sich in den Händen der Kommunisten befanden; niemand hätte ihn daran hindern können, sie mit den Machtmitteln des Staates auszuheben. Er begnügte sich aber mit der Kenntnis des Ortes der Lager und der Beobachtung hinsichtlich eventueller Verwendung dieser Waffen. Das offene Geheimnis dieses Mannes war, daß er ein Homosexueller war. Man darf annehmen, daß ihn dieses Geschick davor bewahrt hat, ein sturer Kommißknopf zu sein. Er war ein gebildeter Mensch, kein Intellektueller, aber dem herrschenden Typ der Naziführer weit überlegen. 1932 fielen Liebesbriefe Röhms in die Hände der politischen Feinde. Sie wurden veröffentlicht, aber die als Sensation gedachte Veröffentlichung verfehlte ihr Ziel. Wenige kümmerten sich groß darum, was ein homosexueller Offizier in Bolivien träumte, wie sehr er sich nach einem Jüngling in Berlin sehnte. Niemand im Kreis um Hitler durfte vor oder nach dieser Bloßstellung behaupten, ihm seien die Verstöße des Hauptmanns Röhm gegen § 175 der damaligen Strafprozeßordnung nicht bekannt. Dafür wurden die beiden Macher der Kampagne gegen Röhm in der nationalsozialistischen Presse gehörig heruntergemacht; einem von ihnen gelang es 1933 mit knapper Not, ins Ausland zu flüchten, der andere kam 1934 unter rätselhaften Umständen ums Leben. Röhm blieb Stabschef. Hindenburg, der 1932 einen Besuch Röhms, der Hitler mitbrachte (!), knurrend entgegengenommen hatte, ernannte im letzten Monat des Jahres 1933 Röhm zum Reichsminister ohne Geschäftsbereich. Immerhin hatte Röhm im Oktober 1933 die Reichswehr als alleinigen Waffenträger des Reiches anerkannt, für seine SA nur die Aufgabe eines Ideen-und Willensträgers der nationalsozialistischen Revolution in Deutschland gewahrt wissen wollen.

Doch das, was man heute das Establishment nennt, blieb im Dritten Reich Röhm gegenüber auf Distanz. Man mied die Begegnung mit ihm. An sich wäre der Fall Röhm ein Fall für Polizei und Gericht gewesen, zumal Röhm nicht zögerte, seine angeborene Neigung auch in Kreisen von HJ-Führern zu offenbaren. Röhm ertrug die Deklassierung, die ihn die Offiziellen spüren ließen; er war für die Masse der SA-Männer *der* SA-Mann, der seine Männer kannte, so wie diese ihm ergeben waren. Eine Zeitlang ließ man ihn gewähren. Dann stieß Röhm auf Widerstand, als er verlangte, daß taugliche SA-Führer linear in die Reichswehr übergeführt werden sollten. Der Versuch Röhms, *Reichswehrminister* zu werden und die Reichswehr zum braunen Heer des Dritten Reiches von oben her zu machen, mißlang. Da sich also die Reichswehr nicht beiseiteschieben oder gleichschalten ließ, fing Röhm an, sie zu *durchsetzen,* mit Elementen zu durchsetzen, die die Reichswehr *zersetzen* sollten, damit ihre Reste von der SA aufgesaugt werden könnten. Das war die Zeit, als man anfing, über die siegreiche SA von 1933 zu witzeln und etwa die Preisfrage zu stellen: Wer weiß nach dem Sieg eine Aufgabe für die SA?

Dem Hitler der zwanziger Jahre, der es vermied, banausisch zu erscheinen, war das Gebaren Röhms gleichgültig. Dem Führer und Reichskanzler konnte im neuen Umkreis einer neuen Prominenz der Fall Röhm und das Gehaben Röhms nicht lange gleichgültig bleiben. Hitler fing an, vor Dritten das persönliche Gehaben Röhms als abstoßend und entwürdigend, jedenfalls als unnationalsozialistisch zu bezeichnen. Insgeheim redete er im engsten Kreis aber davon, daß Röhm sich mit ehrgeizigen Plänen beschäftige, mit Plänen, die im Falle ihrer Ausführung zu schwersten Erschütterungen des Reiches führen müßten. Noch redete Hitler stundenlang auf Röhm ein, und dieser schrieb Briefe an den Führer, in denen er den Verdacht ausdrückte, daß der SA keine weitere große Aufgabe zugeteilt sei, sondern eine Dezimierung, ja die Auflösung drohe. Andererseits stand schon fest, daß es in der SA gewisse Rabauken gab und Typen, die noch vor ihrem Konflikt mit Kommunisten und Sozialdemokraten solche mit Strafgerichten gehabt hatten. Und – die SA wurde nach 1933 Zuflucht für unzählige Andersdenkende, welche die Aufnahme in die NSDAP nicht schafften, die aber ohne Schwierigkeiten als SA-Anwärter einen Umhang hatten, wenn wieder einmal über die Typen von gestern ein Donnerwetter niederging oder sie selbst von der Entlassung aus einer lukrativen Beschäftigung bedroht waren. Röhm verstand es, Persönlichkeiten von Rang Ehrenränge in der SA zu verschaffen, höhere Ränge, die einmal den so Beschenkten viel Ärger bereiten sollten, im Augenblick aber eine glanzvolle Uniform eintrugen; das in Zeiten, in denen Männer in Zivil nur am Rand des gesellschaftlichen Lebens existierten.

Die *politischen* Fähigkeiten Röhms waren den Risken einer Revolution, zumal jener nach der von Hitler begonnenen, nicht gewachsen. So wie jeder Revolutionär verschätzte sich Röhm in zweifacher Hinsicht: Er überschätzte die Durchschlagskraft seiner Parteigänger, und er unterschätzte das Beharrungsvermögen derer, die an einer weiteren Revolution nicht interessiert waren. Zu letzteren zählte das *Besitzbürgertum*, das in der Ära Hitler langsam wieder zu ansehnlichen Renditen kam und überhaupt nicht daran dachte, die radikalen sozialrevolutionären Vorhaben des Stabschefs der SA womöglich zu fördern. Und da war die *Reichswehr*, der Hitler einen Autonomiebereich innerhalb des Dritten Reiches zugestanden hatte und deren Angehörige dankbar dafür waren, daß die materielle Ausstattung verbessert und die Aufstiegsmöglichkeiten aussichtsreicher wurden. Einem Anschlag der SA sah die Führung der Reichswehr gelassen entgegen, denn noch nie hatte eine Revolution gegen eine intakte bewaffnete Macht der amtierenden Regierung gesiegt. Es dauerte nicht lange, da bekamen Röhm und seine Rabauken den Ruf, reine »Nationalbolschewiken« zu sein. Hitler ging zunächst dem Frontalzusammenstoß mit Röhm aus dem Weg. Er schickte seinen Stellvertreter, Rudolf Heß, vor. Auf einer Gauleitertagung in Essen betonte Heß, es hätte der Befehl des Führers, dem die Treue gilt, allein Geltung. Und:

»*Wehe dem*, der die Treue bricht, im Glauben, durch eine Revolte der Revolution dienen zu können.«

Es war nicht schwergefallen, Hitler zur Überzeugung zu bringen, daß er im Falle einer Zweiten Revolution nur verlieren könnte. Noch glaubten viele Deutsche (was später der riskanten Außenpolitik Hitlers zugute kam), daß der Führer auf dem Gebiet der Innenpolitik sein Ziel erreichen werde, ohne daß es dazu Gewaltanwendungen brauchen würde. Hatte denn nicht auch nach 1918 die Reichswehr im Verein mit den von der Hochfinanz unterhaltenen Kräften gefährlichen Umsturzbewegungen von links und rechts standgehalten? Wozu also ein Risiko eingehen? Also müsse man Röhm von der Bühne der Politik vertreiben. Mit Schimpf und Schande. Schandbares gab es ohnedies genug über ihn zu hören. Da machte Hitler mit.

Für den Monat Juli 1934 wurde die SA beurlaubt. Die alten Hasen rochen den Braten, aber sie wußten, daß Röhm daran war, sich mit Unterstützung der ihm ergebenen höheren SA-Führer stark zu machen. Hitler wollte Röhm im bayerischen Bad Wiessee treffen; auch er wollte zu den SA-Führern sprechen. Es sah aus, als wollten der OSAF und der Stabschef vor den versammelten SA-Führern ein politisches Duell austragen; die SA-Führer würden dann dem Sieger zu folgen haben. In der SA kursierten herzerfrischende Gerüchte: Man werde Reichswehrkasernen überfallen; andere sagten, das sei Unsinn, denn die Reichswehr ginge ja mit. Intrigen und Unfähigkeit sorgten für Hochspannung. Gewissen höheren SA-Führern, die bereits im Dritten Reich arriviert und begütert waren, paßte vielfach die Unterbrechung des Sommerurlaubs und die Reise nach Bad Wiessee nicht. Allgemein rechnete man damit, daß der Führer mit Göring, Goebbels, Himmler, Heydrich und dem bayerischen Innenminister Wagner Arbeitslager in Westfalen besuchen werde. Die Befehlsstellen in Berlin und München waren also nicht genügend besetzt.

In der Nacht zum 30. Juni stieg die Aktion. Hitler ging auf die Reise nach München. Dort war schon der bayerische Innenminister am Werk. Er sollte an Ort Vorpostenstellungen der vermeintlichen Röhm-Putschisten ausheben. In diesem Sinn ließ er den Polizeipräsidenten der Hauptstadt, einen alten Kämpfer, verhaften, weil er wußte, daß dieser und Röhm in der Partei schon prominent waren, als er selbst ein unbedeutender Mitläufer gewesen war. Dann kam Hitler mit einem Rollkommando an, dessen Mitglieder zu allem fähig waren und sich hierin schon in den ersten Tagen der Machtergreifung im Jahr 1933 glänzend bewährt hatten. Wie das Ganze verlief, ist nie ganz geklärt worden. In der sogleich verbreiteten Propaganda hörte sich das so an:

»Die Durchführung der Verhaftung [Röhms] zeigte moralisch so traurige Bilder, daß jede Spur von Mitleid schwinden mußte. Einige

SA-Führer hatten sich Lustknaben mitgenommen. Einer wurde in der ekelhaftesten Situation aufgeschreckt und verhaftet . . .« Man darf hinzufügen: . . . und sogleich umgelegt. Es war nicht ganz einfach für die amtliche Propaganda, die Liquidierung einer *innerparteilichen Opposition* zu kaschieren, indem man den guten Leuten die Dinge so hinstellte, als hätte es sich um die Ausräumung einer Lusthöhle gehandelt, in der der Führer erstmals (?) Dinge zu sehen bekam, die man gar nicht beschreiben konnte. Man nahm in Kauf, daß die Parteispitze längst die Veranlagung Röhms kannte, wie auch die Tatsache, daß sich um ihn und in der HJ ein Kreis gebildet hatte, dessen Treiben amtsbekannt war, gegen den aber die Polizei nicht wegen des Verstoßes gegen den § 175 des Strafgesetzbuches einschreiten durfte. Man wollte seine bürgerliche Ruhe, man haßte den Skandal. Tags darauf versäumte Goebbels nicht, seine Bewährung in diesem Stoßtruppunternehmen der Saubermänner zu beschreiben. In der Hast der Lügerei wurde er gar nicht gewahr, daß ein einziger Satz dieser Schilderung die Lügenhaftigkeit der von ihm erzählten Heldentat enthüllte. Goebbels beschrieb, wie er im Gefolge Hitlers in jenes Haus eindrang, wie man die Verschwörergilde noch im Schlaf (!) überraschte und sofort dingfest machte. Und dann wörtlich:
»Der Führer selbst nimmt die Verhaftung mit einem Mut sondergleichen vor.«
Niemand fragte sich, wieviel Mut dazugehört, Schlafende, die ohne Waffen sind, zu verhaften. Hitler scheute sich nicht, nachher den feigen Überfall dem deutschen Volk so zu schildern:
»Es war klar, daß dem Stabschef nur ein einziger Mann entgegentreten mußte: *Mir* brach er die Treue, und *ich* allein mußte ihn dafür zur Verantwortung ziehen.«
Man hat nie genau erhoben, ob Röhm in der Haft umgebracht wurde oder ob er sich selbst die Kugel gab. Bezeugt ist, daß er im Tod noch seinen Führer beschwor, daß er sich gar nicht bewußt war, was ihm in den letzten Stunden seines Lebens widerfahren war. Hitler hat jedenfalls nicht als »einziger Mann« Röhm liquidiert; mit ihm war eines der Rollkommandos, die seit dem 30. Jänner 1933 ähnliche Aktionen gegen altbekannte Feinde des Nationalsozialismus ausgeführt hatten. Hitler scheute sich nicht, einen nachher ermordeten Standartenführer namens Uhl zu bezichtigen, dieser habe von den fraglichen Putschisten, letzthin von Röhm, den Befehl bekommen, ihn zu ermorden. Da ging ein Aufschrei durch die Reihen der Getreuen: So nahe stand also der Tod neben dem geliebten Führer!
Sehr viel lag Hitler an der Ausschaltung seines Vorgängers im Amt

des Reichskanzlers, des Generals a. D. von Schleicher. Schleicher war der gefährlichste Feind Hitlers in den Tagen vor der Machtergreifung. Er war im Krieg im 3. Garderegiment zu Fuß gestanden, war also Regimentskamerad des Reichspräsidenten Hindenburg und besaß lange Zeit dessen spezielles Vertrauen. Schleicher hatte als Kanzler den in den Augen Hitlers teuflischen Plan, in letzter Stunde eine Abwehrfront zu bilden, in der die Waffen der *Reichswehr* die Massen in den *Gewerkschaften* abstützen sollten. Das wäre wohl ein Wall gewesen, über den Hitler nicht hätte hinwegkommen können, es sei denn, daß es die Clique um Hindenburg unter der taktischen Anleitung von Papens schaffte, den alten Herrn zu bewegen, von Schleicher fallenzulassen und Hitler zum Reichskanzler zu berufen. So geschah es denn auch am 30. Jänner 1933. Am 30. Juni 1934 drang ein kleines Rollkommando verschwiegener Killer in die Villa Schleichers und erschoß den General und dessen Gemahlin, die Tatzeugin des Mordes war. Nachher hieß es, Schleicher wäre in landes- und hochverräterische Komplotte verwickelt gewesen, vor allem wären er und andere Militärs mit dem Erbfeind Frankreich im Bund gestanden. Und wieder stand die Reichswehr Gewehr bei Fuß. Die Herren Generäle ahnten nicht, daß es im Februar 1938 der Wehrmacht genauso ergehen würde wie im Juni 1934 der SA. Man würde dann den Oberbefehlshaber der Wehrmacht, Feldmarschall von Brauchitsch, anklagen, die Offiziersehre befleckt zu haben, befleckt durch die Heirat mit einer Dame, deren Name in gewissen Registern der Berliner Polizei stand. Diesmal war die Entrüstung der guten Leute besonders groß, denn der Feldmarschall hatte die Unverschämtheit besessen, den Führer und Reichskanzler zum Trauzeugen zu wählen. Dann war da im Jahr 1938 die nochmalige Ausnutzung einer Anschuldigung wegen Homosexualität. Diesmal richtete sich der in diesem Fall unbegründete Verdacht gegen den Oberbefehlshaber des Heeres, General von Fritsch. Um ihn in Verdacht zu bringen, erpreßte man einen Homosexuellen, der in der Konfrontation mit dem General aussagte, er erkenne in der Person des Generals seinen früheren Partner. Fritsch wurde wenige Tage vor der Besetzung Österreichs entlassen, ebenso Brauchitsch. Nur zögernd gab Hitler den Weg für die fällige Rehabilitierung Fritschs frei. Um die Sache im Griff zu behalten, trat unter Göring ein Ehrengericht zusammen. Göring verschaffte sich den Ruf, den gedungenen Zeugen entlarvt zu haben (!); vorsichtshalber ließ er den Mann vom Fleck weg erschießen, damit der Unglückliche nicht mit seinem Gerede Mist mache. So hat Hitler Anfang 1938 die deutsche Wehrmacht in seine Hand bekommen: mit den gleichen Methoden, die angewandt wurden, um

1934 Röhm aus der Welt zu schaffen und die SA zu entmachten. Dieser 30. Juni 1934 war der große Tag im Leben Heinrich Himmlers: Die Unterstellung der SS unter die Oberste SA-Führung wurde aufgehoben, aber die SS hat Hitler nie in den Griff bekommen. Als er 1945 Heinrich Himmler aller Ränge und Funktionen enthob und aus der Partei ausstieß, war das Dritte Reich nur mehr ein Trümmerhaufen.

Göring hatte am 30. Juni 1934 die Auslandspresse zu sich geladen, nachdem er sicher war, daß nicht nur in Bayern, sondern auch in Preußen die Liquidierungskommandos fleißig unterwegs waren. Goebbels hatte Göring vorweg bescheinigt, daß der Führer dem preußischen Ministerpräsidenten Göring – was für ein klangvoller Name in historischer Schau – den Befehl gegeben habe, in Berlin eine ähnliche Aktion (wie in Bayern) durchzuführen und dort insbesondere die reaktionären Verbündeten des Komplotts (Röhms) auszuheben. Göring hielt sich vor den Journalisten zugute, er sei ja bekannt dafür, *hart und energisch* zuzugreifen. Schon im Weggehen sagte er noch zu den Zeitungsleuten: »Um alles klar zu machen, General Schleicher, der frühere Reichskanzler, hat bei der Verhaftung Widerstand geleistet – er ist tot.«

Röhm hat, anders als viele alte Kämpfer wie etwa Gregor Strasser, nichts mit Schleicher zu tun gehabt. Sein Konzept war das genaue Gegenteil dessen, was der General einmal mit Hilfe der Reichswehr im Schild geführt hatte. Röhm stand auch mit dem elenden Papen nicht im Spiel. Papen, dem an sich bestimmt war, vor allem wegen einer am 17. Juni in Marburg gehaltenen Rede voll erzreaktionärer Tendenzen, umgelegt zu werden, wurde von Göring unter den weiten Schutzmantel des Organisators des 30. Juni zu Berlin genommen. Man hielt sich anderweitig schadlos. Es war bekannt, daß Papen die fragliche Rede nur vorgetragen, aber nicht verfaßt hatte. Also griff man sich den Verfasser, einen Konservativen von Rang, der Dienst um die Person des Vizekanzlers von Papen machte, und erschoß diesen Schreiberling.

Nach der Formel: 100 Meuterer seien erschossen worden, damit nicht 10 000 unschuldige SA-Männer auf der anderen Seite verbluten, wurde auch der Vorsitzende der Katholischen Aktion der Erzdiözese Berlin, Ministerialdirektor Erich Klausener, ermordet. Klausener war kein SA-Mann, hatte mit Röhm nichts zu tun; er hat 1933 zu den Katholiken von Rang gehört, die dem Reichskanzler Hitler treue Gefolgschaft versprachen. Erst kurz vor dem 30. Juni 1934 hatte er diese Versicherung anläßlich einer Großkundgebung der Katholiken im Berliner Hoppegarten wiederholt. Sein Fehler war, daß er um diese Zeit gesehen wurde, wie er zusammen mit Vizekanzler von Papen bei Tisch saß. Es dauerte nach dem 30. Juni 1934 einige Zeit, bis die Angehörigen den Leichnam des erschossenen Ministerialdirektors ausgefolgt bekamen. An sich war vorbereitet, daß die Leichen der, wie es amtlich hieß, in Notwehr Hingerichteten kremiert werden. Der Bischof bemühte sich um ein christliches Begräbnis und wandte sich an den Führer. Dieser hatte nämlich in der Sitzung der Reichsregierung vom 3. Juli ein Reichsgesetz zur Verabschiedung gebracht, dessen einziger Artikel lautete:

»Die zur Niederschlagung hoch- und landesverräterischer Angriffe am 30. Juni und am 1. Juli vollzogenen Maßnahmen sind als Staatsnotwehr rechtens.«

Vorher hatte man dem sterbenskranken Reichspräsidenten Schriftstücke zur Unterschrift vorgelegt, in denen Hindenburg Hitler und Göring für den tapferen Einsatz der eigenen Person (!) und für das energische und erfolgreiche Vorgehen der Dank des Staatsoberhauptes ausgesprochen wurde. Die honetten Leute in Deutschland atmeten auf. Die Anerkennung der Notwendigkeit des Geschehens durch Hindenburg war für sie soviel wie die Rektifizierung dessen, was anfangs wie Mord ausgesehen hatte. Im Moment ging es auch weniger um verkommene SA-Männer und ihre Verbündeten als um die Heimholung des Saarlandes, das seit dem Krieg unter französischer Verwaltung stand und über dessen endgültiges Schicksal Anfang 1935 abgestimmt werden sollte. Nationale Belange gingen über Fragen von Recht und Gerechtigkeit.

Auch der Bischof von Berlin billigte der Reichsregierung zu, daß man im Kampf um das für das Deutschtum hart umkämpfte Saargebiet stünde. Er wollte aber dennoch wissen, was der Vorsitzende der Katholischen Aktion Berlin mit jenen Säuberungsaktionen zu tun gehabt hatte, die der Führer als hoch- und landesverräterisch hingestellt und die Reichsregierung als solche rechtens in Gesetzesform deklariert hatte. Der Bischof meinte, der Tod Klauseners müsse wohl auf eine »unglückliche Verkettung unvorhergesehener Umstände« zurückgehen, das Gewissen verlange daher letzte und feste Bestätigungen dessen, daß der Unglückliche weder Selbstmord (!) noch Hochverrat begangen habe. Als keine Antwort aus der Reichskanzlei kam, wandte sich der Bischof an den Chef der Reichskanzlei, Staatssekretär Lammers. Lammers, Corpsier, galt in konservativen Kreisen als ein ehrenwerter Mann, daher der an ihn gerichtete neuerliche Appell. Lammers antwortete dermaßen beiläufig, daß der Bischof wußte, woran er war, und nicht mehr versuchte, im Haus des Henkers weiter zu hinterfragen.

In Österreich erweckten die Ereignisse des 30. Juni nicht geringe Aufmerksamkeit. Die ganze Wahrheit haben die damals noch nicht Eingeweihten erst nach 1945 erfahren. Die Ermordung Klauseners wurde in gewissen Kreisen betont national eingestellter Katholiken nicht als Mord, sondern eben als Verkettung unglücklicher Umstände angesehen. Über der Mordserie breitete sich das Lügengespinst aus, es hätte sich um die Ausrottung widernatürlich veranlagter SA-Führer und um Landesverräter gehandelt; und *das* zu Beginn des Kampfes um die Heimholung des Saargebietes. Der Führer der SA in Österreich, SA-Obergruppenführer Reschny, bekam bis zu seinem Tod das Gerücht nicht vom Hals, daß er im Falle Röhm Verrat bei Hitler geübt hatte und so nach dem 30. Juni auf der Seite der Sieger zu stehen gekommen war. Von weitaus größerer Bedeutung war aber für die Organisatoren des bevorstehenden Überfalls auf das Bundeskanzleramt die Tatsache, daß sie, die Männer der SS-Standarte 89, nicht länger der SA-Führung in Österreich unterstanden, sondern dem Reichsführer SS Heinrich Himmler. Mit Himmler sind sich die Putschisten vom 25. Juli 1934 schon vor dem 30. Juni gut gestanden, denn im Frühjahr hatte Himmler, wohl in Kenntnis des Kommenden, zugestimmt, daß in Wien neben der bestehenden SS-Standarte 11 eine zweite, eben die SS-Standarte 89, aufgezogen wurde. So konnte unter dem Schirm des Reichsführers SS Heinrich Himmler das Putschvorhaben in Wien ohne Belästigung seitens der Partei und der konkurrierenden SA zur Ausführung gebracht werden.

Eine Tatsache wurde in jenen Tagen, die dem 30. Juni folgten, weniger erörtert, nämlich die, wonach es sich bei der fraglichen Aktion gegen Röhm und Genossen um *Mord* gehandelt hatte. Nur beiläufig erinnerten sich selbst Juristen, daß sie einmal beim Studium des römischen Rechtes auf den Satz gestoßen waren, der da lautet: *Nullum crimen sine lege*, also kein Verbrechen ohne Gesetz, oder: *Nulla poena sine lege*, keine Strafe ohne Gesetz. Und hart »gestraft« wurde am 30. Juni 1934 im Dritten Reich, ohne daß es dafür eine gesetzliche Grundlage gegeben hätte. Die Täter, also Mitglieder der Reichsregierung und ihre Helfershelfer, mußten sich *nach* der Tat mit einem Gesetzesbeschluß über die Tatsache hinwegsetzen, daß ihre Taten aus der Zeit vom 30. Juni bis zum 2. Juli *ohne Gesetz* erfolgt waren, daß ohne Gesetz gehandelt worden war. Mehr noch: Der nachträgliche Gesetzesbeschluß der Reichsregierung bestätigte geradezu die Tatsache, daß getötet wurde, daß es zur Zeit der Taten für die fragliche »Bestrafung« keine taugliche Gesetzesgrundlage gegeben hat. Vergessen war sichtlich der Ertrag jener Unterrichtsstunde, da man »seinen« Ovid eingepaukt bekam, der in den »Remedia amoris« im Vers

91 die Warnung hinterließ: *Principiis obsta!* – Wehre den Anfängen!
Ach, man hat in jenen dreißiger Jahren nicht nur in Deutschland so
vielen Anfängen gefährlicher Entwicklungen nicht gewehrt! Davon
wird in diesem Buch oft die Rede sein, und der geneigte Leser wird
erstaunt sein zu erfahren, daß nicht nur die Hitlerbewegung und ihr
Führer es verabsäumten, künftige Gefahren rechtzeitig zu bannen.
Ja, daß es dazu kam, daß im September 1939 der gewesene französische Ministerpräsident der dortigen Volksfrontregierung, Léon
Blum, es auf sich nahm, den zwischen Hitler und Stalin geschlossenen Pakt, der zum Ausbruch des Zweiten Weltkrieges führte, als ein
Instrument des Friedens zu begrüßen.
Die Römer lernten zu überlegen: Was immer du tust, behalte das *En-
de* im Auge. Das war das Ende einiger derer, denen im Juli 1934 der
Reichspräsident für die Niederschlagung der hoch- und landesverrä-
terischen Anschläge in den Tagen vom 30. Juni bis zum 2. Juli gedankt hat: Datum des Geschehens war der 16. Oktober 1946. Am
Werk waren die Männer eines US-Bestattungskommandos unter
Major Rex S. Morgan. Ort des Geschehens war das Ufer des Con-
witzbaches in München-Solln, unweit des Hauses Heilammstraße
15. Nahe diesem Ort unterhielt die amerikanische Besatzungsmacht
eine Beisetzungshalle. An jenem Oktobertag besorgten die GIs die
Beisetzung der Asche von, wie ihnen gesagt wurde, tödlich verun-
glückten Kameraden. Sie schütteten das, was nach der Kremation
übriggeblieben war, in den Bach.
Natürlich hatte alles seine Ordnung. Major Morgan hatte sich für die
listenmäßige Erfassung der auf diese Weise Beigesetzten besondere
Namen erdacht; Namen, die allerdings nicht mit denen jener über-
einstimmten, deren Asche jetzt den Bach hinunterschwamm. Er hat
sich dabei an die Zeit erinnert, da er als Student der Football-Mann-
schaft der University of Pennsylvania angehörte, und so trug er in
besagte Liste die Namen damaliger Sportkameraden ein, etwa
George Munger oder Abraham Goldberg. Es bereitete ihm einiges
Vergnügen, den jüdisch klingenden Namen Abraham Goldberg aus-
gerechnet der Asche jenes Julius Streicher zuzuschreiben, der im
Dritten Reich als Herausgeber der Zeitschrift »Der Stürmer« die
Spitze der antisemitischen Bewegung jener Tage angeführt hatte.
Und unter der Bezeichnung George Munger kam die Asche des
durch Selbstmord aus dem Leben geschiedenen Hermann Göring in
den Bach. Ebenso erfinderisch war der Major im Herausfinden von
Decknamen für die Überreste des Generalfeldmarschalls Keitel, des
Generalobersten Jodl, des Reichsministers Alfred Rosenberg, des
Generalgouverneurs von Polen Hans Frank, des Reichsministers

Wilhelm Frick, des Reichsaußenministers von Ribbentrop, des Generalbevollmächtigten für den Arbeitseinsatz Fritz Saukel sowie der aus Österreich stammenden Ernst Kaltenbrunner und Arthur Seyß-Inquart, ersterer zuletzt Chef des Reichssicherheitshauptamtes, letzterer Reichskommissar für die im Krieg besetzten Niederlande.

Die damalige Öffentlichkeit erfuhr von dem makabren Vorgang nicht mehr, als daß die Asche der als Hauptkriegsverbrecher zum Tod Verurteilten und Hingerichteten »in einen Fluß irgendwo in Deutschland« gestreut worden sei. Sichtlich schwang im Augenblick dieser Beisetzung die Sorge der Alliierten mit, daß irgendeinmal irgendwer aus irgendeinem Pietätsgefühl einen eventuell bekanntgegebenen Beisetzungsort zu einer Gedenkstätte machen könnte, wie das im besiegten Japan der Fall wurde. Dort wurden sieben japanische Hauptkriegsverbrecher nach den Atombombenabwürfen über Hiroshima und Nagasaki hingerichtet; es geschah aber, daß sich Angehörige und Freunde die Asche der Justifizierten beschaffen konnten. Diese Anhänger des japanischen Totenkults errichteten nach einiger Zeit auf dem Gipfel des Berges Sangana einen Gedenkstein für die in Tokio abgeurteilten, in Sugano gehenkten Militärs und Politiker, deren Leichen in Yokohama eingeäschert worden waren. Die Hingerichteten hatten, anders als die in Nürnberg Justifizierten, jede angelastete Schuld, die sonst den Kaiser getroffen hätte, auf sich genommen und so nachher der amerikanischen Besatzungsmacht die Möglichkeit gegeben, die Person des Kaisers als ein *Symbol,* dem keine Macht mehr zustand, dem besiegten Land zu erhalten.

1945/46 zog die von Göring ausgegebene Parole: *Kein Wort gegen den Führer,* nicht. Im Gegenteil: Die Angeklagten, zuletzt Göring selbst, scheuten sich nicht, zu ihrem Vorteil jenen Führer und Reichskanzler, dem sie früher zum Teil eine gottähnliche Verehrung hatten zuteil werden lassen, mit all dem Schutt und Schmutz zu belasten, den sie von sich haben wollten und der dem *toten* Führer ohnehin nicht mehr schaden konnte.

Es ist interessant, die Fotos von der Hinrichtung eines Kriegsverbrechers, der 1865 nach dem amerikanischen Bürgerkrieg in Washington gehenkt wurde, mit denen von der Hinrichtung der genannten Hauptkriegsverbrecher zu vergleichen. So wie in vielen Belangen haben die Amerikaner im Zweiten Weltkrieg das Schema ihrer Vergangenheit auf die Realität des 1945 zu Ende gegangenen Krieges projiziert. So etwa, wenn der 32. Präsident der USA, Franklin D. Roosevelt, im Jahre 1943 dem Deutschen Reich eine »*bedingungslose Kapitulation*« abverlangte, nachträglich aber eher launisch sagte, es wäre ihm in diesem Moment beiläufig eingefallen, was 1865 die siegreichen Nordstaaten

103

den Südstaaten auferlegt hatten. Es ist bekannt, daß diese beiläufig hingeworfene Bemerkung nicht nur den schon geschwächten Widerstandswillen der Deutschen aufs neue bestärkte, sondern daß nach dieser in Casablanca gemachten Äußerung Roosevelts die Kriegsverbrechen in einem schauerlichen Maße zugenommen haben.

Und: Der Krieg gegen die Deutschen sei, so die Kennzeichnung durch den Oberkommandierenden der Alliierten Streitkräfte, Dwight D. Eisenhower, kein Krieg, sondern ein *Kreuzzug* gewesen. Noch einmal kam zutage, was seit dem Unabhängigkeitskrieg der Amerikaner ihre moralische Überlegenheit beseelt hat: Jeder gegen die USA geführte Krieg ist ein Verbrechen an sich, das politische und moralische Maßnahmen, Strafsanktionen und Strafprozesse gegen die Unterlegenen rechtfertigt. Hitler erklärte 1941 den USA den Krieg, daher die schauerliche, in zahlreichen Fotos festgehaltene *Prozedur des Hängens* von Kriegsverbrechern.

In der Geschichte der Fotografie ist die Leistung des Amerikaners Matthew Bradys, vor allem die Dokumentation des Bürgerkrieges von 1861 bis 1865, unübertroffen. Er lieferte die Fotos der unglücklichen überlebenden Insassen des von den Südstaaten unterhaltenen Gefangenenlagers Andersonville. Die Bilder dieser lebendigen Toten gleichen aufs Haar jenen, die amerikanische Kriegsberichterstatter von den Überlebenden des KZs Dachau anfertigten, Bilder, die einen unauslöschlichen Haß gegen die Deutschen in aller Welt auslösten. Man kann Andersonville als das erste KZ bezeichnen, die davon gemachten Fotos bestätigen nur zu sehr diese Annahme. Mehr noch: Kommandant von Andersonville war Henry Wirz. Der Name erleichterte das Gerücht, dieser Verbrecher sei ein Deutscher gewesen. Man hat vergessen gemacht, daß er ein biederer Schweizer war. Von seiner Aburteilung existiert eine lückenlose Serie von Fotos: Journalisten besuchen das Gefängnis; dem zum Tod Verurteilten wird unter dem Galgen das Urteil verlesen; ein Priester steht Wirz bei, während man ihm schon die schwarze Kapuze über den Kopf zieht. Und das Meisterstück: Der Henker hat die Plattform unter Wirz geöffnet, man sieht ihn im Fall kurz vor dem tödlichen Genickbruch. Tonaufnahmen gab es 1865 nicht. Aber die Menge schrie unablässig: Remember Andersonville.

Aufs Haar gleichen dem die 1946 in Nürnberg geschossenen Bilder. Und kein Henker übertraf je den legendären Master Sergeant John C. Wood, der fotografiert wurde, als er einen der Stricke drehte, die man zum Vollzug der Urteile brauchte. Wood verkaufte später Teile dieser Stricke zentimeterweise als Souvenirs. 1950 kam er selbst unter merkwürdigen Umständen ums Leben ...

104

Als es noch eine Alte Welt gab, war das Ende der Massaker und Grausamkeiten des Krieges anders. Ja, man kann sagen, daß der Erste Weltkrieg den Krieg vollends verdorben und zu einer maschinell betriebenen Leichenfabrikation gemacht hat; von den an die Wand gemalten Möglichkeiten eines dritten Weltkrieges nicht zu reden. 1945 lautete die Parole für die Zeit nach dem Krieg – ein allgemeiner Friedensschluß blieb ja aus – so: Man nehme den Deutschen und den Japanern, diesen ewig kriegslüsternen Nationen, die Waffen, und man wird eine Welt des Friedens erleben. Niemand ahnte nach dem Sieg der Alliierten im Zweiten Weltkrieg, daß um die nächste Jahrtausendwende die Kriegspotentiale der beiden Supermächte ein gigantisches Ausmaß und eine alles entscheidende politische Bedeutung erlangen würden, wie dies bisher keiner Militärmacht beschieden gewesen ist. Die Welt lebt in einer friedlosen Zeit, die Angst vor der drohenden Weltkatastrophe, einem krassen Militarismus mit oft widerlichem Gepränge, einem Terrorismus, den einsichtsvolle Beobachter fernab von jeder Sensationspublizistik als die Methode des dritten Weltkrieges hinstellen – der vielleicht schon begonnen hat. Wann aber hat dies alles begonnen?

Vielfach wird der *Dreißigjährige Krieg* als Paradebeispiel der Kriegslust der Deutschen hingestellt, als eine unablässige Serie von grausamen Auswüchsen konfessioneller Unduldsamkeit. Als endlich 1648 der Friede von Osnabrück und Münster zustande kam, waren die eigentlichen Sieger die Anrainerstaaten Frankreich und Schweden, die Deutschland von der Ostsee bis an den Bodensee und weit über den Rhein nach Osten ausholend verwüstet und entvölkert hatten. Auch damals wollte man aufs neue Zuflucht zur Moral suchen. Eine Warnung an künftige *Friedensbrecher* sollte eine Ära des Friedens einleiten. Im Artikel 1 des Vertragswerkes verschworen sich die Unterzeichner im *Namen Gottes* etc., daß der *Friede ein christlicher, allgemeiner und ewiger sein müsse* und daß *jeder, der ihn störe, künftig der Strafe verfallen sei.* Aber, als ob man künftiges Unvermögen ahnte: Die Vertragschließenden verzichteten ausdrücklich darauf, die im Krieg verübten Untaten und Verbrechen aufzurechnen, Reparationen zu fordern, Kriegsschuldfragen aufzuwerfen, Kriegsverbrecher namhaft zu machen und anzuklagen.

In den Friedensverträgen von 1919 wurde aber den beiden Mittelmächten die *Alleinschuld* am Ersten Weltkrieg aufgehalst, weniger aus moralischen oder ethischen Motiven, als um Kriegsentschädigungen zu verlangen, die man zwar dem zahlungsunfähigen Österreich erließ, die die Deutschen aber, wenn es nach 1930 dabei geblieben wäre, bis in die sechziger Jahre treffen sollten.

»Mon Dieu, ils font la deucième guerre«, äußerte damals ein Vertreter des im Krieg so hart getroffenen Belgien . . .

1945 nahm man viele Träger einer Dienstbezeichnung, in der das Wort *Führer* vorkam, in »automatical arrest«! Fahrstuhlführer, Kranführer, Motorführer sowie Uniformierte wie Briefträger oder Hotelportiers.

Im Zweiten Weltkrieg kam nach dem Kriegseintritt der USA Richtung und Methodik in die Behandlung der Frage von Kriegsverbrechen sowie der Verfolgung der Straftäter. Stalin war noch 1944 in Jalta für ein einfaches Verfahren: Man nehme viele tausend deutsche Offiziere und erschieße sie der Reihe nach. Das kam zur Sprache, als schon ein Abkommen, an dem auch die Sowjetunion teilhatte, bestand und 1942 den im Kampf gegen Hitler vereinten Nationen die Aufstellung einer Kommission zur *Nachprüfung* von Kriegsverbrechen aufgetragen worden war. Nach der Landung der Alliierten in Nordwestafrika, als sich im Oktober 1943 die militärische Überlegenheit der Westmächte gegenüber den Achsenmächten abzeichnete, wurde eine Kriegsverbrecherkommission, bestehend aus Vertretern von 17 Nationen, zusammengestellt. Die Sowjetunion ließ sich in diesem Gremium nicht vertreten; für Stalin war die Untersuchung gewisser Ereignisse, die zu Kriegsverbrechen führten, zunächst noch ein heißes Eisen; immerhin war Stalin zusammen mit Hitler in den Krieg getreten, und gewisse Fäden zwischen ihm und Berlin liefen noch im Jahr 1944.

Teheran 1943 brachte ein Dreierabkommen zwischen Stalin, Roosevelt und Churchill: Die jeweiligen Stabschefs, also Militärs, *keine Juristen*, wurden mit der Abfassung einer offiziellen Verlautbarung betraut, wonach den Deutschen nicht nur die Zerstückelung des Reiches, sondern auch die Bestrafung der Kriegsverbrechen angedroht wurde. Was das in der Praxis bedeutete, bekamen als erste die Rumänen zu spüren, nämlich daß auch eine rechtzeitige Kapitulation die Besiegten völlig den Siegern ausliefern würde und es allen jenen an den Kragen gehen würde, die im Krieg mit den Deutschen gegangen sind, letztlich also die, welche in der neueren Sprechweise Faschisten, also keine Kommunisten waren.

Wer klug war in Berlin, suchte von jetzt an aus dem Fuchsbau zu entkommen, ehe die Spürhunde in den Notröhren waren. Heinrich Himmler, der Ende 1944 vor seinen Männern jene lobte, die angesichts von Leichenhaufen Charakterfestigkeit und Männlichkeit wahrten, war der erste, der eine Spur in den Westen suchte. Hitler aber beantwortete Drohung mit Drohung; längst hatte er den Feindmächten angedroht, daß ihre Völker die Arbeitskräfte zum deutschen Wiederaufbau nach dem Krieg würden stellen müssen. Als der Krieg zu Ende war, bestand unter den Siegern noch immer kein praktisches Substrat für Ort, Zeit und Modus der Kriegsverbrecherprozesse. Unklar war, wie vielen der Prozeß gemacht werden sollte. Die Sieger waren sich auch über die Zusammensetzung der Liste der *Hauptkriegsverbrecher* nicht einig, wie bald die Rede ging. Entschieden war bloß, daß Kriegsverbrechen, die von Angehörigen der Alliierten begangen worden waren, nicht einmal erwähnt werden sollten. Es wurde August 1945, bis in London jenes Statut zustande kam, das die als »Verbrechen der Deutschen« charakterisierten Tatbestände auflistete: Verbrechen gegen den Frieden, Kriegsverbrechen, Verbrechen gegen die Menschlichkeit und Zugehörigkeit zu »Verbrechervereinigungen oder -organisationen«. Strafen, einschließlich der Todesstrafe, wurden im einzelnen angedroht. Diese Regelung ging über die Rechtsgrundlage für den im Juni eingesetzten, aber erst im Dezember 1945 in Berlin tätig werdenden Kontrollrat hinaus. Immer noch hinkte in vielen Belangen die *Strafandrohung* der längst begonnenen *Strafuntersuchung* nach; gewisse Tatbestände waren an sich schon nach geltendem Recht strafwürdig. Aber es gab keine bestehende Rechtsgrundlage für das dann in Nürnberg eingesetzte Militärtribunal; dieses hatte sich erst lange *nach* der jeweiligen Tatzeit konstituiert und zum Teil strafbare Tatbestände zur Verfolgung übertragen bekommen, für die es bei Kriegsschluß weder Recht noch Gesetz gab, um sie zu verfolgen und die Betroffenen der Bestrafung zuzuführen.

Wie immer man nach Jahrzehnten das 1945 erfolgte Zustandekommen der Prozeßgrundlage beurteilt, Tatsache bleibt, daß diese vom Anfang an grobe Verletzungen bisher gültiger Rechtsanschauungen aufweist. Das Viermächteabkommen 1945, dessen wichtiger Bestandteil das Statut für das Militärtribunal in Nürnberg war, ist von jenen Männern unterzeichnet, die zugleich *Gesetzgeber und Richter* waren. Seit der Französischen Revolution galt die Maxime, daß die Garantien für die Rechte des Individuums kraß verletzt werden, wenn Gesetzgeber, Staatsanwalt und Richter *die gleichen Personen* sind. Hierin gefehlt zu haben macht die eigentliche Faulstelle der Nürnberger Prozesse aus, wie immer die sonstige juristische und moralische Beurteilung der Angeklagten Bestand haben mag. Der Eindruck, daß es hier zu einem *Racheforum der Sieger* kam, war unvermeidlich. Daß dem nicht ganz so war, wurde Verdienst jener Angehörigen des Tribunals, die *in sich* den allgemeinen Haß gegen die Deutschen mit der Kraft ihrer juristischen Bildung und einer moralischen Überlegenheit bändigen konnten. Denn was der Nürnberger

Prozeß an Scheußlichkeiten zutage förderte, übertraf alle bisherigen Versuche, menschliche Verworfenheit zu klassifizieren. Das unermeßliche Ausmaß der aufgedeckten Verbrechen erlitt freilich eine Schmälerung seiner Eindruckskraft, als endgültig feststand, daß es auch nach dem Zweiten Weltkrieg, so wie nach dem Ersten Weltkrieg, nur *einen Alleinschuldigen* gab, dessen Schuldkonto vor aller Welt offenbar gemacht wurde. Wie sehr und wie oft die Richter und ihre Staaten ins Debet gekommen sind, ist seit dem Ende des Zweiten Weltkrieges nie erhoben worden. Wo kein Kläger, da kein Richter. Die Dinge gerieten nach 1945 nicht ganz so wie versprochen. Längst wurden die Siegermächte vom Weltgewissen erfaßt und unter Anklage gestellt: die Sowjetunion bei der Unterdrückung der Demokratie, Siegespreis von 1945, in den ihr tributären Volksrepubliken, ganz besonders 1956 und 1968, als der Panzerkommunismus Ungarn bzw. die ČSSR überrollte; die USA nach dem Abwurf von Atombomben über Hiroshima und Nagasaki zu einem Zeitpunkt, als das Land, dem sie eigentlich bestimmt waren, nämlich Deutschland, längst besiegt war, sowie nachher bei gewissen Kampfszenen in Korea, in Vietnam; Großbritannien 1956 bei dem gemeinsam mit Frankreich unternommenen Überfall auf Ägypten. Seither genügten und genügen die Nennungen der Namen Kuba und Palästina, um eine Vorstellung dessen zu bekommen, was sich in diesen und anderen Gefahrenzonen an Verbrechen und Terror ereignete und ereignet – über einem immer mehr im Wachsen befindlichen Gräberfeld.

ZWISCHEN FEBRUARAUFSTAND UND JULIPUTSCH

Die Gewalt der Tatsachen siegt

Das Geschehen im Herbst 1918, die Februarkämpfe 1934, die umstürzenden Ereignisse 1933/34, der Überfall auf das Kanzleramt im Juli 1934, der Umbruch 1938 und der Rückbruch 1945 waren jeweils mehr oder weniger *gewaltsame* Eingriffe in das Staatsgeschehen, die bis heute bei Freund und Feind eine durchaus verschiedene Einordnung in das Schema der gewaltsamen Veränderungen des Staatsgefüges bekommen. In oft völlig verschiedenem Sinn sprechen die Österreicher von der Umsturzära nach dem Ersten Weltkrieg, vom Schutzbundaufstand oder vom Vierunddreißigerjahr, von der Dollfuß-Ära, vom Naziputsch 1934, vom Anschluß und vom Rückbruch am Ende des Naziregimes. Alle diese Verschiedenheiten können aber nicht darüber hinwegtäuschen, daß sie Stationen eines fortwirkenden Bruches der Rechtskontinuität sind, die im Oktober 1918 begonnen hat, als die deutschen Reichstagsabgeordneten das Hohe Haus am Franzensring und den *Boden der Verfassung von 1867 verließen* und damit den Anfang der Existenz des Staates Österreich auf dem Boden der Illegalität schufen. So war in rechtlicher Hinsicht alles Geschehen seit dem Zerfall der Monarchie ein sukzessives Voranschreiten auf einem *revolutionären* Weg, bei dessen Beschreitung weniger die Macht von Ideen als die Gewalt der Tatsachen die Entwicklung vorantrieb.

Die Regierung Dollfuß stand nach dem Ende der Februarkämpfe gefestigter da als an irgendeinem Tag seit ihrer Ernennung im Mai 1932. Die Rechtmäßigkeit ihrer Berufung im Mai 1932 und ihre auch nach der Selbstausschaltung des Nationalrates am 4. März 1933 fortwirkende Legalität waren unbestreitbar. Unbestreitbar blieb aber auch während ihrer Amtszeit die Tatsache, daß seit dem Tag der Selbstausschaltung des Nationalrates die damaligen Oppositionsparteien, die SDAPÖ und die Großdeutsche Volkspartei, ununterbrochen bemüht blieben, die Regierung Dollfuß zu stürzen, wozu sich beide Parteien alsbald mehr oder weniger gewaltsamer und illegaler Methoden bedienten. Das führte schon im März 1933 zum Verbot des

Republikanischen Schutzbundes, im Mai desselben Jahres zum Kampfbündnis der Großdeutschen Volkspartei mit der NSDAP und weiterhin zu der von Anfang an mit gewaltsamen außerparlamentarischen Methoden angreifenden NSDAP.

Angesichts dieses Zweifrontenkrieges war die Regierung Dollfuß auf die Verläßlichkeit der Staatsbediensteten, vor allem der Exekutive, angewiesen. Schon im Sommer 1933 mußte sie aber auch auf Freiwillige aus den Wehrverbänden, insbesondere auf solche aus der HW, zurückgreifen, die im Verband des Bundesheeres militärisch abgerichtet und für einen notwendigen Fall der Assistenz im Vorfeld der Exekutive versammelt und bereitgestellt wurden. Ohne die Wehrverbände wäre die Exekutive sowohl während der Februarkämpfe als auch während des Juliputsches 1934 in eine Serie gefährlicher Situationen gekommen. Dabei fiel nicht nur den aus den Wehrverbänden rekrutierten Angehörigen der staatlichen Assistenzkörper – dem Assistenzkorps, später Schutzkorps – eine wichtige Rolle zu, sondern auch den alarmierten Angehörigen der stationären Verbände. Letztere, die in fast allen Ortsgemeinden des Landes bestanden haben, verhinderten allein durch ihre flächendeckende Präsenz das Hervortreten der ebenfalls dort lebenden Gesinnungsfreunde der im Schutzbund und in der SA kämpfenden Mitbewohner. Damit hielten sie jenen Flächenbrand hintan, den gewisse Verfasser der Revolutionsgeschichte als das *Wasser* hinstellten, dessen es bedürfe, damit die kämpfenden Gesinnungsfreunde bei ihrem gegen den Staat und die Regierung gerichteten Tun vorankommen. War an Ort eines Gendarmeriepostens ein Wehrverband genügend stark präsent, dann konnten die Gendarmen abgezogen und an den eigentlichen Schwerpunkten der Kämpfe in zusammengefaßten Verbänden der Exekutive eingesetzt werden. Jedoch war die *absolute* gesinnungsmäßige Verläßlichkeit der Angehörigen der staatlichen Exekutive bei Konflikten zwischen Regierung und ergebenen Wehrverbänden einerseits sowie den seit dem Frühjahr beziehungsweise dem Sommer 1934 verbotenen, nunmehr illegalen Wehrverbänden der SDAPÖ und der NSDAP andererseits keineswegs in jedem Fall vorhanden. Davon wird im Detail noch die Rede sein.

So wie in vieler Hinsicht spielte auch in diesem Zusammenhang der 15. Juli 1927 eine entscheidende Rolle. Bekanntlich ereignete es sich in der Umsturzära 1918/19, daß – zumal in der Bundeshauptstadt Wien – die meisten der bisherigen k. k. Sicherheitswachleute korporativ der sozialdemokratisch eingestellten Freien Gewerkschaft beitraten. Theodor Körner hat bei seiner Tätigkeit im Schutzbund diese bemerkenswerte Tatsache für den Fall eines Einsatzes des Republikanischen Schutzbundes aus guten Gründen in Rechnung gestellt. Die SDAPÖ wertete die Zugehörigkeit von Sicherheitswachebeamten, wie die Wachleute nach 1919 hießen, zu ihrer Sache sehr hoch. So wurde zum Beispiel in den zwanziger Jahren der Vorsitzende dieser Gewerkschaft, der Revierinspektor Schabes, von der Stadt Wien als Abgeordneter in den Bundesrat entsandt.

Das änderte sich nach dem 15. Juli 1927 *von Tag zu Tag*. Die Ereignisse dieses Unglückstages werden heute vielfach so dargestellt, als wäre eine schießwütige Wiener Sicherheitswache gegen friedliche Demonstranten vorgegangen. An der Spitze der langen Liste der Toten dieses Tages steht allerdings der Name eines erschossenen Sicherheitswachebeamten, dessen Tod fälschlicherweise dem Waffengebrauch seiner Kollegen zugeschrieben wird. Tatsache ist, daß die Sicherheitswache bis in den Nachmittag des Tages nicht mit Gewehren ausgerüstet und mit ihren unhandlichen Säbeln gegenüber den mit Latten und Steinwürfen angreifenden Demonstranten eher hilflos war. Wie immer es gewesen sein mag: So wie 1918/19 der fast korporative Beitritt der bisherigen k. k. Sicherheitswachleute zur sozialdemokratischen Gewerkschaft erfolgte, geschah es nach dem 15. Juli 1927, daß die vom damaligen Geschehen betroffenen Kollegen allergrößtenteils die »rote Gewerkschaft« wieder verließen. Es blieben dennoch *genug* sozialdemokratisch eingestellte Sicherheitswachebeamte ihrer Sache treu, ja einer von ihnen war sogar der erste Tote am 12. Februar 1934.

Auch unter den Offizieren und Mannschaften des Bundesheeres, die in den Februarkämpfen zum Einsatz gelangten, befanden sich sozialdemokratisch eingestellte Waffenträger. Unter ihnen ragte der Volkswehrleutnant aus der Ära des Heeresministers Julius Deutsch, der damalige Hauptmann Winterer, hervor. Winterer, nach 1938 zuletzt Oberstleutnant in der deutschen Luftwaffe, wurde 1945 von Karl Renner als politischer Ressortleiter für das Heerwesen der Zweiten Republik berufen. Die Besatzungsmächte haben allerdings diesem angeblichen Neomilitarismus der Österreicher ein rasches Ende bereitet. Winterer hat im Frühjahr 1945 keine Soldaten zur Hand gehabt, sondern waffenlose Heimkehrer, die er zu Aufräumungsarbeiten in den zu einem Drittel zerstörten Wohnvierteln der Stadt Wien verwendete, wobei er selbst kräftig Hand angelegt hat. Im Februar 1934 war Winterer, so wie andere ehemalige Volkswehrleutnants der Ära Deutsch, befehlsgemäß ausgerückt.

Damals stand mitten im politischen Kampfgetümmel noch ein anderer Volkswehrleutnant, der als Parteipolitiker prominent geworden war: der im Krieg und an der Front bewährte Feldwebel im nieder-

österreichischen Infanterieregiment Nr. 49 und nach 1918 zum
Hauptmann aufgerückte Josef Leopold. Leopold, ein alter Kämpfer
der NSDAP, hatte 1932 an den anfänglichen Wahlerfolgen der
NSDAP hohen Anteil; er war der einzige Nationalsozialist, der kurze Zeit einer Landesregierung angehörte. Nach dem Verbot der Betätigung für die NSDAP im Sommer 1933 trat er als Gauleiter und
schließlich als Symbolfigur der Illegalen im Kampf gegen die Regierung hervor. Die Sieger vom 11. März 1938 belohnten seinen Einsatz
damit, daß sie ihn widerstandslos den aus dem Reich gekommenen
neuen Herren in der Bewegung überließen, die denn auch Leopold in
Österreich bald außer Evidenz brachten; der ehemalige Feldwebel
rückte ein und fiel im Sommer 1941 als Bataillonskommandeur an
der Ostfront.
Nationalsozialisten hatten im Herbst 1933 einen Überfall auf das
Kanzleramt geplant, wozu sie eine kombinierte Einheit aus Angehörigen der Alarmabteilung der Wiener Sicherheitswache und Heeresangehörigen heranziehen wollten. Der Plan wurde fallengelassen.
Seither war der Major der Alarmabteilung der Wiener Sicherheitswache, Viktor Friedrich, eine Schlüsselfigur des nach wie vor geplanten
Vorhabens; wenn es auch zu Lebzeiten des Majors nicht zur Ausführung des Planes kam, so ergab es sich doch, daß Friedrich und andere
nationalsozialistische Angehörige der Sicherheitswache zu den wertvollsten Kämpfern für jeden geplanten Überfall auf das Kanzleramt
und einer dabei geplanten Geiselnahme des Bundeskanzlers blieben.
Als am 25. Juli 1934 der Überfall unter der »militärischen« Leitung
des gewesenen Infanteristen Fridolin Glass stattfand, zeigte sich, daß
der Ausfall des in jeder Hinsicht tüchtigen Majors Friedrich drastische Folgen für die Putschisten hatte. Davon wird noch die Rede
sein. Während der Februarkämpfe 1934 ist jedenfalls den Männern
der Sicherheitswache nichts aufgefallen, was darauf hinweisen und
den Verdacht hätte erwecken können, der Major Friedrich hasse das
System, bei dessen Verteidigung er die tödliche Verwundung vom
Gegner erhielt, der, so wie er selbst, dieses System bis auf den Tod
haßte.
Nach den Februarkämpfen entstand in gewissen Kreisen der nationalsozialistischen Untergrundkämpfer die Ansicht, es wäre besser
gewesen, im Februar zugleich mit den Roten gegen die Schwarzen
vorzugehen. Nach dem Ende des Systems wäre man dann auch mit
den Roten fertig geworden, und es hätte keine Schwierigkeiten bereitet, als Sieger ein nationalsozialistisches Österreich zu schaffen. Sicher ist, daß ein gleichzeitiger Angriff der Roten und der Braunen gegen das Regime die Exekutive in eine Situation hätte bringen können,

deren Ausgang unter Umständen den Erwartungen der erwähnten Nazikreise entsprochen hätte. Vielleicht wäre Rintelen tatsächlich im Winter 1934 Bundeskanzler geworden und nicht, wie es im Juli des gleichen Jahres geschah, im Kerker gelandet. Bewährte Nazikämpfer waren sich im Frühjahr und Sommer 1934 bewußt, daß die Exekutive nach ihrer Bewährung in den Februarkämpfen schwerer zu schlagen sein würde als je zuvor. Nicht wenige Naziuntergrundkämpfer absentierten sich denn auch von gefährlichen Plänen, einige wurden sogar Verräter, um so ihre Vergangenheit als aktive Untergrundkämpfer loszuwerden.

Major Friedrich war nicht der einzige Stabsoffizier, der als Nationalsozialist bei der Verteidigung des von Roten und Braunen gehaßten Regimes gefallen ist. Im Juli 1934 fiel bei den Kämpfen des Bundesheeres gegen die am Pyhrnpaß verschanzten Männer mit den Hakenkreuzarmbinden der Major des Bundesheeres Johann Charvat. Charvat, einer der höchstausgezeichneten Subalternoffiziere der alten Armee, war Parteigänger der Illegalen. Aber auch er rückte aus, als das Bundesheer die Nazis angriff, und fiel, während er seine kampfungewohnten Soldaten zum Vorgehen ermutigte, indem er sich im Feuer des Gegners bewußt exponierte. Der Tod im Kampf, wie ihn die genannten Angehörigen der Exekutive und des Heeres selbst erlitten, wird heute jungen Menschen als ein Faktum hingestellt, das eigentlich der damaligen Regierung zur Last gelegt werden sollte. Denn Tapferkeit wird heute den Jungen nicht als ein Sieg über die jeden Menschen in Todesgefahr treffende Angst hingestellt, sondern als die dümmste (!) aller sogenannten Tugenden. Demnach waren dann auch jene Beamten, Angehörige der staatlichen Exekutive, sowie die Fünf-Schilling-Manderln in der HW und den anderen Wehrverbänden nichts anderes als *Postenjäger, Karrieresüchtige oder Angstmeier,* die die Strafgewalt des Regimes mehr fürchteten als die von den Angreifern auf den Staat drohende Gefahr.

So wie der Februaraufstand erforderte auch der im Juli 1934 von den Organisatoren ausgeheckte Putsch Entschiedenheit in der Gegnerschaft zum Regime und Entschlossenheit, das Regime mit der Waffe in der Hand, trotz der Gefahr, das eigene Leben zu verlieren, zu bekämpfen; er erforderte aber auch einiges Geschick in der Führung der Kampfhandlungen. Letzteres war wieder Sache der militärischen Führer der Aufständischen und Putschisten. In dieser Hinsicht war der Schutzbund im Februar besser dran, denn er verfügte über ausgezeichnete ehemalige Berufsoffiziere der alten Armee, über bewährte Unteroffiziere mit Fronterfahrung und noch immer über genug

Frontkämpfer, die nicht erst im ersten Einsatz die Feuerscheu zu überwinden hatten.

An Entschiedenheit und Kampfentschlossenheit hat es im Juli den Nationalsozialisten nicht gefehlt. Im Durchschnitt waren sie jünger als die im Februar im Kampf gestandenen Schutzbundangehörigen. Meistens nicht älter als 23 Jahre, waren sie in der Umsturzzeit Schulbuben und in den zwanziger Jahren in den Schulen im Sinne der Anschlußidee erzogen worden. Nur Monarchisten und Kommunisten waren in der Ersten Republik erklärte Gegner des Anschlusses an das Deutsche Reich. Dieses Reich war für die im Juli kämpfenden Nationalsozialisten, aber auch für viele Angehörige ihrer Generation, ein leuchtendes Ziel. Auch der Kanzler war kein Gegner des Anschlusses, er kämpfte aber gegen die Vereinnahmung Österreichs durch ein nationalsozialistisches Reich. Sozialdemokraten haben sich noch im März 1938 öffentlich als Verfechter des Anschlusses bekannt; auch Otto Bauer, und zwar nach den ersten Erfahrungen, die seine in der Heimat verbliebenen Genossen in der nationalsozialistischen Ostmark mitmachten. Nicht eine Stimme einer Persönlichkeit von Rang hat 1938, selbst auf die Gefahr von Verfolgungen hin, ehemaligen Mitkämpfern in aller Offenheit empfohlen, *nein* zum Anschluß zu sagen und demgemäß am 10. April 1938 zu stimmen.

Die für den Juliputsch ausgegebene Kampfdisposition der Nationalsozialisten mußte sich aus verschiedenen Gründen von jener unterscheiden, die der Stabschef des Schutzbundes, Major Eifler, trotz der Kritik Theodor Körners hinterließ. Anders als der Schutzbund kämpften die Nationalsozialisten nicht nach militärischen Plänen. Sie versuchten, was zwei Generationen später, um das Jahr 2000, die Regel im Kampf der Widersacher irgendeiner Macht in aller Welt ist: Man holt sich aus den Reihen des Regimes Geiseln und zwingt diese, kraft ihres *Amtes* so zu handeln, daß die Geiselnehmer dadurch die Macht im Staate oder ein anderes Kampfziel erreichen. So ergab sich im Juli 1934, daß es die Nationalsozialisten auf die *Geiselnahme* des in Kärnten auf Sommerfrische befindlichen Bundespräsidenten Wilhelm Miklas abgesehen hatten, in Wien aber auf die Festnahme der Dollfuß-Regierung. Daß der pflichtbewußte Bundespräsident in jenem Sommer am 25. Juli bereits auf Urlaub weilte, beweist, daß an den höchsten Stellen im Staat eine Krise, wie sie am 25. Juli 1934 tatsächlich eingetreten ist, nicht befürchtet wurde. Miklas wäre, das beweist sein Verhalten am 11. März 1938, nicht im Juli auf Urlaub gefahren, hätte es in dem Meer von Putschgerüchten auch nur eines gegeben, das ihn veranlaßt hätte, pflichtgemäß an seinem Amtssitz zu verbleiben. Gleiches galt auch für den Führer der HW. Starhemberg weilte an jenem Unglückstag in Italien, nicht beim Duce, sondern am Lido.

Am Vorabend des 25. Juli 1934 war das Volk in Österreich in drei unversöhnliche Feindgruppen gespalten. Weder die Sozialdemokraten oder die Nationalsozialisten noch die Anhänger der Regierung Dollfuß wären damals imstande gewesen, im Falle einer Volksabstimmung eine für sie günstige Mehrheitskonstellation herbeizuführen. Im März 1938 war das anders. Da stellten die illegalen Sozialdemokraten angesichts der Gefahr des Hitlerismus den Haß gegen die Schwarzen *für den Moment der Gefahr* zurück. Hätte Hitler nicht mit Gewalt die für den 13. März anberaumte Volksabstimmung in Österreich verhindert, dann wäre an diesem Tag die zahlenmäßige Minorität der Nationalsozialisten offenkundig geworden. Dagegen spricht auch nicht der Triumph, den Hitler am 15. März im Roten Wien erlebt hat. 1955 noch ist der deutsche Bundeskanzler in Bonn den Österreichern nach Abschluß ihres Staatsvertrages und ihrer Befreiung sehr böse gewesen; er konnte sich nicht verkneifen zu sagen, Hitler sei im März 1938 in Wien mit mehr Jubel empfangen worden als je zuvor in einer anderen Stadt. Dümmlich erdacht ist die nach 1945 erfundene Symbolfigur des *Herrn Karl,* in der die Wiener und die Österreicher allesamt als haltlose und gesinnungslose Typen charakterisiert werden. In keiner Stadt Europas haben, so wie im Februar 1934, Sozialdemokraten mit mehr Courage angegriffen und gekämpft als gerade in Wien. Nirgendwo in Deutschland haben junge Nationalsozialisten mit der gleichen Hingabe gegen die Exekutive gekämpft wie in einzelnen österreichischen Bundesländern im Juli 1934; und kein Land und kein Volk hat schon vor 1938 so viele Opfer im Kampf gegen die Hitlerbewegung erbracht wie die unter Dollfuß und Schuschnigg kämpfenden Österreicher. Die Autoren, die die Figur des Herrn Karl schufen, unterschlugen vor allem die Tatsache, daß in *jedem* totalitären System – bis auf den heutigen Tag – das Regime bei sogenannten Wahlen mindestens 90 Prozent der abgegebenen Stimmen einheimst. Diesen Effekt zu erzielen sind *Kommunisten* noch besser in der Lage als Nationalsozialisten.

In solchen Zusammenhängen ist es bemerkenswert, daß die am 30. Juni 1934 im Reich stattgefundene Röhm-Affäre auf die Kampfmoral der ihres Stabschefs beraubten SA in Österreich und auf die Kampfentschlossenheit der Illegalen keine Folgen gehabt hat. Denn: *Was der OSAF tat, war wohlgetan.* Der Feind stand oben, wo die Schwarzen hausten. Die SA, die nach dem 25. Juli den Kampf gegen das Regime aufnahm, war kampfgerüstet und zur Tat entschlossen. In letzter Minute wurde sie noch mit Waffen aus der Waffenfabrik

Steyr versorgt, ebenso die auf das Kanzleramt angesetzte SS-Standarte 89. In der Obersteiermark bildeten die Nationalsozialisten gemeinsam mit dem zu ihnen übergegangenen harten Kern des bestandenen Steirischen Heimatschutzes eine Kampfgruppe, die der Exekutive im Juli 1934 arg zu schaffen machte. Die ehemaligen Getreuen des Rintelen und des Pfrimer haben nie vergessen, daß die Unfähigkeit ihrer politischen Führer und die Saumseligkeit ihrer Kommandanten schuld daran waren, daß sie am Abend des Pfrimer-Putsches sang- und klanglos heimgehen mußten. Das nächste Mal wollten sie es zusammen mit den Nazis besser machen und es den Schwarzen zeigen. Daß sie es mit dem Heer zu tun bekommen würden, daran dachten sie nicht, ebensowenig daran, daß, wie am Tag des Pfrimer-Putsches, die Instradierung von Bundesheereinheiten aus Wien und Niederösterreich genügte, um südlich des Semmerings Ruhe zu schaffen. Aber das waren alte Rechnungen, die auf alle Fälle beglichen werden wollten. So ist denn auch viel Blut geflossen.

Nach dem Anschluß im Jahr 1938 bekam Graz, die Hauptstadt der Steiermark, den ehrenden Beinamen: *Stadt der Volkserhebung*. 1938 ist es tatsächlich so gewesen, daß die Nazis in Graz den Bürgermeister schon Wochen vor dem Anschluß gezwungen haben, die Hakenkreuzfahne auf dem Rathaus der Stadt zu hissen. Daraufhin sah sich die Bundesleitung der VF in Wien gezwungen, den dortigen Landesleiter der VF, Alfons Gorbach, noch im Februar 1938 abzuberufen, weil er als der widerlichste Landesleiter der VF in ganz Österreich galt und das angebliche Versöhnungswerk durch seine Intransigenz störte. 1934 war das anders: Graz war keine Stätte der Volkserhebung. Vielmehr wollten die Nationalsozialisten aus der Umgebung konzentrisch gegen die Stadt vorrücken, sie besetzen und eine neue, ihnen genehme Landesregierung einsetzen. Die Grazer Garnison des Bundesheeres war schwach; mit einiger Energie wäre der Putsch gelungen, aber dazu reichten die Kampfverbände der Nationalsozialisten nicht. Sie hatten genug zu tun, die Pässe zu besetzen, über welche die Exekutive aus den nicht vom Kampf betroffenen Nachbarländern einrücken sollte.

Kärnten, wo der Bundespräsident als Geisel ausgehoben werden sollte, hatte nicht nur eine starke Besatzung von Nationalsozialisten im Land, sondern diese hatten auch an der Grenze zu Jugoslawien eine verläßliche Rückendeckung. 1934 war Jugoslawien eine Diktatur unter König Alexander I. Der König war seit der Intervention Österreichs während des Balkankrieges 1912/13 ein extremer Hasser Österreichs; bekanntlich wollte Serbien damals zu dem heute noch zu dieser Teilrepublik Jugoslawiens gehörenden, von Albanesen bewohnten Landstrich ganz Nordalbanien mit militärischen Mitteln dazugewinnen; dem war Österreich-Ungarn entgegengetreten. Der seither bestehende Haß Alexanders kam 1941 zutage, als man nach dem Balkanfeldzug Hitlers in Belgrad auf Dokumente stieß, die beweisen, daß 1914 der serbische Ministerpräsident von dem bevorstehenden Attentat in Sarajevo wuße, ja Alexander selbst einen der Attentäter vorgestellt bekommen hatte. 1934 hatte König Alexander seine liebe Not mit den Kroaten. Besser stand er sich mit den Slowenen. Im Sommer 1933 hatte es Gespräche illegaler Nationalsozialisten Kärntens mit Slowenen, die diesseits und jenseits der Bundesgrenze lebten, gegeben.

Das Vorhaben, Kärntner Slowenen zum Kampf gegen Dollfuß zu engagieren, mißglückte. Hingegen führte der gewesene Gauleiter der NSDAP Kärntens in der Verbotszeit im italienischen Tarvis Gespräche mit jugoslawischen Vertretern. Das war, als der ehemalige slowenische Reichsratsabgeordnete Anton Korošeč Mitglied der Regierung in Belgrad war. Korošeč, katholischer Geistlicher, verstand es bis 1918 meisterhaft, die Österreicher hinters Licht zu führen. Im Herbst 1918 stellte ihm die k. u. k. Regierung einen Reisepaß aus, mit dem Korošeč zu den in den Feindstaaten der Monarchie ansässigen slowenischen Exilpolitikern reiste, um die endgültige Zerstückelung der Donaumonarchie zusammen mit diesen in die Wege zu leiten. Korošeč, nach 1918 zu Zeiten Regierungschef in Belgrad, hat während der Piaveoffensive 1918 seine slowenischen Landsleute aufgefordert, für die hungernde Armee keine Lebensmittel zu liefern. Es gab 1934 also verschiedene Übergänge, die Karawanken waren kein absolutes Hindernis. Zuletzt wurde darüber geredet, daß im Falle des Zusammenbruchs des Dollfuß-Staates nicht italienische, sondern jugoslawische Truppen den Süden Österreichs besetzen sollten. Das waren Gesprächsthemen vor dem 30. Juni 1934, vor jenem Tag, an dem die Massaker wegen des sogenannten Röhm-Putsches im Reich stattfanden und Mussolini noch einmal den Ton fand, der einem Sohn der Wölfin gegenüber dem Barbaren des Nordens angemessen zu sein schien. Sichtlich wußten in Kärnten die Gefolgsleute des Führers nicht, daß im Sommer 1934 noch immer Italien die Hände auf Österreich hatte und nicht der Führer, schon gar nicht der Diktator in Belgrad. Jugoslawien hat nach dem Scheitern des Juliputsches nicht nur seine Grenzen weit aufgemacht, um den ins Land kommenden nationalsozialistischen Kämpfern Zuflucht zu gewähren. In den für die Flüchtlinge eingerichteten Lagern herrschte strenge militärische Disziplin, bis die Reichsregierung dafür sorgte, daß diese Männer über See ins Dritte Reich verbracht wurden.

Der Bürgerkrieg, der in den dreißiger Jahren in und um Österreich tobte, geriet so, daß es nicht immer durchgehende und sich klar abzeichnende Konfrontationen gab. Zu den Merkwürdigkeiten gehörte, nach allem was nach dem 11. März 1938 in Österreich geschah, die Tatsache, daß zwar die Vorstellung von einem großen Reich aller Deutschen und die Anschlußidee den Kampfwillen der aus dem Untergrund angreifenden Nationalsozialisten stärken sollten, daß es aber andererseits einflußreiche Kreise unter den Illegalen gab, die nach dem Sturz der Regierung Dollfuß ein *staatlich unabhängiges nationalsozialistisches Österreich* zum Ziel hatten. In diesen Kreisen war viel von der Illegalität des Dollfuß-Regimes die Rede und – so wie in Teilen der Sozialdemokratie vor dem Februar 1934 – von der Rückführung des Staates auf den Boden der von Dollfuß und den Seinen seit 1933 »geschändeten Verfassung der Republik«. Das Programm dieser Nationalsozialisten hatte das übliche Gepräge einer Revolution:

Nach der Beseitigung des Regimes sollte es eine Befreiung aller Inhaftierten, also auch der Kommunisten und selbstverständlich der Sozialdemokraten, die ja im Dollfuß-Österreich oft genug Haftgenossen der Nazis waren, geben. Für Ruhe und Ordnung im Land sollte die im Dritten Reich aus politischen Flüchtlingen gebildete »Österreichische Legion« sorgen. Im Zusammenhang mit dieser Absicht ist eine Bemerkung beachtenswert, die Hitler am 12. Februar 1938 bei seiner Unterredung mit Schuschnigg machte: Damals drohte Hitler dem Kanzler, *zuletzt* würde auch besagte Legion in Österreich einrücken und – Hitler überließ es seinem Gast, sich vorzustellen, was dann in Österreich los sein würde . . . Also keine Ruhe, sondern Vergeltung. Alles kam anders. Anders, als man es sich 1934 und im Februar 1938 vorgestellt hatte.

Und da gab es ein während der Julitage an der Grenze Österreichs zu Bayern einem nationalsozialistischen Kurier abgenommenes Kampfprogramm, dessen Vorschläge den im Land stattgefundenen Ereignisse nachhinkten, das aber deswegen interessant war und blieb, weil es die Dokumentation langwieriger Diskussionen von nationalsozialistischen Exilpolitikern festgehalten hat. In manchen Teilen enthielt dieses »Kollerschlager Dokument« vieles, was auch Kampfziel des Schutzbundes war. Damit soll keine Affinität der miteinander bis auf den Tod verfeindeten Parteien der Roten und der Braunen aufgezeigt werden, sondern die Tatsache, daß die Prozedur einer Revolution, eines Umsturzes oder eines Putschunternehmens *nicht viele Variationen zuläßt*. Bei aller Verschiedenheit der Ideologien gleichen einander die Methoden:

Da war zunächst der fundamentale Irrtum nationalsozialistischer Exilpolitiker, die – so wie vor dem Februar 1934 zum Teil der Schutzbund – damit rechneten, das Heer würde sich auf die Seite der Nationalsozialisten stellen, sobald diese nur ihren Kampf ins Land tragen würden. Natürlich war die Arretur aller Parteigänger Dollfuß' vorgesehen, also eine Massenverhaftung, nach der im Jahr 1938 nach dem Anschluß dann tatsächlich Zehntausende Österreicher gefeuert und viele inhaftiert wurden. Für die Anführer des »Systems« drohte fürs erste die Haft. Während der Tage des »Umbruchs« sollten die Parteigänger der Nationalsozialisten, die man in großer Zahl auch in den Reihen der staatlichen Exekutive vermutete, mit Hakenkreuzarmbinden versehen werden. Diese Armbinden sind im Juli 1934 tatsächlich in vielen Fällen das einzige »Uniformstück« der Aufständischen gewesen.

Man hat später die Bedeutung des Kollerschlager Dokuments herabgewürdigt. Für die *Nazis* war es kein Ruhmesblatt, und die *Sozis* machen bis heute gerne alles vergessen, was den Kampf der Schwarzen gegen die Braunen sinnfällig machen könnte, einen Kampf, an dem die Revolutionären Sozialisten nur selten teilnahmen. Adressat des fraglichen Dokuments war der österreichische Industrielle Fritz Hamburger, der tatsächlich im Juliputsch hervortrat und abgeurteilt wurde. Hamburger sollte das Dokument dem Führer der SA-Brigade Wien-Niederösterreich zuleiten; sichtlich traute man einander nicht einmal innerhalb der Partei und ihrer Wehrverbände. So ist denn auch der Juliputsch nicht nur an der Selbstbehauptung des seines Führers beraubten Dollfuß-Regimes gescheitert, sondern auch am Konkurrenzneid verschiedener Führer der Illegalen und an der Unkenntnis jener *Kunst der Verschwörung,* von der Trotzki einmal gesagt hat, daß sie zur Gewaltanwendung dazukommen müsse, wenn ein Aufstand gelingen soll.

Wie fast jeder Putsch und jede Revolte geriet auch der vom 25. Juli zuletzt unter die Pression der zum Kampf Bereiten; wenn ihre Ungeduld auf eine zu harte Probe gestellt wird, kann der Ausbruch der Kampfhandlungen nicht länger hinausgeschoben werden. Dazu kam, daß die Informationstätigkeit und die Propaganda der Nationalsozialisten zu sehr die völlige Minderwertigkeit des Gegners herausgestrichen hatten, so daß die im Untergrund bereitgestellten Kämpfer nicht verstehen konnten, warum man noch länger zögerte, dieses windschiefe System und seine jämmerlichen Verteidiger mit einem Hieb aus dem Feld zu schlagen. Es war ein Fehler, den Männern des 25. Juli zu sagen, daß sie es im Kampf ohnedies nur mit bezahlten Bütteln und Lakaien des Systems zu tun bekommen würden, denen es nicht einfiele, bei der Verteidigung des Dollfuß-Regimes womöglich das eigene Leben zu riskieren. Tatsächlich kam es nach dem 25. Juli 1934 erst nach *Jahren* wieder dazu, daß man da und dort der Gewaltanwendung der Hitlerbewegung und des Dritten Reiches mit Gewalt entgegentrat. Dollfuß war und blieb der einzige Regierungschef, der im Widerstand gegen den Nationalsozialismus sein Leben hingab und am 25. Juli 1934 nicht das gefährdete Palais am Ballhausplatz zusammen mit seinen Ministern verließ, um sich in Sicherheit zu bringen. Er ist in der Stellung gefallen.

Unwahr ist, daß Hitler selbst seinen Kampfgenossen in Österreich Weisungen für den 25. Juli gegeben hat. Allerdings wurde der Glaube, daß die nationalsozialistischen Kämpfer quasi unter den Augen ihres Führers antreten, bewußt genährt. Andererseits ist es auch nach Jahrzehnten unglaubwürdig, daß der OSAF, Führer und Reichskanzler eines *totalitären Staates*, nicht von den diversen Plänen gewußt haben soll, die zur gewaltsamen Beseitigung seines Todfeindes in Österreich und dessen Regierung viele Monate lang gewälzt worden waren. Hitler ließ derlei Tun gewähren, vielleicht in dem Glauben, daß seine Gegner im »verjudeten Wien« ohnedies eines solchen einmaligen Kampfes mit aller Entschiedenheit nicht fähig sein würden. Als er am 25. Juli während einer Aufführung im Rahmen der Bayreuther Festspiele das Ende seines Todfeindes erfuhr, soll er, gewissen Augenzeugen zufolge, im Moment perplex gewesen sein. Indessen faßte er sich rasch und setzte mit den Möglichkeiten der internationalen Courtoisie alle Maßnahmen, die geziemend sind, wenn ein Regierungschef zum Tod eines Kollegen kondoliert. Auch die Kondolenzerweisung seitens des todkranken Reichspräsidenten Hindenburg wurde raschest veranlaßt, um nur ja in der Öffentlichkeit einen genügend großen Abstand zwischen der Tat und der Hitlerbewegung als Ganzes zu legen. Davon wird noch im einzelnen die Rede sein. Daß selbst in westlichen Staatskanzleien, kurz nach den am 30. Juni 1934 stattgefundenen Metzeleien im Deutschen Reich, solche Kondolenzkundgebungen ernst genommen wurden, hat seinen Grund darin gehabt, daß es seit Sarajevo 1914 nicht üblich war, sich eines ausländischen Potentaten mittels in dessen Land aufgebotener Verschwörer zu entledigen.

Heute weiß man, daß es schon vor dem 25. Juli im Dritten Reich Männer gegeben hat, die wußten, was sich tun würde. *Nicht der Tod* Dollfuß' war geplant, sondern die *Geiselnahme* des amtierenden Bundeskanzlers, um ihm nicht nur die *Abdankung*, sondern vorher noch die *Nominierung seines Nachfolgers* abzuverlangen. Daß vor dem 25. Juli im Dritten Reich gewisse Agenturmeldungen verbreitet wurden, die den Tod des Kanzlers und nähere Umstände des Todes enthielten, ist rasch und mit einigem Geschick ins Reich der falschen Gerüchte verwiesen worden. Nie hat man sich in Wien um die restlose Aufklärung dieses Vorganges bemüht; zu sehr war man am Ballhausplatz nach den Julikämpfen froh, wenn schon nicht mit den Illegalen im eigenen Land, so doch auf diplomatischem Weg mit der Reichsregierung nicht in krasseste gefährliche Konflikte zu kommen. Der plötzliche Tod des Reichspräsidenten von Hindenburg erweckte auch in Österreich Erinnerungen an Zeiten, in denen man zusammen mit denen im Reich im Kampf gegen die gemeinsamen Feinde in aller Welt gestanden war. In diesem Sinn schickte man denn auch den ehemaligen Generalobersten Schönburg-Hartenstein zu den Trauerfeiern nach Berlin; ihm erwies die Reichswehr ein letztes Mal die Ehrenbezeigung, als der Fürst in der Uniform der alten Armee in Erinnerung früherer Gemeinsamkeiten am Ehrenmal »Unter der Linden« einen Kranz niederlegte . . .

Unmittelbar an den Putschvorbereitungen beteiligt war der frühere Stabschef der HW in Österreich *Hanns Rauter*. Rauter ist zu sehr Soldat gewesen, als daß er sich etwa 1931 an dem lächerlichen Pfrimer-Putsch beteiligt hätte. Um so eifriger organisierte er nach seiner Flucht aus Österreich von München aus die Erhebung in Kärnten; vorsorglich ließ er sich in Ossiach einen Gefechtsstand einrichten, den er bei Ausbruch der Kämpfe beziehen wollte, um in Österreich die Gefechtshandlungen zu leiten.

Salzburg, an sich den Befehlsstellen im Dritten Reich am nächsten, brachte es nicht zu einer Erhebung an jenem 25. Juli. Der gewesene Gauleiter Karl Scharitzer kurbelte zwar schon lange par distance aus seinem Exil im bayerischen Freilassing, aber die Bewegung geriet keineswegs so gut wie andernorts in Österreich. Er wollte am Vorabend der Salzburger Festspiele 1934 Unruhe im Land erzeugen und so erreichen, daß die Exekutive im Land blieb, um den erwarteten Zustrom von Festspielgästen zu sichern. Nicht einmal das gelang; vielmehr kam es dazu, daß Heeresverbände aus Salzburg abgezogen werden konnten, um andernorts an Brennpunkten der Kämpfe eingesetzt zu werden. Andererseits sind auch winzige, isoliert im flachen Land bestandene Kampfgruppen der Illegalen aus der Bereitstellung herausgetreten um mitzukämpfen. So ging ein tiefer Riß durch die kleinen Gemeinschaften an Ort, als die einen zur HW, die anderen zur SA oder zur SS einrückten; ein Riß, der sich zu Lebzeiten der Beteiligten und darüber hinaus nie mehr geschlossen hat. Für das Los der Unterlegenen vom 25. Juli nahmen diese nach dem 11. März 1938 als Sieger Rache, und nach 1945 wiederholte sich dieses schauerliche Geschehen nochmals unter der Aufsicht der eifrig an Entnazifizierung interessierten Besatzungsmächte. Es war besonders tragisch, daß im Juli 1934 Männer, die einmal gemeinsam in der HW in der Doppelreihe marschiert waren, aufeinander geschossen und nicht mehr zueinander gefunden haben.

Wie aber stand es mit der Abwehrbereitschaft des Systems? Am 25. Juli war nicht mehr, wie im Februar, Fey der Mann der Stunde, sondern seit wenigen Wochen der frühere Husarenoffizier Baron Karwinsky. Karwinsky war schon vorher unter Fey Sicherheitsdirektor für Niederösterreich. Von seiner Art, seinen Ressortaufgaben am 25. Juli gerecht zu werden, wird noch die Rede sein. Um es vorwegzunehmen: Von der *Entschiedenheit,* mit der Fey als ehemaliger *Berufssoldat* den Kampf geführt hat, war bei Karwinsky nicht die Rede. Das ergab sich schon daraus, daß Fey eben als Berufsoffizier und hochdekorierter Frontkämpfer die Prägung seiner Persönlichkeit erfahren hatte, während der Baron nach dem Krieg im Präsidium der Niederösterreichischen Landesregierung ins zivile Leben zurückgekehrt war, aus dem ihn erst der Bürgerkrieg herausriß. Es ist bezeichnend, daß Karwinsky nach dem 25. Juli als Staatssekretär vom Innenministerium ins Justizministerium transferiert wurde. Sichtlich hatte ihm Dollfuß zu Lebzeiten mehr zugemutet, als dieser an sich verdiente Beamte unter den außergewöhnlichen Umständen bei bestem Willen zu erbringen imstande war.

In dem für die Staatssicherheit zuständigen Innenministerium fungierte am Vorabend des 25. Juli Sektionschef d'Elvert als Leiter der Generaldirektion für öffentliche Sicherheit. In gewissen HW-Kreisen wurde ihm mehr Verständnis für nationale Belange zugemutet, als es an sich die Frontlage im Inneren erlaubte; mehr hat wohl die Tatsache für sich, daß der in der alten Beamtentradition erzogene Hochbürokrat einfach erschrocken war, als er es plötzlich mit militärischen Konflikten zu tun bekam, anstatt für Ruhe und Ordnung im Land zu sorgen. In Wien und in den Landeshauptstädten war die jeweilige Bundespolizeidirektion Gefechtsstand der Exekutive. Ein nicht immer ungefährdeter Gefechtsstand. In der Innsbrucker Polizeidirektion wurde ein Polizeihauptmann, der es mit dem Kampf gegen die Illegalen ernst nahm, mit zielsicherem Schuß aus dem Weg geräumt. Wie überhaupt die Einschüchterung gewisser Typen in Beamtenschaft und Exekutive, zuweilen sogar der Familien der Betroffenen, eine verhängnisvolle Rolle spielte. Die Reaktion auf diese Kampfesweise blieb nicht aus, und die Nationalsozialisten behaupteten daraufhin, das brutale Vorgehen der Exekutive hätte sie zu derlei Aktionen veranlaßt. Wie es auch im Einzelfall gewesen sein mag: Es floß bei diesen Kampfmethoden nicht immer Blut, aber der *Haß* fraß sich immer tiefer in Hirn und Herz der Betroffenen und blieb dort bis zum Tod . . .

Putschgerüchte gab es täglich aufs neue. Die Behörden wurden mit begründeten und unbegründeten, sogenannten scherzhaften und ernst gemeinten überschüttet, so daß es Mühe und Zeit kostete, die falschen Gerüchte auszusieben. Man hat nachher gesagt, das teilweise Versagen der Exekutive am 25. Juli 1934 hätte seinen Grund darin gehabt, daß die Alarmbereitschaft der Exekutive längst überfordert war, ja daß das zutreffende Gerücht von der Art des Überfalls auf das Kanzleramt zunächst so phantastisch klang, daß die erstbefaßten Angehörigen der Exekutive vorerst überlegten, bis sie an gewissen Indizien erkannten, daß es diesmal ernst war.

Der Polizei in Österreich hing seit den Tagen Metternichs der üble, von den liberalen Westmächten ausgeheckte Ruf an, sie sei ein Spinnennetz, das von solcher Dichte und Effektivität sei, daß ihr nicht einmal ein freiheitliches *Denken* entginge. 1815, während des Wiener Kongresses, war in Wien selbstverständlich die Geheimpolizei Englands und Frankreichs am Werk; schon damals hätten die Österreicher an solchen Vorbildern lernen können und müssen, wie staatspolizeiliche Einrichtungen und Maßnahmen beschaffen sein müssen, um auch nur annähernd an das Polizeisystem der Westmächte heranzukommen. Mehr als einmal hat sich damals Kaiser Franz I. über die staatspolizeilichen »Leistungen« seiner Behörden geärgert, in einem Fall nicht gezögert, diese Herren als Deppen zu bezeichnen. Nach 1918 hat Polizeipräsident Johannes Schober der Wiener Sicherheitspolizei einen nie gekannten Weltruf verschafft: Interpol war seiner Initiative entsprungen und hatte bis 1938 den Sitz in Wien. Der Leiter der Kriminalpolizei der Polizeidirektion Wien, Otto Steinhäusl, war auf seinem Gebiet ein hervorragender Fachmann, gleichzeitig aber ein enragierter Nationalsozialist, der für den Fall des Gelingens des Juliputsches als Polizeipräsident in einem nationalsozialistischen Regime ausersehen war. Der am 25. Juli tatsächlich amtierende Wiener Polizeipräsident war hingegen ein braver Beamter; er versagte wohl in der Krise des Tages und wurde nachher durch seinen äußerst befähigten Stellvertreter, Michael Skubl, einen ehemaligen deutschnationalen Waffenstudenten, ersetzt.

Fey hat als Staatssekretär für Sicherheitswesen seine Aufgabe ernst genommen und sie als eine *militärische* angesehen. Das wurde der Absicht seines Gegenübers, des Stabschefs des Schutzbundes Major Eifler, gerecht. Die beiden Majore trugen denn auch den Kampf nach vorwiegend militärischen Gesichtspunkten aus. Fey war ein erfolgreicher HW-Führer, als Parteigänger der Schwarzen aber ein Dorn im Auge des Bundesführers der HW Starhemberg. An dem Konflikt dieser beiden ging die HW zugrunde, ohne daß sich zuletzt ihre Feinde darum groß bemühen mußten. Die HW wurde 1936 von Staats wegen aufgelöst. Als Starhemberg am 1. Mai 1934 von Dollfuß anstatt Fey als Vizekanzler in die Regierung berufen wurde, verlor Dollfuß einen verläßlichen Posten vor Gewehr; Fey war am 25. Juli nur mehr vorwiegend für die Säuberung der *Wirtschaft* von national-sozialistischen Einflüssen kompetent; die Exekutive unterstand an diesem Tag nicht mehr ihm, sondern Baron Karwinsky. In den Reihen der Illegalen wurden Fey und sein Nachfolger der sogenannten »jüdischen Versippung« verdächtigt, und so kam zum Haß eine Verachtung, die Fey sicher spürte, als er kurz nach dem Anschluß zusammen mit seiner Familie in aussichtsloser Lage Selbstmord beging. Die Zahl jener Angehörigen der Exekutive und des Heeres, die in der Vorverbotszeit mit der nationalsozialistischen Bewegung sympathisierten oder ihr beitraten, war gering. Man schätzt sie auf 5 Prozent. Aber es gab Prominente darunter. Hofrat Steinhäusl wurde schon genannt; der spätere Generaloberst des deutschen Heeres, Lothar Rendulic, trat der Partei 1932 bei. Dollfuß war von der soldatischen Persönlichkeit Rendulics beeindruckt und entsandte ihn als Militärattaché nach Paris. Nicht ungefährlich waren in diesen Kampfzeiten öffentliche Bedienstete der »Blutgruppe 0«; dieser jetzt noch übliche Ausdruck stammt aus jenen Tagen und betraf die geschickt zwischen den Fronten streunenden Typen, die bei Licht dem System eilfertig dienten, in der Dämmerung aber den Illegalen ihre treue Gefolgschaft beteuerten, Beiträge an die Parteikasse und Kampfspenden für die SA entrichteten. Am 25. Juli hob eine Anzahl solcher Bediensteter im Kanzleramt die Hände zum Hitlergruß, als die Männer der SS-Standarte 89 sich dieser Zentralstelle bemächtigten, und riefen: Heil Hitler! Es dauerte, bis später die Staatspolizei sich der Mitgliederkartei aus der Vorverbotszeit der NSDAP bemächtigen konnte. Das war, als man in Regierungskreisen schon in Sachen Befriedung unterwegs war und Vertreter der »betont Nationalen« die Regierung lange genug davor warnten, dieses Material auszuwerten. Die einschlägige Überraschung in Regierungskreisen war in einzelnen Fällen groß, als Mitläufer der Regierung ihrer wahren Herkunft und Anschauung nach agnosziert wurden.

Im Juli 1934 kämpfte das Heer bereits in den Uniformen im Schnitt der alten Armee. Im Bürgerkrieg kämpften Exekutive und Wehrverbände gegen Illegale aller Richtungen; auch der liberale Landbund stellte im Juli seine Bauernwehr der SA zur Verfügung, und die

Frontkämpfervereinigung, die 1927 an dem folgenschweren Vorfall in Schattendorf beteiligt war, hatte nur mehr wenig schwarzgelb, dafür viel braun an sich. Alle kämpften mit Waffen aus Beständen der alten Armee.

Aber – nicht immer und allerorts wurde in den letzten Lebenstagen Dollfuß' geschossen oder gewalttätig vorgegangen. Das später von der Regierung und der VF viel gebrauchte Wort »Befriedung« hatte seinen Ursprung in dem Bemühen Dollfuß', die latente Gefahr eines Bürgerkrieges rechtzeitig zu beseitigen. Daß diese Absicht beim Kanzler bestand, wurde von seinen Feinden im sozialdemokratischen und nationalsozialistischen Lager gerne bestritten; daß auch gewisse »Freunde« zuweilen bemüht waren, derlei Absichten der Regierung zu stören, ist weniger im Gespräch. Daß aber nicht selten ein Prominenter des Systems Vermittlungsaktionen eines anderen zum Platzen brachte, weil er seine eigenen diesbezüglichen Pläne hatte, war das Tragische an dieser wirren Situation. Tatsache war und ist, daß es zu Dollfuß' Zeiten in allen drei Lagern, unter den Schwarzen, den Roten und den Braunen, einsichtsvolle Politiker gegeben hat, die nach den blutigen Ereignissen des Februar 1934 dem Volk eine nochmalige Katastrophe dieser Art und dieses Ausmaßes ersparen wollten. Noch zu Dollfuß' Zeiten wurde die Grundlage einer *Sozialen Arbeitsgemeinschaft* (SAG) auf dem Boden der VF geschaffen. Und zu Dollfuß' Zeiten wurde mit dem großdeutschen Innsbrucker Politiker Walter Pembaur Fühlung genommen, der es abgelehnt hatte, nach dem Wahlsieg der NSDAP in Innsbruck 1933 dieser beizutreten, um Bürgermeister der Stadt zu werden, der aber einen »Bund für österreichisch-deutsche Verständigung« schuf, als die Folgen der 1000-Mark-Sperre sich verheerend auswirkten.

Im Umgang mit den illegalen Nationalsozialisten entwickelte sich eine scheinbar treffende Terminologie, die aber viel Verwirrung stiftete und üblen Durchstechereien Gelegenheit bot. Auf Regierungsseite unterschied man nämlich die sogenannten *Nationalen* von den »*betont Nationalen*« und beide Kategorien von den *Nationalsozialisten*. Starhemberg störte diese differenzierende Charakterisierung; er nannte sie allesamt Nazis; vielfach kam er damit den Tatsachen näher als viele Österreicher, die tatsächlich nach rechts hin eine Befriedung suchten; ähnliche Enttäuschungen gab es in der SAG. Was Starhemberg trotz seiner Herkunft aus dem nationalen Lager übersah, war die Tatsache, daß es selbst unter den Nationalsozialisten solche gab, die für ein nationalsozialistisches, aber *unabhängiges* Österreich waren. Das nun stimmte absolut nicht mit der Denkweise Dollfuß' überein, dessen Kampf dem Nationalsozialismus und nicht Deutschland galt.

Der geschichtliche Verlauf gab 1938 bekanntlich jenen recht, die von Anfang an ein unabhängiges nationalsozialistisches Österreich für einen Unfug hielten. Nach dem 11. März 1938 dauerte es auch nicht lange, da hatte Hitler Österreich in sogenannte Reichsgaue zerschlagen, und nicht wenige alte Kämpfer in der kurze Zeit bestandenen nationalsozialistischen »Ostmark« machten den neuen Herren aus dem Altreich Platz.

Anfangs rechnete Dollfuß mit der sogenannten *Aktion Winter*, einer Aufgabe, die sich sein Cartellbruder und ehemaliger Regimentskamerad Ernst Karl Winter gestellt hatte. Winter hatte vor seiner Berufung zum Vizebürgermeister von Wien im Jahr 1934 in einem gewissen Zusammenhang die merkwürdige Parole *»Rechts stehen, links denken«*, verfaßt. Das führte zuletzt dazu, daß er bei einem Besuch in Prag den amtierenden Außenminister Eduard Beneš dazu bringen wollte, dessen Parole *»Lieber Hitler als Habsburg«* aufzugeben und der Wiedererrichtung der Donaumonarchie (!) zuzustimmen; dieser Zwischenfall war allerdings das Ende der kommunalpolitischen Tätigkeit Winters, der es vorher trotz ehrlichen Bemühens nicht geschafft hatte, die Linke in Österreich auf den Weg einer Versöhnung mit dem Dollfuß-Staat zu bringen.

Der Tod Dollfuß' war nicht das Ende der Befriedungsaktionen der Regierung. Kurz nach dem 25. Juli ging die Regierung auf die sogenannte *Aktion Reinthaller* ein. Ingenieur Reinthaller, ein alter Kämpfer der NSDAP in Oberösterreich, unternahm etwas, das die einen als Tarnmanöver zwecks Erleichterung der Neuaufrüstung der Nationalsozialisten nach dem Kanzlermord ansahen, andere aber als ehrliches Bemühen um eine Annäherung nach den blutigen Julikämpfen. Reinthaller hat nach 1945 bewiesen, daß er auch unter den völlig geänderten politischen Zuständen der Nachkriegszeit mit seiner FPÖ lieber mit den Schwarzen als mit den Roten ging; das änderte sich freilich unter seinem Nachfolger Friedrich Peter vollends.

Und da war noch ein wichtiges Instrument der Illegalen in Betrieb: Der frühere großdeutsche Landeshauptmannstellvertreter von Oberösterreich, Franz Langoth, schuf mit Zustimmung der Regierung ein Hilfswerk zugunsten der inhaftierten Nationalsozialisten und deren Angehörigen. Nach 1945 hat Langoth ausdrücklich bestätigt, daß er von Anfang an dieses Hilfswerk als eine zusätzliche Stütze der nationalsozialistischen Bewegung während der Verbotszeit angesehen und daß er auch in diesem Sinne die Anerkennung seiner Gesinnungsfreunde nach 1938 bekommen hat. Langoth hielt zugleich auch Kontakt mit dem letzten Obmann der Großdeutschen Volkspartei, Hermann Foppa.

Unter den Männern in der Doppelreihe, wie man die Marschierer der HW und anderer Wehrverbände nannte, weckten die Befriedungsaktionen der Regierung wenig Sympathie. Die Männer waren sich gewärtig, daß letztlich *sie* die Suppe würden auslöffeln müssen, wenn es zum nächsten bewaffneten Konflikt mit jenen kommen würde, mit denen die Regierung eine Befriedung anbahnen wollte. Ihre dunklen Erwartungen wurden während der Kämpfe, die am 25. Juli dem Überfall auf das Bundeskanzleramt folgten, bestätigt. Nach 1938 waren sie es sowie die führenden Amtswalter der VF und die CVer, die den ersten Transport ins KZ Dachau füllten, und das noch ehe die systematische Verfolgung der Juden in der nationalsozialistischen Ostmark begann. Hatten bis dahin Angehörige des CV das System gestützt, so bekamen sie nach dem Sturz des Systems die Folgen davon zu spüren. Der Text der ersten Fragebogen begann mit der Frage: Sind Sie *Jude, Freimaurer* oder Angehöriger einer *CV-Verbindung?* Als Dollfuß 1934 starb, waren solche Weiterungen nicht in Sicht. Niemand ahnte, daß vier Jahre später die Österreicher zur deutschen Wehrmacht einrücken werden, um bei der Besetzung des Sudetenlandes mitzumachen. Nach 1939 wird Hitler anfangen, die Qualitäten der Soldaten aus seiner Ostmark – diese bestand damals nicht mehr – zu loben. Und etwa 230 000 Österreicher werden als Soldaten, ebenso viele als Zivilisten in der Heimat den Tod finden; aber das sind in der Zweiten Republik verschollene Gräber, von denen nicht geredet wird. Nur wenige Österreicher waren um 1934 schon so einsichtig, daß sie derlei Böses ahnten, sollte der Widerstand gegen Hitler zusammenbrechen.

Wer Augen hatte, um zu sehen, und Ohren, um zu hören, wurde gewahr, daß nicht sogenannte Nationale oder »betont Nationale«, sondern Nationalsozialisten das Gefecht führten. Für letztere stand aufrecht und scheinbar unerschütterlich der aus dem Krieg als hochdekorierter Unteroffizier heimgekehrte Feldwebel Josef Leopold, der in der Ära des Julius Deutsch zum Volkswehrleutnant avanciert war. Zuletzt Hauptmann im Bundesheer, war Leopold der Gauleiter der Verbotszeit, der die notwendige Sturheit hatte, Mißerfolge, Verfolgungen und ständige behördliche Maßnahmen aller Art hinzunehmen, bis er 1937 neben dem sogenannten »Siebener-Ausschuß« an der Spitze jener stand, die unter den Augen der Staatspolizei quasi legalerweise, aber dennoch illegal, den Endkampf gegen die Regierung führten. Dies geschah mit der nunmehr begründeten Gewähr, daß der Duce nie mehr die Unabhängigkeit Österreichs beschützen wird, und daß der Führer seit Monaten gewillt war, Österreich »zu zertrümmern«.

Zugleich liefen bis zuletzt zahlreiche Aktionen Berufener und Unberufener, die noch immer vermeinten, es müsse doch möglich sein, die zu Seipels Zeiten bestandene Einheitsfront der »Katholen« und der Nationalen wieder auf die Beine zu bringen. Die so dachten, haben übersehen, daß Gesinnungsverwandte im Reich, die einmal gleich gedacht hatten, längst an den äußersten Rand des Dritten Reiches befördert worden waren; viele waren inhaftiert, einige kamen vor und nach dem 30. Juni bei irgendeiner Metzelei ums Leben. Das hinderte manche katholische Intellektuelle von Rang und mit einigem Ansehen nicht, insgeheim das Prinzip zu verfolgen, wonach es besser sei, in der Hitlerbewegung mitzumachen, anstatt den Rabauken das Feld zu überlassen. Einige dieser Denker sollten tatsächlich nach dem 11. März 1938 einige Zeit im Schaufenster des Dritten Reiches als dessen Popanze stehen, um dann auf unterschiedliche Weise zum Verschwinden gebracht zu werden. Dann nämlich, als in der Gestapo-Leitstelle Wien die sogenannten Katholisch-Nationalen in Österreich noch verdächtiger wurden als jene schwarzen »Schuschnigger«, bei denen man von vornherein gewußt hatte, was es mit ihnen auf sich hatte, und die danach behandelt wurden . . .
Im Palais am Ballhausplatz amtierte Theodor Hornbostel. Ihn hatte Dollfuß im April 1933 zum Vorstand der politischen Abteilung des Außenamtes, dieses unter der Leitung des Kanzlers stehenden Ressorts, berufen. Hornbostel hatte schon zuvor im Krieg an exponierten und gefährlichen Posten gedient. Er war klarsichtig bei seinem Urteil, hatte Zivilcourage und besaß Vorkriegsbenehmität. Er diente nicht dem italienischen Faschismus, aber er rechnete damit, daß im Ernstfall nur der Duce Hitler in den Arm fallen würde, wie das im Juli 1934 auch geschah. Mit einigem Schmerz verfolgte er die spätere Politik Guido Schmidts, der 1936 das Juliabkommen mit Berlin anbahnte, ein Abkommen, das kein Ersatz für die vom Duce bis 1936 gebotene Schutzmacht sein konnte, nachdem damals die »Stahlachse« Berlin–Rom schon in Betrieb war. Nach dem 30. Juni 1934 hatte der Duce nur Abscheu gegenüber der Barbarei des deutschen Nordens empfunden. In der Gefahr seines in Abessinien begonnenen Abenteuers und nach Ausbruch des Spanischen Bürgerkrieges schwand diese Empfindung, stärkte sich bei Mussolini die Überzeugung, daß er nur einen wahren Freund haben könnte: den Führer der Deutschen. Er war daran, Hitler ins Verderben zu folgen, und Österreich stürzte als erstes Land ins Chaos des Zweiten Weltkrieges.
Im Juli 1934 wiederholte sich in den europäischen Staatskanzleien die Situation vom Juli 1914. Die maßgebenden Herren waren urlaubsreif

und daran, ihre Geschäfte für die heißen, aber erfahrungsgemäß ereignisarmen Wochen der zweiten Garnitur zu überlassen. Dollfuß selbst wollte nach dem letzten Ministerrat seiner Familie nachreisen, die bereits als Gast des Duce in Riccione weilte. Der Termin der Ministerratssitzung mußte vom 24. auf den 25. Juli verschoben werden. An diesem Tag wanderten viele tausend Wiener ins Praterstadion, wo die österreichische Meistermannschaft Admira ihren Gegner in einem Mitropacupspiel erwartete. Während Admira einen vielbejubelten, großartigen Sieg errang, ereignete sich am Ballhausplatz die Tragödie. Ein vages Gerücht davon drang in die Ränge des Stadions, etwa in der Form: In der Stadt wirbelt es wieder.

DIE JULIPUTSCHISTEN

Rekrutierung, Vergatterung, Bereitstellung

Nach gegenwärtiger Lesart ist ein Putsch ein Umsturz oder Umsturzversuch, in der Regel von kleineren subalternen Gruppen durchgeführt, die mit ihrem Vorhaben die Staatsgewalt an sich reißen wollen. Das Eigenschaftswort subaltern, auf deutsch untergeordnet, trifft auf die Macher des Putsches der Nationalsozialisten im Juli 1934 zu. Man könnte denken, daß in einer vollständig auf den Führer zentrierten Bewegung wie der nationalsozialistischen der Überfall einer SS-Truppe auf das Bundeskanzleramt in Wien zwecks Machtübernahme durch die illegalen Nationalsozialisten ohne Wissen und Willen des Führers dieser Partei unvorstellbar wäre. Da aber besagte Putschisten durch zahlreiche Fäden mit Zentralstellen der Partei und des Staates im Dritten Reich verbunden waren, ist es noch viel undenkbarer, daß dieses Vorhaben ohne Mitwissen und Mittäterschaft der Spitzen des Dritten Reiches geschehen ist. Schließlich kommt dazu, daß tatsächlich schon viele Monate vor dem Putsch vom 25. Juli 1934 mit einschlägigen Plänen operiert wurde, in welchem Zusammenhang nunmehr feststeht, daß das Dritte Reich am Juliputsch 1934 in Österreich ebenso beteiligt war wie das Königreich Serbien am Mord in Sarajevo 1914. Hier sei nur festgestellt, daß sich 1934 die österreichischen Behörden bei Aufdeckung der Verbrechen des Juliputsches ebensowenig bewährt haben wie 1914 die der Monarchie Österreich-Ungarn.

Wer waren die führenden Männer jener Gruppe, die am 25. Juli 1934 den überraschenden Angriff auf das Bundeskanzleramt in Wien, bei dem es zur Ermordung des Bundeskanzlers kam, anführten und die am Tag nach dem Überfall blutige Kämpfe in ganz Österreich auslösten? Es waren tatsächlich subalterne Typen, nämlich: der gewesene Infanterist des Bundesheeres Fridolin Glass, der gewesene königlich-bayerische Subalternoffizier Rudolf Weydenhammer und der Sohn eines österreichischen Generals, Otto Gustav Wächter. Über diese drei Österreicher wachte der längst des Landes verwiesene Landesinspekteur der NSDAP in Österreich, der deutsche Staatsbürger Theodor Habicht; er trug als Weltkriegsteilnehmer gerne über seiner Auszeichnungsspange die Dekoration des *österreichischen* Militärverdienstkreuzes, eine Offiziersauszeichnung, die im Verband der Mittelmächte dem EK I aus 1914 gleichgehalten wurde. Man kann sich nach Herkunft und Anschauung der vier Männer keine größeren Verschiedenheiten vorstellen, als sie tatsächlich bestanden und sich auf das Unternehmen verhängnisvoll ausgewirkt haben. Sie alle einte der Haß gegen das Dollfuß-Österreich und der Wille, die Regierung Dollfuß zum Sturz zu bringen, um ein Regime heranzuzwingen, das sich ihnen – und vor allem dem Führer und Reichskanzler Adolf Hitler – völlig gefügig erweisen sollte. Sie alle gehörten der SS an, jenem Wehrverband der NSDAP, der nach dem Massaker beim sogenannten Röhm-Putsch unter Heinrich Himmler als Sieger dastand. Wenige Wochen vor dem Dollfußmord.

Weydenhammer, ein Bayer, hatte so wie Heinrich Himmler eine fromme Mutter; das religiöse Leben im Elternhaus schien seinen weiteren Lebensweg zu bestimmen. Aus dem Ersten Weltkrieg kehrte er als Hauptmann zurück. Seiner Herkunft gemäß versuchte er sich in der Politik zunächst in der klerikalen Bayerischen Volkspartei, die es Anfang der zwanziger Jahre lange geduldet hat, daß Hitler vor und nach seinem Putsch vom 9. November 1923 als österreichischer Staatsbürger im Lande verbleiben und politisch tätig sein konnte. Weydenhammer suchte aber seinen Lebensberuf im Wirtschaftswesen, und darin brachte er es zu bedeutenden Erfolgen, die ihm politischen Einfluß in Österreich gestatteten. So vertrat er die Interessen von Firmen in Österreich, deren Zentrale im Deutschen Reich bestand: in der Österreichisch-amerikanischen Magnesit-AG in Radenthein, in der Internationalen Unfall- und Schadensversicherungsgesellschaft in Wien und andernorts. Dabei stieß er in den Chefetagen dieser Unternehmungen auf Österreicher, die meistens nur bescheidene Sympathie für die beengten Verhältnisse in der Republik von 1918 hatten. Als sogenannter Reichsdeutscher genoß er vorweg, zumal in akademisch gebildeten Kreisen, jenen Respekt, in dem sich Österreicher oft mehr als gut gefallen. Es war dies die Zeit, als die Geldgeber der HW ihr Interesse an diesem Wehrverband langsam verloren, weil sie ihre wirtschaftlichen Vorteile und deren Bestand durch die Hitlerbewegung als besser geschützt erachteten. Das war das Wasser, in dem Weydenhammer in Österreich fortan schwamm. Habicht erkannte, wie wertvoll dieser Landsmann angesichts seiner Stellung im Wirtschaftsleben für die Hitlerbewegung in Österreich sein konnte. Weydenhammer hielt sich nicht lange in den unteren Rängen der Parteiführung auf; ihm kam zugute, daß Habicht die bescheidenen Führungsqualitäten des Landesleiters der

NSDAP in Österreich, Alfred Proksch, erkannte und dafür sorgte, daß Weydenhammer dessen Stabsleiter wurde. Sozusagen die »Korsettstange«, wie man sie im Ersten Weltkrieg österreichischen Stäben und Verbänden seitens der deutschen Obersten Heeresleitung beigegeben hatte, damit die Brüder standhielten.

Seit Ende 1933 Stabsleiter, konnte Weydenhammer unter dem Deckmantel beruflicher Tätigkeit wertvolle Kontakte zugunsten der Partei herstellen, vor allem im Ausland, wo man des Zugriffs der österreichischen Polizei ledig war, Begegnungen arrangieren und so die Dinge im Fluß halten. Ein Hannoveraner, klerikaler Herkunft wie ehedem Weydenhammer, war es, der den Kontakt mit dem ehemaligen Unterrichtsminister und Landeshauptmann der Steiermark, Anton Rintelen, nunmehr Gesandter in Rom, vermittelte. Rintelen war unter anderem auf die hannoveranische Herkunft seiner Familie stolz. Weydenhammer und Rintelen trafen einander im März 1934 in Rom. Es kam dazu, daß der österreichische Gesandte sich bereit erklärte, der illegalen Landesleitung der NSDAP Österreich dienlich zu sein. Nachher hat Habicht bei zwei Begegnungen mit Rintelen den verwegenen Plan des Juliputsches durchbesprochen und schließlich die Zustimmung und Bereitschaft Rintelens erwirkt, nach dem gewaltsamen Sturz der Regierung Dollfuß eine Bundesregierung gemäß den Erwartungen der Putschisten zu bilden. So gefinkelt Rintelen war, verfiel er dennoch dem gleichen Fehler, der auch von Papen im Umgang mit den Nationalsozialisten unterlief: Auch Rintelen vermeinte, sich der Nazis für *seine Zwecke* so bedienen zu können, wie er einmal den Steirischen Heimatschutz ausgenützt hatte; tatsächlich wäre er im Falle eines Gelingens des Juliputsches nur ein Popanz der Nazis gewesen, den sie nach dem Durchbruch zur Macht für eine Weile in die Auslage stellen wollten, wie sie es 1938 mit Seyß-Inquart taten. In den Monaten bis zum Juliputsch trat in diesen Beziehungen der Studiosus Reinhard Spitzy in Funktion, der 1986 in seinen Erinnerungen ausführlich berichten sollte. Weydenhammers Fischzug in Rom war nur eine Aktion, die ihm bei quasi-außenpolitischen Vorbereitungen des Juliputsches zukam.

Da war aber auch ein anderer geschaßter österreichischer Politiker, der nach seiner Tätigkeit als Vizekanzler in der Regierung Dollfuß im schweizerischen Exil mit Existenzsorgen zu kämpfen hatte: der liberale Landbündler Franz Winkler. Auch er fand einiges Interesse in den Augen Habichts. Habicht und der Großdeutsche Hermann Foppa, der 1933 als Obmann seiner Partei das Kampfbündnis mit der NSDAP abgeschlossen hatte, trafen Winkler in Zürich. Die beiden Österreicher Winkler und Foppa, denen ohnedies schon die Felle davongeschwommen waren, fürchteten, daß es Dollfuß gelingen könnte, sich wider den anfänglichen Erwartungen an der Macht zu behaupten, wenn nicht in Österreich bald etwas passiere. Winkler nahm Geld, und Habicht überließ die beiden Österreicher der weiteren Obhut des Rechtsanwalts Otto Gustav Wächter, der auch den ehemaligen Landbundminister Franz Bachinger beizog; so entstand ein Trio von Freisinnigen, die mehr der Haß gegen Dollfuß als die politische Orientierung der Hitlerbewegung in den Kreis der Mitwisser des Juliputsches trieb.

Otto Gustav Wächter war der Sohn jenes Generals, der in der Zeit von Juni 1921 bis zum Mai 1922 Heeresminister in den Kabinetten Schober I und II war und der die Anlaufzeit der langjährigen Ministerschaft Carl Vaugoins noch einmal unterbrochen hatte. Man kann sich vorstellen, daß der Jusstudent Wächter auf seinem Weg in die Politik nur mäßige Sympathien für Schwarze wie Vaugoin und das Dollfuß-Regime aufbrachte. Die Etikette »Sohn eines Generals« verschaffte Wächter eine unersetzliche Tarnbezeichnung während der ganzen Verbotszeit, vor allem auch bei seiner Teilnahme an den Putschvorbereitungen. Wächter fürchtete gleichfalls, daß die Fortdauer des Dollfuß-Regimes eine Gefahr für den Endsieg des Nationalsozialismus in Österreich bedeuten könnte. Während er in Wirklichkeit entsetzt war über den wenig imponierenden Charakter der Hitlerbewegung in Österreich, verstand er es bei einem Besuch im Berliner Außenamt (!), den Eindruck zu erwecken, als würde die Bewegung vor Tatendrang platzen. Daher sei ein wohlorganisierter Umsturz besser, als die Kämpfer zu Taten wilder Verzweiflung, zu Terror- und Sprengstoffattentaten zu treiben. Was um diese Zeit Wächter auch im Gespräch mit dem Stellvertreter des Führers, Rudolf Heß, besprach und erreichte, ist nicht bekannt; es wäre nicht abwegig anzunehmen, daß Heß den Führer und Reichskanzler von dem Brodeln in der Bewegung im Österreichischen und von den Ansichten und Absichten Wächters Meldung erstattet hat.

Hier ist die Erörterung der Fragen fällig, wann, wie und wo Hitler von der Vorbereitung des Juliputsches Kenntnis bekam und wie er darauf reagierte. Es war jedenfalls Habicht, der Anfang Juni 1934 Hitler diesbezüglich angesprochen hat; er mußte es tun, sollte nicht die Österreichfrage seiner Kontrolle entgleiten und irgendwelchen anderen Akteuren in die Hände gelangen. Habicht glaubte, es bedürfe beim Bericht an den Führer einer optimistischen Beschreibung der Erfolgschancen eines Putsches. So kam es dazu, daß er Hitler etwas von einer Beteiligung des Bundesheeres (!) beim Anschlag auf die Regierung vorfaselte, etwas, wovon niemals die Rede sein konnte. Um

nicht als simpler Putschist dazustehen und um die Partei des Reichskanzlers vor der internationalen Öffentlichkeit nicht mit derlei Un-
geheuerlichkeiten zu belasten, stellte Habicht dem Führer die Dinge
so hin, als würde das Bundesheer *von sich aus* zum Putsch bereit sein,
und die Partei könnte ja dann bei der Regimeänderung das Heft in die
Hand nehmen. Hitler schwieg, und Habicht handelte bei den weiteren Putschvorbereitungen nach dem Satz: Qui tacet consentire videtur, um so die Kämpfer in Österreich im Glauben zu lassen, sie träten
unter den Augen ihres Führers in den Kampf.
Was Dinge wie Putsch, Konspiration mit Militärs und dergleichen
anlangte, war Hitler seit dem 9. November 1923 ein Gebrannter,
aber bei der Vorbereitung des Massakers vom 30. Juni 1934 schon ein
Meister. Vorsichtshalber wollte Hitler nicht vom Gerede des schon
am Ende seines Einflusses angelangten Habicht abhängig sein; also
zog er den ins Reich geflüchteten Landesleiter der NSDAP Österreich, Proksch, den als verläßlichen Parteigänger bekannten Reichs-
wehrgeneral Reichenau und den Militärattaché in Wien, Generalmajor Muff, zu Rate. Die drei Befragten hielten einen Militärputsch in
Österreich für ausgeschlossen. Fazit: *Hitler wußte ab Anfang Juni
1934, was sich in Österreich tat.* Er nahm aber die Zügel nicht in die
Hand, ließ vielmehr den Dingen ihren Lauf. Das geschah, ehe Hitler
den Duce zum ersten Mal traf und er vermeinte, Mussolini würde
ihm in der Österreichfrage nicht in den Arm fallen. Diese Fehlannah-
me Hitlers kostete im Juli die nationalsozialistischen Kämpfer in
Österreich schwere Opfer, stürzte die Bewegung zeitweise in einen
Wirrwarr, der es dem Nachfolger Dollfuß' ermöglichte, zwei Jahre
ohne gefährliche Belästigung seitens der Illegalen sowie der Regierung in Berlin die Regierungsgeschäfte zu führen, ja den auf *Befriedung* abgestellten Plänen Nachdruck zu verleihen. Was sich sonst bis
zum 25. Juli in Österreich innerhalb der Hitlerbewegung und bei
ihren Führerstreitigkeiten getan hat, war nicht immer ermutigend für
den weiteren Ablauf der Putschvorbereitungen, aber ohne ernste
Gefahr. Nicht die Partei oder die SA sollten in Wien den *entscheidenden Schlag* führen, sondern die SS. Noch mehr: Dazu sollten nicht
Männer der schon bestehenden SS-Standarte 11 herangezogen werden, sondern eine spezielle Kampfmannschaft der SS, für deren Re-
krutierung und Benennung bei Himmler vorgesorgt worden war.
Immer mehr trat der Möchtegern Fridolin Glass in den Vordergrund
historischer Ereignisse. Habicht testete die Person Glass. Glass
konnte bei Heinrich Himmler, der stets auf Disziplin und Gehorsam
seiner Männer aus war, dadurch Ansehen gewinnen, daß er auf die
Gefahr hinwies, die darin bestand, daß seine Männer womöglich auf

eigene Faust losschlagen könnten. Glass hatte seit März 1934 eine gute Verbindung zu Himmler, der damals noch dem Stabschef der SA unterstand und somit nicht die Handlungsfreiheit hatte, die ihm nach dem 30. Juni und der Liquidierung Röhms als Reichsführer SS zukam. Ohne Röhm zu fragen, gab Himmler im März 1934 Glass die Ermächtigung, neben der SS-Standarte 11 in Wien eine weitere zu rekrutieren. Zunächst war diese Standarte im Sinne der innerparteilichen Ordnung illegal; ihre Mitglieder waren zum größten Teil keine Mitglieder der SS, oft nicht einmal Anwärter; einigen mißglückte später der Ariernachweis, andere hatten im Februar noch in den Reihen des Schutzbundes gekämpft. Drei Viertel der Männer waren Arbeitslose, dazu kamen ehemalige Angehörige des Bundesheeres, die der Säuberung des Heeresministers Vaugoin zum Opfer gefallen waren. Kurz gesagt, ein wilder Haufen von geschulten Kämpfern, denen beim Anschlag auf das System auch das Letzte abverlangt werden konnte. Otto Planetta, ehemals Stabswachtmeister, war unter ihnen; ihn konnte Glass nur mit Mühe davon abhalten, auf eigene Faust zu putschen und zusammen mit seinen Schicksalsgefährten aus der Dienstzeit im Heer loszuschlagen.

Wußte Himmler von der letzten Absicht Fridolin Glass'? Man möchte es bejahen, denn er ließ nach 1938 die parteiinterne Untersuchung der Vorgänge vom 25. Juli, die zur Ehre der an diesem Tag angetretenen SS-Männer gedacht war, versacken und beließ es bei Wohlfahrtsmaßnahmen gegenüber den Familien der justifizierten Julikämpfer.

Glass' Leistung war es, die bei früher geplanten, aber nicht ausgeführten Anschlägen beteiligt gewesenen Aktivisten aufs neue zu sammeln, eine Beschäftigung, deren Gefahr in der Verbotszeit nicht gering war. Aber auch das war Glass: Als Mittelschüler frech und undiszipliniert, als Soldat nicht einmal zum Gefreiten geeignet, aber einer, der blindlings drauf losging, wenn er ein Ziel im Auge hatte; klein von Figur, eher plump, aber kräftig und unerschrocken. Er war von jener Unerschrockenheit, die daher kommt, daß der Betroffene oft das Gefahrenmoment vorher gar nicht erfassen kann und daher sich und die Seinen ins Verderben bringt. Neben diesem Mann war die Person des Kriminal-Bezirksinspektors Konrad Rotter ein unentbehrliches Element der Ordnung und Disziplin. Rotter, der bis zum Verbot der Betätigung für die NSDAP dem Wiener Gemeinderat angehört hatte, besaß als Kriminalbeamter eine tadellose Dienstbeschreibung. Er brachte Ordnung in das Getue, das ein Plan werden sollte, welcher aber unter Glass, der die sogenannte *militärische* Leitung des Unternehmens an sich gerissen hatte, nie richtig zustande kam. Rotter gelang es schon im Jahr 1930, eine eigene Ortsgruppe der NSDAP aufzuziehen, die neben der schon bestehenden Ortsgruppe Gersthof als »Gersthof 2« eine Einmaligkeit in der Geschichte der Vorverbotszeit war. Die Ortsgruppe Gersthof 2 bestand nämlich aus Sicherheitswachebeamten und sonstigen männlichen und weiblichen Bediensteten im Verband der Bundespolizeidirektion Wien und erreichte zuletzt eine Stärke von annähernd 1000 Mitgliedern. In der *Vorverbotszeit* leitete Rotter diese Ortsgruppe so, wie es jeder Ortsgruppenleiter tat. In der *Verbotszeit* wurden die Mitglieder dieser Ortsgruppe einerseits zum Teil Anwärter für die später von Glass beim Juliputsch geführte Schar, andererseits waren nicht zuletzt die in den Kanzleien bediensteten weiblichen Mitglieder unersetzliche Spitzel im Herzen des Systems, nämlich in der Wiener Sicherheitswache, jene Informanten, deren Tüchtigkeit zum Teil am 25. Juli wettmachte, was Glass, Weydenhammer und Wächter vertan hatten. Sie verwischten Spuren, leiteten polizeiliche Maßnahmen in die Irre, um so zu jener Masse von Fehlinformationen beizutragen, die an jenem Tag zu einer unvorstellbaren Verwirrung beim Feind führten.

Bundeskanzler Schober hatte seinerzeit als Polizeipräsident von Wien in der Ära des Zusammenhalts der Christlichsozialen und der Großdeutschen vielen Bewerbern, die aus dem großdeutschen Lager kamen, die Aufnahme in den Dienst der Bundespolizei ermöglicht. Schober hat es nicht mehr erlebt, daß ein Teil dieser Bediensteten später ins Lager der Nationalsozialisten überging. In der Vorverbotszeit war das ein legaler Vorgang. Diesen politischen Wechsel muß man in Rechnung stellen, wenn man sich wundert, daß es schon im August 1933 zu einem Plan kam, dem zufolge eine Kompanie der *Alarmabteilung* der Wiener Sicherheitswache, die unter dem Kommando des Polizeioberkommissärs Leo Gotzmann stand, dafür ausersehen war, den Überfall auf das Bundeskanzleramt auszuführen. Den Männern sollte vorher gesagt werden, es handle sich um einen Einsatz zum Schutz der Regierung. Im Ablauf des Geschehens sollte dann die Aktion zu dem Ziel geführt werden, um das es in Wirklichkeit ging: die Beseitigung des Dollfuß-Regimes.

Fey hat zu seiner Zeit mit dem Blick des erfahrenen Truppenoffiziers bei Besichtigung der Alarmabteilung jene Polizeioffiziere und -konzeptsbeamten erkannt, die ihm diensthöflich, aber mit unverhohlener Feindseligkeit begegneten. Die illegalen Aktivitäten dieser Nationalsozialisten vermochte die Staatspolizei nicht aufzudecken; immerhin geschah es damals, daß Gotzmann, der Oberkommissär Paul Hönigl, der Polizeimajor Viktor Friedrich sowie einige Dutzend

Männer der Alarmabteilung zu diversen anderen Abteilungen der Sicherheitswache transferiert wurden. Der harte Kern der Alarmabteilung war damit zerschlagen, eine Aktion der Abteilung gegen die Regierung kam nicht mehr in Betracht. Um diese Zeit endete auch die Kommandierung des Infanteriemajors Rudolf Selinger zur Alarmabteilung. Selinger besorgte nicht nur von Dienstes wegen die militärische Abrichtung der Männer der Alarmabteilung, er brachte von seiner Tätigkeit im Bundesheer, wo er einem Kreis nationalsozialistisch Gesinnter angehörte, eine solide nationalsozialistische Ausrichtung mit, wodurch er sich mit den Gesinnungsfreunden in der Alarmabteilung bestens verstand.

Selinger war ein Großsprecher. Er faselte seinen Parteifreunden in der Sicherheitswache allerhand von einer ausgebreiteten Verschwörung im Bundesheer vor. Er tat so, als würde das Bundesheer bei einem Putsch der Illegalen zusammen mit der Sicherheitswache mitmachen und so den Sturz der Regierung sichern. In der Vorverbotszeit hat es im Heer den zuletzt nationalsozialistischen »Deutschen Soldatenbund« gegeben. 1933 wurde diese Vereinigung verboten, und zahlreiche Angehörige dieses Bundes wurden aus dem Heer entlassen. Glass versuchte für die Entlassenen eine Auffangorganisation zu schaffen, eine sogenannte *Militärstandarte,* der auch einige noch im aktiven Dienst stehende Heeresangehörige beitraten, so der Infanterist Ernst Feike, der am Überfall auf das Bundeskanzleramt teilnahm und hernach justifiziert wurde. Schlampig, wie der eilfertige Glass die Putschvorbereitungen traf, übersah er am Vorabend des 25. Juli, daß der Polizeioberkommissär Gotzmann längst nicht mehr Kompaniekommandant in der Alarmabteilung der Wiener Sicherheitswache war; er rechnete weiterhin mit nationalsozialistischen Polizeioffizieren und Konzeptsbeamten, obwohl diese nach ihrer Transferierung zu anderen Abteilungen der Sicherheitswache mehr oder weniger kaltgestellt waren und für die Aktion vom 25. Juli nicht mehr die ursprünglich geplante Beihilfe leisten konnten.

Mit mehr Erfolg versammelte Glass Restbestände früherer Wehrverbände, die einmal in der HW mitgetan hatten, deren Mitglieder nachher aber nicht in die SA oder die SS übergetreten sind, so vor allem die Unbedingten vom sogenannten Freikorps »Oberland«, von denen einige in der Nacht zum 12. März 1938 unbewaffnete Plakatierer der VF niederschossen. Es gab im Deutschen Turnerbund noch einige Männer der »Deutschen Wehr« und andere entschiedene Feinde des Regimes, Männer, die es nie lange bei einem Verband aushielten, aber sofort dabei waren, wenn »irgendwas los war«.

Habicht kam aus dem Ersten Weltkrieg als ausgezeichneter Reserveoffizier heim. Er war stets ein unruhiger Geist. Nach dem Krieg tat er zuerst bei den Kommunisten mit, als aber überall im Reich die Kommunistenaufstände zusammenbrachen, ging er zur Hitlerbewegung über. Er wurde Kreisleiter von Wiesbaden und 1930 Mitglied des Reichstags. Als der Juliputsch stieg, war er bereits aus Österreich polizeilich abgeschoben; er war daher auf Treffen mit den Organisatoren des Putsches in Drittländern angewiesen. Um so wertvoller war in der Verbotszeit die Tatsache, daß Weydenhammer einen deutschen Paß hatte, so daß er in dieser Zeit als Stabsleiter der NSDAP in Österreich ungehindert zwischen Österreich und dem Dritten Reich hin- und herreisen konnte, wobei er als Industrieller den österreichischen Behörden nicht auffiel. Die österreichische Staatspolizei übersah die rege Reisetätigkeit Weydenhammers derart gründlich, daß dieser sogar nach dem Scheitern des Überfalls auf das Bundeskanzleramt sofort und ohne Schwierigkeiten in die ČSR und von dort ins Reich heimreisen konnte.

Daß während der Vorbereitungen des Juliputsches die üblichen Terroranschläge der Nationalsozialisten kein Ende nahmen, führte bei den Sicherheitsorganen in Österreich zu der Fehleinschätzung, der Terrorkampf sei die momentane Front des Nationalsozialismus. Allein im Kampf gegen den Terror war die Exekutive schon an der Grenze ihrer Leistungsfähigkeit angelangt; die Terrorbekämpfung wurde zur Alltäglichkeit, das nahende Großunternehmen, der Sturz der Regierung, lag weitab von dieser Front. Die routinemäßigen Maßnahmen der Exekutive griffen im letzteren Fall auch deswegen nicht, weil die Aktion gegen das Bundeskanzleramt völlig getrennt von der sonstigen Organisation der NSDAP und ihrer Wehrverbände verlief. Dies schon deswegen, weil sowohl Habicht als auch Glass die Aktion als *ihre* Aktion steigen lassen wollten, um nachher für sich den Ruhm des Erfolges zu ernten.

Der außergewöhnliche Erfolg des Putschunternehmens in Kärnten hatte einen besonderen Grund. Neben der Dichte der dortigen Organisation der Illegalen war der Umstand maßgebend, daß – anders als in Wien – ein ausgezeichneter Militär, der ehemalige Stabschef der HW Hanns Rauter, die notwendigen Vorbereitungen traf. Rauter wartete 1932 nicht erst die Folgen des Verbots seines Steirischen Heimatschutzes ab, sondern begab sich ins Dritte Reich, wo er es unternahm, die aus Österreich flüchtenden Illegalen nicht nur zu betreuen, sondern sie zu vergattern und für neue Aufgaben in der Heimat bereitzustellen. Bei der Zusammenarbeit mit den Kameraden in der Heimat war Rauter auf Treffen in Drittländern angewiesen.

So traf er sich mit Fridolin Glass im März 1934 in Ungarn. Nach den

Erfahrungen, die er 1931 anläßlich des sogenannten Pfrimer-Putsches mit seinen Landsleuten gemacht hatte, mutete er diesem nicht die erfolgreiche Führung der schlagkräftigen und einsatzbereiten Kärntner SA zu. Daher wollte er selbst an Ort den Kampf führen. Tatsächlich wurde er nicht zu einer Besprechung beigezogen, die kurz vor der Röhm-Affäre in der Schweiz stattfand und bei der sich Habicht, Weydenhammer, Wächter und Glass einig wurden: *Bewaffneter Überfall auf das Bundeskanzleramt* am Tag einer Sitzung des Ministerrates, Tarnung der Putschisten als Heeresangehörige, Gefangennahme der ganzen Bundesregierung, Pression zwecks ausdrücklichem Verzicht Dollfuß', Einholung des in Lauerstellung befindlichen Anton Rintelen ins Bundeskanzleramt, damit er als Popanz der Putschisten in deren Sinn die Weiterführung der Regierungsgeschäfte in Österreich besorge. Wären die Österreicher im Sommer 1934 wirklich in allen Lagern solche Typen gewesen wie der nach 1945 von Helmut Qualtinger gezeichnete Herr Karl, dann wäre ein solcher kalter Putsch vielleicht möglich gewesen. Da aber dem nicht so war, hätte selbst ein ausdrücklicher Verzicht des am Leben gelassenen Kanzlers Dollfuß nur zu einem unvorstellbaren Chaos und Blutvergießen geführt.

Weydenhammer informierte vom Ergebnis der Münchener Besprechung nicht einmal die Landesleitung, deren Stabschef er war. Vom Einsatz der SA war in München nicht gesprochen worden, ihren Anführer in Österreich, SA-Obergruppenführer Reschny, hatte man nicht beigezogen. Das ereignete sich, als Röhm noch am Leben, Stabschef der SA und als solcher Vorgesetzter Heinrich Himmlers war, dessen SS bis zum 30. Juni im Verband der SA bestand. Wenige Tage nachher war Röhm tot, die SS aus der SA herausgelöst und unmittelbar dem Führer unterstellt; die *entmachtete SA* war aber auf dem Weg, das zu werden, was das NSKK, das Nationalsozialistische Kraftfahrerkorps, in den Augen der Kämpfer schon längst war: NSKK – Abkürzung für: *N*icht *S*chießen, *K*ein *K*ämpfer.

Mit dem Aufstieg Himmlers stieg auch das Renommee Glass'. Kriminal-Bezirksinspektor Rotter sagte die flotte, aber schlampige Art, mit der Glass vorging, absolut nicht zu. Er traf nach der Röhm-Affäre Habicht in Breslau; mit ihm reiste SS-Obergruppenführer Reschny. Die beiden aus Österreich gekommenen Parteigenossen wußten nichts von dem, was bereits in München vereinbart worden war. Habicht wollte überschlau sein und ließ in Breslau die beiden Österreicher im unklaren. Rotter warnte Habicht, wies darauf hin, daß es in der Alarmabteilung der Wiener Sicherheitswache längst nicht mehr jene Nationalsozialisten unter Leo Gotzmann gab, auf die

Glass noch immer rechnete. Habicht hätte angesichts solcher und anderer Warnungen Rotters alarmiert sein müssen, mußte er doch annehmen, daß der von Glass entwickelte Plan für das Putschunternehmen gefährliche Fehler an sich hatte. Habicht hat diesbezüglich Glass in München nicht gestellt, auch die in Breslau erhaltenen Auskünfte haben ihn nicht unsicher gemacht. So lief die fragliche Aktion ab, und die Beteiligten rannten ins Verderben.

Was Glass an Mannschaften der Sicherheitswache und des Heeres abging, das glaubte er kompensiert durch die Gewinnung von Persönlichkeiten zweiten Ranges: Der Leiter des Sicherheitsbüros der Polizeidirektion Wien, Hofrat Steinhäusl, war bereit, das Amt des Polizeipräsidenten der Bundeshauptstadt zu übernehmen, wenn ihm nach einem Gelingen des Putsches die Berufung auf diesen Posten von der neuen Regierung zukäme. Steinhäusl besaß als Kriminalist internationales Renommee, er wäre unter Umständen auch Manns genug gewesen, in der Polizei*direktion* Wien das Heft in die Hand zu nehmen; ob aber die *Mannschaften* der Wiener Sicherheitswache im Juli 1934 von einem Tag auf den anderen die Hakenkreuzarmbinde angelegt hätten, wie dies am 12. März 1938 sichtbar wurde, mag bezweifelt werden. Polizeipräsident wurde Steinhäusl erst 1938 nach mehrjähriger Haft in der Verbotszeit.

Mit der Persönlichkeit Steinhäusls waren die von Glass stelliggemachten Stabsoffiziere des Bundesheeres nicht zu vergleichen. Noch immer streunte der Major Sinzinger durchs Gelände; neben ihm wurde der Name eines Oberleutnants genannt, dem man nicht einmal eine Köpenickiade zumuten konnte. Das Heer hatte im Februar 1934 standgehalten, die noch von Vaugoin eingeleitete Säuberung von Nationalsozialisten wirkte sich aus. Das Heer rückte im Juli 1934 befehlsgemäß aus.

Wie immer es gewesen sein mag: Nach dem Fiasko im Falle Alarmabteilung konnte Glass neun Tage vor dem Putsch Habicht berichten, daß es immerhin gelungen sei, sowohl in der Bundespolizei als auch im Bundesheer Mitverschwörer von Rang zu gewinnen. Bei dieser letzten Besprechung vor dem Putsch wurden der frühere glücklose Gauleiter von Wien, Frauenfeld, und der SA-Führer Reschny beigezogen und vor vollendete Tatsachen gestellt. Denn Habichts Tatendrang war nicht zu bremsen.

Hätte Glass, der sogenannte militärische Leiter des Unternehmens, einbekannt, daß man bei der Ausführung des Putschplanes die Polizei und das Heer nicht als Verbündete, sondern als Gegner haben würde, wer weiß, ob dann die Verschwörer bei der Ausführung ihres tollkühnen Planes geblieben wären. Es wäre ehrlich gewesen, hätte

Glass den Kameraden bedeutet, daß die legendäre Alarmabteilung nun dem absolut verläßlichen Oberpolizeirat Heinrich Hüttl, der nach 1945 Polizeivizepräsident von Wien wurde, unterstand. So aber wurden jene drei im aktiven Dienst befindlichen Sicherheitswachebeamten, die in *Uniform* am Überfall auf das Bundeskanzleramt teilnahmen, Opfer dieser Verschwiegenheit am falschen Platz. Sie wurden justifiziert.

Nachträglich betrachtet, fällt es leicht zu sagen, daß am Vorabend des 25. Juli 1934 innerhalb der Reihen der zum Kampf bereiten Nationalsozialisten ebenso viele Zwistigkeiten und Rankünen bestanden wie ehedem, als der Steirische Heimatschutz unter der grünweißen Fahne putschte und verlor.

Ein Gutes hatte aber der Wirrwarr, der bei der Vorbereitung, der Befehlserteilung sowie bei der Ausführung herrschte, für Hitler gehabt. So konnte nämlich die nach 1938 parteiamtlich geführte Untersuchung der Putschaffäre nicht zu dem Ergebnis führen, daß Schuldige gestellt werden konnten. Selbst ein Verräter, der erwartungsgemäß aussagte, kam davon. Und in der Frage, ob, wann und wie Hitler selbst in die Affäre verwickelt gewesen ist, kam man, sehr zum Vorteil des Führers und Reichskanzlers, zu keinem Schluß. Ob sich aber nach dem Untergang des selbständigen Österreich die Westmächte im Jahr 1938 in München zu einem Pakt mit Hitler über die Teilung der ČSR auch dann hergegeben hätten, wenn die Blutspur vom 25. Juli 1934 erwiesenermaßen in die Reichskanzlei geführt hätte? Hitler hat nach dem Anschluß die Opfer seiner Bewegung immer wieder gewürdigt; es wurde für sie und ihre Hinterbliebenen gesorgt, aber nicht einer der Macher vom 25. Juli 1934 kam im Dritten Reich hoch hinauf. Das Bekenntnis zur Tat überließ der Führer seinem Reichsstatthalter Seyß-Inquart, der an der Stirnseite des Palais am Ballhausplatz eine Gedenktafel zur Würdigung des Einsatzes der am Überfall vom 25. Juli 1934 Beteiligten anbringen ließ. Der Text der Gedenktafel stimmte insofern nicht, als die allermeisten der dort als Angehörige der SS-Standarte 89 bezeichneten Männer im Juli 1934 nicht Mitglieder der SS gewesen sind.

Am 25. Juli traten in Österreich die SS und die SA getrennt in Aktion, jedenfalls gab es keinen koordinierten Kampfplan. Der im Exil befindliche nominelle Landesleiter der NSDAP in Österreich, Alfred Proksch, hatte wenig Anteil an dem Geschehen. Er ließ nur zu gern Theo Habicht den Vorrang bei dem gewagten Unternehmen. Buchstäblich in letzter Stunde sickerten noch Nachrichten vom bevorstehenden Anschlag auf das Kanzleramt durch; so wurde der deutsche Gesandte in Wien, Kurt Rieth, dessen Karriere wegen sei-

ner Intervention am 25. Juli einen Riß erlitt, am 24. Juli von Weydenhammer informiert. Es ist schwer vorstellbar, daß Hitler erst am 25.
Juli abends vom Tod Dollfuß' und dem Geschehen in Wien Kenntnis
erlangt hat. Welcher Missionschef würde es wagen, seiner Regierung
nicht darüber Bericht zu erstatten, daß die Bewegung seines Regierungschefs daran ist, die Regierung, bei welcher er akkreditiert ist,
zu stürzen? Und zwar gewaltsam . . .
Was aber wußte man erwiesenermaßen in Wien im Regierungslager,
ehe die Schüsse fielen? Bekannt war, daß der österreichische Gesandte in Rom aus freien Stücken seinen Posten verlassen hatte, um im
Wiener Hotel Imperial zu logieren. Rintelen verbrachte den Abend
vor dem tragischen Ereignis in einem renommierten Bierlokal und
gab sich sehr gelöst. Niemand unter den Gesprächsteilnehmern hatte
vom Vorhaben des gewesenen Ministers und Landeshauptmannes
der Dollfuß-Ära eine Ahnung. Rintelen hatte um diese Zeit Rom
gründlich satt, und es war für ihn unausstehlich, nicht dabei zu sein,
wenn in seiner Heimat allenthalben in der Politik fleißig gekurbelt
wurde und sichtlich große Dinge bevorstanden. Man darf annahmen, daß Rintelen in Rom dem Duce gegenüber seine angenommene
Rolle so gut gespielt hat, daß Mussolini von der Gefahr, die dem
österreichischen Kanzler persönlich drohte, keine Ahnung hatte,
vielmehr dessen Besuch in Riccione für die Zeit ab dem 24. Juli erwartete. Der Exvizekanzler Winkler hat in seinen Erinnerungen von
einer Ministerliste gefaselt, die für den Fall des Gelingens des Überfalls auf das Kanzleramt gelten sollte, er nannte keine Namen, son
dern deutete nur geheimnisvoll an, das Regime wäre entsetzt gewesen, hätte es gewisse Namen dieser Liste vorzeitig erfahren.
Winkler wählte den besseren Teil der Tapferkeit; er reiste am 24. Juli
nach Prag, wo er in dortigen Regierungskreisen gute Bekannte aus
besseren Tagen hatte. Mit all dem vorherigen und nachherigen Ge-
schwätz kam Fey in Verdacht, er hätte von dem Vorhaben der Putschisten gewußt, nichts zur Verhinderung des Planes getan, den
Kanzler am 25. Juli zu spät von dem drohenden Anschlag verständigt
und nach der Besetzung des Kanzleramtes durch die Putschisten mit
diesen kompromittierende Gespräche geführt. Daß dem nicht so gewesen ist, steht heute fest.

KÄMPFER, VERRÄTER, VERSAGER

Das Vorspiel der Tragödie

Der zum Dienst im Bundeskanzleramt zugeteilte Kriminalbeamte Franz Kamba streunte in den dienstfreien Stunden scheinbar ziellos durch die Etagen, Stiegenhäuser und Höfe des Gebäudes. Seit der Erbauung dieses Palais vor 230 Jahren war das Gebäude der seinerzeitigen Geheimen Hofkanzlei unzählige Male im Inneren umgebaut und im Umfang erweitert worden. Zusammen mit dem Anfang dieses Jahrhunderts begonnenen Zubau für das Haus-, Hof- und Staatsarchiv war das Ganze zu einem in sich geschlossenen Gebäudekomplex mit einer für die damalige Zeit respektablen Größe geworden. Neu aufgenommene Bedienstete mußten sich oft wochenlang mühen, um sich beim Begehen des Gebäudes zurechtzufinden. Kamba ging dieser Wirrwarr im Inneren des Gebäudes von Dienstes wegen wenig an. Er machte meistens Dienst neben dem Torposten der Sicherheitswache beim Haupttor des Palais. Dafür galt er als *politisch verläßlich*, was er nur in puncto seiner Zugehörigkeit zur NSDAP war. Für ihn bezeugte eine Erhebung der Staatspolizei und eine andere der Vaterländischen Front, daß er für den verantwortungsvollen Posten tauge. Ein gestandener Schwarzer oder ein HW-Mann, der bei Zusammenstößen oft genug das Weiße im Auge eines Nazis gesehen hat, hätte vom Fleck weg gesagt: Das ist ja ein Nazi.
Kamba hatte von seinen illegalen Kumpanen den Auftrag, für den bevorstehenden Überfall die Raumfunktionen des Gebäudes auszuspähen und den Putschteilnehmern nach ihrem Eindringen eine möglichst rasche Besetzung des Palais zu sichern. Die Putschisten wollten blitzartig zuschlagen, Dollfuß und seine Minister während einer Sitzung des Ministerrates ausheben und dieser Brut jeden Ausweg aus ihrem Fuchsbau versperren. Dies getan, wollten sie den Kanzler zwingen, »freiwillig« zurückzutreten und den Exminister und Exlandeshauptmann von Steiermark, Anton Rintelen, als seinen Nachfolger zu nennen. Dann sollte dieser, der sich im Hotel Imperial in Lauerstellung befand, eingeholt und sofort auf den Sessel des Bundeskanzlers gesetzt werden, damit er nach den Anweisungen der Putschisten die Regierungsgeschäfte übernähme und alle Behörden

im Land anweise, weitere Details für die Amtsführung an Ort zu besorgen. Kamba erfüllte, wie die Ereignisse des 25. Juli bewiesen haben, den ihm zugedachten Teil der Putschvorbereitungen zur größten Zufriedenheit seiner Parteigenossen.

Von noch größerer Wichtigkeit als die Erkundung der räumlichen Verhältnisse im Kanzleramt war die Ausfindigmachung eines Versammlungs- und Bereitstellungsraumes für die Putschisten. Ging es doch darum, harmlos daherkommende Zivilisten in kürzester Zeit als Soldaten des Bundesheeres zu kostümieren, sie mit Waffen und Munition zu versehen und für die Kraftfahrzeuge und deren rascheste Beförderung zum Ballhausplatz Vorsorge zu treffen. Dort sollte beim Kommen des Konvois bei den diensttuenden Sicherheitsorganen der Eindruck erweckt werden, als handle es sich um die *neue Wache* zur Ablösung der im vorderen Hof bereits vergatterten *alten* Wache des Heeres. Diese Soldaten waren keine Gefahr für die Putschisten; viele der Putschteilnehmer hatten einmal selbst im Bundesheer gedient, und man wußte also, daß das Heer eine *Ehrenwache* stellte, die den Dienst mit ungeladenen Gewehren versah.

Unter den Putschteilnehmern befand sich ein verläßliches Mitglied des Deutschen Turnerbundes; er machte darauf aufmerksam, daß sich in der früheren Winterreitschule der Stiftskaserne die Bundesturnhalle dieses durchaus legalen Vereines befand. Der Zugang zur Bundesturnhalle befand sich in der parallel zur vielbegangenen Mariahilfer Straße verlaufenden und weniger benutzten Siebensterngasse, mitten im bürgerlichen Bezirk Neubau. Nie hätte die Polizei diesen Bereitstellungsraum auskundschaften können, wäre er nicht buchstäblich in letzter Minute von einem verspätet einlangenden Putschteilnehmer verraten worden.

Kamba observierte pünktlich alle Vorgänge im Bundeskanzleramt; aus Gesprächen mit dem Kanzleipersonal wußte er zum Beispiel, noch ehe es die Minister wußten, daß die für den 24. Juli anberaumte Sitzung des Ministerrates auf den folgenden Tag verschoben worden war. Es kostete Mühe, die dadurch notwendige Stunde der Vergatterung der Putschteilnehmer zu verlegen; es geschah unter dem Codewort: *»Generalversammlung verschoben.«*

Nach 1938 haben nicht wenige Staatsbedienstete in ihren Fragebogen behauptet, sie wären Meldegänger gewesen, die für die fragliche Terminverschiebung tätig gewesen wären; es fiel dies unter den geänderten Umständen nicht schwer, denn die drei Hauptmacher des Putschunternehmens hatten nach dem Scheitern des Putsches sogleich das Land verlassen; und welcher Personalbearbeiter hätte nach dem Anschluß 1938 gewagt, die Angaben eines sichtlich hochverdienten Illegalen zu bezweifeln?

Die Hauptmacher des Unternehmens hatten verschiedene Stabsquartiere: Habicht in München. Dort befand sich auch der frühere Gauleiter von Wien Alfred Frauenfeld sowie der in einer HW-Uniform aus dem Gefängnis in Innsbruck entflohene Tiroler Gauleiter Franz Hofer. Gespannt warteten sie am 24. und 25. Juli auf die Erfolgsmeldung aus Wien. Für Habicht sollte es nach dem Scheitern des Putsches nie mehr eine Erfolgsrechnung im Kampf um Österreich geben; und Frauenfeld hat 1938 vergeblich auf die Berufung in eine hohe Funktion in der nationalsozialistischen Ostmark gewartet; Hofer hat als Gauleiter von Tirol die Katastrophe von 1945 überlebt.

In Wien befand sich – so wie 1938 – das Hauptquartier der Nationalsozialisten im Hotel Regina neben der Votivkirche, nur wenige Minuten vom Ballhausplatz entfernt. Die Hotelverwaltung garantierte für die Sicherheit vor neugierigen Staatspolizeibeamten. Man sagt, daß die Macher im Hotel Regina beauftragt waren, die Erfolgsmeldung direkt dem Reichsführer SS Heinrich Himmler zu machen. Damit hätte dieser wieder einmal ein Plus in den Augen des Führers und Reichskanzlers gegenüber seinem mäßig beliebten Parteigenossen Hermann Göring gewonnen.

Weydenhammer war am Vorabend des Geschehens viel unterwegs. Er wußte von Gewährsmännern in der Polizeidirektion, daß er nicht observiert wurde. Seine Aufgabe war es, den etwas nervösen Rintelen bei Laune zu halten und ihn nach dem Ende des Dollfuß-Regimes sofort ins Kanzleramt zu bugsieren, damit Rintelen die Geschäfte des Regierungschefs übernähme, womöglich nach dem »Willen« des geschaßten und arretierten Dollfuß. Rintelen bezog nach dem Scheitern des Putschunternehmens eine Kerkerstrafe. Als Angeklagter leugnete er, anders als die justifizierten Nationalsozialisten, jede Beziehung zu den Ereignissen des 25. Juli, aber 1941 bestätigte er sich selbst in seinen Erinnerungen den mannhaften Einsatz an jenem Dies ater.

Ein weiterer Schwerpunkt des Anschlags war das Gebäude der RAVAG in der Inneren Stadt. RAVAG war nicht, wie der Kabarettist Fritz Grünbaum behauptete, die Abkürzung für »*R*egelmäßige *A*bspielung *v*on *a*lten *G*rammophonplatten«, sondern das Herz dessen, was die Menschen jener Zeit einfach das Radio nannten. In der Tagespolitik war es bereits von größter Bedeutung. Als Staatsmonopol sollte es – wie bis dato – meinungsbildend im Sinne der Regierung wirken, gleichzeitig gegnerische Absichten, 1934 jene der Illegalen, widerlegen und, nicht zuletzt, den Spitzenpolitikern regelmäßig für

Ansprachen an die Bevölkerung dienen, Reportagen von Kundgebungen in die Wohnungen der Nichtteilnehmer liefern. Seit Hitler 1933 nach dem von Joseph Goebbels entworfenen perfekten Plan erstmals mittels des Rundfunks zu Millionen Menschen in ganz Deutschland sprechen konnte, war es klar, *daß der Rundfunk noch mehr als die Zeitung das stets schußbereite MG des Regimes sein kann.* Habicht und Frauenfeld haben nach ihrem Weggang aus Österreich vom Reichssender München aus jene Rundfunkpropaganda gegen das Dollfuß-Österreich betrieben, die den Parteigenossen im eigenen Land verwehrt war; es war nur selbstverständlich, daß sich dieser Mangel nach dem gelungenen Putsch ändern sollte. Daher wurde auf das Gebäude in der Wiener Johannesgasse ein Rollkommando angesetzt, das ohne Aufsehen ins Gebäude eindringen und den Sprecher der Mittagsnachrichten des 25. Juli unter Waffengebrauchsandrohung zwingen sollte, die »amtliche« Nachricht durchzugeben, wonach die Regierung Dollfuß zurückgetreten sei. In der Eile vergaß man, auch den Sender der RAVAG auf dem Bisamberg unter Kontrolle zu nehmen. Das rächte sich, denn der regierungstreue Generaldirektor des Rundfunks veranlaßte einfach die Unterbrechung der Verbindung zwischen der Johannesgasse und dem Bisamberg. Damit war der Besitz des alten Schulgebäudes in der Johannesgasse für die Putschisten wertlos geworden. Den Rest sollte dann die Polizei erledigen. So, das war es für Wien.
Da war aber noch die Schwierigkeit, daß das Staatsoberhaupt, Bundespräsident Miklas, der nach einer Demission Dollfuß' gezwungen werden sollte, Rintelen in aller Form als Bundeskanzler zu berufen, an eben diesem 25. Juli nicht in Wien, sondern bereits in Kärnten auf Urlaub weilte. Man rechnete allen Ernstes damit, daß Miklas, der dem Experiment des Ständestaates ohnedies nie vollends traute, in Unwissenheit der Tatsache, daß Rintelen bei den Nazis mitmachte, ohne größere Schwierigkeiten seinen *alten christlichsozialen Parteifreund Rintelen* zum Kanzler berufen würde, um endlich den unruhigen Zuständen in Österreich ein Ende zu bereiten und wieder Ruhe und Ordnung im Land herzustellen.
Bei jedem Putsch kommt es auf *Schlüssel* an. Vor dem Putsch auf den Besitz des Schlüssels zur Macht, nachher auf den Besitz des Kerkerschlüssels, um den geschaßten Machtinhabern von gestern die verdiente Strafe zu verpassen. Den Schlüssel zur Bundesturnhalle in der Siebensterngasse besorgte Kriminal-Bezirksinspektor Konrad Rotter mit Hilfe eines alten Turnbruders. Rotter und einige seiner Polizeikollegen besetzten am 25. Juli den Eingang zur Turnhalle; sie veranlaßten Neugierige zum Weitergehen und perlustrierten ankom-

mende Putschisten genau. In der Turnhalle befanden sich aussortierte Uniformen des Heeres, die leicht zu beschaffen waren.

Als sich die Männer der SS-Standarte 89 in der Bundesturnhalle des Deutschen Turnerbundes versammelten, wußten weder sie noch ihre Führer, daß bereits *eine* unerläßlich notwendige Aktion gegen das Regime geplatzt war. Auf den Bundespräsidenten wurden die Gebrüder Rudolf und Walter Ott sowie der längst in Terroraktionen bewährte Max Grillmayr angesetzt. Die Mitglieder dieses Trios waren amtsbekannt. Sie fielen auf, ja ein bezahlter Spitzel verriet ihr Unternehmen unter Angabe des Kennzeichens des zur Fahrt nach Kärnten benutzten Pkw. In Klagenfurt erwartete die Bundespolizei das Kommen des Wagens. Es machte der Polizei keine Mühe, Rudolf Ott zu arretieren; sein Bruder Walter war als echter Wiener naiv genug, sich bei der Polizei (!) nach dem Verbleib seines Bruders, den er nach dessen Arretur nicht ausfindig machen konnte, zu erkundigen. Die Polizei verschwieg die Arretur des Brüderpaares. Glass und die anderen Macher in Wien erfuhren vom Scheitern des Anschlags auf den Bundespräsidenten erst kurz vor dem Einsatz; sie ließen die Dinge dennoch laufen. Grillmayr, geschult im Untergrundkampf, entwich über die Grenze nach Jugoslawien und reiste von dort aus unbehelligt ins Deutsche Reich.

Hätte Rinteln rechtzeitig gewußt, daß es einen mißlungenen Anschlag auf seinen alten Parteifreund Miklas gegeben hat, dann wäre wahrscheinlich sein Verhalten am 25. Juli anders ausgefallen. So aber taumelte er ins Verderben, wurde zum verratenen Verräter, denn Weydenhammer unterließ es selbstverständlich bei seiner ständigen Kontaktnahme mit Rinteln, diesen vom Fiasko der Gebrüder Ott in Kenntnis zu setzen.

Der eigentliche schwache Punkt des Planes für den Überfall war die Tatsache, daß es sich um eine *Verschwörung* handelte, deren Ausführung aber in den Händen von Männern lag, die in der Gewaltanwendung geschult waren, die Kunst der Verschwörung jedoch nicht beherrschten. Glass, Weydenhammer und Wächter waren rührig und haßerfüllt, aber Verschwörer im Sinne jener Typen, die etwa 1917 in Rußland der Minorität der Bolschewiken zur Machtergreifung in der sogenannten Großen Oktoberrevolution verholfen haben, waren sie nach Herkunft und Anschauung nicht. Und doch gab es am 25. Juli 1934 beim Überfall auf das Bundeskanzleramt mehr Blutvergießen als bei der Arretur der letzten liberalen Regierung Rußlands, die sich nach ihrer Absetzung wie eine Hammelherde vom Winterpalais in Petrograd in die Kerker schaffen ließ, jeden Widerstand aber als illusorisch betrachtete.

147

Die übelste Type unter den Verschwörern war der Holzhändler Paul Hudl. Er schwankte zwischen Betulichkeit im Untergrund und Tratschsucht in der Öffentlichkeit. Wahrscheinlich fiel er im entscheidenden Moment dem Umstand zum Opfer, daß ihm die im Krieg bewiesene Tapferkeit abging, die es gebraucht hätte, um seine ständige Angst vor einer Entdeckung zu überwinden. *Also entdeckte er sich selbst.* Hudl war alter Kämpfer, Parteimitglied seit 1920. Er wurde erst kurz vor dem Überfall ins Vertrauen gezogen. Im Krieg ausgezeichneter Offizier bei den Deutschmeistern, war er Regimentskamerad Feys. Man redete nachher aber auch von Verbindungen, die er bis hinauf zum Chef des Sicherheitsdienstes der SS, Reinhard Heydrich, gehabt haben soll. Es fällt auf, daß Hudls verräterisches Verhalten am 24. Juli weder vor noch nach 1938 von der SS mit dem üblichen Fememord bestraft wurde. Im Gegenteil, er wurde in aller Form in die SS aufgenommen und brachte es bis zum Sturmbannführer. Beim »Anschluß« längst begnadigt, wurde er am 10. April 1938 in den Reichstag geholt.

Als der für den *24. Juli* geplante Überfall wegen der Verschiebung der Ministerratssitzung vertagt wurde und die Alarmierung für den nächsten Tag noch nicht durchgegeben war, vertratschte sich Hudl mit einem Hausgenossen, dem früheren Hauptmann Rudolf Wurmbrand, der Mitglied der HW war. Wurmbrand erfuhr auf diese Weise von Hudl, der ihm als alter Nazi bekannt war, daß ein Überfall auf das Bundeskanzleramt bevorstand, daß die Regierung geschnappt werden sollte und daß die Nazis den Dollfuß zwingen wollten, freiwillig zurückzutreten und den ehemaligen christlichsozialen Minister und Landeshauptmann der Steiermark als seinen Nachfolger zu nennen. Den Bundespräsidenten wollte man zu allem Weiteren zwingen. Der gewesene Hauptmann erzählte das Gehörte dem im gleichen Haus wohnenden Polizeikommissär Graf Attems. Attems ging am 24. Juli in den Dienst im Präsidium der Bundespolizeidirektion Wien; dort legte er eine Aktennotiz an, in der alles stand, was am 25. Juli dann tatsächlich am Ballhausplatz geschah (den Tod des Kanzlers ausgenommen). Am Spätnachmittag des 24. Juli legte der Graf die Aktennotiz dem in der Staatspolizei tätigen Polizeikommissär Walter Sturminger vor. Sturminger nahm die Aktennotiz mit zum Abendrapport beim Leiter des staatspolizeilichen Referats der Polizeidirektion, Hofrat Presser. Der schüttelte beim Lesen des Inhalts der Aktennotiz den Kopf, beauftragte aber dann doch Sturminger damit, das Bezirkskommissariat Innere Stadt sowie den Leiter der sogenannten Kanzlerwache im Bundeskanzleramt zu verständigen, um erhöhte Aufmerksamkeit anzuordnen. Sturminger tat wie befohlen. Im Bundeskanzleramt hatte an diesem Abend Kriminal-Oberinspektor Göbel, ein absolut verläßlicher Beamter, Dienst. Er veranlaßte nichts, was einer erhöhten Aufmerksamkeit am 25. Juli gedient hätte. Fast alle an diesem Vorgang beteiligten, vom Schicksal berufenen Akteure waren bewährte Weltkriegsteilnehmer, angefangen vom Verräter Hudl, über den Hauptmann bei der HW Wurmbrand und den Grafen Attems, erst recht Walter Sturminger, der als hochdekorierter Artillerieoffizier aus dem Krieg heimgekommen war und in den Märztagen 1938 zum Dienst um die Person des Bundeskanzlers Schuschnigg eingeteilt war, bis zum Kriminal-Oberinspektor Göbel. Im Krieg hätten sie alle gewußt, ja gleichsam gespürt, was an der Sache dran war, und hätten *etwas getan*. In der Flut von Anzeigen angeblicher oder tatsächlicher Nazianschläge waren sie aber zu der Erfahrung gekommen, daß in den meisten dieser Fälle zwölf auf ein Dutzend gehen. Die Verfolgung aller dieser Befassungen der Behörde hätte zur völligen Zersplitterung der Einsatzmöglichkeiten der staatlichen Exekutive geführt.

Mit anderen Worten: Der eher schlampig vorbereitete Überfall auf das Bundeskanzleramt gelang den Naziputschisten auch deswegen, weil er routinierten Offizieren und Konzeptsbeamten der Polizei als so phantastisch erschien, daß einige Herren vermeinten, man wäre wieder einmal daran, die Polizei auf falsche Spuren zu locken und etwas zu tun, um ihre Alarmbereitschaft zu ermüden.

Dollfuß blieb am Abend des 24. Juli wie gewöhnlich bis lange nach Dienstschluß im Kanzleramt. Sein ehemaliger Regimentskamerad und Cartellbruder, der Exvizebürgermeister von Wien, Ernst Karl Winter, hatte ihn nämlich dringendst um eine Unterredung gebeten. Winter stand sich seit seiner Versöhnungspolitik mit den Sozialdemokraten schlecht mit dem Kanzler. Aber Frontkameradschaft und Bundesbrüderlichkeit wogen viel bei Dollfuß, und so kam es zu jener Unterredung, die Winter in seinem 1956 in Wien erschienenen Werk »Christentum und Zivilisation« ausführlich in seiner Version erzählt.

Daraus ergibt sich, daß Winter nicht aus eigenem Antrieb gekommen, sondern vom Direktor der Phönix-Versicherungsgesellschaft, Wilhelm Berliner, gebeten worden war, zugunsten einer eventuellen Begnadigung des wegen eines Sprengstoffanschlags und der tödlichen Verletzung eines Sicherheitswachebeamten zum Tod verurteilten ehemaligen Schutzbundangehörigen Josef Gerl zu intervenieren. Der 23jährige Gerl gehörte zu den Unbedingten, die auch nach dem Februaraufstand 1934 den gewaltsamen Kampf gegen Dollfuß und das System nicht aufgeben wollten. Zusammen mit einem Gesinnungsfreund hatte er sich in der Nacht zum 21. Juli in Wien zur Donauuferbahn begeben, um einen Sprengstoffanschlag auf eine Bahnsignalanlage auszuführen. Nach der Explosion suchten die beiden ein Nachtcafé auf, und da es zu spät war, um mit der Straßenbahn heimzufahren, setzten sie sich im Keplerpark in Favoriten auf eine Bank. Sie fielen dem Rayonsposten der Sicherheitswache, Forstner, auf, als er den routinemäßigen Inspektionsgang durch die Parkanlage machte. Forstner forderte die beiden zur Legitimierung auf. Als er zur Leibesvisitation schritt und in die linke Hosentasche Gerls griff, zog dieser blitzschnell aus der rechten Hosentasche seine Pistole und schoß zweimal auf den Wachmann. Es waren praktisch angesetzte Schüsse. Forstner überstand zwar die Notoperation, lag aber, als Winter bei Dollfuß intervenierte, im Sterben. Die beiden Attentäter wurden von Bewohnern dem Tatort benachbarter Häuser aufgehalten, bis sie von Wachebeamten festgenommen werden konnten. Gerl und seinen Genossen traf die ganze Schwere des am 12. Juli 1934 erlassenen Gesetzes, das während eines Höhepunkts einer Serie von Sprengstoffanschlägen der illegalen Nationalsozialisten erlassen worden war. Demgemäß wurde bis zum *18. Juli* den Besitzern von Sprengstoff im Falle der Ablieferung Straffreiheit zugesagt; ab diesem Termin stand auf *unbefugten Sprengstoffbesitz* die Todesstrafe. Gerl hatte sich durch diese Strafandrohung nicht davon abhalten lassen, in der Nacht zum 21. Juli den Sprengstoffanschlag auf die Bahnsignalanlage zusammen mit seinem Genossen auszuführen.

Im Prozeß schilderte Gerl, daß er schon als Jugendlicher im Jahr 1929 dem Schutzbund beigetreten sei, nachdem er von Jugend auf in der sozialdemokratischen Bewegung aktiv mitgemacht hatte. 1929 war er 17 Jahre alt gewesen. Er weigerte sich, die Herkunft des zur Sprengung verwendeten Ammonits zu nennen, gab aber zu, den Terrorakt gegen die Regierung bewußt begangen zu haben, weil diese die Arbeiterschaft unterdrücke. So hatte sich auch jener Attentäter ausgedrückt, der genau zehn Jahre zuvor ein Revolerattentat auf Bundeskanzler Seipel verübt hatte. Als der Verhandlungsleiter Gerl darauf verwies, daß er einer politischen Bewegung angehöre, die Gewaltanwendung im politischen Kampf ablehne, gab Gerl offen zu, er stünde nicht mehr fest auf dem Boden der Sozialdemokratie, er sympathisiere mit den Nationalsozialisten. Gerl und sein Mithelfer beim Sprengstoffanschlag wurden vom Standgericht zum Tod verurteilt.

Von all dem wußte Winter bei seinem in der Nacht zum 25. Juli mit Dollfuß geführten Gespräch so gut wie nichts. In seinen 1956 veröffentlichten Erinnerungen ist auch nicht die Rede davon, daß Gerl nach den Februarkämpfen 1934 seinen Kampf in Anlehnung an die nationalsozialistische Bewegung geführt hat, die den Fall Gerl dann im Jahr 1934 verständlicherweise in ihrer Propaganda weidlich ausgeschlachtet hat. Winter erzählt aber, es wäre während seiner Unterredung mit dem Kanzler ein Anruf gekommen, wonach die Polizei einen Anschlag der Kommunisten für den folgenden Tag als möglich hingestellt haben soll. Winter vermutete, daß Steinhäusl dieses falsche Gerücht an den Kanzler herangebracht habe, um diesen gegen die Roten scharf zu machen. Mehr noch, er legte Dollfuß in diesem Zusammenhang in den Mund:

»Wir können danken, daß es ein *Roter* war, gegen den wir das neue Gesetz *zuerst* anwenden mußten.«

Hofrat Steinhäusl war im Juli mit *kriminal*polizeilichen Agenden betraut, nicht mit *staats*polizeilichen. Die willkürliche Vermutung Winters, der Nazi Steinhäusl hätte mit seinem angeblichen Telefonat den Kanzler von der erbetenen Begnadigung Gerls abhalten wollen, ist nicht begründet. Richtig ist, daß während der mit Winter geführten Unterredung im Kanzleramt bereits eine Warnung vor einer für den 25. Juli 1934 angesetzten Aktion der Nationalsozialisten auf das Kanzleramt vorlag. So wenig wie diese Dollfuß je zu Augen kam, war ein Telefonat des Kanzlers mit dem ohnehin suspekten Steinhäusl denkbar.

Was sonst in diesem Zusammenhang in den Erinnerungen Winters geschrieben steht, hört sich so an, wie es bis dato Stehsatz in gewissen zeitgeschichtlichen Publikationen ist: Dollfuß war absolut nicht für eine Versöhnung mit den Sozialdemokraten zu haben, aber er hatte noch in der letzten Nacht seines Lebens angeblich ein Gespräch mit dem Nazi Steinhäusl, von dem Winter wider besseres Wissen den Verdacht ableitet, es hätte Dollfuß in der Ansicht bestärkt, daß ihm ein *toter Roter* lieber war als ein *toter Nazi*. Wie immer es gewesen sein mag, als Winter in der Nacht zum 25. Juli das Kanzleramt verließ, wartete auf ihn schon der Wagen des Direktors der Phönix-Versicherung. Berliner war von sozialdemokratischer Seite angegangen worden, etwas zu tun, um Gerl zu retten. 1936 wirkte es geradezu sensationell, wie Berliner und seine Clique im Phönix-Skandal eine Reihe prominenter Parteigänger der Regierung, ja diese selbst bloßstellte. Tatsache ist, daß Berliner nicht nur nach rechts hin, sondern auch nach links hin Geld ausgestreut hat; das veranlaßte die sozialdemokratischen Kämpfer im Untergrund, sich an ihn zu wenden, um Gerl womöglich durch den Einfluß, den man Berliner zuschrieb, vor dem Ärgsten zu retten.

Als Winter 1956 über das Ganze schrieb, war er der einzige Überlebende jener Szene, die sich angeblich am 24. Juli nachts beim Kanzler abgespielt hat, die aber nicht zur Lebensrettung Gerls führte. Winter starb im Februar 1959 in Wien, Dollfuß wurde am 25. Juli 1934 ermordet, Berliner beging 1936 auf dem Höhepunkt des von ihm herbeigeführten Phönix-Skandals Selbstmord. Gerl wurde damals hingerichtet. Der von ihm tödlich verletzte Sicherheitswachebeamte überlebte auch nicht. So haben sich um den 25. Juli im Wirrwarr der hin- und herverlaufenden Linien die Ereignisse am Ballhausplatz gekreuzt; die *Wahrheit* des Geschehens jener Nacht im Kanzleramt haben die Beteiligten mit ins Grab genommen.

Am 25. Juli 1984 übernahm es die SPÖ in Wien, einen finsteren Schatten über die Erinnerung an den 50 Jahre zuvor im Kampf gegen die Nationalsozialisten gefallenen Bundeskanzler Dollfuß zu werfen. In einer Gedenkfeier und in den Medien wurde Josef Gerl als ein von Idealen begeisterter junger Mensch hingestellt, der quasi der hemmungslosen Mordlust des damaligen Systems zum Opfer gefallen ist. Daß Gerl zu den unbedingten Februarkämpfern gehörte, die auch nachher, wo immer es möglich war, den gewaltsamen Kampf gegen Dollfuß und seine Regierung fortsetzen wollten, er aber zum Zeitpunkt der Tat bereits mit den Nationalsozialisten sympathisierte, blieb 1984 unerwähnt. Das Lebensbild des Unglücklichen geriet so, daß Unwissende glauben mußten, hier sei tatsächlich ein harmloser jugendlicher Arbeiter einem Justizmord zum Opfer gefallen. Von der Szene im Keplerpark war nicht die Rede, auch nicht von den beiden Schüssen, die Gerl auf den Wachebeamten abgefeuert hatte, schon gar nicht davon, daß letzterer, so wie Gerl, ein Opfer im Bürgerkrieg wurde: Der eine erschossen, der andere gehenkt. Das zum Thema Bewältigung der Vergangenheit.

Dicht nebeneinander standen in den Fronten des Bürgerkrieges opferbereite Kämpfer, schlaue Mitläufer und niederträchtige Verräter, die es auf sich nahmen, mit ihrem Verrat namenloses Unglück zu verursachen. Manche haben unter dem Zwang des Gewissens in letzter Stunde Verrat geübt. Vielleicht auch deswegen, weil sie bei ihrem Kampf im Untergrund die nahende Todesgefahr – so oder so – verspürt haben. Zu letzteren gehörte der Revierinspektor Johann Dobler.

Dobler galt in den Augen Rotters als ein fähiger Kollege und als verläßlicher Mitkämpfer in der Hitlerbewegung. An sich war Dobler ein Farbverkehrer; angefangen hatte er in der HW, nachher wechselte er ins nationalsozialistische Lager, zuletzt verriet er seine Parteigenossen, hoffend, je nach Ausgang der Ereignisse des 25. Juli, auf jeden Fall im Lager der Sieger zu sein. Zwei Tage vor dem Überfall entschloß sich Rotter, Dobler am 25. Juli mit einzusetzen. Er schickte

zu diesem Zweck den aktiven Kriminalbeamten Josef Steiner zu
Dobler. Steiner tat ein übriges: Sichtlich ahnungsvoll erinnerte er
Dobler, daß Verräter der Feme verfallen, so wie es am 14. Juli des
Jahres einem gewissen Zimmer ergangen war, der als Polizeispitzel
enttarnt und erschossen worden war. Dobler wurde für den 24. Juli
zum Stadtkommando des Bundesheeres in der Universitätsstraße bestellt, um unter Vortäuschen eines Dienstes als Kriminalbeamter eine
eventuelle Aktion der Putschisten zu decken. Dobler erlebte aber
nichts anderes als die dichte Abschirmung des benachbarten Landes-
gerichtsgebäudes durch die Exekutive, denn im Grauen Haus wurde
gerade das Verfahren gegen Gerl abgehandelt. Dobler war an jenem
24. Juli fehl am Platz, weil die Putschisten bekanntlich wegen der
Verlegung der Ministerratssitzung ihre Aktion auf den 25. Juli verschieben mußten. Vor dem Gebäude des Stadtkommandos patrouil-
lierend, wurde er informiert, die Sache sei auf den nächsten Tag verschoben; wieder war es Steiner, der Dobler informierte, aber nichts
über die Uhrzeit des Überfalls sagen konnte.
Am 25. Juli wartete Dobler gespannt auf das fällige Aviso seiner Kameraden. Schließlich rief er, von widersprüchlichen Gefühlen ge-
plagt, um 10 Uhr die Bundesleitung der VF am Platz »Am Hof« an.
Doblers Versuch, mit seiner verräterischen Nachricht bis an die
höchste Stelle durchzudringen, mißlang. Er mußte sich mit einem
Gespräch mit dem im Präsidium der VF tätigen Rudolf Kloss, einem
Vertrauten und Cartellbruder des Kanzlers, begnügen. Kloss han-
delte etwa so wie tags zuvor die geschulten Konzeptsbeamten der
Polizeidirektion Wien; er zögerte nach gewissen Andeutungen, einer
Einladung Doblers ins Café Weghuber zu folgen. Immerhin war
Kloss alerter als die Beamten in der Polizeidirektion, denn nach einer
halben Stunde entsandte er, da selbst unabkömmlich, zwei Funktio-
näre zu besagtem Treffpunkt.
Dobler hielt das Warten im Café nicht aus. Als die beiden ins Café
Weghuber entsandten Männer dort eintrafen, wurde ihnen vom
Oberkellner bedeutet, der beschriebene Herr hätte das Lokal verlas-
sen. Das und nicht mehr konnten sie Kloss melden. Dobler war inzwischen ins Café hinter dem Justizpalast gegangen, wo er den in der
Landesführung Wien der VF beschäftigten Schreibtischkämpfer Karl
Mahrer traf. Ihm vertraute sich Dobler vollends an. Mahrer war in
Stand und Verpflegung des Schutzkorps und nicht im Dienst, wenn
auch momentan im Café. Von Mahrer erwartete sich Dobler, daß
dieser sofort Fey, seinen Landesführer der HW, oder dessen Nachfolger als Verantwortlichen für das Sicherheitswesen, Baron Karwinsky, anrufen würde. Bezeichnenderweise erklärte Dobler dem

HW-Mann, er traue sich deswegen nicht direkt an die beiden hohen Staatsfunktionäre heranzutreten, weil nach seinem Wissen der Staatsapparat von illegalen Nationalsozialisten durchsetzt sei (!). In diesem Moment mag er an das Schicksal des unglücklichen Zimmer gedacht haben . . .

Mahrer rief den sogenannten Schatzmeister in der Landesführung der WHW, seinen Vorgesetzten Franz Hiederer, an. Auch dieser war ein Sesselreiter. Hiederer befahl Mahrer in die Landesleitung der WHW, hörte sich die Sache an und rief gegen 10.30 Uhr den Adjutanten Feys, den Gendarmeriemajor Robert Wrabel, an. Wrabel wußte seinen Chef im Bundeskanzleramt, wo eben der Ministerrat zusammentrat. Er bekam Fey ans Telefon und erlebte, daß Fey bereits seit mehr als einer halben Stunde über einen anderen Weg von der Mitteilung Doblers Kenntnis hatte. Dobler war nämlich inzwischen ins Café Weghuber zurückgekehrt, und dort hatte ihn Mahrer der Obhut des Bataillonskommandanten des Schutzkorps Paul Schaufler überlassen. Auch ihm erzählte Dobler seine Geschichte. Schaufler überlegte, wie er die Sache raschestens nach oben bekanntmachen könnte. Zum Glück erblickte er an einem Nebentisch den Kommandanten des 5. Regiments der WHW, Ernst Mayer. Als Regimentskommandant der WHW hatte Mayer raschen und besseren Zugang zu Fey. Er rief auch sofort das Bundeskanzleramt an und wurde mit Fey verbunden. So war Fey schon im Bild, als er von seinem Adjutanten Meldung in der Sache bekam.

Mayer brachte Dobler ins Café Central. Dieses legendäre Literatencafé wurde in jenen Tagen von den Offizieren der in der nahen Teinfaltstraße bequartierten Schutzkorpseinheiten frequentiert und war überhaupt ein gewisser Treffpunkt in der Nähe des Innenministeriums, des Amtssitzes Feys. Dorthin kam auch Wrabel, so wie der zum Dienst um die Person Feys eingeteilte Kriminalbeamte Pflug. Wrabel riet Dobler, sein gefährliches Doppelspiel weiterzutreiben, und Dobler ging darauf ein. Zunächst suchte er in Begleitung von Mayer und Schaufler seine Wohnung in der Lerchenfelder Straße auf, wo er auf den Einsatzbefehl für den 25. Juli wartete. Er mußte nicht lange warten, da kam der Befehl, und die beiden HW-Männer konnten schwarz auf weiß lesen, daß es ernst wurde. Da stand nämlich:

»89. 12,15 Siebensterngasse Nr. 11, Bundesturnhalle, nicht über Breite Gasse in die Siebensterngasse gehen.«

Unterschrieben war der Zettel wieder mit dem Namen des unheimlichen Steiner. Das Papier ging verloren, aber es tat im Moment seine Wirkung. Dobler ging in die Siebensterngasse und damit in sein Un-

heil. Er wurde noch am 25. Juli inhaftiert, aber nicht in Fortsetzung seiner von Wrabel angeratenen Doppelrolle, sondern als Putschist. Bei seiner Überstellung in die Polizeidirektion entkam er im Gebäude am Ring seinen Bewachern sowie einem ihm nachgeschickten Schuß, sprang durch ein offenes Fenster in die Tiefe und war sofort tot. Sein Tod gab die Gelegenheit zu manchen Kombinationen, die vor allem das Verhalten Major Wrabels und Feys in diesen Stunden des 25. Juli betrafen und die von Gegnern Feys nachher benutzt wurden, um diesem noch nach seinem Selbstmord am 16. März 1938 zu einem üblen Nachruhm zu verhelfen. Dobler hatte am Vormittag des 25. Juli tatsächlich viel Umgang mit Angehörigen der WHW, der er selbst einmal angehört hatte und woran er sich jetzt erinnerte. Wer Fey Übles zumutete, war geneigt anzunehmen, daß Dobler sich mittels ehemaliger Kameraden bei Fey in gutes Licht bringen wollte. Vom Adjutanten Feys, Major Wrabel, weiß man, daß er während der Besetzung des Kanzleramtes durch die Putschisten mit einigen seltsame Gespräche geführt hat. Und Feys Verhalten im Verlauf des Nachmittags des 25. Juli war dermaßen ungeschickt, daß man ihm, dem hochdekorierten Frontoffizier, zugemutet hat, er wäre der außergewöhnlichen Situation im Kanzleramt nicht gewachsen gewesen. Davon wird noch die Rede sein.
Ab kurz nach 10 Uhr ist Fey von dem Gerücht in Kenntnis gesetzt gewesen. Er war das *einzige* Mitglied der Bundesregierung, das zunächst von der möglichen Gefahr wußte. Es wäre an ihm gelegen gewesen, sofort entweder den Bundeskanzler oder Baron Karwinsky sein Wissen mitzuteilen. Das hat Fey nun nicht getan. Vielmehr beauftragte er den Kriminalbeamten Anton Marek, sich in der Umgebung des Bundeskanzleramtes umzuschauen und ihm Verdächtiges zu melden. Das lag, strenggenommen, außerhalb der nunmehrigen Ressortobliegenheiten Feys und gab Anlaß zu der Version, wonach Fey am 25. Juli bestrebt gewesen sein soll, so wie in den Februarkämpfen gegen den Schutzbund, Held des Tages zu werden. Marek hatte gute Augen, aber er konnte sich aus diversen Einzelheiten kein Bild der Lage machen: So sah er zum Beispiel im sogenannten Schanigarten des damaligen Restaurants Tischler in der Schauflergasse, also nahe dem Kanzleramt, einen Mann, der aufmerksam das Tor des Kanzleramtes im Auge behielt. Es war Wächter, der von diesem Beobachtungsposten aus den Ablauf des Überfalls abwarten wollte, um sich nachher unter die Sieger zu mischen.
Fey hatte noch eine längere Unterredung mit Wrabel, von der man annehmen darf, daß er, Fey, bevor er sich in den Ministerratssitzungssaal begab, unzuständigerweise nähere Weisungen zur Verfol-

gung seiner weiteren Pläne gab. So befahl Fey zum Beispiel, das zum Exerzieren ausgerückte Schutzkorpsregiment Nr. 1 unverzüglich in seine Ubikation im Gebäude der ehemaligen Bodenkreditanstalt in der Teinfaltstraße einrückend zu machen. Diese Truppe wurde von der WHW gestellt, stand aber als Formation des Freiwilligen Schutzkorps nicht unter dem Befehl des Landesführers der WHW, sondern unter dem des Bundesministeriums für Inneres, dessen politische Ressortleitung seit dem 11. Juli Dollfuß innehatte. Erst als diese Weisung ergangen war, glaubte Fey von sich aus das Notwendige getan zu haben und tat, was er längst hätte tun müssen: Er betrat den Ministerratssitzungssaal, ging um die länglich-ovale Tafel herum, beugte sich zu dem die Verhandlungen führenden Dollfuß und flüsterte ihm etwas ins Ohr. Der Kanzler stand auf und übergab die Leitung der Sitzung dem rangältesten Minister, nämlich Buresch. Vizekanzler Starhemberg befand sich zu dieser Zeit schon auf Urlaub in Italien, ein Umstand, den Glass schlampigerweise überhaupt nicht in Rechnung gestellt hatte, obwohl Starhemberg als Vizekanzler im Fall der Verhinderung des Bundeskanzlers dessen Geschäfte ohne weiteres zu übernehmen hatte; was bedeutete, daß es an ihm gelegen gewesen wäre, nach Österreich zurückzukehren, die Leitung der Kanzlergeschäfte sowie der von Dollfuß geführten Ressorts für Sicherheit und Heereswesen zu übernehmen und gleichzeitig die Wehrverbände im ganzen Land aufzubieten. In diese Möglichkeit ist Starhemberg letztlich tatsächlich gelangt, allerdings erst nach dem Tod des Kanzlers in dem Moment, als die Exekutive das Putschunternehmen in Wien bereits niedergeschlagen hatte und sie zusammen mit den Wehrverbänden und dem Heer daran war, die da und dort im Land aufflackernden Kämpfe zu bestehen.

Dollfuß verließ nach dem Geflüster mit Fey den Sitzungssaal, der Justizminister setzte seinen Vortrag fort. Die Uhr zeigte 12.15 Uhr. Nach kurzer Zeit kehrte Dollfuß in den Sitzungssaal zurück, setzte sich aber erst gar nicht nieder, sondern sagte, gestützt auf seine Stuhllehne, es seien ihm Nachrichten zugekommen, die es nicht als zweckmäßig erscheinen ließen, daß die Regierung im Bundeskanzleramt versammelt bleibe und ihre Beratungen fortsetze. Gleichzeitig verfügte Dollfuß die Vertagung der Beratungen auf 16 Uhr; die Minister begaben sich in ihre Ministerien. Staatssekretär Zehner verblieb noch für kurze Zeit im Kanzleramt und begab sich zusammen mit Staatssekretär Karwinsky in den Arbeitssalon des Kanzlers. Fey blieb ebenfalls im Haus, er erwartete sichtlich gewisse Vollzugsmeldungen . . .

Der Putsch wäre ins Leere gegangen, hätte sich der Kanzler als Res-

sortchef für Heereswesen zusammen mit dem Staatssekretär Zehner auf den Weg ins ehemalige k. u. k. Kriegsministerium am Stubenring begeben, wo das Heeresministerium neben anderen Zentralstellen untergebracht war. Staatssekretär Zehner hat für diesen und die folgenden Tage einwandfreie Dispositionen für die Heranziehung des Bundesheeres bei der Bekämpfung des Putsches im ganzen Land getroffen. Es hätte aber nichts geschadet, wenn er vor seinem Verlassen des Kanzleramtes seinem Adjutanten Weisung gegeben hätte, den Wachkommandanten, einen Vizeleutnant, dahingehend zu instruieren, daß dessen Aufgabe im Moment nicht die Stellung einer Ehrenwache laut Reglement sei, sondern eine gewisse *militärische* Vorsorge zur Abwehr eines drohenden bewaffneten Überfalls auf das Kanzleramt. Derlei unterblieb. Also handelte besagter Vizeleutnant streng nach Wachvorschrift, stellte seine Wachmannschaft, die sogenannte alte Wache, im Hof des Kanzleramtes zur Wachablösung auf, sorgte für die ungehinderte Einfahrt der neuen Wache in den Hof und war überzeugt, seine Pflicht getan zu haben. Die aufkeimende Idee, ein im Wachzimmer befindliches MG in der Toreinfahrt in Stellung zu bringen, die neue Wache *vor* dem Tor zum Verlassen des Lkws aufzufordern, damit sie dann zu Fuß einmarschiere, wozu ein *halb geöffnetes* Tor genügt hätte, unterdrückte der alte Diener.
Tagsüber machte im Kanzleramt eine Kanzlerwache in der Stärke von 19 Mann Sicherheitswache und Kriminalbeamten Dienst. Die Ablösung erfolgte jeweils im Abstand von drei Stunden, so daß faktisch neun oder zehn Mann in dem weitläufigen Gebäude, das zudem *zwei* Einfahrten hatte, verteilt waren. Kamba hat das alles längst gewußt und seinen Kameraden mitgeteilt. Er war sich bewußt, daß der Putsch in einem Moment erfolgen würde, von dem jeder Soldat wußte, daß zu diesem Zeitpunkt eine unvermeidbare Unsicherheit in der Stellung herrschte: bei der Ablösung der Besatzung.
Die erwähnten Schutzmaßnahmen im Kanzleramt bezogen sich vor allem auch auf die Tatsache, daß sich Bundespräsident Miklas mit einer Art Untermiete im Kanzleramt begnügte und nicht die lange Flucht der Repräsentationsräume in der Hofburg benutzte. Sparsamkeit auch bei der Versorgung der Politiker, denen – sehr zum Vorteil der Sache – noch keine Pensionen und andere Vergünstigungen, wie sie in der Zweiten Republik gang und gäbe wurden, zustanden. Es gab auch nicht die sogenannten »Politikervillen«, nicht einmal für das Staatsoberhaupt; Budgetmittel für Gastlichkeit standen in geringem Ausmaß zur Verfügung. Der Kraftfahrzeugpark war zeitgemäß ausgestattet, jedoch zahlenmäßig nur ein *Bruchteil* der nach dem Krieg entstandenen Hypertrophie . . .

Den Dienst um die Person des Kanzlers versahen abwechselnd zwei Kriminalbeamte. Am 25. Juli war der eine, Ferdinand Hamberger, ins Präsidium der Polizeidirektion befohlen, um die Dekoration einer ihm verliehenen staatlichen Auszeichnung entgegenzunehmen. Er erfuhr während des Wartens in einer Schreibstube (!) von dem Plan des Überfalls auf das Kanzleramt; daher rief er seinen diensttuenden Kollegen Steinberger im Kanzleramt an. Es wurde kein alarmierendes Gespräch, denn Hamberger schloß es mit der nicht ganz ernst gemeinten Bemerkung: »Vielleicht kommen am Ende gar noch einmal die Roten.«

So wurde die Kampfbereitschaft der Nationalsozialisten allgemein unterschätzt, während der Exvizebürgermeister in der Nacht auf den 25. Juli aus dem Kanzleramt die Ansicht mitnahm, man sei dort geradezu auf einen erneuten Anschlag der Linken an höchster Stelle im Staat gefaßt. *Gekämpft wurde im Moment im Untergrund nicht an der Front gegen links, sondern zur Abwehr der oft gefährlichen Terroranschläge der Nationalsozialisten.* So hat sich im System das ausgewirkt, was einmal Theodor Körner als technischer Berater des Schutzbundes für letzteren Wehrverband befürchtet hat, nämlich eine Alarmmüdigkeit. Der Schutzbund bedeutete im Juli 1934 für die Regierung kein Gefahrenmoment mehr, aber mit Gerüchten von drohenden Terrorhandlungen der Nazis wurden die Behörden in einem Maß überschüttet, daß allein die Sichtung und Verfolgung jedes Gerüchtes jede andere amtliche Verrichtung unmöglich gemacht hätte. Von dieser gefährlichen Mentalität waren natürlich auch die Kommandanten der im Bundeskanzleramt eingesetzten Abteilungen der Sicherheitswache und des Heeres angesteckt. Das führte dazu, daß lediglich ein am Tor des Kanzleramtes diensttuender Kriminalbeamter die Verriegelung der *geöffneten* Torflügel lockerte, so daß im Ernstfall noch in letzter Minute das Tor zu schließen und so das Gebäude für längere Zeit uneinnehmbar gewesen wäre. Das aber war praktisch die einzige (!) Vorsorge, die zudem spontan von einem subalternen Beamten getroffen wurde.

Man kann sich vorstellen, daß nach dem 25. Juli alle wegen ihrer mangelnden Aufmerksamkeit kompromittierten Dienststellen nichts anzugeben versäumten, was die eigene Dienststelle entlastete, aber schuldhafte Versäumnisse anderer Dienststellen und ihrer Leiter bloßstellte. Auch Staatssekretär Karwinsky war unter diesen Umständen später bemüht, sein Verhalten am 25. Juli von jedem Verdacht eines persönlichen Verschuldens frei zu halten. Der Leiter der Generalprokuratur verfaßte aber einen Bericht, in dem die fraglichen Vorkehrungen der dem Baron unterstehenden Polizeidirektion

Wien teils als *verspätet*, teils als *unzulänglich* charakterisiert wurden. Diese Version entsprach außerdem dem persönlichen Konflikt zwischen Karwinsky und dem Polizeipräsidenten von Wien, Eugen Seydel, der auch in der Ära des Bürgerkrieges noch immer eine Amtsführung für richtig hielt, die ehedem in mehr friedlichen Zeiten Pflicht eines korrekt amtierenden Beamten war; damit aber um 1934 den im Untergrund kämpfenden Feinden der Regierung beizukommen war schlechterdings nicht möglich. Noch 50 Jahre später mühen sich in den USA und in der Bundesrepublik Deutschland Staatssicherheitsorgane in Serien von Gewalttätigkeiten, die gegen die Existenz der Staaten gerichteten Anschläge der Untergrundkämpfer zunichte zu machen. Winzige extremistische Terrorbanden morden seit Jahrzehnten, um so das Establishment zu unpopulären Gegenmaßnahmen zu zwingen, wobei sie die Schraube der Gewalttätigkeiten so weit ins Staatsgefüge drehen, daß das gute Volk dieses Systems müde wird und schließlich immer größere Teile des guten Volkes Sympathie für die angeblich unverdienterweise hart getroffenen Terroristen empfinden, ja zuletzt ihrerseits den Staat und die bestehende Gesellschaftsordnung unter Anklage stellen.

Wie immer es 1934 gewesen sein mag und sosehr man vor und nach 1938 bemüht war, dem 1938 durch Selbstmord aus dem Leben geschiedenen Major Fey alles mögliche in die Schuhe zu schieben, ist eine Tatsache nicht aus der Welt zu schaffen: Es war Fey, der am 25. Juli die ersten, wenn auch ressortmäßig ihm nicht zustehenden Abwehrmechanismen in Funktion setzte, nicht jedoch die Polizeidirektion Wien, in der am Vormittag dieses Tages selbst die Telefonfräulein und die Stenotypistinnen zuletzt mit einiger Angst von einem nahenden unheimlichen Geschehen redeten.

Der von Fey entsandte, an sich zum Schutz des Exvizekanzlers bestimmte Kriminalbeamte Marek hatte sich zu Fuß aufgemacht, um von der Inneren Stadt zur Turnhalle des Deutschen Turnerbundes in der Siebensterngasse zu eilen. Er machte seltsame Beobachtungen: Anfangs beruhigte ihn die Tatsache, daß am Ort des Geschehens uniformierte Sicherheitswachebeamte Dienst machten. Er konnte nicht ahnen, daß diese an sich dienstfreien Kollegen von Glass gedungen waren und zur Tarnung der Bereitstellung der Putschteilnehmer, also unbefugterweise, fungierten. Tatsächlich täuschten diese »Kollegen« dem im Dienst befindlichen Angehörigen der Exekutive vor, sie seien zum Ordnungsdienst vor der Turnhalle eingesetzt. Das war ein wichtiger Umstand, denn nur so konnten sich die Putschteilnehmer in der Halle unbehelligt als Deutschmeister verkleiden, sich bewaffnen und zur Fahrt auf den Ballhausplatz bereitmachen.

Dann aber wurde Marek stutzig, als er Zivilisten bemerkte, die mit Packen versehen der Turnhalle zustrebten. Jetzt bekam er ein Bild der zunächst scheinbar unzusammenhängenden Tatsachen: Sicherheitswachebeamte bewachen den Eingang zur Bundesturnhalle des eher dem Nationalsozialismus aufgeschlossenen DTB; es werden Kisten und Säcke angeliefert und in die Halle geschafft, der Zustrom besagter Zivilisten verstärkt sich. Endlich fiel der Groschen: Es war auffällig, daß der Antransport der Kisten und Säcke durch Privatkraftwagen besorgt wurde; das war im Bürgerkrieg bei der Polizei und beim Heer nicht der Brauch. Offenbar ereignete sich in der Turnhalle etwas, das Marek näher in Augenschein nehmen sollte. Dabei ahnte er nicht, daß er selbst von einem »Kollegen« scharf beobachtet wurde, nämlich vom besten Mann in der Reihe der Putschisten, dem Kriminal-Bezirksinspektor Rotter. Marek konnte zwar seine Wahrnehmungen dem Major Wrabel mitteilen, als er aber fortfuhr zu telefonieren, ließ ihn Rotter von zwei Putschpolizisten »arretieren«. Rotter verstand sich auf sein Geschäft. Es entging ihm nicht, daß zwei weitere ankommende Kriminalbeamte, also »Kollegen«, störend wirken könnten. Wieder wollte er mit einer Arretur die Gefahr bannen, aber einer der Kriminalbeamten entkam den Putschisten. Dieser eilte sofort zu Wrabel und verständigte den Adjutanten Feys, daß zwei seiner Kollegen in der Siebensterngasse arretiert worden seien – *von Sicherheitswachebeamten!*
Noch ein Trick gelang den Putschisten. Sie täuschten die Absicht eines Überfalls auf den Bundeskanzler auf dem Michaelerplatz vor. Prompt ging der dort von der Staatspolizei eingeteilte Kriminalbeamte in die Falle und ließ sich von einem Putschteilnehmer in die Irre führen. Dieser sagte ihm, es sei ein Überfall auf Dollfuß auf dem Michaelerplatz von »unbekannten Putschisten« vorgesehen. Daher sollte der Kanzler nicht den Heimweg über den Michaelerplatz, also den kürzesten, nehmen. Das war vorgetäuschte Sorge. Hofrat Presser bekam raschest Meldung von dieser Warnung. Weitere Kriminalbeamte wurden auf den Michaelerplatz geschickt; Staatssekretär Karwinsky wurde davon im Kanzleramt verständigt. Das Diversionsmanöver der Angreifer gelang also.
Aber schon hatte andererseits die Staatspolizei das Geschehen in der Siebensterngasse unter Kontrolle. Polizeirat Penn, ein altgedienter Beamter, wurde mit einigen Beamten in Zivil dorthin beordert. Das für den Bezirk Neubau und die Örtlichkeit der Turnhalle zuständige Polizeikommissariat wurde allerdings nicht alarmiert und über das informiert, was höheren und allerhöchsten Orts schon bekannt war. Es wurde erst *zu spät* auf die Sache gestoßen. Auch ein Überfallauto

mit Sicherheitswachebeamten wurde zu spät dahin instradiert, nachdem es Hofrat Presser nicht mehr gelingen konnte, eine *zu Fuß* dahin beorderte Gruppe von Beamten rechtzeitig an den Ort des Geschehens zu bringen. Und noch immer glaubte die Polizei an die Gefahr eines Überfalls auf den Kanzler auf offener Straße, auf dem Michaelerplatz. Der längst von Dobler verratene wirkliche Plan schien zu unglaubwürdig und außerhalb aller Möglichkeiten zu liegen, so daß man in der Polizeidirektion nicht an eine tatsächlich dem Bundeskanzleramt drohende Gefahr glaubte. Man verrannte sich geradezu in die Verfolgung der Annahme, die Gefahr drohe auf dem Michaelerplatz, also vor der kaiserlichen Burg, halbwegs auf dem Heimweg des Kanzlers. Der Generalinspektor der Bundessicherheitswache Manda, längst bewährt in unruhigen Zeiten, nahm – leider verspätet – die Sache in die Hand. Er beauftragte den Polizeistabshauptmann Harus, mit 20 Mann der Alarmabteilung die Besatzung des Sicherheitswachzimmers in der Burg zu verstärken. Harus verteilte immerhin diese Mannschaft so, daß er nicht nur den Michaelerplatz, sondern auch die Herrengasse (Sitz des Innenministeriums) und den Ballhausplatz einigermaßen unter Kontrolle hatte. Dann wartete er auf das weitere Geschehen.

500 Mann Sicherheitswache standen während all dem in der Marokkanerkaserne der Polizei zur Verfügung, dazu genügend Überfallautos. Der Einsatz dieser Truppe im Umkreis des Bundeskanzleramtes hätte nicht nur jede Gefahr auf dem Michaelerplatz beseitigt, er hätte auch *jede* Zufahrt der Putschisten blockiert. Vielleicht wäre es zu einem Schußwechsel gekommen, aber der Anschlag auf das Kanzleramt wäre fehlgeschlagen. Wenn, wenn, wenn . . .

Baron Karwinsky hatte am 25. Juli keinen guten Tag. Der ehemalige Kavallerieoffizier und Präsidialist sowie Sicherheitsdirektor von Niederösterreich war einfach seinem Wesen nach nicht der Mann, mit einem Anschlag aus dem Untergrund fertig zu werden. Ein Attentat auf den Kanzler auf offener Straße, das schien ihm möglich zu sein, darauf konzentrierte er seine Aufmerksamkeit. Die Sicherheit für das Kanzleramt überließ er dem dort diensttuenden Kriminal-Oberinspektor Göbel, der das Renommee eines verläßlichen Beamten besaß, aber nicht einmal eine Minimalvorsorge traf, nämlich die Torflügel des Palais zu schließen oder, um nicht den Publikumsverkehr in der Amtsstelle zu behindern, wenigstens *einen* Torflügel zuzumachen. Warum geschah das nicht? Göbel wollte und durfte nicht die unmittelbar bevorstehende Wachablösung blockieren. Es war 12.45 Uhr, jeden Moment konnten die Wagen mit der neuen Wache eintreffen. Diese Wagen mußten freie Fahrt in den ersten Hof des

Kanzleramtes haben. Schon hörte man den Ruf: »Sie kommen!« Man dachte an Soldaten, nicht an Putschisten. Motorengeräusch war aus der Richtung Schauflergasse zu hören, desgleichen aus der Richtung Burgtheater, von wo die Lkws der SS-Standarte 89 heranrollten.

Inzwischen war der verspätet angesetzte Einsatz der Polizei in der Siebensterngasse gescheitert. Als die Männer der Exekutive dort ankamen, rollten die Wagen mit den Putschisten schon davon. Es waren Privatfahrzeuge, aber neben dem Fahrer des ersten Wagens saßen zwei Offiziere in der Uniform des Bundesheeres, während die Fahrer der übrigen Wagen von uniformierten Sicherheitswachebeamten begleitet wurden. Die beabsichtigte Täuschung der Exekutive gelang vollständig. Polizeirat Penn vermeinte, er hätte es mit regulären Bundesheerangehörigen, geführt von ihren Offizieren, sowie mit Sicherheitswachebeamten als Begleiter zu tun, die für eine rasche Fahrt, unbehindert von Verkehrsregelungen, sorgen sollten. Später gestellt, hat Penn gesagt, er hätte deswegen die Privatautos für solche der Exekutive angesehen, weil wegen des Mangels an Einsatzwagen der Exekutive in den Februarkämpfen Schutzkorpsformationen mit solchen Fahrzeugen zum Einsatz gefahren worden seien.

Jedoch: Pech *und* Glück für den militärischen Leiter des Überfalls Fridolin Glass! Er sollte den Wagen, der zum Munitionstransport bestimmt war, benützen. Aber der Fahrer des Wagens fuhr ohne ihn los. So fiel Glass in die Hände der Polizei. Er warf seine Pistole weg und rief: »I tua ja eh nix!«

Endlich erhaschte so die Exekutive einen letzten Zipfel der Verschwörung. In der Turnhalle sah sie, daß hier ein Wechsel der Bekleidung der seltsamen Soldaten stattgefunden hatte. Der unscheinbare Glass schien nur ein sogenanntes »Unterläufl« zu sein. Man beachtete ihn nicht weiter, daher konnte er entweichen. Zweimal Glück für Glass! Er geriet nicht ins Unheil derer, die ins Bundeskanzleramt eindrangen, er entwischte der Polizei, konnte sich bis zum 3. August in Wien verstecken und ging dann bei Bernhardsthal über die Grenze in die ČSR. Seit den Februarkämpfen war die Propaganda der Illegalen über die in die Tschechei geflüchteten »jüdischen Führer des Schutzbundaufstandes« hergezogen. Nun nahmen Glass, aber auch Weydenhammer und Wächter den gleichen Weg in die verachtete Tschechei!

Die Fahrzeuge mit den Männern der SS-Standarte 89 rollten unbeanstandet den längst ausgekundschafteten Weg: von der Siebensterngasse durch die Breite Gasse, vorbei am Deutschen Volkstheater, quer über die Lastenstraße und den Schmerlingplatz, weiter durch die Reichsratsstraße zum Rathausplatz, dann hinüber zur Löwelstraße und zum Bundeskanzleramt. Diese Route war gewählt worden, weil es auf ihr damals nur einen Verkehrsposten, nämlich beim Volkstheater, gab; im übrigen kam kein Polizist dem Konvoi in den Weg. Und welch Glück! Die Flügeltore des Kanzleramtes standen weit offen. Die Wagen des Kommandos durchfuhren die Torhalle, die dort postierten Sicherheitsorgane leisteten den im ersten Wagen sitzenden »Offizieren des Bundesheeres« die Ehrenbezeigung. Im Hof des Bundeskanzleramtes standen einander nach uraltem Reglement die Mannschaften der alten und der neuen Wache gegenüber. Aber von ihnen drohte keine Gefahr, denn die ehemaligen Heeresangehörigen unter den Putschisten wußten, daß Ehrenwachen ihren Dienst nur mit *ungeladenen* Gewehren versahen. Der Kommandant der alten Wache, der Vizeleutnant Babka, war ein alter Diener, wie man beim Kommiß sagte. In einem der Putschpolizisten erkannte man einen Sicherheitswachebeamten, der noch am 24. Juli Dienst im Kanzleramt gemacht hatte. Die Ankommenden beriefen sich lauthals auf Weisungen des Bundespräsidenten und des bereits neuernannten Bundeskanzlers Rintelen. Für Angehörige der Exekutive, die zumeist seit langer Zeit zum Dienst im Bundeskanzleramt abgestellt waren und die wußten, daß erst vor kurzem eine Ministerratssitzung unter Bundeskanzler Dollfuß ganz unerwarteterweise zu Ende gegangen war, war es sichtlich keine Überraschung, daß binnen einer Stunde die Regierung Dollfuß durch eine Regierung Rintelen ersetzt worden sein sollte, zumal man Rintelen als ein ehemaliges Regierungsmitglied und als den *christlichsozialen* »König Anton« der Steiermark mehr als gut kannte.

Während so der erste Angriff auf das Kanzleramt anstandslos gelang, ging beim Überfall auf das Sendehaus der RAVAG in der Johannesgasse in der Inneren Stadt fast alles daneben. Hier setzten die Putschisten keine Uniformierten ein, sondern verläßliche Kämpfer, die zum Teil mit den für Nazis üblichen weißen Wadenstutzen kenntlich gemacht waren. Es hielten sich aber nicht alle Teilnehmer an diese Bekleidungsvorschrift, was in dem späteren Schußwechsel verhängnisvolle Folgen hatte. Den Anschlag auf die RAVAG leitete der aus dem Bundesheer entlassene Johann Domes, der später justifiziert wurde. Die sogenannte militärische Leitung hatten zwei im Terrorwesen bewährte Kameraden.

Wieder hatte Rotter geschickt die Hand im Spiel: Er beorderte zwei seiner Wachebeamten zur RAVAG in die Johannesgasse. Sie konnten nach der Angabe passieren, sie seien hier, weil ein Überfall von Nationalsozialisten (!) drohe. Am Eingang zum Sendehaus machte ein ahnungsloser Schutzkorpsmann Dienst. Er leistete, als es ernst wurde, keinen Widerstand.

Anders der Polizei-Bezirksinspektor Peter Fluch, der schon immer gesagt hatte, daß man sich auf die Manderln vom Schutzkorps nicht verlassen solle. Er hatte es übernommen, während eines Inspektionsganges auch einen Blick auf das RAVAG-Gebäude zu werfen; es war das am meisten gefährdete Objekt seines Wachzimmerbereiches. Als die Putschisten auf das RAVAG-Gebäude losgingen, eilte er von der gegenüberliegenden Gassenseite hinüber, um den Anschlag zu verhindern. Er wurde kaltblütig erschossen. Sein Tod brachte einige Verwirrung in den Anschlag. Die Putschisten konnten zwar ins Innere des Gebäudes eindringen, versperrten aber in der Panik die Haustür, so daß der sogenannte militärische Führer des Unternehmens nicht in den Senderaum dringen konnte, wo sich alles Weitere abspielte. Es war Domes, der den zur Durchgabe der Mittagsnachrichten bereiten populären Sprecher Theodor Ehrenberg zwang, anstatt der vorbereiteten Texte folgende quasi »amtliche Verlautbarung« durchzugeben:

»Die Regierung Dollfuß ist zurückgetreten. Dr. Rintelen hat die Regierungsgeschäfte übernommen.«

Dann suchte man eine Schallplatte, um die Wende in Österreich durch das Abspielen eines den Nationalen geläufigen Liedes signifikant zu machen. Es fand sich aber nur eine Platte mit einem populären Militärmarsch. Damit war der Überfall zu Ende. Der Generaldirektor der RAVAG, Oskar Czeija, schaltete nämlich rascher als der gesamte Polizeiapparat. Er veranlaßte die Unterbrechung der Leitung zum Sender Bisamberg und verständigte das Bezirkspolizeikommissariat Innere Stadt. Nach kurzer Zeit meldete sich bei Czeija telefonisch Doktor Rintelen und erklärte entrüstet, sein Name sei bei einer Mystifikation mißbraucht worden. Das war der erste Schritt des gewieften Routiniers in Richtung Flucht. Noch während dieses Telefonats trafen Einheiten der Alarmabteilung in der Johannesgasse ein. Sie schafften die Leiche des Bezirksinspektors aus dem Weg und begannen sofort mit der Erstürmung des von den Putschisten besetzten Hauses. Ab diesem Moment war das RAVAG-Gebäude in der Johannesgasse nur mehr ein Punkt an einer Nebenfront des ausbrechenden Kampfes. Alles entschied sich im Bundeskanzleramt, obwohl in den Bundesländern die Illegalen vielfach erst am 26. Juli losschlugen.

DAS STERBEN DES KANZLERS

Legenden, Mythen, Lügen

»Sie sind schon da!« Mit diesen Worten stürzte Major Wrabel in den Arbeitssalon des Bundeskanzlers. Es klang, als hätte der Gendarmerieoffizier das Kommen der Putschisten irgendwie erwartet. In diesem Augenblick war es 12,55 Uhr am 25. Juli 1934. Von dieser Sekunde an wird Dollfuß nur mehr zwei Stunden und 20 Minuten am Leben sein. Nach seinem Tod sollten die Uhren in Österreich anders gehen.

Wer waren »sie«? Vier Jahre nach dem 25. Juli 1934 enthüllte Reichsstatthalter Seyß-Inquart in der Uniform eines SS-Gruppenführers eine Gedenktafel, die rechts vom Einfahrtstor des ehemaligen Bundeskanzleramtes, der nunmehrigen Reichsstatthalterei, angebracht worden war. Der Text dieser Tafel, die heute längst wieder entfernt ist, besagte, daß am 25. Juli 1934 154 deutsche Männer der 89. SS-Standarte für Deutschland antraten und daß sieben von ihnen den Tod durch Henkershand fanden.

Der Texter der Inschrift vermied es richtigerweise, die 154 deutschen Männer als *SS-Männer* zu bezeichnen. Denn von den Putschisten waren am Tag des Überfalls auf das Kanzleramt nur etwa ein halbes Dutzend Angehörige oder auch nur Anwärter der SS. Es war vielmehr ein wilder Haufen, wie man damals zu einer Kampfgruppe sagte, deren Angehörige von sehr unterschiedlicher Herkunft und Anschauung, aber entschlossen waren, bei einer *Sache* mit äußerster Konsequenz mitzumachen. Man muß dem militärischen Führer des Überfalls auf das Kanzleramt, dem gewesenen Infanteristen Fridolin Glass, zugute halten, daß er während der Vorbereitung des Unternehmens nicht genügend Zeit hatte, auch noch die komplizierten Aufnahmeformalitäten zu besorgen, ohne die ein Bewerber nicht einmal *Anwärter* auf die Mitgliedschaft zur SS werden konnte. Wie bekannt, genügte für einen SS-Mann der später nach den Nürnberger Rassengesetzen einem gewöhnlichen Reichsbürger vorgeschriebene Ariernachweis nicht; vielmehr wurde im Reichssippenamt generationenweit in die Vergangenheit geforscht, ob der künftige SS-Anwärter nicht aus irgendeinem sinistren Ahnenerbe auch nur einen

Tropfen nichtarischen Blutes in seinen Adern fließen hatte. Die durch die Oberflächlichkeit Glass' und die Zeitverhältnisse fast unabweisbare Schlamperei rächte sich, denn unter den Männern, die am 25. Juli 1934 zu Mittag ins Kanzleramt eindrangen, befanden sich einige, die nicht einmal den simpelsten Ariernachweis erbringen konnten. Diese Männer haben damals nicht weniger Entschiedenheit an den Tag gelegt als die anderen, die nach 1938 in aller Form ihren SS-Rang bekamen.

Es waren aber auch andere Typen unter den Putschisten, die immerhin einige Erfahrungen im Begehen illegaler Handlungen hatten. Zwar war im Jahr 1934 jene große Zeit, in der nach dem Ersten Weltkrieg die nationalen *Freikorps* die Sache des sozialdemokratischen Regierungschefs der Republik von Weimar aus dem Feuer gerissen und mitgeholfen hatten, die Kommunistenputschversuche im Reich niederzuschlagen, vorbei, aber es gab genug junge Männer, die noch immer die Freikorpstraditionen hochhielten und sich in den Verbänden der Freikorps »Oberland« oder »Roßbach« im Kampfgelände der Zwischenkriegszeit auf ihre Weise betätigten. »Roßbacher« sind es auch gewesen, die in der Nacht zum 12. März 1938 auf eine Gruppe von Angehörigen der CV-Verbindung Austria, die dabei war, Plakate der VF zu affichieren, schossen und einige Plakatierer verletzten. Genaugenommen waren diese jungen Studenten die ersten, die noch während der Machtergreifung der Nationalsozialisten in Wien ihr Blut vergossen haben.

In der von Himmler erst im Frühjahr 1934 ausnahmsweise genehmigten SS-Standarte 89 machten einige Männer mit, die früher bei der HW gewesen waren, sei es als Einzelmitglieder, sei es als Angehörige eines der HW angeschlossenen Verbandes wie etwa der »Deutschen Wehr«, die von Anfang an, abweichend von der übrigen HW, braune Windjacken trug.

Es gab unter den Putschisten aber auch Männer, die noch im Februar 1934 in den Reihen des *Schutzbundes* gestanden waren. Unbedingte, denen es im Kampf gegen Dollfuß schon weniger auf die dazu aufgebotene Formation ankam, sondern auf das Mitmachen bei einem wilden Haufen, der vor nichts zurückschreckte. Man erinnert sich an jenen Spruch, der nach den Februarkämpfen 1934 in Wiener Betrieben zu hören war:

»Wenn die Nazis den Dollfuß und den Fey aufhängen, dann machen wir mit. «

Manche Unbedingte nahmen die Parole trotz eindringlicher Warnung des in der ČSR weilenden Otto Bauer blutig ernst. Zu diesen gehörten auch der 23jährige Josef Gerl und sein Genosse Rudolf

Anzböck. Beide hatten kurz vor dem 25. Juli, aber *nach* der Androhung der Todesstrafe für illegalen Sprengstoffbesitz, einen Sprengstoffanschlag auf eine Signalanlage der Donauuferbahn in Wien verübt. Davon und von den Folgen war schon die Rede; auch davon,
daß der im Gerichtsverfahren auf die gewaltlose Praxis der Sozialdemokraten verwiesene Gerl achselzuckend antwortete, *er stünde
schon den Nazis näher* . . .
Eine Voraussetzung traf beim Großteil der Putschisten zu: Zwei
Drittel von ihnen waren ohne Beschäftigung, darunter nicht wenige,
die wegen ihrer nationalsozialistischen Betätigung aus dem Bundesheer entlassen worden waren. Unter den normal aus dem Heer entlassenen Putschisten befand sich auch ein Angehöriger einer Wiener
Verbindung des CV; schon sein Vater hatte vor dem ersten Krieg dieser Verbindung angehört und gehofft, daß, so wie er, auch sein Sohn
einmal Konzeptsbeamter der Wiener Sicherheitswache werden würde. Der Sohn hatte während seiner Dienstzeit beim Heer genug Mu-
ße, um sein Jusstudium zu absolvieren; bis zur Teilnahme an der
Putschvorbereitung machte er beim Bezirksgericht Döbling Dienst
als Gerichtspraktikant, eine Voraussetzung für die Bewerbung um
Aufnahme in den Konzeptsdienst der Sicherheitswache. Lohn seiner
Teilnahme am Überfall auf das Kanzleramt war der sogenannte
»Blutorden«, der im Dritten Reich Männern verliehen wurde, die
unter Gefahr des Lebens im Kampf für die Bewegung des Führers angetreten sind; Blutordensträger besaßen eine Anwartschaft auf Respekt und Rang im öffentlichen Leben.
Fast einheitlich war die *Verkleidung* der Putschisten. Die meisten
machten in der Uniform des Infanterieregiments Nr. 4 mit, das diese
Regimentsnummer schon in der Zeit der Monarchie geführt hatte
und als die »Deutschmeister« nach wie vor populär war. Die Männer
waren hinreichend mit Waffen ausgestattet: Mannlicher-Gewehre,
Maschinenpistolen, neun schwere und drei leichte MGs. Ein Last-
kraftwagen war mit mehr als genug Munition beladen. Ein aktiver
Oberstleutnant des Heeres namens Sinzinger hatte Glass die Uniformen aus Heeresbeständen beschafft; er wird im Zweiten Weltkrieg
General und dann zeitweise Stadtkommandant von Wien sein. Die
Maschinenpistolen waren fabrikneu. Wie sie in die Hände der Putschisten kamen, ist nie vollends geklärt worden. Immerhin mußten
die damals modernen Waffen aus Beständen der Steyr-Werke beschafft worden sein. Ein HW-Mann soll in diese Manipulation verwickelt gewesen sein und – Major Wrabel.
Die Verkleidung der Putschisten brachte einigen von ihnen Rangabzeichen ein, die ihnen beim Dienst im Bundesheer niemals zugekom-

men waren. Nach den auf den jeweiligen Uniformkragen angebrachten Rangabzeichen war der Holzhändler Paul Hudl als Major der Ranghöchste; jener Hudl, der als erster das Vorhaben verraten hatte, trotzdem aber im Dritten Reich ungeschoren blieb. Im Ersten Weltkrieg war Hudl Reserveoffizier bei den Deutschmeistern, also Regimentskamerad von Fey; er war Inhaber des Ordens der Eisernen Krone, einer von subalternen Reserveoffizieren selten erworbenen Auszeichnung. Hudl, der Verräter, wurde Blutordensträger. So dankte ihm Heinrich Himmler jene Verschwiegenheit in der Verbotszeit, als Hudl mit gewissen Aussagen im Prozeß dem Dritten Reich viel Verlegenheit hätte einbringen können. Im März 1938 war Hudl längst aus der Haft entlassen, ehe Hitler ins Land kam. Allerdings wurde im Dritten Reich auf seine führende Tätigkeit in der nationalsozialistischen Ostmark verzichtet. Am 25. Juli figurierte er im Kanzleramt, er redete auf den sterbenden Kanzler ein, der so den Eindruck bekam, er hätte es mit einem echten Major und einer entsprechend starken Abteilung des Bundesheeres zu tun. Im Kanzleramt mußte der hochdekorierte Frontoffizier Hudl das Heft einem gewesenen Wachtmeister des Bundesheeres überlassen, der noch keine Kugel hatte pfeifen hören . . .

Nachdem Glass die Mitfahrt auf dem Munitionsfahrzeug versäumt hatte und in der Turnhalle sogar kurze Zeit arretiert gewesen war, fiel er im Kanzleramt als militärischer Führer des Anschlags aus. Diese Funktion ging daher auf den gewesenen Wachtmeister im Bundesheer Franz Holzweber über. Er war ein Mann von großer Entschlossenheit, einer jener Unteroffiziere, wie sie sich ein militärischer Vorgesetzter für seine Truppe wünscht. Als Hauptmann verkleidet, hat er sich vor allem dadurch ausgezeichnet, daß er Fey immer wieder harangierte und diesen zu Handlungen veranlaßte, die Fey bis auf den heutigen Tag den Verdacht eingetragen haben, er müßte doch irgendwie mit den Putschisten »im Bandl« gewesen sein, wie man in Wien sagt.

Jene Putschisten, die der gewesene nationalsozialistische Gemeinderat, aber noch im Dienst befindliche Kriminal-Bezirksinspektor Rotter für das Unternehmen auswählte, waren keine Feiglinge und keine Versager. Dafür hatte Rotter ein Auge; so wie aber die Dinge außerhalb seines Kontrollbereiches gerieten, geschah viel Murks.

Immerhin haben *alle* Putschisten, der elende Hudl miteingerechnet, während der Nacht auf den 26. Juli, als sie in der Turnhalle der Polizeikaserne in der Marokkanergasse vom Polizeivizepräsidenten unter harter Drohung aufgefordert wurden, den Namen des Dollfußmörders zu nennen, geschwiegen. Tags darauf meldete sich Planetta von sich aus.

Die Teilnahme von aktiven Sicherheitswachebeamten an dem Überfall war für dessen anfängliches Gelingen von entscheidender Bedeutung. Sie saßen während der Fahrt zum Ballhausplatz jeweils neben den Fahrern im Führerhaus und erweckten den Eindruck, als handle es sich um einen Heerestransport unter Polizeibedeckung. Diese Polizisten und der Infanterist Ernst Feike mußten mit der Todesstrafe rechnen, sollte man ihrer im Kampf habhaft werden oder das Ganze scheitern. Feike war der Säuberungswelle, die im Sommer 1933 nach dem Verbot der Betätigung für die NSDAP im Heer einsetzte, entgangen, so wie der spätere Generaloberst Rendulic und andere Offiziere aller Ränge. In dieser prominenten Umgebung fällt die Tat des Infanteristen auf. Man kann sie nur verstehen, wenn man den Haß bedenkt, der zwischen allen am Bürgerkrieg beteiligten Bevölkerungsgruppen herrschte. Ohne diesen Haß kein 12. Februar, kein 25. Juli.

Während also Wrabel das Kommen der Putschisten dem Kanzler meldete, drangen die rasch von den Fahrzeugen gesprungenen Putschisten ins Innere des Gebäudes vor. Sie überfielen die in den Stockwerken diensttuenden Sicherheitswachebeamten, die völlig perplex waren, als eine Überzahl von Bundesheerangehörigen mit Androhung von Waffengewalt auf sie eindrang und »Hände hoch!« befahl. Alle Büros des Kanzleramtes wurden vom Personal geräumt, die so Gefangenen im Hof versammelt und unter strenger Kontrolle gehalten. Die höheren Beamten wurden ausfindig gemacht und unter bedrohlichen Zurufen in einen Saal eskortiert. Für die Beteiligten war es eine als sehr peinlich empfundene Dienstpause, und viele Anhänger der Regierung machten sich während der folgenden fünf Stunden verständliche Sorgen darüber, ob sie lebend aus dem Kanzleramt herauskommen würden. Nur eine Handvoll Bediensteter begrüßte die Eindringlinge mit dem Deutschen Gruß . . .

Otto Planetta ging befehlsgemäß den Weg, den der Kriminalbeamte Kamba längst ausgekundschaftet und dem ehemaligen Stabswachtmeister ins Gedächtnis eingeprägt hatte. Ihm war aufgetragen, sich der Person des Kanzlers zu bemächtigen. Dann sollte Dollfuß gezwungen werden, freiwillig (!) zurückzutreten und zuletzt noch sein ehemaliges Kabinettsmitglied Anton Rintelen als wünschenswerten Nachfolger zu bezeichnen. *Der Tod des Kanzlers war der Anfang vom Scheitern des Unternehmens.* Aber Planetta zögerte nicht zu schießen, als er Gefahr lief, daß der Kanzler ihm entfloh. Die Schüsse auf Dollfuß sind aus nächster Nähe abgefeuert worden; es wäre für den gewandten und dem Kanzler körperlich weit überlegenen Planetta leicht gewesen, mit einem Satz an den Fliehenden heranzukommen und ihn an der Flucht zu hindern. Aber – er schoß. Als er später über das dadurch angerichtete Unheil nachdachte und der Familie des toten Kanzlers Abbitte leistete, war es zu spät. Unglücklich ist jedenfalls die nachher entstandene Version, wonach Dollfuß auf der Flucht mit Planetta zusammengestoßen sein soll und Planetta in einer Reflexbewegung schoß, oder gar die Version, daß Dollfuß den ihm körperlich überlegenen Mann angesprungen (!) habe, worauf sich die Schüsse *lösten.* Daß sich der Kanzler nicht einfach gefangen gab, hat er im Sterben dem Putschmajor Hudl erklärt, als dieser vermeinte, dem Kanzler wäre nichts geschehen, wenn er alles hingenommen hätte. Dollfuß' Entgegnung, er sei Soldat gewesen, ist für die ganze Lebenseinstellung dieses tapferen Mannes bezeichnend. Hierin hätte er manchem später betroffenen europäischen Regierungschef ein Beispiel sein können, ja müssen.

Planetta war im Waffengebrauch geübt. Mehrmals hat er als Soldat das Scharfschützenabzeichen erworben beziehungsweise den Besitz bestätigt erhalten. Praktisch war er im Gebrauch aller Infanteriewaffen bis zum MG ausgebildet, war also mehr als ein Gewehrträger. Daß die Freunde und Gefolgsleute des Kanzlers diesem Mann nicht glaubten, was er verständlicherweise nachher als Schutzbehauptung vorbrachte oder durch seinen Strafverteidiger vorbringen ließ, muß man wohl verstehen. Die Österreicher standen am Grab des Bundeskanzlers, aber unverändert tobte von rechts und von links eine gegen den Toten geführte Propaganda weiter, die noch 50 Jahre später einigen Jungen von damals nicht aus dem Sinn gekommen ist, etwa wenn einer der Prominenten der Zweiten Republik schrieb, Dollfuß wäre »*selbst durch seinen Märtyrertod nicht dem Belächeltwerden*« entgangen.

Es war Karwinsky, der zuerst Dollfuß in höchster Gefahr bei der Hand nahm, weil er einen geheimen Ausgang aus dem Kanzleramt zu kennen glaubte; und er tat gut, den Kanzler bei der Hand zu fassen, denn es ist gar nicht sicher, ob Dollfuß ohne diese Handlung je seinen Posten verlassen hätte. Nach 1945, als es bei der Neuwahl des Bundespräsidenten wegen der Risken des Besatzungsregimes darum ging, eine von ÖVP und SPÖ anerkannte Persönlichkeit der Wahl durch die Bundesversammlung zu stellen, wurde dem damaligen Generalsekretär der ÖVP von einem bewährten Großen der alten Arbeiterpartei bedeutet:

»Wenn schon einen, dann einen, den sie im Ernstfall *mit den Füßen* voran aus dem Kanzleramt schaffen müssen – wie den Dollfuß.«

Es war der getreue Türsteher Hedvicek, der Karwinskys Rettungsversuch vereitelte. Er war mit der Örtlichkeit in dem alten Palais besser vertraut als der Staatssekretär. Sein Fluchtplan war demnach aussichtsreicher, bloß kam er damit zu spät. Hedvicek bewog den Kanzler zur Umkehr. Man durchquerte nochmals den Arbeitssalon des Bundeskanzlers, und Hedvicek hoffte, im Ecksalon zu einem unscheinbaren Ausgang zu kommen, der in die im selben Gebäude befindliche Präsidentenkanzlei und von dort zu einer Wendeltreppe führte, über die man ins benachbarte Staatsarchiv, von dort durch ein unbewachtes Tor auf den Minoritenplatz gekommen und in Sicherheit gewesen wäre.

So weit gelangte man nicht. Planetta kam schon im Ecksalon zum Schuß. Was folgte und bis heute blieb, war typisch für ein gewisses Österreichertum. In diesem Land gibt es nicht jenes Geschichtsbewußtsein, das *gedächtnisstarke Nationen* wie Franzosen, Russen, Holländer und andere auszeichnet. In Österreich liebt man eher gewisse G'schichterln, die der Sensationsliteratur mehr verwertbaren Stoff liefern als die geschichtliche Wahrheit. Nicht nur das Ende des Kronprinzen Rudolf ist im In- und Ausland ein immer wieder ausgenütztes Sujet. Auch der Vater des unglücklichen Thronerben mußte es sich in der Zweiten Republik gefallen lassen, daß ihm eine zweite Ehe angedichtet wurde. Der bekannte Soziologe August Maria Knoll wollte einen Cartellbruder gekannt haben, der in der Dollfußzeit eine clandestine Ehe schloß und bei der Eintragung in die Geheimmatrikel im Erzbischöflichen Ordinariat die Ehe des alten Kaisers mit Frau Katharina Schratt entdeckt haben will; das aber genügte dem Boulevardblatt nicht, es enthüllte die Tagebuchaufzeichnungen einer Geliebten des Kaisers, deren Tochter sichtlich von hoher Herkunft war, als sie einen Künstler von Rang heiratete. Wie aber sollte in der Republik mehr Pietät gegenüber dem alten Kaiser geübt werden, wenn etwa ein Angehöriger des Hauses Österreich im Verlauf einer Fernsehdiskussion – ohne sich zu genieren – gestand, ihm sei es »Blunzen«, ob diese Ehe des alten Kaisers bestanden habe oder nicht. »Blunzen«, gut wienerisch für: Das ist mir egal. Und vielen Österreichern ist nicht nur die G'schicht des alten Kaisers mit der Kathi Schratt Blunzen, sondern die ganze Geschichte eines Reiches, dessen Mittelpunkt ihr Land einmal gewesen ist, ja eines noch viel älteren, weil 1000jährigen Reiches, das Karl der Große hinterlassen hat und dessen Insignien in Wien verwahrt sind.

Solche Legenden verdecken aber auch die geschichtliche Wahrheit. Die aber lautet etwa, daß schon im Jahr *1916* ein österreichischer Regierungschef aus politischen Gründen von einem prominenten Linksintellektuellen erschossen wurde; daß auf Bundeskanzler Ignaz Seipel *1924* ein Revolverattentat verübt wurde, das ernste gesund-

171

heitliche Schädigungen verursachte. In diesem Fall war der Täter in
seinem Betrieb von Kollegen darauf aufmerksam gemacht worden,
daß es in Österreich besser würde, wenn einmal der Seipel weg sei.
Auf Dollfuß wurde bereits im Oktober *1933* im Parlamentsgebäude
ein Attentat verübt; Täter war ein ehemaliger Soldat des Bundesheeres, der zum Kreis um Fridolin Glass und Franz Holzweber gehörte.
Nach dem Februar *1934* kursierte, wie erwähnt, in den Betrieben die
Parole, man werde mit den Nazis gehen, wenn diese den Dollfuß und
den Fey aufhängen. Am 25. Juli trafen die Schüsse. Damals konnte in
der Öffentlichkeit nicht mehr das verbotene schauerliche Singsang
ertönen, wonach dann, wenn das Judenblut vom Messer spritzt, bessere Zeiten zu erwarten wären. Nichts charakterisiert die Umorientierung der Schußrichtung besser als die Tatsache, daß der Text zuletzt so gelautet hat:
»Wenn 's Dollfußblut vom Messer spritzt, dann geht's uns wieder
gut!«
50 Jahre später redete man in Österreich, es habe verbale Drohungen
gegen die Schwarzen gegeben. Nie aber hätte man etwa in der Linken
zur Gewalt Zuflucht genommen. Ähnliches galt für die Propaganda
der illegalen Presse der Nationalsozialisten, die natürlich die letzten
Worte des sterbenden Kanzlers unterschlagen hat: Daß Dollfuß im
Sterben sich darauf berufen hat, daß er und die Seinen sich verteidigen mußten. Das wird im heutigen Österreich vielfach als Teil der
Legendenbildung der Schwarzen abgetan.
Presente cadavere setzte die Lügenpropaganda ein und behauptete
sich in gewissen Kreisen bis in die Zweite Republik:
Die Nachricht vom Geschehen im Kanzleramt alarmierte den väter-
lichen Freund und Cartellbruder des toten Kanzlers, Universitätsprofessor Leopold Arzt, der Mitglied des Bundeskulturrates war. Er
war es, der in pietätvoller Erinnerung und angesichts der verständlichen Sorge der Familie die ins Detail gehende gerichtsärztliche Obduktion im Universitätsinstitut verhinderte. Der Tote wies nur zu
offenkundig auf, was ihm zuletzt zu Lebzeiten widerfahren war. Dabei blieb Arzt auch nach 1945, obwohl ihm das inzwischen von gewisser Seite ausgestreute Gerücht zu Ohren gekommen war, wonach
er nicht als *Freund* an den Sarg des Freundes gekommen war, sondern als *Ordinarius für Haut- und Geschlechtskrankheiten* zwecks
Verhinderung einer Peinlichkeit, die sich bei einer Obduktion im Institut ergeben hätte (!). Ähnlich der Gerichtsmediziner Professor
Werkgartner, der sich nach dem Krieg zweimal zu Wort meldete,
weil hinter ihm das Gerücht her war, er hätte sich mit einer beiläufi-
gen Untersuchung der Todesursachen begnügt, um Weisungen von

höherem Ort, wo man angeblich nicht an der ganzen Wahrheit des Falles interessiert gewesen sein soll, nachzukommen. Arzt und Werkgartner haben dem Autor ihren damaligen Standpunkt rückhaltlos erklärt. In der Öffentlichkeit haben sie aber eine Legende, die nachher so gut in ein übles Image paßte, nicht aufhalten können.

Der konkrete Hinweis, wonach angeblich die beiden tödlichen Schüsse von zwei verschiedenen Schützen abgefeuert und von verschiedenem Kaliber gewesen sein sollen, konnte nie erbracht werden. Auch dazu liegen Legenden vor. So die Mitteilung an den Verteidiger Planettas, wonach den zweiten Schuß einer der hingerichteten Sicherheitswachebeamten abgefeuert haben soll, dessen Namen man aber mit Rücksicht auf den Ruf der Sicherheitswache sowie der Familie verschwiegen hätte. Der am Anschlag beteiligte Angehörige einer Verbindung des CV hat 20 Jahre nach dem Geschehen ein ähnliches Gerücht verbreitet, wonach er den Namen des zweiten Attentäters zwar kenne, aber nicht nennen wolle, weil es im Jahr 1975 noch lebende Angehörige desselben gegeben haben soll. Zuletzt, als Professor Werkgartner schon tot war, meldete sich dessen am 25. Juli mit ihm im Kanzleramt gewesener Obduktionsgehilfe und vertraute einem Gendarmen seine Erinnerungen an: Er will nicht nur zwei verschiedene Schußwunden und -kanäle gesehen haben, sondern auch zwei für verschiedene Kaliber typische Wundmerkmale. Also: Nicht nur zwei Schüsse, sondern auch zwei Schützen. Derlei gibt einiges her für Vermutungen eines auf fragliche Background-Information angewiesenen Schriftstellers, weil so das an sich tragische und verhängnisvolle Geschehen *geheimnisumwittert* ausschaut: Geheimnisse, die für das damalige System nützlich waren.

Selbstverständlich gibt es auch eine Aussage, wonach es Fey gewesen sein soll, der einen zweiten Schuß auf Dollfuß abgefeuert hat. Fey, der ja gewohnt war, zuzeiten mit Nazis unter einer Decke zu stecken. Dieses Gerücht verdanken wir Fritz Kreisler, der seine als Prozeßteilnehmer gewonnenen Eindrücke in einer Broschüre verwendete, die nach 1934 erschien und deren sich nicht nur illegale Sozis, sondern auch illegale Nazis gerne als Fundort bedienten.

Aber Fey war in dem Moment, da die Schüsse fielen, erwiesenermaßen nicht am Tatort. Nachher konnte er nur unter Bewachung durch die Putschisten mit dem sterbenden Kanzler reden. Und: Hätte Dollfuß zuletzt in so kameradschaftlicher Weise mit Fey geredet, wie es glaubwürdig überliefert ist, wenn er seinen »Mörder« an seinem Sterbebett gehabt hätte? Hedvicek hat vor 1938 Aussagen gemacht, die aber nach 1938 nicht ins Image des toten Kanzlers und dessen System paßten. Man hat daher Hedvicek richtig bekniet und von ihm

Aussagen verlangt, welche die Putschisten entlastet und das System bloßgestellt hätten. Hedvicek hat in der Tat viel erzählt, aber von seiner ersten Schilderung der Mordszene ist er nicht abgegangen.

Und so ist Dollfuß gestorben:
Nach den beiden tödlichen Schüssen ließ man ihn, ohne sich weiter um ihn zu kümmern, am Boden liegen. Solange er bei Bewußtsein war, hat er immer wieder mit leiser Stimme um Hilfe gerufen. Die Putschisten aber interessierte viel mehr die Frage, ob der Kanzler zum Schutz vor Attentaten eine Panzerweste trug. Man knöpfte ihm die Weste auf und war enttäuscht, daß er es tatsächlich gewagt hatte, in all den Gefahren ohne den damals schon von Staatsmännern getragenen Schutz in die Öffentlichkeit zu gehen. Bei dieser Gelegenheit nahm man dem Kanzler die Brieftasche ab. Nicht des Geldes wegen, sondern in der Erwartung, auf irgendwelche politisch wichtige Aufzeichnungen zu stoßen. Derlei fand man aber nicht. Nachher fingen die Bewacher eine Polemik an. Sie achteten nicht weiter auf den Wunsch des Sterbenden nach einem Arzt oder einem Priester, sondern machten ihm heftige Vorwürfe darüber, daß er das Verhältnis zum Reich vergiftet habe, daß er an den Nöten, in die viele Nationalsozialisten gekommen waren, schuld sei, daß er die anwesenden Bewacher um ihre Arbeit gebracht habe. Der Verwundete tat sich schwer bei diesem Gespräch; schließlich sagte er seinen Bewachern, daß sie die komplizierten Dinge, um die es hiebei ging, nicht verstünden. Jedenfalls hätte er den *Kampf* nicht gewollt, sondern *Frieden* und das *Beste für das Land.* Aber für die Bewacher war das Beste der unverzügliche Anschluß Österreichs an das Dritte Reich. Daß es dazu bis zum Tod des Kanzlers nicht kam, daran war dieser freilich erklärtermaßen schuld; er ahnte wahrscheinlich, so wie andere Österreicher von damals, daß die Sache mit Hitler letzten Endes nicht gut ausgehen würde, daher trat er dem Führer entgegen oder versuchte durch Mittelsmänner bei gefährlichen Situationen die gegebene Frist zu prolongieren.

Dann wurde den Bewachern das ewige Verlangen Dollfuß' nach einem Pfaffen lästig; die meisten verließen den Raum. Dollfuß verlor zeitweise das Bewußtsein. Einige seiner Wächter sahen sich nach ärztlicher Hilfe um und fragten die im Hof Konfinierten, ob sich ein *arischer* Arzt unter ihnen befände. Nicht einmal Dollfuß wollten sie einen nichtarischen Arzt zumuten. Da kein Arzt im Kanzleramt aufzutreiben war, die Putschisten aber nicht willens waren, wegen eines arischen Arztes oder wegen eines Pfaffen das Tor zu öffnen, fragten sie ihre Gefangenen, ob sich jemand auf Erste Hilfe verstünde. Es meldeten sich drei entwaffnete Sicherheitswachebeamte. Nach einem verachtungsvollen Blick auf diese »Dollfußwachter« bekamen die Oberwachmänner Greifeneder und Messinger die Möglichkeit, sich des Verwundeten anzunehmen. Hudl und Holzweber aber versuchten, den Sterbenden dazu zu bringen, daß er freiwillig resigniere und Rintelen als möglichen Nachfolger nenne. Nun gelang es den beiden Wachebeamten endlich, mit Hilfe eines Putschisten ein Rokokosofa an den Sterbenden heranzuschieben und ihn darauf zu betten. Einer der Putschisten brachte eine Schachtel mit Verbandszeug, eine Kanzleibeamtin steuerte ihr Fläschchen Kölnisch Wasser bei. Die Wachebeamten entfernten Rock, Weste und Hemd; dabei kam Dollfuß zu sich. Sofort verlangte er zuerst einmal seine Minister zu sprechen. Daraufhin kamen Holzweber, Hudl und ein Dutzend andere Putschisten in den Ecksalon. Der Kanzler wiederholte den Wunsch nach seinen Ministern, und als derlei abgelehnt wurde, fragte er Hudl, wie es den Herren gehe. Hudl, der in den Augen des Sterbenden ein wirklicher Stabsoffizier des Bundesheeres war, sagte zunächst, es ginge den Herren, also den Ministern, gut. Dann wollte Dollfuß, man möge den Duce bitten, sich seiner Familie anzunehmen. Hudl ging darauf nicht ein, sondern verlangte, Dollfuß möge dafür sorgen, daß Rintelen mit der Regierung betraut werde und daß die Exekutive nicht etwa einen Angriff auf das Kanzleramt unternähme.

Jetzt folgte das Gespräch mit jenem Fey, den man später als einen der beiden Schützen hingestellt hat, der angeblich auf den Kanzler geschossen haben soll. Fey wurde von Putschisten geleitet, die mit gezogener Pistole neben und hinter ihm hergingen. Dollfuß begrüßte seinen gewesenen Vizekanzler und seit Anfang Juli fast völlig entmachteten Mitarbeiter wie in alten Zeiten:

»Grüß dich Gott, Fey! Wie geht es dir, und wie geht es den anderen?«

Fey antwortete, es ginge ihm ganz gut, das sehe ja der Kanzler; die anderen Minister befänden sich wohl. Wieder bat Dollfuß, man möge Mussolini bitten, sich seiner Frau und der Kinder anzunehmen. Hudl unterbrach das Gespräch. Das interessiere ihn nicht, wie er sagte, vielmehr drängte er erneut auf die Berufung Rintelens und die Verhütung eines Angriffs der Exekutive auf das Kanzleramt. Der Oberwachmann Greifeneder hat sich bis zuletzt daran erinnert, daß der Kanzler nicht auf den Vorschlag Hudls einging, sondern wollte, daß Schuschnigg mit der Regierungsbildung betraut werde. Und nach einer kurzen Pause:

». . . falls der [Schuschnigg] *nicht mehr sein sollte,* Polizeivizepräsident Skubl.«

Wenn der Schuschnigg nicht mehr sein sollte. Diese Wendung konnte andeuten, daß Dollfuß im Moment nicht sicher war, ob Schuschnigg wirklich wohlauf sei. Dem bewährten Polizeivizepräsidenten Skubl traute der Kanzler offenbar eher zu, daß er sich dieser Leute erwehren könnte. Als man Fey von der Liegestatt des Kanzlers abdrängte, bat ihn Dollfuß, er möge sich der Frau und der Kinder annehmen. Eine Bitte, die er an den »Mörder« Fey wohl kaum gestellt hätte.

Nicht vollends verbürgt ist eine andere Antwort des Kanzlers an Hudl, wonach er gesagt haben soll, er sei nicht willens, Österreich jenen zu geben, die Österreich nicht wollen. Tatsächlich hat Österreich die Machtergreifung durch die Nationalsozialisten nur kurze Zeit überstanden, dann wurde es in Reichsgaue zerlegt, losgelöst von Wien und direkt Berlin unterstellt. Wer Dollfuß kannte, mutet ihm wohl heute noch zu, er habe bis zuletzt so gedacht, wie es ihm nachher in den Mund gelegt worden ist. Die Sicherheitswachebeamten, die sich seiner annahmen und deren Aussagen nachher, insbesondere nach 1938, als Ausdruck einer Liebedienerei angesehen wurden, haben jedenfalls die fragliche standhafte Erklärung des Sterbenden nicht gehört. Bei ihnen bedankte sich der hilflose Kanzler, ihnen vertraute er nochmals das Prinzip seines Widerstandes an:

»Ich habe ja nur den Frieden haben wollen. *Wir haben nicht angegriffen, wir mußten uns wehren . . .*«

Das traf in dem Maß zu, als der Dollfuß-Staat konzentrischen Angriffen der Illegalen, der Sozialdemokraten wie der Nationalsozialisten, ausgesetzt war, er aber dennoch wagte, was in *anderen Fällen* nach 1945 als höchste patriotische Tugend gefeiert wurde: es mit Hitler aufzunehmen, etwas, womit Briten, Franzosen, Russen und Amerikaner noch Jahre gewartet haben.

Während dieser Vorgänge im Ecksalon stand Fey unter dem Druck ständiger Forderungen, die von den Putschisten oft mit gezogener Pistole gestellt wurden. Sicher ist Fey den Angreifern in dem Sinn entgegengekommen, daß er alles in seinen Kräften Stehende tat, um einen bewaffneten Angriff auf das Kanzleramt und damit ein *Blutbad* zu verhindern. Je aussichtsloser die Lage der Putschisten wurde, desto pressanter wurden ihre Verlangen an Fey, von dem sie nicht wußten, daß er seit dem 10. Juli kaum mehr den Schatten jener Macht hatte, mit der er ein halbes Jahr vorher den Februaraufstand niedergekämpft hatte. Diese Machtlosigkeit Feys wurde von den im Landesverteidigungsministerium zusammengekommenen Regierungsmitgliedern bestätigt. Schuschnigg war inzwischen vom Bundespräsidenten mit der Führung der Regierungsgeschäfte beauftragt und mit

der Niederschlagung des Putschunternehmens betraut worden. Gestützt auf diesen Auftrag wurde verlautbart, daß alle Maßnahmen, die von den im Bundeskanzleramt gefangengehaltenen Geiseln erlassen würden, nichtig und keinesfalls zu befolgen seien. Fey ging unter dem wachsenden Druck der Putschisten immer mehr auf Forderungen ein, die er normalerweise zurückgewiesen hätte. So wenig das Gerücht vom Verrat an Dollfuß stimmt, so wenig stimmt auch jenes, wonach es Fey am 25. Juli an Courage gefehlt hätte. Fünfmal im Krieg verwundet, davon einmal schwer, versagte Fey, der in den Februarkämpfen sein Leben im Feuergefecht eingesetzt hatte, an jenem Unglückstag völlig. Dazu muß man seine Lage verstehen:
Die vor dem Kanzleramt massierten HW-Mannschaften wollten das Gebäude stürmen, im Landesverteidigungsministerium wollten die Minister Stockinger und Berger-Waldenegg als radikale Gegner der Nationalsozialisten Ähnliches. Ein solcher Angriff hätte nicht nur ein Blutbad angerichtet, sondern wäre auch für Dollfuß, dessen Sterben vor Fey längere Zeit geheimgehalten wurde, sofort der sichere Tod gewesen. Mit welchen Täuschungsmanövern Hudl und Holzweber agierten, geht unter anderem daraus hervor, daß sie den schwindenden Widerstandswillen ihrer Männer durch das Gerücht stärken wollten, wonach Rintelen schon zum Kanzler berufen sei, die Männer also keine Hochverräter im neuen System wären . . .
Gegen 15 Uhr starb Dollfuß. Bis zuletzt hat er es vermieden, Rintelen als seinen Nachfolger zu nennen, so wie er bis zuletzt dem Duce die Faschisierung Österreichs nicht zugesagt hat.
Fey wurde schließlich von Holzweber mit der Feststellung, es sei tatsächlich zur Berufung Rintelens gekommen, vollends willfährig gemacht. Er glaubte, daß er keinen Halt, keine Hilfe zu erwarten hätte, und unterschrieb ein Papier, in dem er angesichts der Kanzlerschaft Rintelens die Bevölkerung aufforderte, sich an die Weisungen des neuen Kanzlers zu halten, vor allem aber Ruhe zu bewahren. Mit diesem Papier wurde der mehrmals erwähnte Kamba ins Gebäude der Polizeidirektion geschickt. Der Polizeipräsident überließ das Falsifikat der Rumpfregierung, für die es gegenstandslos war. Die Lage Feys blieb schwierig. Einerseits befand sich zuletzt ein Abgesandter der Polizei (!) im Kanzleramt, um mit den Putschisten Fühlung zu nehmen, andererseits waren die vor dem Kanzleramt befindlichen HW-Einheiten nicht mehr lange von einem Sturm auf das Gebäude abzuhalten. Bis zu diesem Zeitpunkt haben Hudl und Holzweger zwar ununterbrochen auf Fey eingewirkt, immer wieder aber von einem formellen *Rücktritt* des Kanzlers und nicht von seinem *Tod* gesprochen . . .

Man kann heute mit einiger Sicherheit annehmen, daß der Kanzler trotz seiner schweren Verwundung zuletzt von dem furchtbaren Schock befreit war, der ihn anfangs befallen hatte, als er annehmen mußte, daß sich offensichtlich das Heer und die Sicherheitswache gegen ihn erhoben hatten und er selbst keine Macht zur Seite hatte, um diesem Anschlag zu widerstehen. Das wiederholte Verlangen Hudls und das energische Drängen Holzwebers, der Kanzler möge nur ja einen Angriff auf das Kanzleramt verhindern, mußte im Kanzler die Hoffnung erweckt haben, *daß es eine ihm getreue Exekutive gab* und daß seine Feinde nichts mehr fürchteten als deren Sturm auf das Kanzleramt.

Seine letzten Worte, die er an die ihm zur Seite stehenden Wachmänner gerichtet hat, kamen aus dem Mund eines Mannes, der um seinen nahen Tod wußte, der aber sichtlich gelöster war als in den qualvollen Minuten, während derer er unter der schrecklichen Erkenntnis litt, es sei den Nazis nicht nur gelungen, sich seiner zu bemächtigen, sondern auch den Ständestaat zu ruinieren.

»Ich lasse meine Frau und meine Kinder schön grüßen.«

Wie leicht kamen diese ganz unpathetischen »letzten Worte« von seinen Lippen, in denen sich doch das ausdrückte, was ihm am nächsten lag: die Liebe zu den Seinen, die er in der Hut des Duce hoffte.

Als Dollfuß starb, war das Kanzleramt von Soldaten, Polizisten, Schutzkorpsmännern und Angehörigen von Wehrverbänden, denen ein einheitliches Kommando fehlte, sowie bürokratischen Adabeis umstellt. Es gab daher keine klare Befehlsregelung. Heeres- und Polizeioffiziere maßten sich diese zuweilen – meistens erfolglos – ebenso an wie ehemalige Frontsoldaten, die glaubten, es handle sich um eines der oft geübten und ausgeführten Stoßtruppunternehmen auf eine feindliche Stellung. *Es war eine Patt-Stellung.* Die Besatzung des Kanzleramtes sah sich einer überwältigenden Zahl von zu allem fähigen Feinden gegenüber, vor denen sie nur die Drohung schützte, daß es bei einem Angriff um die Geiseln geschehen wäre. Die bereitgestellten Angreifer aber wurden ebenso vom Dasein dieser Geiseln gehemmt, das zu tun, woran ihnen gelegen gewesen wäre: die Putschisten auszuheben und ihnen das heimzuzahlen, was sie soeben im Land angerichtet hatten.

Fey, dessen Verhalten an jenem 25. Juli nachher, als alles vorbei und geschehen war, mit minutiöser Genauigkeit erkundet worden ist, hat erwiesenermaßen erst um 16.55 Uhr die Nachricht vom Sterben des Kanzlers erhalten. Und zwar *nicht im Kanzleramt,* sondern von außen her, in einem Telefonat mit dem Polizeivizepräsidenten von Wien, Michael Skubl. Skubl, der als Student aktiv in einer Wiener

Waffenverbindung war, bewies auch an diesem Unglückstag seine Entschiedenheit. Er war entschlossen, dem Wirrwarr unter den Belagerern des Kanzleramtes ein Ende zu machen und den Putsch rasch und unblutig zu liquidieren. Die Putschisten hielten Fey solange wie möglich in Unkenntnis der Tatsache, daß Dollfuß bereits tot war; eine solche Nachricht hätte ja Fey jede Möglichkeit entzogen, sich bei seinen Ministerkollegen zugunsten der Putschisten einzusetzen, unter denen sich der Mörder des Bundeskanzlers befand.

Die im Landesverteidigungsministerium versammelten Minister und Staatssekretäre beauftragten den HW-Mann Neustädter-Stürmer, damals mit der politischen Leitung des Sozialressorts betraut, mit den Putschisten Fühlung aufzunehmen. Neustädter-Stürmer, der zuletzt vor 1938 in Tangentialberührung mit den Illegalen kam, hat am 25. Juli keine gute Figur gemacht. Daß er dem Putschhauptmann Holzweber sein *Offiziersehrenwort* gegeben hat, das angeblich die Regierung band, die Putschisten nach Verlassen des Kanzleramtes unbehindert ins Dritte Reich ausreisen zu lassen, ist umstritten. Tatsächlich war das sogenannte Offiziersehrenwort, das verkleidete Putschisten, die sich ihrerseits zur kampflosen Räumung des Gebäudes verpflichteten, gegeben haben, ein Betrug und diese Abmachung als Ganzes keine Abmachung unter Offizieren. Wenn man schon auf einen vor 1918 üblichen Brauch zurückgriff, dann war dessen Anwendung 1934 auch deshalb invalid, weil ein gewesener Wachtmeister und ein als Major verkleideter ehemaliger Oberleutnant einem Oberleutnant der Reserve kein Offiziersehrenwort geben konnten, es sei denn, sie wollten ihn hinters Licht führen.

Während all dieses Wirrwarrs im und um das Kanzleramt saß der Generalstäbler der Aktion, nämlich Rotter, im Café Eiles wie auf Nadeln. Dem Kellner hatte er sich unter dem falschen Namen Kunz bekanntgemacht und gebeten, ihn bei jedem unter diesem Namen einlangenden Telefonat an den Apparat zu holen. Aber die Zeit verrann, das erwartete Telefonat aus dem Kanzleramt blieb aus. Rotter verließ für eine Weile das Café, um sich draußen ein wenig umzusehen. Es herrschte keinerlei außergewöhnliche Bewegung, kein Anzeichen einer Volkserhebung. Wie überhaupt im Juli 1934 die meisten Teile der Bevölkerung Wiens, anders als am 11. März 1938, an dem Unternehmen keinen Anteil genommen haben, auch nicht nehmen konnten, weil es ja ein *geheimgehaltener* Anschlag war und die Putschisten die Geheimhaltung wollten, die SA aber *vorsätzlich* von der Affäre ausgeschlossen worden war. Außerdem waren viele tausend Arbeiter nicht an dem »Wirbel am Ballhausplatz«, wie es im Wiener Stadion hieß, interessiert, sondern an einem Mitropacupspiel, in dem die ungemein populäre Meistermannschaft Admira gegen den aus dem Ausland gekommenen besonders prominenten Gegner einen fulminanten Erfolg errang. Rotter ging bald wieder ins Café zurück.

Holzweber gab an, er hätte mehrmals versucht, vereinbarungsgemäß Rotter im Café anzurufen, aber keine Verbindung bekommen. Übrigens war der Telefonverkehr an jenem Tag die einzige Einrichtung im Kanzleramt, die in beiden Richtungen anstandslos funktionierte. Rotter, dessen Erfahrung und Geschick der wertvollste Faktor des Unternehmens gewesen ist, kam am 25. Juli jedenfalls nicht so zum Einsatz, wie es wohl notwendig gewesen wäre. Er versuchte seinerseits, mit Glass, Wächter und Weydenhammer in telefonische Verbindung zu kommen, aber auch da hatte er kein Glück. Da war es gut, daß der spätere kommissarische Bürgermeister von Wien, Diplomingenieur und SS-Mann Blaschke, längst für die Flucht Rotters gesorgt hatte und dieser klugerweise in aussichtsloser Lage den besseren Teil des Mutes in Anspruch nahm. Er wäre ja im Betretungsfall unter dem Galgen zu stehen gekommen.

Blaschke war an sich ein Versager an jenem Tag. Er sollte eine Proklamation herausbringen, so wie das tags darauf in anderen Teilen Österreichs tatsächlich geschah, in der die Bevölkerung darauf hingewiesen werden sollte, daß nicht mehr Dollfuß, sondern Rintelen Kanzler sei, daß die Wehrverbände der bisherigen Regierung nicht länger Ordnungstruppe seien und – daß vor allem Ruhe die erste Bürgerpflicht sei. Es kam nicht zu dieser Information derer auf dem flachen Land rund um Wien. Im Gegenteil! Beim Durchsagen der falschen RAVAG-Meldung von der angeblichen Übernahme der Regierung durch Rintelen holte der gewesene Nationalrat und damalige Bundeswirtschaftsrat Georg Seidl, Inhaber der Goldenen Tapferkeitsmedaille für Offiziere, seine Bauern von der Ernte weg und machte sie mit einem halben Dutzend Lkws mobil in Richtung Wien. Andernorts trat die HW sofort an, ebenso die anderen Wehrverbände der Regierung, obwohl die Nationalsozialisten selbst in einigen Bundesländern erst am 26. Juli Ernst machten und losschlugen.

Der große Versager war der sogenannte Maturant Fridolin Glass. Er versäumte die Abfahrt des Konvois von der Bundesturnhalle in der Siebensterngasse; vor der kurz danach eintreffenden Streife der Sicherheitswache streckte er die Waffe. Nur die maßlose Schlamperei, die jetzt folgte, ermöglichte es Glass, der Arretur zu entkommen; er nahm nachher für sich in Anspruch, zum Kanzleramt geeilt zu sein, am Tor gerüttelt zu haben, aber nicht mehr eingelassen worden zu sein.

Wächter und auch Weydenhammer bemühten sich in diesen Stunden vergeblich, den versativen Rintelen bei der Stange zu halten. Als die RAVAG die von Putschisten mit Gewalt erzwungene Meldung vom Rücktritt des Kanzlers und von einer Kanzlerschaft Rintelens brachte, rief Rintelen bekanntlich bei der RAVAG an und stellte sich als Opfer einer Mystifikation hin. Die Putschisten hatten es schwer mit solch einem windigen Kanzlerkandidaten; aber Rintelen hatte seine Erfahrungen bei Putschunternehmen bereits 1931 während des Pfrimer-Putsches in der Steiermark gemacht. Damals war er heil davongekommen, nachher sogar noch in Wien Minister geworden, weil seine alten christlichsozialen Freunde nicht glauben konnten, daß so ein solider Universitätsprofessor gemeinsame Sache mit Putschisten macht. 1934 entkam der nunmehrige Gesandte dem immer mehr auf ihn einredenden Wächter dadurch, daß ihn ein Anruf Schuschniggs erreichte, durch den er ins Landesverteidigungsministerium gebeten wurde. Wieder glaubte Rintelen, noch auf einen anderen anfahrenden Zug aufspringen zu können; er brach den Kontakt mit den Putschisten endgültig ab und eilte zur Regierung ins ehemalige k. u. k. Kriegsministerium.

Je mehr die Zeit verstrich, desto mehr verstrickte sich Fey angesichts der oft bedrohlichen Haltung der Putschisten in unglaubliche Aktivitäten. Die momentane Situation im Kanzleramt war nicht eine, in der sich ein Infanterieoffizier, der sich in den Isonzoschlachten fünf Verwundungen, darunter eine schwere, und den Militär-Maria-Theresien-Orden geholt hatte, auszeichnen konnte. Vor eine Aufgabe gestellt, wie sie Fey im Februar 1934 im *offenen Kampf* und unter mehrmaliger Lebensgefahr bestanden hat, hätte er auch am 25. Juli seinen Mann gestellt. Inmitten des Durcheinanders, das die Putschisten *im* Kanzleramt und seine Anhänger *vor* dem Palais angerichtet hatten, fand er sich nicht zurecht. An sich hätte er beim Kommen Neustädter-Stürmers erkennen müssen, daß dieser Minister und nicht er bestimmt war, die Situation am Ballhausplatz zu klären und zu Ende zu bringen. So war es der Wunsch seiner Ministerkollegen, namens derer Schuschnigg bereits öffentlich bekanntgegeben hatte, daß niemand dem Folge leisten dürfe, was die als Geiseln gehaltenen Gefangenen im Kanzleramt verlangten. *Das traf vor allem Fey.* Die Putschisten benützten ihn jedoch bis zuletzt als ihren Popanz; ein Zeichen, daß sie willens waren, sich in verzweifelter Lage auch an einen Strohhalm zu klammern. Sie führten Fey mehrmals in Freiheit dressiert auf den Balkon des Kanzleramts, damit er ihnen jene Belagerer vom Hals hielte, die entschlossen waren, die Putschisten so oder so auszuheben und Rache zu nehmen.

Zwischen dem, was die Putschisten wollten, und dem, was Neustädter-Stürmer bieten konnte, gab es Unterschiede. Mit dem fraglichen Offiziersehrenwort Neustädter-Stürmers glaubten die Putschisten sich den freien Abzug und die Reise ins Dritte Reich gesichert zu haben. Wer aber garantierte ihnen, daß während der Fahrt ins Reich auf österreichischem Gebiet nicht eine Heimwehrtruppe den Transport überfallen und die versprochene Rache nehmen würde? Holzweber schlug vor, man möge ihm und seinen Leuten Geiseln mit auf die Fahrt geben, um so sicher die Reichsgrenze erreichen zu können. Auf Geiseln ließ man sich aber nach dem Tod des Kanzlers von Regierungsseite nicht ein. Bemerkenswert ist, daß bei Anbahnung der Gespräche zwischen den Putschisten und der Regierung auf beiden Seiten vermieden wurde, auf die Tatsache einzugehen, daß der Kanzler bereits tot war. Hätte Neustädter-Stürmer dies vorweg ostentativ festgestellt, dann wären von seiner Seite aus weitere Verhandlungen illusorisch gewesen; dann wäre es vielleicht zu Verzweiflungs- und Racheakten, zu einem Blutbad gekommen. Das heraufzubeschwören war nicht Sache der Regierung, die auch ihre im Kanzleramt festgehaltenen Mitarbeiter vor derlei Exzessen schützen mußte. Schuschnigg hat wohl gewußt, warum er den sehr versativen Neustädter-Stürmer zum Kanzleramt schickte und nicht den ansonsten amtierenden Leiter des Außenressorts Berger-Waldenegg, der seit dem Pfrimer-Putsch ein enragierter Feind der Nazis war; oder den besonderen Freund und Bundesbruder des Toten, nämlich Handelsminister Stockinger, der so wie Berger-Waldenegg entschieden gegen jedes Unterhandeln mit Menschen war, die Dollfuß umgebracht hatten . . . .

Als die schon sehr verunsicherten Putschisten von den vor dem Kanzleramt stehenden HW-Männern hörten, daß keine Putschisten je die Grenze zum Dritten Reich überschreiten würden, wollten sie eine Garantie des deutschen Gesandten für die Reise ins Reich. Nochmals mußte Fey intervenieren. Der Gesandte kam nämlich nicht auf einen Anruf Holzwebers hin ins Kanzleramt; Fey mußte ihn telefonisch dazu bringen. Der Gesandte Rieth kompromittierte sich an jenem Tag dermaßen, daß es heute, trotz tagtäglicher Geiselnahmen und Terroranschläge, im Rückblick auf *damals* fast unverständlich ist, daß sich ein Berufsdiplomat auf eine solche Affäre an seinem Dienstort (!) einlassen konnte. Aber Herr Rieth war immerhin schon Reichsbeamter im Führerstaat; ihm war seit dem 30. Juni jenes Jahres bekannt, was im Dritten Reich Männern geschah, die Verrat an der Sache des Führers übten. War es nicht denkbar, daß der Führer etwa vom Einsatz einer *regulären SS-Einheit* wußte, der es darum ging, ein lästiges Hindernis auf dem Weg der Politik ihres

Führers zu beseitigen? Irgend etwas also mußte getan werden, um diesen SS-Männern in ihrer Not zu helfen. Also machte sich Herr Rieth auf den Weg, hoffend, am Ballhausplatz schon irgendeinen der Systempolitiker zu treffen. Zunächst redete er aber mit Holzweber und anderen Putschisten *im Kanzleramt*, das unter den gegebenen Umständen zu betreten für einen bei der Regierung akkreditierten Gesandten eine Ungeheuerlichkeit war. Irgendwie spürte Herr Rieth das wohl auch. Inzwischen war es nämlich Karwinsky und Fey ermöglicht worden, das Kanzleramt zu verlassen. Zu letzterem sagte der Gesandte nach dem Gespräch mit den Putschisten: »Tolle Sache das, ni' wahr?«

Es wurde nichts mit der Fahrt für die Putschisten mit den Geiseln ins Dritte Reich, es wurde auch nichts mit der Frist, die Neustädter-Stürmer für den freien Abzug der Putschisten gestellt hatte. Diese gaben zuletzt einfach auf, glaubten sicher und in wenigen Tagen im Dritten Reich zu sein. Diese Aussicht wog schon mehr als der Wille, bis zum Letzten auszuharren. Sie warfen die Waffen weg, öffneten das Tor, durch das sie vor wenigen Stunden so siegessicher gekommen waren, und überließen es der Sicherheitswache und der HW, im Haus Ordnung zu machen. Im Anfang war das Durcheinander im Haus so groß, daß sich einige Putschisten unter ihre bisherigen Gefangenen mischten und mit ihnen zusammen das Haus verlassen konnten. Im übrigen folgten sie dem Drängen der Wachmänner, als diese sie raschest in Polizeifahrzeuge bugsierten. Auch die Polizei hatte für den Tag genug an dramatischen Szenen; und eine solche drohte: Schon die Unterbringung der Putschisten in den Polizeifahrzeugen erfolgte gegen den tobenden Widerspruch und beginnenden Widerstand der Regierungsanhänger, zumal der HW-Männer. Ehe noch die unförmigen Wagen richtig in Fahrt kamen, hielt sie in der Löwelstraße ein wilder Haufen auf, die Wachmannschaft konnte nur mit Gewalt und der Androhung des Waffengebrauchs verhindern, daß es nicht zur Lynchjustiz kam.

Nach allem, was an diesem Tag geschehen und den SS-Männern zuletzt widerfahren war, sind diese froh gewesen, im Turnsaal der Polizeikaserne in der Marokkanergasse, fernab von den Gefahren der Stunde, sicher zu sein. Noch bestand ja die Hoffnung, daß die Ausreise ins Dritte Reich ihnen den verdienten Lohn einbringen würde. 1938 würde man die sogenannte Marokkanerkaserne in »Steinhäuslkaserne« umbenennen, nach jenem Hofrat Steinhäusl, der nach einem eventuellen Sieg der Nationalsozialisten am 25. Juli Polizeipräsident von Wien hätte werden sollen, der aber statt dessen zunächst eine Kerkerstrafe bezog, aus der er aber im März 1938 schon seit Wochen befreit war, um im dann tatsächlich nationalsozialisti-schen Wien Polizeipräsident zu werden. Ein gütiges Schicksal er-sparte es Steinhäusl, den sogenannten Rückbruch im Frühjahr 1945 auch noch zu erleben . . .

1938 brachten die Illegalen den Aufruhr in Wien zustande. *1934 aber* rührte sich keine Hand für sie. Vergebens versuchte Wächter nach dem Versagen der SS-Standarte 89 im letzten Moment die SA zu mobilisie-ren. Die SA-Führer der Stadt hatten in einem Nobelquartier im Bezirk Wieden Lauerstellung bezogen. Aus Niederösterreich war der Führer der dortigen SA-Gruppe, Parteigenosse Türk, ins Hotel St. James ge-kommen. Er traf mit Führern der Wiener SA zusammen, unter denen sich ein Graf Hardegg befand, dessen Name allein bisher der Polizei Gewähr bot, daß sich in seiner Umgebung keine Illegalen herumtrie-ben. Viel wurde nicht aus dem Gerede: eine Führerbereitschaft. Als es aber um einen Marschbefehl ging, machten die Niederösterreicher nicht mit. Noch immer gab Wächter nicht auf. Zu gut kannte er windi-ge Typen in der HW, die immer zu haben waren, wenn es gegen die *Schwarzen* ging. Aber die Idee, diese Mittelsmänner wären imstande gewesen, noch einmal *Fey* als Popanz zu benutzen, war ein Irrtum. Im-merhin hat selbst dieses Gerede unter Illegalen dazu beigetragen, einen weiteren Schatten auf die Person Feys zu werfen. Einen Schatten zu verbreiten, das ließen sich fortan auch HW-Kameraden Feys angele-gen sein, die schon in diversen Kaffeehausecken kurbelten und am letzten Ministersessel, der Fey geblieben war, sägten. Diese Sägearbeit ist jedoch eine der Gemeinsamkeiten, die Demokratien ebenso an sich haben wie autoritäre Systeme oder Diktaturen.

Am Abend des 25. Juli herrschte Ruhe in den Straßen Wiens. Die *Re-volutionären Sozialisten freuten* sich über das Ende Dollfuß', aber sie trauerten zugleich um ihren hingerichteten Genossen Josef Gerl, für den der Jude Berliner noch am 24. Juli bei Dollfuß hatte intervenie-ren lassen, nicht wissend, daß es sich bei dem Unglücklichen um einen Kämpfer handelte, der eher schon auf die Kampfstärke der Na-zis zählte. Ein am 25. Juli ausgegebener Alarm für die Wehrverbände konnte für Wien schon am nächsten Tag abgeblasen werden. Die Wiener haben sich aber nicht schlecht gewundert, als sie an eben die-sem Tag *nach* dem 25. Juli erfuhren, daß jetzt erst die Nazis in eini-gen Bundesländern zuschlugen und es zu blutigen Kämpfen kam.

In Wien besetzte die Eisenbahnwehr der HW die Bahnhöfe, die Generalpostdirektion wurde vom Post- und Telegraphenregiment der HW unter Kontrolle genommen. Beide Formationen waren im Juli 1934 zahlenmäßig noch stark und ebenso wie im Februar des Jah-res schlagkräftig.

Die Macher des Putsches machten sich davon. Wer so klug und erfahren war wie Rotter, der verschob den Zeitpunkt der Flucht, bis die Aufregung des Putschtages der landesüblichen Lässigkeit wich. So kam Rotter erst in der letzten Augustwoche nach Berlin.

Weydenhammer genoß den Vorteil, als Reichsbürger den Schutz seines Gesandten in Anspruch zu nehmen. Der glaubte seinem Schützling allerdings nicht die für Berlin gedachte Version, wonach das *Bundesheer* geputscht habe; aber er leitete sie weiter, denn er hoffte, so aus dem Schatten einer SS-Aktion zu kommen. Weydenhammer gab er ein Diplomatenauto und seinen Legationsrat Altenburg mit auf den Weg. So kam Weydenhammer in die verachtete Tschechei und in Sicherheit. Er hatte genug von der Weltpolitik und tat sich fürder in Wirtschaftsfragen um.

Wächter hatte nicht nur in Wien dank seiner Familienbeziehungen viele Freunde, sondern auch in Budapest, wo sein Vater einmal gedient und auch sonstige Beziehungen hinterlassen hatte. Keine Nazis, aber Menschen, denen jeder Schwarze ein Greuel war. Einer der guten Freunde verschaffte Wächter Passage auf einem donauabwärts fahrenden Schiff der Donau-Dampfschiffahrts-Gesellschaft. Wächter reiste nicht so nobel wie Weydenhammer über die Grenze zur ČSR, aber einigermaßen sicher in der Verkleidung als Matrose. Beim Halt im tschechischen Preßburg zitterte Wächter wohl einen Moment, aber die Polizei der ČSR hatte nichts gegen politische Flüchtlinge aus Österreich, es kamen ja ohne Unterlaß unterschiedliche, und dieser Strom würde bis zum Untergang Österreichs im Jahr 1938 nicht abreißen. Auf diese Weise ist Wächter nach Budapest gelangt. Der sogenannte militärische Führer des Putschunternehmens, Fridolin Glass, kam ohne große Aufregung in die Tschechei und von dort ins Dritte Reich.

Prominente Heeresoffiziere, die Parteigenossen aus der Vorverbotszeit waren oder den Putschisten geholfen hatten, schützte die Uniform vor bösem Verdacht. So jenen Stabsoffizier Sinzinger, der für den Juliputsch die Uniformen beschaffte und im Dritten Reich dann eine Zeitlang Stadtkommandant von Wien war. Der spätere Generaloberst des deutschen Heeres Rendulic erlebte den Juliputsch in seiner Eigenschaft als österreichischer Militärattaché, allerdings auf Urlaub in Österreich; er nahm in seinen Erinnerungen wenig Bezug auf dieses Ereignis in Österreich, verwies lediglich darauf, daß diesmal Mussolini wegen des Putsches zur Abwehr einer Aktion des Dritten Reiches einige Divisionen an die österreichische Grenze verlegen ließ. Bei seiner Rückkehr nach Paris erfuhr er dann, daß auch Jugoslawien einige Divisionen an die österreichische Grenze gelegt hätte;

dies aber, so wörtlich, nicht als eine gegen Deutschland gerichtete Maßnahme. Ende 1934 machte ihn der Staatssekretär für Landesverteidigung, General Zehner, darauf aufmerksam, daß gegen ihn in diplomatischen Kreisen einiges Unbehagen bestünde und er im neuen Jahr mit der Abberufung aus Paris rechnen müßte. Erst Ende 1935 wurde aber seine Mitgliedschaft in der NSDAP releviert, die in Kameradenkreisen längst ein offenes Geheimnis war. Seiner Versetzung in den zeitlichen Ruhestand folgte eine ungemein erfolgreiche und im Krieg bewährte Laufbahn in der deutschen Wehrmacht. Zehner wurde nach dem Anschluß freilich anders behandelt. Man schreibt ihm Selbstmord zu, seine Witwe hat aber zu Lebzeiten nie aufgehört, derlei als üble Nachrede hinzustellen und Besucher auf die Einschußstellen in ihrer Wohnung aufmerksam zu machen.

Wie wenig berechtigt das Gerücht von einem noch unter Dollfuß drohenden *Militärputsch* war, ergab sich nach 1938 eindeutig. Wenn auch der 1938 nach der Unterredung Schuschniggs mit Hitler in Berchtesgaden berufene letzte Generalstabschef des Bundesheeres später in der deutschen Wehrmacht als General der Infanterie reüssierte und bei seinem Tod 1940 ein Staatsbegräbnis mit allen militärischen Ehren erhielt. Sicher ist jedenfalls, daß in der Zeit vor 1938 der spätere Generaloberst der Luftwaffe, Löhr, kein Nazi war. Er hat mit Geschick bis 1938 eine österreichische Luftwaffe aufgebaut; im Krieg kommandierte er zunächst die Heeresgruppe C und erst nachher die Heeresgruppe E, die in den Schluchten des Balkans ständig in schwerste Kämpfe mit jenen Partisanen verwickelt war, die nach den gültigen militärischen Kapitulationen der Banden Jugoslawiens und Griechenlands einen damals völkerrechtswidrigen Kampf weiterführten. Löhr konnte im Zusammenbruch seinen Truppen einen Rückzug durch dieses Gebiet der Partisanenkämpfe bahnen. Nach dem Krieg wurde er an Jugoslawien ausgeliefert. Das Todesurteil gegen ihn wurde aber nicht am Galgen vollzogen. Serben sind zwar unerbittlich harte Kämpfer, aber Soldaten. Sie gönnten dem Österreicher die Kugel.

Als in der Heimat nach langen Jahren dem Flieger Löhr von einstigen Fliegerkameraden in Wien eine Gedenktafel gewidmet wurde, mußte diese über behördlichen Auftrag entfernt werden. Niemand ahnte zunächst, daß im Land die Uhren wieder anders gingen. Oft wurden rücksichtslos Gräben und Gräber der Vergangenheit aufgerissen. Was einmal als Bewältigung der Vergangenheit einigen Sinn und Zweck hatte, geriet zu einer *Überwältigung* historischer Wahrheit und erlebten Schicksals. Theodor Körner hat zum Problem des ewigen Friedens zuzeiten gesagt, die Menschen würden sich immer wieder schlagen und vertragen, so lange bis *ein* Mensch auf Erden lebt. Damit ist der Unsinn widerlegt, wonach allen Ernstes immer wieder Gericht gehalten wird nach einem Konflikt unter Menschen, als geschähe es tatsächlich, daß ein Teil *alle Schuld* auf sich lädt, der andere aber, dann *schuldlos,* zu Gericht sitzt.

Dollfuß hat zuletzt beim Sterben wohl den anfänglichen Eindruck überwunden, als wäre er bei einem Aufruhr des Bundesheeres überfallen und sein Lebenswerk vernichtet worden. Erst in der qualvollen letzten Stunde seines Daseins erkannte er aus untrüglichen Anzeichen, daß er selbst wohl einem Putsch zum Opfer gefallen war, daß es aber nicht das Heer war, das ihm und dem Land dieses Schicksal bereitet hat. Das österreichische Heer hat in den Jahrhunderten seiner Geschichte, anders als die Heere der meisten anderen Großmächte, *nie geputscht.* Auch die großartige literarische Kunst des Geschichtsprofessors der Universität Jena, Friedrich Schiller, kann nicht beweisen, was es nie gegeben hat. Wallenstein, der Schöpfer dieses Heeres, ist von vielen Zweifeln und Verdächtigungen umwittert, aber er hat nicht, wie es Schiller andeutet, seinen Obersten Kriegsherrn und das Reich verraten. Dieser Ruf gebührt auch dem Bundesheer, das sich im Jahr nach dem Tod Dollfuß' zu einer erneuten moralischen und materiellen Rüstung bereitgemacht hat. Es hat auch diese letzte Epoche vor dem Zweiten Weltkrieg in Ehren bestanden. Befehlsgemäß hat es in der Nacht zum 12. März 1938 nicht auf die zum Einmarsch in Österreich befohlenen Truppen der deutschen Wehrmacht geschossen. Nicht Angst oder gar Feigheit löste diesen Befehl aus, sondern ein Bewußtsein um ein Kontinuum, das erst zerbrach, als das Experiment des Dritten Reiches in der Katastrophe Europas unterzugehen begann.

Aber bis zum Jahr 1938 sind mehr Österreicher im Kampf gefallen als zwei Jahre später bei der Verteidigung des Königreiches Dänemark gegen jene Armee, auf die die Österreicher 1938 nicht geschossen haben. Dollfuß war der *einzige* Regierungschef, der auf seinem Posten gegen den Hitlerismus fiel; 1940 überdauerte der sozialdemokratische Ministerpräsident Dänemarks sogar die militärische Eroberung seines Landes durch die kämpfenden Truppen des Dritten Reiches . . .

DER KAMPF GEHT WEITER

Explosion in Wien – Flächenbrand in Österreich

Was nur wenige Österreicher geahnt hatten, die meisten Österreicher am Abend des 25. Juli nicht für möglich gehalten hätten, das geschah. Nach dem Ende des Anschlags auf das Bundeskanzleramt in Wien und dem Tod des Bundeskanzlers trat in einzelnen Bundesländern nunmehr *die SA in den offenen Kampf mit der Exekutive* und den Wehrverbänden. Dieser sogenannte Juliaufstand 1934 unterschied sich in vieler Hinsicht vom Februaraufstand desselben Jahres. Bezeichnendster Umstand war, daß die Zahl der Opfer der Exekutive und der Wehrverbände im Juli bei weitem die Zahl jener Verluste überschritt, die der Schutzverband im Februar beiden Formationen abgefordert hatte; damals im Februar 125 Tote, nunmehr im Juli 150. Die SA hat im Juli der HW die meisten Opfer unter jenen, die zur Verteidigung des Dollfuß-Staates angetreten waren, beigebracht.

Die Zahl der Mehropfer war insofern überraschend, als im Februar die Exekutive und die Wehrverbände gegen *feste Gebäude* vorgehen mußten: Gemeindewohnbauten, Arbeiterheime und Konsumgenossenschaftsgebäude, in denen der Schutzbund in lange vorher erkundeten Stellungen kämpfte, in denen sich meistens auch die Waffendepots des Schutzbundes befanden und wo er auf die moralische Unterstützung der in diesen Gebäuden ansässigen Gesinnungsgenossen rechnen konnte. Diese drei wichtigen Faktoren kamen im Juli der SA und ihren Mitkämpfern nicht zugute; sie kämpften vielfach im *freien Gelände,* hatten längst nicht jene Feldübungen hinter sich, die im Schutzbund sehr zum Ärger Theodor Körners üblich waren. Die Waffenbestände der Nationalsozialisten waren, noch mehr als jene des Schutzbundes, bis zum Ausbruch des Kampfes von Razzien der Exekutive heimgesucht worden, vielfach wurden sie wohl von einer den Illegalen nahestehenden Nachbarschaft verschwiegen, dafür aber von erschreckten Bürgern, die vom Bürgerkrieg genug hatten, den Behörden genannt. Parteiheime sowie Konsumvereine hatte eben nur die sozialdemokratische Bewegung in Österreich. Und nicht zuletzt: Hinter dem Schutzbund stand im Februar eine organisierte und keineswegs verbotene Sozialdemokratische Arbeiterpartei, eine intakte Massenpartei, die trotz des unablässigen Drängens Mussolinis noch nicht von der Regierung unterdrückt worden war, während die *Betätigung* für die NSDAP sowie für den zu ihr übergegangenen Steirischen Heimatschutz schon seit dem 19. Juni 1933 verboten war. Die unablässige Kampftätigkeit der verbotenen nationalsozialistischen Bewegung und ihrer Kampfverbände hatte in dem Jahr zwischen dem Betätigungsverbot und dem Juliputsch zwar die Kampfkraft der Bewegung intakt gehalten, von einer Massenbewegung aber, wie sie einmal die SDAPÖ entfalten konnte, ist in Österreich im Falle der NSDAP bis zum Anschluß nie die Rede gewesen.

Das Kampfziel des Schutzbundes vom Februar 1934 und jenes der Nationalsozialisten im Juli war das gleiche: Sturz der Regierung Dollfuß, gewaltsame Machtergreifung im Staat und Ausrottung aller Überbleibsel des Dollfuß-Staates. In jedem Fall griff bezeichnenderweise eine Minorität eine im Besitz der Macht befindliche momentane Majorität an. Der Schutzbund kämpfte im Februar nicht für die Rückkehr auf den Boden der Verfassung 1920/29, vielmehr war er in dem Sinn »Demokratie ist nicht viel, Sozialismus ist das Ziel« ausgerichtet. Ebensowenig kämpfte die SA unter dem starken Eindruck des im Dritten Reich bereits voll entwickelten Führerstaates etwa für die von ihr zutiefst verachteten Grundsätze, auf denen seit 1918 im Deutschen Reich die Republik von Weimar, in Österreich der aus dem Umsturz von 1918 hervorgegangene Staat entstanden war. Schutzbund und SA wollten 1934 nicht die Wiederholung des Verfassungsexperiments von 1918, sondern dessen Beseitigung. Der an die Regierung Dollfuß gerichtete Vorwurf, wonach nur diese 1933 einen Bruch der Rechtskontinuität im staatlichen Leben vollzogen haben soll, ist unzutreffend, weil dieser Bruch bereits 1918 vollzogen worden war und keiner der beiden Gegner des Kanzlers darauf aus war, etwa das bereits längst gestörte Verfassungsexperiment von 1918 zu wiederholen. Die SDAPÖ war die erste und lange Zeit die einzige Partei in Österreich, die ihren Gegnern im Falle des Widerstandes die Diktatur angedroht hat, sofern sich diese nicht dem eisernen Gesetz des Austromarxismus unterwerfen sollten. Der seit 1933 im Dritten Reich entwickelte Führerstaat schloß grundsätzlich alle Elemente der parlamentarischen Demokratie und des Parteienstaates aus.

Die am 26. Juli zum Kampf gegen die Exekutive und die Wehrverbände antretenden Nationalsozialisten hatten in den bisherigen unablässigen Angriffen auf den Dollfuß-Staat in blutigen Auseinandersetzungen dem Gegner schwerste Opfer abverlangt und eigene dabei nicht gescheut. Der Angriffswille war ungebrochen, die Nachricht vom Scheitern des Anschlags auf das Bundeskanzleramt hatte ihre Ungeduld nicht gedämpft, sondern eher die Überzeugung gestärkt, daß das, was den Parteigenossen in Wien fast geglückt wäre, den ungleich kampfstärkeren in den Bundesländern um so eher gelingen müßte: die Beseitigung der Hinterlassenschaft des Dollfuß und die Machtergreifung im Staat. Im Gegensatz zur Regierung und deren Wehrverbänden hatten die Nationalsozialisten einen Vorteil für sich: Während die Regierung nach wie vor einen Zweifrontenkrieg gegen Rot und Braun führen mußte, konnten die Nationalsozialisten erwarten, daß es in ihrem Fall zu einem alleinigen Frontalzusammenstoß zwischen ihnen und den Anhängern der Regierung kommen werde, während dessen sich die Sozialdemokraten untätig verhalten würden. In einer Weise machte sich die Neutralität der Nationalsozialisten, die sie erklärtermaßen im Februar 1934 geübt hatten, jetzt bezahlt. Dabei war es aber selbstverständlich, daß nach einem Ende des Dollfuß-Staates der Führer niemals zulassen wird, daß etwa in Österreich die Marxisten wieder hochkommen oder gar an der Macht im Staat teilhaben. Dieses Problem konnte man aber bei der Planung der Strategie für den Juliputsch vorweg beiseite lassen.

Mehr noch: Nach den Februarkämpfen waren die Unbedingten unter den Schutzbundangehörigen, die um jeden Preis weiterkämpfen wollten, zum Teil ins Lager der Nationalsozialisten übergegangen. Die Haftgemeinschaft von Sozialdemokraten und Nationalsozialisten im Dollfuß-Staat hatte eine Art Schicksalsgemeinschaft geschaffen. Man konnte sich fortan aufeinander verlassen, wenn man in Schwierigkeiten kam. Und haben nicht am 25. Juli ehemalige Schutzbundangehörige im Verband der SS-Standarte 89 am Anschlag auf das Kanzleramt teilgenommen?

Man hat zuletzt errechnet, daß insgesamt etwa 10 Prozent der sozialdemokratischen Februarkämpfer im Endkampf gegen den Ständestaat in den Reihen der Nationalsozialisten mitgemacht haben. Daß Hitler am 15. März 1938 bei der Ausrufung des Großdeutschen Reiches im legendären Roten Wien einen Triumph feiern konnte, wie er ihm nie zuvor von einer Großstadtbevölkerung bereitet worden war, war nicht nur Produkt einer Meisterleistung der Goebbels-Propaganda oder der Hysterie eines Augenblicks, sondern in unzähligen Fällen Ausdruck der Genugtuung, daß man die »schwarze Brut« jetzt endlich los war. Diese Grundstimmung hat keiner so richtig erkannt wie der erste nationalsozialistische Bürgermeister von Wien, Dipl.-Ing. Hermann Neubacher. Er hatte in den zwanziger Jahren im »Österreichisch-deutschen Volksbund« als dessen Obmann mit Politikern aller im Nationalrat vertretenen Parteien in der Anschlußfrage zusammengearbeitet; er war aber auch als Generaldirektor der GESIBA mit Sozialdemokraten in enger Verbindung, die während des Ständestaates fortdauerte. Konsequenterweise ließ sich der Bürgermeister Neubacher die Rehabilitierung der im Ständestaat zu Schaden gekommenen Sozialisten besonders angelegen sein. Nur wenige Sozialisten haben sich bei der Bekämpfung des Juliputsches auf der Seite der Exekutive beteiligt; die Bauernwehren des liberalen Landbundes schlossen sich der SA an.

Kern der Schutzbundkämpfer waren im Februar 1934 noch immer Weltkriegsteilnehmer gewesen; die erste Nachkriegsgeneration sikkerte damals erst in die Wehrorganisation der SDAPÖ ein. Anders die SA. Ihr gingen im Juli nicht nur die in langen Jahren herangebildete Wehrorganisation des Schutzbundes, dessen ausgezeichnete Stabs- und Subaltern- sowie Unteroffiziere aus den Reihen der Weltkriegsteilnehmer ab, sondern auch jene Frontsoldaten, die als die ersten im Jahr 1923 die Reihen des neuentstandenen Schutzbundes füllten. Die Bilder der mit der Hakenkreuzarmbinde gekennzeichneten Julikämpfer zeigen *vorwiegend junge Männer*. Man hat erhoben, daß das Durchschnittsalter der Julikämpfer um 23 Jahre lag. Diese Männer hatten noch nie ein Feuergefecht bestanden, um so erstaunlicher war ihre Kampfkraft, wenn sie, gut geführt, der Exekutive und den Wehrverbänden erhebliche Blutopfer abverlangten.

Es waren nicht nur Studenten, die während der Sommerferien mal putschten, oder Söhnchen aus besseren Häusern, denen es zu fad war in der gepflegten Umgebung der Elternhäuser, sondern viele arbeitslose junge Männer aus den Dörfern der Umgebung der Kampforte. Die SA ist an sich nicht als ein *paramilitärischer Verband* zum Kampf gegen die Exekutive eines verhaßten Staates der Schwarzen erzogen worden, sondern als der harte Kern einer als Massenbewegung gedachten NSDAP, von deren Führern sie erwartete, daß sie Tabula rasa machen und ein starkes nationalsozialistisches Deutschland schaffen werden.

Das aber bedeutet: Die SA ist nie in Feldübungen gedrillt worden, wie das im Schutzbund und zum Teil in der HW geschehen ist. Die Schießausbildung war noch immer mangelhafter als bei den Jungen in anderen Wehrverbänden, zum scharfen Schuß mit dem MG kamen die SA-Männer nie. Da war es – nachträglich betrachtet – geradezu ein Vorteil, daß der christlichsoziale Heeresminister Vaugoin vor seinem Abgang noch für die Entlassung der sogenannten Naziverdächtigen im Bundesheer gesorgt hatte; die so aus dem Heer geschiedenen ehemaligen Berufssoldaten brachten nicht nur eine einigermaßen hinreichende militärische Ausbildung mit, sondern vor allem einen hemmungslosen Haß gegen den Dollfuß-Staat. Nur so ist es zu verstehen, daß Planetta quasi *instinktsicher* und ohne innere Hemmung gefeuert hat, als ihm am 25. Juli der Kanzler zu entkommen schien.

Seit Starhemberg nicht mehr von einem Braunhemd unter seiner Windjacke redete, sondern mit Dollfuß durch dick und dünn ging, war die HW für die Nazis Feind Nr. 1 im Bürgerkrieg. Der Fürst hatte den Ochsenziemer als die taugliche Waffe für Schlägereien mit Nazis empfohlen, ein Schlaginstrument, das in Bauerndörfern seit Urzeiten den Ruf einer bewährten Schlagwaffe besaß. Die Gegner der SA bemerkten bald, daß sich die SA nicht nur der Schlagstöcke aus Hartgummi bediente, sondern auch der Stahlrute; dazu kam, daß die zuweilen mit Harteinlagen versteifte Kappe der SA einen besseren Schutz bot als die weiche Feldkappe oder der HW-Hut. All das spielte aber am 25. Juli keine Rolle. Man kämpfte mit leichten Infanteriewaffen. Arbeiterwohnungen wurden schon deswegen nicht von der Exekutive beschossen, um etwa MG-Nester niederzukämpfen, weil die SA nicht über derlei Stützpunkte verfügte.

Eine in ganz Österreich spürbare operative Führung hatte die SA, anders als im Februar der Schutzbund, nicht. Ihre Angriffe wurden von örtlichen Führern geplant, die sich auf die Kampfentschlossenheit ihrer Männer absolut verlassen konnten. Der Fehler bei dem Beginnen war, daß diese Kämpfer ihren Feind als einen Haufen »schwarzer Seicherln« und lächerlicher »Ha-Weh«-Männer ansahen, als üble Subjekte, die sich für Geld oder Posten hergaben, einer schlechten Sache einen Handlangerdienst zu leisten. So entstand die irrige Annahme, daß es im Juli doch eigentlich nur mehr eines kräftigen Zuschlagens bedurfte, um diese Bande zum Teufel zu jagen und dem ohnedies schon in allen Fugen krachenden Dollfuß-Staat einen kräftigen Tritt zu geben, um dann selbst die Macht im Staat zu ergreifen und es fortan besser zu machen. Da und dort tauchten während des Juliputsches Plakate auf, mit denen die Nationalsozialisten im Zeichen des Hakenkreuzes ihre Kampfziele und Methoden mit brutaler Offenheit bekanntmachten:

Auf diesen Plakaten konnte die Bevölkerung lesen, daß die Nazis für ein »unabhängiges Österreich« kämpften. Die Anschlußidee wurde nicht immer so herausgestrichen, wie sie im Hirn der nationalsozialistischen Kämpfer fest verankert war und als unabdingbares Ziel galt. Bemerkenswerterweise war fast in keinem Fall der *Antisemitismus* erwähnt. Nach der Machtübernahme durch die Nationalsozialisten sollte, der Ordnung halber, Standrecht gelten. Nichtkombattanten wurde Ruhe und Mundhalten anempfohlen. Ein Alkoholverbot wurde nicht überall verhängt. Die Männer sollten aber nicht im Freudenrausch einen Sieg feiern, sondern sich bei der SA melden, wenn sie nicht ohnedies dabei waren. Um 22 Uhr war, wie beim Militär, Zapfenstreich, auch in den Lokalen. Reaktionäre Typen wurden davor gewarnt, sich etwa auf feindselige Handlungen oder Störaktionen einzulassen. Verdächtige Typen sollten angezeigt werden, damit Unheil vermieden werde. Wer dennoch stören sollte, dem drohte die Todesstrafe. Nicht überall war diese Ultima ratio plakatiert; zu sehr erinnerte man sich an die Praxis jenes Staates, den man gerade wegen solcher Praktiken beseitigen wollte. Wer klug war, wartete erst gar nicht auf die Proklamation, sondern hängte eine Hakenkreuzfahne heraus. Was 1938 Brauch wurde, kam 1934 auf: Rotweißrote Fahnen wurden so zusammengenäht, daß sie rote Fahnen wurden, auf die man das schwarze Hakenkreuz im weißen Feld aufnähte oder aufmalte. Mit einer roten Fahne tat man sich leichter. Vielfach wurde der Bevölkerung gesagt, sie sollte nicht auf das hören, was das Radio brachte; das Bundesheer und die Gendarmerie sowie die Polizei seien mit der SA, und wer sollte im ohnedies zugrundegehenden Österreich des Dollfuß widerstehen?

Jede Revolution oder dergleichen hat nicht viele Modelle; die verschiedenen geschichtlichen Erscheinungen dieses Phänomens unterscheiden sich dadurch, daß die jeweiligen Macher *mehr* oder *weniger* aufs Blutvergießen aus sind. Aber der Satz »Blut muß fließen bei der Revolution« ist Prinzip aller neuzeitlichen Ereignisse dieser Art; dazu kommt die meistens umstrittene Behauptung, welche Partei den legendären *ersten Schuß* abgegeben hat; entscheidend ist letztlich, wer nach dem Ende der Kampfhandlungen den Kerkerschlüssel in Händen hält.

Anders als in Wien ging in den Bundesländern die SA voran, die zahlenmäßig schwächere und an vielen Orten nicht vertretene SS tat selbstverständlich mit. Im übrigen bestand die Abmachung, wonach an Ort bei gleichzeitiger Präsenz von SA und SS der Dienstälteste, unabhängig von der Zugehörigkeit zu einem der beiden Verbände, die Führung innehaben sollte. In Österreich hatte kein 30. Juni 1934 oder dergleichen innerhalb der Illegalen stattgefunden. Anders als im Dritten Reich ging hier der Führer der SA, Obergruppenführer Reschny, eher gestärkt aus dem in Deutschland entstandenen mörderischen Konflikt Hitlers mit der SA-Führung unter Röhm hervor. Das Ausmaß der noch in der Verbotszeit den Illegalen aus dem Dritten Reich zugeflossenen ideellen und materiellen Unterstützungen ist schwer abzuschätzen. Es gab genug Unternehmer im Dritten Reich, die durchaus bereit waren, Lieferungen an ihre Niederlassungen in Österreich auch zugunsten der Illegalen abzuwickeln. In Kreisen mit Besitz und gutem Namen wurde es schon mehr und mehr üblich, daß man sich von der anfänglichen Verbindung mit der HW löste und ein jüngerer Sohn des Hauses sich den Illegalen anschloß. Der rege gesellschaftliche Verkehr, den auch nach 1938 die Aristokratie in Österreich, jedenfalls nicht unerhebliche Kreise, mit den neuen Herren pflegte, läßt nicht den Schluß zu, daß dieser Konnex *erst nach dem Anschluß* zustande gekommen ist. Bekannt wurde der Fall eines Angehörigen einer alteingesessenen gräflichen Familie der Steiermark, der als SS-Angehöriger solche Wertschätzung bei Himmler genoß, daß ihm der Reichsführer für die Dauer von zwei Jahren zum Schutz der Gesundheit ein völliges Rauchverbot auferlegte; nach Ablauf der Frist sollte der Betroffene zunächst ein ärztliches Gesundheitszeugnis vorlegen, dessen Inhalt die Grundlage für weitere Entscheidungen Himmlers werden sollte . . .

Nicht geldliche Unterstützung oder Waffenbeschaffung war das Problem der Illegalen am Vorabend des Juliputsches, sondern die Lagerung der Waffenbestände. Räumlichkeiten, wie sie vor dem Februar 1934 der Schutzbund gehabt hatte, besaßen sie nicht. Dazu kam, daß man im Dritten Reich nicht immer die notwendige Geheimhaltung solcher Sendungen wahrte. So fielen der österreichischen Polizei Waffen in die Hände, als deren Absender Depots des deutschen Heeres auf den Kisten ausgewiesen waren. Da der direkte Nachschub nach Österreich zuweilen nicht ratsam war, liefen gewisse Sendungen über die sonst mäßig geschätzte Tschechei, wo es in diesen Fällen keine Schwierigkeiten bei den Grenzbehörden gab. Auch über Polen oder das Gömbös-Ungarn kamen Waffen für die Illegalen ins Land, nicht zuletzt über das unter der Diktatur des Königs Alexander I. stehende Jugoslawien, ein Land, das nicht eine Chance ausließ, um Österreich zu schaden. Damals waren die Beziehungen zwischen Belgrad und Berlin so gut, wie man sich das nach dem im Jahr 1941 ausbrechenden Partisanenkampf in Jugoslawien gar nicht vorstellen kann. Sogar über Italien liefen Sendungen aus dem Dritten Reich ins Dollfuß-Österreich.

Anders als nachher da und dort behauptet, gab es für den Juliputsch keinen umfassenden Operationsplan. Das am 26. Juli aus dem Dritten Reich gekommene, im österreichischen Kollerschlag erbeutete Dokument enthielt zwar interessante Hinweise und Anordnungen für den Juliputsch, diese waren aber im Augenblick der Beschlagnahme längst durch die stattgehabten Ereignisse im Land überholt. Schwächlich, wie das noch nicht aufgerüstete Dritte Reich im Sommer 1934 war, riskierte dieses Dokument nicht etwa als Kampfziel den Anschluß, sondern ein unabhängiges nationalsozialistisches Österreich (!), also jenen Traum mancher österreichischer Nationalsozialisten, der im Frühjahr 1938 so grausam zerrinnen sollte. Rintelen fand in diesem sogenannten Dokument bezeichnenderweise keine Erwähnung. Er war und blieb der Popanz der Illegalen in Österreich, hatte noch keine Akkreditierung in Berlin oder München.

Man sprach von Waffen des bestandenen Schutzbundes, die angeblich den Illegalen zum Kampf gegen das Dollfuß-Regime ausgeliefert worden waren. Mehr ins Gewicht fielen die nicht unbeträchtlichen Waffenbestände, mit denen einmal der inzwischen zu den Nationalsozialisten übergegangene Steirische Heimatschutz im Jahr 1931 unter Pfrimer in der Ära Rintelen geputscht hatte und die nach dem Mißlingen des Putsches wohl vielfach verborgen geblieben waren; sie waren für die SA in der Obersteiermark ein wertvolles Erbe der ansonsten als bösesten Feind angesehenen HW.

Bemerkenswert war und blieb, daß die Nachricht vom Scheitern des Überfalls auf das Bundeskanzleramt die Illegalen in mehreren Bundesländern keineswegs davon abschreckte, wie geplant in der Nacht zum 26. Juli da und dort aus der Lauerstellung hervorzutreten und loszuschlagen. Die *Wiener* hatten eben wieder einmal versagt, aber in den Ländern wollte man es der zerstreut eingesetzten Exekutive, den Hahnenschwänzlern und Konsorten schon zeigen! Gerade in der Steiermark, wo es seit 1931 um eine Abrechnung mit den falschen Schwarzen und ihrem Regime ging, und in Kärnten, wo das dichte Netz der Organisation der Illegalen oft in einigen Orten nicht einmal getarnt wurde, waren die Aussichten auf einen militärischen Erfolg nicht schlecht.

In der Steiermark war Konstantin Kammerhofer, der schon am Pfrimer-Putsch beteiligt gewesen war, als Führer der SA-Brigade Obersteiermark trotz seiner bereits erfolgten Flucht ins Dritte Reich eine Schlüsselfigur. An sich ist er anfangs nicht geneigt gewesen, nach den schlechten Nachrichten aus Wien die Seinigen in der Heimat in den Kampf treten zu lassen, aber da kam er bei seinen Unterführern schlecht an. Daß er wider besseres Wissen dennoch die Dinge laufen ließ, machte ihn zu einem der Hauptschuldigen an den blutigen Ereignissen in der Obersteiermark.

Da war der ehemalige Stabschef des Steirischen Heimatschutzes Hanns Rauter aus einem anderen Holz geschnitzt. Er hatte sich am lächerlichen Pfrimer-Putsch nicht beteiligt. Die militärischen Vorbereitungen für den Juli 1934 traf er von München aus. In einem Wald am Ossiachersee richtete er sich lange vor Ausbruch der Kampfhandlungen einen Gefechtsstand ein, und er sowie andere Kärntner Führer zögerten nicht, auch dann loszuschlagen, als etwa in der Steiermark die Dinge für die Aufständischen schon schlecht standen.

Das obere Murtal, wo seit Jahrhunderten jeweils die Aufsässigen in der Steiermark ihre Behausung haben, wo einmal die Pfrimer-Heimwehr die kurze Zeit ihrer Erfolge hatte, war auch der Wurzelboden der Aufruhrbewegung im Vierunddreißigerjahr. Der Königsgedanke, die Stadt Graz zu zernieren und die dortigen Verbände der Exekutive, des Heeres sowie der Wehrverbände festzuhalten und so am Einsatz an den Schwerpunkten der Kämpfe zu hindern, scheiterte; dazu fehlten den Illegalen die Kräfte. Um so wichtiger war es den Steirern, den Zuzug von Verstärkungen für die Exekutive, der aus den benachbarten Bundesländern drohte, schon an den Grenzpässen abzufangen. Nicht nur im Ennstal, sondern vor allem in den Kämpfen am Pyhrnpaß leisteten die Männer mit der Hakenkreuzarmbinde erbitterten Widerstand. Anfängliche Besetzungen von Gendarmerieposten oder Behördenlokalen konnten sie allerdings nicht aufrechterhalten. Aber in der Waldregion am Pyhrnpaß hatte das Heer mehr Tote zu beklagen als die ganze dänische Armee im Jahr 1940 bei ihrem sogenannten Kampf gegen die Deutschen, der den Dänen nach 1945 immerhin den Ruhm und die Vorteile eines befreiten Landes eintrug . . .

Verbände, die nach der Preisgabe des gedachten Anschlags auf Graz disponibel wurden, machten sich um so mehr in der Untersteiermark bemerkbar. Mureck wurde der Exekutive entrissen, und dieser Erfolg bestärkte die Nationalsozialisten, ihren Kameraden in Leibnitz zu einem gleichen Erfolg zu verhelfen. Als aber das Bundesheer nicht als Verbündeter, sondern als Feind heranrückte, war die Sache der Illegalen in der Untersteiermark verloren. Es wiederholte sich, was 1931 genügt hatte: Das bloße *Anrücken* von Heeresverbänden veranlaßte damals Pfrimer, seine Leute noch am Tag der Alarmierung wieder heimzuschicken. Nach dem Ende der Kampfhandlungen in der Südsteiermark flüchteten viele Illegale ins nahe Jugoslawien, wo sie vor den österreichischen Behörden sicher waren, denn die jugoslawischen Behörden gewährten den Flüchtlingen aus Österreich Asylrecht. Im eigenen Land wurden die am 25. Juli gehißten Hakenkreuzfahnen eingezogen und für den nächsten Anlaß verborgen gehalten. Denn der militärische Widerstand der Illegalen war zwar gebrochen, die Idee aber, daß im Kampf um Österreich der Führer nicht der Endsieger sein könnte, war für die Unbedingten, also die zu allem entschlossene Minderheit, nicht faßbar.

Nicht überall wurde geputscht, manchmal wurde geputschelt. So etwa in Eibiswald. Dort wurden schon am 25. Juli der Gendarmerieposten und das Postamt von den Illegalen besetzt. Der Ortsgruppenleiter der illegalen NSDAP machte sich zum Bürgermeister des Ortes und wartete auf weitere Weisungen oder Hilfen aus Graz. Die blieben aus; die Lage in Eibiswald wurde mulmig. Die in der Gegend disponiblen Kräfte der Exekutive wagten, so die spätere nationalsozialistische Version, keinen Angriff; nach eigener Version wollten sie unnützes Blutvergießen vermeiden und schickten daher einen Parlamentär zum Nazi-Bürgermeister, um diesen zu einer Waffenniederlegung seiner Kämpfer zu bewegen. Das nun tat der Bürgermeister nicht, denn er hätte sich damit zeit seines Lebens lächerlich gemacht. Dafür wurden beide Parteien einig, bis zum 27. Juli nicht aufeinander zu schießen. Eine Demarkationslinie wurde abgesteckt, hinter der die Machthaber in Eibiswald bis zum Endsieg ihrer Parteifreunde in ganz Österreich sicher zu sein schienen. Dem zuständigen Bezirkshauptmann gefiel diese Un-Ordnung nicht. Er wollte dem ein Ende machen. Dazu benötigte er eine spezielle Zusage des Staatsoberhauptes, der tatsächlich jenen die Amnestie versprach, welche die Waffen niederlegten und heimgingen. So sind in Eibiswald Ruhe und Ordnung hergestellt worden, ohne daß ein Tropfen Blut vergossen worden war.

In der Obersteiermark wehte freilich ein anderer Wind. Dort befahl noch am Abend des 25. Juli der SA-Standartenführer Karl (von) Gregory den Angriff auf den Gendarmerieposten Judenburg. Die Postenbesatzung wurde von einrückenden HW-Männern verstärkt und war nicht geneigt, den Posten preiszugeben. Während noch Gespräche zwischen den Angreifern und den Verteidigern hin- und hergingen, wurde die Sache den Angriffslustigen unter den Angreifern zu dumm, und einer von ihnen feuerte eine Serie von MP-Schüssen auf das Postengebäude. Dieser Überfall kostete drei HW-Männer das Leben. Ein Feuergefecht brach aus, bei dem ein SA-Mann fiel. Ein sinnloses, aber mörderisches Geballer, das hätte vermieden werden können, wenn Herr von Gregory anfangs weniger Draufgängertum und in der Krise mehr Entschiedenheit bei der Führung seiner Truppe gezeigt hätte, die ihm in diesem Moment aus der Hand geraten war. Aber Gregory faßte erneut Mut. Er beorderte seine Männer erneut zum Vorgehen gegen den Posten. Da ereignete sich, was selten in jenen Julitagen geschehen ist und was wohl darauf zurückging, daß die SA-Männer das Vertrauen in ihren Führer verloren hatten: Sie gingen nicht ins Feuer, das ihnen aus dem Posten entgegenschlug. Als Verlierer wollte Gregory aber auch nicht heimgehen. Die Affäre zog sich bis zum 27. Juli hin. Als er daran war, ein drittes Mal angreifen zu lassen, verließ ihn sein Übermut; statt seiner Kämpfer schickte er einen Parlamentär zu den Gendarmen. Jetzt hoffte er, die Gendarmen und die HW würden genug haben und kapitulieren. Da kam der Parlamentär mit der Schreckensnachricht, daß ein Verband des Bundesheeres im Anmarsch sei. Noch wollte Gregory aber hoffen, daß ein Parteigenosse, von dem er wußte, daß er als Offizier in der nahenden Einheit des Heeres diente, die verfahrene Sache aus dem Feuer reißen würde. Aber diese Hilfeleistung blieb aus. Gregory blies sein Unternehmen ab und entließ seine Männer, die eine Einsatzbereitschaft und Hartnäckigkeit gezeigt hatten, die ihrem Führer zuweilen abgegangen war. Hätte Gregory zu Beginn der Affäre mit Nachdruck angegriffen, dann wäre der von wenigen Gendarmen, schlecht bewaffneten Stadtpolizisten und HW-Männern besetzte Posten gefallen.

In jenen Teilen der HW, die längst zu den Nationalsozialisten übergegangen waren, rechnete man vielfach damit, daß es die alten Kameraden denn doch nicht so weit treiben würden, zusammen mit den Schwarzen gegen ihre früheren Kameraden zu kämpfen. In Knittelfeld waren daher die »alten Kamerden« sehr überrascht, als sie von einem Kommando der bei Starhemberg verbliebenen HW ausgehoben wurden. Man sparte bei diesem unerfreulichen Anlaß nicht mit gegenseitigen Beschuldigungen und Vorwürfen, aber am tatsächlichen Ausgang dieses unter veränderten Umständen erfolgten Wiedersehens änderte das nichts.

Ganz anders ging es in Leoben zu. Dort hatten die Aufständischen jenen Rückhalt bei Betriebsingenieuren der Alpine-Montan-Werke, den einmal die HW genossen hatte. Viele dieser Ingenieure waren ehemalige Frontoffiziere und Alte Herren Leobener Waffenverbindungen, die gerade in dieser Hochschulstadt nach wie vor erheblichen Zustrom hatten. Seit der legendäre Generaldirektor dieser zum Teil in deutschem Besitz befindlichen Unternehmung, Anton Apold, selbst Alter Herr einer Leobener Burschenschaft, nichts mehr mit dem Dreckstaat, als den er Österreich in der Öffentlichkeit hingestellt hatte, zu tun haben wollte, waren goldene Zeiten für die Nationalsozialisten in den Alpine-Montan-Werken angebrochen. 1932, bei den letzten Betriebsratswahlen vor dem Verbot der Betätigung für die NSDAP, nahm die von dieser Partei aufgestellte Betriebsratsgruppe der HW fast alle bisher gehabten Mandate ab und war so Herr im Betrieb.

Inmitten dieser von Unruhen und Arbeitslosigkeit erschütterten Region fiel auch Donawitz in die Hände der Nationalsozialisten. Noch wehrten sich in Leoben Gendarmen, Schutzkorpsangehörige und Mitglieder von Wehrverbänden, aber sie verloren Position um Position. Diesmal nützte auch der anrückende Sukkurs des Bundesheeres allein nichts, es mußten Minenwerfer eingesetzt werden, um die Nationalsozialisten niederzukämpfen. In der Hitze des Gefechts wurde unter den Soldaten das Gerücht laut, sie bekämen Feuer von einem MG, das auf dem Turm der evangelischen Kirche vermutet wurde. Die Soldaten lagen zwar im MG-Feuer, aber die Gestalt auf dem Turm war kein MG-Schütze, sondern nur ein feindlicher Beobachter. Es kam dazu, daß der Turm mit schweren Infanteriewaffen unter Beschuß genommen wurde. Das Bild der von »Söldnern des katholischen Dollfuß-Staates« zerstörten evangelischen Kirche in Leoben wurde lange Zeit als wirksames Motiv der Propaganda gegen die »Machthaber des christlichen Ständestaates« benützt.

Im Kampf um Leoben fielen im gut liegenden Feuer der SA vier Soldaten und ein Schutzkorpsangehöriger sowie drei Zivilisten; Mitkämpfer oder Parteigänger sagten die einen, Opfer der Regierungssoldateska sagten die anderen. 1938 wurden jedenfalls die Stände des Bundesheeres in der Steiermark gründlich durchkämmt, da und dort wurde für den Juli 1934 Rache genommen.

Der Widerstand der Exekutive in Leoben war nicht zu brechen. Die Nationalsozialisten konnten zwar das Rathaus besetzen, den bisherigen Bürgermeister durch einen Parteigenossen ablösen, aber die Lage im allgemeinen war unentschieden, als es dort zu einem Abkommen kam. Zu einem sehr seltsamen Abkommen. Den Angreifern wurde versprochen, daß beim Zusammenbruch ihrer Aktion gegen die Regierung ihren Kämpfern keine Verfolgung drohen sollte; sollten aber die Illegalen in Österreich siegen, würde die Gendarmerie ihre Waffen erst dann niederlegen.

Szenenwechsel: Kompromißbereitschaft fehlte im Ennstal auf beiden Seiten. Am 25. Juli waren die Nationalsozialisten in Liezen Herren der Lage. In den Kämpfen fiel auch ein Angehöriger des Wiener Studentenfreikorps, der sich bei der Nachricht vom Anschlag auf das Bundeskanzleramt sofort, während seiner Sommerferien, der HW anschloß. Gendarmerie und HW konnten sich im Ennstal nicht behaupten. Hier wurde einer jener sogenannten Panzerzüge eingesetzt, die sich schon im Februar 1934 in Wien nicht bewährt hatten; er bewährte sich auch im Ennstal nicht. Im Gegenteil: Die Nationalsozialisten bemächtigten sich Schladmings, beinahe hätten sie auch Gröbming genommen. Am Abend des Tages war der Pyhrnpaß in ihrer Hand. Die zahlreichen Sozialisten, die in den Industrieorten der Obersteiermark ansässig waren, ließen die Nationalsozialisten ruhig gewähren. Die Nazis kämpften ja gegen die Schwarzen . . .

Der Erfolg der Nationalsozialisten am Pyhrnpaß war von großer Be-

deutung. An diesem Punkt sind sie tatsächlich einige Zeit imstande gewesen, den Zuzug von Kräften der Exekutive aus Oberösterreich, von denen man wußte, daß sie gegen die Steiermark angesetzt würden, zu verhindern. Mit anderen Worten: Die Exekutive, vor allem das Heer, mußte im Kampf um diesen Paß schwere Opfer bringen. All das fiel der Linzer Brigade zu.

Die Linzer Brigade des Heeres sah sich dabei einer doppelten Aufgabe gegenüber: Sie hatte nicht nur den Pyhrnpaß freizukämpfen, sondern auch bereit zu sein, einen Aufstand der im eigenen Bundesland starken Kräfte der Illegalen zu unterdrücken und gegen den immer wieder angedrohten Einmarsch der in Bayern militärisch organisierten, aus geflüchteten Österreichern bestehenden »Österreichischen Legion« vorzugehen. Die legendäre Legion erwies sich bis 1938 eher als ein Schreckgespenst denn als eine Kampfformation; tatsächlich ist sie nie ins Gefecht getreten.

Eine kombinierte Abteilung des Heeres quälte sich im schwierigen Gelände den Berg hinauf zum Pyhrnpaß, insgesamt 500 Mann. Sie wurde auf der Paßhöhe von etwa zwei Dutzend gutbewaffneten und mit Munition versehenen Nationalsozialisten erwartet, die, getarnt und im Gelände verstreut, einzeln schwer ausnehmbar waren. Die vom Heer eingesetzten Jäger der Alpenregimenter 7 und 8 waren selbstverständlich noch nie vorher im Feuer gestanden; zum Teil war ihre Grundausbildung noch nicht abgeschlossen; gleiches galt für die Kanoniere der Feldhaubitzenbatterie 2 der Linzer Brigadeartillerie. Um Ausfälle beim Anmarsch zu vermeiden, mutete die Führung des Verbandes den Männern den mühsamen Aufstieg abseits der Paßstraße zur Hintersteiner Alm zu. Die Aufklärung ergab, daß der Scheitel der Paßhöhe feindfrei war. Dann dauerte es, bis auch die mitgeschleppten Geschütze in die ihnen zugedachte Feuerstellung gebracht waren.

Drüben, beim Feind, wie man sagte, hatte dem Vernehmen nach ein aus Stainach stammender junger Fleischhauergehilfe mit viel Geschick die Gefechtsdispositionen getroffen; er hieß Erlbacher. Er sah seine Aufgabe darin, den Zugang zur Steiermark unter Kontrolle zu halten und so den eigenen Kräften im Land die Möglichkeit zu schaffen, mit Übermacht (?) die Exekutive niederzukämpfen und die Macht in der Steiermark an sich zu reißen.

Am Pyhrnpaß ereignete sich eine jener Tragödien, wie sie, wenn Bruder gegen Bruder kämpft, immer wieder vorkommen. Am 26. Juli geriet das Vorrücken der Heeresverbände am Pyhrnpaß ins Stocken. Das gezielte Feuer der SA ging den noch nicht feuerfesten Soldaten auf die Nerven. Wenn sie hinter einem Baum Deckung suchten und es schlug patschend eine Gewehrkugel in diesen, dann zögerten sie, aus der Deckung und unbeirrt weiter vorzugehen. Die Kampfmoral der jungen Männer wurde nicht besser, als durch ihre Reihen das zutreffende Gerücht ging, daß der Kommandant der kombinierten Einheit durch eine Schußverletzung ausgefallen war. Das Kommando fiel so an den Major Johann Charvat, der ohnedies alle Hände voll zu tun hatte, um seine eigenen Jäger trotz des gegnerischen Feuers voranzubringen. Er hatte es freilich nicht mit jenen frontbewährten Kaiserschützen zu tun, als deren Kompaniekommandant er im Krieg zweimal die Goldene Tapferkeitsmedaille für Offiziere errungen hatte. Damals, vor 16 Jahren, war er schon Kompaniekommandant, und im Juli 1934 war er es im Bundesheer noch immer. Es war auch damals kein leichter Dienst im Bundesheer; Majore, wie Charvat einer war, die an sich längst geeignet gewesen wären, Regimenter zu führen, mühten sich als Kompaniekommandanten ab. Und es war kein Geheimnis unter Kameraden, daß Charvat innerlich mit den Nationalsozialisten ging.

Aber er erfüllte seine Offizierspflicht, so wie im Februar 1934 ehemalige sozialdemokratische Volkswehroffiziere unbeschadet ihrer sozialistischen Herkunft und Anschauung nie versagt haben. So war das in einem Heer, das gute Offiziere und Mannschaftspersonen besaß, aber über die Maßen gefordert war im Kampf um Österreich, den die Wehrverbände der drei »Kräfte« im Land unter schweren blutigen Opfern auf sich genommen hatten. Heute ist dieses Bundesheer des Jahres 1934 allen Ernstes mit dem Makel behaftet, es hätte damals nur auf Arbeiter und Arbeiterwohnungen geschossen, wäre aber zu feig gewesen, sich gegen die Anschläge Hitlers zur Wehr zu setzen.

Charvat tat, was *Pflicht* eines Offiziers ist, eine Pflicht, der sich auch der ehemalige Major Fey im Februar 1934 nicht entzogen hat. Fey ging damals seinen Männern voran; so auch jetzt Charvat, trotz feindlichen Feuers. Als Charvat im Sprung die vom Regen kalkweiß gewaschene Paßstraße überqueren wollte, trafen ihn gleich zwei Schüsse. Er starb, ehe er auf den Operationstisch kam. Bundeskanzler Schuschnigg hat dann für den Sohn des gefallenen Majors, dessen Herkunft und Anschauung auch ihm nicht unbekannt war, die Obsorge übernommen.

Der Kampf ging auch nach dem Ausfall dieses zweiten Kommandanten der Abteilung weiter und endete mit der Säuberung des Pyhrnpasses. Man fragt sich, wie es einer Handvoll junger Männer möglich gewesen war, dieses hinhaltende Gefecht so lange zu bestehen. Nachher hat man von einer unglaublichen Waffenüberlegenheit der

Verteidiger gesprochen: Zielfernrohrgewehre, MGs, modernste Mauser-MPs; zudem wurde zum Teil mit Hochwildmunition geschossen. Im unübersichtlichen Gelände bewährte sich aber vor allem die ungebrochene Kampfentschlossenheit dieser jungen Angehörigen der ersten Nachkriegsgeneration in Österreich. Die Soldaten waren jedoch einfach ungeübt in der durch das Gelände bedingten Kampfesweise; ihre Verpflegung war schlecht organisiert; sie traten nach einem kräfteraubenden Aufstieg sogleich im dichten Waldgelände in den Kampf.

In den Kämpfen in der Steiermark büßte die Gendarmerie zehn Männer ein, das Heer 19, die HW allein 49, die anderen Wehrverbände drei. Die Kämpfer mit der Hakenkreuzarmbinde hatten nicht weniger Verluste. Darunter jene, bei denen die Opfer die grausame Situation unter dem Galgen durchzustehen hatten, wie sie Rudolf Erlbacher unerschrocken bestanden hat.

In Kärnten zogen sich die Kämpfe bis zum 28. Juli hin. Die Anfangserfolge der Nationalsozialisten waren in diesem Bundesland noch imposanter als jene in der Steiermark. Tragisch war, daß Söhne des Landes just über dem Kampfboden gegeneinander stritten, auf dem in den Abwehrkämpfen nach dem Ersten Weltkrieg die Einheit des Landes – dank einer vorbildlichen Einigkeit der Söhne Kärtens gegen einen übermächtigen ins Land gekommenen Feind – verteidigt wurde. Der Kampf fing nämlich in Annabichl an. Der Anschlag auf die Landeshauptstadt gelang den Angreifern zwar nicht, aber in St. Veit an der Glan erfolgte in aller Form die Machtergreifung der Nationalsozialisten. Das zur Rückeroberung anrückende Bundesheer konnte diesmal nicht die erwartete moralische Wirkung beim Gegner erzielen, er nahm es mit dem regulären Heer auf, so wie im Februar der Schutzbund. Die Nationalsozialisten räumten zwar St. Veit, nahmen aber bei ihrem Abzug Geiseln mit, denen ein bedenkliches Schicksal zu drohen schien.

Im Gurktal kam die HW in schwerste Bedrängnis. Eine Kampfgruppe der HW geriet in die Gefangenschaft der Nationalsozialisten. Aber die Kameraden der Gefangenen ließen nicht locker; es gelang ihnen, die Gefangenen zu befreien. In Greifenburg verlor die HW den Platz, auch hier erfolgte eine förmliche Machtergreifung durch die Nationalsozialisten. Die Bevölkerung machte zum Teil in aller Öffentlichkeit die Wende mit; wer nicht einverstanden war, verhielt sich still, bis die durch das Heer unterstützte HW die Ordnung wiederherstellen konnte. An eine Sperre gegen Osttirol hatten die Kärntner Nationalsozialisten nicht gedacht. So konnte die Tiroler HW die Lage in Oberdrauburg in den Griff bekommen.

Die Entscheidung fiel in Wolfsberg. Die dortige Gendarmerie, verstärkt durch Angehörige der HW und der Sturmscharen, verteidigte sich nach Kräften, mußte sich aber schließlich gefangengeben; dies war möglich, nachdem es den Nationalsozialisten gelungen war, einige höhere Funktionäre der HW in ihre Hände zu kriegen. Im Besitz dieser Gefangenen erwiesen sie sich als stark genug, um den Postenkommandanten auf angebliche Empfehlung der festgenommenen HW-Führer zur kampflosen Kapitulation zu zwingen. Nicht genug damit, begannen die Nationalsozialisten die am Ort bekannten »Vaterländischen« zu arretieren. Die Verhängung des Standrechts wurde nach der Geiselnahme zu einer ernsten Sache. Da war es gut, daß im Niederösterreichischen keine wesentlichen Kampfhandlungen stattfanden, denn so konnte jenes im Februar in Steyr eingesetzte Kraftfahrjägerbataillon aus Stockerau nach Oberkärnten in Marsch gesetzt und schließlich ein konzentrischer Angriff auf Wolfsberg durchgeführt werden. Der Widerstand der Nationalsozialisten zerfiel. HW und Sturmscharen drangen ein und hielten sich an dem Bezirkshauptmann schadlos, der während der ganzen Affäre keine gute Figur gemacht hatte. Ihm wurde jetzt die Zusammenarbeit mit den Nazis während der Besatzungszeit angelastet.
Klare Fronten wie etwa in den Kämpfen in der Obersteiermark gab es in Kärnten nicht immer. Aber die Nationalsozialisten waren an vielen Orten in der Übermacht, sie wichen erst, wenn verlustreiche Kämpfe mit dem Heer drohten. So zogen sich da und dort die Zwischenfälle bis zum 29. Juli hin.
Auch in Lavamünd verhaftete die SA zunächst den amtierenden Bürgermeister, die nahe Grenzwache wurde entwaffnet; irgendwelchen Gegenmaßnahmen glaubten die Nationalsozialisten vorweg mit der Drohung erfolgreich begegnen zu können, wonach sie im gegebenen Fall die in ihren Händen befindlichen Geiseln erschießen würden. Drohung stand gegen Drohung, denn auch die »anderen« konnten androhen, gegebenenfalls jede Untat gegen Vaterländische an Angehörigen der Nazis zu rächen. Es kam nicht zum Äußersten. Man war aber vor einem halben Jahrhundert in Österreich und in der zivilisierten Welt noch nicht an die endlosen Serien von Geiselnahmen und Geiselmorden gewöhnt, die am Ende des Jahrhunderts über die ganze Welt hinweggehen. Daher der Schock, den damals schon ein Bruch der traditionellen Ordnung bei den Betroffenen hervorrief.
In diesen Tagen des Kampfes reifte die Ernte auch auf den Feldern Kärntens. Aber es fehlten die Männer, welche die Ernte eingebracht hätten, sie standen gegeneinander im Kampf. Und es gab ganze Dörfer, die nichts anderes mehr kannten als die mehr oder weniger öf-

fentlich ausgeübte Macht durch die Illegalen, die jetzt keine Zeit für die Ernte hatten, weil sie kämpften oder schon in Gefangenschaft waren. Ende Juli waren in Kärnten 2 000 Nationalsozialisten in Haft. Doch noch immer gab es welche, die sichtlich nicht bereit waren, die Waffen niederzulegen. Der Sicherheitsdirektor des Landes versprach jenen Waffenträgern die Ausnahme von der Strafverfolgung, die nunmehr ohne Verzug die Waffen niederlegen würden. Sie konnten heimgehen. Das erfolgte nicht zuletzt darum, weil es diese Männer brauchte, um die Ernte einzubringen. Für die Kämpfer war es ein bitterer Gang. Nie mehr ist nach dem Jahr 1934 in Kärnten die damals geschlagene Wunde geheilt; diese Wunde brannte, und in den folgenden Jahren sind im Kärntner Klima die jüngeren Führer der Nationalsozialisten in Österreich herangewachsen, die beim Umbruch 1938 vielfach den bisherigen Führern das Heft aus der Hand nahmen: der spätere zeitweilige Gauleiter von Wien, Odilo Globocnik, der Stabsleiter des letzten illegalen Landesleiters der NSDAP in Österreich, Major a. D. Hubert Klausner, und Friedl Rainer. Globocnik beging Selbstmord; Klausner starb eines natürlichen Todes; Rainer wurde nach 1945 gehenkt.

Die Kämpfe im Juli 1934 haben die Exekutive und die Wehrverbände insgesamt 150 Todesopfer gekostet, beträchtlich mehr als jene im Kampf gegen den Schutzbund. Der größte Teil der Opfer entfiel allein auf die HW. Dabei wog mehr als dieses Blutopfer der HW wohl die Tatsache, daß durch die rechtzeitige Generalmobilmachung der HW eine nahezu flächendeckende Kontrolle in allen Landesteilen, in denen Aufruhr zu gewärtigen war, erfolgte; nur so konnten aus diesen befriedeten Landesteilen Kräfte der Exekutive abgezogen und an den Schwerpunkten der Kämpfe konzentriert werden. Die genannten Opfer der HW, denen noch zahlreiche Ausfälle durch Verwundungen hinzuzurechnen sind, weckten bei den Überlebenden das Gefühl, daß jetzt die Stunde der HW gekommen wäre, daß ihr Bundesführer Starhemberg, bisher Vizekanzler, in Zukunft Regierungschef sein würde. Ein Grund, warum die HW die Gunst der Stunde nicht nützen konnte, war, daß während der Krisenstunden des 25. und des 26. Juli Starhemberg nicht in Österreich weilte. Das gehörte zum Schicksal dieses Mannes, der im Sommer 1934 nicht ahnen konnte, daß zwei Jahre später seine politische Laufbahn für immer abgeschlossen sein wird; seine Laufbahn und die ganze Existenz der HW.

Wie und wo aber hat Starhemberg die kritischen Stunden des 25. und des 26. Juli 1934 mitgemacht oder erlebt? Es begann damit, daß ihn in den frühen Vormittagsstunden des 25. Juli in Italien ein Anruf seines

Stabsleiters, Major Mayer, erreichte, demzufolge der Kanzler ihn dringendst nach Wien berief. Dollfuß hat die Absicht gehabt, gleich nach dem letzten Ministerrat vor der Sommerpause seiner bereits auf Urlaub in Italien befindlichen Familie nachzureisen und bei der Gelegenheit eine fällige Unterredung mit Mussolini, zu welcher der Duce drängte, zu führen. Also mußte der am 25. Juli noch auf Urlaub in Italien weilende Vizekanzler Starhemberg nach Wien einrücken, um die Vertretung des Bundeskanzlers zu übernehmen. Für den Heimflug stellte Dollfuß seinem Vizekanzler ein Flugzeug zur Verfügung, das der Privatpilot des Regierungschefs Elßler steuerte; nach der Rückkehr Starhembergs wollte Dollfuß seinerseits das Flugzeug für seine Italienreise benützen. Elßler wurde übrigens 1936 unter nie geklärten Umständen ermordet. Elßler teilte Starhemberg bei seiner Ankunft in Venedig mit, daß am Flugzeug eine kleine Reparatur notwendig sei; um 15 Uhr sei der Apparat flugbereit. Um diese Zeit lag Dollfuß schon im Sterben.

Nur langsam sickerten Nachrichten bei Starhemberg ein, keine aus Wien (!). Staatssekretär Suvich informierte als erster Starhemberg aus Rom, daß am Ballhausplatz in Wien etwas passiere. Nichts Näheres. Suvich riet, die Klärung der Lage abzuwarten, denn es könnte sein, daß Starhemberg bei seiner Rückkehr nach Wien Nazis in die Hände fiele. Starhemberg rief seinerseits Major Mayer an. Der sagte, er hätte eben jemanden auf den Ballhausplatz geschickt, um zu erfahren, was los sei. Der geneigte Leser wird bemerken, daß um diese Zeit Fey wußte, was im Kommen war; die Bundesleitung der HW in Kenntnis zu setzen, das kam niemandem in den Sinn, man war froh, den ewig unzufriedenen Fürsten vom Hals zu haben. Mayers Uninformiertheit besagt viel über die Zustände von damals. Starhemberg vertraute in guten Stunden eher seinem Instinkt. Auch diesmal täuschte er sich nicht, als er ohne weiteres die Alarmierung der gesamten HW per Telefon anordnete. Dem fügte er hinzu:

»Wo sich Nazis rühren, ist sofort offensiv vorzugehen.«

Im übrigen kündigte er seinen Rückflug nach Wien an. Kaum hatte er aufgelegt, da erfuhr er mehr. Wieder nicht aus Wien, sondern aus Rom. Jetzt erhielt er Nachricht über die ganze Wahrheit: Dollfuß tot, das Bundeskanzleramt von Nazis besetzt. Suvich riet, ein Flugzeug mit italienischem Kennzeichen zu nehmen, denn die Lage in Österreich sei ungeklärt. Um 17 Uhr, als in Wien schon der nahe Zusammenbruch des Attentats auf das Kanzleramt erkennbar wurde, flog Starhemberg von Venedig ab. Über den Alpen geriet das Flugzeug in ein Unwetter, das dem Magen des Funkpiloten und dem Begleiter des Fürsten Schwierigkeiten bereitete. Über Kärnten kehrte

die Maschine um. Wieder in Venedig gelandet, rief Starhemberg
Wien an und erfuhr, daß der Putsch dort bereits liquidiert war. Am
nächsten Morgen flog er, ohne daß es weitere Hindernisse gegeben
hätte, nach Wien-Aspern. Auf dem Flugplatz empfingen ihn der
HW-Justizminister Berger-Waldenegg, ein enragierter Nazigegner,
und Dollfuß' engster Freund, Stockinger, der die Einstellung des Ministerkollegen von der HW teilte, wenn er auch nur nominell als Kar-
teimitglied der HW verbunden war. Im Kanzleramt traf Starhemberg im Stiegenhaus Fey, nun schon wieder in der Uniform der HW,
die er keineswegs immer im Dienst als Regierungsmitglied trug. Starhemberg eilte zum Bundespräsidenten. Miklas, wie in allen kritischen Situationen durchaus furchtlos, beauftragte Starhemberg, *zusammen mit Schuschnigg* und der gesamten Bundesregierung energisch gegen die Rebellen, so damals die vielfach übliche Redeweise,
vorzugehen. Und bis über den Tag des Begräbnisses hinaus sollte
Starhemberg die Regierungsgeschäfte führen. Der Fürst ahnte nicht,
daß ihn der Bundespräsident schon von der Liste der Kandidaten für
das Kanzleramt gestrichen hatte.
Starhemberg hatte schon längst vor dem 25. Juli Dollfuß darauf hingewiesen, daß der Polizeipräsident Seydel der Lage nicht gewachsen
sei und durch seinen Vizepräsidenten Michael Skubl ersetzt werden
sollte. Seydel blieb aber im Amt. Skubl wurde erst unter Schuschnigg
Polizeipräsident von Wien. Starhemberg aber verließ nach solchen
Erfahrungen das Kanzleramt und zog sich ins Stabsgebäude der
HW-Führung in der damaligen Lustig-Prean-Gasse, jetzt Jaurésgas-
se, zurück. Es war der erste Schritt seines endgültigen Rückzuges aus
der Politik.
Merkwürdigerweise bediente sich in dieser Übergangszeit der Duce
nicht der Person Starhembergs, obwohl dieser zu seinen bisherigen
Kompetenzen auch noch jene hinzubekam, die ihm als Vizekanzler
nach dem Tod Dollfuß' zufielen. Der Duce reagierte an sich mit
überraschender Schnelligkeit auf das von den Nationalsozialisten an-
gezettelte Geschehen in Österreich. Noch gönnte er die Stellung als
Schutzmacht über Österreich keinem Land außer seinem eigenen.
Und daher sah er sich vor – *gegen Hitler.* Er befahl ausreichende
Heeresverbände an die Grenze zu Österreich, vor allem an die Brennergrenze. Die damals in Wiener Kinos gezeigte deutsche Wochenschau brachte Bilder von diesem Truppenaufmarsch. Diese Reportage war so etwas wie eine Rache dafür, daß der Duce dem Führer in
den Arm gefallen war. Denn die italienischen Truppen machten
einen eher schlechten Eindruck. Hitler war vielleicht im Moment
darüber erfreut. Für später aber hätte er vor einem solchen Bündnis-

partner im Zweiten Weltkrieg gewarnt sein müssen. Im übrigen dachte Hitler im Sommer 1934 noch nicht an die Intervention in Österreich, die er dann 1938 rücksichtslos durchführte.

Der Duce ließ es 1934 zu, daß nicht Starhemberg, sondern Schuschnigg immer mehr als Nachfolger Dollfuß' genannt wurde. Die Tatsache, daß Mussolini nach der Truppendemonstration im Sommer 1934 die Dinge in Österreich mehr und mehr außer Kontrolle ließ, ist vielfach gedeutet worden. Irgendwie haben ihn die mißlungenen Versuche einer kompletten Faschisierung Österreichs unter Dollfuß enttäuscht. Bei aller Sympathie für die Person Starhembergs und dessen Courage traute er dem Fürsten, wie nachher gesagt wurde, einfach nicht den von Dollfuß gezeigten und notwendigen Arbeitseifer zu, der Starhemberg in das von ihm gehaßte Netz des Bürokratismus und der Schreibtischarbeit gezwungen hätte. Die Gedanken des Duce kreisten 1934 mehr im Mittelmeerraum, seltener im Donauraum, wenn er auch sein dortiges Spiel nicht aufgab. Im Mittelmeerraum reifte das Problem *Spanien.* Dortige Nachhuten, bestehend aus Monarchisten, christlichen Demokraten und Großgrundbesitzern, schienen dem Duce ungeeignet, einem konzentrischen Angriff der Linken standzuhalten. Ein rotes Spanien war für den Duce eine größere Gefahr als ein in der Zukunft mögliches braunes Österreich. Die Geschichte hat ihm recht gegeben. Von seinen Plänen in Übersee, in Afrika, redete der Duce nicht. Er hat es in seinen guten Zeiten vermieden, unreifes Obst von den Bäumen zu reißen . . .

Was Österreich betraf, so waren die Medien im Dritten Reich nach dem Urteil des Duce nach allem, was am 25. Juli geschehen war, reichlich unverfroren in ihren Kommentaren und Deutungen. Der Deutschen Nachrichten-Agentur war von Goebbels eine vorlaute Bemerkung gestattet worden:

»Das Volk hat sein Urteil über die Regierung Dollfuß gefällt. Das Unvermeidliche ist geschehen. Die Deutschen haben sich gegen ihre Unterdrücker, Folterknechte und Schergen erhoben.«

Doch derlei Versionen verschwanden sofort aus den Medien, als sich ergab, daß der Duce Truppen an die österreichische Grenze geschickt hatte. Noch war im Wesen Hitlers nicht jene Starre bestimmend, die in den Krisen des Zweiten Weltkrieges katastrophale Folgen zeitigte. Noch war etwas von der Fähigkeit des Zuwartens vorhanden, bei deren Handhabung er in den Jahren 1930 bis 1933 eine wahre Meisterschaft im Kampf um die Macht bewiesen hatte. Er wäre wohl rascher und zügiger die Lösung des Österreichproblems angegangen, wenn er schon gewußt hätte, wie rasch sich die Einstellung

des Duce zur Unabhängigkeit Österreichs nach dem Tod Dollfuß'
ändern sollte, bis er etwa sagte:
»Ich kann nicht jedesmal *wieder allein* zum Brenner marschieren.«
Das war eine in zweifacher Hinsicht gefährliche Feststellung des Duce zum Problem der österreichischen Unabhängigkeit. Zunächst
deutete diese Erklärung des Duce an, daß er mit einer eventuellen
Wiederholung des Anschlags der Nationalsozialisten auf den Ständestaat und dessen Unabhängigkeit rechnete. Zweitens war es nach dieser Äußerung sicher, daß bei einer Wiederholung des Anschlags der
Nationalsozialisten auf die Unabhängigkeit Österreichs Mussolini
nur *im Falle eines Zusammengehens mit den Westmächten* den
Österreichern zu Hilfe kommen würde. Hitler brachte im Frühjahr
1935 eine solche Solidarität der drei Mächte England, Frankreich und
Italien ein letztes Mal dadurch zustande, daß er einseitig den Versailler Vertrag brach und aufrüstete. Noch einmal trafen einander die
drei Siegermächte im April 1935 in Stresa. Wenngleich sie dort die
Wiederaufrüstung Hitlers faktisch hinnahmen, so legten sie doch bei
diesem Anlaß ein gutes Wort zugunsten der Unabhängigkeit Österreichs ein.
Was aber London anbelangte, so brauchte Hitler deswegen in der
Österreichfrage keine große Zurückhaltung zu üben. Vielfach sah
man dort im Anschluß Österreichs an das Deutsche Reich das natürlichste Ding von der Welt. Man war ohnedies gewohnt, sich nicht in
solche kontinentalen Querelen einzumischen, und wollte Hitler im
Osten keine Zäune aufrichten, weil sich dieser ansonsten im *Westen*
umtun könnte (!). Der aus der Arbeiterpartei hervorgegangene amtierende Premierminister MacDonald zeigte erstaunlich viel Verständnis für die rauhen Sitten der Nazis und teilte die Meinung, daß
diese Kinderkrankheiten des Regimes in Deutschland bald überwunden sein würden. Churchill und der Grand Old Man der Liberalen,
Lloyd George, gehörten damals noch zu den Bewunderern Hitlers . . .
Währenddessen ereignete sich in Österreich das tragische Finale des
25. Juli. In Wien, Graz, Linz und Salzburg traten *Militärgerichtshöfe*
zusammen, deren Praxis die am Verfahren beteiligten Militärs nach
1938 im Dritten Reich teuer zu stehen kommen sollte. Der Korrespondent der Zeitung »Daily Mail«, Ward Price, galt als ein Journalist von Rang, der das seltene Privileg besaß, Hitler und andere
Großfunktionäre des Dritten Reiches zu interviewen. Im Juli 1934
zählte Price zu den wenigen ausländischen Publizisten, die dem gegen Planetta geführten Prozeß beiwohnen konnten. Daß er der Haltung Planettas und Holzwebers, welche diese vor Gericht bewiesen,

gerecht wurde, war nur recht und billig. Daß er aber nur in belanglosen Nebensätzen den Horizont angedeutet hat, der mit dem Anschlag auf das Bundeskanzleramt aufgerissen worden war, paßt in die verhängnisvolle Einstellung, die London vor 1939 in kontinentalen Fragen und hinsichtlich der Machtausdehnung Hitlers eingenommen hat.

Drückte doch Ward Price im Sommer 1934 wörtlich die Ansicht aus, daß *bloß diesmal* der Anschlag auf die Unabhängigkeit Österreichs nicht geglückt sei, weil das angesichts der internationalen Lage *nicht möglich* gewesen sei. Damit deutete Price nicht nur den Grund der Zurückhaltung Hitlers im Jahr 1934 an, sondern eine Haltung, von der dieser nach diesem Jahr mehr und mehr abging, je sicherer er wurde, daß Italien nicht mehr allein an den Brenner marschieren und London dem Duce keineswegs den Gefallen erweisen wollte, mit ihm zusammen besagte Abwehrstellung gegen ein Einschreiten des Dritten Reiches in Österreich zu beziehen. Tatsächlich ist die konservative Regierung in London dann auch die *einzige* gewesen, die in der Endkrise des 11. März 1938 ihren Gesandten in Wien ausdrücklich wissen ließ, sie könnte nicht die Verantwortung dafür übernehmen, dem Bundeskanzler zu Handlungen zu raten, die sein Land Gefahren aussetzen würden, gegen die Seiner Majestät Regierung keinen Schutz gewähren könnte. 1939 hat London der polnischen Regierung nicht nur vorweg solchen Schutz gewährt, sondern mit seiner Carte blanche der Regierung in Warschau jenes Verhalten eingeräumt, das wesentlich zum Ausbruch des Zweiten Weltkrieges beigetragen hat.

1934 meinte Ward Price, daß bloß in jenem Sommer der Anschluß unmöglich gewesen sei; grundsätzlich vertrat er hiezu die in England vorherrschende Meinung: Dies certus incertus quando. Damit sollte er recht bekommen.

MYTHOS UND RAUHE WIRKLICHKEIT

Helden und Heldenverehrung

Die Worte, die Starhemberg zur Verabschiedung des toten Kanzlers in freier Rede vor dem Wiener Rathaus fand, waren ehrlich gemeint. Der Bauernsohn aus dem niederösterreichischen Mostviertel hatte es verstanden, sich den Fürsten aus dem oberösterreichischen Innviertel zum Freund zu machen. Beide gaben einander die Freundschaft vorbehaltlos; Dollfuß war dabei *kein Chef*, Starhemberg *kein bloßer Vize*. Nur ihr Zusammenstehen hatte es ermöglicht, daß Österreich im Frühjahr 1933 nach der Machtergreifung Hitlers in Berlin nicht auch in den Mahlstrom des Nationalsozialismus geriet. Der Kanzler nannte den Fürsten Ernstl, und der Fürst, der so gar nichts von der prätentiösen Art mancher Standesgenossen an sich hatte, gebrauchte ein kameradschaftliches Du, das mehr war als das geschäftsmäßige Du, das in Parteikreisen leicht gegeben und leicht genommen wird. In der Gefolgschaft der beiden herrschte nach dem Geschehen des 25. Juli zunächst Betretenheit. Niemand hatte einen solchen Akt der Geiselnahme, wie er 50 Jahre später zur Alltäglichkeit in einer friedlosen Welt geworden ist, für möglich gehalten. Langsam griff die Frage nach dem, was jetzt geschehen würde, auch auf die Marschierer über, die Männer in der Doppelreihe, wie man einmal sagte. Nur wenige wußten, daß Starhemberg dem Justizminister Berger-Waldenegg bei der Rückkehr aus Italien schon auf dem Flugplatz Wien-Aspern auf dessen an einen *Kanzler* gerichteten Gruß ausweichend geantwortet hatte:
»Darüber müssen wir noch reden.«
Starhemberg hatte mit seiner zuvor von Italien aus verfügten Generalmobilmachung der HW einen entscheidenden Beitrag zum Scheitern des Putsches geleistet; er hatte gehandelt, während staatliche Sicherheitseinrichtungen sich in einen Murks verstrickten. Aber ein Mann, der am 26. Juli 1934 die Macht in Griffnähe hatte und sagte, er müsse sich derlei erst überlegen, ist kein machthungriger Anwärter auf eine Diktatur; freilich auch kein Feigling, der vor einer ungeheuren Verantwortung für das Schicksal eines schwerstens gefährdeten Landes zurückschreckt. Daß ein anderer sich in diesem Moment um

die Zuständigkeit des Staatsoberhauptes zur Berufung eines neuen Regierungschefs nicht gekümmert hätte, daß ein anderer seine Berufung auf Grund der Gewalt der Tatsachen dem Bundespräsidenten unter die Nase gehalten hätte, wie das Seyß-Inquart 1938 getan hat, wäre durchaus möglich gewesen.

Ein ganzes Bündel von Kompetenzen war Starhemberg nach dem Tod Dollfuß' in die Hände gefallen: Er war nach dem Tod des Kanzlers zur Leitung der Regierungsgeschäfte berufen, ohne daß es dazu erst eines Einschreitens des Bundespräsidenten bedurft hätte. Von Dollfuß als Frontführer-Stellvertreter berufen, war er jetzt unbestritten an der Spitze der VF. Ihm unterstanden die Staatssekretäre im Kanzleramt: der freisinnige Tauschitz für das Äußere, Karwinsky, der in der Krise des 25. Juli die Staatssicherheit zu handhaben hatte, und außerdem die Ausübung der Kompetenzen des toten Kanzlers auf dem Sektor der Landesverteidigung; von der Ressortzuständigkeit für Land- und Forstwirtschaft ganz abgesehen. Und: Der Fürst stand an der Spitze des momentan mächtigsten Wehrverbandes, der sich in den Kämpfen jener Julitage besser geschlagen hatte als 1931 unter dem Putsch-Bundesführer Pfrimer.

Heer, Gendarmerie, Bundessicherheitswache, Schutzkorps und die für den Moment von der VF aufgestellten Freiwilligenverbände unterstanden ihm. Gewiß waren die Tage, in denen der jungenhafte Starhemberg schon durch seine äußere Erscheinung vor allem die Jungen an sich binden konnte, vorbei, aber dafür besaß er jetzt an Macht, was er einmal an machtlosem Renommee besessen hatte. Er war 35 Jahre alt, niemand konnte ahnen, daß der Fürst als noch nicht 40jähriger für immer aus der Politik ausscheiden und 1938 ein vermögensloser Emigrant sein wird.

Es kam jetzt alles darauf an, daß sich Starhemberg mit dem von Dollfuß auf dem Sterbelager genannten Unterrichtsminister und Reichsführer der Ostmärkischen Sturmscharen, Kurt von Schuschnigg, inmitten eines gnadenlos geführten Zweifrontenuntergrundkrieges im Land einig wurde. Außerdem war nicht zu gewärtigen, daß Bundespräsident Miklas bei der Berufung des Nachfolgers für Dollfuß etwa die drängenden Wünsche seiner alten christlichsozialen Freunde überhören und Schuschnigg etwa nicht mit an die Spitze der Liste der Kandidaten für das Kanzleramt setzen würde. Der zwischen Starhemberg und Schuschnigg bestehende *Wesensunterschied* wurde für das Österreich der dreißiger Jahre das Schicksal.

Kurt von Schuschnigg, Sohn eines wegen persönlicher Tapferkeit ausgezeichneten k. u. k. Generals, war nach der Matura im Jesuiteninternat Feldkirch unverzüglich als Einjährig-Freiwilliger einge-

211

rückt. Als Artillerieleutnant erwarb er an der Front gegen Italien alle
für einen Subalternoffizier erreichbaren Tapferkeitsauszeichnungen
vom Militärverdienstkreuz abwärts. Die Wirrnisse, die nach der Kapitulation vom 3. November 1918 an der Front eintraten, kosteten
ihn nach dem Ende der Kämpfe fast ein Jahr Kriegsgefangenschaft.
Er kehrte in sein durch das Friedensdiktat von Saint-Germain ver-
stümmeltes Tirol heim und nahm in Innsbruck das Jusstudium auf.
Schuschnigg war fast zur gleichen Zeit bei der katholischen Verbindung »Austria«-Innsbruck aktiv, in der Starhemberg beim Corps
»Rhaetia« eine Zeitlang mitgemacht hat. Beide waren von früher Jugend auf in Marianischen Kongregationen, welche Tatsache Starhemberg ausdrücklich auf der Anzeige von seinem Tod vermerkt
wissen wollte. Das Couleurstudententum sagte dem Fürsten nicht
zu. Im Bund »Oberland« fand er Kameraden fürs Leben; einige davon kamen vom Corps. Und erst nach der Machtergreifung Hitlers
in Berlin und dem Ende der Freikorpstraditionen legte er das stets an
der Windjacke getragene Abzeichen des Bundes »Oberland« ab.
Anders Schuschnigg: Er fand in der »Austria« nicht nur die ihm zusagende *Gesinnungsgemeinschaft,* sondern einen Freundschafts-
bund, der ihm später nach vielen Jahren der KZ-Haft und des Exils in
den USA ein Heimkehrrecht für den letzten Lebensabschnitt wahrte. Schuschnigg haßte Kameraderie; so geriet er im Politischen zuletzt sogar in die Gegnerschaft zu Bundesbrüdern: zu Richard Steidle, der 1930 die HW-Zugehörigkeit über sein Mandat als christlichsozialer Bundesrat stellte, und 1938 zu Wilhelm Wolf, der sich der
besonderen Förderung durch den Kanzler erfreute, um am Morgen
des 12. März bei der Angelobung der Beamten des auswärtigen Dienstes zu sagen, man hätte zwar einem System gedient, aber mit der ge-
ballten Faust in der Tasche . . .
Solche Diszipliniertheit konnten die Eltern Starhembergs ihrem
Sohn nicht beibringen, wie das das Jesuitenkolleg zu Feldkirch vermochte. Weder der Vater, der, offiziersmäßig geformt, in jeder Hinsicht im besten Sinne ein österreichischer Edelmann war, noch die
Mutter, die sowohl in der Katholischen Frauenorganisation Österreichs (KFÖ), ferner als christlichsoziales Mitglied des Bundesrates
und zuletzt in der VF eine einflußreiche Rolle gespielt hat. Heute
würde man sagen, der junge Starhemberg war ein *Aussteiger,* dem
zuerst das Elternhaus, dann das Corps und das Universitätsstudium,
ja überhaupt der Mief der Nachkriegszeit nicht zusagte und der
durch seinen persönlichen Einsatz in den Freikorpskämpfen zuletzt
sogar in jene Marschkolonne geriet, die Hitler am 9. November 1923
in München an die Macht bringen sollte. Das Erlebnis der Erschei-

nung Hitlers an diesem Tag wurde für ihn und einige seiner ältesten Freunde entscheidend dafür, daß er keiner Möglichkeit und keiner Versuchung endgültig zum Opfer fiel, die unter dem Prätext an den Fürsten herangetragen wurde, daß er seine Jugendideale doch besser in die Hitlerbewegung einbringen sollte, als mit Klerikalen und ähnlichem Gelichter gemeinsame Sache gegen den Führer zu machen.

Nachdem der junge Starhemberg aus den Wirren der Nachkriegszeit heimgekehrt war, lag vor ihm die Möglichkeit eines kultivierten adeligen Landlebens an der Seite einer jungen Frau. Er aber trat alsbald wieder an: Unter Einsatz seines gesamten Vermögens (!) diente er sich in der HW vom Ortsführer zum Bundesführer hinauf, stellte er seine Jägerformationen und das Studentenfreikorps, das immer direkt ihm unterstellt blieb, auf, machte mit unterschiedlichem Erfolg Politik. Im Zusammenhang mit dem Pfrimer-Putsch wurde er 1931 inhaftiert, was dem damaligen Sicherheitsreferenten in der oberösterreichischen Landesregierung, dem späteren bedeutenden Führer der Illegalen, Franz Langoth, sichtlich einige Genugtuung bereitete; war der Fürst doch im Jahr zuvor ein paar Monate als Innenminister in der Zentralstelle für das Sicherheitswesen in Wien für das Ressort zuständig gewesen, das Langoth bis 1933 in Oberösterreich besorgte.

Man kann sagen, daß es 1933 nach der Machtergreifung Hitlers in Berlin für Starhemberg nur eine Alternative gab: zusammen mit Dollfuß zu verhindern, daß womöglich auch Österreich jenem Sinnestaumel zum Opfer falle, der dann das deutsche Volk in die Katastrophe von 1945 stürzte – eine Konsequenz, die 1933 niemand in aller Welt in diesem Ausmaß geahnt hat. Der Handschlag, den er im Frühjahr 1933 bei der großen Türkenbefreiungsfeier in Schönbrunn mit Dollfuß tauschte, entschied beider Schicksal. Bald danach trennte sich der liberale Landbund von der Regierung Dollfuß, die HW unter Starhemberg aber bezog eine andere Front: Schwerpunkt war nicht mehr der Kampf gegen den Austromarxismus wie in den zwanziger Jahren, sondern der Zusammenstoß mit der Hitlerbewegung, mit den von dieser gewählten Gewaltmethoden – und dazu waren die letzten Formationen der Christlichsozialen weder willens noch in der Lage.

Schuschniggs Leben verlief bis zum Jahr 1927 in ganz anderen Bahnen. Er wurde Rechtsanwalt in Innsbruck, die dort originäre HW war für ihn kein Attraktivum. 1927 zog er als jüngster Abgeordneter in den Nationalrat ein, erklärtermaßen ein Anhänger Seipels, der nicht nur achtungsvoll auf die Persönlichkeit des damaligen Bundeskanzlers und Parteiobmanns blickte. Es war jener Nationalrat, in dem sich *alle Fraktionen in einem Punkt einig* waren: Der Anschluß der Republik Österreich an das Deutsche Reich war für sie nicht nur eine in der Sache begründete Notwendigkeit, sondern eine von starken Gefühlen getragene Absicht, der die besten Redner jener Tage, die der Legitimisten und der Kommunisten ausgenommen, bis zum Jahr 1933 mit vorbehaltloser Hingabe gedient haben.

Später sagte man, die Exzesse der HW in Tirol, an deren Spitze ein Bundesbruder Schuschniggs, nämlich Richard Steidle, stand, wären für Männer, wie der spätere Kanzler einer war, die Herausforderung für die Schaffung eines anderen Wehrverbandes, quasi einer Alternative zur HW geworden. Aber die Ostmärkischen Sturmscharen (OSS) waren das nicht. Schuschnigg war bei der zur Zeit seiner Kanzlerschaft 1936 verfügten Auflösung dieses Wehrverbandes dessen Reichsführer, aber nicht der Träger der ganz anders gearteten *Gründungsidee.* Das Aufkommen der Hitlerbewegung war in Deutschland auch Anlaß dazu, daß sich Männer verschiedener Herkunft und Anschauung daranmachten, eine ihnen zusagende Spiel- und Singschar begeisterter junger Menschen zu schaffen. Durch all das wehte noch etwas vom Geist des »Wandervogels«, auch wenn die Führer dieser Scharen zuweilen aus seltsam verschiedenen Winkeln kamen. So etwa die vom früheren Freikorpsführer Gerhardt Roßbach geführte Schar, die in Norddeutschland durchs Land zog und in den evangelischen Kirchen eine der Gewalt entgegengesetzte neue Lebensform sinnfällig machen wollte. Ähnliches unternahm in Tirol der Lehrer Hans Bator, der aus dem Krieg die Goldene Tapferkeitsmedaille mitbrachte und der mit seiner Sturmschar bis an den Rhein zog. Solche Gemeinschaften und ihre Symbole, allein die Farbe der *Hemden,* waren für Hitler ein Greuel. Als Schuschnigg an die Spitze der Sturmscharen trat, waren diese in Tirol keineswegs jener Wehrverband, der nach 1933 seinen Blutzoll, wie man damals sagte, im Kampf um Österreich und gegen den Nationalsozialismus erbrachte. Die von Schuschnigg vertretene *Reichsidee* bezog sich denn auch nicht auf das 1871 in Versailles ausgerufene Deutsche Reich, sondern auf eine nun schon 1000jährige, wenn auch zuletzt arg diskriminierte Reichsidee, jene, die mit dem Namen Karls des Großen verbunden ist. Daher auch die Beifügung des Eigenschaftswortes *ostmärkisch* zum Namen Sturmscharen. Selbstverständlich traf schon allein dieser Reichsgedanke, der in der Tatsächlichkeit des historisch gewordenen »christlichen Abendlandes« wurzelte, auf die schärfste Gegnerschaft von links und rechts. Das Bekenntnis zu einem »positiven Christentum«, das im Programm der NSDAP, wie es Gottfried Feder noch einmal Ende der zwanziger Jahre kommentiert hatte, konnte nachher nur mühsam die Tatsache verbergen, daß im Kern des Hitlerismus eine *totale Absage an das Christentum steckte;* diese Absage hat zuerst Houston Stewart Chamberlain in seinem von rassistischen Ideen durchwebten Werk »Die Grundlagen des 19. Jahrhunderts« unverkennbar artikuliert; der von Alfred Rosenberg verfaßte Gallimathias »Der Mythos des 20. Jahrhunderts« reduzierte die Qualität der Untersuchungen Chamberlains, die dieser 1899 ausgerechnet dem später als Juden diffamierten Rektor der Universität Wien gewidmet hatte, auf ein Niveau, das für Hitler die Lektüre des Buches entbehrlich machte. Das änderte nichts an jenem urtümlichen Haß gegen das Christentum, dem Hitler während des Zweiten Weltkrieges in seinen *Tischgesprächen* ohne Rücksicht auf die Taktik im Politischen im engsten Kreis Ausdruck geben konnte. Daß katholische Priester und Wissenschaftler von einigem Rang trotz ihrer katholischen Herkunft dies nicht erkannten und mit Hitler gingen, ist vor allem jenen jungen und weniger erfahrenen Menschen zum Verhängnis geworden, die ihre Ideale in die Hitlerbewegung trugen und die als deren Opfer im Krieg blieben oder nach der Heimkehr aus diesem nur Diffamierung fanden . . .

Die *Marschierer* in der HW und jene in den Sturmscharen begegneten einander mit wenig Sympathie. Die HW war überhaupt allen Wehrverbänden gram, die nach ihrem Fall zu Beginn der dreißiger Jahre entstanden oder endlich effektiv geworden sind, so vor allem dem von christlichen Gewerkschaften gegründeten »Freiheitsbund«. Die zahlreichen Antiklerikalen, die ihre Feindschaft zu Hitler in die Reihen der HW mitnahmen, verfolgten in- und außerhalb der HW alle Katholen mit jenem Spott, den schon ihre Großväter geübt hatten. Wieder hörte man die alten Schimpfbezeichnungen für die Schwarzen: Kerzlschlicker, Sakristeiwanzen, Tabernakelwanzen und, speziell auf die Sturmscharen gemünzt: Ölberghusaren; von anderen ordinären Bezeichnungen, die jenen der Nazis manchmal nicht nachstanden, ganz abgesehen.

Eine gewisse Klärung trat hierin in der HW ein, als nach dem mißglückten Pfrimer-Putsch vom Jahr 1931 der Austritt der Nationalen aus der HW derartige Formen annahm, daß zum Beispiel der Steirische Heimatschutz korporativ zu den Nationalsozialisten überging und daher auch 1933 zusammen mit der NSDAP dem Betätigungsverbot unterlag. Dieses Verbot hatte die ersten *Aberkennungen von Nationalratsmandaten* zur Folge; es betraf keine Sozialdemokraten, sondern Abgeordnete des Heimatblocks, welche die Schwenkung zu den Nazis mitgemacht hatten.

Nicht Dollfuß, sondern der als »Packler« mit den Roten verschriene

Bundeskanzler Buresch hat Schuschnigg als Justizminister in seine letzte Regierung berufen. Damals waren die OSS weitum unbekannt, die HW nach dem Pfrimer-Putsch auf einem Tiefpunkt angelangt. Dollfuß selbst hat bekanntlich keinem Wehrverband angehört. Kurz vor seinem Tod erschien er einmal in der Uniform der OSS vor der Öffentlichkeit. Dieser Auftritt hat Starhemberg nicht ins Herz getroffen, noch weniger litt darunter die Freundschaft des Kanzlers mit seinem damaligen Vizekanzler. Erst der Tod Dollfuß' änderte das alles. Am 27. Juli 1934 präsidierte Starhemberg einer Sitzung des Ministerrates. Das war, als Dollfuß noch nicht unter der Erde war. Der Fürst gedachte des toten Freundes, dann ging man rasch zur Tagesordnung über. Zum Wort kam nicht der für das Sicherheitswesen noch zuständige Staatssekretär Karwinsky, vielmehr nahm der Vizekanzler das Wort, um das Gespräch auf die seltsame Reaktion zu bringen, die Hitler nach Erhalt der Nachricht vom Tod Dollfuß' gezeigt hatte, wobei man sich mit den sogenannten Kondolenzbezeigungen des Reichskanzlers und deren eigentlichem Charakter vorerst noch nicht beschäftigte.

Hitler befand sich nach dem Tod des österreichischen Bundeskanzlers in einer schwierigen Lage. Der Aufschwung des Wirtschaftslebens im Dritten Reich konnte noch nicht darüber hinwegtäuschen, daß Hitler mit dem 100 000-Mann-Heer des Deutschen Reiches keine internationale Politik von der Art betreiben konnte, mit der er bald darauf die anderen Großmächte in kurzen Abständen vor den Kopf stoßen sollte. Vielmehr mußte er das Gerücht aus der Welt schaffen, wonach da und dort gesagt wurde, es sei doch nicht denkbar, daß der Führer der NSDAP und ihrer Verbände nichts von dem in Österreich stattgehabten Putschunternehmen seiner Getreuesten, der SS, gewußt habe. Hitlers Diplomatie war in diesem Moment in der Tat erfindungsreich. Er benutzte den Anlaß, um seinen lästigen Vizekanzler, den katholisierenden Franz von Papen, vom Hals zu bekommen und dabei zugleich der Regierung in Österreich mit der Entsendung dieses Meisters der politischen Intrige eine Unannehmlichkeit zu bereiten. Um Papen in diesem Sinne auf jeden Fall anzubringen, wurde die diplomatische Form außer acht gelassen, das heißt, die Entsendung Papens nach Wien wurde in Berlin amtlich bekanntgegeben, ehe die deutsche Regierung in Wien *um das Agrément für Papen angesucht hatte.* Das war ein Affront, jedenfalls ein gewollt vorschneller Akt, der es der Regierung in Wien nicht erlaubte, mit der allfälligen Verweigerung des Agréments für Papen einen Eklat herbeizuführen, den sich das in Schwierigkeiten befindliche Österreich nicht leisten konnte; noch dazu, wo Hitler tat, als wolle er mit der Entsendung Papens Österreich und dessen Beziehungen zum Reich etwas Gutes, ja sogar *Versöhnliches* erweisen.

Im übrigen kam Hitler dieser Schritt deswegen gelegen, weil er damit den unverbesserlichen Intriganten aus dem Zentrum Berlin wegbekam, der immerhin der *katholischen Zentrumspartei* entstammte, als deren Mann er sich noch im Jänner 1934 gegenüber dem zu Besuch in Berlin weilenden damaligen Justizminister Schuschnigg gegeben hatte.

Starhemberg referierte, daß am 27. Juli, um 17.30 Uhr, der nach der Abberufung des schwer kompromittierten bisherigen deutschen Gesandten tätige Missionschef am Ballhausplatz erschienen und um das Agrément für Papen eingekommen sei; dem Geschäftsträger wurde bedeutet, daß eine Antwort auf das Ansuchen erst in Tagen zu erwarten sei. Starhemberg selbst bezeichnete das Experiment Papen vom Fleck weg als eines, dem man mit *größter Vorsicht und Skepsis* begegnen müsse. Man müsse zum Reich in ein *erträgliches* Verhältnis kommen, was bedeutet, daß der Vizekanzler das am 25. Juli eingetretene als *unerträglich* und die Würde Österreichs verletzend betrachtete. Dem Fürsten Starhemberg war Papen im höchsten Grad unsympathisch, und es hat nach dessen Kommen nach Wien lange gedauert, bis der Vizekanzler einen Besuch Papens überhaupt entgegengenommen hat. Daß sich Papen nach seinem Fiasko in der Regierung Hitlers in Wien aufs neue Sporen verdienen wollte, war für Starhemberg eine ausgemachte Sache; wahrscheinlich ging es demnach Papen nicht um eine *Entgiftung* des Verhältnisses zwischen dem Dritten Reich und Österreich, sondern darum, *Österreich in eine gewisse Abhängigkeit von Berlin zu bringen.* Leider könne sich Österreich nicht den Luxus leisten, das Agrément zu verweigern, so Starhemberg, man könne aber keineswegs ohne weiteres auf ein scheinbares Friedensangebot eingehen, ohne das Ansehen des toten Kanzlers zu verletzen oder der internationalen Geltung Abbruch zu tun.

Ehe noch ein Mitglied der Regierung das Wort nehmen konnte, sprachen der Generalsekretär für auswärtige Angelegenheiten, Sektionschef Peter, und der in diesem Ressortbereich des Bundeskanzleramtes tätige Staatssekretär, der Landbündler Tauschitz.

Peter schnitt den Faden der bisherigen Erörterung der hochpolitischen Frage mit einem bloßen Hinweis auf *diplomatische Gepflogenheiten* ab, wonach von einer Verweigerung des Agréments keine Rede sein könne; man könne mit der Entscheidung nur einige Tage zuwarten. Daß es in der Geschichte der Diplomatie der Neuzeit wohl kaum einen einschlägigen Vorfall gegeben hat wie jenen, den das Ereignis des 25. Juli auslöste, und daß die Reaktion des Reichskanzlers und Führers der NSDAP eine geschickt gewählte Pression war, kam dem Sektionschef nicht in den Sinn. Der Einwurf war zudem ohnedies gegenstandslos, nachdem der Vizekanzler bereits ex praesidio erklärt hatte, Österreich könne sich *leider* diese Verweigerung nicht leisten.

Nun aber kam Tauschitz zu Wort. Tauschitz, dem im März 1938 ein relativ junger Funktionär des Auswärtigen Amtes in Berlin ins Gesicht sagen sollte, er könne ja nun »seinen Laden dichtmachen«. Bekanntlich hat Tauschitz der Regierung Schuschnigg nicht mehr angehört, vielmehr oblag es ihm, während der Ära Schuschnigg Österreich bis zum Anschluß in Berlin zu vertreten. Wieso er in einer Stunde wie dieser zu der Ansicht kam, daß Berlin und München nach dem 25. Juli *anderen Sinnes* geworden seien, hat er nicht näher ausgeführt. Er rechnete es tatsächlich der Regierung in Berlin zum Guten an, daß sie mit der Abberufung des bisherigen Gesandten Rieth einen deutlichen Strich zwischen den Aufrührern und der Reichsregierung gezogen hatte. Und er redete von »Bahnen freundschaftlicher Beziehungen« und erzählte, daß es seinerzeit Göring nicht gelungen sei, bei Hitler längst vor dem 25. Juli die Abberufung Habichts durchzusetzen. Hitler sei jetzt in einer Zwangslage und beabsichtige, eine andere Politik gegenüber Österreich einzuschlagen. Tauschitz zögerte nicht zu sagen, daß eine Parallelität in der Außenpolitik Berlins und Wiens nur dann möglich wäre, wenn ».. . in Österreich, im zweiten deutschen Staat, *dieselbe* geistige Auffassung Platz greife, wie sie Deutschland mit einer Dynamik, die er [Tauschitz] selbst nicht erwartet hätte, durchdrungen habe [!]«.

Stockinger übernahm es erwartungsgemäß, den Ausführungen des Staatssekretärs zu widersprechen. Papen sei *nicht abgeschoben worden, vielmehr erweise er jetzt Hitler den größten Gefallen.* Hitler habe sich diesen Gesandten unmittelbar unterstellt. Man wisse, daß Dollfuß unlängst von deutschen Katholiken vor der Person Papens gewarnt worden sei. Dollfuß hätte diese Einschätzung nach einer Begegnung, die er bei einem Italienbesuch mit dem in Rom weilenden Papen gehabt habe, aus eigener Anschauung geteilt. Was könne es für einen Sinn haben, den österreichischen Katholiken, also dem Kern der Gefolgsleute des toten Kanzlers, Herrn von Papen zu schicken, wenn *gleichzeitig* der ehemalige Gauleiter von Wien im Münchener Rundfunk das fortsetze, was einmal Habicht begonnen hat, nachdem man ihn aus Österreich abgeschoben hatte. Stockinger meinte in diesem Zusammenhang, daß München, also die Reichsleitung der NSDAP, bei den Ereignissen des 25. Juli die Hand mit im Spiel gehabt haben müsse.

Da warf Starhemberg ein, es hätten Angehörige der »Österreichischen Legion« auf österreichischem Gebiet Geiseln genommen und nach Bayern verschleppt. Gleich erinnerte Stockinger daran, daß Dollfuß zuletzt die Absicht gehabt habe, die österreichische Frage an den Völkerbund heranzutragen, daß aber Wirtschaftskreise im eigenen Land sich bereit erklärt hätten, mit Unterstützung einflußreicher Kreise in Italien den gleichen Effekt, aber *ohne Befassung des Völkerbundes* zu erreichen. Starhemberg ergänzte, die nationalsozialistische Bewegung sei zwar im Moment in Österreich erledigt, die Gefahr drohe um so mehr von Papen, der es auf anderem Gebiet versuchen werde, in Österreich Fuß zu fassen.

Wieder nahm Tauschitz Papen in Schutz, verwies auf dessen Demissionsabsichten als Vizekanzler Hitlers; das lasse den Schluß zu, er wolle aus der Regierung austreten.

Was wirklich unterwegs war, referierte der Vorstand der politischen Abteilung des Außenamtes, Hornbostel. Er hatte seit dem Krieg mäßiges Vertrauen in die italienische Politik, war aber – rebus sic stantibus – zu der Ansicht gekommen, daß der Duce momentan, leider, den einzigen Haltepunkt für ein unabhängiges Österreich biete. Er wußte schon davon, daß man in Berlin den dortigen österreichischen Geschäftsträger ins Auswärtige Amt zitiert und von ihm erwartet habe, dafür zu sorgen, daß das Agrément für Papen beschleunigt erfolge. Eine allfällige Schwierigkeit bei der Regierungsbildung nach dem Tod des Kanzlers möge daher keine Verzögerung der Beschlußfassung Wiens zur Folge haben. Der Reichskanzler erwarte vielmehr, daß die provisorische (?) Regierung in Wien seine große Geste verstehe und *unverweilt* das Agrément erteile; und das, während in den Kinos eine deutsche Wochenschau abgespielt wurde, die eine unverschämte Karikierung des Toten brachte, und »Der Angriff«, Goebbels' Organ in Berlin, einen aggressiven Artikel gegen Österreich abdruckte.

Wieder übernahm es Tauschitz, die Dinge in ein ganz anderes Licht zu rücken und zu sagen, Papen sei von Hitler abgerückt, sei ihm niemals innerlich verbunden gewesen. Und was die erwähnten Ausfälle in den Medien beträfe, dürfe man nach einer Äußerung des Berliner Protokollchefs Bassewitz erwarten, daß es sich *nur um Entgleisungen* gehandelt habe.

Nun resümierte Starhemberg mit der Feststellung, er halte es für richtig, vorläufig zur Frage des Agréments nicht Stellung zu nehmen. Dem schloß sich Minister Buresch an, der die Behandlung der Frage bis nach der Beisetzung des verewigten Kanzlers verschoben wissen wollte. Stockinger ersuchte den Vizekanzler, am heutigen 27. Juli im Radio eine Erklärung der Bundesregierung abzugeben.

Und wieder fiel ein Fleck auf die Uniform Feys. Er wollte festgestellt haben, daß es sich um eine *informative* Aussprache über die Frage des Agréments für Papen, *nicht um eine endgültige Entscheidung* handle, diese stünde noch aus. Wieder die Zwiespältigkeit! Wollte Fey ein Nein vermeiden, oder lag ihm daran, ein beschämendes Ja zu umgehen?

Dann ging die Erörterung auf die Person Rintelens und sein Verhalten am 25. Juli über. Der Justizminister berichtete, Rintelen habe einen Selbstmordversuch unternommen. Sektionschef Peter war gegen dienstrechtliche Maßnahmen gegen Rintelen. Mit diesen möge man zuwarten, bis eine Strafanzeige erfolgt sei. Neustädter-Stürmer – noch in seiner antinazistischen Phase – erklärte, es sei doch ausgeschlossen, daß Rintelen jemals auf seinen Posten in Rom zurückkehre, man solle ihn vom Dienst entheben, Strafanzeige erstatten und ihn verhaften lassen. Dem entsprach eine Absichtserklärung des Justizministers, der auf eine Enthebung Rintelens von seinem Posten als Gesandter in Rom drang. Man nahm diese Vorhaben zur Kenntnis.

Nun kam für den Staatssekretär im Kanzleramt Baron Karwinsky die Stunde der Wahrheit. Er und Fey waren Tatzeugen des Geschehens gewesen, das sich am 25. Juli im Kanzleramt nach der Besetzung durch die Putschisten abgespielt hat. Fey, an jenem Tag nicht mehr für das Sicherheitswesen ressortzuständig, verfolgte mit größter Aufmerksamkeit die Darlegungen Karwinskys, der nach dem Ausfall des Kanzlers mit unterschiedlichem Erfolg bemüht gewesen war, wenigstens ein weiteres Blutvergießen zu vermeiden; ein Bemühen, mit dem bekanntlich auch Fey, obwohl gleichfalls nicht politischer Leiter des Sicherheitsressorts, mehr als ihm lieb sein mochte, befaßt worden war. Die Beilagen des Ministerrates hiezu sind Dokumente; so die erste Aussage Feys über das Geschehen des 25. Juli, dazu eine weitere Aussage Feys und mehrere Aussagen seines Adjutanten, Major Wrabel; von besonderer Wichtigkeit war die Aussage des damaligen Staatsrates Funder, der die erste Begegnung mit dem im Hotel Imperial lauernden Rintelen hatte und dazu einiges zu bemerken hatte; weiters die Aussage des RAVAG-Sprechers Theodor Ehrenberg, der gezwungenermaßen die Falschmeldung vom Rücktritt Dollfuß' und von der Übernahme der Regierungsgeschäfte durch Rintelen durchzusagen hatte; schließlich die Aussage des Türstehers Hedvicek.

Während der Ministerrat am 27. Juli tagte, wurde noch in Teilen des Landes gekämpft; in Wien herrschte absolute Ruhe, die Betulichkeit verschiedener Uniformierter, vor allem im Kanzleramt, war überflüssig. Karwinsky zeigte zunächst das Zusammenspiel des Gesandten Rintelen mit dem von den Putschisten als Polizeipräsident von Wien in Aussicht genommenen Hofrat Steinhäusl auf, was einen wichtigen Teil der Konspiration des Anschlags enthüllte. Wieder kam die Frage der einheitlichen Kommandoführung bei Einsätzen der Exekutive, des Heeres sowie der Schutzkorps und der Wehrverbände zur Sprache. Unbeschadet der nachträglichen Regelung kam heraus, daß vor dem Anschlag keine geeignete, allgemein verbindliche Vorsorge getroffen worden war. Das entschiedene Hervortreten des damaligen Vizekanzlers Fey während der Februarkämpfe schien derlei überflüssig gemacht zu haben. Starhemberg kam auf die noch unter Dollfuß geplante Bestellung eines Generalstaatskommissärs zu sprechen, dem die zentrale Leitung von Sicherheitsaktionen zukommen sollte; der Vizekanzler unterstrich die Notwendigkeit dieser Einrichtung, und Neustädter-Stürmer urgierte nachdrücklich die endliche Bestellung. Fey erinnerte an das ebenfalls gedachte Ministerkomitee, bestehend aus dem Vizekanzler, ihm selbst als dessen Vertreter, unter Beiziehung der Staatssekretäre für Landesverteidigung und Sicherheitswesen. Dazu berichtete der Vizekanzler, daß sich am nächsten Tag die Führer der Wehrverbände im Kanzleramt einfinden würden, um weitere Maßnahmen zu besprechen.

Schließlich kam Karwinsky auf die prekäre Lage der Landwirtschaft in Kärnten zu sprechen, wo die Männer aus den Dörfern von zu Hause weg in den Bürgerkrieg gezogen seien. Der Landeshauptmann hätte vorgeschlagen, jenen Aufrührern, welche die Waffen niederlegten, Straffreiheit zuzusagen, damit die Ernte 1934 eingebracht werden könne. Diesen Vorschlag habe er abgelehnt, weil im Moment ohnedies der Umsturzversuch in diesem Bundesland bereits gescheitert sei. Dieser Ansicht schloß sich der Ministerrat an und votierte im übrigen für die Einsetzung des erwähnten Ministerkomitees.

Die dem Ministerrat vorgelegten Dokumente bilden die frühesten Fundstellen für die Erforschung der Geschehnisse des 25. Juli im Kanzleramt; eine Aufarbeitung dessen ist weder bis 1938 noch im Dritten Reich, ja auch nicht in der Zweiten Republik vollends gelungen. So erschütternd und ergreifend die Fakten sein mögen, so verschattet ist manches Geschehen dieses Tages. Im Dritten Reich hat man zuletzt keinen Wert darauf gelegt, die Schleier zu lüften, die vor allem die Täter über das Geschehen gebreitet haben, um sich Unannehmlichkeiten zu ersparen.

Die Trauerfeier für Engelbert Dollfuß erhielt ihren ergreifenden Charakter nicht so sehr durch die Anwesenheit hoher und höchster Funktionäre, eine Vielfalt von Uniformen und den Pomp des Staatsbegräbnisses, das sich vor der Beisetzung auf dem Hietzinger Friedhof an mehreren Plätzen der Innenstadt abspielte, als vielmehr durch den Anblick der Eltern des Toten. Sie saßen inmitten einer ihnen völlig fremden Umgebung da, beide in der schwarzen Festtagskleidung, die für alle Anlässe des bäuerlichen Lebens von der Kindstaufe bis zum Begräbnis des Ahnls getragen wird. Die unterderennsischen Bauern haben keine bunte Tracht und keine stattlichen Höfe wie jene im Westen des Landes, wo nicht immer wieder Türken, Kuruzzen und andere ins Land gekommen sind, im Gegensatz zum Osten, wo im 17. Jahrhundert nur zweieinhalb Jahre keine Kampfhandlungen stattfanden. Die Mutter des Toten trug ihr schwarzes Gewand nicht – so wie die anderen Teilnehmer – als Trauergewand, es war eben ihre Festtagskleidung, zu der sie das schwarze, unterm Kinn geknüpfte Kopftüchl hatte. Ihr Mann saß da, klobig in seinem Festtagsgewand, das vielleicht schon sein Vater getragen hatte. Die beiden waren keine armen Kleinhäusler, sie waren die letzte Nachhut einer bäuerlichen Gesellschaft, die noch die Mehrheit der Bewohner im Land stellte. Jener Welt, in der auch der Tote sein Heimgehrecht gehabt hat.

Starhemberg hielt bei der Verabschiedung vor dem Rathaus ohne Zettelaufzeichnungen eine jener Stegreifreden, in denen er zuweilen das Beste, das in ihm steckte, ausdrücken konnte. Auf dem Hietzinger Friedhof hatte man den Erdaushub des Grabes erhöht, und so konnte Schuschnigg die vielen tausend Menschen überblicken, die *ohne Zwang* hinausgekommen waren. Er schloß mit dem reglementmäßigen Marschbefehl: *Marschieren! Direktion geradeaus! Das Vaterland Österreich!* Dann schossen die leichten Geschütze den Trauersalut. Niemand ahnte, daß diese Schüsse bald ein schauerliches Echo in ganz Europa haben werden, daß man in vier Jahren den Ermordeten nochmals in diesem Grab beisetzen wird, weil die Sieger von 1938 es nicht duldeten, daß er und Seipel die während des Ständestaates geschaffene letzte Ruhestätte in der von Clemens Holzmeister erbauten Gedächtniskirche behielten.

Schon hielten die Militärsenate in Wien, Linz, Graz und Innsbruck Gericht. Keine Schauprozesse, wie sie nach dem 20. Juli 1944 der Exkommunist Roland Freisler mit den Methoden des Gerichtsterrors geleitet hat; keine Schauprozesse, wie sie Stalin sein ganzes Leben lang zu inszenieren verstand. (Freisler befreite der Treffer eines Bombenangriffs der Alliierten im Krieg vor dem Schicksal, als Kriegsverbrecher verurteilt zu werden.) Aber die Militärs, die 1934 über Putschisten Gericht hielten, erlitten nach 1938 in Zebrastreifenkleidung ein grausames Los unter unsäglichen Qualen. Nach 1945 haben *alle* europäischen Staaten, die am Zweiten Weltkrieg beteiligt waren, ihre Nazi-Kriegsverbrecher in Akten der *Selbstentfleckung* beiseite gebracht, hoffend, der Blutdunst würde sich aus ihrem Land verziehen. In Frankreich brachten Kommunisten mit dem Recht der Partisanen etwa 40000 Menschen um, töteten sie zahllose *Klassenfeinde* mit der Anschuldigung, diese seien Kollaborateure der Nazis gewesen. Erst 1968 wagten die vergreisten Tatzeugen jener Geschehnisse von 1944/45 vereinzelt Anklage gegen vergreiste Mörder von einst zu erheben. So verdeckten *Mythen* verschiedener Jahrgänge und verdorrter *Lorbeer* grausames menschliches Versagen allerorts . . .

Derlei Mythen brauchen jeweils die Sieger im Bürgerkrieg, und das zu allen Zeiten, um Verletzungen von Moral und Ethos mit dem Hinweis auf eigene Opfer zu rechtfertigen. Henker haben dann gute Zeiten. Theodor Mommsen hat bei Aufzählung der Eigenschaften Julius Cäsars nicht dessen soldatische und politische Leistungen an die Spitze gestellt, sondern die Tatsache, daß er als Sieger im Bürgerkrieg im Moment des Sieges stillhielt und nicht den Richterstuhl einnahm. Er büßte dafür mit dem an ihm begangenen Attentat gedungener Mörder.

Im Ständestaat hielten nach dem Juliputsch Militärgerichtssenate Gericht, aber die Ankläger trugen keine Uniform, sie gehörten dem richterlichen Personal an. Es ging um Hochverrat, Aufruhr, ja um mehr: um den Anschlag auf den Fortbestand des unabhängigen, im Kampf gegen den Nationalsozialismus befindlichen Staates. Wie aber hat die Republik von 1945 auf all das reagiert?

1945 hat in Wien die kommunistische Fraktion in der damaligen Allparteienregierung vorgeschlagen, kein Denazifizierungsgesetz zu erlassen, sondern einige Tage lang der Volksjustiz freien Lauf zu lassen; und damit Schluß. Sie dachten nicht böser als viele siegreiche Revolutionäre und Befreier. Es kam alles ganz anders; Nazis von Rang und Bedeutung nahmen die Hürden des Nationalsozialistengesetzes 1946 und erstiegen in der Zweiten Republik erstaunlich hohe Ränge; Ortsbauernführer, Briefträger und andere nicht mehr Wehrdienstfähige in der Heimat, die oft nur als *Anwärter* am Rand der NSDAP gestanden waren, büßten für sie; einige waren zu stolz, um Nachsicht zu erbitten, andere brauchten Jahre, um im Schutzmantel einer Regierungspartei endlich der Verstrickung zu entfliehen. Jenseits der Meere warteten Juden auf den Ruf der alten Heimat. Erste Versuche, sie zur Rückkehr nach Wien zu bringen, scheiterten zumeist schon an der Tatsache, daß viele das Leben in der Fremde einem unsicheren Dasein in der sowjetisch besetzten Zone der Zweiten Republik vorzogen und überhaupt dem Status der knapp der Zerstückelung entwischten Zweiten Republik, ihrer Notzeit und den Hungerjahren wenig abgewinnen konnten.

Erst die Verfolgungen, die en masse nach 1938 einsetzten, die Verbringung der sogenannten Systemlinge ins KZ Dachau, die nachher einsetzenden Judenverfolgungen ließen die Blutopfer der Nationalsozialisten, wie sie 1934 erbracht wurden, gering erscheinen. Nach 1938 wurde hiezu rechtzeitig ein *Mythos* kultiviert, den es braucht, um neue Schuld nicht als das erscheinen zu lassen, was sie war: *Rache*. Nicht die so lange als Drohmittel in Bayern bereitgehaltene sogenannte »Österreichische Legion« stellte 1938 die Racheengel, obwohl Hitler noch am 12. März 1938 das Kommen dieser aus dem Land geflüchteten Nationalsozialisten dem österreichischen Bundeskanzler Schuschnigg gegenüber als Maximum der Strafe für jeden bewaffneten Widerstand der österreichischen Regierung aufgezeigt hatte; vielmehr kamen jene *dunklen* Schatten, die das 1873 fertiggestellte Wiener Nobelhotel Metropol räumen ließen, um in der bedrückenden Stille der nunmehrigen Leitungsstelle der Geheimen Staatspolizei jenes lückenlose System zu handhaben, das bisher die Österreicher so gerne dem System Metternich als Nonplusultra eines Staatssicherheitsdienstes angedichtet hatten.

Im Sommer 1934 traf das Todesurteil und dessen Vollstreckung die bisher *aktiven* Wiener Sicherheitswachebeamten Leeb, Maitzen, Hackl und Wohlrab, die ihre Uniform und Bewaffnung benützt hatten, um die Vergatterung und den Einsatz der SS-Standarte 89 am 25. Juli mit dem Anschein zu versehen, als handle hier der Staat, die Regierung. Das Heer hatte für diesen Unglückstag *nur einen Infanteristen* als Opfer gestellt, der gewagt hatte, was einige der an der Planung des Unternehmens beteiligten Offiziere nicht wagten und Sympathisanten nach dem Scheitern des Juliputsches lieber vergessen machten, um erst am 15. März 1938 dabei zu sein, wenn die Parade der Sieger vor dem Äußeren Burgtor abgenommen werden würde: Märzveilchen . . .

Im Sommer 1934 hatte die Tätigkeit der Militärgerichtshöfe in Österreich noch vielfach den *Horror honetter Bürger* in aller Welt gegen sich, zumal jener, die sich später nach den Siegen des Nationalsozialismus und des Dritten Reiches nicht genug über die Gewalttätigkeiten gewisser Handlanger des Hitlerismus entrüsten konnten. In diesem heißen Sommer wurde nur wenigen Europäern bewußt, daß es *die Österreicher* waren – oder doch eine große Zahl von Österreichern –, die *als erste* der Gewalttätigkeit des Hitlerismus mit Gewalt begegneten, Anfängen wehrten, ehe millionenfacher Tod sich in der sterbenden Alten Welt ereignete.

Die schauerlichste Verirrung, die in jedem Bürgerkrieg aufkommt, aufkommen muß, ist jene, wonach in diesen Fällen Hochverrat angeblich eine *Frage des Datums* ist. Das aber führt zu dem gefährlichen, von den jeweiligen Siegern verbreiteten Mythos, wonach *alle Schuld* und *alles Verschulden* im Bürgerkrieg einzig und allein bei den *Verlierern* liegt. Dem Sieger bleibt in diesem grausamen Ritual der Lorbeer für den Sieg im Kampf um Recht und Gerechtigkeit. Das kommt aus dem unausrottbaren Grundirrtum, wonach Standrecht, Militärgerichtshöfe, Todesurteile und deren Vollstreckung nicht nur geschehen, um dem Recht genüge zu tun, sondern auch um noch eventuell lauernden Feinden im Untergrund den letzten Mut zu nehmen, wieder aufs neue aus dem Untergrund zuzuschlagen. Die dabei entstehenden Wunden am Volkskörper heilen nie, Gräber werden und bleiben Pflanzstätten eines staatsoffiziell gehandhabten Mythos. Im Sommer 1934 traf das Todesurteil und dessen Vollstreckung nicht nur die erwähnten aktiven Wiener Sicherheitswachebeamten und den Infanteristen Feike; das gleiche Los erlitt Johann Domes, der mit seinen Männern jenen blutigen, aber erfolglos verlaufenen Überfall auf das RAVAG-Gebäude in der Wiener Innenstadt ausführte, der mit dem Mord an einem vor der Pensionierung stehenden Polizei-Bezirksinspektor, der auf seinem routinemäßigen Kontrollgang war, begonnen hatte. In Innsbruck wurde der Mörder des Polizeistabshauptmannes Franz Hickl hingerichtet; der SA-Mann Friedrich Wurnig war dort in die Polizeidirektion eingedrungen und hatte Hickl niedergeschossen, weil dieser den Mut gehabt hatte, zum Nationalsozialismus *nein* zu sagen und dies zu bezeigen. Der Fleischhauer Rudolf Erlbacher, der den Kampf der SA um den Besitz des Pyhrnpasses organisiert hatte, der zahlreiche Todesopfer forderte, wurde hingerichtet und mit ihm in der Steiermark der Sprengstoffattentäter Franz Unterberger. So wie Josef Gerl in Wien traf die Besitzer von Sprengstoff in der Steiermark, zwei Nationalsozialisten, die kurz vor dem Tod des Kanzlers angesichts einer Serie schwerster Sprengstoffattentate angedrohte Todesstrafe. In ungleich mehr Fällen wurde die verhängte Todesstrafe nicht vollstreckt.
Die Gerichtsverhandlungen zogen sich zum Teil bis ins Frühjahr 1935 hin. Jetzt erst wurde genau erhoben, daß die Polizeikommissäre Gotzmann und Hönigl im Herbst 1933 einen Überfall auf das Bundeskanzleramt mit Männern der ihnen unterstehenden Teile der Alarmabteilung der Wiener Sicherheitswache geplant hatten! Beide wurden, wie die Illegalen sagten, zu Kerkerhaft auf »Regierungsdauer« verurteilt; ebenso der seinerzeit vom Bundesheer abgestellte Instruktionsoffizier der Alarmabteilung. Aus Sicherheitsgründen war

die Zahl der unmittelbar nach dem Putsch Festgenommenen sehr hoch. Als die Alarmstimmung vorbei war, begannen schon die Entlassungen; zu Weihnachten 1934 befanden sich zum Beispiel 600 Häftlinge im Anhaltelager, darunter der Großteil der Männer der SS-Standarte 89, die jetzt tatsächlich die Ausreise ins Dritte Reich antreten konnten. Ein im Dritten Reich unvorstellbarer Vorgang zugunsten von Teilnehmern an einem Anschlag auf den Führer.

Nach 1938, und erst recht nach 1945, begann eine heftige Kritik an jenem sogenannten *Dollfuß-Mythos*. Dieser Mythos begegnete aus verständlichen Gründen dem ehrlichen *Nein* aller Linksorientierten in der Zweiten Republik und eines Großteils der rund 530000 registrierungspflichtigen Nationalsozialisten. Ging es doch nicht nur darum, die von betulichen Funktionären der Ära vor 1938 übertriebene Heroisierung und politische Denkmalspflege aus der Welt zu schaffen, sondern um vor der Welt nach 1945 vergessen zu machen, daß Österreich nicht nur, wie 1943 in Moskau festgestellt, das erste Land gewesen ist, das »der typischen Angriffspolitik Hitlers« *zum Opfer gefallen* ist, sondern vielmehr das erste und einzige war, das noch vor Kriegsausbruch solchen Aggressionsabsichten, sobald sie im eigenen Land spürbar wurden, mit einem *opferreichen Widerstand* begegnet ist. Erst 1986 hat ein amtierender sozialistischer Außenminister der Zweiten Republik als *Staatsmann* den Mut gehabt, das der Weltöffentlichkeit gegenüber festzustellen . . .

Jedes nach einer Revolution, einem Umsturz oder einem Putsch an die Macht gekommene Regime läßt es sich von alters angelegen sein, nach seinen Anschauungen die Erinnerungen an Helden und die Heldenverehrungen evident zu halten, um zu verhindern, daß Epigonen die Taten der seinerzeitigen Erneuerer etwa vergessen oder geringschätzen. Die Wiener Ringstraße ist eingesäumt von solchen Denkmälern – Denkmälern, mit denen vor 100 Jahren die *Liberalen* die *kriegerischen* Taten des alten Österreich vergessen machen wollten angesichts der friedlichen Taten des Besitzbürgertums. Nach 1918 haben die *Sozialdemokraten* angefangen und sind bis auf den heutigen Tag hierin fortgefahren, in der Bundeshauptstadt den Gründern und Trägern ihrer Republik von 1918 und den nachfolgenden Trägern ihrer Idee gleichermaßen den Respekt zu erweisen.

So fing der erwähnte und heute mit scharfer Kritik zurückgewiesene Mythosbrauch nicht etwa 1934 an, er ereignete sich in ungleich größerem Ausmaß ab 1918. Mit einem Schlag wurden im Roten Wien zahlreiche an Taten und Personen des Hauses Österreich erinnernde Benennungen geändert. Der Wiener Franzensring, einmal Synonym für »das Parlament«, hieß damals Ring des 12. November, seit 1945

Dr.-Karl-Renner-Ring. Das zur Zehnjahresfeier der Republik von 1918 errichtete *Republikdenkmal* bestätigte noch einmal und eindringlich, was ohnedies das Dilemma der Ersten Republik war, daß nämlich die Republik von 1918 die von den Sozialdemokraten als *ihre* Republik in Anspruch genommene Staatlichkeit des klein gewordenen Österreich war. Nicht daß Victor Adler, Jakob Reumann und Ferdinand Hanusch damit geehrt wurden, provozierte das Nein nach den Februarkämpfen von 1934, sondern die grundsätzlich geübte *Ausschließlichkeit,* mit der sich alle nicht-marxistisch eingestellten Bürger der Bundeshauptstadt vor den Kopf gestoßen und *unheimlich* in der Republik des 12. November 1918 fühlen mußten.
Es mochte noch hingehen, daß nach 1918 Brücken und Parkanlagen nicht länger nach Angehörigen des Hauses Habsburg benannt blieben, daß aber nach 1945 ein Bundespräsident dem schweizerischen Gesandten in aller Form sagte, dessen Heimatland sei glücklich zu preisen, weil es sich der Habsburger bereits vor Jahrhunderten entledigt hatte, war mehr als Respektlosigkeit vor der Geschichte. Die unersetzlichen Hilfeleistungen der Schweizer, Niederländer, Dänen, Norweger und Schweden nach dem Ersten Weltkrieg haben es wahrhaftig verdient, daß mit der Benennung von Verkehrsflächen oder Parkanlagen die Erinnerung daran manifest wurde. Die Wiener Bürgermeister haben auch schon seit den Zeiten des liberalen Andreas Zelinka in den zu ihrer Amtszeit errichteten kommunalen Gebäuden Tafeln anbringen lassen, die daran erinnern sollten, daß die Baulichkeit unter diesem Bürgermeister oder einem seiner Nachfolger entstanden ist. Lueger hat nicht, wie behauptet, diesen Brauch ad majorem gloriam suam eingeführt, sondern fortgesetzt, freilich in den Proportionen der unter ihm entstandenen Weltstadt. Nach 1918 wurden zahlreiche Wohnhausanlagen von der Gemeinde Wien errichtet. Die einschlägige Art der Finanzierung dieser Bauten, vor allem die Vergabe der Wohnungen nach Maßgabe der Nähe zum Rathausregime, hat bekanntlich einen nie erloschenen Streit im Wien der Ersten Republik entfacht. Um mehr zu tun, wurden aber vor allem die Gemeindewohnbauten nach Parteifunktionären, Kommunalpolitikern und geistigen Vorvätern benannt, also nicht als Denkmäler einer Leistung der Kommunalpolitik, sondern als Monumente einer Ideologie, deren unabdingbares Ja zuletzt ein ebenso starres Nein provoziert hat. In diesem Sinn wurde der 1930 fertiggestellte Karl-Marx-Hof quasi als »feste Burg« inmitten eines traditionell bürgerlich eingestellten Wahlbezirks der Bundeshauptstadt errichtet und in den Februarkämpfen sichtlich zur vorbereiteten Kampfanlage des Schutzbundes gemacht. Dazu gehörte es, daß im Jahr 1984 die Epi-

227

gonen der Unterlegenen von 1934 angesichts des Karl-Marx-Hofes die Angelobung der neueingezogenen Präsenzdiener dieses Jahrgangs mit den Möglichkeiten staatlicher Offizialität feierten. Indem gleichsam die posthume Versöhnung des seinerzeitigen Bundesheeres, das angeblich nur auf Arbeiter und Arbeiterwohnungen geschossen hat, gefeiert wurde, machte man die Opfer jener vergessen, die ebenfalls keine Arbeitermörder sein wollten, als sie gegen die im Karl-Marx-Hof verschanzten Aufständischen ins Gefecht traten und fielen.

Mit Recht wurden und werden in der Bundeshauptstadt unter der Ägide des Roten Wien diejenigen gewürdigt, die nach 1918 nicht nur den sozialen Wohnbau und die soziale Fürsorge, wie man einmal sagte, sondern auch andere Großleistungen einer zeitaufgeschlossenen Kommunalpolitik hinterlassen haben. Daß aber unter sorgfältiger Aussparung der Lueger-Ära die Großtaten des liberalen und des christlichsozialen Wien, ja das geistige Klima der Endzeit einer von unerschöpflicher Schaffenskraft erfüllten bürgerlichen Welt quasi als Wurzelboden *der* Wirklichkeit hingestellt wurden, an die demonstrativ die Silhouette des *Karl-Marx-Hofes* erinnern sollte, ging weit über den üblicherweise auch vom Gegner zu respektierenden Akt eines gegenwärtigen Regimes hinaus. Daß nach 1938 die vom Dollfuß-Staat hinterlassenen Ansätze eines Regimemythos vernichtet und nach 1945 nie mehr geduldet wurden, nimmt nach dem vorhin Gesagten längst niemanden mehr wunder. Es soll an dieser Stelle auch nicht verschwiegen werden, daß betuliches Klein-bei-klein-Getue keinen Mythos schafft, vielmehr als Alibihandlung abgetan wird von jenen, die lebendig werden, wenn die Gräber der Opfer blutiger Kämpfe schon geschlossen sind. Die Zweite Republik zog den Vorteil aus der Tatsache, daß nach dem März 1938 in der nationalsozialistisch gewordenen Ostmark die sichtbaren Zeichen des Dollfuß-Mythos wie mit Zauberschlag, gleichsam über Nacht, verschwanden – und nie mehr zutage kamen. 1949 schrieb der damalige Vorsitzende der SPÖ und Vizekanzler im Vorwort zu einer von einem Angehörigen einer Besatzungsmacht unter Bruch der Archivvorschriften geschriebenen Darstellung der Beziehungen zwischen Dollfuß und Mussolini folgendes: Die drei nach 1945 regierenden politischen Parteien, also auch die KPÖ, hätten sich bemüht, von dem Ereignis des Februar 1934 nicht zu sprechen, obwohl die einen anklagend daran dächten, die anderen noch immer vermeinten, daß einem *»sittlich gerechtfertigten Schritt Dollfuß' leider der endgültige Erfolg versagt geblieben«* sei. Man kann dazu nur sagen, daß letztere nie daran dachten, ihrerseits in jene Polemik einzutreten, was zu dem

Ergebnis führte, daß sie sich aus unterschiedlichen Motiven einfach vollends verschwiegen haben. Also: Qui tacet consentire videtur.

Die Nationalsozialisten machten, wie gesagt, vom Fleck weg Tabula rasa; niemand hatte erwartet, daß die Gedenktafeln für jene belassen würden, die im Kampf gegen sie gefallen waren. Aber sie leisteten ganze Arbeit: In Linz zum Beispiel entfernten sie auf dem ehemaligen Polygonplatz die Gedenktafel, die daran erinnerte, daß im Februar 1934 ein Mob vier Angehörige des Bundesheeres überfallen und mit einem richtigen Massaker begonnen hatte, das drei Opfer kostete.

Kein Platz der Bundeshauptstadt ist allein wegen der oftmaligen Umbenennung mehr Symbol der nach 1918 rasch wechselnden legitimierenden Staatsideen wie der Platz um die Votivkirche, ursprünglich nach Erzherzog Maximilian benannt, der die dortige Kirche zur dankbaren Erinnerung an die Errettung seines kaiserlichen Bruders von einem Attentat errichten ließ. Selbstverständlich wurde dieser Platz nach 1918 umbenannt, nur ein dort befindliches traditionsreiches Café erinnert noch heute an die ursprüngliche Benennung Maximilianplatz; die im Dollfuß-Staat vorgenommene Umbenennung dieses Platzes fiel selbstverständlich den Ereignissen des Jahres 1938 zum Opfer; als Hermann-Göring-Platz erlebten die Wiener im Dritten Reich das wechselvolle Schicksal des Genius loci dieser Örtlichkeit. Nach 1945, noch ehe die Atombomben auf Befehl des US-Präsidenten auf zwei japanische Städte fielen, wurde aus Dankbarkeit für die unersetzlichen Hilfeleistungen des amerikanischen Volkes in höchster Not der Platz als Rooseveltplatz dem pietätvollen Gedenken der Nachwelt anvertraut. In den achtziger Jahren wurde die Parkanlage des Platzes aus dieser Benennung herausgehoben und der Erinnerung an Sigmund Freud gewidmet, der bis 1938 in der benachbarten Berggasse die heute zur Gedenkstätte gemachte letzte Wohnung in Österreich gehabt hat.

Was Hitler aus naheliegenden Gründen vermied, das besorgte die nationalsozialistische Stadtverwaltung: *das Bekenntnis zur Tat der SS-Standarte 89 am 25. Juli 1934.* Nach 1938 gab es in Hernals einen Planettaplatz und im Schnittbereich zu Ottakring einen Domesplatz. Zur Erinnerung gab es im damaligen 15. Bezirk eine Holzweberstraße und für die am Putsch beteiligten aktiven Sicherheitswachebeamten die Hacklgasse in Währing, die Maitzengasse auf der Wieden und die Wohlrabgasse in Hernals. Zusammenfassend widmete dem Anschlag auf das Bundeskanzleramt, der Dollfuß das Leben gekostet hat, der letzte Bundeskanzler vor dem Anschluß, Reichsstatthalter und SS-Gruppenführer Seyß-Inquart, an seinem nunmehrigen

Amtssitz am Ballhausplatz eine Gedenktafel, die den Angriff der SS-Männer und den Tod mancher ihrer nachher justifizierten Kameraden würdigte.

Alle diese drastischen und dramatischen Veränderungen boten selbstverständlich zahlreichen Historikern und später den Zeitgeschichtlern immer wieder Anlässe, die neueste Geschichte umzuschreiben, vielfach bereits gemäß der auch staatsoffiziell geforderten Absicht, die *Vergangenheit zu bewältigen.* Der Versuch der Bewältigung geriet aus verständlichen Gründen vielfach zu einer Überwältigung jener Partien der Vergangenheit des Landes, deren Faktizität nicht in den Raster der momentan bestehenden Ordnung in Staat und Gesellschaft paßte. Für die Geschichtswissenschaft wurden solche Absichten und Bemühungen zu einer weiteren Beeinträchtigung ihrer ursprünglichen Bedeutung im Rahmen von Wissenschaft und Lehre, von Lehrbuchgestaltung und Lernziel im öffentlichen Unterricht. Dazu kommt, daß der Beitrag der Soziologie zur Erhellung des Tatbestandes einer Vergangenheit immer mehr zu krassen sozialkritischen Anklageverfahren gerät und die Psychologie sowie andere Wissenschaftszweige die originären Gebiete der Geschichtswissenschaft überlagern. Das fragwürdige *Psychogramm* einer geschichtlich bedeutsamen Persönlichkeit ist nur ein Endpunkt solcher Verirrungen.

Mehr noch: Es sollte der 50. Jahrestag des Todes des Bundeskanzlers Dollfuß nicht vorübergehen, ohne daß das tragische Schicksal des ehemaligen Schutzbundangehörigen Josef Gerl dem gleichzeitigen Sterben des Regierungschefs gegenübergestellt wurde. Das tragische Lebensschicksal Gerls wurde bereits in einem anderen Zusammenhang geschildert. Was aber 1984 völlig verschwiegen wurde, war, daß Gerl aus wenigen Zentimetern Entfernung einen Sicherheitswachebeamten mit einem Pistolenschuß tödlich verletzt hatte und daß der Täter im Gerichtsverfahren ausdrücklich zugestand, daß er eigentlich schon eher mit den Nationalsozialisten sympathisierte.

Endlich wurden auch lange verschollene Gräber aufgespürt, und Mutter Vindobona schmückte 50 Jahre (!) nach dem Februar 1934 jene Grabreihe auf dem Wiener Zentralfriedhof, in der Zivilisten beigesetzt worden waren, die nicht in den Reihen des Schutzbundes mitgekämpft hatten. Jene, denen das System von damals wenigstens einen würdigen Bestattungsplatz und den Blumenschmuck gewährt hatte . . .

Nach all dem muß der Urgrund aufgezeigt werden. 1854 erfolgte die Schaffung eines Instituts für österreichische Geschichtsforschung. Hervorragende Fachhistoriker gingen aus diesem Institut hervor; indessen entfremdete schon der erste Vorstand, der aus der Revolution 1848 hervorgegangene Institutsleiter Theodor Sickel, bei allen fachwissenschaftlichen Detailleistungen vom Fleck weg den Zweck der Neugründung. Fernab von der anfänglichen Zielsetzung geschah vielmehr das, was nach 1918 zur Umbenennung führte und der Nachwelt bis heute ein Institut hinterließ, in dem der Pflege des Österreichbewußtseins wenig zugute kam, wohl aber jener Geisteshaltung, die 1918 der nationalen Revolution in der Monarchie zum Durchbruch verhalf.

Heute weiß man, welches unfaßbare Leid der Menschheit aus jenem Willkürakt der Sieger von 1918 erwachsen ist, mit dem diese die *Alleinschuld* am Entstehen des Ersten Weltkrieges den Mittelmächten zugeschrieben haben und damit auch der Republik Österreich von 1918. Mehr noch: Die Sieger von 1945 entledigten sich der Verantwortung für die von ihnen begangenen Kriegsverbrechen damit, daß sie über Deutsche und Japaner zu Gericht saßen und diesen Völkern wiederholtermaßen die Alleinschuld am mörderischen Geschehen der Jahre 1939 bis 1945 anlasteten.

Die Zweite Republik steht vielfach über der irrigen Annahme, daß vor 1938 das Dollfuß-Regime, und *nur* dieses, Schuld an dem dramatischen Geschehen der dreißiger Jahre trägt. Dieser Fiktion wird zuzeiten sogar die Tatsache zum Opfer gebracht, daß eben dieses System das *einzige* war, das vor Ausbruch des Zweiten Weltkrieges der gewalttätigen Aggression des Hitlerismus mit Gewalt entgegengetreten ist. Daher die verschollenen Gräber derer, die in diesem Abwehrkampf gefallen sind.

HITLERS GEGENZUG NACH DEM 25. JULI

Franz von Papen, stets zu Diensten

Das Wort *Image* sucht man vergebens im Wortschatz der Presseprodukte der dreißiger Jahre. Es gehört ja zu dem Import an Fremdwörtern, dem die deutsche Sprache nach 1945 preisgegeben wurde und dessen größtes Kontingent der Amerikanismus der Nachkriegszeit lieferte. Bereits um 1914 gab es eine erste flache Welle des *Amerikanismus*, die in der Alten Welt spürbar wurde. In der Endphase des Ersten Weltkrieges spielte dieser Mythos eine kriegsentscheidende Rolle gemäß der Meinung, daß die Demokratie in Amerika imstande sei, ein besseres Menschentum hervorzubringen als die bereits im Kern lädierte Kultur der Alten Welt in Europa. Nach 1945 kam dieser Mythos, gestützt auf eine unvorstellbare materielle Überlegenheit, dermaßen zum Tragen, daß seine Auswirkungen zuletzt den für undurchdringbar gehaltenen Eisernen Vorhang stellenweise durchlöcherten; eine junge Generation in den kommunistischen Ländern Osteuropas war nicht länger zu halten, sie schwamm mit auf der Woge, die längst die sogenannte freie Welt des Westens überflutet hatte.
Das Image einer Person, Personengruppe oder Sache ist heute die Gesamtheit der Vorstellungen und emotionellen Einstellungen, die eine gewisse Person oder Personengruppe mit einer anderen Person, Personengruppe oder Sache identifiziert. Im Nachkriegseuropa verbreitete sich die Erfahrung, daß ein Image *produziert* werden kann und daß vor allem die Medien imstande sind, derlei Produkte massenhaft und beständig auf den Markt zu bringen. So kann das Image eines Politikers oder Staatsmannes unabhängig von der Qualität seiner Person aufgebaut und ebenso demoliert werden. Daher: Wer die Musikanten bezahlt, dem gehört der Tanz, wie ein altes Sprichwort sagt.
Von einer materiell leistungsstarken und einflußreichen Produktionsgruppe ein übles Image aufgehalst zu bekommen, kann bedeuten, daß das Renommee eines Künstlers zerstört, ein Unternehmen ruiniert und ein gewisses Politikum außer Kurs gesetzt wird. Selbstverständlich ist auch der umgekehrte Vorgang möglich: Eine gelungene Imageproduktion kann aus einer nur wenig über dem Null-

wert liegenden tatsächlichen Wertigkeit zuweilen für eine gewisse Zeit eine eindrucksvolle Scheingröße emporstilisieren. *Money makes it.*

Das Image des österreichischen Ständestaates der dreißiger Jahre, seiner Politiker und Staatsmänner, also des *Systems*, wie man alles zusammen in Erinnerung an das System Metternich im Westen gerne nennt, war nicht gut. Im Inland sorgten die Illegalen und die Revolutionären Sozialisten gleichermaßen dafür, daß den in notigen Zeiten lebenden Österreichern ein noch schlechteres Bild ihrer Lage und ihres Landes vor Augen gehalten wurde. Wichtig war dabei, daß in der Bevölkerung die Vorstellung erweckt und erhalten wurde, wonach es sich bei der Krise um eine – wie man jetzt sagt – *hausgemachte* handelte. Das fiel um so leichter, weil die Masse der Bevölkerung keine Ahnung davon hatte, daß die Weltwirtschaftskrise, deren Opfer auch Österreich geworden war, nicht so sehr das Produkt einer fehlgeleiteten Finanz- und Wirtschaftspolitik der österreichischen Regierung, also des Systems, war, sondern die unausweichliche Auswirkung dessen, was jenseits des Atlantiks an jenem Schwarzen Freitag des Jahres 1929 in New York ausgebrochen war.

Dazu kam, daß sich die um die Mitte der dreißiger Jahre in den USA einsetzende Überwindung dieser Krise nicht mit gleicher Folgerichtigkeit und Schnelligkeit auch in den in Europa von der Krise betroffenen Ländern verbreitete; Österreich bekam überhaupt die allgemein antizyklische Bewegung mit einer Verspätung zu spüren, die ein weiteres Dilemma der österreichischen Regierungspolitik erzeugte, nämlich infolge der Tatsache, daß Hitler nach seiner Machtergreifung im Jänner 1933 eher fähig war, die Arbeitslosigkeit im Deutschen Reich in rasch aufeinander folgenden Schüben zu beseitigen. Nur wenige Österreicher waren aber angesichts dieses erstaunlichen Phänomens imstande zu glauben, daß Hitlers erfolgreiches Beginnen in Aufrüstung und Kriegsgefahr münden könnte. Für die Illegalen war der Anfangserfolg Hitlers in der kurzen Zeit *vor* der Aufrüstung des Dritten Reiches ein überzeugender Beweis dafür, daß der Nationalsozialismus sehr wohl imstande war, in der Bekämpfung der Arbeitslosigkeit den westlichen Industrieländern voraus zu sein, und zwar ohne daß die behauptete Gefahr, die man dem Hitlerismus zuschrieb, zunächst eintrat.

Die vom Reichsminister für Volksaufklärung und Propaganda, Joseph Goebbels, geleitete Medienpolitik im Dritten Reich ließ es sich aber angelegen sein, die eigene günstige Lage und den wirtschaftlichen Aufstieg mit dem Zustand in dem weiterhin von der Krise geschüttelten und von den Illegalen angegriffenen System in Österreich zu vergleichen. Nach dem mißlungenen Juliputsch 1934 setzten wohl die Illegalen ihre Methoden der Gewalt fort, der eigentliche Kampf gegen das System wurde aber nicht mehr mit Schußwaffen, sondern mit einer weitverzweigten, im Untergrund produzierten Presse geführt.

Gleich zu Beginn der Verbotszeit, 1933, entstanden in Wien Neugründungen, die sich kürzer oder länger am Leben hielten, so »Der Abendfunk«, »Der Nachtfunk«, »Der Tageskurier« und »Der Nachtkurier«. Einen Monat lang konnte sich mit einer Auflage von etwa 80 000 Exemplaren »Die kleine Tagespost« halten. Nicht besser erging es dem »12 Uhr Blatt«, das zu drucken anfangs die Firma Waldheim-Eberle besorgte, bis sie sich dieses gefährlichen Auftrags entledigte. »Heimatschützer«, das Organ der HW, führte einen konsequenten Kampf gegen diese auch nach ihrem Verbot erscheinenden Organe, wobei die HW selbst hinter den SA-Kolporteuren und Betriebszellenleitern her war, die nicht nur die Presseprodukte an den Mann brachten, sondern auch Beiträge zur illegalen NSDAP kassierten und diese Einnahmen an die Gaukasse ablieferten.

Über die Bundesländer war ein dichtes Netz von Lokalzeitungen und Zeitschriften gebreitet. Eine »Alpenländische Morgenzeitung« wurde durch eine »Alpenländische Rundschau« ersetzt. In Niederösterreich machte sich der Faber-Verlag um das Pressewesen der Illegalen verdient. In Krems erschienen die »Faberblätter«, in Amstetten ein nach dieser Stadt benannter »Anzeiger«, unweit davon »Der Bote von Ybbs«; nicht zu vergessen die »Mödlinger Nachrichten«. Für den Raum Klagenfurt gab es die »Freien Stimmen«, in Graz erschien eine »Tagespost«, in Linz ein Organ gleichen Namens. Es gab ein »Salzburger Volksblatt«, einen »Tiroler Grenzboten« und ein »Vorarlberger Tagblatt«. Da und dort wurde versucht, bei der Benennung der illegalen Presseprodukte Namen zu wählen, die im Land einmal Presseprodukten zugekommen waren, die sich durch freisinnige oder nationale Tendenz auszeichneten, in der Systemzeit aber bald untergegangen waren. Kurzlebig wie die meisten dieser Produkte waren, wurde ihr Verbot nur Anlaß dafür, daß das bisherige Vorhaben durch ein Organ gleicher Tendenz möglichst rasch weiterverfolgt wurde.

Nach dem 1936 mit Berlin geschlossenen Juliabkommen und den damit verbundenen Erleichterungen für die Kampftätigkeit der Illegalen ging man konsequent dazu über, die zahlreichen Eintagsfliegen einzustellen, dafür aber für ganz Österreich einen illegalen »Österreichischen Beobachter« aufzuziehen. Der Gau Oberösterreich war dann der erste, der in der Lage war, dafür eine gut eingerichtete

Druckerei in der Nähe der Salzachgrenze bei Burghausen in Gang zu setzen. Die redaktionelle Leitung der oberösterreichischen Ausgabe des »Österreichischen Beobachters« besorgte Dr. Anton Fellner, der zwar zeitweilig unter polizeilicher Beobachtung stand, aber immer noch den Vorteil genoß, als ehemaliger Senior einer prominenten Wiener Verbindung des ÖCV jeden Verdacht einer illegalen Betätigung Lügen zu strafen. Im Herbst 1937 übernahm Fellner die Gesamtredaktion des »Österreichischen Beobachters«, nachdem die in Wien bestandene Herstellergruppe zerfallen war. Bezeichnenderweise wurde fortan auch Wien von Linz aus beliefert; Graf Douglas O'Donell gewährte in seinem Anwesen in Pichling bei Linz sowohl der illegalen Gauleitung als auch der Schriftleitung des »Österreichischen Beobachters« einen gleichsam bombensicheren Unterstand. Ein Graf Almassy beteiligte sich in jener Zeit gemeinsam mit einem anderen Parteigenossen an der pünktlichen Auslieferung des Blattes, die zuweilen mit einem Monos-Dreirad in aller Öffentlichkeit besorgt wurde. Schulungsbriefe wurden rucksackweise von Radfahrern befördert und verteilt. Die gesamte Pressearbeit der Illegalen bekam nach dem Juliabkommen ein anderes Gesicht und geriet in andere Proportionen, als die österreichische Regierung zwar nicht die Verbreitung des »Völkischen Beobachters«, dafür aber die der »Essener Nationalzeitung« zugestehen mußte.

Ungleich schwerer taten sich die *Sozialisten im Untergrund*. Für ihre Pressetätigkeit war es ein schwerer Schlag, als die seit dem 25. Februar 1934 in Kleinformat in Brünn als Wochenblatt hergestellte »Arbeiter-Zeitung« im November 1936 ihr Erscheinen einstellte. Die auf verschiedenen Wegen nach Österreich geschmuggelte Wochenzeitung war das Rückgrat der im Inland unter ungünstigen Verhältnissen kämpfenden, fast immer kurzlebigen Blättchen. Von Brünn aus konnte Otto Bauer, wenn auch nicht immer erfolgreich, in die Auseinandersetzungen eingreifen, die innerhalb der illegalen Linken einsetzten. Diese tat sich zunächst deshalb schwer, weil Karl Renner und Karl Seitz die illegale Tätigkeit als sinnlos ablehnten. Die unentwegten Kämpfer bemühten sich trotzdem mit Erfolg, die untere und mittlere Führungsschicht der illegalen revolutionären Bewegung auch nach Verhaftungswellen zu komplettieren.

Schon im März 1934 gelang es, um diese Führerschicht eine Partei, nämlich die *Revolutionären Sozialisten* (RS), zu sammeln. Otto Bauer anerkannte die Neugründung; sie litt aber von Anfang an darunter, daß ihre Funktionäre nicht die Schule der Verschwörung durchgemacht hatten und sich daher oft dermaßen bloßstellten, daß es der Staatspolizei nicht allzu schwer fiel, ihre Tätigkeit zu enttarnen.

Um so schwerwiegender waren angesichts dieses bedrohten Bestandes einer Partei im Untergrund die leidenschaftlichen und lange fortdauernden Diskussionen über die Gründe der Niederlage in den Februarkämpfen. Die unablässige innerparteiliche Diskussion, einmal ihr Movens und Agens, erwies sich im Untergrund als eine Lähmung der Kräfte, die oft ohnedies kaum ausreichten, um den Fortbestand der Bewegung angesichts der Verfolgungen und drohenden Folgen für einzelne in Schwung zu halten. Die RS sahen sich als Nachfolger der im Februar 1934 behördlich aufgelösten SDAPÖ an. Ihr Ziel war der Sturz des Dollfuß-Staates auf *revolutionärem* Weg, die nachfolgende Übernahme der Staatsmacht und der fortwährende Kampf um die Sicherung dieser Macht für die Anwendung der Methoden einer Diktatur des Proletariats. Es ereignete sich so auch eine Phase, in der die Zusammenarbeit mit den Kommunisten versucht wurde. In den gegen die roten Illegalen geführten gerichtlichen Verfolgungen waren Polizei und Gericht scharf hinter der Aufdeckung eines solchen Bündnisses her, wenn über die Anklage von Verbrechen des Hochverrats und dergleichen verhandelt wurde. Es war der junge Bruno Kreisky, der sich in dem gegen ihn geführten Prozeß nicht scheute, dem Vaterland der Werktätigen, also der Sowjetunion, einen gewissen Respekt zu erweisen, im übrigen aber einen Standpunkt verteidigte, der mit Gewalttätigkeit nichts zu tun hatte. Gerade über diesen Prozeß konnte das Organ der Revolutionären sozialistischen Jugend, »Rote Jugend«, ausführlich berichten.

Die Verhaftung der ersten Führung der RS brachte eine neue unter dem Kärntner Joseph Buttinger an die Spitze. Ihm verdankte die Bewegung eine weitgesteckte Strategie und eine an politischen Tatsachen und kühl erwogenen Möglichkeiten orientierte Taktik im Tageskampf. *Daher die Erwartung eines Sieges der Nationalsozialisten über das System,* daher die Lässigkeit im Kampf der RS gegen die Nazis, deren Sieg den Hauptfeind, das System, beseitigen würde. Anders als die Nationalsozialisten verbrauchten sich die Revolutionären Sozialisten nicht in Terroranschlägen gegen den Staat, vielmehr wurde alle verfügbare Kraft aufgewendet, um die Verankerung der Bewegung in den Massen der Arbeiterschaft zu erhalten und zu vertiefen. Man hat nach 1945 gesagt, dies hätte den illegalen Nationalsozialisten den Nachteil gebracht, daß sie in Österreich unter der Arbeiterschaft nicht Fuß fassen konnten. Die Tatsache, daß sich nach dem Februar 1934 viele kämpferische Elemente der Arbeiterbewegung den Nationalsozialisten anschlossen, vor allem aber der Empfang Hitlers im Roten Wien und sein triumphaler Erfolg anläßlich der Verkündung des Anschlusses Österreichs an das Dritte

Reich am 15. März 1938 ließen einigen Zweifel an dieser Version aufkommen. Der unermüdliche Kampf der Sozialisten und der Kommunisten gegen die Hitlerbewegung hat erst *nach dem Anschluß* voll eingesetzt und schwere Opfer gekostet. Im Dollfuß-Österreich blieben die Illegalen von den Kämpfern der RS eher unbehelligt. Bauers frühe Warnung, sich ja nicht in gemeinsame Aktionen mit den Nazis einzulassen, sondern alle Kraft gegen die Regierung Dollfuß einzusetzen, wurde denn auch fast bis in die letzten Tage der Endkrise im März 1938 befolgt. Unbeschadet dessen, daß vor 1938 in der Haftgemeinschaft von Nationalsozialisten und Sozialisten oft merkwürdige Formen von Kameraderie entstanden, die zuweilen auch die Machtergreifung durch den Nationalsozialismus überdauerten und den Sozialisten zugute kamen, die für ihre Verfolgung im Ständestaat durch Avancen im Dritten Reich belohnt wurden.

Das Image des Dollfuß-Staates wurde im *Ausland* von sozialistischen und liberalistischen Presseorganen mit Nachdruck so schlecht wie möglich gemacht. Das kam zwar den im Inland kämpfenden Illegalen nicht zugute, es schadete aber dem Staat, dessen Regierung sich dem Hitlerismus gegenüber anders verhielt als etwa jene in Frankreich und Großbritannien während der Krise am Vorabend der ersten Teilung der ČSR, in einer Zeit, als Österreich schon als Schlagwort in den Kanzleien der Westmächte gelöscht war. Der Ständestaat war *kein totaler Staat, keine Diktatur*, wie sie in den dreißiger Jahren in der Mehrzahl der europäischen Staaten, die mehr oder weniger ausgeprägt in der Terminologie als *faschistische Regime* klassifiziert worden sind, herrschte: Italien, das Deutsche Reich, Polen, Litauen, Lettland, Estland, Rumänien, Bulgarien, die Türkei, Griechenland, Albanien, Jugoslawien, schließlich Portugal und Spanien. Daß die Sowjetunion in der Zeit des Sozialismus eben mit der Ausrottung von Millionen Klassenfeinden fast zu Rande gekommen ist, muß wohl auch in diesem Zusammenhang erwähnt werden.

Die Geißel der *Arbeitslosigkeit* traf am Höhepunkt der Weltwirtschaftskrise am stärksten das Deutsche Reich, nämlich 30,1 Prozent, sie traf auch Staaten mit konstant demokratischen Regierungen, wenn auch weniger hart als das nach dem Ersten Weltkrieg nie mehr stabilisierte Deutschland; so Schweden mit 22,8 Prozent, Großbritannien mit 22,5 Prozent. Angesichts der Not, die in *Österreich* herrschte, vergißt man heute, daß zwar im Dollfuß-Österreich die Arbeitslosenrate 26,1 Prozent erreichte, in der benachbarten Schweiz aber immerhin auch 21,3 Prozent (!). Und während diese Rate in Belgien unter dem Stand von Österreich blieb, übertraf sie in den Niederlanden, damals noch ein Kolonialreich mit reichen Res-

sourcen, sogar die in Österreich, nämlich mit der Höhe von 29,5
Prozent. Frankreich blieb darunter mit 24,3 Prozent. Vergleiche des
eigenen Unglücks mit jenem anderer lindert nicht die Not. Was aber
hier gesagt werden muß, ist die Tatsache, daß die Arbeitslosigkeit in
Österreich damals nicht ein Spezifikum des Ständestaates war, daß
die Republik von 1918, abgeschnitten von allen reichen Existenz-
möglichkeiten, wie sie vorher der Monarchie zustanden, der von den
Siegern am meisten verstümmelte und der Armut preisgegebene Staat
im damaligen Nachkriegseuropa war. Jede in Europa auftretende
Wirtschaftskrise mußte diese Neuschaffung ungleich härter treffen
als andere, in einer traditionellen und tragfähigen Wirtschafts- und
Sozialordnung verhaftete Länder.
Sozialisten und Nationalsozialisten haben vor und nach 1938, aber
auch vor und nach 1945, dem *Austrofaschismus,* für andere ein Kleri-
kofaschismus, geradezu eine Lust am Töten, ein Aufgebot des Heeres gegen Arbeiter und Arbeiterwohnungen und die Führung des
vom Wirtschaftsliberalismus angezettelten Klassenkampfes zugeschrieben. Schon die ersten Reportagen, die ausländische Beobachter
im Februar 1934 ihren Zeitungen lieferten, sprachen ausdrücklich
von erschossenen *Zivilisten,* ohne Hinweis darauf, daß es sich größtenteils um Angehörige gut organisierter und von mutigen Unterführern geführter Kampfverbände handelte, die ihrem Gegner fast die
gleiche Zahl an Todesopfern abverlangt haben, welche sie selbst zu
bringen hatten.
Zum Teil wurde diese Imagefabrikation nach dem Juliputsch skurril.
Es war nicht etwa so, daß in den Demokratien des Westens Beschä-
mung darüber geherrscht hätte, daß in Österreich der Regierungschef im Kampf gegen Nationalsozialisten gefallen war, während die
eigenen Regierungen zum Teil recht seltsame Beziehungen zu Berlin
und dem nationalsozialistischen Reichskanzler unterhielten. Man
dämpfte den im Februar gebrauchten Ton, aber man fand kein Wort
des Verständnisses für jene Österreicher, die den Kampf gegen den
Anschlag der Hitlerbewegung aufgenommen hatten, ohne Garantien
bezüglich eines guten Ausgangs dieses Wagnisses zu haben. Und
doch:
Hätte die Regierung Dollfuß im Frühjahr 1933 die Dinge treiben lassen, wäre es, wie man neuerdings behauptet, einer nationalsozialistischen Mehrheit im Lande gelungen, die Macht im Staat an sich zu reißen, dann hätte es *1945 kein Österreich gegeben, das Anspruch auf
die Berücksichtigung der Tatsache gehabt hätte,* erstes *Opfer der gewissen Aggressionspolitik des Dritten Reiches gewesen zu sein.* Dann
wäre vielmehr das Land unter die Konkursmasse des Dritten Reiches

gefallen und danach miteinbezogen worden in den Zerstückelungs-prozeß, dessen Ergebnis ein durch einen Eisernen Vorhang zweige-teiltes und in unfertigen Gegebenheiten existierendes Mitteleuropa unter der Kontrolle der USA und der Sowjetunion ist.

Die im Österreich von 1945 weitverbreitete Version, wonach der Untergang des selbständigen Staates Österreich im Jahr 1938 Folge des im Dollfuß-Österreich vollzogenen Bruchs mit der 1918 errich-teten demokratischen Ordnung im Land gewesen sein soll, ist älter als die Zweite Republik. Es versteht sich, daß die politische Linke diese Version aufrechterhält, weil dadurch der Widerstand gegen den Hitlerismus, der älter ist als die Resistance im Dritten Reich, am leichtesten außer Evidenz zu bringen war und ist. Tatsache ist, daß Frankreich und Großbritannien im Verein mit dem faschistischen Italien wenige Tage nach den Februarkämpfen des Jahres 1934 zu einem Übereinkommen gelangt sind, dessen Wortlaut widerlegt, was heute Standardformel ist, daß nämlich die Demokratien Europas dem faschistischen Österreich die Verteidigung seiner Unabhängig-keit versagt haben, die sie einem »anderen« Österreich vorbehaltlos zugewendet hätten. Dies der Wortlaut des erwähnten Übereinkom-mens der Großmächte vom Februar 1934:

»Die Gespräche, die zwischen den drei Regierungen über diesen Ge-genstand abgehalten wurden, haben gezeigt, daß sie in Übereinstim-mung sind, was die Notwendigkeit anlangt, die Unabhängigkeit und Unversehrtheit Österreichs im Einklang mit den darauf beziehenden Verträgen aufrechtzuerhalten.«

Dieser Schritt der Großmächte im *Februar 1934* war andererseits eine fatale Erinnerung daran, daß das selbständige Österreich zum fragwürdigen Tatbestand dessen gehörte, was die Sieger von 1918 eine Friedensordnung in Europa nannten. Außerdem erfolgte dieser demonstrative Schritt erst angesichts der Tatsache, daß Berlin die von Wien Ende *Jänner 1934* an Hand eines Dossiers aufgezeigten Anschläge gegen Österreich kommentarlos zurückgewiesen hat, nachdem Hitler in seiner Rede zum ersten Jahrestag seiner Machter-greifung, also am 30. Jänner 1934, die Gefahr eines Anschlusses Österreichs als eine Art Hirngespinst hingestellt hatte.

Kurz nach dem Tod des österreichischen Kanzlers öffnete sich im Hochsommer 1934 für Hitler das Tor zu einer vor seiner Machter-greifung von niemandem erwarteten gigantischen Machtentfaltung. Damals näherte sich das lange Leben des Reichspräsidenten von Hin-denburg seinem Ende. Die Ereignisse des 30. Juni im Dritten Reich, die Mordserie, der der Vizekanzler Hitlers, von Papen, nur knapp entgangen ist, hat letzterer selbst dem Generalfeldmarschall eröffnet.

Ob der Greis die ganze unsagbare Grausamkeit, mit der Hitler mit Unterstützung der Reichswehr seine gefährlichen Mitarbeiter in seiner Partei und alles sonst noch »im Gebüsch lauernde Gesindel« unter die Erde gebracht hat, noch erfassen konnte, ist zweifelhaft. Am 2. Juli, ehe noch von Papen an ihn herankommen konnte, gratulierte das Staatsoberhaupt seinem Regierungschef zu dessen tapferem Einsatz gegen hochverräterische Umtriebe. Hindenburg berief sich dabei auf eine Meldung, die ihm über das Geschehen erstattet worden war. Man darf sicher annehmen, daß der Generalfeldmarschall nichts von der Ermordung des Amtsvorgängers Hitlers, General Schleicher, erfahren hat. Der Reichspräsident und der gewesene Reichskanzler Schleicher waren zu ihrer Zeit im Dritten Garderegiment zu Fuß gestanden. Daher rührte eine lebenslange Verbundenheit. Hätte der sterbensmüde Reichspräsident von Schleichers Ermordung gewußt, dann hätte er die Untat nicht mit »tiefempfundenem Dank und aufrichtiger Anerkennung« quittiert. Aber von Papen hatte ihm von der Gefahr Nachricht zukommen lassen, in der er sich selbst am 30. Juni befunden hatte. Der Reichspräsident nahm Hitler das Versprechen ab, »Fränzchen« zu schützen. Und so behielt Hitler von Papen am Hals, und dieser erlebte Zeiten, in denen er das Fürchten lernte und in denen er sich wohl gefragt haben mag, wer nach dem nahenden Ende seines hohen Schutzherrn die Hand über ihn halten würde.

Die skandalöse Intervention des deutschen Gesandten in Wien, die während der Besetzung des Kanzleramtes durch die Juliputschisten erfolgt war, verschaffte Hitler die Chance, sich dieses Diplomaten von gestern zu entledigen. Der Gesandte Rieth war seinerzeit noch von dem klerikalen Reichskanzler Brüning ernannt worden. Er hatte nicht nur am 25. Juli versagt, sondern nie dem entsprochen, was Hitler brauchte, um nach dem Tod Dollfuß' und der sofortigen Abberufung des Landesinspekteurs Habicht einen Mann in Wien zu haben, der sichere Gewähr dafür bot, nichts zu unterlassen, um die lästige Unabhängigkeit Österreichs zu Fall zu bringen und einer Regierung in Wien in seinem Sinne auf die Beine zu verhelfen.

Die Ernennung von Papens zum Gesandten Hitlers in Wien war eine der letzten Amtshandlungen des Reichspräsidenten von Hindenburg. Schon am 1. August – noch zögerte die Regierung in Wien, dem von Hitler vor aller Welt zum deutschen Gesandten ausgerufenen von Papen das notwendige Agrément zu erteilen – war es soweit mit dem Greis in Schloß Neudeck:

Der große Chirurg Ferdinand Sauerbruch war noch von Kriegszeiten her dem Generalfeldmarschall ein stets willkommener Arzt in der Zeit seiner Reichspräsidentschaft. Sauerbruch erreichte auf einer Bahnfahrt der Ruf an das Sterbelager des Reichspräsidenten; der Zug wurde angehalten, und Sauerbruch eilte ans Sterbelager. Das geschah am 1. August 1934, genau 20 Jahre nach der Mobilmachung im Deutschen Reich von 1914. Sauerbruch selbst schildert in seinen Lebenserinnerungen sein letztes Gespräch mit dem Sterbenskranken:

»Sie haben mir immer die Wahrheit gesagt«, fing von Hindenburg an und fuhr fort, »und das werden Sie auch jetzt tun. Ist Freund Hein schon im Schloß?« (Gemeint war Neudeck, einst Familieneigentum derer von Hindenburg, von Hitler und Standesgenossen Hindenburgs diesem zum Geschenk gemacht.)

Sauerbruch antwortete wahrheitsgemäß auf die Frage:

»Nein, Herr Feldmarschall, aber er geht ums Haus.«

Hindenburg schwieg eine Weile, dann sagte er:

»Ich danke Ihnen, Sauerbruch, das wollte ich wissen; und jetzt will ich mich ein wenig mit unserem Herrn beraten.«

Sauerbruch wollte mehr Licht machen, während der Alte in der Bibel blätterte, aber der sagte:

»Lassen Sie den Vorhang, wie er ist. Ich weiß seit langer Zeit auswendig, was ich jetzt lesen werde.«

Einige Zeit verging, dann sagte von Hindenburg zu Sauerbruch:

»Es ist in Ordnung, Sauerbruch; jetzt sagen Sie Freund Hein, er kann hereinkommen.«

Nachher nannte man das Mythos der Militaristen und Reaktionäre. In den Morgenstunden des 2. August starb von Hindenburg. Für Hitler war die Stunde gekommen, die letzten Hindernisse einer unumschränkten Machtausübung zu beseitigen. Es wurde ein Testament des Reichspräsidenten *produziert,* das demnach im Mai 1934 verfaßt worden sein sollte. Um die Frage der Authentizität des veröffentlichten Textes dieses letzten Willens entstand ein Gewirr von Gerüchten. Tatsache ist, daß es unter dem Datum 11. Mai 1934 signiert worden ist, also kurz bevor Hindenburg Berlin verließ, sich nach Neudeck begab und nie mehr in die Hauptstadt zurückkehrte. Wichtig ist, daß der fragliche Text eine Hitler betreffende wichtige Passage enthält. Diese wiederholt die bei der Berufung Hitlers ausgesprochene Erwartung, daß »mein Kanzler Adolf Hitler« das deutsche Volk zu einer inneren Einheit zusammenführen werde. Vieles bliebe noch zu tun, aber der Reichspräsident hoffe bis zuletzt, daß hinter der nationalen Erhebung vom 30. Jänner 1933 *ein Akt der Versöhnung stehen werde, der das ganze deutsche Volk umfassen werde.* Kein Wort von Gott, dem Allmächtigen, oder der Vorsehung, Bekenntnisse, die der Tote bei wichtigen Entscheidungen in Krieg und Frieden nie unterlassen hatte. Wie immer es gewesen sein mag: Hitler handelte rasch und sichtlich nicht ohne eine längst gefaßte Absicht.

Drei Dinge geschahen:

In der Nacht zum 2. August (!) erließ er das Gesetz, mit dem das Amt des Reichspräsidenten mit dem des Reichskanzlers vereinigt worden ist. Damit gingen die Befugnisse des Reichspräsidenten auf den nunmehrigen »Führer und Reichskanzler Adolf Hitler« über. Dieses Gesetz sollte nach dem Tod des letzten Reichspräsidenten in Kraft treten.

Dem folgte die *sofortige Vereidigung* aller Streitkräfte auf die Person Adolf Hitlers, den Oberbefehlshaber der Wehrmacht. Die Generalität nahm diese unausweichliche Überrumpelung hin, und Hitler tat gut, dem Reichskriegsminister Generaloberst von Blomberg für den erfolgten Treueid der Wehrmacht brieflich zu danken. Das Gesetz vom 2. August, mit dem der nationalsozialistische Führerstaat seine Vollendung erfuhr, wurde am 19. August 1934 in einer Volksbefragung von 82 Prozent der Wahlberechtigten zustimmend hingenommen.

In diesen Tagen gingen die Uhren im Österreich unter Schuschnigg ganz anders. Die Regierung versäumte nicht, ihr gewesenes Mitglied, den k. u. k. Generalobersten Fürst Schönburg-Hartenstein, mit der Vertretung bei den von einem spürbaren nationalsozialistischen Geist durchwehten Trauerfeierlichkeiten anläßlich der Beisetzung Hindenburgs zu betrauen. Es war ein wohlüberlegter Schritt der Regierung, die zwischen der pietätvollen Erinnerung an den Heerführer im Krieg und der nach dessen Tod im Dritten Reich erfolgten totalen Änderung an der Staatsspitze unterschied. Der Generaloberst erschien zu den Feierlichkeiten in der Uniform der alten Armee, ebenso sein Adjutant. Vor dem Heldenmal Unter den Linden erwies eine Ehrenkompanie der Reichswehr ein letztes Mal dem Träger dieser Uniform die militärische Ehrenbezeigung. Das ereignete sich am 8. August, an welchem Tag auf dem Heldenplatz in Wien eine Trauerfeier für Dollfuß stattfand, an der 150 000 Menschen teilnahmen.

Nun ließ sich »Fränzchens« Agrément nicht länger hinausschieben; am 15. August erschien der neuernannte Gesandte Hitlers in Wien.

Seit dem 29. Juli war die Regierung Schuschnigg im Amt. Starhemberg war dem neuen Kanzler auf dem Weg dahin nicht im Weg gestanden. Es war klug von Schuschnigg, daß er dem Fürsten die Führung der VF überließ; so vertraten Schuschnigg und Starhemberg einander jeweils in der Leitung der Regierungsgeschäfte und in der Führung der VF. Nach außen hin war das eine vollendete Einbindung der HW in das Regime, wie sie in diesem Ausmaß zur Zeit Dollfuß' nicht bestanden hatte. Am 3. August war Staatssekretär Tauschitz aus der Regierung ausgeschieden, Bundesminister für Äußeres wurde der HW-Führer Berger-Waldenegg. Er sollte in den beiden folgenden Jahren der »widerlichste« Gegner der Absichten Papens werden.

Die nach dem Tod Dollfuß' vom Fleck weg erfolgte Entsendung Papens nach Wien war das dritte *wichtige* Vorereignis zur Schaffung des Führerstaates. Hitler rief am Tag nach dem 25. Juli von Papen in dessen Urlaubsort an und verlangte per Telefon in der, wie Hitler zugab, außerordentlichen Lage einen Dienst, von dem er sagte: »Sie dürfen diesen Dienst nicht abschlagen.«

In diesem Moment soll von Papen angeblich nicht gewußt haben, was sich tags zuvor in Wien ereignet hatte, und er ahnte auch im Augenblick nicht, was für einen Dienst Hitler verlangte. Von Papen nutzte die peinliche Lage, in der sich Hitler erklärtermaßen befand, aus. Er nötigte ihm die Abberufung Habichts ab. Hitler war anfangs dagegen und meinte, dies würde ja *seine* eigene Beteiligung an den Ereignissen des 25. Juli vor der Öffentlichkeit bestätigen (!). Aber von Papen bestand auf Habichts Entfernung; diese wurde Punkt 1 eines Dokuments, das angeblich bestanden haben soll, das aber während des Krieges vernichtet wurde. Des weiteren beinhaltete dieses Dokument: Nichteinmischung der reichsdeutschen NSDAP in innenpolitische Angelegenheiten Österreichs (wodurch der in Österreich verbotenen NSDAP freie Hand blieb); Anschluß auf evolutionärem Weg (letztlich im März 1938 durch militärische Intervention und äußeren Druck aus Berlin vollzogen); Ende der Aktion Papen, sobald »normale freundschaftliche Beziehungen« des Dritten Reiches mit Österreich erreicht sein würden (von Papen wurde im Februar 1938 vor Erreichung dieses Zieles abberufen, in statu abeundi schaffte er es, Bundeskanzler Schuschnigg zu Hitler zu locken); von Papen sollte als Gesandter in besonderer Mission Hitler unmittelbar unterstellt werden. Hitler nahm sichtlich derlei Forderungen hin, denn sein Clou war es, daß er die Ernennung von Papens für Wien den Nachrichtenagenturen bekanntgeben ließ, ehe seine Regierung von der in Wien das übliche Agrément für von Papen erwirkt hatte. Danach blieb dem Ballhausplatz nichts anderes übrig, als am 7. August das Agrément zu erteilen, wissend, daß so wenigstens das Eintreffen von Papens in Wien vor den Trauerfeierlichkeiten für Dollfuß verhindert würde.

Am 15. August betrat von Papen in Wien-Aspern österreichischen Boden.

Noch stand das im Zweiten Weltkrieg zerstörte Botschaftsgebäude aus der Zeit des kaiserlichen Deutschen Reiches in der Metternichgasse. Klugerweise ließ von Papen die Porträts der deutschen Kaiser und Landesfürsten, die seit 1918 auf dem Dachboden verwahrt waren, wieder aufhängen, um so den ersten Eindruck des Besuchers, hervorgerufen durch den Anblick eines riesigen Hitlerbildes im Stiegenaufgang, zu verniedlichen. Von den vorhandenen Mitarbeitern wollte oder konnte von Papen den Kulturattaché von Heften, einen unerbittlichen Gegner der Nazis, der nach dem 20. Juli 1944 gehenkt wurde, auf die Dauer nicht halten. Protokollarische Fragen erledigte Herr von Nostitz, der im Krieg im Widerstand gegen Hitler mitmachte. Die deutsche Botschaft war 1934 noch kein Fuchsbau der NSDAP, aber unter von Papen der Gefechtsstand, von dem aus er die Unabhängigkeit Österreichs vom Dritten Reich unablässig unterminierte und schließlich auch zu Fall brachte.

Das diplomatische Korps an Ort sah dem Kommen von Papens mit gemischten Gefühlen entgegen. Die große Zeit des direkten Einflusses Italiens schlug an die Hochwassermarke, als der Duce nach dem 25. Juli Österreichs Unabhängigkeit mit einer Truppendemonstration am Brenner abstützte. Der damalige loyale Gesandte Preziosi wurde bald von Francesco Salata abgelöst, einem gebürtigen Triestiner und Irredentisten in der Zeit der Monarchie, den gewisse Kreise in Österreich als einen »alten Österreicher« einschätzten. Frankreichs Vertreter Gabriel Puaux war Kalvinist, und von Papen leitete davon eine ihm wenig redselig erscheinende Verhaltensweise ab; aber Puaux wußte, daß man mit Typen wie von Papen nicht schweigsam genug umgehen kann. Sir Walford Selby kam von Papen in der Manier entgegen, mit der London damals gerade Berlin gewisse Avancen machte; sein Nachfolger Sir Michael Palairet hat dann am 11. März 1938 von London Instruktion erhalten, daß die Regierung Seiner Majestät der österreichischen Regierung keine Ratschläge erteilen könne, für deren Folgen einzustehen London nicht bereit wäre. Das war der Fangschuß, der bestätigte, was der Duce schon vor dem März 1938 als seine Österreichpolitik handhabe. Die USA waren durch George Messersmith vertreten; er mochte Dollfuß nicht, aber Hitler haßte er; im übrigen war er einer in der Reihe der amerikanischen Missionschefs in Wien, von denen nach 1945 einer seiner Landsmänner schrieb, es hätte sich um Männer unterschiedlicher Herkunft gehandelt, die dem jeweils im Amt befindlichen Präsidenten materiell oder sonstwie zum Erwerb seines Amtes geholfen haben und die dafür als Lohn – schon zur Zeit der Monarchie – auf den für die USA unbedeutenden Gesandtenposten in Wien ernannt wurden. Sie waren meistens *ältere Herren,* die sich eines angenehmen Ausgedinges erfreuten, oder *junge Karrieresüchtige,* für die Wien nur ein Sprungbrett ihrer künftigen wirklichen Berufskarriere war. Die Kollegen des Spezialgesandten von Papen waren jedenfalls unterschiedliche Typen, aber keiner war ihm ebenbürtig. Der jeweilige königlich jugoslawische und der rumänische Gesandte vertraten einen Heimatstaat, in dem es um die Demokratie zuweilen schlechter stand als um jene in Österreich; aber diese Staaten waren dafür die Verbündeten Frankreichs, und also kümmerte man sich in Paris weniger um die im eigenen Land so hochgehaltenen Freiheiten in ihren Entsendungsstaaten als um die militärische und politische Bereitschaft der beiden Königreiche, die französische Mitteleuropapolitik durch dick und dünn mitzumachen. Das galt erst recht vom Gesandten der ČSR, Zdenek Fierlinger; er hatte im Ersten Weltkrieg unter dem Zaren und während der Revolution gegen Österreich gekämpft; in der ČSR von 1918 kam er schon hoch hinauf, nach 1948 erwarb er sich als Vorsitzender der SPČ das historische Verdienst, seine Partei in die Reihen der siegreichen Kommunisten von 1948 geführt zu haben, wo ihm selbst bis zum Tod reiches politisches Entgelt zuteil wurde. Fierlinger hat bis zu den Februarkämpfen stets seine schützende Hand über jene geheimen Waffenlieferungen gehalten, die aus der ČSR dem Schutzbund zugeflossen sind.

Und da war Ungarn. Das Land, das schon zur Zeit der Habsburgermonarchie stets achtungsvoll auf Berlin blickte, das Land, aus dem einige Söhne 1866 eine Legion aus Deserteuren und Gefangenen gebildet hatten, die in den Plänen Otto von Bismarcks eine wichtige Rolle beim Endkampf um die Vorherrschaft in Deutschland an der Seite der Preußen spielte. Natürlich gab es ungarische Herren, die an das seit 1918 selbständige Königreich Ungarn andere Erinnerungen mitbrachten; der Ministerpräsident Gyula Gömbös, im Krieg Generalstabsoffizier, aber nicht in der gemeinsamen Armee, sondern bei Honved, gehörte nicht dazu. Er setzte auf Berlin, und es bedurfte der kräftigen Hand des Duce, um ihn nach Unterzeichnung der Römischen Protokolle vom Jahr 1934 beim Dreierverband Italien, Österreich und Ungarn zu halten. Gömbös hat bis zu seinem Tod im Jahr 1936 nicht aufgehört, den Österreichern wiederholt zu sagen, sie sollten sich doch mit dem Nationalsozialismus und dem Dritten Reich arrangieren . . .

Starhemberg ließ sich nach dem Kommen von Papens wochenlang Zeit, ehe er den Spezialgesandten Hitlers empfing. In dieser Haltung wurde er vom nunmehrigen Außenminister der Regierung Schuschnigg I, dem steirischen HW-Führer Berger-Waldenegg, bestärkt. Baron Berger-Waldenegg gehörte jener HW in der Steiermark an, die sich nach dem Pfrimer-Putsch 1931 endgültig von den Gefolgsleuten Rintelens und seines Steirischen Heimatschutzes getrennt hatte. Nach der Unterstellung des Steirischen Heimatschutzes unter die Fuchtel Münchens galt er in den Reihen der Nationalsozialisten als einer der bestgehaßten HW-Führer. Von Papen war zu klug, um nicht bei seinem Zusammentreffen mit dem österreichischen Baron sofort zu erkennen, daß er zu dessen Amtszeit keine Chance haben würde, bei der beginnenden Gleichschaltung der österreichischen Außenpolitik mit der des Dritten Reiches eilends voranzukommen. In seinen Erinnerungen berief sich Starhemberg, der den Baron schätzte, auf ein Gespräch, das er in anderen Zeiten mit einem ehemaligen deutschen Offizier geführt hatte, wobei letzterer in krasser Verkennung der Persönlichkeit von Papens gesagt haben soll:

»Dies ist einer der dämlichsten Jungen, die jemals den Offiziersrock getragen haben.«

Als Vizekanzler erkannte Starhemberg bald, daß diese Beurteilung von Papens falsch war. Richtig ist, daß sich von Papen im Ersten Weltkrieg als deutscher Militärattaché in Washington bei der Organisierung von Sabotageakten in amerikanischen Rüstungsbetrieben derart dämlich benommen hat, daß er als Persona non grata raschest das Land verlassen mußte. Leider hat sich damals der Ballhausplatz den Wünschen seines großen Verbündeten in Berlin gefügt und seinerseits seinen Vertreter in Washington angewiesen, mit Hilfe von Eingewanderten aus Österreich-Ungarn Gleiches zu inszenieren. Dazu eignete sich der keineswegs belliziose Herr Dumba gar nicht; die meisten der fraglichen Einwanderer, die Magyaren ausgenommen, vergaßen beim Betreten des Landes der unbegrenzten Möglichkeiten sofort ihren Herkunftsstaat und mischten sich unter ihre bereits in den Staaten befindlichen Landsleute, die längst in den *melting pot* der dortigen Bevölkerung geraten waren. Die Aktion des Herrn Dumba flog auf; auch er bekam das Consilium abeundi; sein Nachfolger, der letzte k. u. k. Vertreter in Washington, bekam nicht einmal mehr Gelegenheit, dem US-Präsidenten sein Beglaubigungsschreiben zu überreichen. Die USA wurden dann als Großmacht jene unentbehrliche Stütze der Feinde der Mittelmächte, die Österreich-Ungarn 1918 den Fanghieb gegeben hat.

Von Papen wurde vor einem Zusammenstoß mit den Amerikanern an der Westfront in Frankreich zunächst dadurch bewahrt, daß er als Generalstabsoffizier den deutschen Verbänden zugeteilt wurde, die 1917/18 das türkische Palästina gegen die verbündeten Briten und

Araber verteidigten. Das ist ihm auch nach erfolgreicher Beendigung seines Werkes in Wien zum Vorteil geworden. Hitler entsandte nämlich von Papen als seinen Vertreter in die Türkei, wo sich die bedeutendste Eigenschaft von Papens bewährte, das *Finassieren* in der Diplomatie. Die Türkei ging denn auch erst dann zu den Siegern von 1945 über, als für das Dritte Reich ohnedies alles verloren war.

Nach dem Ersten Weltkrieg bemächtigte sich von Papen des klerikalen Organs »Germania« in Berlin, wodurch er die Politik der katholischen Zentrumspartei, sehr zu deren Unheil, mit in die Hand bekam. Rechtzeitig beteiligte er sich am Sturz seines Parteifreundes Heinrich Brüning, der so das Kanzleramt an seinen besten Freund, nämlich *Herrn von Papen*, abtreten mußte, bis er selbst ins Netz der Intrigen des letzten Vorgängers Hitlers, General Schleicher, geriet. Diesmal trug von Papen seinen Teil dazu bei, bei Hindenburg die Berufung Hitlers zum Reichskanzler zu erwirken. Von Papen entging dank Göring der ihm am 30. Juni 1934 zugedachten Liquidierung. Die kurze Zeit nachher in Österreich ausgebrochenen Kämpfe gaben Hitler die Möglichkeit, sich nicht nur seines Vizekanzlers zu entledigen, sondern diesen als das Trojanische Pferd aus dem Stall des Dritten Reiches nach Wien zu entsenden, ohne erst die Österreicher lange zu fragen. Nachher war von Papen, wie gesagt, in der Türkei tätig. Er entschlüpfte auch dem Prozeß gegen die Hauptkriegsverbrecher in Nürnberg 1945/46 und starb versöhnt mit dem Vatikan, der ihm nie vergessen hat, daß er 1934 jenes Reichskonkordat unterzeichnet hat, das sich als ein zwar wackeliger, aber immerhin sichtbarer Zaun im Dritten Reich gegen Anschläge auf die katholische Kirche erwiesen hat.

Einmal sagte man, daß jene, die dem Papst etwas von seinem Besitzstand abnagen, an diesem Genuß sterben. Von Herrn von Papen ging bald die Rede, daß überall dort, wo er die Hände im Spiel hatte, seine Gastgeber zu einem raschen Ende kamen.

In Wien floß in der Umgebung von Papens kein Blut. 1938 zog man jenen Mitarbeiter Papens, der tatsächlich ein enragierter Gegner der Nazis gewesen war, als Wasserleiche aus der Donau. Im übrigen spielte der Exberufsoffizier die ihm zugedachte Rolle in Wien sehr gut. Dem Weltkriegsteilnehmer, der so gerne die Sache der Mittelmächte, einschließlich der ansonsten unter seinen Landsleuten mäßig geschätzten Typen des »Kamerad Schnürschuh«, im positiven Sinn interpretierte, galt vorweg die Sympathie vieler Offiziere des Heeres. Von Papen beschaffte sich eine Liste jener Offiziere, die sich im Krieg das EK I erworben hatten, und zog diese geschickt zu seinen stets gut organisierten Veranstaltungen heran. Er täuschte sie viel-

fach, ausgenommen die Männer um den späteren Chef des Generalstabs Feldmarschalleutnant von Jansa, die nach 1936 an dem Konzept einer *militärischen Verteidigung des Landes* im Falle einer bewaffneten Intervention des Dritten Reiches in Österreich arbeiteten.
Als im März 1938 der Oberst des Bundesheeres Maximilian de Angelis als Staatssekretär für Landesverteidigung (!) ins Kabinett Seyß-Inquart einrückte, war bereits die Liste jener Offiziere fertig, die in der
deutschen Wehrmacht unerwünscht waren.
Und von Papen verstand es vor allem, Kulturschaffende in sein Gesandtschaftsgebäude zu ziehen. Das war in der Zeit, als sehr prominente Künstler Österreichs zu sagen pflegten:
»In Berlin arbeiten und verdienen – in Wien leben.«
Viele haben damals in Berlin nicht nur gearbeitet und verdient, sondern auch dem herrschenden Zeitgeist den unausweichlichen Tribut
geleistet. Selbst jene, die nach 1945 die Tatsache hervorgekehrt haben, daß sie einmal Schüler Max Reinhardts gewesen sind, jenes Juden Goldmann, wie im Dritten Reich das Charakteristikum lautete,
der einmal mitbeteiligt war an der Schaffung der Salzburger Festspiele und der nach 1933 an diese Stätte seiner weltberühmten Erfolge zurückkehrte, bis 1938 die »Judeninsel« Österreich gesäubert wurde . . .
Von Papen charmierte sehr die Damen der Gesellschaft, vor allem
solche, für die Dollfuß und der eher serene Schuschnigg nicht der er-
wünschte Aufputz ihrer Salons gewesen sind. Von Papen war ein
Causeur, und als solcher verstand er es auch, seine wahren Absichten
in Österreich vor jenen zu verbergen, die keineswegs heim ins Dritte
Reich wollten. Friedrich Funder, damals noch Herausgeber und
Chefredakteur der »Reichspost«, hat sich – nach langen Jahren des
Kampfes im Politischen – einen gesunden Instinkt bis ins hohe Alter
bewahrt. Er hatte es 1931 begrüßt, daß auf dem damaligen Parteitag
der Christlichsozialen von Papen nach seinem Konflikt mit dem
Reichskanzler Heinrich Brüning mit mäßiger Sympathie als Vertreter der Zentrumspartei empfangen und der ihm von der deutschen
Gesandtschaft beigegebene österreichische Mentor, ein prominenter
Nationalsozialist, als unwillkommener Gast aus dem Saal gebeten
wurde. Aber dem Katholiken von Papen, der im Sommer 1934 nur
knapp dem Massaker des Röhm-Putsches entronnen war, konnte
Funder seine Anteilnahme nicht versagen, was Starhemberg, der
zeitlebens dem »alten Schwarzen« viel politischen Instinkt zumutete, damals sehr wunderte. Kein Zweifel, von Papen war mehr als ein
sogenannter praktizierender Katholik; aber er praktizierte seinen
Katholizismus in Österreich auf eine besonders effektvolle Weise

und gewann auch so Vertraute . . . Selbst HW-Führer kapitulierten vor von Papen. Ihnen sagte er, es wäre im Reich ganz anders gekommen, hätte es dort eine HW gegeben (!) und nicht jenen »Stahlhelm«, der sich lange Hitler entgegengestellt hat; dieser deutschnationale »Stahlhelm« sei im Staat von Weimar eben nicht das Richtige gewesen und dergleichen mehr . . .

In Kreisen der Wirtschaft fand von Papen ein Entree, das vielfach den Schwarzen und denen von der HW schon sukzessive versagt wurde. Hinter vorgehaltener Hand erzählte man sich in diesen Kreisen, Herr von Papen hätte gesagt, der Nationalsozialismus sei nicht besser als der Bolschewismus und ersterer würde ohnedies wegen seiner verfehlten Wirtschaftspolitik zu Fall kommen. Mehr noch: Die Entwicklungsmöglichkeiten der Wirtschaft im kleinen Österreich seien gering; redete man von einer effektiven Wirtschaftshilfe, die der Duce Österreich gewährt hatte, dann schwieg von Papen. Ein wirtschaftlicher Zusammenschluß mit dem Deutschen Reich sei aber denn doch eine Aussicht, die sich lohne. Altösterreichern in diesen Kreisen stellte er sich wieder als ein Bewunderer Kaiser Franz Josephs vor, der sich bis zum Tod als getreuer Bundesgenosse des Deutschen Reiches erwiesen hatte. Nach dem Tod des alten Kaisers im Jahr 1916 sei das leider anders geworden.

Der Bundeskommissär für den Heimatdienst, Walter Adam, seit 1934 Generalsekretär der VF, zuletzt Leiter des Bundespressedienstes, wurde besonders herzlich begrüßt. Adam, einst Generalstabsoffizier in der k. u. k. Armee, von Papen, Generalstabsoffizier im deutschen Heer, beide Offiziere mit starker intellektueller Begabung, schienen für eine geordnete und gute Gesprächssituation das mitzubringen, was eben offiziersmäßig und nicht Politikerjargon war. Mit Adam konnte von Papen anders reden als mit HW-Führern und bald offen andeuten, daß diese HW doch für einen Offizier von Berufung ein ganz übler Haufen wäre, nicht besser als die SA. Und da gab es Dämmerschoppen mit alten Militärs und solchen, die aus dem Krieg die Achtung vor dem deutschen Bundesgenossen mitgebracht hatten. Für sie gebrauchte von Papen gern die Formel: »Was die Politiker verkorksen, das müssen wir Soldaten gutmachen. Das ist ja immer so gewesen, daß wir Soldaten die Suppe auslöffeln mußten, die diese Zivilisten und Politiker uns eingebrockt haben.«

Es gab bewährte ehemalige Truppenführer, bei denen bedurfte es im Gespräch nicht solcher Tarnaussprüche, um zu sagen, woran man war. Das galt vor allem in bezug auf den mehrmals bewährten Heerführer General der Infanterie Alfred Kraus, der in der Verbotszeit der NSDAP in Österreich die unanfechtbare Symbolfigur jener Nationalen wurde, die an sich nur mit Zögern den letzten Schritt zum Anschluß an die Hitlerbewegung taten. Und erst recht galt dies für den Vorsitzenden der *Katholischen Akademikergemeinschaft*, Edmund Glaise-Horstenau, dem von den Schwarzen unter Umgehung anderer geeigneter Bewerber die Direktion des Kriegsarchivs anvertraut worden war. Er wird nach dem Juliabkommen 1936 als Bundesminister ohne Portefeuille Regierungsmitglied werden, unter Seyß-Inquart Vizekanzler und 1941 als General der Infanterie deutscher Militärbevollmächtigter im selbständigen Staat Kroatien. Für Männer wie Kraus und den seinerzeitigen Leiter der Militärkanzlei des 1914 ermordeten Thronfolgers Franz Ferdinand, Bardolff, wurde es eine Ehre, im Dritten Reich die Generalsuniform der deutschen Wehrmacht zu tragen; Glaise-Horstenau erschien schon beim Derby 1938 in der Uniform eines SA-Gruppenführers, umgeben von jenem ehemaligen deutschen Militärattaché General Muff, der 1934 wie 1938 die Entwicklung mitgesteuert hat, und der ständigen Prominenz des Turfs.

Von Papen litt lange unter dem richtigen Eindruck, daß sein Charme nicht einmal die Gläser der Brille des Bundeskanzlers Schuschnigg durchdringen konnte. Auch dieses Hindernis wird von Papen einmal geschickt ausschalten. Dabei wird ihm der Kabinettsvizedirektor des Bundespräsidenten, Guido Schmidt, dienlich sein. »It takes an Indian to kill an Indian«, sagten einmal die Pioniere in den USA; 1936 hätte man sagen können, es brauchte einen Angehörigen einer prominenten Verbindung des ÖCV, um seinen Cartellbruder, den amtierenden Bundeskanzler, auszumanövrieren und den Dollfuß-Staat zu ruinieren. Dies erreicht zu haben, war das Meisterwerk von Papens in Österreich.

DER DUCE WILL NIE MEHR ALLEIN
ZUM BRENNER MARSCHIEREN

Wer aber war willens mitzumarschieren?

Für die erste Begegnung mit dem neuen Bundeskanzler hatte sich der
Duce die Inszenierung von Begrüßungsformalitäten vorgenommen,
die dem Gast aus Österreich vorweg begreiflich machen sollten,
woran er war. Im Frühjahr 1934 war er einem Hitler in Venedig begegnet, der wie ein Italienreisender in der Regenzeit gekleidet war –
Trenchcoat, einen zerknüllten Filzhut vor dem Bauch –, verbunden
mit einer erst in Entwicklung begriffenen Leistung des Deutschen
Grußes. Da genügte schon die elegante Aufmachung des Duce: ta-
dellos geschnittene Reithose, Reitstiefel und ein von schlichtem
Prunk zeugendes Schwarzhemd. Der Abstand der äußeren Erschei-
nung war für seine Landsleute unverkennbar. Demnach die Nachre-
de unter den Italienern und den Vertretern der ausländischen Presse.
Anders das Szenarium beim Treffen des Duce mit Schuschnigg in
Florenz im August des gleichen Jahres.
Nicht ganz zufällig war Florenz als Ort der Begegnung mit dem
Österreicher gewählt. Zwar lag die Stadt inmitten des Geländes der
Sommermanöver der italienischen Armee, doch hatte die Stadt am
Arno für den Gast aus Wien einen besonderen Genius loci. In der
Hauptstadt der Toskana war der von den Italienern am meisten gehaßte Kaiser von Österreich, Franz I., zur Welt gekommen, dem
1815 der Wiener Kongreß die Ausübung der Ordnungsmacht über
ganz Italien übertragen hatte. Florenz war die erste Hauptstadt des
geeinten Italiens gewesen, von hier aus erging 1866 jene Kriegserklärung an Österreich, der zwar ein total verlorener Feldzug der italienischen Armee folgte, dafür aber die endgültige Vertreibung der Te-
deschi aus dem Land.
Als der Zug mit dem Gast aus Wien in den Bahnhof von Florenz ein-
fuhr, war Schuschnigg, als würde er in ein Meer italienischer und
österreichischer Fahnen getaucht, über das sich das Beifallsgebrüll
der Massen erhob, die ihrem Duce, nicht dem Österreicher, zujubel-
ten. Die Melodie der von Haydn komponierten Volkshymne klang
auf, sie war ja anstatt der im Umsturz von Karl Renner getexteten

und von Wilhelm Kienzl in Töne gesetzten Bundeshymne Symbol des Staates, der sich seiner Traditionen bewußt war. Federnden Schrittes ging der Duce auf den Österreicher zu; zum Frack trug er die Halskette des Annunziatenordens, ganz Staatsmann, nicht wie in Venedig Parteiführer. Prüfend sah er dem Österreicher in die Augen, nur einmal hatte er ihn zuvor gesehen, in Rom, da war der Gast aber noch Unterrichtsminister unter Dollfuß. Mit Dollfuß hat der Duce in gelockerter Atmosphäre gesprochen, an heißen Sommertagen am Meer und in Villen abseits des staatsoffiziellen Getriebes. Wollte er den Neuen gewinnen, dann schickte sich derlei nicht. Der Österreicher hatte auch in Zivil eine offiziersmäßige, gestraffte Haltung, die Brille milderte nicht die gewisse Unnahbarkeit, sie saß wie eine zweite Mauer vor dem Inneren dieses Mannes, der nach Herkunft und Anschauung nichts mit Mussolini gemein hatte, außer dem Kriegserlebnis. Der Österreicher war in seiner Jugend kein Anarchist und Herumstreuner, kein zum Chefredakteur aufgerückter Sozialist, kein mit Geld angeworbener Werber für den Krieg, einen Krieg gegen die Österreicher, *kein Diktator eines totalen Staates.* Niemand ahnte an jenem Augusttag, daß der Duce in elf Jahren tot sein und noch im Tod als Leichnam geschändet am Gestänge einer Tankstelle in Mailand hängen wird, in der Stadt, in der man ihn noch Monate zuvor wie in alten Tagen mit wilder Begeisterung begrüßt hatte.

Der Österreicher mußte vieles vergessen in diesem Moment. Daß er im Krieg gegen diesen Mann gestanden war, daß er 1918 zu denen gehört hatte, denen Wien befohlen hatte, die Waffen wegzuschmeißen, die dann die Italiener eingesammelt hatten, und daß die Italiener dann die österreichischen Soldaten als Geiseln für die Ratifizierung des Diktates von Saint-Germain in Gefangenschaft gehalten hatten. Die verlorene Heimat Südtirol . . .

Nach vielen Jahren KZ-Haft und Exil behielt der Österreicher nur die Erinnerung an die sommerliche Toskana, die ihm inmitten einer politischen Begegnung so ganz ihren eigenartigen Reiz darbot. Ob die Zusammenkunft in der Villa Antionori im Westen oder auf der Höhe von Fiesole oder in einem städtischen Palazzo stattfand, ob sich die Gespräche um die schweren politischen Fragen und Sorgen der unmittelbaren Gegenwart, um die wirtschaftspolitischen Hilfen Italiens, um die Richtlinien gemeinsamer Arbeit drehten, ob er um Recht und Gnade für deutsche Südtiroler bat und manche nationalpolitische Frage dieses Raumes berührte, die dem Österreicher besonders am Herzen lag – immer wehte irgendwie ein Hauch ehrfürchtiger Erinnerung an Dante, Giotto, Michelangelo, Leonardo da

Vinci darüber hin, und immer gemahnte die Brunelleschi-Kuppel des Domes an den einzigartigen Zauber dieser Stadt.

Nun sind Mussolini und Schuschnigg tot. Von ihrer im August 1934 in Florenz geführten Unterredung blieb eine nachträgliche Gesprächsaufzeichnung des Österreichers übrig. Sehr höflich hat er die Frage verneint, mit der Mussolini sondierte, ob es im Juli der Wiener Regierung genehm gewesen wäre, wenn er italienische Truppen nicht nur an der österreichischen Grenze hätte aufmarschieren, sondern in Österreich hätte einmarschieren lassen. Schuschnigg sagte dem Duce ganz offen, daß im Fall eines solchen Einmarsches auch tschechische und jugoslawische Truppen einmarschiert wären. Andere Hilfen bejahte der Österreicher, zumal der Bundeskanzler auf eine weitere Frage des Duce die Möglichkeit einer Wiederholung des 25. Juli 1934 für durchaus wahrscheinlich hielt. Und: Berlin verlange eine Volksabstimmung, erinnerte der Duce; aber unter Zwang wollte der Kanzler dem nicht nachgeben, den Zeitpunkt sollten die Österreicher selbst bestimmen.

Die Österreicher. Das waren *drei bis aufs Blut verfeindete Gruppen im eigenen Land.* Aber eine Volksbefragung im Herbst 1934, noch besser 1935 oder 1936, hätte als Votum keine Mehrheit für Hitler ergeben, denn dann schon lieber den Schuschnigg als den Hitler, sagten viele Leute. Immer noch sondierte der Duce wegen des Bündnisses derer, die nicht hinter der Regierung standen, mit den Nationalsozialisten in Österreich. Mit dieser Frage, mit diesem drängenden Vorschlag hatte der Duce schon 1933 Dollfuß im geheimen Briefwechsel dieses Jahres tribuliert. Dollfuß war nie darauf eingegangen, und Schuschnigg wiederholte dieses Nein im August 1934. Und dann tauchte das Gespenst einer Monarchie in Österreich im Gespräch auf. Der Duce meinte, eine Monarchie in Österreich sei für Italien kein Problem; der österreichische Kanzler bekannte für sich, er denke monarchistisch, aber diese Frage sei im Land nicht aktuell, könne nicht aktuell sein, solange sie, außenpolitisch gesehen, das Dasein des Staates gefährde. Und dabei blieb der Kanzler bis zuletzt, bis 1938, obwohl ihn die auch nach 1945 erhobene Kritik des Thronfolgers und seiner Anhänger in seinem monarchistischen Denken verletzte.

Aber der Duce entfaltete alle Facetten dieses Themas: Der Kanzler bestätigte die zunächst geäußerte Bemerkung Mussolinis, wonach im Falle der Monarchie Erzherzog Otto in Frage käme. Die Kaiserin Zita hielt der Duce, zumal sie als »Welsche« angesehen würde, nicht für populär in Österreich. Der Österreicher sah hierin keine Wirkung des Persönlichkeitscharakters der Kaiserin, sondern die Folgen einer gezielten, langjährigen Propaganda. Und:

»Kein anständiger Mensch kann dieser Frau den höchsten menschlichen Respekt versagen.«

Der Duce wechselte das Thema. Im Verlauf einer Tour d'horizon meinte er, der Bestand Österreichs sei durch die *Kleine Entente* nicht gefährdet. Das gelte vor allem von Rumänien. Jugoslawien sei im eigenen Land mit seinen Kroaten beschäftigt (daß er, der Duce, fleißig für diese Beschäftigung sorgte, stand nicht zur Debatte). Bliebe nur die Tschechoslowakei. Die sei von den Deutschen bedroht, sie sei, so der Duce, ein »unnatürlicher Staat mit unmöglich gezogenen Grenzen«. Schon im August 1934 konnte sich der Duce eine Grenzregulierung vorstellen: *Mähren an Österreich, die Slowakei an Ungarn.* Schuschnigg widersprach. Die Österreicher hätten sich 1919 die Grenzen ihres neuen Staates nicht nach dem Selbstbestimmungsrecht ausgesucht. Aber so wie das zum Kleinstaat degradierte Österreich geraten sei, müsse es alle Kraft auf die innere Konsolidierung aufwenden und alles daransetzen, um durch diese Idee einer friedlich-schiedlichen Lösung künftige internationale Konflikte zu vermeiden. Die Frage, ob der Kanzler Pazifist sei, verneinte dieser. Die Verteidigungskraft Österreichs müsse gehoben werden. Man denke an die Einführung einer Wehrpflicht. Der Duce antwortete:

»Ich bin bereit, die leichte und mittlere Beuteartillerie von 1918 samt Munition zurückzugeben. Hinsichtlich Panzerwagen [keine Tanks!] sind wir bereit, Ihnen unsere neuesten Modelle, ebenso jene von Flugzeugen zu zeigen . . . lassen Sie sich in Rüstungsfragen nicht von budgetären Bedenken beengen.«

Und nach einer Pause, als ob der Duce wie die Großen des Jahres 1984 spräche:

»Glauben Sie mir, nicht auf das *ausgeglichene Budget*, auf die *militärische Bereitschaft* kommt alles an.«

Diese verwerfliche Anschauung glaubten die Schöpfer der Friedensordnung von 1945 durch die Entwaffnung der »traditionellen Kriegstreiber«, der Deutschen und der Japaner, zu löschen. Aus lauter Friedensbereitschaft gerieten zumal die Supermächte in einen krassen Militarismus, wie er nie zuvor in der Weltgeschichte in diesen Proportionen und Gefahren bestanden hat.

Ob eine friedliche Beilegung obwaltender internationaler Spannungen ausgeschlossen sei, wollte der Österreicher wissen. Vom Fleck weg erwiderte der Duce, er könne sich die fortgesetzten *abessinischen Provokationen* (!) nicht gefallen lassen. Und gleich, vom Thema abweichend, der Hinweis, die *Hinwendung Ungarns zu Berlin* sei ohne Bedeutung, denn die Römischen Protokolle seien klar und eindeutig. (Im Frühjahr 1938 würden sie nicht einmal das Papier wert sein, auf das sie im Frühjahr 1934 geschrieben wurden.) Mit den Polen spräche man sich gut, der Pilsudski-Faschismus sei ja im Werden, eine Säbelherrschaft eines ehemaligen Sozialdemokraten, wie auch der Duce einer war. Man verstand sich also. Denen in Belgrad wollte der Duce nicht jene Kroaten ausliefern, die bald darauf hinter jenem Attentat stehen sollten, bei dem König Alexander I. in Marseille den Tod gefunden hat! Es sei gut gewesen, daß auch Wien und Budapest die Forderung abgelehnt hätten, kroatische Terroristen auszuliefern. Nun ja, die Jugoslawen haben ja auch nicht jene ausgeliefert, die im Juli 1934 nach dem Scheitern des blutigen Putschunternehmens der Nationalsozialisten nach Jugoslawien geflohen sind.

Man hat noch über vieles gesprochen. Ein Kulturabkommen war im Entstehen. Österreich und der Vatikan, das war nicht mehr wie zu Zeiten Kaiser Franz' I. eine für Italiener hassenswerte Allianz; der Duce gab zu, den gegenwärtigen Papst, Pius XI., zu schätzen. Und Südtirol wäre für den Duce kein Problem, wenn das Land *inmitten* Italiens läge, *an der Grenze* könne Italien aber keine Irredenta (!) dulden. Der Österreicher zählte seine Sorgen auf: deutsche Schulen in Südtirol, Aufhebung der Strafbarkeit des Privatunterrichts in deutscher Sprache, Einhalt bei der Italianisierung von Ortsbezeichnungen, Familiennamen und Grabinschriften, möglichste Einstellung der Industrialisierung des Bozener Beckens, Begnadigung politisch verurteilter Südtiroler. Der Duce wollte die Fragen überdenken, sagte aber:

». . . weiße Strümpfe, provokante Lieder, Grüße und Konventikel usw., die Sie in Österreich genauso verfolgen; das sind genau dieselben Nazis, die nicht nur Ihre, sondern auch unsere Gegner sind.«

Ob da der Hahn wohl zum ersten Mal gekräht hat, jener Hahn, der eine Morgenröte innigster Beziehungen zwischen Rom und Berlin ankündigte?

Aber diesmal ging alles gut aus für den Österreicher. Bei der Verabschiedung auf dem Bahnhof wiederholte der Duce:

»*Sie können sich fest auf meine Zusage verlassen . . .*«

Welche Zusage, das war nicht gesagt. Das amtliche italienische Kommuniqué unterrichtete die Öffentlichkeit über Erleichterungen zugunsten der Südtiroler. Keine Andeutung von dem, was der Duce nach dem 25. Juli 1934 im engeren Kreis seiner Landsleute gesagt hatte:

»Ich kann nicht jedesmal allein zum Brenner marschieren [wie am 26. Juli 1934]. Auch andere Staaten müssen Interesse an Österreich . . . nehmen.«

Das nun taten die in Frage kommenden Staaten in immer geringerem

Maße. Nicht etwa wegen des Ausbleibens einer Demokratisierung in Österreich, sondern weil *Staaten ihre internationale Politik letzten Endes nie von der legitimierenden Staatsidee des Partners abhängig machen.* Hitler tat das 1939 nicht im Umgang mit Stalin. Und der notorische Antibolschewik Churchill 1941 nicht, als die Deutschen eine Endstation der Moskauer Straßenbahn erreicht hatten. In den USA gab es während des Zweiten Weltkrieges kein Erinnern an grausame Massenmorde unter Stalin, vielmehr wurde Stalin dem amerikanischen Volk als Uncle Joe vorgestellt. Und das ging und geht so weiter bis dato; bald ein guter Onkel, bald eine Weltgefahr.

Noch vor dem Besuch in Italien hatte Schuschnigg in Budapest Besuch abgestattet. Keine Stadt im Umkreis der bestandenen Monarchie hatte noch nach 1918 dermaßen etwas von dem Glanz der Welt vor 1914 an sich wie die ungarische Hauptstadt. Genaugenommen reduzierte sich diese äußerliche Affinität darauf, daß die Herren aus Österreich und jene aus Ungarn bei gewissen Anlässen die Miniaturen der gleichen Kriegsdekorationen am Frack trugen. Bezeichnenderweise besuchte Schuschnigg 1934 vor seinem Besuch in Budapest in Szegedin die dortigen Festspiele vor dem Dom, wo man das symbolträchtige Drama »Tragödie des Menschen« gab. Den Reichsverweser suchte der Kanzler in Gödöllö auf. Horthy, letzter Kommandant der k. u. k. Kriegsmarine, redete vom alten Reich; er war als Flügeladjutant Franz Josephs I. Gast bei der Trauung des letzten gekrönten Königs von Ungarn gewesen, den er 1921 des Landes verwiesen hat. Nun sagte er dem Österreicher seufzend, Tote könne man nicht zum Leben erwecken. Er habe sein Leben dem Land und dem Volk geweiht, also müsse man sein Verhalten gegen den im Exil verstorbenen König verstehen. Königin Zita hat das nie verstanden, nie verziehen, aber ihr Sohn Otto besuchte den nach 1945 *im Exil* verstorbenen greisen Horthy rechtzeitig vor dessen Hinscheiden. Im Hochsommer 1934 war der Admiral noch sehr selbstbewußt, wenn er etwa dem österreichischen Regierungschef ins Gesicht sagte: »*Dem armen Österreich*, das ich liebe und kenne fast wie mein eigenes Vaterland, wird nichts übrigbleiben, als die Verbindung mit dem großen Deutschen Reich zu suchen.«

Und das sagte er in jenem fast akzentfreien Schönbrunner Deutsch, das einmal die in allerhöchsten Diensten des Kaisers und des Reiches gestandenen Österreicher aller Nationalitäten beherrschten. Das erweckte in eigentlichen Österreichern das deplazierte Gefühl, als ob man hinsichtlich der Bejahung der uralten Verbindung in Mitteleuropa eines Sinnes sei.

Da gab es im Falle des Ministerpräsidenten Gömbös keine Sentiments oder abschwächenden Erinnerungen. Er war Protestant, Generalstäbler bei Honved im Krieg und trug zuweilen die unter Kaiser Karl verliehenen Tapferkeitsmedaillen im Kreis der »Erwachenden« so, daß nicht das Profil des Kaisers, sondern die Reversseite mit dem Hinweis auf die geübte Tapferkeit sichtbar war. *Gömbös liebte die Deutschen,* mit Ausnahme der in Ungarn ansässigen Deutschen. Und Gömbos gab sich keine Mühe, die sehr gespannten Beziehungen zu Belgrad und Prag, Zentren, die viel ungarisches Land an sich gerissen hatten, zu verbergen. Immer wieder kam zutage, daß jener Rest von Verbundenheit, der zwischen den beiden Regierungschefs aufsproß, weniger dem österreichischen Regierungschef als vielmehr der unvergeßlichen Kameradschaft galt, die den gewesenen Hauptmann mit dem gewesenen k. u. k. Artillerieleutnant verband. Fast kameradschaftlich riet Gömbös Schuschnigg, sich nicht mit der Führung von Fachressorts abzumühen, sondern als *Regierungschef* zu amtieren. Eine Monarchie in Österreich schien Gömbös wenig genehm zu sein. Schuschnigg beruhigte ihn; gegebenenfalls werde man in dieser Frage in Wien nichts unternehmen, ohne vorher mit Budapest gesprochen zu haben. Die mögliche Rückkehr der Habsburger nach Wien machte damals die in Belgrad, aber auch gewisse Kreise in Paris verrückt. Der Österreicher schied diesmal aus Ungarn mit dem Gefühl, das auch die alten Österreicher nach ihren Ausgleichsverhandlungen mit Ungarn hatten: Die machen ja doch, was sie wollen, ohne sich um Wien groß zu kümmern. Und das hat Gömbös denn auch bis zu seinem Tod im Jahr 1936 so gehalten.

Im September 1934, zwei Monate nach dem 25. Juli, hatte Schuschnigg einen schweren Gang vor sich, seinen Gang zum Eisenhammer, nämlich zum Völkerbund in Genf, just keine Assemblee von Befürwortern des Experiments des österreichischen Ständestaates. Aber der Kanzler mußte einen Erfolg vor dem Plenum erringen. Das war notwendig, weil ja der Völkerbund Garant der Sanierung 1932 war und gleichzeitig noch immer Kontrolleur der Budgetwirtschaft des Schuldnerstaates Österreich. Vor allem wollte der Kanzler in Genf frontal gegen die Propaganda auftreten, die Österreich seit dem Februar 1934 umspülte . . .

Im Herbst 1934 war der Völkerbund noch nicht so aktionsunfähig wie etwa die UNO 50 Jahre später. Gewiß: Das Dritte Reich hatte ihm schon nach dem Scheitern der Abrüstungskonferenz 1933 den Rücken gekehrt; Japan tat nur mehr der Form halber mit, um desto ungestörter seine Expansions- und Okkupationspolitik auf dem asiatischen Festland zu betreiben; und Italien war daran, sein Abessinienabenteuer einzugehen und sich dabei von den Sanktionen, die der Völkerbund versuchte, nicht beirren zu lassen, ja eher Genf zu verlassen, als auf Abessinien zu verzichten. Dafür aber betrat die Sowjetunion die Genfer Bühne, und Franzosen wie Engländer und in deren Gefolge der italienische Delegierte entboten dem neuen Mitglied einen freundlichen Willkommensgruß. Immerhin unterhielt Mussolini damals einen geregelten, ertragreichen Wirtschaftsverkehr mit dem stalinistischen Rußland.

Alles in allem war der Völkerbund noch im Sterben effektiver bei seinen Maßnahmen als die UNO 50 Jahre später, als das monströse Gebäude in New York überschwemmt war von einem Bürokratismus ohnegleichen. 1940 wurde die Sowjetunion nach ihrem Überfall auf Finnland aus dem Völkerbund ausgeschlossen. Und in diesem Status betrat sie nach 1945 die Nachfolgeorganisation des Genfer Völkerbundes, jene UNO, die aus dem Kriegsbündnis gegen das Deutsche Reich und seine Verbündeten hervorgegangen ist.

Im Genfer Orchester der Diplomatie saß noch immer, wie je zuvor, ein Franzose am ersten Pult. 1934 war das Louis Barthou, den bald darauf einige Exilkroaten, die noch heute mit der Existenz ihres Landes im jugoslawischen Staat unzufrieden sind, versehentlich umbringen sollten. Das geschah im August 1934 in Marseille, aber das Attentat galt nicht dem Franzosen, sondern seinem erlauchten Gast, König Alexander I. von Jugoslawien, der trotz seiner mit königlicher Würde ausgeübten Diktatur im demokratischen Frankreich gerne gesehen war. Man wird einige Monate später Schuschnigg in Paris zwar nicht mit einer Serie von Revolverschüssen begrüßen, aber die französische Linke unterschied denn doch zwischen dem Faschismus in Österreich und jenem in Jugoslawien, solange Gewähr bestand, daß im Ernstfall letzterer Staat mit Frankreich durch dick und dünn gehen wird. Staaten richten ja ihre Bündnispolitik nach ihrem *nationalen* Interesse und nicht nach der im Bündnisstaat herrschenden Staatsidee.

So wie heute in New York plätscherte 1934 in Genf die Debatte über einen Grenzkonflikt zwischen Bolivien und Paraguay dahin, und die Japaner ließen die Diplomaten in Genf ruhig über die Aggressionen ihres Reiches gegen Mandschukuo reden, weil die Redner ohnedies nichts tun konnten, um die japanischen Streitkräfte aufzuhalten; erst als Tokio dieses Gerede zu dumm wurde, hat es Genf einfach für immer verlassen.

Die Vertretung Österreichs, auf französisch »Autriche«, war nach der alphabetisch getroffenen Sitzordnung neben »Aethiope« plaziert. Mit diesem Staat unterhielt Italien damals einen Freundschaftspakt; nicht ganz diesem Pakt entsprechend, war der Duce daran,

Abessinien zu erobern und den König von Italien zum Kaiser der in Afrika eroberten Kolonie zu machen. Dann wird der Duce von Wien erwarten, daß es sich gegen die deswegen erhobenen Genfer Sanktionen wenden und sich zusammen mit anderen unglücklichen Verbündeten Roms an die Seite des Aggressors stellen wird. Noch war es nicht ganz soweit.

Um es kurz zu sagen: In Genf nahm Schuschnigg die Hürde, die ihm seitens einer leicht nach links geneigten Mehrheit im Völkerbund gestellt wurde, leichter als jene, die bis dato in gewissen Parteikanzleien und Redaktionen der freien Welt des Westens unterhalten wird. Und – Österreich gelang es, nach zwei Jahren die Völkerbundkontrolle über seine Finanzen abzuschütteln.

Am Rande wurde auch geredet. Barthou schwärmte im Gespräch mit Schuschnigg von der Kunst Richard Wagners und schloß unvermittelt mit dem ewigen Singsang der in Paris betriebenen Österreichpolitik jener Jahre: *Ne restaurez pas les Habsbourgs.* Aber schließlich war das ja auch eine Hauptsache der Schreibweise der »Arbeiter-Zeitung« der zwanziger Jahre gewesen. Wenn man schon in Wien derlei befürchtete, um so mehr Grund zur Sorge hatte man in Paris.

So sind die Österreicher im September 1934 in Genf gut davongekommen; nun aber stand dem Kanzler ein weiterer Gang zum Eisenhammer bevor: der Besuch in Paris, wo eine Volksfront der Sozialisten, Kommunisten und Linksliberalen im Werden war. Im Februar 1934 hat es auch in Paris Straßenkämpfe gegeben, und den von der Rechten wegen des legendären Stavisky-Skandals angezettelten blutigen Wirrwarr hatte eine Mitte-Links-Regierung brutal niedergeschlagen. Jetzt hatte man jenen Österreicher als Gast im Land, der im Februar 1934 Dollfuß als Justizminister zur Seite gestanden war. Die Linke und alles, was in Paris antiklerikal war, wollte diesem Österreicher nach seinem Staatsempfang auf dem Pariser Ostbahnhof eine eindrucksvolle Nachfeier bereiten. Die Regierung ließ deshalb den Zug umleiten. Schuschnigg und der von ihm sehr geschätzte Außenminister Berger-Waldenegg betraten auf einem Vorortbahnhof Pariser Boden. Die Begrüßung erfolgte durch den Ministerpräsidenten einer Mitte-Rechts-Regierung, Pierre Flandin, dessen Nachruhm in Frankreich dadurch geschmälert wurde, daß 1945 die Kommunisten einige seiner Mitarbeiter mit mehr oder weniger Berechtigung als Kollaborateure der Nazis umgebracht haben.

Während der Zeit, in der Dollfuß in Österreich Regierungschef gewesen ist, amtierten in Paris nacheinander *neun* verschiedene Ministerpräsidenten. Einer davon war jener Pierre Laval, dem nach 1945 de Gaulle als dem schändlichsten aller Kollaborateure der Nazis einen Schauprozeß anhängte, um ihn dann über den Haufen schießen zu lassen. Der Laval von 1935 war noch ein anderer Mensch: Bis 1919 Sozialist, wurde er nachher allerlei. Als Außenminister in der kritischen Mitte der dreißiger Jahre tat er einiges zur Einkreisung des Dritten Reiches. Ihm genügten im Osten nicht die Bündnisabkommen mit den Staaten der Kleinen Entente, er schloß auch mit der stalinistischen Sowjetunion einen Beistandspakt ab, ebenso mit Belgien. Dieser Vertragsabschluß belehrte die deutschen Militärs, daß es im Falle eines Krieges mit Frankreich diesmal nicht so leicht sein würde, Belgien zu durchschreiten, um in Frankreich einzudringen; der Plan, dies über die Niederlande auszuführen, nahm Formen an. Ohne daß die Österreicher etwas dazu getan hätten, geriet Schuschnigg bei seinem Besuch in Paris in eine peinliche Auseinandersetzung, die eher auf innenpolitische Dissonanzen zurückging. Die von der Linken versuchte Demonstration bei der Ankunft des Österreichers in Paris quittierte die Rechte mit einer Schuschnigg zugedachten Sympathiekundgebung im Dom Notre Dame. Gedacht war nicht gerade an eine Betstunde. Der Dom war mit Fahnen und Emblemen geschmückt und von Besuchern überfüllt. Es war zwar niemand von der im Amt befindlichen Regierung gekommen, aber die vorderen Bankreihen waren von zahlreichen Senatoren und Abgeordneten sowie sonstigen Politikern von einigem Rang besetzt. Unter ihnen ragte der ehemalige Generalstabschef des von vielen gerühmten Siegers in der Marneschlacht 1914, Ferdinand Foch, der klerikale General Edouard Castelnau, hervor, der Foch aus Schwierigkeiten geholfen hatte, die damals in den Einleitungsgefechten dieser Schlacht von weltgeschichtlicher Bedeutung entstanden waren. Aber Castelnau war ein Klerikaler und daher zumal bei den Logenbrüdern Fochs nicht beliebt. Überhaupt war die Sache in Notre Dame in Regierungskreisen nicht gerne gesehen. Kardinal Verdier befreite die Regierung aus der Bredouille; er hielt den österreichischen Bundeskanzler bei dessen Besuch und der anschließenden Messe in der Privatkapelle so lange fest, bis dieser ohnedies zu spät in den Dom gekommen wäre; also schickte die österreichische Gesandtschaft ihren Presseattaché, Doktor Wasserbäck, in den Dom, dem die Schuschnigg zugedachte Reverenz erwiesen wurde. Die französische Regierung konnte sich nachher im Parlament damit entschuldigen, daß weder sie noch der österreichische Gast etwas mit dem Arrangement der Feier im Dom zu tun gehabt hatten, noch dazu, wo bei der Feier die Haydnhymne gespielt wurde, die für Franzosen eher als Melodie des Deutschlandliedes galt. Lavals Europapolitik war für Schuschnigg letzten Endes viel peinlicher. Lavals momenta-

ner Haß gegen das Dritte Reich hinderte ihn nicht, mit Mussolini eine Sache zu arrangieren. Am 7. Jänner 1935 kamen die beiden Exsozialisten in Rom überein, ihre Kolonialpolitik miteinander abzustimmen. Der Duce schwenkte für den Moment auf die französische antirevisionistische Politik ein und beließ seine einschlägigen Ansprüche unter Verschluß, bis er 1940 nach dem militärischen Zusammenbruch Frankreichs brutal anmeldete, welche neuen Grenzen Italien beanspruche. Österreich wurde an jenem Tag im Jänner 1935 erwähnt, aber der Duce steckte schon bis über die Ohren in den Plänen zur Eroberung Abessiniens, hatte immer weniger Zeit und Lust, seine zu Lebzeiten Dollfuß' begonnene Österreichpolitik fortzusetzen. Die Rückendeckung Frankreichs ließ schließlich den Duce auch mit Gelassenheit jene Sanktionen hinnehmen, die der Völkerbund nach dem Einfall Italiens in Abessinien über das faschistische Italien verhängte. Vergebens versuchte Sir Anthony Eden mit der Drohung Londons, den Suezkanal für den Nachschub der in Ostafrika eingesetzten Truppen des Duce zu sperren, Pression auf diesen auszuüben. Geschickt benützte Hitler diese Malaise, um dem Duce Avancen zu machen, die später zum Betrieb der legendären Stahlachse Berlin – Rom geführt haben und den Untergang des unabhängigen Österreich nach sich zogen. Wurden die Italiener in Abessinien geschlagen, dann lachte man in der HW; man ahnte nicht, daß der Sieg Mussolinis im Jahr 1936 das Ende der HW nach sich ziehen wird.
Unbeschadet der scharfen Kritik, welche die Linke Frankreichs am Dollfuß-Staat übte, war für Frankreichs Mitteleuropapolitik dieser Staat eine *pierre de la paix européenne*, die Frankreich nichts kostete und Österreich gegenüber zu nichts verpflichtete. Der renommierte Kommentator des »Temps«, Graf d'Ormesson, warnte mit wenig Erfolg vor einer gewaltsamen Revision der Friedensordnung aus 1919; ein nationalsozialistisch gewordenes Österreich würde den Anfang dazu machen. Und er meinte, »eine offen zugestandene Revision« der Friedensverträge wäre begrenzt in der Wirkung, der Anschluß würde aber unabsehbare Folgen nach sich ziehen. Wie konnte der Graf glauben, daß es jemals in Frankreich eine Regierung geben könnte, die es wagen würde, die Verträge von 1919 von sich aus, also ohne Pression, zu revidieren? Hitler hat die Franzosen gelehrt, wie es auch ohne ihr Ja zu einer Revision kommen kann, die Paris jahrelang verhindert hat.
Für Österreich war Mitte der dreißiger Jahre in Paris weder bei einer Mitte-Links-Regierung noch bei einer Mitte-Rechts-Regierung und erst recht nicht bei der Volksfrontregierung der Sozialisten, Kommunisten und Linksliberalen unter Léon Blum viel zu holen. Dort

genügte es, wenn die Österreicher sich nicht auf eine Restauration der Monarchie oder auf den Anschluß an das Dritte Reich einließen . . .

Noch hielt Italien die Wacht am Brenner. Je mehr aber der Duce von verläßlichen Gewährsmännern Hitlers überzeugt wurde, daß ihm Hitler diesen Paß unter keinen Umständen streitig machen würde, desto mehr fand er Verständnis für die Politik des Dritten Reiches; und als Hitler auf dem Höhepunkt der Krise im Abessinienkrieg sowie des Spanischen Bürgerkrieges ihm an die Seite trat, wurde Österreich für ihn bald weniger interessant. 1915 zog Italien in den Krieg, um unter anderem die Adria zum *mare nostro* der Italiener zu machen; Mitte der dreißiger Jahre entstand in Rom eine großartige Plastik, die das *Mittelländische Meer* als ein Binnenmeer unter der Kontrolle Italiens darstellte.

London aber wurde im Laufe der Jahre zum Punctum minoris resistentiae gegenüber den Aspirationen des Dritten Reiches auf Österreich; Politiker der Arbeiterpartei und Konservative wurden größtenteils in der Auffassung einig, daß der Anschluß doch das Beste und Natürlichste für die Österreicher sei.

In Prag redete Beneš nach, was in Paris die Staatsmänner und Politiker Besuchern aus Österreich beim Abschied als Warnung mitgaben. Der Satz »Ne restaurez pas les Habsbourgs« hieß auf tschechisch einfach: »Lieber Hitler als Habsburg.« Hitler in Prag, das war noch undenkbar, also eine haltbare Quasialternative zur Habsburgergefahr. Um diese Zeit tauschten der Marschall von Frankreich, Philippe Pétain, und der von Italien, Pietro Badoglio, deren politisches Dasein einmal in bittersten Gegensätzen enden sollte – der eine Kollaborateur Hitlers, der andere Verräter des Duce –, großartige Botschaften aus. Pétain erinnerte daran, daß es vom Rhein bis zum Brenner nur zwei Jahrhunderte des Friedens für die lateinische Welt gegeben habe. Nunmehr vermöge an den nämlichen Grenzen ein *lateinischer Block* von nahezu 100 Millionen für eine der sichersten Grenzen des Friedens zu sorgen. So sei die innige Zusammenarbeit Frankreichs und Italiens für beide Nationen nicht nur ein heiliges Vermächtnis von zwei Millionen Toten (im Ersten Weltkrieg), sondern mehr denn je eine Notwendigkeit für die *Zukunft Europas*, der *Latinität* und der eigenen *Kulturen* . . .

Der unglückliche Pétain ahnte nicht, daß Frankreich nach der vernichtenden Niederlage durch die deutsche Wehrmacht im Jahr 1940 für Italien ebenso ein attraktives Ziel der Aggressionsbestrebungen werden sollte wie ehedem die Habsburgermonarchie.

Und Badoglio reflektierte sofort, indem er auf gemeinsame Kriegserinnerungen Frankreichs und Italiens verwies. Er redete nicht von bangen Zeiten, da Frankreich die Vormacht über Italien hatte, ehe diese an die Habsburger überging, sondern von gemeinsam errungenen Siegen: Magenta, Solferino, am Piave; er erinnerte aber auch an Reims 1918 und die Krim vor 100 Jahren. Alles Fortschritte auf dem Weg, die ehemalige Großmacht Österreich in die Beengtheiten der kleinen Alpenrepublik zu pressen, die keine Gefahr war, wenn man auf sie aufpaßte, damit sie sich nicht mit den Deutschen zusammentat.

Badoglios Karriere führte in den dreißiger Jahren steil empor: Er, der 1918 den Österreichern, die um 48 Stunden früher als die Italiener die Waffen weggeschmissen haben und sich widerstandslos als Geiseln für die Annahme des Diktats von Saint-Germain vereinnahmen ließen, den Waffenstillstand diktiert hatte, war seither überstrahlt vom Ruhm eines der größten militärischen Siege der Weltgeschichte; als Sieger über die Abessinier und ihren Kaiser erwarb er sich den Titel »Herzog von Addis Abbeba«, und 1940 wird er diese ruhmbedeckte Armee gegen das schon nach dem Krieg gegen die deutsche Wehrmacht am Boden liegende Frankreich ins Feld führen; da blieb dann Albanien nichts anderes übrig, als seinen König zu verjagen und den von Italien zu bitten, fortan ihr König zu sein. Im Kampf gegen Griechenland ereilte Badoglio das Schicksal. Seine Strategie gegen einen *kämpfenden* Feind erlitt eine schmähliche Niederlage; aber er wird sich mit den Faschisten der ersten Stunde verbünden, sobald feststehen wird, daß sich Italien beeilen muß, um auch am Ende des Zweiten Weltkrieges so rechtzeitig die Fronten zu wechseln, daß es zuletzt auf der Seite der Sieger steht. Nicht der Soldat, sondern der Ministerpräsident Badoglio, unmittelbarer Nachfolger Mussolinis, brachte das zustande, bis man sich 1945 seiner entledigte und ihn aus dem Senat stieß, in den ihn einmal ein König berufen hatte, an dessen Absetzung er verdienstvoll beteiligt war. Dennoch: Er kam in den Senat zurück, während der greise Pétain nach seiner Verurteilung als Kollaborateur das ihm von de Gaulle geschenkte Leben in Festungshaft verbrachte.

Solche einander kreuzende und überschneidende Lebensschicksale, die versative Art der Großakteure, charakterisieren das Schicksal Europas vor seinem Untergang im Jahr 1945, aber auch andere: Zwei aus der Sozialdemokratie hervorgegangene Diktatoren, beide Verbündete Hitlers, in Polen und Italien: Pilsudski und Mussolini, dazu in Spanien Franco, der als Antiklerikaler begonnen und als Kämpfer gegen den gottlosen Kommunismus gesiegt hat. In England konservative und sozialistische Bewunderer, ja selbst Liberale wie Lloyd

George; und Winston Churchill. Und im Exil der Österreicher Otto Bauer, der auch nach dem März 1938 und bis zu seinem Tod im selben Jahr den unter Hitler vollzogenen Anschluß seines Heimatlandes bejahte – allerdings gegen die Ansicht jener Genossen, die im Exil nachholten, was Dollfuß und Schuschnigg zuvor im Widerstand gegen den Hitlerismus und sein Drittes Reich gewagt hatten.

Dem Besuch Schuschniggs in Paris folgte der in London. Dorthin kam er aus einem Frankreich, das bis heute fünf Republiken, drei Königreiche und zwei Kaiserreiche konsumiert hat, in ein Großbritannien, das in all dieser Zeit imstande war, seine monarchistische Tradition ungebrochen zu erhalten, und zwar sogar unter Verzicht auf eine geschriebene Verfassung. Der Kanzler kam nicht als Bittender, um nach der Lausanner Anleihe von 1932 neuerdings materielle Hilfe zu erflehen; der Ständestaat hat den Erlös der von Österreich getätigten Anleihen von insgesamt 600 Millionen Schilling zeit seines Bestandes pünktlich in Annuitäten abgestattet; die verhängte Kontrolle durch den Völkerbund war 1935 im Erlöschen . . .

London war Sitz vieler Emigranten aus dem Dritten Reich und aus Österreich. Die Österreicher waren als Kämpfer der Linken nach 1933/34 ins Land gekommen, die aus dem Dritten Reich kamen als flüchtige Juden, hinter denen ein Terror her war, den es bis 1938 in Österreich nicht gegeben hat. In der Propaganda mußte sich der Ständestaat von den Illegalen sagen lassen, er sei ein *Judenstaat*, im Ausland machte man nicht viel Unterschied zwischen den seit 1933 aus dem Dritten Reich und den nach 1934 aus Österreich gekommenen, im allgemeinen mäßig willkommenen Zugängen; daraus sollte der Zweiten Republik noch nach 50 Jahren einiges Ungemach erwachsen, zumal in den USA, wo jede originäre Kenntnis über Österreich fehlt und daher das gilt, was jeweils Flüchtlinge an üblen Erfahrungen am eigenen Leib mitbrachten . . .

Kein Wunder, daß sich Schuschnigg bei seinem Eintreffen in London mit Vorurteilen auseinanderzusetzen hatte, die Österreich einen *Antisemitismus* vorhielten, nicht etwa jenen der Illegalen, sondern einen, den man auch bei der österreichischen Resistance *gegen* die Illegalen vermutete. Der Kanzler unternahm es, Vorwürfe dieser Art mit Politikern der Arbeiterpartei auszutragen; es kam ihm weniger auf einschlägige Vorurteile jener an, die es sich in einem nicht mehr ganz angebrachten Hochmut angelegen sein ließen, den europäischen Kontinent als »Europe« im Gegensatz zu den Britischen Inseln abzutun, und deren Ahnen schon ihre Ignoranz hinsichtlich Österreich mit grenzenloser Überheblichkeit verdeckt hatten.

In London stieß der Kanzler auf einen seltsamen Faschisten. Dort

vertrat Gino Grandi das faschistische Italien. Grandi, Conte di Mordano, stand mit Mussolini schon in Fühlung, als dieser vor 1915 noch Sozialist und Herausgeber einer sozialistischen Zeitung war. 1919 war er in der Emilia einer der Männer, die dem Faschismus Gestalt und Mächtigkeit verliehen, aber immer noch in der Absicht, diesen mit dem Sozialismus zu versöhnen (!). 1932 schon agnoszierte Emil Ludwig in seiner Untersuchung der Gefahren des Faschismus Grandi als einen seiner »eccelenti governatori«, wie die in die Geschichte des Faschismus eingegangene Übersetzung lautet. Aber Grandis Haltung im Abessinienkrieg ließ schon erkennen, daß er durchaus geeignet war, Alternativen zur Politik des Duce zu entwickeln. In London etablierte er solide Beziehungen zu Churchill. Mit manchen Zeichen bleibenden Vertrauens versehen, verließ er 1940 beim Kriegseintritt des faschistischen Italien London. Im total mißglückten Griechenlandfeldzug des Duce reiften in ihm Entschlüsse, die nicht eben Anzeichen einer Standfestigkeit seines Charakters waren. Aber er nahm den Posten des Justizministers und den des Präsidenten der Kammer der Korporationen an und saß im Großen Rat des Faschismus. Am 25. Juli 1943, neun Jahre nach dem Marsch des Duce zum Brenner, war es Grandi, der angesichts des Duce im Großen Rat die Opposition führte, nachdem er Mussolini schon an die Hofpartei verraten hatte. Es war eine Ironie des Schicksals, daß der Herzog von Addis Abbeba unmittelbarer Nachfolger Mussolinis als Ministerpräsident und als solcher von den Alliierten zwar nicht respektiert, wohl aber benützt wurde. Grandi aber bezog Posten am Flugloch der von Hitler kontrollierten Teile Europas, in Lissabon. Die Stunde war gekommen, in der Grandi dort fortsetzen konnte, wo er 1940 beim Scheiden aus London hatte unterbrechen müssen. Er wurde einer der Macher der Rochade seines Landes ins Lager der Alliierten; dorthin zu folgen unterließ der Faschist der ersten Stunde freilich, er setzte sich nach Brasilien ab und erwies sich dort mit großem Geschick als einer der Geldmacher der Nachkriegszeit. Lachend erzählte er, er sei eigentlich ein Toter, denn Mussolini, der 1943 nach seiner Befreiung aus der von Badoglio über ihn verhängten Haft im deutsch besetzten Italien eine Republik, noch dazu eine sozialistische, schaffen wollte, sorgte wenigstens für die *Aburteilung* jener, die ihn am 25. Juli gestürzt hatten.
Neben Grandi stand in London der Botschafter des Dritten Reiches, Joachim von Ribbentrop. Mit ihm kam Schuschnigg nicht zusammen, er wird ihn erst am 12. Februar 1938 in Berchtesgaden, dann aber schon als Reichsaußenminister Hitlers, treffen. Man erzählte in der österreichischen Kolonie der britischen Hauptstadt seltsame Histör-

chen über diesen Mann, der mit seiner Inkompetenz viel dazu beigetragen hat, dem Dritten Reich 1939 den von Hitler gefürchteten Zweifrontenkrieg einzuhandeln. In London erinnerte man sich, wie Ribbentrop bei der Überreichung seines Beglaubigungsschreibens dem König mit erhobener rechter Hand den Deutschen Gruß entbot.

Österreichs langjähriger und von Schuschnigg geschätzter Gesandter Franckenstein fand sich in diesem Wirrwarr unter gestandenen Faschisten nicht leicht zurecht. Trotz aller seiner Versuche, Österreich mehr als da und dort Benevolenz und Gewährenlassen zuzugestehen, erreichte er nichts. London hat denn auch am 11. März 1938 dem schon untergehenden Österreich in aller Form den Gnadenstoß gegeben, wovon noch die Rede sein wird. Es liegt eine gewisse Konsequenz in der Politik dieses traditionsreichen Staatswesens, das Desinteresse an Österreich manchmal feindselig zu gestalten. So hat London denn auch nach Abschluß des österreichischen Staatsvertrages von 1955 die erbetene Garantie für die immerwährende Neutralität zu übernehmen mit einer bemerkenswerten Begründung, nämlich dem Hinweis, wonach Großbritannien die 1939 Polen vorweg geleistete Garantie vor Ausbruch des Zweiten Weltkrieges nicht gut bekommen sei, entschieden abgelehnt.

Und da war der mit der Zeit fällig werdende Besuch Schuschniggs in Prag. Es war der deutsche Industriellenclub in Prag, der den Kanzler eingeladen hat, angesichts der sich hinschleppenden Wirtschaftsverhandlungen zwischen Prag und Wien einen Vortrag zu halten. Für den Tiroler Schuschnigg war Prag nicht ganz das, was es Mitte der dreißiger Jahre noch immer für die Wiener war: eine Stadt, die näher bei Wien liegt als etwa Salzburg. Zehntausende Österreicher hatten auch nach 1918 in der ČSR ihren Wohnsitz und ihren Erwerb. Tschechen bevölkerten nicht nur die Arbeiterbezirke Wiens, nicht nur die unteren Ränge der Gesellschaft; noch amtierten in den Zentralstellen tschechische Beamte, deren nicht ganz akzentfreies Deutsch sie nicht daran hinderte, in ihrer Aktenbearbeitung punkto Rechtschreibung und Stil ihrer stärksten Konkurrenz, den massenhaft ansässigen sogenannten Sudetendeutschen, in nichts nachzustehen. 1935 gab es in Wien drei Bischöfe im Erzbischöflichen Ordinariat, die »von oben« stammten; noch waren in allen drei Großparteien hervorragende Politiker tätig, die »von oben« kamen und deren Deutsch eine unüberhörbare, dem Wienerischen fremde Färbung an sich hatte. Prags Juden waren an Ort nicht mehr in der Mehrzahl der deutschen Kultur erschlossen und zugetan, aber immer noch eine unerläßliche Stütze jenes Himmels, der nach 1938 bald endgültig einstürzte.

In Prag amtierte ein Gesandter mit ähnlich bedeutendem persönlichem Ansehen wie Franckenstein in London: der Marek, wobei in diesem Fall der bestimmte Artikel vor dem Namen Hinweis auf Qualität war. Marek war Freimaurer von jener Loyalität, die bald ganz allgemein seltener wurde. Er hatte eine handelspolitische Situation anzugehen, in der Österreich das Passivum einer Handelsbilanz im Verhältnis 3:1 trug. Man war ärmer geworden in Österreich, und nur mehr wenige Österreicher konnten es sich leisten, zur Kur die weltberühmten böhmischen Bäder aufzusuchen; »oben« wurden aber nach wie vor die gewohnten Sommerfrischen in Österreich geschätzt. Das milderte die Malaise im Handelsverkehr durch Erträge aus dem Fremdenverkehr. Die Wirtschaftsbeziehungen der ČSR zum Dritten Reich waren dagegen damals ausgezeichnet. Die Sudetenkrise 1938 steckte erst in den Anfängen, aber die christlichsozialen Gesinnungsfreunde des Kanzlers in der ČSR klagten, daß das junge Volk, vor allem die Hochschüler so wie in Österreich immer weniger Neigung zeigten, in die Fußstapfen ihrer Alten Herren zu treten.

Schuschnigg bekam es in Prag mit jenem Ministerpräsidenten zu tun, dessen Konzilianz gegenüber den Österreichern sich doch sehr von gewissen Kämpfern unterschied, die einmal die Sezession der böhmischen Länder von Österreich um jeden Preis herangezwungen und jetzt die Schlüsselstellungen der neuen Ordnung im Land innehatten: *Milan Hodža*. Er war Universitätsprofessor von Beruf, bis Sarajevo einer der Berater des ermordeten Thronfolgers und im Belvedere auch deswegen gerne gesehen, weil er als Slowake in Ungarn die Intransigenz erlebte, die noch zehn Jahre vor 1914 im Nationalitätenstaat Ungarn *allen* die magyarische Sprache im Unterricht aufzwingen wollte. Hodža hatte es mit einer sudetendeutschen Bewegung zu tun, die noch nicht Order aus Berlin empfing. Und er war wohl der einzige Ministerpräsident der ČSR, der nach seinen Erfahrungen im Nationalitätenstreit in Ungarn vor 1918 vor jenem *Chauvinismus* gewarnt hat, der 1938 zur ersten Teilung der ČSR führte.

Mit Hodža gelang eine Verbesserung in den Handelsbeziehungen. Die zwischenstaatlichen Beziehungen wurden ein wenig entlastet, als 1936 das Auslandsbüro der österreichischen Sozialdemokraten von Brünn nach Paris übersiedelte. Ein Zeichen der Zeit, jener Zeit, in der man da und dort anfing, möglichst viel Land und Meer zwischen sich und die Grenzen des Dritten Reiches zu bringen.

Damals war nach dem Abgang des Gründers der ČSR von 1918, Thomas G. Masaryk, Eduard Beneš Staatspräsident. Mit Argusaugen verfolgte er alles, was mit der eventuellen Gefahr einer Rückkehr der Habsburger nach Wien in Zusammenhang zu stehen schien. Es war eine Angst, die in Wien den Legitimisten Mut machte. Diese Angst übertraf zuletzt jene eingealterte Urangst der Tschechen vor den Deutschen, von denen sie dreieinhalb Millionen als Untertanen der ČSR im Land hatten, nicht, wie behauptet, als von den Tschechen geholte Ansiedler, sondern als Nachfahren jener Ureinwohner im weiten Land, über dem, vom Hradschin ausgehend, die Erinnerung an eine Kaiserlichkeit bestand, die nicht vergessen gemacht werden konnte. Nach 1918 rückte man die Sarkophage der Kaiser Ferdinand I., Maximilian II. und Rudolf II. in der Gruft der Metropolitankirche zu St. Veit in den Hintergrund und machte sie durch die modernen, glanzvollen Behälter mit den sterblichen Überresten der von den Tschechen reklamierten Herrscher Karl IV., König Wenzel IV. und anderer Heroen früher Freiheitsbestrebungen des tschechischen Volkes unsichtbar.

Schuschnigg erlebte bewußt eine Gemeinsamkeit, die der Gastgeber weit weniger schätzte; etwa, wenn er da und dort noch ein Gemälde Maria Theresias oder Leopolds II. an der Wand sah, ein Stück alten Brokats, einen Barockschrank und vieles, das in ähnlichen Exemplaren zum nunmehrigen Inventar der Republik Österreich gehörte wie zu jenem der ČSR. Niemand ahnte damals, daß ein gütiges Schicksal gerade Prag das Wunder bescheren wird, in seinem historischen Bestandteil die Städtezerstörungen des Zweiten Weltkrieges zu überstehen, so daß alle betonte Gegensätzlichkeit, die heute den Besucher aus Österreich empfängt, diesem nicht jenes Heimgehrecht nehmen kann, das ihn immer wieder bewegt, jene Stadt aufzusuchen, die ursprüngliche Wesenheit besser zu wahren versteht als zuweilen betuliche Nostalgie in der Heimat.

Die internationale Lage, die sich nach dem Tod Dollfuß' entwickelte, barg neue Gefahren für den Ständestaat. Nicht nur, daß der Duce nach seiner im Juli 1934 erfolgten Intervention an der Brennergrenze nunmehr im internen Kreis sagte, er werde kein zweites Mal allein an den Brenner marschieren, deutete Gefahren an. Die Besuche, welche der Kanzler in den Hauptstädten und an Brennpunkten europäischer Politik absolvierte, mußten auch ohne Wissen um die fragliche Absage des Duce bei ihm den Eindruck erwecken, daß sich kein zweiter Staat außer Italien in die Lage bringen wollte, wegen Österreich in Konfliktsituationen zu kommen. Frankreich besaß im Donauraum andere Vorposten seiner Macht, eben die Staaten der Kleinen Entente, auf die es rechnete, wenn es gelten sollte, dem Dritten Reich energisch entgegenzutreten. Dazu brauchte es nicht die Mitwirkung Österreichs, dessen militärisches Potential im Vergleich zu jenem der

Staaten der Kleinen Entente minimal war. Gelang es aber, das Dritte Reich in den Zangengriff Frankreichs und der Kleinen Entente zu bringen, dann war das auch Gewähr dafür, daß Hitler keinen Griff auf Österreich riskierte. Allein die ČSR hatte ja vor der Wiederaufrüstung des Deutschen Reiches mehr und besser gerüstete Divisionen als die Reichswehr. Und Prag wollte darüber wachen, daß sich keine Regierung in Wien von dem Ratschlag entfernte, den man Schuschnigg in Paris mit auf den Weg gegeben hatte: »Ne restaurez pas les Habsbourgs.«

Für Österreich war die Nachbarschaft zu den Staaten der Kleinen Entente eher unergiebig. Der Reichtum des unersetzlichen Kommunikationsraumes der Donaumonarchie war zwar 1919 anscheinend auf die Nachfolgestaaten aufgeteilt worden, aber die Teilstücke hatten keineswegs jene wirtschaftliche Kapazität, die sie einmal im Gesamtwirtschaftsraum der Donaumonarchie besessen hatten, das der ČSR zugefallene Erbteil ausgenommen. Wien und Österreich aber waren Exklaven dessen geworden, was die Sieger von 1919 die Befreiung der Völker des Donauraumes genannt hatten. Die ČSR belieferte zwar wie ehedem die Alpenländer und Wien, tat dies aber um den Preis einer für Österreich sehr ungünstigen Handelsbilanz. Polen, also das ehemalige Galizien, lag weitab, nicht nur räumlich, sondern auch als Bundesgenosse des Dritten Reiches, das die nach 1939 als *Untermenschen* eingestuften Polen vorher als *Bundesgenossen* und gemeinsame Gegner der Sowjetunion sehr wohl akzeptiert hat. In diesem Kriegsbündnis war für das mit Berlin im Streit liegende Österreich kein Platz.

Die jahrhundertelange Ehe mit Ungarn, friedlos, wie sie stets gewesen war, war 1918/19 vollends in die Brüche gegangen. In den dreißiger Jahren lag nicht so sehr das von Österreich erworbene Burgenland zwischen den beiden ehemaligen Teilstaaten eines Großreiches, sondern die Tatsache, daß das Ungarn unter dem Ministerpräsidenten Gömbös bei weitem mehr die Annäherung an Berlin betrieb und daraus möglicherweise erfolgende Grenzrevisionen erwartete als Österreich, das nicht willens war, sich in die Reihe der Revisionisten zu stellen. Jugoslawien litt an dem 1919 danebengegangenen Griff auf Kärnten, ja es leidet heute noch daran, verlangt immer wieder ein Douceur zur Beruhigung seiner slowenischen Landsleute. Im Juli 1934 hat der Duce nicht nur wegen einer möglichen Invasion der Reichswehr in Österreich die Grenze besetzt, sondern auch im Bewußtsein, daß eine Großkrise in Österreich den Einmarsch jugoslawischer Truppen in Österreich zur Folge haben würde.

Frankreich, europäische Vormacht der Zwischenkriegszeit, hatte in den letzten Jahren vor Ausbruch des Zweiten Weltkrieges keine guten Zeiten. Es brach 1940 nicht nur unter den wuchtigen Schlägen der mit meisterhafter Strategie geführten Deutschen zusammen, sondern auch weil es ein kränkelnder Staat war. Dieser mußte die größte Niederlage seiner Geschichte hinnehmen und fiel nachher in die Hände jenes Pétain-Regimes, das scheinbar alles zunichte machte, was seit der Französischen Revolution *deren Feinde* zunichte machen wollten. In kritischen Tagen Österreichs war Frankreich regelmäßig von eigenen Krisen geschüttelt und unfähig, mit Entschiedenheit in die große internationale Politik einzugreifen, 1934 ebenso wie 1938. Großbritannien aber war ernstlich bemüht, mit Hitler zu einem Arrangement zu kommen. 1935 schon ging es jenes Flottenabkommen mit dem Dritten Reich ein, das einen einseitig erfolgten Bruch der dem Deutschen Reich in Versailles auferlegten Rüstungsbeschränkungen bedeutete, wogegen Paris vergebens anrannte. Für Österreich bedeutete dieses Abkommen noch mehr: 1935 hat die einseitig vom Dritten Reich vollzogene Lossagung von den Rüstungsbeschränkungen des Versailler Vertrags und die Einführung der Wehrpflicht ein letztes Mal England, Frankreich und Italien zur gemeinsamen Beratung in Stresa veranlaßt. Es blieb bei einem eher deklamatorischen Effekt, der überhaupt nicht an das Streitthema, die Aufrüstung des Dritten Reiches, herankam. Die nochmalige Kundgebung der drei europäischen Großmächte zugunsten der Wahrung der Unabhängigkeit Österreichs – die letzte – war ein Nebenprodukt; geschaffen nicht um Österreichs willen, sondern weil wenigstens ein minimaler Akt der Kritik an der Eigenmächtigkeit des Dritten Reiches als Ergebnis dieser letzten Solidaritätsbezeigung der Siegermächte von 1919 fällig war. 1935 ging Italien auf Abessinien los, im Jahr darauf geriet Frankreich in eine fatale Verwicklung in den Spanischen Bürgerkrieg und damit in eine Konfrontation mit dem in Spanien auf der Gegenseite intervenierenden Italien. London aber setzte auf Berlin.

Und das unabhängige Österreich war für viele Kreise in England kaum von Bedeutung. Im Grunde war England der erste Staat, dessen Verhalten in der Österreichfrage Berlin ermunterte, in der zweiten Hälfte der dreißiger Jahre die nach dem 25. Juli verhaltene Einstellung zu Österreich aufzugeben. Besuchern aus Österreich wurde allen Ernstes geraten, sie möchten doch den törichten Widerstand gegen den Anschluß aufgeben; zu unterscheiden, daß sich dieser Widerstand *nicht gegen das Deutsche Reich, sondern gegen den Nationalsozialismus* richtete, war vielen Engländern, die den deutschen Führerstaat ernstlich bewunderten, offenbar unmöglich. Man gab

Österreich wegen der Februarereignisse 1934 zuweilen schlechte Zensuren, kümmerte sich aber kaum um die Opfer des im Dritten Reich um sich greifenden Terrors, der seine Opfer nicht im offenen Kampf forderte, sondern hinter dem Stacheldraht der Konzentrationslager.

Schuschnigg fand bei der Übernahme der Kanzlerschaft eine eher verwirrte Lage in Europa vor, in der sich mancher Zusammenhalt aus der Zeit nach dem Ersten Weltkrieg zu lösen schien, neue Konstellationen auftauchten, deren Gefährlichkeit nicht abzusehen war. Daß der 1935 vom Duce begonnene Abessinienkrieg Ursache des Anfangs vom Ende des selbständigen Österreichs sein würde, hat im ersten Jahr der Regierung Schuschnigg kaum jemand ahnen können. Vielen erschien es undenkbar, daß London mit seiner während dieses Krieges forcierten Sanktionspolitik gegen Italien dieses in die Arme Hitlers treiben würde.

Als Italien zuweilen in Abessinien Niederlagen einstecken mußte, herrschte in Österreich da und dort, nicht zuletzt in der HW, Genugtuung. Schuschnigg aber mußte handeln, um im Land den Bürgerkrieg zu einem Ende zu bringen; handeln, weil die Gefahr einer völligen Isolierung Österreichs im Gefüge der europäischen Staatenwelt entstand.

Von wenigen beachtet, entstand in diesem Wirrwarr etwas, das die Jahre 1938 und 1945 überdauerte: eine *Neubesinnung auf Österreich,* die man wohl nicht ganz dem unter Dollfuß und Schuschnigg geübten Widerstand absprechen kann.

ZERFALL DES REGIERUNGSLAGERS

Mussolini und Hitler kommen einander näher

Noch immer sind nach einem halben Jahrhundert an Hauswänden der Bundeshauptstadt die Umrisse aufgemalter Krukenkreuze und dazu die Jahreszahl 1936 wahrzunehmen. Weder die im März 1938 aufgebotenen Juden (sogenannte Reibstandarte) konnten dieses Relikt des im Dritten Reich unerwünschten Symbols der VF wegwaschen noch die 1945 vom sowjetischen Besatzungselement und der KP aufgebotenen Putzscharen ehemaliger Nationalsozialisten, auch nicht eifrige Plakattrupps der SPÖ; kurz gesagt, die Qualität der 1936 verwendeten Farbmittel überstand alle späteren Waschmittel und Übermalungen, für die sichtlich weniger haltbares Material verwendet wurde. Das Jahr 1936 sollte das *Jahr der Front*, der Vaterländischen Front, sein, das darauffolgende Jahr jenes der *Jugend.*
Bundeskanzler Schuschnigg und der zufolge einer Verkühlung arg behinderte Frontführer und Führer der HW Starhemberg haben am 19. Jänner 1936 auf einem Bundesappell der VF-Amtswalter dieses Leitmotiv der VF in ihren Reden anklingen lassen. Zu Beginn des Jahres 1936 war der amtierende Bundeskanzler nur der Stellvertreter des Frontführers Starhemberg. Er hatte also bei seinen Ausführungen auf den Vorrang des Fürsten in der VF und auf gewisse Empfindlichkeiten, die in HW-Kreisen angesichts des Privilegs der VF punkto Vorrang in der politischen Willensbildung bestanden, Rücksicht zu nehmen. Das gelang Schuschnigg an jenem Tag im Jänner ganz ausgezeichnet.
Er begann damit, daß er ein Gerücht widerlegte, das immer wieder in den europäischen Staatskanzleien und in den Medien ausgestreut wurde: Österreich wäre demnach daran, sich eine monarchistische Staatsform zu geben und zugleich mit dieser Verfassungsänderung Otto von Habsburg als Reichsverweser und Regierungschef heimzuholen. Starhemberg hatte schon am Vortag dieses Gerücht als einen verlogenen Unsinn hingestellt, und indem sich der Kanzler in mehr gewählter Sprechweise dieser Ansicht anschloß, ergab sich in dieser Frage eine Übereinstimmung der Auffassungen des Kanzlers und des Frontführers. Diese Einleitung gestattete es Schuschnigg auch, ohne

Eindringlichkeit ein anderes Gerücht abzutun, das längst kursierte und sich auf Unstimmigkeiten im Regierungslager bezog, die angeblich zwischen einer *Richtung Starhemberg* und einer *Richtung Schuschnigg* bestehen sollten. Von da an ging der Kanzler direkt auf die Frage ein, ob der Dollfußkurs in Österreich noch Geltung habe. Dazu sagte er: Führung der VF und Staatsführung seien untrennbar verbunden. Na also, dachten viele Amtswalter bei sich, warum dann der Dualismus Schuschnigg – Starhemberg in Staat und Front, warum nicht die eine und mehr zügige Führung, wie sie unter Dollfuß bestanden hat?

Der Kanzler gab zu, daß sich seine Regierung nicht in allen Dingen bewähren konnte, die sie sich vorgenommen hatte. Indessen sei einiges erreicht worden, und man werde sich zu keiner Zeit und von niemandem etwas dreinreden lassen; die VF und die Berufsstände seien das alleinige Forum, in dem Auseinandersetzungen stattfinden. Von gewisser Seite würden Wahlen verlangt, sichtlich aus taktischen Gründen; niemand möge aber glauben, man könnte Österreich zwingen. Das war sichtlich auch an Adressen im Ausland gerichtet, zum Beispiel an Berlin oder München. Am Beginn des *neuen Österreich* stünde das *Bekenntnis zu Österreich*, und auch außenpolitisch werde sich nichts am Dollfußkurs ändern. Dann folgte eine Ehrenbezeigung an den Frontführer Starhemberg:

Der Bundeskanzler werde nach wie vor in der ersten Reihe der VF marschieren, und das verlangte er an jenem Jännertag 1936 auch von allen anderen in der VF. Der Kampf für ein freies und unabhängiges Österreich sei kein Kampf gegen ein gesundes deutsches Denken, vielmehr ein Nein »zu einer großpreußischen Herrschaft«. Und was die Gegnerschaft zu Marxismus und Liberalismus anlange, so käme diese aus einer *christlichen Weltanschauung*. Schwere Fehler des vergangenen Jahrhunderts sollten nach dem Prinzip einer sozialen Gerechtigkeit überwunden, Staat und Arbeiterschaft miteinander versöhnt werden.

Der ganze Führungsapparat der VF dürfe sich nicht als eine Art Nebenregierung im Staat ansehen, wohl aber müsse er sich der Pflicht bewußt bleiben, die Kontrolle darüber auszuüben, ob der *Österreichgedanke* überall recht erfaßt werde. Gegen versteckte und heimliche Feinde werde der Kampf fortgeführt; wer in ehedem staatsfeindlichen Bewegungen tätig war, möge sich aber nicht als Österreicher zweiter oder dritter Güte betrachten. Das sollte vor allem für ehedem marxistische Arbeiter gelten.

Auch Starhemberg befaßte sich mit der Frage der Monarchie in Österreich. Er verschwieg dabei, daß ihm der Generalsekretär der

VF, der spätere Landeshauptmann der Steiermark Karl Maria Stepan, insgeheim den Vorschlag gemacht hatte, er solle Bundespräsident werden; solche Vorstellungen kamen auch aus verschiedenen Kreisen der VF, in der Bundespräsident Miklas nicht das Ansehen hatte, das er in den Reihen der letzten Nachhut der Christlichsozialen und im katholischen Volk besaß. Stepans Vorschlag wurde dem Kanzler zugetragen und verschärfte eine Spannung zwischen dem Kanzler und dem Generalsekretär der VF, erleichterte aber Schuschnigg im Verlauf des Jahres, einen Wechsel in dieser Position zu bewerkstelligen. Wenn an jenem Wintertag Starhemberg es als Unsinn bezeichnete, daß sein Name in bezug auf das Amt des Staatsoberhaupts genannt wurde, dann sprach er die reine Wahrheit. Längst war er jenes politischen Alltags müde, in dem er in Sitzungen und an Schreibtischen mit amtlichen Dingen befaßt war, er, der allen Papierkram haßte und unablässig zur *Aktion* drängen wollte, bis er auch daran die Lust verlor. Der Fürst erklärte, kein *Regime* könne die Monarchie ausrufen; das sei Sache des *ganzen Volkes.* Im übrigen glaube er sagen zu dürfen, daß der letzte Thronfolger für derlei abenteuerliche Pläne nicht zu haben sei. Österreich strebe einer Zukunft entgegen, die aus einer Vergangenheit komme, in welcher der monarchistische Gedanke lebe, und es sei Tatsache, daß sich jetzt dieser Gedanke ausbreite. Aber diese an sich rein österreichische Angelegenheit berge Verantwortlichkeiten gegenüber den Nachbarn in sich. Der Fürst dachte an dieser Stelle wohl nicht nur an die ČSR und ihren Macher Eduard Beneš, sondern an ausdrückliche Vorhaltungen, die immer wieder aus Richtung Budapest verlautet wurden, wo eine Rückkehr der Habsburger nach Wien weder vom Reichsverweser Horthy noch vom sterbenskranken Ministerpräsidenten Gömbös gutgeheißen wurde. Im Gegenteil!

Während in Österreich solche Probleme tatsächlich da und dort Interessenten fanden, *verstrickte sich der Duce mit seiner Kolonialpolitik immer mehr in den kriegerischen Konflikt mit Abessinien,* wobei die militärischen Erfolge nicht immer den persönlichen Erwartungen Mussolinis entsprachen. 52 Mitgliedsstaaten des Völkerbundes hatten sich schon mehr oder weniger mit den in Genf ins Auge gefaßten Sanktionsmaßnahmen gegen das kriegführende Italien solidarisiert. Italien protestierte gegen diesen Beschluß und seine Ausführung. Aber das Netz der Sanktionen war ohnedies rissig. Es kam vor, daß ein Erdöl produzierender Staat mit seinen Sanktionsmaßnahmen nicht vorankam, weil Öl mehr wog als die internationale Solidarität der Sanktionsanhänger. Selbst der große Mann des spanischen Liberalismus, Salvador de Madariaga, vermeinte als Delegierter seines

Landes in Genf, der Abessinienkonflikt und die gegen Italien gesetzten Maßnahmen seien unbedingt im Zusammenhang mit den Verhältnissen am Rand des Mittelmeers zu überprüfen; ansonsten
drängte er kaum auf Maßnahmen, die sichtlich mit wenig Effektivität
in Gang waren. Österreich trachtete, nicht ganz in den Wirrwarr zu
geraten, den die Sanktionsstaaten entfachten und aus dem weniger
eine konkrete Maßnahme gegen die Politik des Duce hervorging als
vielmehr Berge von Papier und ein Wust von Resolutionen, in denen
der Nachsatz die scheinbare Entschiedenheit im Hauptsatz zunichte
machte. Nicht daß es inzwischen im kleinen Österreich auf seiner
kleinen Bühne der Politik friedlich zugegangen wäre: Karl Buresch,
langjähriger Landeshauptmann von Niederösterreich, Finanzminister und zuletzt Bundesminister ohne Portefeuille, schied am letzten
Tag des Jänner 1936 aus dem Amt. Als sogenannter Packler mit den
Roten in Kreisen der HW nie geschätzt, gehörte er zu jenen Politikern alten Schlages, die nach gewissen Vorkommnissen in ihrem
Ressortbereich nicht zur Demission gedrängt werden müssen, sondern, wie zu Kaisers Zeiten, verantwortungsbewußt aus dem Amt
ausscheiden. Eine Gerüchtewelle schwoll an. In gewöhnlich gut informierten Kreisen wußte man von einem drohenden, für die Regierung katastrophalen Skandal.
Am 17. Februar wurde der Generaldirektor der damals weitaus
größten Lebensversicherungsanstalt »Phönix«, Wilhelm Berliner, zu
Grabe getragen. 60 Autobusse brauchte es, um allein das Angestell-
tenpersonal der Branche zum Zentralfriedhof zu befördern, wo die
Israelitische Kultusgemeinde dem Toten ein Ehrengrab gewidmet
hatte. Die Prominenz am Grab des Verblichenen bestand aus Männern von gestern und heute und solchen, für die Berliner ein Helfer
künftigen Fortkommens war, unter ihnen auch der Sektionschef im
Finanzministerium, welcher der Leiter der Aufsichtsbehörde in Sachen Versicherungswesen war. Wenige Tage später erschien die Anzeige des plötzlichen Todes dieses Beamten in den Zeitungen. Beide
Todesfälle erwiesen sich als Selbstmord. Wie ein Schlag in den Nak-
ken überfiel diese Affäre den Kanzler, der eben mit seinem Programm für das Frontjahr beschäftigt war. Die Malaise war, daß jetzt
unzählige Lebensversicherungen von Staats wegen gesichert werden
mußten, Ausgaben, die Berliner und der obgenannte Sektionschef
schuldhafterweise verursacht haben beziehungsweise haben geschehen lassen. Der *Phönix-Skandal,* in der Propaganda der Illegalen aller Richtungen monatelang Aufhänger gegen die Regierung, rief in
der Bevölkerung Erbitterung hervor, als bekannt wurde, welche Persönlichkeiten von Rang in der Liste der Protegés Berliners aufschie-

nen. Wie immer in Österreich beanspruchte der Skandal im ganzen Land mehr Interesse als die Notwendigkeiten des Existenzkampfes des Staates. Der Kanzler sorgte für die rascheste Entfernung der am meisten Betroffenen; der Unrat kam an ihn nicht heran, da aber das System unter Anklage stand, war der Regierungschef Zielpunkt aller Infamie, wie sie in solchen Fällen üblich ist. Für Wochen interessierten sich nur wenige für Abessinien und die Krise, die der Duce durchzustehen hatte, die sich aber für Österreich zuletzt als das *Schicksal* erweisen sollte. Nicht einmal das Dossier der italienischen Regierung, in dem die Grausamkeiten geschildert wurden, die italienische Soldaten erlitten – Verwundungen durch Dumdumgeschosse, Verstümmelungen, Entmannung von Verwundeten usw. –, war Tagesgespräch; auch nicht die krassen Fälle von Unmenschlichkeit, die sich die Angreifer in Abessinien zuschulden kommen ließen und die gegen das Völkerrecht und das Recht im Krieg verstießen, lenkten von dem hausgemachten Skandal in Österreich ab. Niemand derer von damals ahnte, daß einmal die Generation ihrer Enkel zu ihrer Zeit ungleich größere und grausamere Verletzungen der Humanität wird hinnehmen müssen als jene, die 1936 in Abessinien stattgefunden haben.

Auch der Tod des Königs von England, Georgs V., ereignete sich in diesen Tagen. Sein Nachfolger, Eduard VIII., nahm es auf sich, die Weltöffentlichkeit mit einer Sensation zu beliefern, die zeitweise fesselndere Texte für die Schlagzeilen der Zeitungen abgab als der Krieg in Afrika. Der Bischof von Bedford erklärte öffentlich, es sei unmöglich, daß der König eine geschiedene Amerikanerin heirate, weil diese Ehe nicht den Segen der Kirche empfangen könnte und die Kinder aus dieser Ehe um das Erbfolgerecht gebracht würden. Überhaupt sei die Beziehung Thron – Altar, sonst nur Problem konservativer kontinentaler Herrscherhäuser, ins Wackeln gebracht. Starhemberg sollte am Begräbnis Georgs V. teilnehmen. Er nahm die Route über Paris, und der Zufall wollte es, daß am Tag seiner Ankunft in der Seinestadt auch Otto von Habsburg dort eintraf. Niemand wollte die Wahrheit zur Kenntnis nehmen, daß nämlich eine Begegnung der beiden nicht stattgefunden hat; die Habsburghysterie brach in allen Redaktionen und vielen Staatskanzleien aus, und der Fürst konnte kaum alle einschlägigen Gerüchte vor der Öffentlichkeit widerlegen. Prag spielte verrückt, und der Stehsatz »Lieber Hitler als Habsburg« kursierte fortan nicht nur im Umkreis des Hradschin. Niemand interessierte sich in Österreich in dieser Stunde für eine Feststellung des türkischen Außenministers, der erklärte, daß im Falle einer Bedrohung der Lage in Mitteleuropa die Sanktionen gegen Italien ein

Präzedenzfall sein könnten, nämlich für den Fall, daß nächstens *Österreich* das widerfahren sollte, was eben Abessinien geschah. Man müßte dann im Fall Österreich ebenso handeln wie im anhängigen Abessinienkonflikt.

In London erfuhren die Leser der Tageszeitung »Daily Mail«, welche Zusammenhänge zwischen der Wiedereinführung der Monarchie in Österreich und der deswegen in den Staaten der Kleinen Entente entstandenen Unruhe bestanden, daß nämlich bei einer Wiederholung der Krisensituation des Jahres 1934 Italien wohl die einzige Macht sein würde, an die sich Österreich um Hilfe wenden könnte; aber just letztere Macht sei durch das Engagement in Abessinien geschwächt. Also bestünde Gefahr, daß als Folge dieses Krieges in Afrika das Gleichgewicht in Mitteleuropa gestört werden könnte. In London hatte man noch den Weitblick einer Weltmacht. In Österreich haben damals nur wenige verstanden, daß es bei den Massakern in Abessinien wohl auch um die Existenz ihres Staates ging.

Ein Lichtblick war in diesen Tagen die Tatsache, daß der amtierende Ministerpräsident der ČSR Milan Hodža das Mitteleuropaproblem anders sah als Eduard Beneš, nun schon Staatspräsident auf dem Hradschin in Prag. Auch Hodža lehnte den französischen Plan eines *Donaupaktes* ab. Ein Freundschaftsvertrag zwischen Prag und Wien sei möglich; mehr noch: eine Koordinierung der Beziehungen zwischen den Staaten der *Römischen Protokolle* und der *Kleinen Entente*. Klug genug, warnte er vorsichtigerweise vor einem solchen Projekt ohne vorherige Einigung mit dem Dritten Reich. Ein genial ausgedachter Plan, aber bei der gegebenen Lage unrealistisch, denn in diesem gedachten Bauwerk steckten gleich zwei Sprengladungen: erstens der Konflikt Wien – Berlin und zweitens die schlecht verhüllten Revisionsbestrebungen Ungarns, die auf eine Rückgewinnung der 1919 an die ČSR abgetrennten Teile ihres Königreiches abzielten. Prompt kam ein Monitum aus Budapest: Die vor allem in Paris ausgedachte Sicherheit für die Existenz Österreichs sei für Ungarn eine *Strafregelung,* würde nicht gleichzeitig die in der Völkerbundsatzung verankerte Möglichkeit einer Grenzrevision (!) in Anwendung gebracht werden. Immer schärfer zeichneten sich die Umrisse einer Konfliktsituation in Mitteleuropa ab, die 1938/39 jene katastrophale »Lösung« erfuhr, welche direkt in das Chaos von 1945 geführt hat.

Hellauf brannte es bereits im Südwesten Europas. Nach dem Sturz der Monarchie in Spanien im Jahr 1931 hatten zunächst die Liberalen in einer Mitte-Links-Koalition versucht, der jungen Republik einige Festigkeit zu geben. Noch einmal gelang es jedoch den in einer antirevolutionären Front zusammengeschlossenen Parteien, diese Mehrheit zu stürzen und ihrerseits eine Mehrheitsregierung zu bilden. Die Wahlen vom 16. Februar 1936 erbrachten hinwider den eindeutigen Sieg der in einer *Volksfront* zusammengeschlossenen Sozialdemokraten, Kommunisten und Linksliberalen. Unabhängig von diesen wechselnden Mehrheitsverhältnissen tobte im ganzen Land eine ungezügelte Terrorwelle gegen die Kirche, in der sich *alle* Antiklikalen des Landes hervortaten. Wer Besitz oder eine ausgeprägte Rechtsgesinnung hatte, verließ nach der Wahl vom 16. Februar 1936 das Land. Die erhoffte Standfestigkeit der Christdemokraten erwies sich angesichts der brutalen Methoden der vereinigten Linken als mut- und ziellos, dafür aber sammelten sich Machtgruppen, die entschlossen waren, das *gewaltsame* Vordringen der Linken mit *Gewalt* niederzukämpfen. Nach der Wahl im Februar 1936 und den beginnenden Waffenlieferungen der Sowjetunion an die ihr nahestehenden Partisanen in Spanien war der Ausbruch eines Bürgerkrieges allseits abzusehen. Im Juli 1936 brach er aus.

Das Erwachen einer lange nicht mehr gekannten wilden Entschlossenheit auf der Iberischen Halbinsel wurde zu einer aktuellen Gefahr für den Frieden in Europa. Das sogenannte *Verteidigungsbedürfnis* der kontinentalen Staaten überschattete immer noch ungelöste wirtschafts- und sozialpolitische Probleme. In österreichischen Regierungskreisen fing man an, sich mit diesem Problem ernsthaft zu beschäftigen. Zur Landesverteidigung konnten die bestehenden *Wehrverbände* im Falle eines Angriffs von außen nur wenig beitragen; das *Bundesheer* konnte zeitweise nicht einmal auf dem 1919 zudiktierten Stand gehalten werden. Was lag näher, als durch die Auflösung aller Wehrverbände etwas zur Überwindung der Bürgerkriegssituation und zur Pazifizierung im eigenen Land beizutragen, die Landesverteidigung aber durch den Ersatz des *Söldnerheeres* durch ein auf der *allgemeinen Wehrpflicht* beruhendes Heer effektiver zu machen? Nachdem die Sieger von 1918/19 soeben die Einführung einer allgemeinen Wehrpflicht im Dritten Reich nolens volens hingenommen hatten, war zu erwarten, daß man Österreich schließlich würde zugestehen müssen, inmitten bedrohlicher Nachbarschaften seinerseits die Landesverteidigung instand zu setzen.

Solche ernsten und unaufschiebbaren Aufgaben hinderten aber den Fortschritt in der Organisierung der VF als Organ der politischen Willensbildung und die problematische Entwicklung des Ständewesens. Beide Aufgaben waren ineinander und so zeitraubend verwoben, daß sie bis 1938 nicht auf den notwendigen Stand gebracht werden konnten. Das aber ergab für die Gegner der Regierung unerschöpfliches Material für unablässige Polemiken, zumal die Illegalen seit dem Juli 1934 zu der Ansicht gekommen waren, daß ein quasimilitärischer Anschlag auf das System bei der noch vorhandenen Standfestigkeit der Exekutive keine Erfolgschance hatte; es sei denn, er würde durch eine militärische Drohgeste des Dritten Reiches und seiner Wehrmacht unterstützt. Immer mehr gingen die Illegalen zu *Diversionsmanövern* über, bei denen sie hinreichende Unterstützung aus den Reihen der bei der Regierung gelittenen »Nationalen« und »betont Nationalen« sowie auch in jenen an sich ihnen gegnerischen Kreisen bekamen, die mehr oder weniger fast um jeden Preis bereit waren, eine »Versöhnung mit Berlin und den Nationalsozialisten im Land« herbeizuführen. Viele solche sogenannten Brückenbauer standen in den Reihen der Intelligenz des Katholizismus in Österreich, so zum Beispiel der in den Führerrat der VF berufene Universitätsprofessor Oswald Menghin, prominentes Mitglied einiger Verbindungen des CV in Österreich, als Tiroler kernkatholisch, wie man von ihm sagte. Ein ähnlicher Vorgang zwecks Pazifizierung spielte sich in der Umgebung des Bundeskanzlers ab. Es waren freilich jene Brückenbauer, die zu einer Änderung des bisherigen Charakters der Ostmärkischen Sturmscharen entschlossen waren. Bedeutete doch die Entwaffnung eines Wehrverbandes nicht weniger als eine einseitige Abrüstung angesichts der noch immer vergatterten und kampfbereiten illegalen Verbände der SA und der SS, die denn auch im März 1938 mit überraschender Geschlossenheit im Endkampf um Österreich angegriffen haben und denen die Regierung nicht mehr, wie 1934, ihre Freiwilligenformationen, insbesondere die HW und die OSS, entgegenstellen konnte.

Anfang März 1936 trat der Reichsführer der OSS mit dem Plan hervor, die ihm unterstehenden OSS mehr und mehr ihres paramilitärischen Charakters zu entkleiden und die Mitglieder in einer *Kulturgemeinschaft* zu einem Faktor des kulturellen und politischen Lebens des Landes zu machen. Die Absicht des Kanzlers, das Image eines für den Bürgerkrieg unter Waffen stehenden Volkes zu beseitigen, war unübersehbar und sollte also nicht zuletzt dem Ansehen des Staates im Ausland dienen. Bemerkenswert war in diesem Zusammenhang die Feststellung des Kanzlers – eine die Beziehungen zum Dritten Reich berührende Bemerkung –, wonach *Staatsgrenzen und Kulturgrenzen nicht synonym* seien und die Herausarbeitung einer Synthese zwischen Deutschtum und Österreich notwendig wäre. Konform damit ging in etwa der aus der HW kommende Bundesminister Baar-Baarenfels, der als politischer Ressortleiter des Sicherheitswesens auf eine in jeder Hinsicht gewährleistete Ruhe und Ordnung im Land durch eine weitere Amnestie zugunsten der aus politischen Gründen

Inhaftierten wartete; eine Maßnahme, die nicht zuletzt auch eine Entlastung des Staatshaushalts von Ausgaben für außergewöhnliche Sicherheitsmaßnahmen mit sich bringen und damit der Wirtschaft zugute kommen sollte. Friede war sichtlich ganz allgemein eine ausgesprochene Alternative zu der beschriebenen Gefahr eines Zeitalters unter der Herrschaft brutaler Gewalt. Auch Hitler trat mit einem Friedensplan hervor, gleichzeitig aber wollte er vom deutschen Volk eine Zustimmung zu den Maßnahmen, die er als für die *Ehre und Freiheit* seines Volkes unabdingbar herausstellte. Und der Reichspropagandaleiter und Reichsminister für Volksaufklärung und Propaganda, Joseph Goebbels, bereitete für die Neuwahl eines vor diese Aufgabe gestellten neuen Reichstags eine Propaganda vor, wie die Deutschen bisher noch keine erlebt hatten. Juden waren nun schon von all dem ausgeschlossen, sie waren ja seit dem Reichsbürgergesetz von 1933 vom Erwerb der Reichsbürgerschaft und damit vom Stimmrecht ausgeschlossen.

Die Iden des März 1936 näherten sich. Am 9. März richtete Starhemberg ein Telegramm an den Duce, in dem er ihn namens der mit ihm in der Kampfidee des Faschismus verbundenen HW zum Sieg in Abessinien beglückwünschte – um noch am selben Tag nach Rom abzureisen. Er gab sich quasi mit Hodža die Türe, der zwei Tage in Wien weilte. Für den 13. März war eine Reise des Bundeskanzlers und des Außenministers Berger-Waldenegg nach Budapest vorgesehen.

Starhemberg hat nach 1938 seine damaligen Gespräche mit dem Duce beschrieben. Sie verliefen nicht harmonisch. Mussolini teilte nicht die Sorge des Fürsten wegen der Österreich von Berlin drohenden Gefahren; der Duce hielt das Dritte Reich für so schwach, daß es sich auf raumgreifende und die Ordnung von 1919 zerstörende Aktionen in Europa nicht einlassen würde. Der Gedanke eines Abkommens zwischen Wien und Berlin wurde von Starhemberg nicht geteilt; er versuchte vergeblich, dem Duce einzureden, *daß man von Hitler keine Vertragstreue erwarten dürfe.* Derlei Reden verletzten den Stolz des Duce, dem ein solcher kontradiktorischer Gegensatz zu seiner mehr und mehr auf Berlin ausgerichteten Politik nicht gefallen konnte. Starhemberg kehrte daher aus Italien mit einem Verlust an Sympathie des Duce heim; nicht einen Finger hat Mussolini gerührt, als Schuschnigg kurz danach den Fürsten aus der Regierung entließ – noch dazu wegen zuviel Sympathie für den Duce und den Faschismus.

Nach Wien zurückgekehrt, sah sich der Fürst quasi an der Spitze einer *Minoritätsfraktion im Ministerrat;* nicht nur er traute Berlin und

Hitler nicht, auch Außenminister Berger-Waldenegg kam dem Gesandten des Führers in Wien, Franz von Papen, mit unverhohlenem Mißtrauen entgegen, und Handelsminister Stockinger, letzter politischer Posten vor Gewehr aus dem Freundeskreis um Dollfuß, war bereits von schweren Sorgen erfüllt, weil er, was den Umgang mit den Nazis betraf, nichts von einer Pazifizierung hielt.

Diesmal war es die Zeitung »Petit Parisien«, die ausholte, was denn das Getue in Wien an sich habe. Berger-Waldenegg blieb dabei als Befragter bei seinem sehr beschränkten Optimismus betreffs aller zwischen Wien und Prag erwogenen Pläne. Eine Annäherung Österreichs an die Kleine Entente wertete der gewiegte Berufsdiplomat als eher unergiebig. Da in politicis wenig zu erwarten wäre, ginge es bloß um handelspolitische Möglichkeiten, und in dieser Hinsicht böte zum Beispiel Rumänien Österreich soviel wie nichts; Jugoslawien und Österreich seien aber in dieser Materie *Komplementärländer;* man werde ja sehen, was der jugoslawische Ministerpräsident, der auf einer Reise nach Paris in Wien en passant zukehren wolle, zu sagen haben werde. Es nutzte gar nichts, daß um diese Zeit der liberale »Pester Lloyd« die Annäherung an die Kleine Entente euphemistisch begrüßte. Inzwischen war Schuschnigg zu der Einsicht gelangt, daß das ganze Projektemachen im Augenblick nicht mehr eintragen konnte als mehr Verständnisbereitschaft und mehr freundschaftliche Beziehungen zwischen den Nachfolgestaaten und Österreich; mehr sei nicht daran und gehöre in den Bereich der Phantasie. Und das angesichts der gleichzeitigen, aber eher scheinheiligen Freundschaftsbeteuerungen zwischen Ungarn und Jugoslawien, Ländern, die einander gründlich mißtrauten und zwischen denen Handelsbeziehungen nicht mehr waren als der Austausch von Nationalprodukten gleicher Gattungen über eine »blutige Grenze«!

Locarno war in den zwanziger Jahren nicht nur eine Ortsbezeichnung, sondern Symbol einer auf den Völkerbund abgestellten europäischen Sicherheitspolitik – damals noch unter Einbeziehung des Deutschen Reiches. Als Mitte März 1936 die Mächte des Locarno-Paktes in Paris konferierten, taten sie es natürlich in Abwesenheit der Deutschen, die längst aus dem Völkerbund ausgetreten waren. London wollte immerhin in Berlin eine Vermittlerrolle übernehmen. Hitler ließ sich den gerne gesehenen englischen Journalisten Ward Price kommen und erklärte diesem mit klaren Worten, was in Paris nur hinter vorgehaltener Hand angedeutet wurde. Der Führer der Deutschen kam mit dem Angebot eines Nichtangriffspaktes, der auch der ČSR und Österreich zugute kommen sollte. Und: Das Dritte Reich sei bereit, wieder in den Völkerbund zurückzukehren, wenn dessen Statut von den Pariser Friedensverträgen ex 1919 gelöst und dem Deutschen Reich die *Gleichberechtigung* mit den anderen Mächten zuteil würde. Aber Frankreich habe unlängst seinen Wunsch, die Reichswehr von 100 000 auf 300 000 Mann aufzustokken sowie das seit 1919 demilitarisierte Rheinland zu besetzen, abgelehnt. Ein wirres Gemengsel von Richtigstellungen und Gegenvorstellungen entstand im Verkehr der Staatskanzleien der europäischen Großmächte. Man fragte Hitler, warum er besagte Vorschläge nicht *vor* der Einführung der allgemeinen Wehrpflicht und der Besetzung der entmilitarisierten Zone des Rheinlandes – geschehen 1935! – gemacht habe. Aber 1935 hätten weder Paris noch London ernsthaft gewollt, den beiden Anschlägen Hitlers auf die Ordnung aus 1918/19 entgegenzukommen. 1935 war die Besetzung der 1919 demilitarisierten Zone des Rheinlandes ein Husarenstück Hitlers, denn es standen ihm für diese militärische Demonstration am Rhein nur geringe und schlecht gerüstete kleine Verbände eines 100 000-Mann-Heeres zur Verfügung. Frankreich, noch immer als *die* Militärmacht in Europa eingeschätzt, hätte 1935 ohne Heraufbeschwörung einer Kriegsgefahr diesen Bruch des Vertragswerkes von 1919 zunichte machen können. Das war nun damals nicht geschehen, und jetzt rüstete das Dritte Reich in einem atemberaubenden Tempo auf, zu schnell für die deutschen Generäle, zu langsam nach dem Sinn Hitlers, der schon bald eine schlagkräftige Wehrmacht zur Hand haben wollte.

An dieser Stelle müssen die heutigen Epigonen derer im Österreich von 1936 zu verstehen versuchen, warum sich Schuschnigg am 11. Juli 1936 in jenes Vertragswerk mit Berlin eingelassen hat, das nach dem Zweiten Weltkrieg vielfach eine so abfällige Kritik erfahren hat. Es war ein letzter Versuch, der aufkommenden Mächtigkeit Hitlers zu entkommen und ihn an ein Vertragswerk zu binden. Gerade was diesen Punkt betraf, hatte der Kanzler mit Starhemberg, Berger-Waldenegg und Stockinger Vertreter einer gegenteiligen Auffassung in seiner Regierung. Sollte der Schritt getan werden, dann mußten die drei erwähnten Regierungsmitglieder das Kabinett Schuschnigg I verlassen. Das und einiges mehr geschah im Umkreis des Ballhausplatzes sowie der deutschen Gesandtschaft in der Metternichgasse, wo von Papen die Fäden zog. Es geschah übrigens, als Prag der sowjetischen Regierung für den Kriegsfall die Benutzung von Flughäfen und Hangars in der Slowakei zusagte und die Kommunistische Internationale zum Gegenangriff auf den Faschismus in Europa aufrief. Der bald darauf in der Ära des Stalinismus liquidierte ehemalige ungarische Diktator Béla Kun vertrat das rote Ungarn im Exil. Man wollte Truppen nach Spanien entsenden, den dortigen roten Terror effektiver gestalten, alle Kirchen und Klöster zerstören, Banken, Bergwerke, Fabriken und Eisenbahnen verstaatlichen und in Spanisch-Marokko eine von Kommunisten gebildete »Eingeborenenrepublik« errichten. Wer mittun wollte, war, gleichgültig welcher Herkunft und Anschauung, willkommen.

Und die Locarno-Mächte tagten. Am 19. März kamen sie mit einem Memorandum heraus. In der fraglichen wiederbesetzten Zone des Rheinlandes sollte das Deutsche Reich insgesamt 19 Bataillone und 13 Batterien unterhalten. Mehr hätte das 100 000-Mann-Heer ohnedies nicht stellen können; und auch keine Kampfflugzeuge und Panzerverbände; doch diese besaß Hitler noch gar nicht. Der Vertragsbruch Berlins wurde erwähnt, die Fakten der Besetzung und der Wiederaufrüstung des Deutschen Reiches wurden als vollendete Tatsachen letztlich hingenommen. Man sagte den Deutschen lediglich, sie hätten auch durch einseitig vollzogene Handlungen kein *Recht* erworben. Inzwischen tobte sich Hitler in einer ununterbrochenen Serie von Wahlkampfreden aus, und jedes Zeichen der Schwäche der Locarno-Mächte mußte im deutschen Volk unter dem Eindruck der Goebbels-Propaganda die Vorstellung erwecken, als sei der Führer in der Lage, den Siegern von 1918/19 ohne Waffengewalt das abzutrotzen, was diese dem Reich vor 1933 immer wieder kaltblütig versagt hatten.

Die ČSR aber, zuweilen in der Angst vor den Deutschen zitternd, schwieg und schloß sogar mit dem Dritten Reich jenen Vertrag zur Lieferung von erstklassiger Steinkohle ab, auf welche die Rüstungsproduktion im Dritten Reich angewiesen war, um für nunmehr verstärkte Truppenverbände auch die notwendige Rüstung zu liefern; nicht nur die notwendige, sondern auch die verstärkte . . .

Paris und London kamen zu keinem Ende mit ihren diplomatischen Bemühungen zur Liquidierung der Probleme, die der Duce und Hitler beiden Ländern geschaffen hatten. Man redete von Generalstabsbesprechungen, Winston Churchill von einem Bündnis. Der Völkerbund vertagte sich. In London genügten die bescheidenen Qualitäten des deutschen Botschafters von Ribbentrop, um den deutschen Beitrag zu dem sich überschneidenden und kreuzenden Notenwechsel der Locarno-Mächte mit einer deutschen Beigabe vollends zu paralysieren. In Punkt 17 des deutschen Friedensplans war davon die Rede, daß »Deutschland bereit ist . . . mit den Nachbarstaaten im Südosten und Osten unmittelbare Verhandlungen über Nichtangriffspakte zu beginnen«. Gemeint waren damit neben Polen und der ČSR die Balkanstaaten, nicht aber, wie einige Naive in Wien damals meinten, Österreich. Österreich war nach den Plänen Hitlers seit eh und je für einen Anschluß an das Deutsche Reich bestimmt, gegen Österreich wollte man keinen Angriffskrieg führen, man erwartete, daß die Österreicher den Plänen Hitlers freudig entgegenkommen werden. Daß in Österreich der nach dem Ersten Weltkrieg entstandene Anschlußgedanke keineswegs in allen Kreisen weiterhin geteilt wurde, ja daß gegen das Dritte Reich ein erklärter Widerstand geleistet wurde, war in den Augen Hitlers nicht mehr als die Perfidie einer Clique, die man eines Tages vom Tisch fegen wird.

Man hätte meinen können, daß die nach der Einführung der allgemeinen Wehrpflicht im Dritten Reich alarmierten Mächte einiges Verständnis dafür aufbringen würden, wenn die österreichische Regierung angesichts ihrer nicht eben verläßlichen Nachbarn daranginge, das Söldnerheer von 1919 durch ein auf Grund einer allgemeinen Dienstpflicht rekrutiertes zu ersetzen, um abwehrbereit zu sein. Weit gefehlt! Als der Ballhausplatz ein solches Vorhaben den Signatarmächten des Friedensdiktats von 1919 und einigen anderen Staaten anzeigte, erregte das Unwillen. Nun hatte man eben die Einführung der allgemeinen Wehrpflicht im Dritten Reich, also einen Bruch des Friedensdiktats von Versailles 1919, hingenommen, und jetzt bereitete das gleichfalls 1919 auf die kostspielige Erhaltung eines Söldnerheeres verwiesene Österreich den gleichen Kummer. Es regnete Proteste, die Staaten der Kleinen Entente behielten sich Gegenmaßnahmen vor. Auch Ungarn war empört: Den Österreichern ließ man die allgemeine Wehrpflicht durchgehen, für die *Revisionsansprüche* Ungarns hatte man kein Verständnis im Westen. Aber es fiel kein scharfer Schuß, man feuerte allerorten mit Memoranden um sich, und nach dem deutschen Friedensmemorandum war ein französisches fällig. Es ließ auch nicht lange auf sich warten. Wann immer von einer Revision der Grenzen von 1919 die Rede war, beanspruchte Frankreich stets das erste und das letzte Wort. Nach der Remilitarisierung der seit 1919 truppenfrei gehaltenen Reichsgebiete am rechten Rheinufer erklärte Paris namentlich folgende Länder in Gefahr, von Hitler besetzt zu werden: Danzig, das Memelland und Österreich. Tatsächlich erfolgte 1938/39 – wenn auch in umgekehrter Reihenfolge – die Inbesitznahme dieser Länder durch das Dritte Reich. Nach Österreich kam das Memelland dran, und der Griff auf Danzig und die polnischen Westgebiete löste den Zweiten Weltkrieg aus. Paris hat also 1936 nicht den Teufel an die Wand gemalt, das höllische Geschehen aber hingenommen; allerdings wäre es ohne die Beteiligung Stalins an der Aggressionspolitik Hitlers nie zum Zweiten Weltkrieg gekommen, eine Tatsache, die in diesem Zusammenhang selten und dann nur am Rande vermerkt wird.

Was Frankreich nach der Remilitarisierung der fraglichen Gebiete am rechten Rheinufer vom Dritten Reich verlangte, war bescheiden: Es sollten deutscherseits keine Befestigungen angelegt werden, wie solche in Frankreich am linken Rheinufer in gigantischem Ausmaß entstanden waren. Kein Wort zugunsten des an sich als bedroht angesehenen Österreich.

In Genf lieferten die Diplomaten einander Nachhutgefechte wegen der vom Duce in Afrika und vom Führer am Rhein verübten Verletzungen der sogenannten Friedensordnung von 1919.

Um diese Zeit ging in Österreich Schuschnigg als bisheriger Reichsführer der Ostmärkischen Sturmscharen einen weiteren Schritt voran bei der Entmilitarisierung der Wehrverbände. Was von den bisherigen drei Wehrverbänden, der HW, der OSS und dem Freiheitsbund, noch willens war weiterzumachen, sollte dies im Verband der *Freiwilligen Miliz – Österreichischer Heimatschutz* tun. Die OSS sollten fortan unter der Führung des Staatssekretärs im Unterrichtsministerium Hans Pernter in kultureller Hinsicht tätig werden. Am 17. April 1936 sprach Schuschnigg vor der Katholischen Akademikergemeinschaft. Er berief sich auf Starhemberg, als er feststellte, man könne die Österreicher nicht in *Schwarze* und *Liberale* (!) einteilen. Angesichts gewisser Stimmen im Ausland kam der Kanzler auf den religiösen Frieden zu sprechen. Niemand, der einer anerkannten Religionsgemeinschaft in Österreich angehöre, könne sich in seinen *konfessionellen Rechten* bedroht fühlen. Das war eine Replik auf Vorhaltungen jener jüdischer Kreise im Ausland, die nach den Februarereignissen 1934 wegen ihrer Betätigung in der SDAPÖ und im Schutzbund das Land verlassen hatten.

In jenen Frühjahrstagen 1936 erhob sich die Erinnerung an den 200. Todestag des Prinzen Eugen von Savoyen über die Wirrnisse der Zeit. Die deutsche Wehrmacht und die ungarische Honved waren mit Offiziersdelegationen vertreten. General der Infanterie List nahm als Vertreter der Wehrmacht an der Defilierung der ausgerückten Truppen an demselben Defilierungspunkt gegenüber dem Burgtor teil, an dem im März 1938 zum letztenmal das Bundesheer die Ehrenbezeigung erweisen sollte. Die Staaten der Kleinen Entente hatten keine Vertretungen geschickt, obwohl gerade Jugoslawien und Rumänien dem Prinzen einigen Dank für die Befreiung von der Oberherrschaft des Sultans und für die Ursprünge ihrer Selbständigkeit schuldeten. Aber – die Kleine Entente hielt Linie, eben jene aus 1919.

Der Kanzler setzte seine Bemühungen um die *Abrüstung im Inneren* fort. In Baden sprach er auf einer VF-Kundgebung, die auch von den

OSS und dem Freiheitsbund beschickt war. Er sagte, der Lebenswille des neuen Österreich werde im bevorstehenden Frühjahr und Sommer einen neuen sichtbaren Ausdruck finden. Nicht nur das Motiv »Jahr der Front« klang damit an, denn schon war der Kanzler für eine gewisse *Normalisierung der Beziehungen zu Berlin* gewonnen. In Horn marschierte die HW auf. Starhemberg sprach eher als Bundesführer der HW, denn als Frontführer. Seine engsten Vertrauten waren längst daran gewöhnt, tagelang, ja wochenlang keinen richtigen Kontakt zum Fürsten zu haben. Und es war bekannt, daß der Fürst zum amtierenden Bundeskanzler keineswegs jene guten Beziehungen hatte, wie sie ihn einmal mit Dollfuß verbunden hatten. Viele bedauerten diesen Mangel, andererseits gab es in der HW einflußreiche Kreise, die auf eine Entmachtung der Schwarzen drängten, ehe diese es unternähmen, die HW fertigzumachen . . .
Nach längerem Schweigen vor der großen Öffentlichkeit ergriff der Fürst also am 25. April 1936 anläßlich einer Kundgebung der HW im niederösterreichischen Horn das Wort. Es war eine seiner Stegreifreden, die zuweilen mißverstanden wurden. An einem Treuebekenntnis zu Schuschnigg fehlte es nicht, und doch entzündete diese Rede die Endkrise des Bestandes der HW und der anderen Wehrverbände in Österreich.
Als Frontführer war der Fürst auch an der Spitze der von der Regierung geschaffenen Freiwilligen Miliz – Österreichischer Heimatschutz. Er begrüßte es, daß sich in diesem Verband Männer der HW, der OSS und des Freiheitsbundes auf einer gemeinsamen Plattform sammeln sollten. Aber: Die Miliz würde sich zwar in *wehrpolitischen Dingen* der bewaffneten Macht des Staates unterordnen, im übrigen sei es aber ein Irrtum zu glauben, diese Miliz werde unpolitisch sein. Im Gegenteil! *Diese Miliz würde hochpolitischen Charakter haben und als Exekutive dem Frontführer, also Starhemberg, dienen.* Das nun war ein Frontalzusammenstoß mit dem Gedanken, wonach allein die VF Träger der politischen Willensbildung im Dollfuß-Österreich sein sollte. Die Vorstellung, wonach die HW daran sei, als bewaffnete freiwillige Organisation vom Schauplatz abzutreten, sei – so Starhemberg in Horn – politische Kurzsichtigkeit und Dummheit.
In diesem Zusammenhang kam er auch auf Störer der inneren Geschlossenheit der HW zu sprechen. Ohne Namensnennung war das eine Drohung an den Landesführerstellvertreter der WHW, Vizebürgermeister Lahr, der sich in einer kritischen Analyse der inneren Verfassung der HW versuchte, und den hinter ihm stehenden Landesführer Fey. Ohne Scheu kam der Fürst auf den Phönix-Skandal

zu sprechen. Er erwähnte die Abberufung des bisherigen Landesleiters der VF-Wien, eines Kameraden Feys aus der Kriegszeit, indessen zugleich dessen grimmiger Gegner. Auch diese Gegnerschaft bewahrte den ehemaligen Oberstleutnant bei den Deutschmeistern nicht vor der Disziplinierung durch den Frontführer. Der Fürst schloß mit einer Warnung an den Kanzler: Schuschnigg möge sich vor politischen *Freunden* in acht nehmen; die HW wolle ihn davor bewahren, eines schönen Tages von diesen Freunden verdrängt zu werden.

In diesen Tagen litt der Kanzler unter dem Eindruck der Veröffentlichung einer Liste jener Prominenten, die Geld von der Phönix-Versicherung genommen hatten. Für seine Anschauung vom Wesen des Politischen war es unbegreiflich, daß derartige Verfehlungen von Persönlichkeiten gesetzt wurden, die er nach Rang und Stand zu schätzen gewohnt war: Vaugoin, Graf Coreth, Dr. von Reininghaus, Generaloberst Schönburg-Hartenstein, Oberstleutnant Seifert, der Landesleiter der VF-Wien. Die nationalsozialistische Propaganda ergänzte diese Liste sofort dadurch, daß sie an ihre Spitze den Namen Otto von Habsburg setzte. Die materiellen Folgen des Skandals waren nicht weniger betrüblich: Die Phönix-Versicherung war die bedeutendste Lebensversicherungsgesellschaft jener Zeit, und die Regierung mußte daher wohl oder übel dafür Sorge tragen, deren Versicherungsnehmer vor einem ansonsten nicht wiedergutzumachenden materiellen Verlust zu bewahren. Das Unheil geschah just in dem Moment, als der Finanzminister daran war, der Öffentlichkeit bekanntzugeben, daß für das laufende Finanzjahr 1936 ein *Gleichgewicht in der Gebarung des Staates* zu erwarten war. Im Sumpf wahrer und falscher Gerüchte ging diese heute unvorstellbare Mitteilung unter.

In dieser Situation trat der bisherige Generalsekretär der VF, Oberst Walter Adam, in Form eines Rücktrittsgesuches entschieden gegen die von ihm vermutete Tendenz der von Starhemberg in Horn gehaltenen Rede auf. Vor allem wandte er sich dagegen, daß die HW als *selbständiger bewaffneter Verband neben der gedachten Miliz bestehen bleiben sollte,* ja daß sich die HW weiterhin als *politische Organisation* betrachtete. Zudem sei die HW daran, sich der VF zu bemächtigen. Das alles geschähe nach einem Kurs, welcher der *faschistischen Gedankenwelt* entspringe. Adam hat den Versuch des Fürsten, eher nur seine Kameraden in der Doppelreihe zu beruhigen, gründlich mißverstanden. Tage vergingen. Anfang Mai lieferte der Gesetzesbeschluß über die Einführung der *Bundesdienstpflicht* in Österreich Schlagzeilen für die Presse. Der Ballhausplatz hatte zuvor die Großmächte, die Nachbarstaaten und andere Regierungen hievon verständigt. Grund und Ursache der Neueinführung war demnach die Tatsache, daß es solcher Maßnahmen zur *Verteidigung des Landes* bedurfte. Österreich werde auch nicht einfach eine allgemeine Wehrpflicht einführen, wie das im Reich geschehen sei, sondern ein volkserzieherisches Ziel verfolgen. Der Kanzler hatte offenbar den ethischen Wert vor Augen, den einmal die alte Armee inmitten des Nationalitätenstreits und der beginnenden sozialen Revolution gehabt hat. Und letztlich: Eine Regierung, die der gegenwärtigen europäischen Lage und der ständig zunehmenden Diskrepanz zwischen Hochgerüsteten und Abgerüsteten nicht unverzüglich und unbedingt gerecht zu werden verstehe, könne die Verantwortung für die weitere Entwicklung der Geschicke des österreichischen Volkes nicht auf sich nehmen.

Ungesagt blieb, daß ein reguläres Heer, das auf einer allgemeinen Dienstpflicht beruhte, paramilitärische Verbände im Staat, die zudem unabhängig von der militärischen Führung bestanden, obsolet machte . . .

In der ČSR hatte dieser Vorgang zur Folge, daß sofort 18 000 Mann der im Ersten Weltkrieg auf der Feindseite eingesetzten Tschechischen Legion sich abermals freiwillig zur Ausbildung im Waffengebrauch meldeten. Die Medien der Westländer aber benützten den Anlaß, um alle Unfreundlichkeiten, die an sich der Wiederaufrüstung im Dritten Reich zugedacht waren, dem schwächlicheren Österreich anzuhängen. Wieder ging eine gute Nachricht in dieser Gerüchteflut unter: Der Kontrolleur des Völkerbundes bestätigte dem Staat eine günstige Entwicklung der Finanzlage; der Abgang des Vorjahres sei im laufenden Budgetjahr vollauf gedeckt, nur die *Bundesbahnen* blieben ein Sorgenkind der Regierung. Man sei der durch den Phönix-Skandal entstandenen Schwierigkeiten Herr geworden, und die Nationalbank habe einen Devisenverlust, der durch Anforderungen von auswärtigen Gläubigern an die Credit-Anstalt in Höhe von 30 Millionen entstanden war, aufgeholt.

Und da war die andere Seite der Medaille: Während im Dritten Reich die Regierung Hitler unter rücksichtsloser Beanspruchung des Budgets, der Staatsfinanzen sowie der Devisenpolitik die Arbeitslosigkeit schon so weit in den Griff bekommen hatte, daß Facharbeiter aus dem Ausland geholt werden mußten, rechnete es sich die Regierung in Wien sichtlich als Erfolg an, Ordnung im Staatshaushalt und zur Deckung des sogenannten *Alpendollars* hinreichende Bestände an Gold und Devisen im Besitz der Nationalbank zu haben. Diese Bestände werden im Frühjahr 1938 der Regierung in Berlin und ihrer

Reichsbank zugute kommen. Aus gutem Grund hat daher Hitler schon am 12. Februar 1938 von Schuschnigg in Berchtesgaden eine gewisse Gleichschaltung zugunsten der Reichsbank des Dritten Reiches beansprucht . . .

Glückliches Österreich – leider nur glücklich auf dem grünen Rasen. Am 6. Mai 1936 besiegte die Nationalmannschaft jene des Mutterlandes des Fußballsports, nämlich England, 2:1. Wer es erlebte, wie da geradezu ein Nationalgefühl emporschoß, vergaß die Kritik an der allgemeinen Lage für eine Weile und sagte sich: Na, gar so parterre sind wir ja auch nicht.

Aber die Innenpolitik verlief auf Wegen, die nachher sehr umstritten blieben. Der Freiheitsbund gab Starhemberg auf dessen in Horn gehaltene Rede eine klare Absage. Sein Führer, der Präsident des von Staats wegen eingerichteten Gewerkschaftsbundes, Johann Staud, erklärte vorweg, daß es nach Einführung der Bundesdienstpflicht keiner Wehrverbände mehr bedürfe. Die Erwartung Starhembergs, auch der Freiheitsbund würde sich der ihm unterstehenden Freiwilligen Miliz – Österreichischer Heimatschutz anschließen und damit diese »Plattform« aller Wehrverbände besteigen, war damit grimmig enttäuscht. Aber auch an den Plänen für den berufsständischen Aufbau übte Staud in Anwesenheit des Bundeskanzlers Kritik. Sein Irrtum war nur die Annahme, daß geplant war, die Arbeiterschaft einfach in die Unternehmerbünde einzugliedern. Jedenfalls bekam er für derlei Erklärungen viel Beifall, der Bundeskanzler besprach vor den Freiheitsbündlern mehr ideologische Probleme bei der Auseinandersetzung mit Marxismus und Chauvinismus – und frohgemut marschierten die Freiheitsbündler zur Parade auf den Ring ab. Josef Klaus, Bundeskanzler in der Zweiten Republik, stand damals in den Reihen des Freiheitsbundes. Ohne viel zu fragen – und entgegen den Vorstellungen Starhembergs –, bereiteten zahlreiche HW-Männer den Freiheitsbündlern einen warmen, aber herzlosen Empfang. Daß der ehemalige Vizekanzler Fey in dieser Szene zu sehen war, wurde von ihm selbst als eine reine Zufälligkeit beschrieben; Starhemberg sah darin ein neues Konfliktmotiv in seinen schlechten Beziehungen zu Fey und ließ ein Flugblatt verbreiten, wonach zwar die HW-Männer durch ein gewisses Flugblatt des Freiheitsbundes provoziert worden seien, daß er als Bundesführer der HW aber die störenden Gegenkundgebungen Unbesonnener verurteile. Das änderte freilich nichts an dem Gerücht, daß im Freiheitsbund massenhaft ehemalige sozialistische Parteigänger Zuflucht gesucht und gefunden haben sollen, zumal jene, denen es um die Erhaltung ihres Dienstpostens im Verband des Wiener Magistrats ging; dieses Gerücht wurde nach

Akteneinsicht in der Zeit nach 1945 in vielen Fällen bestätigt, den Betroffenen aber von der nunmehrigen sozialistischen Stadtverwaltung nicht zum Schaden angerechnet. Umstritten blieb ein anderes Gerücht:

Demnach soll Hitlers Gesandter von Papen in der Zentrale des Freiheitsbundes und der Systemgewerkschaft Vertrauenspersonen an einflußreicher Stelle gehabt haben; diese hätten dem Freiheitsbund mit Hilfe von Papens Geldmittel verschafft, weil von Papen daran gelegen war, die HW – und insbesondere den von der HW gestellten und ihm wenig geneigten Außenminister Berger-Waldenegg – aus dem Spiel zu bringen.

Und dann geschah es: In der Nacht zum 14. Mai vollzog sich jene Regierungsumbildung, deren Ergebnis die Brechung der bisherigen Stärke der HW in der Regierung war. Zwar beließ Starhemberg nach seinem eigenen Ausscheiden aus der Regierung ein Rücklaßdetachement der HW im Kabinett Schuschnigg II, doch reduzierte sich die Tätigkeit dieser Minister auf rein *ressortpolitische* Aufgaben. Zugleich vollzog sich die Verschmelzung des Amtes des Regierungschefs mit jenem des Frontführers. Zu dieser Vereinheitlichung der Führung in Staat und VF hat Schuschnigg später nicht ganz unzutreffend gesagt, ein mittelmäßig begabter Armeeführer sei erfolgreicher als fünf untereinander mehr oder weniger in Diskussionen und Auseinandersetzungen begriffene begabte Führer. Die Schwärzung des Kabinetts kam unter anderem sofort dadurch zum Ausdruck, daß Josef Resch, der seit 1922 sieben Kabinetten als Sozialminister angehört hatte und schon 1919 Unterstaatssekretär gewesen war, ein neuntes Mal in die Regierung einzog; ein undenkbarer Vorgang in der Ära Starhemberg. Und da war noch die Berufung des Vizepräsidenten des Österreichischen Bundesverlages und des Katholischen Schriftstellerverbandes, Guido Zernatto, zum Staatssekretär im Bundeskanzleramt.

Zernatto löste den bisherigen Generalsekretär der VF, Oberst Adam, ab. Gleichzeitig wurde der Bürgermeister von Wien, Richard Schmitz, zum Landesleiter der VF-Wien berufen und der Grundsatz ausgesprochen, wonach in Hinkunft die Chefs der Landesregierungen auch jeweils Landesleiter der VF sein sollten. Im neugeschaffenen *Führerrat der VF* übernahm der Bundesführerstellvertreter der HW, Major Baar-Baarenfels, vertretungsweise für den Frontführer den Vorsitz. Persönlichkeiten, die sich im berufsständischen Aufbau sowie in der VF bewährt hatten, sollten diesem beratenden Gremium angehören. Die noch in der Wiege liegende Freiwillige Miliz – Österreichischer Heimatschutz entschlief sanft; an ihrer Stelle sollte eine

»Frontmiliz« geschaffen werden, wohl ein Exekutivorgan der VF, einsatzmäßig aber als Wehrverband dem Heer unterstellt. Baar-Baarenfels wurde an die Spitze der Miliz berufen, was in der HW den Eindruck erweckte, als wäre sie noch mit an der Macht. Zur bisherigen *Symbolik* der VF trat eine rotweißrote Fahne mit einem weißgrünen Winkel *zum Gedächtnis an die HW*. Bei staatsoffiziellen Anlässen sollte in Hinkunft nach der seit Jahren eingeführten Haydnhymne das in Erinnerung an Dollfuß entstandene »Lied der Jugend« gespielt beziehungsweise gesungen werden. Man sagte damals, dessen Text stamme von Rudolf Henz, die Melodie aber – so die Illegalen – von dem jüdischen Klavierhumoristen Hermann Leopoldi.

Eines war endgültig aus und vorbei: jene Zeiten, da die Wehrverbände nicht nur im Abwehrkampf gegen rechts und links eingesetzt waren, sondern mit ihren Führern in allen maßgebenden Gremien des Staates, der VF und anderer wichtiger politischer Organisationen vertreten und mit viel Einflußmöglichkeiten versehen waren. Mochten diese Verbände auch weiter in irgendeiner Form existieren, *Politik machen* oder die *Waffe führen* sollten sie nicht mehr. Es war sichtlich die Absicht des Kanzlers, dem Zeitalter des Bürgerkrieges in Österreich ein Ende zu bereiten und eine Ära der *Befriedung* im Land zu eröffnen, die nach rechts und links hin wirksam werden sollte.

Es gab da einen Schönheitsfehler im Ablauf der Veränderungen. Am 5. Mai marschierten die Truppen des Duce unter dem späteren Herzog von Addis Abbeba, Marschall Badoglio, in die Hauptstadt Abessiniens ein. Wenige Tage später beschloß der Faschistische Großrat das Gesetz, mit dem Abessinien unter die volle und unbedingte Souveränität Italiens gestellt wurde. König Viktor Emanuel III. wurde Kaiser von Abessinien. Vizekönig an Ort wurde Badoglio. Starhemberg benutzte diese Ereignisse, um dem Duce ein Glückwunschtelegramm zu schicken. Noch war der Fürst Vizekanzler. Taktvollerweise ließ er den Text *nicht von Amts wegen* veröffentlichen. Dieser Text erregte auch ohne amtlichen Beigeschmack Unruhe in gewissen Staatskanzleien, so in Paris und London; und der Ballhausplatz bekam diese Unmutsäußerungen zu spüren. Man war wegen des Endes in Abessinien im Westen beschämt, *beleidigt* aber war man, weil Starhemberg die Art Mussolinis mit jener der demokratischen Westmächte zu deren Schande verglich. Nur zu Recht, denn diese haben 1936 Abessinien ebenso im Stich gelassen wie 1938 Österreich. Der Duce nahm den Fall Starhembergs mit bemerkenswerter Gelassenheit hin, so wie er 1938 den Untergang des unabhängigen Österreich geschehen ließ.

Es war der Finanzminister Draxler, einer der ältesten Vertrauten Starhembergs, der nach einem letzten Vieraugengespräch des Fürsten mit dem Kanzler jenem mitteilte, Schuschnigg sei außerstande, mit ihm weiter zusammenzuarbeiten, der Fürst müsse aus der Regierung ausscheiden. Starhemberg hat seine letzte Unterredung mit Schuschnigg nach Jahren beschrieben, als alles aus und vorbei war. Der Kanzler hat demnach gesagt:

»Ich kann mit dir nicht mehr zusammenarbeiten. Denn du bist ein Anhänger der Gewalt, und ich verabscheue Gewalt . . . Ich appelliere an deine Loyalität und deinen Patriotismus, mir keine Schwierigkeiten zu bereiten.«

Da ist der Fürst aufgestanden und hat erwidert:

»Nun, du wirst ja sehen, wie weit du kommst. Ich wünsche dir viel Glück zu deinen Methoden.«

Der Kanzler versuchte, das Scheiden von einem unangenehmen Beigeschmack zu befreien, und meinte, Starhemberg sei verbittert. Der Fürst erwiderte, er sei nicht verbittert und ihm sei die Art seines Ausscheidens aus der Regierung Wurscht. Aber:

»Ich fürchte, daß du sehr schlecht beraten bist, ich kann mir nicht vorstellen, wie du es durchstehst.«

Schuschnigg hat nach 1945 diese Version nie bestritten. Starhemberg erinnerte sich, daß er, als er den Arbeitssalon des Bundeskanzlers verließ, noch einen Blick in die Ecke des Nebenzimmers warf, wo einmal der Diwan gestanden war, auf dem Dollfuß verblutete. Noch am selben Tag überfielen den Fürsten die gewissen Kurbler in der HW und verlangten, man dürfe sich das von Schuschnigg nicht gefallen lassen. Aber der Fürst hieß sie abfahren.

DAS TROJANISCHE PFERD

Franz von Papen

Im Altertum belagerten die vereinigten Heere der Griechen die Stadt Troja in Kleinasien. Der Sage nach war es eines jener langjährigen und sinnlosen Massaker, wie ähnliche auch heute noch nicht aufgehört haben. Die Ursache war nach heutigen Begriffen lächerlich: Der trojanische Prinz Paris soll die Griechin Helena ihrem Mann entführt haben. Da übernahm es der Schwager der Entführten, die Entführte ihrem Entführer zu entreißen. Der aber verstand es nur, die Trojaner dazu zu bringen, fast zehn Jahre lang diesem Begehren zu widerstehen. Es wurde viel Blut vergossen, große Heldentaten wurden vollbracht, aber Helena blieb in Troja. Es war Odysseus, dem eine seither oft nachgeahmte Kriegslist einfiel. Er ließ aus Holz ein riesiges Pferd herstellen und schenkte es den Trojanern. Diese schleppten das nutzlose Monster in ihre Stadt. Nachts entstiegen dem Bauch des Pferdes eine Handvoll Griechen; diese öffneten ihren Landsleuten die Tore der Stadt, und damit fiel Troja in die Hände der Griechen, die – auch das blieb ein Vorbild bis heute – die Stadt plünderten und zerstörten.

Vom Trojanischen Pferd und der Möglichkeit seiner sinngemäßen Anwendung in den schweren politischen Auseinandersetzungen der dreißiger Jahre hat 1935 der Generalsekretär der *Komintern in Moskau*, der Bulgare Georgi M. Dimitroff gesprochen. Er sagte seinen Genossen, sie mögen eine Zeitlang die Lehre Lenins in dem Punkt außer acht lassen, in der dieser den Bolschewiken verbietet, sich im Kampf mit Sozialdemokraten, Linksintellektuellen, Liberalen und anderem Gelichter zusammenzutun. Lenin hat zwar selbst zuzeiten derlei Kälber, die ihre Metzger selber suchen, ausgenützt, aber in einer Lehrmeinung haben taktische Notwendigkeiten nichts zu suchen. So entwickelte Dimitroff die damalige Taktik der *Volksfront*, die sich in Frankreich und Spanien zeitweise als sehr erfolgreich erwies; bis sie zerfiel wie schlechtes Mauerwerk.

Als Franz von Papen im Sommer 1934 nach dem Tod Dollfuß' von Hitler gleichsam als Versöhnungsgeschenk nach Wien geschickt wurde, verstand dieser westfälische Herr von Adel seine Aufgabe als

Gesandter des Dritten Reiches im Dollfuß-Österreich als die eines Trojanischen Pferdes in Diensten seines Führers und Reichskanzlers. Natürlich hat von Papen nie diesen seinen wahren Charakter preisgegeben, denn ein Trojanisches Pferd redet nicht zu den gefoppten Feinden von seinem Zweck, es kann ja nicht reden, und von Papen war klug genug, seine Aufgabe in Österreich dermaßen zu tarnen, daß die guten Österreicher, ja selbst Teile der Illegalen, nicht ahnten, wie kampfentscheidend das Kommen dieses Herrn sein sollte.

Als Franz von Papen im August 1934 endlich das Agrément der österreichischen Regierung bekam, hatte er schon ein an Abenteuern reiches Leben hinter sich. Berufsoffizier im preußischen Heer, wurde er in den Generalstab berufen. Er arbeitete dort in der *österreichischen* Abteilung, kannte also das Land seiner Bestimmung längst, als er das Dritte Reich in Wien vertrat. 1914 wurde er der deutschen Botschaft in Washington als Militärattaché zugeteilt. Nach Kriegsausbruch organisierte er einen *Nachrichtendienst, eine Spezialität im Geschick dieses Herrn.* Ehe noch die USA in den Krieg eintraten, verließ er als Persona non grata die Staaten. Auch in den USA versuchte er sich als eine Art Trojanisches Pferd, aber die Amerikaner waren smarter als nach 1934 die Österreicher; sie entledigten sich dieses Mitglieds der deutschen Botschaft. Als Soldat bewährte er sich an der Front in Palästina, wo England versuchte, mit Hilfe der vom Sultan abgefallenen Araber nicht nur die dortige Verteidigungsfront ihrer Gegner zu zerstören, sondern bei einem gleichzeitigen Angriff entlang des Tigris dieser Monarchie ein Ende zu bereiten. Das gelang denn auch, die Türkei mußte als erster Verbündeter der Mittelmächte kapitulieren, obwohl ihre armselig gerüsteten, schließlich in Lumpen gekleideten Truppen bis zuletzt Widerstand leisteten. Die Kriegsverwendung an der Seite der Türken und die daher bezogenen Auszeichnungen sollten für von Papen ein Entreebillett sein, um nach Erfüllung seines Auftrags in Wien seinen Führer in der Türkei zu vertreten. Das sollte ihm mit dem Effekt gelingen, daß er die längste Zeit die Türkei aus den Wirren des Zweiten Weltkrieges heraushalten konnte. Wie er den Kammerdiener des britischen Botschafters in Ankara ausnützte, um Geheimpapiere aus dem Tresor der Botschaft in die Hände zu bekommen, das reichte für einige Filme der Nachkriegszeit. In Berlin war man unklug und hielt nichts von diesem Material, sehr zum Schaden der deutschen Wehrmacht. Von Papen war aber schon in der Zwischenkriegszeit politisch tätig geworden. Von 1920 bis 1932 gehörte er als Abgeordneter der katholischen Zentrumspartei an. Er war Hauptaktionär und Herausgeber der Tageszeitung »Germania«, die als Zentralorgan dieser Partei galt, letzten Endes aber im Verlauf der steil ansteigenden Karriere von Papens sein Kampfblatt wurde. Hinter ihm standen markante Typen der Großindustrie, der sogenannte *Deutsche Herrenklub* in Berlin bot ihm das Ambiente für eine noble Art zu intrigieren. Er scheute sich nicht, beim Reichspräsidenten Hindenburg kräftig mitzuwirken, als es galt, den alten Herrn zur Entlassung des Reichskanzlers Heinrich Brüning zu bewegen, an sich ein Parteifreund von Papens in der Zentrumspartei. Er wurde Nachfolger Brünings, legte sich ein wenig mit Hitler an, sah aber bald ein, daß er zusammen mit Hitler besser voran- und nach oben kommen werde. 1932 regierte er als Reichskanzler mittels der Hindenburg zustehenden Präsidialvollmachten; er hob das von Brüning verhängte Verbot der SA und der SS auf, blieb aber dennoch dem harten Kern derer um Hitler verdächtig. Im November 1932 war seine Kanzlerschaft zu Ende. Jetzt brauchte er nur mehr den Sturz seines Nachfolgers, General Schleicher, zu bewerkstelligen, der an sich einmal der Mann war, der den Katholen von Papen Hindenburg als Reichskanzler empfohlen hatte. Und ehe Schleicher seine Allianz der Reichswehr mit den Gewerkschaften zur Abwehr der Nationalsozialisten fertig hatte, werkelte von Papen beim Sturz dieses seines einstigen Gönners mit, um sodann bei Hindenburg den letzten Widerstand gegen die Berufung Hitlers zu brechen. Dann unterlief ihm ein Irrtum:

Von Papen glaubte, erfolgreich gegen die Rabauken in der NSDAP ankämpfen und eher konservative Gedanken zur Geltung bringen zu können. Als Vizekanzler des Dritten Reiches wähnte er sich sicher und ließ von einem genialen Mitarbeiter eine aufsehenerregende Rede verfassen, die er vor einem großen Auditorium an der Universität Marburg zum Vortrag brachte. Aber der Reichspropagandaminister Joseph Goebbels verbot den Zeitungen, diese Rede auch nur zu erwähnen. Das war am Vorabend jenes 30. Juni 1934, als während der sogenannten Röhm-Affäre bessere Männer als Papen den Rollkommandos der SS zum Opfer fielen.

Von Papen, geschützt von Göring, entging dem Massaker. Hitler entledigte sich seiner und schickte ihn nach Wien. Von Papen entging mit Glück manchen Gefahren, denen andere zum Opfer fielen. Er entging nicht nur der SS, die 1938 seinen engsten Mitarbeiter in der bisherigen deutschen Gesandtschaft in Wien umlegte und den Leichnam in die Donau warf. 1945 entging er dem Zorn seiner 1932 betrogenen Gesinnungsfreunde und dem bayerischen sozialdemokratischen Ministerpräsidenten Hoegner, der sich so gerne dieser Type angenommen hätte. Von Papen kam nämlich in die Haft derer, die

1945/46 das Nürnberger Militärtribunal bildeten. Doch er entging im Prozeß den Alliierten ebenso, wie er zeitlebens viele seiner Feinde hinters Licht geführt hat. Sein sensationeller Freispruch im Nürnberger Kriegsverbrecherprozeß 1945/46 forderte seine enttäuschten Gegner in Deutschland heraus, man arretierte ihn vom Fleck weg, und ein westdeutsches Gericht verurteilte ihn 1946 zu acht Jahren Arbeitslager. Die Haft geriet milde und dauerte nur zwei Jahre. Kaum in Freiheit, prozessierte Papen wegen der Zuerkennung einer Altersversorgung, die er als Major a. D. beanspruchte; er obsiegte beim Bundesverfassungsgericht. Der nie unbegüterte von Papen bedurfte nicht der Versorgung von Staats wegen, ihm ging es um die Rehabilitierung seines politischen Rufes. Untadelig aus den Prozessen in der Heimat hervorgegangen, erreichte er zuletzt noch eine ehrenvolle Reinwaschung *im Vatikan.*

Bei all dem muß bemerkt werden, daß Papen bei seinem Kommen nach Österreich – wenige Wochen nach dem 25. Juli 1934 – allerseits mit mäßiger Sympathie begrüßt wurde. Bis zum Anschluß 1938 haben ihn die Illegalen gehaßt und nur bedauert, daß die SS nicht schon am 30. Juni 1934 diesen »Farbverkehrer« – so Hauptmann Leopold – aus dem Weg geräumt hat. Die alten Schwarzen haben Papen nie vergessen, daß er seinen klerikalen Parteifreund Heinrich Brüning hintergangen hat, um 1932 dessen Nachfolger zu werden, zuletzt aber als Hitlers Vizekanzler mit dabei zu sein, als die große Säuberung und einige Nächte der langen Messer im Dritten Reich stattfanden. In der Bundesregierung hatte Papen die Trias Starhemberg, Berger-Waldenegg, Stockinger gegen sich; die Entfernung dieser drei Regierungsmitglieder aus dem Kabinett Schuschnigg im Jahr 1936 war der große Durchbruchserfolg Papens in Österreich. Für Schuschnigg war es undenkbar, daß dieser Kavalier ein heimtückischer Intrigant war, der es in Wien nur auf die Beseitigung der Unabhängigkeit des Landes abgesehen hatte.

Berger-Waldenegg, 1918 aus Gesinnungsgründen aus dem diplomatischen Dienst geschieden, wurde in der Steiermark der bestgehaßte HW-Mann in den Reihen derer, die nach dem Pfrimer-Putsch 1931 zur Hitlerbewegung abschwenkten. Papen haßte diesen Mann, in seinen Memoiren setzte er den Ruf Berger-Waldeneggs herab, indem er ihm nicht eine Gegnerschaft, sondern die *Nachlässigkeit im Dienst* anrechnete.

Die Zeiten besserten sich für von Papen, als die Serie der Überraschungserfolge Hitlers Furore machte: Im Jänner 1935 die Abstimmung im Saargebiet, wo sich nur 0,4 Prozent für den Anschluß an Frankreich, aber 91 Prozent für die Rückgliederung an das Reich entschieden. Hitler rechnete diesen Erfolg wohl über Gebühr dem Reichskommissar für die Saarabstimmung, Josef Bürckel, an; diese Einschätzung bewog Hitler auch, Bürckel 1938 nach Wien zu schikken; das war eine Fehlentscheidung, denn das Wirken Bürckels erzürnte nicht nur die in der Verbotszeit bewährten, aber nach 1938 vielfach aussortierten alten Kämpfer, es erzeugte auch in der Bevölkerung eine Art *Resistance gegen die Piefkes,* die den am 15. März 1938 dem Führer erwiesenen Enthusiasmus bereits im Herbst dieses Jahres da und dort zum Schwinden gebracht hat.

Aber nach der Saarabstimmung 1935 dachten nicht nur die österreichischen Illegalen an eine Wiederholung dieses Geschehens in Österreich, an die Rückführung der Ostmark ins Reich, denn die Anschlußidee von 1918 war noch nicht tot. Und die Erfolgsserie Hitlers riß nicht ab. Im März 1935 erging das »Gesetz für den Aufbau der Wehrmacht«, also zur *Wiedereinführung der allgemeinen Wehrpflicht im Deutschen Reich.* Ein Jahr darauf kündigte Hitler den 1925 geschlossenen Locarno-Vertrag und ließ, entgegen der damals vom Deutschen Reich eingegangenen Verpflichtung, die seit 1918 demilitarisierte Zone am rechten Rheinufer von Verbänden der schon im Aufbau begriffenen, aber noch eher schwächlichen Wehrmacht besetzen.

Bis dahin war von Papen bei Berger-Waldenegg nicht weitergekommen. Der Baron fragte von Papen eines Tages, ob die Reichsregierung bereit wäre, Österreich als einen deutschen Staat mit eigener Souveränität anzuerkennen. Wenn es eine solche *haltbare* Verpflichtung Berlins gäbe, dann könnte Österreich bei seiner *auswärtigen* Politik mit Berlin zu einem Arrangement kommen. Berger-Waldenegg ließ sich nur deswegen auf dieses kalkulierte Risiko ein, weil er dem Duce nicht mehr über den Weg traute und er seinen Bundesführer, Vizekanzler Starhemberg, vergeblich vor dessen Hingabe an den Duce und seinen Faschismus warnte.

Berlin sah eine Chance: Man zeigte sich gesprächsbereit, allerdings nur dann, wenn Schuschnigg die HW aus der Regierung entlassen würde, um sie durch Christlichsoziale und Nationalsozialisten zu ersetzen. Hitler tat, also ob . . . In seiner Rede vom 21. Mai 1935 sagte er, es bestünde weder die Absicht noch der Wille, sich in innerösterreichische Verhältnisse einzumengen oder gar Österreich zu annektieren oder anzuschließen (!).

Der französische Gesandte in Wien, Gabriel Puaux, als Kalvinist von anderer Webe als Schuschnigg, wurde hellhörig bei solchen Tönen; er hat nie dem Führer und Reichskanzler getraut und daher auch eine schlechte Nachrede bekommen. Von Papen kam mit seinem Gerede nicht an ihn heran, obwohl er vieles versuchte, um das ständige Miß-trauen in Paris zu beschwichtigen.

Schließlich versuchte von Papen, den Stier bei den Hörnern zu pak-ken, indem er Berger-Waldenegg mit einem Vorschlag zu einer an-geblichen Normalisierung der Beziehungen zwischen Berlin und Wien konfrontierte. Das geschah im Juli 1935. Berger-Waldenegg aber ging nach der in Krisenzeiten oftmals geübten Methode vor, in-dem er ein altbewährtes Mittel anwendete: Gschwind a bißl wartn. Vielleicht überdauerte man in Wien doch den Hitler. Im September wurde von Papen das Warten auf eine Antwort auf seinen Vorschlag zu lang; er wies darauf hin, *daß der Führer selbst auf Antwort warte*. Er bekam jedoch einen bemerkenswerten österreichischen Gegen-vorschlag:

In diesem war eingangs nicht von der Normalisierung der Beziehun-gen zwischen Wien und Berlin und von freundschaftlichen Bezie-hungen die Rede, sondern von einem normalen Beitrag zur Aufrechterhaltung des Friedens in Europa. Die Ansicht, wonach Hitler nicht daran sei, Österreich zu annektieren oder anzuschließen und sich in innere österreichische Angelegenheiten einzumischen, quittierte der Ballhausplatz einfach mit dem Satz: Die Regierung des Deutschen Reiches anerkennt das in Österreich herrschende Re-gime. Damit reflektierte Berger-Waldenegg auf jene *Politik des dop-pelten Bodens*, bei der die diplomatischen Beziehungen zwischen Wien und Berlin normal waren, im Untergrund aber die Angriffe der Hitlerbewegung auf das Regime in Österreich mit Unterstützung und Hilfen aus dem Deutschen Reich weitergingen. Daher verlangte der Ballhausplatz, daß die gedachte Abmachung auch für die NSDAP im Dritten Reich und ihre Dependance in Österreich gelten sollte. Österreich war im Sinne der Verfassung von 1934 ein deut-scher Staat, und das zu bestätigen, stand man 1935 nicht an. Im übri-gen sollten der Entwurf von Papens und der Gegenentwurf des Ball-hausplatzes einer gemischten Kommission übertragen werden.

Von Papen vermeinte in der Zielgeraden zu sein. Er war es nicht. In seinen Memoiren zitiert er die damalige Ansicht eines Grafen Dub-sky, den er als guten Österreicher qualifiziert und der in einer Studie zur Lage schrieb:

»Das Dritte Reich wird mit Österreich sein, oder es wird überhaupt nicht sein. Der Nationalsozialismus wird gewinnen oder zugrunde gehen, wenn er diese Aufgabe nicht zu lösen versteht.«

Das *Dritte Reich*. Noch war das für Österreicher, die keine Natio-nalsozialisten waren, eine Nachfolge in der Geschichte des von Karl dem Großen geschaffenen Tausendjährigen Reiches, nicht aber jenes

Zweiten Reiches, das Otto von Bismarck nach den sogenannten Einigungskriegen der Deutschen zusammengebracht hat; *Einigungskriege*, die von Schönerer gerne *Reinigungs*kriege nannte. Reinigung vom Haus Habsburg. Der Anschluß der alten Ostmark an das Deutsche Reich war für die in den Schulen der zwanziger Jahre in Österreich herangezogene Jugend ein Traum, dessen Verwirklichung sie erhoffte, ehe sie von Hitler etwas wußte. Die 1919 gegründete Deutsche Studentenschaft verwirklichte einen Zusammenhalt der deutschen Studenten an den Hochschulen des Deutschen Reiches, Österreichs, der ČSR und Rumäniens.

Der Herbst 1935 ließ sich für von Papen trübe an. Bei der Bildung des Kabinetts Schuschnigg II mischte Starhemberg noch kräftig mit. Berger-Waldenegg behielt sein Portefeuille. Der neu hinzugekommene rabenschwarze Sozialminister Dobretsberger – er schwenkte in der Emigration scharf nach links ab – war für Papen kein Gesprächspartner. Stockinger blieb im Amt, der unentwegte Warner vor Papen, der dafür von der Propaganda der Illegalen scharf hergenommen wurde. Und der neue Finanzminister Ludwig Draxler war nach dem Krieg Corpsbruder Starhembergs gewesen, solange es dieser bei seinem Innsbrucker Corps aushielt, aber als Mitkämpfer im Freikorps »Oberland« und Mitkämpfer in der HW seit 1928 durfte Papen von Draxler einiges Verständnis erwarten, wenn er gemeinsame Jugendideale ansprach. Da war noch der Herausgeber der »Reichspost«, Friedrich Funder, in der deutschen Frage noch immer auf dem einmal von Seipel eingeschlagenen Kurs, dem die ruppige und wenig geschichtsbewußte Redeweise gewisser Christlichsozialer nicht zusagte. Von Papen fragte Starhemberg, ob er denn immer noch in der Österreichfrage auf den Duce setze, und der Fürst bejahte. Zudem hörte Papen andererseits, was über ihn nach wie vor in SS-Kreisen gesprochen wurde, denen es während der blutigen Liquidierung der Röhm-Affäre am 30. Juni 1934 nicht gelungen war, seiner habhaft zu werden, um ihn umzulegen.

Aber – von Papen schwamm im Mahlstrom der Erfolge Hitlers. Damals variierte man ein 1866 auf die Erfolge Preußens abgestelltes Lied in der Form: »Der März ist gekommen, die Nazis schlagen aus.« Der Remilitarisierung des rechten Rheinufers folgte eine darauf abgestellte Reichstagswahl, in der 99 Prozent Ja-Stimmen die Politik Hitlers, also nicht nur die Kandidatenliste der NSDAP, billigten. Das geschah am 29. März 1936. Und am 1. Mai 1936 gelang von Papen *der entscheidende Durchbruch* bei seiner auf den Anschluß Österreichs abgestellten Tätigkeit in Wien:
Auch im Dritten Reich war der 1. Mai eines jeden Jahres Staatsfeier-

tag. 1936 feierte Hitler zugleich seinen sensationellen Wahlerfolg vom vergangenen März. Es war die Zeit, in der große Teile des deutschen Volkes, unabhängig von ihrer früheren Herkunft und Anschauung in der Zeit *vor* der Machtergreifung, ihre Hoffnung auf eine weitere, friedlich verlaufende Erfolgspolitik des Führers und Reichskanzlers setzten. Das traf auch auf große Teile der Arbeiterschaft zu, vor allem auf jene Millionen, die vor dem 30. Jänner 1933 das harte Los langer Arbeitslosigkeit getroffen hatte und von denen jetzt viele gut ins Verdienen gekommen waren. Nach dem ausgezeichneten Verlauf der in Garmisch-Partenkirchen abgehaltenen Winterspiele 1936 schwanden weitum in der Welt viele Vorurteile gegen Hitler und das Dritte Reich, versprachen die Olympischen Sommerspiele in Berlin ein Beweis dafür zu werden, daß Hitlerismus nicht nur Unfreiheit und politische Verfolgungen für Gegner bedeutete. In Spanien brach kurz vor den Berliner Spielen ein blutiger Bürgerkrieg aus, aber im Dritten Reich war vorderhand eher die Tatsache enttäuschend, daß zuweilen zuwenig Butter im Handel war . . .

An jenem 1. Mai 1936 machte Guido Schmidt, Kabinettschef in der österreichischen Präsidialkanzlei, dem deutschen Gesandten einen Gratulationsbesuch anläßlich des Staatsfeiertages im Dritten Reich. Es war kein bloß protokollarischer Akt, bei dem sich Schmidt des Auftrags entledigte, den der Bundespräsident ihm übertragen hatte. Guido Schmidt war längst im Fadenkreuz gezielter Aktionen von Papens. Rasch wechselte man das Thema, als Schmidt dem Gesandten Hitlers die Frage stellte, ob man deutscherseits bereit sei, das Gespräch über die Verbesserungen der deutsch-österreichischen Beziehungen erneut in Schwung zu bringen.

Die Frage kam nicht ganz überraschend. In gewissen Kreisen wurde Schmidt angelastet, daß er zu jener ersten Nachkriegsgeneration gehörte, die in den Schulen und an den Hochschulen jenes gesamtdeutsche Fühlen mitbekommen hatte, das vor 1933 alle im Nationalrat vertretenen politischen Parteien als eine Selbstverständlichkeit zu einem Teil ihres Programms gemacht haben. Im Herbst 1933 hat die SDAPÖ auf ihrem letzten Parteitag diesen Punkt gestrichen; die Christlichsoziale Partei unter ihrem letzten Obmann Emmerich Czermak vermied diesen formellen Akt bis zu ihrer Selbstauflösung, und die Großdeutsche Volkspartei schloß ohnedies im Frühjahr 1933 jene Kampfgemeinschaft mit der NSDAP in Österreich, noch ehe ihr formaler Weiterbestand 1934 endete.

Wer war Guido Schmidt, dessen Prozeß vor dem Volksgerichtshof nach 1945 so recht ein Unterricht in Zeitgeschichte hätte werden können, wenn man sich schon damals auf derlei eingelassen hätte? So aber blieben die Dinge bis Ende der fünfziger Jahre eher unter Verschluß, bis man der Notwendigkeit eines Unterrichts in Zeitgeschichte im öffentlichen Unterricht Rechnung zu tragen begonnen hat.

Schmidt, ein gebürtiger Vorarlberger, trat 1920 als Student der renommierten Wiener katholischen Verbindung »Norica« bei. So wurde er Cartellbruder und unmittelbarer Amtsvorgänger des Außenministers im Kabinett Seyß-Inquart, Wilhelm Wolf, eines engeren Landsmanns. Schmidt zeichnete sich als Senior der Verbindung durch die gewandte und erfolgreiche Führung dieser Charge aus und wurde zu seiner Zeit so etwas wie ein Senkrechtstarter. Das war damals im Politischen noch eine Seltenheit. Als Student erlebte er die Verbindung noch in der Gemeinschaft der Heimkehrer aus dem Ersten Weltkrieg, aber daher bezog er keine Prägung. Seine Berufung ins Kabinett Schuschnigg III erfolgte im Zuge der Entmachtung der HW. Seine Anschauungen und Methoden deckten sich vielfach mit jenen des Bundeskanzlers; seine Fachqualitäten konnten auch seine Feinde nie bestreiten. Was zwischen ihm und Schuschnigg stand, war nicht nur das Fehlen des Fronterlebnisses bei Schmidt, sondern vor allem die seinerzeitige Erziehung des Kanzlers im Geist jenes Österreichertums, das die letzte Bewährung in einem mehr als vierjährigen Abwehrkampf gegen alle Großmächte der Erde, das Deutsche Reich ausgenommen, bestehen konnte. Gerade das damalige Bündnis der Mittelmächte hinterließ im Denken und Fühlen Schuschniggs einen bleibenden Respekt, und in diesem Sinn erlebte er 1933, kurz vor der Machtergreifung Hitlers, seine Begegnung mit Hindenburg. So muß auch der umstrittene Satz in seinen Abschiedsworten vom 11. März 1938 verstanden werden, wo es geheißen hat: ». . . Wir haben, weil wir um keinen Preis, auch in dieser ernsten Stunde nicht, deutsches Blut zu vergießen gesonnen sind, unserer Wehrmacht den Auftrag gegeben, für den Fall, daß der Einmarsch durchgeführt wird, ohne wesentlichen Widerstand [ohne Widerstand nach anderer Version] sich zurückzuziehen . . .«

Die Möglichkeit dieses denkbaren *militärischen Widerstandes* ist in Fachkreisen umstritten, jedenfalls haben dem Kanzler des Dollfuß-Staates seine Feinde nie abgenommen, daß er 1938 aus *Prinzip* das Vergießen deutschen Blutes verweigern wollte. Die einen sagten nachher, jenes Bundesheer von damals wäre ja nur herangezogen worden, um auf Arbeiter und Arbeiterwohnungen zu schießen, die anderen glaubten, nur einen neuen Exzeß jesuitischer Heuchelei gehört zu haben.

Sicher hat Schmidt am 1. Mai in Gewärtigung dessen gesprochen, was am 14. Mai für alle Wissenden in Österreich klar zutage kam: jene Kabinettsumbildung, bei der nicht nur Starhemberg aus der Regierung geschieden ist, sondern auch der Papen äußerst unsympathische Berger-Waldenegg; der mit üblem Nachruf bedachte Handelsminister Stockinger wurde gleichzeitig zur Einflußlosigkeit verurteilt. Es war der Dies ater, an dem der Direktor des Kriegsarchivs und seinerzeitige Vorsitzende der Katholischen Akademikergemeinschaft Glaise-Horstenau als Minister in die Regierung kam und Schmidt dem Kanzler als Staatssekretär im Bundeskanzleramt beigegeben wurde. Ein Lichtblick war die Berufung Guido Zernattos, der auch Generalsekretär der VF wurde. Er, der als Burschenschafter begonnen hatte und 1938 ins Exil gehen mußte, und Glaise-Horstenau, der von Seipel ins Kriegsarchiv berufene k. u. k. Generalstäbler, der nach 1945 durch Selbstmord geendet hat, standen im Sommer 1936 in Wien nebeneinander an der entscheidenden Wende. Man muß viele ähnliche Lebensläufe verfolgen, um einigermaßen verstehen zu können, in welcher Verfassung die handelnden Personen von damals in die mitreißende Gewalt der einander vielfach kreuzenden und überschneidenden politischen Kraftlinien geraten sind, sich in Risken einließen und nicht die Anwartschaft auf eine Politikerversorgung im Auge hatten, sondern zuletzt Haft, KZ und Tod.

Von Papen verstand es nach der Beseitigung des Einflusses der HW, die Weichen zu stellen, über die dann die Vehikel in Richtung Anschluß rollten, unaufhaltsam rollten. Im Vertragswerk vom 11. Juli 1936 war von der staatlichen Eigenständigkeit Österreichs und deren Verteidigung nicht die Rede. Bestanden nicht normale diplomatische Beziehungen zwischen Berlin und Wien, war nicht der normale diplomatische Verkehr von Staatskanzlei zu Staatskanzlei allein schon Beweis, daß man es *mit zwei Staaten* zu tun hatte? Nichts von einem Anschluß stand darin. Von Papen verlangte anfangs, Wien müsse Berlin im Falle einer Heimholung der Habsburger vorher verständigen; zuletzt aber begnügte man sich mit der Feststellung des österreichischen Bundeskanzlers, derlei stünde nicht in Erwägung. Was von Papen nicht wußte war, daß Schuschnigg einen Beamten des Bundeskanzleramtes zu Otto von Habsburg ins Exil schickte, um den Thronfolger ins Bild zu setzen. Von Papen und seine österreichischen Gesprächspartner waren interessiert daran, daß der Vertragsabschluß im geheimen bewerkstelligt wurde. Von Papen rechnete damit, daß die Ultras in den Berliner Zentralstellen zuletzt doch noch Hitler zu einer Verweigerung der Unterschrift auf dem Vertragsdokument verleiten könnten; und Schuschnigg ahnte wohl, daß das Juliabkommen bald für viele seiner Getreuesten der Anfang vom

Ende sein würde. Schuschnigg handelte unter Druck, Druck, der spürbar wurde, sobald der bisher vom Duce auf Berlin ausgeübte *Gegendruck* nachließ. Denn der Duce schuldete Hitler Dank für dessen Haltung während der Völkerbundsanktionen; bald stand auch schon eine vereinte Intervention in Spanien bevor.

Schuschnigg unterschrieb das Dokument am Vormittag des 11. Juli im Kanzleramt. Von Papen lieferte sofort eine telefonische Erfolgsmeldung an den Führer, bezog aber eine kalte Dusche. Denn im Moment war Hitler eher der Ansicht, man sei denen in Wien viel zu weit entgegengekommen, hätte unnötige Konzessionen gemacht und dergleichen mehr. Noch glaubte er, einen Reinfall erlebt zu haben, bis er seinen Vorteil erkannte: Jetzt hatte er Wien vertraglich gebunden. Seine Regierung würde nicht so töricht handeln wie jene des klerikalen Brüning, der mit den Wienern eine Zollunion von Staat zu Staat ausgehandelt hatte und den die Franzosen vor den Haager Gerichtshof gebracht hatten, nachdem die Wiener ohnehin schon den Schwanz eingezogen hatten. Das Auswärtige Amt in Berlin würde sich solcher Dummheiten enthalten. *Jetzt war es die Aufgabe der Parteigenossen in Österreich, ihren Kampf gegen die Regierung fortzusetzen; sie in eine Situation zu manövrieren, in der sich Schuschnigg zu einem Bruch des Abkommens vom 11. Juli hinreißen lassen könnte. Dann wäre der Konflikt da und für die deutsche Wehrmacht die Stunde gekommen, in der sie marschieren und niemand mehr sie aufhalten würde.* Im Moment waren die Westmächte erleichtert, indem sie die Österreichfrage aus der Liste der Konfliktgefahren streichen konnten. Selbst die Volksfrontregierung in Paris unter Léon Blum (!) traute diesmal den »boches«; mochten die Kleriko-Faschisten in Wien zusehen, wie sie ohne die österreichischen Genossen mit Hitler fertig würden.

Am 15. Juli erschien von Papen in Bayreuth beim Führer zum Rapport. Hitler war nun im Bild, von Papen wurde für sein Verdienst mit dem Rang eines Botschafters belohnt. Den Vorschlag, Gleiches dem österreichischen Gesandten in Berlin zuzugestehen, wies der Führer und Reichskanzler zurück. Er bot von Papen den Botschafterposten in London an, aber von Papen wollte nach Wien zurückkehren, um den Anschluß perfekt zu machen. Das gefiel dem Führer.

Nach von Papen kam der legendäre Führer der Illegalen, Hauptmann Josef Leopold, zum Rapport. Leopold, ein bewährter Unteroffizier im Krieg, von Julius Deutsch zum Volkswehrleutnant gemacht, war den Schwarzen gram, weil sie ihn nicht über die Majorsecke hinausließen. Er wurde Parteimitglied, Landtagsabgeordneter in Niederösterreich und unerschütterlicher Kämpfer in der Verbotszeit der Hitlerbewegung in Österreich. Hitler belehrte ihn, daß nunmehr der Anschluß nicht mehr quasi von Amts wegen in Berlin betrieben werden konnte, daß es vielmehr Aufgabe der Parteigenossen in Österreich sei, ihren Kampf unerschütterlich, aber in größter Diszipliniertheit fortzusetzen. Leopold meldete sich gehorsamst ab und übernahm es pflichtgetreu, seine Kampfgenossen auf die neue Kampfesweise einzustimmen . . .

Das war die Stunde, in der in Österreich Juden, die eine Chance im Ausland sahen, die Koffer packten. Zurück blieb das jüdische Proletariat, das zumal in der Wiener Leopoldstadt ansässig war. Eine dumpfe Erwartung befiel diese Unglücklichen, denen nach 1945, noch dazu von jungen Israelis, mit großer Verständnislosigkeit vorgeworfen werden sollte, sie hätten sich im Dritten Reich nicht gehörig gegen ihre Ausrottung zur Wehr gesetzt. Möge kein Volk in jene Lage kommen, die im Dritten Reich die Ärmsten der Armen betroffen hat! Arme Teufel, keine Kriegsgewinnler, keine Schacherjuden, keine Schieber und Schmarotzer – ärmliche Eltern jener Intelligenz, die der SDAPÖ bis zuletzt ihre besten Köpfe geliehen hat.

Was aber hatte es mit dem Vertrag vom 11. Juli auf sich, fragte man sich in Österreich. Man mußte schon sehr hoch in der Rangordnung von damals stehen, um das Zustandekommen und die Auswirkungen des Vertrages zu erkennen und zu verstehen. Nur ganz wenige wußten aber von jenen Verpflichtungen, die unter der Hand ausgehandelt worden waren und die sich bald als eine wertvolle Munitionierung der Propagandatätigkeit der Illegalen erweisen sollten.

Der amtlich verlautbarte Text des Abkommens gab für Besorgte keinen Anlaß zu noch mehr Sorge. Hitler anerkannte ja die volle Souveränität Österreichs. Beide Regierungen betrachteten die im anderen Land bestehende innenpolitische Gestaltung, einschließlich der Frage des österreichischen Nationalsozialismus, als eine Angelegenheit des anderen Staates.

Das war die Fußangel. Selbstverständlich konnte und wollte die österreichische Regierung keinen Einfluß auf innenpolitische Belange des Dritten Reiches nehmen; die reziproke Verpflichtung der Regierung des Dritten Reiches war aber praktisch wertlos, denn die Hilfen, die der österreichische Nationalsozialismus aus dem Dritten Reich mittelbar oder unmittelbar bezog, waren in erster Linie Anliegen der NSDAP im Dritten Reich, deren Führer Adolf Hitler auch Reichskanzler war. Hitler konnte sich also auf die buchstabengetreue Erfüllung des Vertrages vom 11. Juli 1936 berufen, wenn seine Bewegung in Österreich den Kampf gegen die österreichische Regierung – und nicht nur gegen diese – fortsetzte.

Der dritte Punkt des Abkommens, in dem österreichischerseits bestätigt wurde, was nicht erst vertraglich festgestellt wurde, daß nämlich Österreich gemäß seiner Verfassung ein deutscher Staat ist, hat das Land bekanntlich nicht davor geschützt, daß gerade dieses Bekenntnis, das damals noch viele seiner Bewohner – nicht nur Nationalsozialisten – teilten, als belanglose Heuchelei abgetan wurde.
All das war nichts Neues. Jedermann fragte sich unentwegt in Österreich, was hinter diesem in der Öffentlichkeit gänzlich unerwarteten Abkommen steckte. Der neuernannte Generalsekretär der VF, Guido Zernatto, übernahm es, in einer Radioansprache die fällige Interpretation zu liefern. Er sagte, dieses Vertragswerk stelle klar, was vielen Österreichern bisher nicht klar gewesen sei, und er meinte wohl die ausgesprochene Respektierung der staatlichen Unabhängigkeit Österreichs durch das Dritte Reich. Zernatto beruhigte die Gegner der österreichischen Nationalsozialisten, von denen viele sich nicht vorstellen konnten, daß die Nazis in Österreich jetzt mit ihrem Angriff auf das »System« und seine Anhänger aufhören würden. Daß sich die Reichsregierung, faktisch also Hitler, nicht in innenpolitische Belange Österreichs einmischen würde, das hatte bisher niemand erwartet; an eine Gewähr dafür, daß es die Partei, deren Führer Hitler war, weiterhin nicht tun würde, glaubten nicht einmal die Naivsten. Für die österreichischen Nationalsozialisten aber war klar, daß sie *jetzt erst recht* zum Endkampf aufgerufen waren. Da halfen auch die 1934 getroffenen Absprachen, die unter der Ägide des Duce geschlossen worden waren, nichts mehr, denn im Grunde hatte ja der Duce schon zu Dollfuß' Zeiten dazu gedrängt, daß der Kanzler sich mit den Nazis zusammentun möge, um die Sozis zu besiegen. Bekanntlich hat aber Dollfuß bis zu seinem Tod diese Forderung des Duce nicht erfüllt; seine Weigerung kostete ihn am 25. Juli 1934 das Leben.
Zernattos Berufung zum Generalsekretär der VF versprach eine innere Belebung dieser bisher im Organisatorischen erstarrten Bewegung; von ihm konnte man erwarten, daß er sich ganz für den Grundsatz einsetzen würde, wonach die VF alleinige Trägerin der politischen Willensbildung in Österreich sein und bleiben sollte. So hat es Zernatto auch nach dem 11. Juli im Radio ausgesprochen, wissend, daß die VF nach wie vor zwei unerbittliche Feinde im Kampf um diese Willensbildung hatte: links vor allem die als *Revolutionäre* Sozialisten, nicht als Sozial*demokraten*, im Untergrund tätigen Kämpfer gegen die Regierung und rechts die Illegalen. Mit anderen Worten: Das Vertragswerk hat an den *Kampffronten im Land nichts geändert,* wenn auch der Kanzler selbst einige Genugtuung in seiner

Ansprache verlautete; Genugtuung, zu welcher der Frontführer verpflichtet war, so wie im Krieg jeder Kommandant einer Kampfgruppe es auf sich nehmen muß, seinen Männern Vertrauen zu bekunden, auch wenn er die große Gefahr, die der eigenen Stellung droht, in ihrer ganzen Schwere erkennt. Ein Gesetz zum Schutz des Staates sollte diesen vor allem in die Lage versetzen, die Teilnahme an *illegalen Brachialformationen* oder an *staatsfeindlichen Maßnahmen* effektiver zu bekämpfen.

Aber nach dem vergeblichen Frontalangriff auf das System am 25. Juli 1934 waren ähnliche Anschläge seitens der Nationalsozialisten nicht zu erwarten. In den Prozessen gegen die Sozialisten jener Zeit hat vor allem Bruno Kreisky wohl seine unabdingbare Gegnerschaft zum bestehenden System bekundet, gleichzeitig aber betont, daß er und seine Genossen in diesem Kampf nicht der Gewalttätigkeit das Wort redeten, sich jedoch weiterhin in ihrem Sinn betätigen wollten.

Am 15. Juli erfuhr die Bevölkerung, daß der Frontführer in den mit Gesetz vom 20. Mai 1936 geschaffenen *Führerrat der VF* 28 Persönlichkeiten mit Rang und Namen berufen hatte. Neben Persönlichkeiten, die schon bisher im Rahmen der VF tätig waren, befand sich darunter auch der Professor der Universität Wien, Oswald Menghin, Rektor des Studienjahres 1935/36. Menghins Grundeinstellung ergab sich einerseits daraus, daß er seit seiner Studentenzeit in Wien einer katholischen Studentenverbindung des CV angehörte und auch 1908 an der Gründung einer weiteren Verbindung während der Kampfzeit des CV mit großem Einsatz beteiligt gewesen ist. Für den Kanzler bestand kein Zweifel an dieser Grundeinstellung seines Tiroler Landsmannes Menghin, dessen Vater einer der Gründer des in der liberalen Ära scharf angefochtenen Katholischen Lehrervereins gewesen war. Zudem war Menghin nach Herkunft und Anschauung einer jener Söhne Südtirols, die, wo immer sie tätig waren, der vom Duce betriebenen Italianisierung ihrer Heimat südlich des Brenners mit allen Möglichkeiten entgegentraten. Als Rektor hat Menghin das Vertrauen nicht nur der sogenannten Nationalen und damit auch der Nationalsozialisten an den Hochschulen gewonnen; er selbst ist zeitlebens nie Mitglied der NSDAP geworden, auch nicht, als er am 12. März 1938 das Amt des Unterrichtsministers im Kabinett Seyß-Inquart übernahm. Man mußte 1936 den Fuchsbau der österreichischen Nationalsozialisten schon sehr genau kennen, um zu ahnen oder zu wissen, daß trotz des Gesagten der Nationalsozialismus seit der Berufung Menghins in den Führerrat der VF den Fuß in der Tür hatte, die den Zugang zur Macht in Österreich öffnen sollte.

Dann aber rückte das Unteroffizierskorps der Illegalen wieder zur kämpfenden Truppe ein, nachdem es zu einem Großteil bisher in Strafhaft oder Untersuchungshaft oder in einem Anhaltelager festgehalten und der Hitlerbewegung entzogen gewesen war. Das erfolgte durch einen Gnadenakt des Bundespräsidenten, und zwar in einem Ausmaß, daß nur die wenigen Schwerstbelasteten weiterhin in Haft verblieben, zumal jene, die Blutschuld auf sich geladen hatten. Anhängige geringfügige Verfahren wurden niedergeschlagen. Der Wille des Systems war unverkennbar. Nachdem die allermeisten Februarkämpfer der Linken bereits zu Weihnachten 1935 aus der Haft entlassen worden waren, sollte jetzt Gleiches für die Nationalsozialisten gelten. Wer es ehrlich meinte, konnte den Willen des Kanzlers, der Ära des Bürgerkrieges ein Ende zu bereiten, nicht verkennen. Daß es seine Feinde nicht verstehen wollten, weil sie ihren Endsieg erkämpfen wollten, tut dem keinen Abbruch.

Eher unbemerkt erfolgte nach dem Abkommen vom 11. Juli ein Fronteinbruch, der dem »System« schwer zu schaffen machen sollte. Bisher war im Dollfuß-Österreich nur die »Frankfurter Zeitung« und im Dritten Reich die »Neue Freie Presse« zugelassen. Nach dem 11. Juli wurde im Dritten Reich die Auslieferung der »Wiener Zeitung«, der »Volkszeitung«, des »Wiener Journals« und der »Linzer Tagespost« sowie der »Grazer Tagespost« gestattet. Man kann sich vorstellen, wie zu Zeiten des Reichsministers für Volksaufklärung und Propaganda, Joseph Goebbels, die »zersetzende Wirkung« dieser lammfrommen österreichischen Zeitungen gewesen sein mag; in Österreich aber sollten nach dem 11. Juli nicht nur die »Deutsche Allgemeine Zeitung«, die »Berliner Börsenzeitung«, das »Berliner Tageblatt« und die »Leipziger Neuesten Nachrichten«, sondern vor allem die »Essener Nationalzeitung« zugelassen werden. Letztere unterschied sich denn doch sehr von den anderen genannten Zeitungen, deren einstige Tradition längst den Säuberungen im Dritten Reich zum Opfer gefallen war und die abdruckten, was jeweils Joseph Goebbels genehm war.

Im Endkampf um Österreich hat die »Essener Nationalzeitung« eine wichtige, ja unersetzliche Rolle gespielt. Ihre Artikel wurden in der Verbotszeit nicht nur ein unerschöpfliches Munitionsdepot für die Presse der Illegalen; es geschah auch umgekehrt, daß nämlich die Illegalen diese Zeitung mit Stoff versorgten, den der Vertreter dieser Zeitung in Österreich in diesem Ausmaß und dermaßen in Details nie hätte erlangen können. Besagter Vertreter hieß Dr. Hans Krüger. Ihn machte das Abkommen vom 11. Juli quasi zu einem Unberührbaren, zum ständigen Ärgerniserreger für die österreichische Pressepolizei, die Staatspolizei und den Bundespressedienst der Regierung.

Ein flotter Durchzieher an der linken Backe raubte seinem eher freundlich-wohlwollenden Gesicht keineswegs diesen Charakter, war aber für den Herrn Doktor Gewähr, jeweils dort Zugang zu haben, wo in Österreich die »Essener Nationalzeitung« willkommener Kampfgefährte im Angriff auf das »System« war. Mit Recht wurde nach 1938 die »ungeheure Bedeutung des Blattes zur Unterstützung ihres [nämlich der Illegalen] Freiheitskampfes« gewürdigt. Der Herausgeber des Blattes, ein Graf Schwerin, schien in kultivierten Kreisen dafür zu bürgen, daß es sich hier nicht um eines der sogenannten »Nazisudelblätter« handelte.

In dieser Aura fand am 25. Juli die Feier des Gedächtnisses an den vor zwei Jahren ermordeten Bundeskanzler statt, eine der »unangebrachten Äußerungen eines Dollfuß-Mythos«, wie man nach 1945 in Österreich sagt. Schuschnigg würdigte die Geradlinigkeit des Toten, seine Uneigennützigkeit sowie einen Heldentod, der ihn vom Verhalten anderer Regierungschefs im Europa der dreißiger Jahre so sehr unterschied. Der Kanzler erinnerte daran, daß der sterbende Dollfuß seinem erklärten Feind Rintelen sagen ließ, er solle *Frieden* machen. Frieden, sagte Schuschnigg, kann nur in einem Bewußtsein bestehen, das nicht gewillt ist, auch nur einen Fußbreit von dem Weg abzuweichen, den weiterzugehen Österreich entschlossen ist. Man darf nach einem halben Jahrhundert annehmen, daß es damals der Kanzler ernst gemeint hat mit dieser Rede, nicht wissend, daß der Weg seit dem 11. Juli 1936 unversehens in eine tödliche Vereinsamung des unabhängigen Österreich im Europa des Faschismus und der Volksfrontregime ging.

Österreich war in den dreißiger Jahren öfter Ort von Kongressen internationaler Vereinigungen, die nicht unbedingt auf dem Boden des Dollfuß-Staates standen, wie etwa der *Pan-Europa-Bewegung*. Die Tagung der Weltorganisation katholischer Hochschülerverbände »*Pax Romana*« war für den Kanzler allerdings Anlaß, inmitten eines weiteren Horizonts das Bild des neuen Österreich einer Weltöffentlichkeit darzulegen und dafür Verständnis zu finden. Seine Schilderung der Kulturtradition des Landes blieb vielen in Erinnerung, als es kein Österreich mehr gab. Ein unabhängiges Österreich bezeichnete Schuschnigg als Beitrag zur Erhaltung des Friedens in Europa, nicht ahnend, daß mit dem Untergang dieses Österreichs eine Epoche des Unfriedens in Europa und in der ganzen Welt ausbrechen sollte, deren Ende 50 Jahre später noch nicht abzusehen sein wird. Und der Bundeskanzler des Jahres 1936 bekannte vor der Welt von damals, daß er sich vor seinen Kameraden, die zwischen 1914 und 1918 ins Grab gesunken seien, schämen müßte, würde er jetzt nicht eben diese Friedensaufgabe Österreichs erhalten. Zu katholischen Studenten sprach Schuschnigg nicht als Vertreter eines »politischen Katholizismus«, den er als System zurückwies; der konfessionelle Friede sei in Österreich nicht erst dadurch gesichert worden, daß (1933) katholische Kleriker aus der politischen Tätigkeit zurückgezogen wurden. All das kam zur Sprache, als gleichzeitig im Dritten Reich der Nationalsozialistische Deutsche Studentenbund das Juliabkommen mit Österreich als Beitrag zum Kampf für die deutsche Einheit und gegen den politischen Katholizismus hingestellt hat.

Das ereignete sich zu der Zeit, als *in Genf der Jüdische Weltkongreß tagte* und sich dazu bekannte, daß das jüdische Volk die ihm vom Nationalsozialismus aufgezwungene Herausforderung annehme und darauf mit einer Boykottbewegung antworte. Ein Zentralbüro für den Kampf gegen den Antisemitismus sollte geschaffen werden, Finanzexperten sollten eine Bank schaffen, die sich vor allem mit der Liquidierung des Eigentums der Emigranten befassen sollte. An die britische Regierung wurde eine scharfe Mahnung gerichtet, sie solle es unterlassen, die jüdische Einwanderung nach Palästina einzustellen oder einzuschränken. Die Juden der Sowjetunion, des Dritten Reiches, der Türkei und Ungarns waren auf dem Kongreß nicht vertreten. Das geschah, als in Palästina seit Monaten schwere Unruhen tobten. Der Bürgermeister von Tel Aviv erklärte vor der Öffentlichkeit, die britische Mandatsmacht hätte vor dem Terror der Araber kapituliert und ihre Kolonialbeamten seien ausgesprochene Gegner des Zionismus. Damals erschreckte noch die Zahl der Toten, die bei diesen Ausschreitungen zu beklagen waren: 125 Mohammedaner, fünf Christen, 15 Juden, 15 Angehörige der britischen Armee und acht Angehörige der Polizei.

Nun erlebte in Wien Starhemberg einen Tanz. Er hatte als Exvizekanzler Guido Schmidt widersprochen, als dieser erzählte, wie schwer es gewesen sei, das Abkommen vom 11. Juli Hitler mundgerecht zu machen. Der Fürst brauste auf:
»Sind Sie mir nicht böse, aber mir erzählen Sie diesen Blödsinn nicht. Abgesehen davon, daß ich das Nachteilige für den Nationalsozialismus in diesem Abkommen nicht sehe, weiß ich ganz genau, daß Hitler nichts unterschreibt, was für ihn nachteilig wäre . . .«
Gleiches bekamen auch andere Regierungsmitglieder in diesen Tagen vom Fürsten zu hören, auch Baar-Baarenfels und andere HW-Führer, die es auf sich nahmen, ihrem Bundesführer in diesem Punkt zu widersprechen. Noch war der Exvizekanzler Führer der Turn- und Sportfront. Am 29. Juli sollte die Verabschiedung der österreichischen Olympiamannschaft für die Spiele in Berlin in feierlicher Form

auf dem Heldenplatz stattfinden. Das diplomatische Korps war eingeladen und erschien in großer Vertretung. Der Fürst hatte einiges geleistet bei der Führung der Turn- und Sportfront, er beschaffte das Haus, das heute noch als »Haus des Sports« ein Zentrum des österreichischen Sports ist. Aber die Verabschiedung der Olympiamannschaft geriet zu einem Riesenskandal. Die Polizeidirektion Wien war Tage zuvor gewarnt worden: Die Illegalen wollten auf dem Heldenplatz vorzeigen, wer Herr im Land ist. Daraufhin gab man Eintrittskarten zum Besuch der Feier aus. Aber die illegale Landesleitung der Nationalsozialisten beschaffte sich 30000 solcher Karten; man verdächtigte den Wiener Vizebürgermeister Lahr, er hätte als Sportreferent der Gemeinde Wien dabei die Hand im Spiel gehabt. Lahr war denn auch 1938 der einzige führende Wiener Kommunalpolitiker, der den 11. März überdauerte und der die per Bahn in Wien ankommenden Teile der deutschen Wehrmacht namens der Bundeshauptstadt begrüßte.

Nachher hat man gesagt, der *Naziskandal* vom 29. Juli 1936 auf dem Heldenplatz sei so etwas wie eine Probe für den *Nazitriumph* geworden, der am 15. März 1938 anläßlich der Verkündigung des Anschlusses durch Hitler auch auf dem Heldenplatz stattgefunden hat. In mancher Hinsicht trifft das zu. Nach jenem 29. Juli 1936 wurde erst bekannt, daß es sich bei dem massenhaften Auftreten der Illegalen auf dem Heldenplatz nicht um eine spontane Kundgebung der Wiener handelte, sondern um eine sorgfältig geplante und organisierte Großkundgebung. Von weit her wurden Niederösterreicher mit Lkws nach Wien befördert, Neugierige von den Illegalen des Ortes angeregt, sich die Feier in Wien anzuschauen. In gewissen Turn- und Sportorganisationen wurde mit Entschiedenheit darauf gedrungen, daß sich die Mitglieder nicht auf eine Feier im Sinne der olympischen Idee bereitmachen sollten, sondern auf ein Bekenntnis zur Idee des Führers. Als die Organisationen einmarschierten, wurden sie von den bereits Anwesenden mit Rufen wie »*Heil Hitler!*« oder »*Heil Großdeutschland!*« begrüßt, worauf gruppenweise gleichermaßen im Chor gedankt wurde. Der Bundespräsident und die Bundesregierung wurden in Serien von Sprechchören aufgefordert, den Platz zu verlassen, überhaupt aus der Öffentlichkeit zu verschwinden. Bundespräsident Miklas verließ die Terrasse der Neuen Burg, mit ihm einige Regierungsmitglieder und das diplomatische Korps. Von Papen blieb auf der Stelle, er wollte ja das Gelingen der Vorbereitungen erleben und darüber dem Führer berichten. Auch der Führer der Bundesturn- und Sportfront, Starhemberg, ging nicht weg. Jetzt konzentrierten sich auf ihn die Rufe wie »Starhemberg verrekke!«, er aber setzte unbekümmert seine Ansprache fort, bis der Läufer mit dem olympischen Feuer auf dem Heldenplatz einlief. Es war dies der oftmalige Weltmeister im Eiskunstlauf Karl Schäfer. Er überreichte die Fackel dem Fürsten, der es übernahm, mitten durch die brüllende Menge hindurch die Fackel zum Äußeren Burgtor zu tragen, wo sie dem nächsten Läufer der Stafette übergeben werden sollte.

Man ist geneigt, dem Fürsten zu glauben, wenn er schreibt, daß es ihm nur recht gewesen wäre, hätte man aus der Menge den *tödlichen* Schuß auf ihn abgefeuert. Das hätte, so wie am 25. Juli, das Ende dieser Kampfaktion der Illegalen und auch des Juliabkommens bedeutet. Nichts dergleichen geschah. Dafür wurde der Fürst jetzt vielfach in der Öffentlichkeit angeklagt, er sei gegen das Juliabkommen gewesen, weil er nicht Versöhnung, sondern Kampf haben wollte. In dieser Zeit erfolgten die ersten Lockerungen der 1000-Mark-Sperre, und es war eine günstige Lage im Fremdenverkehr in den westlichen Bundesländern zu erwarten, aber auch mehr Zustrom zu den Illegalen.

In seinen Erinnerungen beschreibt Starhemberg zwei Gespräche, die er in jenen Tagen führte. Eines mit seinem engsten Freund aus Innsbrucker Studententagen, dem nunmehrigen Finanzminister Ludwig Draxler. Auch er war schon den werbenden Parolen Franz von Papens zum Opfer gefallen, der ungeniert in vielen Gesellschaftskreisen sagte, es sei schade, daß Starhemberg so gegen die Versöhnung vom 11. Juli sei; und darum müsse er fallen, so Herr von Papen. Als Draxler, sichtlich von der Rede des Botschafters Hitlers überzeugt, Gleiches zu Starhemberg sagte, war das für den Fürsten sicher eine viel bitterere Stunde als jene des Abschieds aus der Regierung Schuschnigg.

Das, was im ersten Stock geredet wurde, wurde zu ebener Erde nachgeplappert. Zu Sicherheitswachebeamten, deren Passivität dem Fürsten bei der Feier auf dem Heldenplatz aufgefallen war, sagte er einige Tage später:

»Na, vorgestern habts euch nicht ausgezeichnet. Habt ihr am Ende keine Weisungen gehabt?«

Einer der Befragten antwortete:

»O nein, Herr Vizekanzler, spezielle Weisungen haben wir nicht gehabt. Aber schaun'n S', was sollen wir machen. Weiß man's, auf ja und nein werden die Nazis in der Regierung sein, weiß man's, wird ein Nazi sogar Sicherheitsminister. Und der, der was hing'haut hat, der zahlt dann drauf. Und außerdem, wer weiß, ob's der Regierung recht ist, wenn man gar zu scharf vorgeht.«

Vielleicht dachte der Fürst in diesem Augenblick an den raschen Wandel der Dinge, den er selbst in den dreißiger Jahren erlebt hatte: Von Ende September bis Ende November 1930 ist er Innenminister und damit politischer Ressortleiter für das Sicherheitswesen gewesen. Im Dezember desselben Jahres saß er auf der Oppositionsbank in der Fraktion des Heimatblocks. Dann ist er aus dem Nationalrat ausgeschieden, als Bundesführer der HW zurückgetreten; im September 1931, anläßlich des Pfrimer-Putsches, hat man ihn wegen des Verdachts der Mitbeteiligung in Haft genommen. Dann ist er quer durch den Wirrwarr der folgenden Monate den Weg zu Dollfuß gegangen.

Anfang *Mai 1936* hatte noch der Freiheitsbund seinen großen Aufmarsch auf dem Heldenplatz. Man erinnert sich, daß der Abmarsch der Teilnehmer über den Ring gestört wurde; nicht von Nazis, sondern von HW-Männern. Und dann hat nach den Ostmärkischen Sturmscharen der Freiheitsbund die Waffen niedergelegt. Es war abzusehen, wann es mit der HW aus sein wird. Wer wird sich dann noch vor die Regierung stellen, wenn diese wie bei der Olympiafeier vom Platz gejagt werden wird? Die Exekutive hat im Verlauf des 11. März 1938 die Antwort darauf gegeben. Zu spät hat damals der Kontakt des ehemaligen Stabschefs des Schutzbundes, Alexander Eifler, mit den Feinden vom 12. Februar 1934 begonnen, zur Abwehr eines gemeinsamen Feindes. 1936 war Eifler längst in Freiheit. Aber in zwei Jahren wird er KZ-Häftling sein, einer, für den es keine Heimkehr gegeben hat.

BEFRIEDUNG INMITTEN FRIEDLOSIGKEIT

Gewalt, Gewalt und wieder Gewalt

Der noch junge Doctor iuris utriusque stieg die scheinbar endlosen Stufen zum Dachgeschoß des Favoritner Arbeiterheimes in Wien hinauf. Für sein jetziges Vorhaben waren die abgeprüften Kenntnisse des staatlichen und des kanonischen Rechtes ebensowenig von Nutzen wie die eingepaukten Elemente der Staatswissenschaft und der Nationalökonomie. Hier und nun ging es um *Politik*, um die Politik, die bei der Begegnung der Feinde vom Februar 1934 in einer Diskussionsveranstaltung besprochen werden sollte. Aber es war keine Zeit, in der man sich beim Politisieren in toleranter Gesinnung begegnete, noch 50 Jahre später sollte das, worum es im letzten Jahr des Bestandes des Ständestaates ging, eine unbewältigte Vergangenheit sein; auf keiner Seite bestand und besteht eine echte Bereitschaft zur Einigung im Sachlichen, vielmehr ging und geht es, freilich ohne Blutvergießen, um das, weswegen man vor Jahren aufeinander geschossen hat.

Das äußere Bild der Bundeshauptstadt hatte sich freilich seit jenem Unglücksjahr verändert. Die Sicherheitswache war wieder zum routinemäßigen Dienst zurückgekehrt, die amtierende Bundesregierung hatte jene Wehrverbände, gegen die der Schutzbund im Februar 1934 angetreten war, von Amts wegen aufgelöst. Es gab kein Schutzkorps mehr, die Formationen der jetzigen Miliz der VF hatten so bescheidene Stände, daß man sie suchen mußte, um ihrer ansichtig zu werden. Barrikaden und Stacheldrahthindernisse an umstrittenen Feier- und Erinnerungstagen gab es keine mehr. Das System hatte seinen Toten vom Februar 1934 auf dem Zentralfriedhof ein Denkmal gesetzt, ein Kunstwerk von Bedeutung, aber eines über vergessenen Gräbern, so wie das Sammelgrab derer, die im Neunzehnerjahr gegen die Kommunisten gefallen waren und an die niemand mehr dachte. Die im Aufstand gegen das System Gefallenen hat der Bürgermeister Schmitz in einem Sammelgrab unter alten Bäumen und in bevorzugter Lage bestatten lassen; aber es dauerte 50 Jahre, bis sich ein erneuertes Rotes Wien dieser Opfer erinnerte und ihnen ein Grabdenkmal widmete.

Der junge Doktor und als Anfänger im Politischen tätige Referent des Tages hatte keine prophetischen Gaben, um sich vorstellen zu können, daß das, wovon in der folgenden Diskussion die Rede sein sollte, auch im Österreich der Zweiten Republik nicht bewältigt sein wird. Seine Gedanken galten eher dem Genius loci, den Erinnerungen an Kampftage, in denen er und seine hoffentlich zur Diskussion bereiten Feinde von damals einander auf Schußweite gegenüberstanden waren.

Das Favoritner Arbeiterheim war eines der bedeutendsten Zentren der alten Arbeiterbewegung aus der Zeit der Monarchie. Hier haben die Parteitage der deutschen SDAP getagt, hier wurde 1917 beschlossen, den *Klassenkampf* über die Landesverteidigung im Ersten Weltkrieg zu stellen; hier fiel Anfang November 1918 die Entscheidung darüber, daß das, was nach dem Zerfall der Monarchie als Österreich übrigbleiben sollte, eine *Republik* werden muß. Im Achtzehnerjahr, in jenem kalten und brotlosen Hochwinter, hat in diesem Haus die Trauerfeier für Engelbert Pernerstorfer stattgefunden. Der gewesene Burschenschafter und Bundesbruder Victor Adlers hatte sich ausgebeten, daß man bei der ihm zu Ehren veranstalteten Verabschiedung das studentische Kampflied »Der Gott, der Eisen wachsen ließ« singt, allerdings unter Auslassung des chauvinistisch gefärbten Textes jener Strophe, die sich auf Frankreich bezieht. Auf Frankreich, wo Tschechen damals dabei waren, eine Exilregierung ihrer künftigen Tschechoslowakischen Republik bei den Westmächten zur Anerkennung zu bringen; Tschechen und Slowaken in der horizontblauen Uniform der regulären französischen Armee, die gegen k. u. k. Divisionen kämpften, welche die deutsche Oberste Heeresleitung für die schon wankende Westfront angefordert hatte, gegen andere Tschechen in Feldgrau bei den Kaiserlichen. Und im Favoritner Arbeiterheim hat man im Achtzehnerjahr an einem trüben Novembertag auch die Verabschiedung Victor Adlers in würdiger Form begangen. Adler, der starb, als es noch eine Monarchie und einen Kaiser gab; Adler, für den der Sprecher des im Absterben befindlichen Abgeordnetenhauses einen Nachruf hielt, der über Parteigrenzen hinausgegangen ist. Noch waren nicht alle Genossen aus den nunmehr schon von Wien und Österreich abgefallenen Ländern der Monarchie in ihre neuen Heimatstaaten abgereist; sie umstanden den Sarg wie Angehörige einer großen Familie, die unter sich längst bis auf den Tod zerstritten sind, aber beim Ableben eines ihrer Angehörigen noch einmal zusammenkommen.

70 Jahre später wird das Favoritner Arbeiterheim nur mehr ein *Problem für die Denkmalpflege* sein, so wie das kurz vor dem Krieg er-

baute großartige Gebäude der Druck- und Verlagsanstalt »Vorwärts«, Relikt einer Architekturepoche, die hohe Ansprüche zu befriedigen hatte, nun ein Etwas im üblen Gemengsel eines Hotelbaues. An jenem Novembertag 1918 blickten die Trauergäste aus dem bürgerlichen Lager ein wenig erschreckt drein. Denn draußen in den Straßen herrschte nicht die Benehmität, wie sie unter den Trauergästen beobachtet wurde. Obwohl man besorgt war, die Einstimmung auf die künftige Volksherrschaft nicht mit Tumulten und Radau zu entwürdigen. Die zur Verabschiedung gekommenen Trauergäste erschienen in gepflegtem Schwarz, auch die Riegen der sozialdemokratischen Kollegen. Es herrschte nicht die Tendenz der im letzten Kriegsjahr 1918 in einem Favoritner Gasthaus zuerst gesungenen Variation eines alten Soldatenliedes, das schon recht bedrohlich geklungen hatte:

»Wer wird denn die Straß'n jetzt kehr'n? / Wer wird denn die Straß'n jetzt kehr'n? / Die nobligen Herr'n mit Zylinder und Stern, / die werd'n halt die Straß'n jetzt kehr'n.«

Uniformierte waren nie daheim im Arbeiterheim; dafür gab es noble Herren, die erschienen zur Trauerfeier für Victor Adler tatsächlich unterm umflorten Zylinder. Aber seither ist der im Achtzehnerjahr entstandene Bruch der Rechtskontinuität im Verfassungsleben der Republik Regel geworden. Deswegen gab und gibt es soviel unbewältigte Vergangenheit. Mehr Rechthaberei als Rechtschaffenheit bei dem Versuch, vom Gewesenen loszukommen oder einer *Jugend ohne österreichisches Geschichtsbewußtsein* ein gefährliches Vakuum auffüllen zu helfen.

Der junge Doktor dachte, wieviel unverlierbare Mächtigkeit in dem Gemäuer stecke, auch wenn die Hausherren *momentan* den Besitz daran nicht in Händen hatten. Er war froh, als er nach dem Stiegensteigen das Dachgeschoß erreicht hatte. Dachgeschoß? Dachboden wäre die treffendere Bezeichnung gewesen. Ins äußerste Gelaß hatte man jene eingeladen, die eigentlich die Hausbesitzer oder deren Söhne waren. Das nun war sein zweiter Versuch, mit einigen jungen Männern und einer jungen Frau über etwas ins Gespräch zu kommen, das im Titel schon die schwer zu ertragende Herausforderung eines eindeutigen *Nein* der Geladenen bedeutete, nämlich ein Vergleich der momentanen *berufsständischen Ordnung* mit dem *Klassenkampf*, damals ein unvergleichliches Wagnis. Deswegen saß der Doktor keineswegs mit dem Gefühl eines Siegers vor den anderen, die im offenen Kampf verloren hatten, die sich aber keineswegs als Verlierer fühlten oder gaben.

Als der Doktor mit dem Aufriß der Thematik der gedachten Diskussionsveranstaltung fertig war, lud er zur Wortmeldung ein. Es wurde ganz still im Raum. Es erhob sich einer ohne spezielle Wortmeldung und sagte heraus, worauf es ankam:

»Vorgestern hab'n s' den Otto g'holt.«

Das sagte er in einem tadellosen Wienerisch, nicht in dem Ton jener Strizzi, Pülcher, Hutschenschleuderer und anderer, deren Sprache sich ein halbes Jahrhundert später sogenannte Liedermacher bedienen, wenn sie mit ihrem Singsang eine eher gewollt sozialkritische Note ihrer Kunstdarbietung einem unruhigen Publikum zum besten geben. Nun, der Otto war beim ersten Kommen des jungen Doktors noch dagewesen. Die jetzige Mitteilung des Schicksals, das den Otto inzwischen getroffen hatte, war soviel wie die Feststellung, daß angesichts der Festnahme des Otto ein Diskurs über die berufsständische Ordnung nicht länger stattfinden konnte. Wahrscheinlich hatte man den Otto erwischt, als er sich *betätigte.* Man sagte im Siebenunddreißigerjahr im allgemeinen nicht mehr »*illegal* betätigte«, weil sich außer den von beiden Seiten angreifenden Illegalen immer weniger anderweitig betätigten. Josef Weinheber hat in seinem Gespräch der schwatzenden Beamten des Präsidiums irgendeines Ministeriums den einen sagen lassen, daß der Sohn eines Kollegen sich »betätigt« hätte. Betätigt, das genügte, um zu wissen, daß irgendeiner gegen das System im Feld war. Nicht daß man den jungen Doktor im Favoritner Arbeiterheim wegen der Sache mit dem Otto zum Gehen aufgefordert hätte; man ersparte ihm das, indem die Teilnehmer einfach das Lokal verließen. Zwischen Tür und Angel sagte einer:

»Alsdern, Herr Doktor, so geht's net. Wenn s' weiter unsere Leit einnah'n, derweil mir am Dachbod'n dischkurier'n, dann geht's halt net . . .«

Dann machte er die Tür hinter sich zu. Das war das Ende einer von vielen Begegnungen, die damals nach unterschiedlichem Verlauf damit endeten, daß das *Gespräch der Feinde* mit der Feststellung oder einem Gehabe endete, woran man erkennen konnte, daß man sich nicht gefunden hatte, daß man sich nicht finden konnte, vielfach gar nicht finden wollte. Die Herren von der Staatspolizei meldeten, daß jene, die sich *betätigten,* eigentlich nur mehr darauf aus waren, die vom System so lange am Faden zu halten, um sie an der Machtausübung zu hindern, bis die Betätigung stark genug wäre, den jetzigen Staat, umstritten, wie er von allen Seiten war, wegzuschaffen. So haben die einen die *Republik der Bürgerlichen in der Ära Seipel,* viele auch das *Rote Wien* oder das Regime der Schwarzen in einer der *Bauernrepubliken* nicht gewollt. Um 1930 konnte den Jungen die Demokratie und das ganze Parlament gestohlen werden; als dann der Doll-

fuß kam, war man ins offene Gefecht zum Kampf um Österreich angetreten. Und nun, 1937, gingen die Befriedungsaktionen des Nachfolgers des Dollfuß schon ins dritte Jahr, aber das System blieb umstritten wie ehedem. Die Zeiten waren windig, und die *Arbeitslosigkeit* sank so langsam, daß das System damit keinen Staat machen
konnte. Mit einem einzigen Alpendollar konnte man sich in einem
Beisl ein gutes Mittagessen kaufen, aber viele hatten diesen Alpendollar zu oft nicht, und es nutzte ihnen nichts, wenn die eigene Wäh-
rung zu den am besten gefestigten in Europa gehörte. Der Hitler, so
hieß es, der macht's anders. Der soll seinem Reichswirtschaftsmini-
ster Schacht den »Weis'l« gegeben haben, weil der allzeit vor der Gefahr einer *Geldentwertung* und einer *Inflation* gewarnt hat, wo derlei
doch dem Hitler Wurscht war und er mit seiner Aufrüstung das Gespenst der Arbeitslosigkeit völlig verjagt hat. Und die Studenten an
österreichischen Hochschulen schauten auf das Reich. Im Volk hieß
es – und das nicht ohne einige Anerkennung –, daß die Studenten fast
alle Nazis seien. Kein Wunder, wo doch in Leoben die dortige Mon-
tanistische Hochschule aufgelöst und ihr bisheriger Betrieb mit jenem der Technischen Hochschule in Graz zusammengelegt worden
ist. Schon redete man, daß auch in Wien die Hochschule für Bodenkultur demnächst mit der Wiener Technik vereinigt werden solle.
Der junge Doktor ging nach dem Fiasko in Favoriten zu seinen Auf-
traggebern in der SAG, der *Sozialen Arbeitsgemeinschaft*. Die alten
Routiniers aus den Reihen der Christlichen Gewerkschaft schauten
den »frischg'flachten« Doktor ein wenig mitleidig an und dachten
wohl: Ja, wenn sie uns solche Helden von der VF schicken, werden
wir nicht weiterkommen mit unserer Befriedung der Roten, außer
die Roten haben Mitleid mit den Buben. Dennoch war das politische
Tagesgeschehen randvoll mit neubegonnenen oder schon gescheiterten Aktivitäten zur Befriedung nach links und rechts hin. Die in der
SAG hatten es nicht leicht; jene von ihnen, die 1945 überlebten, bekamen ihren verdienten Lohn erst nach Jahren in der Zweiten Republik, als man nach Haftgemeinschaft und Verfolgungen im Dritten
Reich endlich miteinander sprechen konnte.
Noch unter Dollfuß ist die Grundlage der SAG gelegt worden. Damals, nach den Februarkämpfen 1934, kamen sogar aus den Reihen
der Verlierer einige heran, bereit, mit den momentanen Siegern zu
reden. Mitgemacht haben nur wenige, und wenn, dann in den Betrieben, wo die von Dollfuß geschaffene Einheitsgewerkschaft offene
Türen in den *Werksgemeinschaften* geschaffen hat, in denen auch alte
sozialistische Gewerkschafter die Interessenvertretung wie gewohnt
besorgen konnten, ohne bei den Genossen gleich des Gesinnungs-

wandels bezichtigt zu werden. In Klagenfurt wollten ehemalige Sozialdemokraten nach den Februarereignissen sogar einen »Freien Arbeiterbund« schaffen; es wurde aber nichts daraus.

Es dauerte nicht lange, da kam die Staatspolizei drauf, daß die Roten im Untergrund etwas ganz anderes waren als eine Partei, wie die aufgelöste alte Arbeiterpartei eine gewesen ist und die NSDAP auch nach dem Betätigungsverbot geblieben ist. Es dauerte Monate, bis die Kader der Revolutionären Sozialisten gebildet waren. Man hörte, daß der Renner und auch der populäre bisherige Bürgermeister von Wien, Karl Seitz, für die Sache nicht zu haben gewesen sind. Sie wurden observiert. Vielmehr setzten die Revolutionären Sozialisten einige Erwartung auf das in der ČSR, nämlich in Brünn, tätige »Auslandsbüro der österreichischen Sozialdemokraten«. Dort waren auch die beiden Führer des Februaraufstands, Otto Bauer und Julius Deutsch, zusammen mit jungen und daheim nicht so unbekannten Führern am Werk, bis dann im Sechsunddreißigerjahr das Büro in Brünn nicht mehr zu halten war und die Unentwegten nach Paris übersiedelten.

Dollfuß ist im Vierunddreißigerjahr, gleich im Frühjahr, daran gewesen, die – wie man sagte – *Arbeiterfrage* in seinem System positiv anzugehen. Zuerst ließ er ambitionierte Funktionäre aus der Christlichen Arbeiterbewegung werken. Sie intervenierten an Ort zugunsten inhaftierter roter Kollegen, suchten Härten zu vermeiden und näherten sich ehrlicherweise den Kollegen, denen man die Gewerkschaft zerschlagen hatte. Man wußte unter den Roten, daß diese Schwarzen mit dem jetzigen System wenig Freude hatten, daß ihnen auch die HW und die Wehrverbände verhaßt waren.

Dollfuß sah nicht einfach zu. Er kannte aus der Kriegszeit einen Regimentskameraden von den Kaiserschützen, der nach dem Krieg auch sein Cartellbruder im CV wurde. Aber schon im Neunzehnerjahr trennte sich jener, er hieß Ernst Karl Winter, von Dollfuß. In jenem Jahr tagten in Würzburg sowohl der noch in fünf Staaten vertretene CV als auch die Gründergeneration der Deutschen Studentenschaft. Winter war der einzige Österreicher unter den Delegierten zur Cartellversammlung, der nach Schluß der Tagung nicht den Text des Deutschlandliedes zur Melodie der Haydnhymne sang, sondern beim »Gott erhalte« blieb. Anders Dollfuß, aber auch Raab und viele, die nachher ins Berufsleben traten, Abgeordnete und Minister wurden, während sich der hochbegabte Winter abmühte, an der Wiener Universität die Lehrbefugnis zu erlangen. Er hatte eine sehr gute Habilitationsschrift verfaßt, aber schon beim Habilitationskolloquium bekam er jene zum Feind, die es für untragbar hielten, daß

ein *Gegner des Anschlusses* an der Hochschule lehre. So hat Winter nie einen Lehrstuhl bekommen. Dafür aber hob ihn Dollfuß 1934 auf einen der beiden Stühle der Vizebürgermeister im Wiener Rathaus. Das war, als Winter schon vor Jahren mit der Positionsbestimmung »*Rechts stehen, links denken*« einige Aufmerksamkeit erregt, aber auch Verwirrung unter jenen erzeugt hatte, die nicht einsehen konnten, wie man aus einer ausgesprochenen Rechtsposition linke Politik machen sollte. Zudem war Winter bei all seiner Offenheit gegenüber der politischen Linken ein überzeugter *Monarchist.* Dollfuß und Winter hatten schon im Krieg nie gleich gedacht, aber Winter machte nach dem Februar 1934 bei Dollfuß mit; nicht diesem zuliebe, sondern in der Erwartung, daß er einer heimatlos gewordenen Linken im Dollfuß-Staat eine Position würde schaffen können ohne eklatanten Gesinnungswandel oder eine Kapitulation. Wie sollte das in praxi geschehen? Dollfuß schuf Winter ein *Amt,* eine *Position in der Öffentlichkeit,* die dieser vorher nicht besessen hatte, und Winter gab für seine Sache unter anderem ein Wochenblatt heraus, das unter dem Titel »Arbeiter-Sonntag« sein Programm publik machen sollte. Kaum waren die ersten Folgen dieser Zeitung erschienen, da wirtschaftete sich Winter die Gegnerschaft der HW ein, die er resolut und nicht eben zimperlich angriff. Winter hat jedenfalls ehrlich versucht, über den trennenden Graben zu den anderen hinüberzurufen, ist sich aber dabei gar nicht bewußt geworden, daß er die eigene Herkunft und Anschauung hinter sich ließ. Anfangs sagte er noch: »Wer an die Waffen appelliert und wer mit den Waffen geschlagen wird, was immer ihn dazu getrieben hat, ist dem Recht des Siegers verfallen. Ein kluger Sieger hält Maß mit diesem Recht.«
Das nun war eine scharfe Rasur, die einerseits Narben im Gesicht der Verlierer vom Februar aufriß, andererseits die Exekutive wissen ließ, daß diese Verlierer zwar nicht den Kampf mit Waffen fortsetzen wollten, dafür aber rege genug waren, die Sicherheitswache in Trab zu halten. Wenn man den im Bürgerkrieg so oder so versehrten Roten vorhielt, daß ja sie es gewesen waren, die zu den Waffen gegriffen hatten, dann vermeinten diese mit Recht sagen zu dürfen, *das System hätte den Boden der Verfassung verlassen,* sie aber seien für *die Retablierung der Demokratie und des Rechtes* angetreten. Und dies, obwohl der Stabschef des Schutzbundes, der Major Eifler, längst vor dem Februar gesagt hatte, es sei ihm neu, wenn jetzt Genossen davon redeten, sie dächten die Macht im Staate erst dann zu ergreifen, wenn sie schon die Mehrheit im Nationalrat erobert hätten. Mit anderen Worten, es kämpfte im Februar 1934 der Major a. D. Eifler ebenso auf einem Boden abseits von Demokratie und Parlamentarismus wie

sein Gegenüber Major a. D. Emil Fey; die *beiden Majore* sahen das anstehende Problem im Staat von einem rein *militärischen* Standpunkt aus.

Wie immer es gewesen sein mag, Tatsache ist, daß bis heute niemand weiß oder gar zugeben will, was geschehen wäre, hätten nach dem Februar 1934 die Roten den Kerkerschlüssel in die Hände bekommen. Wahrscheinlich hätten diese militärischen Sieger über das Dollfuß-System anderes zu tun gehabt, als einen Parteienstaat mit einer funktionsfähigen parlamentarischen Demokratie auf Grund der Bundesverfassung 1920/29 zu retablieren, womöglich gar die Schwarzen wieder in deren Fraktionsbüros und auf die seinerzeitigen Sitze zurückzuholen. Daß Sozialdemokraten im Besitz der Macht mit den Verlierern, den geschlagenen Gegnern, recht ruppig umgehen können, beweist die Revolutionsgeschichte mehrmals. Wenn 50 Jahre nach dem Vierunddreißigerjahr behauptet wurde, die SDAPÖ habe damals zwar ein *Imponiergehabe* an den Tag gelegt, aber nicht an die tatsächliche Verwendung ihrer militärischen Kraft gedacht, dann ist derlei in der Polemik der Enkel verständliche Praxis gekonnter Dialektik; die Risken in jenem Unglücksjahr kamen aber in keinem Fall aus bloßem Imponiergehabe. Schon nach dem 15. Juli 1927, dem Tag des Justizpalastbrandes, hatte der Bürgermeister Karl Seitz im Nationalrat der Regierung Seipel drohend zugerufen, man werde die »heiligen Gewehre« zu wahren wissen. Mehr als das geschah dann.

Starhemberg hat nach dem Februar 1934, damals war er nicht in der Regierung, auch einiges zum Thema Befriedung gesagt. Zunächst eine Äußerlichkeit: Nicht wenige seiner HW-Kameraden stolzierten im Schmuck der für ihren Kampfeinsatz im Februar verliehenen äußeren Zeichen der staatlichen Anerkennung; der Fürst aber sagte, er würde sich *schämen*, neben seinen Kriegsauszeichnungen solche zu tragen, die im Bürgerkrieg vergeben wurden. Und er hat sich gegen die im öffentlichen Dienst einreißende Säuberung, bei der Rote entlassen wurden und Schwarze auf deren Posten einrückten, klar und deutlich ausgesprochen, anders als Fey. Schließlich respektierte er die Kämpfer im Schutzbund als das, was sie waren, nämlich Kämpfer; das war keine Bestätigung ihrer *Gesinnung*, fiel aber auf, als ein *Racheengel*, der in jedem Bürgerkrieg übers Land fliegt, sich mit wenig sanftem Flügelschlag bemerkbar machte. Nach dem Juliputsch denunzierte der Fürst jene militärischen Führer des Heeres, die im Februar übereifrig, im Juli aber eher lahm waren.

Winter bekannte, daß er seine nunmehrige Tätigkeit weniger als eine *politische* oder – im Rathaus – als eine *administrative* betrachte, vielmehr sei sie für ihn die Fortsetzung einer *Lehrtätigkeit,* die ihm an der Universität versagt geblieben ist und die er seit den zwanziger Jahren in zahlreichen populären Vorträgen und Reden sowie in wissenschaftlichen Publikationen mit hingebendem Eifer besorgt hat. Für seine neue Tätigkeit brachte er freilich die notwendige *politische Begabung und Erfahrung nicht mit.* Sein Versuch, einen Arbeiterkulturbund, auch Arbeiterbund genannt, zu schaffen, hat keine Mit*arbeiter* eingebracht, vielmehr war er mehr und mehr auf Revolutionäre Sozialisten oder solche, die nach 1945 in den Reihen der KPÖ auftauchten, angewiesen. Kein Wunder, daß in dieser Umgebung seine ohndies schwach gefestigte politische Substanz mit der Zeit von einer Art wurde, daß in der HW, vor allem aber in der Katholischen Aktion, der Eindruck entstand, der Monarchist und CVer Winter sei auf dem besten Weg, den im Untergrund tätigen Sozialisten eine quasi legale Betätigungsmöglichkeit in der Öffentlichkeit zu schaffen. Andere hielten ihn einfach für einen politischen Wirrkopf, der im Politischen Unfug anrichtet. Welcher Politiker kennt sich schon bei den Intellektuellen aus? Die Routiniers in der Politik wurden in ihrer Ansicht bestätigt, als der österreichische Gesandte in Prag entsetzt berichtete, Winter hätte dort bei einem Besuch versucht, sogar Eduard Beneš, einen der unerbittlichen Feinde der bestandenen Monarchie, zu seinen Ansichten vom Wert der Donaumonarchie zu bekehren. Das war so ziemlich das Ende der »Aktion Winter«, zumal Dollfuß, der ihn zu seinen Lebzeiten trotz tiefgehender Zerwürfnisse immer gedeckt hat, um ihm eine Beschäftigungs- und Lebensmöglichkeit zu beschaffen und zu erhalten, damals schon tot war.

Wär net Wien g'wesn, hätte es nicht neben der »Aktion Winter« gleich auch andere Aktionen in Regierungskreisen gegeben, um die Arbeiterschaft für den Dollfuß-Staat zu gewinnen. Die unter der Ägide der IIW da und dort entstandenen *Betriebskameradschaften* waren eine Zeitlang tatsächlich zahlenmäßig stark und degenerierten erst während der Krise der HW im Zweiunddreißigerjahr. Daneben gab es die *Betriebsorganisationen auf dem Boden der VF.* Wo letztere ein genügend starkes Substrat aus den Reihen der christlichen Gewerkschaften besaßen, behielten sie Bestand; daß dieses nach 1945 geschmähte und vergessen gemachte Experiment denn doch mehr war, als in der Zweiten Republik dahergeredet wurde, ergibt sich allein daraus, daß die sozialistischen Gewerkschaften bereits *vor* dem Vierunddreißigerjahr im Niedergang begriffen waren. Fritz Klenner, nach 1945 einer der hervorragendsten und allseits anerkannten Persönlichkeiten des ÖGB, zeigt in seiner 1951/53 herausgekommenen zweibändigen Darstellung der österreichischen Gewerkschaften auf, daß *1932* eine Zunahme der christlichen, nationalen und gelben, also zumeist HW-Gewerkschaften auf einen Gesamtstand von 42 Prozent aller gewerkschaftlich organisierten Arbeitnehmer, insgesamt etwa 200 000, stattgefunden hatte. Es hätte der Energie Dollfuß' und seiner Organisationskraft bedurft, um seine am 1. Mai 1934 ins Leben gerufene *Einheitsgewerkschaft* mit diesen vorhandenen respektablen, aber zerstreuten nichtsozialistischen Gewerkschaftsorganisationen zu koordinieren. So wäre *eine* Gewerkschaft entstanden, die in den Betrieben wohl eine andere Rolle gespielt hätte als das, was nach seinem Tod in dieser Hinsicht geschehen ist.

Kurz vor seinem Tod hat Dollfuß noch einen Kreis von Männern versammelt, die er alle wohl hinsichtlich ihrer Fähigkeiten kannte und die mit ihm einiges zustande gebracht hätten: Karl Lugmayer, 1919 von Julius Deutsch berufen, um in der damaligen Volkswehr der Republik eine der Umgebung angepaßte Volksbildung zu aktivieren. Lugmayer, der 1923 das Linzer Programm der christlichen Arbeiterbewegung schuf, 1934 Volksbildungsreferent der Arbeiterkammer wurde und nach 1945 von Karl Renner als Unterstaatssekretär für Volksaufklärung, Unterricht und Erziehung in die Provisorische Regierung berufen wurde, wo er neben einem Ernst Fischer tätig war; er arbeitete im Jahr darauf auch das Wiener Programm des Österreichischen Arbeiter- und Angestelltenbundes der ÖVP aus. Aus dem Kreis um Lugmayer ging damals Viktor Matejka hervor, der nicht nur im Volksbildungswesen der Arbeiterkammer eine bedeutende Rolle spielte, bis er in Konflikte geriet, die er allerdings mit anderer Entschiedenheit bestand als der gleichermaßen betroffene Ernst Karl Winter. Matejka, nach 1945 Kommunist und Amtsführender Stadtrat für Kultur in Wien, war in der Ära des Stalinismus mit ausnehmender Toleranz und mit Einfallsreichtum tätig. Der Bruder des Bürgermeisters Richard Schmitz, Hans Schmitz, kam aus dem Volksbund der Katholiken Österreichs, wo er sich als Referent mit dem beschäftigte, was man damals verallgemeinernd die Arbeiterfrage nannte; ein feiner, wissenschaftlich begabter Kopf, der in der Zweiten Republik Hochschulprofessor wurde, vor 1938 aber die legislatorische Tätigkeit des Sozialministeriums initiativ beeinflussen konnte. Und August Maria Knoll, um 1934 ein unerschütterlicher Vertreter der Sache Dollfuß' und in diesem Sinne als Redner und Publizist unermüdlich tätig, wobei zuletzt allerdings immer mehr jene Richtung seines Denkens hervortrat, die ihm nach 1945 als »Vorkämpfer eines Linkskatholizismus« einen nicht ganz unverdienten, weil auch gewollten Ruf eingetragen hat, als er für seine Kirche verlangte, daß in ihrer Soziallehre neben der Hinterlassenschaft des

Apostels *Paulus* auch die revolutionäre Kampfesweise, wie sie in der Antike *Spartakus* vertreten hat, präsent bleiben müsse. Und schließlich Johann Grossauer, der nach dem Tod Dollfuß' als Staatssekretär für den gesetzlichen Schutz von Arbeitern und Angestellten in das Kabinett Schuschnigg I berufen wurde.

Den aus diesen Männern zusammengesetzten Arbeitskreis vertraute Dollfuß zunächst dem damaligen Landesleiter der VF von Wien, Oberstleutnant a. D. Josef Seifert, an, einem mit seinem ehemaligen Regimentskameraden Emil Fey gründlich verfeindeten VF-Politiker, der sich mühte, den Arbeitskreis auch gegen Anfeindungen aus eigenen Reihen abzuschirmen. Seifert, der erst nach 1945 wieder, allerdings nicht im politischen Leben, rehabilitiert wurde, nachdem seine vor 1938 geübte Tätigkeit leider in einem üblen Gestrüpp geendet ist, gab den Vorsitz aus guten Gründen an den Generalsekretär der VF, Karl Maria Stepan, ab. Stepan, der nach 1945 sehr bemüht war, nicht nur in der Steiermark mehr als eine schwarz-rote Regierungskoalition anzuerkennen, sondern vielmehr auch eine Integration sozialpolitischen Ideenguts einzubringen, wobei er religiös fundierten Sozialisten nahestand. Es war also Unfug, wenn nachher, insbesondere nach 1945, das Beginnen der Genannten als eine Alibihandlung des Systems abgetan wurde, als ein Schamtuch, das sich das Regime nach der Niederschlagung des Schutzbundaufstandes 1934 umgebunden hat. Es war dann der längst in der christlichen Arbeiterbewegung emporgekommene Johann Staud, der die 1934 gegründete Einheitsgewerkschaft in den Fährnissen windiger Zeiten bis 1938 führte und der 1939 im KZ Flossenbürg den ihm zugedachten Tod erlitten hat. Staud umgab sich mit jungen Mitarbeitern, zu denen auch der spätere Bundeskanzler Josef Klaus gehörte. Weiters bediente sich Staud des nach dem 15. Juli 1927 gegründeten Freiheitsbundes, nach 1933 einer der Wehrverbände, die Kampfverbände sowohl im Februar- als auch im Juliputsch stellten. In voller Kenntnis dessen, was sich tat, wurde der Freiheitsbund nach den Februarkämpfen Zufluchtsstätte jener Sozialisten, die sich zumal von der HW bedrängt sahen; 1938 standen freilich im Freiheitsbund sowohl Sozialisten als auch Nationalsozialisten. Das sogenannte »Akademische Korps« des Freiheitsbundes war 1938 größtenteils ein aus Illegalen bestehender Haufen oder solcher Typen, deren Anwartschaft auf eine Mitgliedschaft zur NSDAP nach dem Umbruch zutage kam. Wenn auch umstritten, bestand der Verdacht, daß Staud vom deutschen Gesandten in Wien, von Papen, finanzielle Unterstützungen annahm; von Papen gab sie vielleicht aus dem Grund, weil er den unversöhnlichen Konflikt des Freiheitsbundes mit der HW für seine

Zwecke ausnützte und so imstande war, im Lager der Regierung eine lähmende Spaltung zu erzeugen. Die Ära der Wehrverbände endete im Jahr 1936 unter anderem mit einem wilden Konflikt zwischen den vom Wiener Heldenplatz abmarschierenden Freiheitsbündlern und Angehörigen der WHW, in deren Mitte »rein zufällig« auch Fey aufgetaucht ist. Erstmals arretierte die Sicherheitswache HW-Angehörige (!).

Abseits von dieser Szene unternahm es in Linz der junge Sekretär der dortigen Arbeiterkammer, Alfred Maleta, im Sommer 1936 eine Publikation herauszubringen, deren Titel »Der Sozialist im Dollfuß-Staat« eine schon fatale Exklave der Arbeiterschaft im Ständestaat aufzeigte und die gewollt provozierend wirkte. Maleta half in Wien dort aus, wo Seifert mit organisatorischen Problemen der SAG nicht vorankam. Die so entstandene Geschäftsordnung der SAG, der Sozialen Arbeitsgemeinschaft, enthielt eine wichtige Neuerung, denn die Mitarbeit in der SAG hatte eine Mitgliedschaft bei der VF *nicht* zur Voraussetzung. Das war auch deswegen bemerkenswert, weil andererseits die Nationalsozialisten 1935 schon längst darauf aus waren, ihre Rolle *in der VF* zum Tragen zu bringen, und zwar, so die »Aktion Reinthaller«, durch den *kollektiven* Beitritt bestehender nationaler Vereinigungen sowie solcher, die nach einem Verbot durch die Regierung reaktiviert werden sollten . . . Selbstverständlich solite die SAG auch eine politische Tätigkeit auf dem Boden der VF, die ja die alleinige Trägerin der politischen Willensbildung war, entfalten. Aber nicht durch einen kollektiven Beitritt ihrer Mitarbeiter, sondern als geschlossener *Interessenverband der Arbeitnehmer.* Es war ihr Ziel, im neuen Staat in dieser Hinsicht anstatt der in der Zwischenkriegszeit bestandenen Zersplitterung der Arbeiterschaft in Richtungsgewerkschaften eine *einheitliche* Ausrichtung zu schaffen. Sie erstellte Gutachten, trat mit Kundgebungen an die Öffentlichkeit und hatte das Recht, mit Initiativen und konkreten Anträgen als eine politische Bewegung zu wirken.

Dazu mußte nicht nur eine innere Geschlossenheit in der SAG entstehen, sondern es bedurfte endlich eines Mannes *an der Spitze* der vielfach diffusen Richtungen der SAG. Mit der Berufung Grossauers in das Kabinett Schuschnigg I war dieser scheinbar der gegebene Mann. Aber Grossauer hatte ein Herkunftsmerkmal an sich, das den Einwand vieler Kollegen aus den Kreisen der *Industriearbeiterschaft* hervorrief: Er kam aus dem *Agrarsektor,* wo der Klassenkampf einfach nicht stattfand; jener Klassenkampf, der so lange Motor der Industriearbeiterschaft war, solange diese fest im Verband der Sozialistischen Arbeiterpartei verankert gewesen ist.

Daß in Kreisen der HW die SAG nicht besser wegkam als die Einheitsgewerkschaft unter Staud, war vorauszusehen. Daß aber Starhemberg als Frontführer der HW in den Jahren 1934 bis 1936 die Aktivitäten in der SAG geradezu abgeblockt hätte, trifft nicht zu. Es ist nicht zuviel gesagt, wenn man nachträglich feststellt, daß eher das Gegenteil der Fall war. Freilich hat der Fürst nicht jene gewisse Betulichkeit geschätzt, mit der gewisse Typen die sogenannte Arbeiterfrage zur Erwerbsgrundlage ihres Lebensberufes gemacht haben, ohne damit genügend Antworten auf gestellte Fragen zu geben. Starhemberg ist 1934 grundsätzlich gegen jene aufgetreten, die sich sofort über die Verlassenschaft der aufgelösten SDAPÖ und ihre Wirtschafts- und Gewerkschaftsunternehmungen gemacht haben, um dort eine oft schamlose Protektionswirtschaft zu betreiben, ohne damit zu verhindern, daß nach 1945 zu viele dieser Protektionskinder sicher im Lager der SPÖ an Land gingen; auch in der Wiener Kommunalverwaltung.

In dem Zweifrontenkrieg, den die Regierung Schuschnigg und ihre Anhänger bis 1938 zu bestehen hatten, war die Front nach links hin jedenfalls nach 1934 die *Nebenfront.* Dies trotz der nach 1945 vielfach behaupteten Version, wonach das System eigentlich bis zuletzt nur nach links hin zugeschlagen hat, um mit den Nazis um so besser packeln zu können (!). Die Strategie der nach 1934 im Untergrund kämpfenden Sozialisten war eine *defensive,* die abgestellt war auf die Behauptung einer weiteren festen Verankerung in der Industriearbeiterschaft, und zwar am Arbeitsort, in den Betrieben. So haben auch nach 1945 Revolutionäre Sozialisten von damals behaupten können, es sei ihr Erfolg gewesen, wenn der Nationalsozialismus weder vor noch nach 1938 in den Betrieben jenen Wandel hervorrufen konnte, den seine Propagandisten im Dritten Reich am Tor der Betriebe mit einer Blechtafel vortäuschten, auf der zu lesen stand: DAF 100 %, daß also *alle* Arbeitnehmer dieses Betriebes ihre Interessenvertretung der »Deutschen Arbeitsfront«, abgekürzt DAF, anvertraut haben.

Die im Mai 1933 im Dritten Reich auf dem »1. Kongreß der deutschen Arbeit« ins Leben gerufene DAF galt als Organisation »aller schaffenden Deutschen der Stirne und der Faust«. An ihrer Spitze stand Robert Ley, von dem es in Flüsterwitzen hieß, er hätte aus der Zeit seines Einsatzes als Kampfflieger im Ersten Weltkrieg eine zunehmende Neigung zum Alkoholgenuß heimgebracht; andere wollten wissen, daß es ihn ein Vermögen gekostet hätte, in seinem Familiennamen den Buchstaben v, der angeblich zwischen dem e und dem y stand, zu eliminieren. Man sollte solche kläglichen Erinnerungen an die Art der damals üblichen Polemik nicht unterdrücken; man tauschte derlei Sprüche im Tageskampf so lange gegeneinander aus, bis das Geschimpfe zu jenen Akten der Grausamkeit geriet, in denen Gegner einander brückenlos gegenüberstanden und durch die schauerliche Idee der Ausrottung einer ganzen Klasse, wie sie nach 1917 in Rußland zum größten Holocaust geriet, im Rassenkampf *alle Vorbehalte einer Humanität hinweggeschwemmt wurden.*

Noch vor dem Juliabkommen 1936 fand im Frühjahr in Wien der sogenannte *Sozialistenprozeß* statt. Der spätere österreichische Bundeskanzler Bruno Kreisky wurde in den Prozeß verwickelt, wobei es sich ergab, daß er damals die für einen Kämpfer im Untergrund unerläßliche *Kunst der Konspiration* noch keineswegs hinreichend beherrschte. Verrat war wohl mit im Spiel und Mitursache dafür, daß seine Ende 1934 unternommene Reise in die ČSR zwecks Teilnahme an einer »Reichskonferenz« der Exilorganisation seiner Partei enttarnt wurde. Die Kunst der Konspiration wurde von ihrem größten Könner, Leo Trotzki, im Fall des Kampfes der Sozialdemokratischen Partei Rußlands gegen den Zarismus als unbedingt notwendiges Kampfmittel eingeschätzt, weil die Masse des Proletariats gar nicht in der Lage war, »mit bloßen Händen« nach der Macht im Staate zu greifen. Die Macher müßten vielmehr die genannte Kunst beherrschen, um mit der *Kunst des Aufstands* im geeigneten Moment die Massen mitzureißen.

Zu dieser erfolgreichen Bewährungsprobe der Linken ist es in Österreich aber weder beim Umsturz im Jahr 1918 noch bei den opferreichen Februarkämpfen 1934 gekommen, als sich der Schutzbund mit einer in Wien nie gewohnten Courage der staatlichen Exekutive in einem Frontalzusammenstoß in den Weg stellte, ohne damit die großstädtischen Massen im Roten Wien mitreißen zu können.

Es ist bezeichnend, daß Kreisky nach seinem Besuch in der ČSR einem Verrat zum Opfer fiel, der auch das Tun jener Genossen aufdeckte, die im Frühjahr 1936 mit ihm vor Gericht gestanden sind. Verrat besteht in jeder Konspiration. Was Kreisky Anfang 1935 in Brünn im Arbeiterheim der Marxovastraße antraf, waren etwa 100 Genossen, von denen ihm viele unbekannt blieben. In Brünn war Otto Bauer, der nach den Februarkämpfen in Österreich bei vielen Genossen viel von seinem früheren Renommee verloren hatte, noch immer der »große Mann«. Neben ihm war Karl Heinz, zuletzt Sekretär des Schutzbundes, nach wie vor prominent; aus dem Westen war Friedrich Adler, der Sekretär der Sozialistischen Internationale, gekommen; und die vor dem Februar 1934 schon im Aufstieg befindlichen Jüngeren: Josef Playl, Sekretär der Sozialistischen Arbeiterjugend, Josef Freitag, sogenannter Nachrichtenreferent des bestandenen Schutzbundes.

Im Sozialistenprozeß fiel es dem Gericht verständlicherweise schwer zu glauben, daß Kreisky nur als ein eher zufälliger Zaungast in Brünn dabeigewesen sein sollte oder, wie die anfängliche Schutzbehauptung lautete, daß die Reise in die ČSR eigentlich eine zur Stellensuche gewesen war. In diesem Prozeß kam Kreisky mit seinem späteren Regierungskollegen in den Kabinetten Raab I und II, Anton Proksch, nach 1945 Generalsekretär des Österreichischen (Einheits-)Gewerkschaftsbundes, zusammen. Die Helden jenes Prozesses waren Karl-Heinz Sailer und Roman Felleis, der 1945 im KZ Buchenwald umgekommen ist. Diese Männer kamen zwar bei Gericht und nachher bei der Haftentlassung eher glimpflich davon, sie standen aber während des Verfahrens noch im Schatten des Galgens. Sie ahnten nicht, daß es nicht Absicht der Bundesregierung war, die nach den beiden Putschversuchen des Jahres 1934 geübte Gerichtspraxis und die einer Aburteilung zuweilen folgende Justifizierung weiterhin zu belassen. Man hat diese Wandlung im System nach 1945 nur als ein Nachgeben Schuschniggs gegenüber dem Ausland gelten lassen; die Wahrheit ist, daß der Kanzler bereits im Jahr 1935 den im sogenannten *Schutzbundprozeß* zu langjähriger Kerkerhaft Verurteilten zu Weihnachten desselben Jahres die Freiheit verschafft hatte.

Das eigentliche Risiko der Angeklagten im Sozialistenprozeß war nicht so sehr ihre Betätigung in den Reihen der Revolutionären Sozialisten, sondern der Verdacht, *sie hätten sich mit den Kommunisten zu einer gemeinsamen Kampffront zusammengetan.* So erklären sich auch Vorhaltungen des Verhandlungsleiters, der immer wieder auf diesen Punkt anspielte – und damit danebengriff, weil diese Allianz damals in Österreich nicht bestand.

Um das zu verstehen, muß man sich daran erinnern, daß der Sozialistenprozeß 1936 in Wien zu einer Zeit stattfand, in der sich in Frankreich und in Spanien dortige Sozialisten und Kommunisten in einer *Volksfront* zusammengefunden hatten. Gleichzeitig waren – wie man jetzt weiß – Hinweise bekannt, wonach einschlägige Empfehlungen aus Moskau auch an die Genossen in Österreich ergangen waren. Es war Kreisky, der in seiner Verteidigungsrede zwar die *Solidarität der Arbeiterklasse* ohne Ausschluß der Kommunisten bestätigte, dabei aber Wert auf die Feststellung legte, daß kein gemeinsamer Kampfplan dieser beiden im Anschluß an Marx entstandenen Richtungen in Österreich bestand. Und er bewies Courage. Er lehnte *Gewalt als Kampfmethode* seiner Gesinnungsfreunde ab, betonte aber, daß Kampf ein *Prinzip* in der Politik sei, also Kampf gegen das

System. Erst bei seiner Haftentlassung im Juni 1936 gab Kreisky die üblicherweise abgeforderte Loyalitätserklärung ab. Die Verteidigungsrede des jungen Kreisky im Prozeß blieb wesentliches Substrat der inneren Struktur der unter seiner Kanzlerschaft zur Alleinregierung aufgerufenen SPÖ.

Das Ausland schrieb 1936 von einem Massenprozeß gegen Sozialisten im faschistischen Österreich. Tatsächlich gab es im Sozialistenprozeß 1936 insgesamt 45 Angeklagte. Verständlicherweise kamen zahlreiche und prominente Gesinnungsgenossen der Angeklagten nach Wien, um dem Prozeß beizuwohnen. Es war nicht klug, bei der Vergabe der Eintrittskarten zu sieben, zumal das dabei angewandte Prinzip dermaßen schleißig war, daß zum Beispiel dem Vertreter des KP-Organs der ČSR die Teilnahme ermöglicht wurde, während international bekannten Sozialdemokraten diese Möglichkeit bei dem bestehenden Andrang nicht gewährt wurde.

Interessant war, was das Zentralorgan der NSDAP im Dritten Reich, der »Völkische Beobachter«, dessen Vertrieb in Österreich zwar verboten war, der aber einen sehr fähigen Vertreter in der Bundeshauptstadt hatte, unter dem Aufhänger »Neue Zwischenfälle im Wiener Marxistenprozeß« am 18. März 1936 schrieb. Es gefiel diesem Blatt zu berichten, daß Rosa Jochmann, couragiert wie immer, wegen aufreizender Zwischenrufe des Saales verwiesen wurde. Und es paßte in das Zeitbild, das dieses Blatt des Führers der NSDAP seinen Lesern bot, daß es die Äußerung des Strafverteidigers erwähnte, der zugab, daß eine *allgemeine Krise der Demokratie* bestünde, ja daß es selbst im Kreis der im Amt befindlichen österreichischen Regierung Stimmen gäbe, die den derzeitigen Zustand im Land *nur als vorübergehend* ansähen . . . In diesem Punkt waren sich damals Nazis und Sozis ja einig. Richtiger wäre gewesen zu sagen, daß in gewissen Regierungskreisen die Vorstellung bestand, daß im Falle der *endgültigen* Behauptung gegen den Nationalsozialismus und der *vollständigen* Ausgliederung der berufsständischen Ordnung in den Vertretungskörpern dieser Ordnung *freie Wahlen* der Vertreter der Gruppeninteressen möglich würden; Wahlen, deren demokratischer Charakter vielleicht um gar nicht soviel schlechter geraten wäre als manches von dem, was ein halbes Jahrhundert nachher als freier und demokratischer Parlamentarismus im Schwange ist. Nur zu verständlich, daß die Strafverteidigung im Sozialistenprozeß aus dieser Erwartung einen Zweifel der Systemanhänger in die Beständigkeit ihres Experiments gemacht hat.

Der »Völkische Beobachter«, aber auch andere ausländische Presseorgane strichen vor allem einen Einwand des Angeklagten Felleis heraus, der einer Regierung, die selbst nicht auf gesetzlicher Basis stand, das Recht abstritt, Hochverratsverfahren abführen zu lassen. Unbewußt rüttelte Felleis damit am Fundament des Staatswesens, das 1918 unter Bruch der seit 1867 bestandenen Rechtskontinuität entstanden ist und sohin nicht weniger rechtsbrecherisch war als die folgenden Verfassungsexperimente samt ihren legitimierenden Staatsideen. So hatte übrigens schon 1931 der Verteidiger Pfrimers nach dem HW-Putsch in der Steiermark argumentiert, ohne daß allerdings das Gericht auf diesen immerhin erheblichen Einwand eingegangen wäre. Vielleicht hat man ihn damals nur als einen advokatorischen Kniff angesehen – und damit schwer geirrt.

Es war Kreisky, der im Sozialistenprozeß die Frage der *Gewaltanwendung* im politischen Kampf aufwarf und die Handhabung dieses Prinzips für seine Richtung verneinte. Der geschichtliche Hintergrund dieser Streitfrage war und blieb aber ein ganz anderer. 1933/34 fürchteten viele Genossen, zumal jene im Schutzbund, der im Untergrund zahlenmäßig zwar schwächer, in der Kampfkraft aber stärker wurde, daß mit der Zeit das Dollfuß-Regime eine derartige Verfestigung erfahren könnte, *daß es nicht einmal gewaltsam aus den Angeln gehoben werden könnte.* Die Anwendung der Gewalt im Klassenkampf hat nicht nur Karl Marx, sondern auch der durchaus humane spätere Bundespräsident Theodor Körner zu seiner Zeit in den zwanziger Jahren angesichts der bürgerlichen Regierung unter Ignaz Seipel nicht ausgeschlossen. Wenn Körner auch die rein militärische Aufgabenstellung des Stabschefs des Schutzbundes, Alexander Eifler, im Prinzip ablehnte, konnte er sich doch zur Zeit, als er technischer Berater des Schutzbundes war, vorstellen, daß im Kampf gegen die staatliche Exekutive der Schutzbund der harte Kern einer *Roten Armee* sein könnte, zu der dann die Genossen aus den Reihen des Heeres, der Sicherheitswache und der Wehrsportler treten müßten, um der Exekutive mit genug Waffenkraft entgegentreten zu können. Damals, in der zweiten Hälfte der zwanziger Jahre, schien die Erfahrung aus den Tagen des Umsturzes im Jahr 1918 den Erwägungen des Generals Körner recht zu geben. Der 1917 ins k. u. k. Kriegsministerium einberufene damalige Oberleutnant und spätere Schutzbundführer Julius Deutsch hat nach den Erfahrungen, die 1917 während der Revolution in Rußland gewonnen wurden, von seinem Posten in der Zentrale der Wehrmacht der Monarchie aus eine sogenannte *Militärverschwörung* organisiert; diese sollte im Falle eines letzten militärischen Widerstands des zum Untergang bestimmten Reiches dermaßen zersetzend auf Assistenzverbände des Heeres wirken, daß jeder gewaltsame Widerstand gegen die

Kräfte des Umsturzes unmöglich und jedes Blutvergießen vermieden würde.

Das war freilich nur deswegen kein Fehler, weil Kaiser Karl I. in den Herbsttagen des Jahres 1918 jedes *gewaltsame Einschreiten* gegen die Kräfte des Umsturzes und ihre militärischen Kräfte *ausdrücklich verboten* hatte. In Österreich-Ungarn kam es 1918 allerdings nicht zu dem, was 1917 in Rußland geschehen ist, wo nämlich die Garnison der Hauptstadt in geschlossenen Verbänden zu den Aufständischen übergegangen ist. In Wien hat Kaiser Karl im November 1918 sowohl Anfragen aus Budapest als auch solche aus Prag, wonach Befehle für den militärischen Widerstand erbeten wurden, ausdrücklich zurückgewiesen. Eine solche Kapitulation gegen die Kräfte, die den Sturz des Dollfuß-Staates anstrebten, durfte aber 1934 nicht stattfinden; nach dem Tod Dollfuß' hat sein Nachfolger Schuschnigg mit seinen Befriedungsaktionen alles im Bereich des Möglichen Liegende getan, um nochmalige Gewaltanwendungen im Land hintanzuhalten. Am 11. März 1938 hat er den anfänglich gedachten teilweisen Widerstand gegen einrückende deutsche Truppen in Österreich im letzten Moment verhindert, so daß in seiner Abschiedsrede die gedachte Passage »ohne *wesentlichen* Widerstand« im Radio als »*ohne Widerstand*« zu hören war.

Unwillkürlich geht da die Erinnerung zurück auf jenen 11. November 1918, als die beiden Führer der deutschen SDAP, Karl Seitz und Karl Renner, einen Vertreter der letzten k. k. Regierung drängten: ». . . wenn der Kaiser nicht nachgibt, ist er und seine ganze Familie verloren. Das Volk ist nicht mehr zurückzuhalten, es wird Schönbrunn stürmen. Der einzige Schutz, der dem Kaiser geblieben ist, sind ein paar Zöglinge der Militärakademie. Sie werden massakriert werden, so wie der Kaiser und seine ganze Familie. Am ärgsten sind die Frauen, die das ausgestandene Elend an der Kaiserin und dem Kaiser rächen wollen. Wir sind machtlos . . .«

Dieses Gewährenlassen wiederholte sich am 15. Juli 1927 und am 12. Februar 1934.

Wie legal war demnach die Basis der ausgerufenen Republik Deutsch-Österreich angesichts dieser Pression, von dem erwähnten Bruch der *Rechtskontinuität* gegenüber der Verfassung 1867 ganz abgesehen? Wie war es 1918 um die *Gewaltlosigkeit* des Umsturzes bestellt? Wer hat damals das Blutvergießen im Kampf um die Macht verhindert? War es die geheime Militärverschwörung des Oberleutnants Deutsch oder die humane Haltung jenes »Trägers der Krone«, für den am 12. November 1918 ein Karl Renner doch ein anerkennendes Wort gefunden hat? Dies allerdings, nachdem die Macher des

Umsturzes 1918 tags zuvor mit schlotternden Knien (!) die letzte
k. k. Regierung gedrängt hatten, den Entwurf für einen Verzicht des
Kaisers nur ja zu beschließen und keine Zeit zu verlieren, dazu die
Unterschrift des Monarchen zu bekommen.

Es gehört zum Mythos der Revolutionsgeschichte, zu lehren, daß es
unblutige Revolutionen gibt, Revolutionen, in denen nicht die *Pression der Gewaltandrohung oder der Aufruhr in den Straßen siegen.*
Aber die Revolutionsgeschichte lehrt in anderer Sicht, daß nicht einmal die im 19. Jahrhundert von den Liberalen inszenierten Revolutionen ohne Gewaltanwendung gelungen sind. Damals hat das sogenannte »gemeine Volk« ziemlich klare Vorstellungen von dem gehabt, was man im Ernstfall von ihm verlangen würde, und hat danach
gehandelt. In diesem Licht erscheinen heute die Worte, mit denen
Kreisky Mut vor den Richtern bewies, die aber nicht mit den geschichtlichen Tatsachen übereinstimmen. Nicht der Schutzbund hat
nach Kreiskys damaliger Version 1934 einen Aufstand gemacht, vielmehr sei die Gewalt von einer »ganz anderen Seite ausgegangen«. Ja,
Kreisky wagte sogar die Behauptung:
»Alle Proletarier verurteilen Putsch und Terror.«

Dafür reklamierte er für seine Sache einen *Kampf mit Mitteln, die
dem Rechtsempfinden des Volkes entsprechen.* Trifft oder traf das für
jenes Rechtsempfinden des Volkes zu, das Karl Seitz und Karl Renner am 11. November 1918 in den Räumen des Ministerpräsidiums in
der Wiener Herrengasse dem zu seiner letzten Sitzung versammelten
letzten k. k. Kabinett drohend vor Augen geführt haben, um so die
Revolution zu Ende zu führen und den Bruch der Rechtskontinuität
perfekt zu machen? Es stimmt, daß sich die Genossen Kreiskys frei
und offen im Prozeß als Feinde der Gewaltanwendung zu erkennen
gegeben haben. Aber es geschah in der Zweiten Republik, daß das
amtierende Staatsoberhaupt an der Beisetzung der sterblichen Überreste jenes Friedrich Adler teilnahm, der 1916 nach einer Fehleinschätzung der Lage den amtierenden k. k. Ministerpräsidenten Karl
Stürgkh ermordet hatte. Und 1984 wurde am Todestag des 1934 ermordeten Bundeskanzlers Dollfuß jener Attentäter Gerl als harmloser jugendlicher Idealist und schuldloses Opfer gefeiert, der nach
einem mißlungenen Sprengstoffattentat einen Sicherheitswachebeamten niedergeschossen hatte, welcher dann zugleich mit dem Kanzler am Sterben war.

Das war geschehen, nachdem Otto Bauer im Frühjahr 1934 sich verbeten hatte, daß seine Genossen im Inland mit den Nazis gemeinsame Sache machten, um den Dollfuß und den Fey aufzuhängen. Nicht
um die *Verhinderung* eines solchen Anschlags ging es dabei Bauer,

sondern um ein *Zusammengehen* seiner Genossen mit den Nazis, das den *eigenen* Kampf der Sozialisten gegen die im Amt befindliche Regierung schwächen würde.

Kreisky hat im Sozialistenprozeß 1936 nichts gegen eine Einheitsfront von Sozialisten und Kommunisten in Frankreich gehabt. Ja, in Frankreich mache man es eben so; auch kein absolutes Nein zur Sowjetunion, in der eben der Stalinismus daran war, eine der schaurigen Massenvernichtungen des Kriegskommunismus der Ära Trotzki zu wiederholen. Noch immer sprach man mit Achtung von jenem künstlerisch gestalteten Plakat in der Weimarer Republik, in dessen Beschriftung es geheißen hatte:

»Hände weg von Sowjetrußland!«

Es war keines der Kommunisten, freilich auch keines der SPD, sondern ein Exzeß jenes Teiles der bürgerlichen Intelligenz, die ihres Verstandes nicht mehr Herr wurde.

Die Angeklagten im Sozialistenprozeß 1936 haben mit großer Courage diese für sie gefährliche Prozedur durchgestanden. Ihnen ging es besser als vielen Genossen, die nach 1934 oder nach dem Spanischen Bürgerkrieg in die Sowjetunion geflüchtet sind und dort, im Vaterland aller Werktätigen, ein mörderisches Schicksal erlitten haben. Was für das Schicksal des österreichischen Staates von 1936 nach diesem Prozeß entscheidend wurde ist, daß für die damaligen Sozialisten der Feind immer rechts stand, daß es für ihn *links keinen Feind* gab und daß nach rechts hin die Schußrichtung weniger gegen die Nazis ging, sondern gegen die Regierung des Landes. Man ist geneigt anzunehmen, daß diese Schußrichtung den Mitarbeitern der SAG und der »Aktion Winter« nie ins Bewußtsein kam; jene ausgenommen, die nachher tatsächlich so oder so den Umweg in den Kommunismus der Stalin-Ära genommen haben.

VON DER AKTION REINTHALLER ZUM SIEBENER-AUSSCHUSS

Nordische List

Für das, was jetzt erzählt wird, gebrauchte man damals in Kreisen der Illegalen zuweilen die Anwendung der »nordischen List«.
Tatsache ist, daß es unabhängig von den Kampfhandlungen der Illegalen im Angriff auf die Regierung und ihre Anhänger, die bis zum 11. März 1938 ununterbrochen in Gang waren, nach den Ereignissen des 25. Juli 1934 einiger Diversionsmanöver bedurfte, um das System aus seiner Position nach der Niederschlagung des Juliputsches herauszumanövrieren. In diesem Fall nicht mit Waffengewalt oder Terrorhandlungen, sondern mit gewissen Verhandlungen, welche die Regierung zeitweise dermaßen binden sollten, daß sie ihrerseits nicht die im Juli 1934 bewiesene Kampfkraft einsetzen konnte, wollte sie sich nicht dem Vorwurf aussetzen, ihr läge an der Aufrechterhaltung einer permanenten Bürgerkriegssituation im Land.
Das erste Verdienst, das böse Image des Nationalsozialismus, das der Dollfuß-Mord hinterlassen hat, zum Verschwinden gebracht und gleichzeitig die Anhänger des Ermordeten an einer energischen Fortsetzung des Kampfes gegen die Nationalsozialisten in Österreich gehindert zu haben, gebührt einem oberösterreichischen Bauernpolitiker, der in der Zweiten Republik als Bundesobmann der Freiheitlichen Partei Österreichs noch einmal im Vordergrund Politik gemacht hat: Anton Reinthaller. Reinthaller studierte an der Wiener Hochschule für Bodenkultur, geriet im Ersten Weltkrieg in russische Gefangenschaft, aus der er noch vor Kriegsschluß in einem endlosen Marsch quer durch das von Revolutionen erschütterte Feindesland heimkehrte, um »noch einmal dabei zu sein«. Er gehörte zu den Heimkehrern, die nicht willens waren, sich mit der 1918 in Österreich entstandenen Lage abzufinden. Von Haus aus national eingestellt, stieß er 1923 zur NSDAP. Inzwischen war er Diplomingenieur geworden, an sich weder ein Rauhbein wie der Landesleiter der Verbotszeit, Hauptmann Leopold, noch ein Typ mit nordischer List, wie sie sich Seyß-Inquart in der Verbotszeit zugute gehalten hat. Ihn zeichnete vielmehr jene Geradlinigkeit aus, die unter ande-

rem Julius Raab 1957 bewogen hat, ein Wahlbündnis der ÖVP mit
der FPÖ einzugehen, um den parteiunabhängigen Kandidaten für
das Amt des Bundespräsidenten, Universitätsprofessor Wolfgang
Denk, über die Hürden des Wahlkampfes zu bringen. Eine solche
Annäherung dieser beiden Parteien in dieser oder anderer Form hat
es vor und nach 1957 nie gegeben. 1958 starb Reinthaller, dann wurde es anders in der politischen Szene Österreichs.

Reinthaller hatte im Verlauf der von ihm angebotenen und geführten
»Nationalen Aktion« auf Regierungsseite einen kongenialen Partner
in Oberösterreich, wo sich diese Aktion in den Jahren 1935 und 1936
abspielte: Peter Graf Revertera. Der Graf entstammte einer Familie,
die dem alten Österreich in Krieg und Frieden Diplomaten und Soldaten gestellt hat. Er selbst erlebte Ähnliches, war im Krieg bis 1917,
nach seinem Fronteinsatz hochdekoriert, als er anschließend als
k. u. k. Verbindungsoffizier zum preußischen Kriegsministerium in
Berlin abgestellt wurde, wo er den Zusammenbruch der Mittelmächte an jenem Punkt erlebte, als evident war, daß das Schicksal Österreichs aufs innigste mit dem des Deutschen Reiches verbunden war.
Der Hitlerbewegung begegnete er bereits Anfang der zwanziger Jahre mit Mißtrauen, nach dem abenteuerlichen Putsch von 1923 aber
mit erklärter Abneigung. Als Mitglied des damaligen Vereins katholischer Edelleute verleugnete er keineswegs seine im Krieg gewonne-
ne Verbundenheit mit der Sache Deutschlands, wie denn in den
zwanziger Jahren *alle* im Nationalrat vertretenen politischen Partei-
en mit mehr oder weniger Aplomb eine Version der *Anschlußidee* in
ihrem Programm hatten. Das nun bedeutete nicht, daß er der nach
1930 auch in Österreich aufkommenden Hitlerbewegung mit der laschen Art begegnet wäre, in der sich nicht wenige christlichsoziale
Politiker während des damaligen Niedergangs ihrer Partei gefielen.
Er hat nach 1945 die entstehende FPÖ *nachhaltig* als eine Notwendigkeit gegen jene Politiker verteidigt, die in ihr nur die von Oskar
Helmer und anderen sozialistischen Politikern den Besatzungsmäch-
ten abgerungene Konkurrenz zur Partei Leopold Figls sahen.

Der nachher geläufige Name »Aktion Reinthaller« läßt vergessen,
daß der geistige Mentor und Lotse dieser Bewegung kein Geringerer
war als der langjährige nationale Landespolitiker Franz Langoth.
Langoth, der sich im März 1938 rühmen konnte, sein am äußersten
Rand der Legalität geführtes *Hilfswerk* habe neben dem unentwegten Kampf der Illegalen in der Verbotszeit den Sieg der Nationalsozialisten über die Regierung Schuschnigg herangezwungen, war eine
Persönlichkeit, deren Weg kenntlich macht, wie weit zuletzt die
deutschnationale Bewegung in Österreich in den Zeiten des Natio-

nalsozialismus teilweise in sich gespalten war: Hier Langoth, der am 12. März 1938 von Hitler in Linz das verdiente Lob bekam, auf der anderen Seite Franz Dinghofer, schon vor 1914 Bürgermeister von Linz, in der Zwischenkriegszeit in Land und Bund in hervorragenden staatlichen Ämtern tätig, der erst nach dem Anschluß das von ihm seit 1928 innegehabte Amt des Präsidenten des Obersten Gerichtshofes verlor. Dinghofer hat 1922 als damaliger Obmann der Großdeutschen Partei nicht nur jenes Koalitionsabkommen mit Ignaz Seipel geschlossen, das das damalige Österreich vor dem drohenden wirtschaftlichen Ruin gerettet hat, sondern an jenem *historischen Bündnis der Katholen mit den Nationalen* auch festgehalten, und dies, nachdem er vor 1914 als Grazer Burschenschafter die erbitterten Auseinandersetzungen beider Gruppen an der dortigen Universität erlebt hatte.

Doch beide Persönlichkeiten, Langoth und Dinghofer, symbolisieren nicht nur, wie in der Zweiten Republik mehrfach angedeutet, zwei verschiedene Sammelbewegungen, die sich dem Kampf für »nationale Belange« – wie man damals sagte – hingegeben haben; sie kamen in ihrem Lebensweg an jene Weggabelung, an der 1930/33 auch jene voneinander geschieden sind, die sich in anderen Lagern bis dahin diese Belange angelegen sein ließen; etwa Katholen.

Langoth brachte in die Aktion Reinthaller auch Männer ein, bei denen von allem Anfang an feststand, daß sie von einer Befriedung, wie sie Schuschnigg zeit seiner Kanzlerschaft rundum versucht hat, eher wenig wissen wollten, vielmehr den Kampf gegen das »System« bis zur äußersten Konsequenz führten, obwohl sie im Juli 1934 nicht zu den Gewehrträgern gehört haben. Unter diesen Männern ragte der gebürtige Südtiroler Hermann Foppa hervor; 1914 rückte er als Gymnasialprofessor ein; anders als sein Vorgänger an der Spitze der Großdeutschen ging er im Frühjahr 1933 konsequent den Weg auf die Hitlerbewegung zu. Am 15. Mai 1933 schloß er mit dem damaligen Landesleiter der NSDAP in Österreich, Alfred Proksch, jenes Kampfbündnis der beiden Parteien ab, das als eine Einheitsfront im Angriff gegen die Regierung Dollfuß gedacht war. In den Ausführungsbestimmungen dazu hieß es, daß dieses Abkommen nicht »die Erhaltung der organisatorischen Form der Großdeutschen Partei an sich« bezweckte, sondern die *»Verwertung (!) der von ihr besetzten Machtpositionen und öffentlichen Stellen im Sinne der Kampfgemeinschaft«*. Das war also die Auslieferung einer der bisher tragenden politischen Parteien in Österreich an die NSDAP, der sie zugleich ihre Mitglieder überantwortete, wobei solche Übertritte *nicht verlautbart* werden sollten.

Neben Foppa nahm der spätere Volkspolitische Referent für Oberösterreich und nachmalige Gauhauptmann des Reichsgaues Oberösterreich, Karl Breitenthaler, eine eher bescheidene Stellung ein. So auch der Lehrer Rudolf Lengauer, der einen auf den Nationalsozialismus abgestellten Europagedanken vertrat, ein Unternehmen, das bei der weiten Verbreitung einschlägigen Ideengutes im Europa von damals nicht nur eine Entgleisung eines nicht ausgelasteten Illegalen war; er wurde 1938 nach dem Umbruch erster nationalsozialistischer Landeshauptmannstellvertreter in Oberösterreich, nachher ebenfalls Gauhauptmann und somit als wenig einflußreich eingestuft. Ganz anders verhielt es sich mit der Bedeutung der Mitarbeit des Notars Franz Hueber in der Aktion Reinthaller.

Hueber war nicht einfach der Schwager Hermann Görings und als solcher einflußreich, wie dies zuweilen über Gebühr herausgestrichen wird. Er war an sich eine profilierte Persönlichkeit, hervorgegangen aus der nationalen Turnbewegung, der er denn auch bis zu seinem Tod im Jahr 1981 verbunden blieb. Hueber, Reserveoberleutnant im Krieg, gehörte zu den Männern der ersten Stunde in der HW Salzburgs. Merkwürdigerweise tat er als Justizminister 1930 im Kabinett Vaugoin mit, obwohl er gleichzeitig auf der Liste des betont alternativ zur Regierung kandidierenden Heimatblocks aufschien, um gewählt zu werden. Er hat es aber nicht lange im Hohen Haus am Ring des 12. November in Wien ausgehalten. Als im Juni 1933 die Regierung Dollfuß die Betätigung für die NSDAP und in dem zu dieser übergegangenen Steirischen Heimatschutz verbot, bei welchem Anlaß bekanntlich die Reste der Fraktion des Heimatblocks als *erste* ihre Nationalratsmandate verloren, trat Hueber demonstrativ aus der HW aus. Hueber hatte für die Terrorakte Illegaler nie etwas übriggehabt. Bis zuletzt hoffte er, daß Starhemberg denn doch noch zu den Idealen seiner Jugend zurückkehren und sein Zusammengehen mit Dollfuß lösen würde. So auch noch anno 1938. Im März 1938 wurde er Justizminister des Anschlußkabinetts Seyß, zuletzt im Dritten Reich Präsident des Reichsverwaltungsgerichtshofs. Nach 1945 schien sein Name in Österreich auf der Kriegsverbrecherliste auf; nach langer Internierung in Garmisch und in Glasenbach wurde er 1947 von einem Volksgerichtshof zu 18 Jahren Kerkerhaft verurteilt; das Strafausmaß wurde nachher herabgesetzt, und 1950 wurde er aus der Haft entlassen. Er ist, wie seine Freunde bestätigen, so anständig aus den Wirren seiner Lebenszeit herausgegangen, wie er in sie hineingeriet. Und das war nicht leicht.

Reinthaller und Langoth brauchten ab dem Herbst 1934 lange Zeit, bis sie wenigstens in Oberösterreich unter den Augen der Behörde einen Vertrauensmännerapparat zustande bringen konnten. Die Aktion bekam Profil und politische Bedeutung, als Schuschnigg Reinthaller empfing, der ihm das am 5. März 1935 von den Vertrauensmännern im Linzer Kaufmännischen Vereinshaus beschlossene Aktionsprogramm überreichen konnte. Bis dahin hatte Revertera, seit 1934 Sicherheitsdirektor für Oberösterreich, nach zahlreichen Begegnungen und Besprechungen einen Weg eröffnet, der anfänglich innerhalb, bald aber auch außerhalb der damaligen Legalität verlief. Wichtig war, daß im Jahr 1935 die Linzer Zeitung »Tagespost« jenes Programm der Aktion veröffentlichen konnte, das im Grunde nichts weniger war als die Legalisierung einer gemeinsamen Front der NSDAP Österreichs und ihrer verbündeten Bewegungen, des Steirischen Heimatschutzes sowie der inzwischen untergegangenen Großdeutschen Volkspartei. Auch jene Teile des Landbundes für Österreich, die beim Juliputsch 1934 mit ihren Bauernwehren an der Seite der SA gekämpft und Opfer an Toten und Verwundeten erlitten hatten, sollten in diese Front aufgenommen werden. Das war, wie damals ein Regierungsmitglied sagte, die *Morgenröte eines nationalsozialistischen Österreich.*

In Regierungskreisen und in der VF vermeinte man bei der Lektüre der Linzer »Tagespost« einen verspäteten üblen Faschingsscherz vor Augen zu haben. Es ist bekannt, daß Starhemberg damals gesagt hat, er hätte als Regierungschef den Reinthaller samt seinem Programm hinausgeschmissen. Immerhin betraf das Aktionsprogramm auch Starhemberg als den damaligen Frontführer, denn die fragliche nationale Einheitsfront sollte in ihrer Gesamtheit der Vaterländischen Front beitreten, ohne durch diesen Akt die freie politische Betätigung und die Vertretung der Anschauungen sowie der Ziele besagter Front zu beeinträchtigen. Dazu kam die Wiederherstellung aller nationalen Vereinigungen, die während der Kampfzeit aufgelöst oder verboten worden waren, und deren Tätigkeit in voller Freiheit. Die Loyalität der Führer der Nationalen Aktion gegenüber dem System sollte vor allem dadurch bezeigt werden, daß diese Vertreter in die Bundesregierung, die Landesregierungen sowie in andere gesetzgebende oder verwaltende Körperschaften entsandten. Dazu gehörte eine *Generalamnestie* für alle aus politischen Gründen Verurteilten, also die Reaktivierung des in der Kampfzeit dezimierten Führungskorps der NSDAP und ihrer Gliederungen in Österreich. In diesem Zusammenhang wurde insbesondere an jene Angehörigen des Bundesheeres gedacht, die 1933 wegen ihrer nationalsozialistischen Betätigung aus dem Heer entfernt worden waren. Ausbürgerungen, etwa jener, die im Dritten Reich der Österreichischen Legion oder anderen nationalsozialistischen Flüchtlingsorganisationen angehörten, sollten aufgehoben werden. Das beschlagnahmte Vermögen der NSDAP sollte freigegeben werden. Nach einer Reihe anderer Forderungen schloß das Programm mit dem Verlangen nach Wiederherstellung der »alten freundschaftlichen Beziehungen zum Deutschen Reich«, also zum nunmehrigen Hitler-Deutschland. Zeitlich fiel die Verlautbarung des Forderungsprogramms mit der Einführung der allgemeinen Wehrpflicht im Dritten Reich zusammen.

Die an den nachfolgenden Verhandlungen Beteiligten sind tot; als letzter starb im Jänner 1984 Heinrich Gleißner, der schon vor 1938, in den Jahren 1934 bis 1938, Landeshauptmann von Oberösterreich war, jenes Landes also, in dem die Nationale Aktion sich hauptsächlich betätigte. Es existieren die von Langoth redigierten Gedächtnisprotokolle, in denen das Drängen der Führer der Aktion, endlich mit dem Bundeskanzler in Verhandlungen zu kommen, aufgezeigt wird. Daß diese Begegnung nicht wunschgemäß stattfand, wurde als Grund dafür angegeben, daß die Aktion in nationalen Kreisen Mißtrauen begegnete; viel mehr noch galt das selbstverständlich für das Regierungslager. Damit ist kein Wort zuviel gesagt.

Schuschnigg ließ für sich zunächst weder Voreingenommenheit noch Mißtrauen gegenüber der Aktion als Teil der von ihm gewollten Befriedungsmaßnahmen gelten; die ständige Störung des inneren Friedens, der Einsatz von Waffen bei der Liquidierung der Kampfsituation war für ihn nach 1934 ein Horror. 1936, als die Aktion Reinthaller so gut wie gescheitert war, tat der Kanzler den entscheidenden Schritt; er trennte sich von Starhemberg, weil er dessen *Hang zur Gewaltanwendung* nicht teilen konnte, und begann mit der Entmilitarisierung der unter seiner persönlichen Führung stehenden Ostmärkischen Sturmscharen die Abschaffung der paramilitärischen Verbände des Regierungslagers.

Die Zerstrittenheit, die im nationalen und im nationalsozialistischen Lager wegen der Aktion Reinthaller herrschte, kam in der unterschiedlichen Schreibweise der oft sehr kurzlebigen Organe der illegalen Presse zum Ausdruck. Reinthaller versuchte also, eine einheitliche Ausrichtung dadurch zu erreichen, daß er selbst die Gründung von Zeitungen anregte, die nicht auf die Verbreitung im Untergrund angewiesen waren.

So entstand 1935 in Wien das »Deutsche Volksblatt«, das aus verdeckter Feuerstellung auf die Regierung schoß und durch eine scharf antisemitische und antilegitimistische Schreibweise den Gesinnungsgenossen anzeigte, worum es dem Blatt ging und was zwischen den Zeilen zu lesen bemerkenswert wäre. Der verantwortliche Schriftleiter riskierte kaltblütig gelegentliche Verzichte auf Tarnmanöver, die ihm Strafverfolgungen eintrugen, dafür aber sein Renommee in Leserkreisen steigerten. Schließlich kam es dazu, daß der Pressechef der illegalen Landesleitung der NSDAP mit Subventionen der Redaktion des Blattes aushelfen mußte und es so weit brachte, daß die Zeitung der *politischen* und der *personellen Beziehung* zur Partei vollends Rechnung trug. Als die Schuldenlast immer drückender wurde und Gefahr bestand, daß das »Deutsche Volksblatt« eingestellt werden mußte, übernahm Dr. Herbert Faber in Krems die Verlagsrechte. Die »Faber-Blätter« in Krems waren der festeste Rückhalt für das in der *Öffentlichkeit* hervortretende Pressewesen der NSDAP während der Verbotszeit. Der Verlag wurde zwar in jeder Woche verwarnt, immer wieder wurde die Einstellung aller seiner Blätter angedroht, es folgten Serien von Beschlagnahmen, aber erst im März 1938 (!), nach der Ankündigung der Volksabstimmung durch Schuschnigg, wurde von Regierungsseite ernstlich an die Stillegung gedacht. Reinthaller stand in seinem engeren Wirkungsbereich in Oberösterreich die in Wels erscheinende »Landpost« zur Verfügung. Es war gedacht, dieses Organ zum Parteiorgan für die illegale nationalsozialistische Bauernschaft zu machen. Auch dieses Organ erlebte 1938 den Umbruch.

In HW-Kreisen hatte man ein besseres Gespür für die Gefährlichkeit der Aktion Reinthaller und das, was sich unter ihrem Schutzmantel im nationalsozialistischen Lager tat. Vizekanzler und Frontführer Starhemberg hätte längst vor dem tatsächlichen Ende der Aktion dem »Unfug« ein Ende gemacht. Aber er traute in dieser Frage seinem nahen Freund Revertera, der in der Gesprächssituation dieser Befriedungsaktion einen ungewohnten Langmut behielt. Anders der aus der HW hervorgegangene Minister Berger-Waldenegg, der, wie man hörte, den Tag fürchtete, an dem sein Regierungschef dem Drängen der in seiner Umgebung am Werk befindlichen Brückenbauer – wie von Papen – nachgeben könnte und in Form einer Begegnung mit Reinthaller die Ernsthaftigkeit des schon schwankenden Unternehmens bestätigen würde.

Berger-Waldenegg war als Leiter des Außenressorts deswegen im Bild, weil sich der deutsche Gesandte von Papen immer wieder dafür einsetzte, daß der im Land bestehende dünne Faden zwischen dem Regierungslager und jenem der Illegalen ja nicht abriß. Diese Interessenlage von Papens änderte sich blitzartig, als es ihm gelang, den Männern der Aktion Reinthaller eine folgenschwere Entscheidung Hitlers mitzuteilen. Seit Anfang 1936 war Hitler davon überzeugt, daß der gegen die österreichische Regierung gerichtete Fortgang der

Dinge, in welche die nationalen und nationalsozialistischen Kräfte verwickelt waren, unter der Flagge Aktion Reinthaller nicht länger der Sache dienlich sei.

Das Schicksal der Aktion Reinthaller zeichnete sich schon ab, als in dem Anfang 1936 gegen den illegalen Gauleiter Leopold und den nachmaligen Bürgermeister von Wien, Neubacher, geführten Prozeß die Prozeßleitung sichtlich darauf aus war, einen Zusammenhang zwischen der verbotenen Tätigkeit derer in der illegalen Landesleitung der NSDAP Österreich und der Aktion Reinthaller erkennbar zu machen. Nachdem Reinthaller und Langoth als Zeugen einvernommen worden waren, verließen sie Wien in der Überzeugung, daß sich das über ihrem Tun gesammelte Gewitter verzogen hätte.

Aber am 3. März 1936 schlug der Blitz ein: An diesem Tag erschien der Leiter des Bundespolizeikommissariats Wels mit vier Kriminalbeamten in der Wohnung Reinthallers am Attersee. Es wurde viel Schriftzeug zäsiert, aber es fand sich darunter kein belastendes Material. Peinlich war aber, daß dabei zutage kam, daß der seit 1935 amtierende Minister für Inneres und Sicherheit, Baar-Baarenfels, eine geheim gebliebene Unterredung mit Revertera geführt hatte, wobei einiges in den Informationsbestand der Illegalen durchgesickert war. Revertera entschuldigte sich bei Langoth, als auch bei diesem eine Hausdurchsuchung stattfand, mit dem Hinweis, diese Maßnahmen gingen nicht von ihm, dem Sicherheitsdirektor von Oberösterreich, sondern von Wien aus. Im übrigen stellte der Graf die Sache so dar, als läge es angesichts der gegen Langoth und Reinthaller vorliegenden schweren Beschuldigungen im Interesse beider, wenn in einer einwandfreien *amtlichen* Untersuchung in der Sache Klarheit geschaffen werde. Eine Festnahme der beiden Führer der Aktion Reinthaller fand nicht statt. Man schickte Langoth in Begleitung eines Polizeikommissärs heim und veranlaßte die Durchsuchung des Büros des »Deutschen Volksbundes für Oberösterreich«. Auch die Materialien des von Langoth geführten Vereines »Volkshilfe« wurden durchstöbert, zum Teil beschlagnahmt. Es fand sich nichts, was für die beiden Betroffenen belastend gewesen wäre.

In den Reihen der Illegalen erhob sich ein Sturm der Entrüstung über das Vorgehen, das man dem Kanzler und Frontführer zuschrieb. Erst nach 1945 wurde die Tatsache bestätigt, wonach es der Wiener Polizeipräsident Skubl war, der bei den Erhebungen, die zum Prozeß gegen Hauptmann Leopold und Neubacher führten, in den Besitz verläßlicher Nachrichten kam, wonach es tatsächlich einen effektiven Zusammenhang zwischen der Aktion Reinthaller und dem fortgesetzten Kampf der Illegalen gegeben hat. Es blieb nun bis 1938 das Dilemma im Schema des ununterbrochenen Konflikts innerhalb der nationalsozialistischen Bewegung in Österreich, daß in zwei und mehr verschiedenen Weisen auf verschiedenen Ebenen gegen die Regierung und ihre Anhänger vorgegangen wurde:

Einerseits wurde jede Möglichkeit ergriffen, um auf legaler Basis und in der Öffentlichkeit vertrauenswürdige Mitkämpfer in Verhandlungen mit Vertretern der Regierung zu schicken, um während solcher Gespräche die Abwehr der staatlichen Exekutive zu einer gewissen Zurückhaltung zu bringen. Hiebei war die Auflösung der Wehrverbände, die im Zusammenhang mit diesen Befriedungsaktionen erfolgte, ein entscheidender Erfolg der Strategie der Nationalsozialisten, denn die enttäuschten Kämpfer in den Wehrverbänden ließen es nunmehr lieber sein, nochmals anzutreten oder etwa im Verband der VF oder in irgendeiner der eher kulturell ausgerichteten Nachfolgeorganisationen mitzumachen. Viele gingen jetzt, wie nach den Februarkämpfen 1934 die Schutzbündler, zu den Nationalsozialisten über, wie dies der Paradefall des Hauptmanns Karl Biedermann beweist, dessen Name nach den Februarkämpfen ein von der HW »eroberter« Gemeindebau trug und der 1945 als Major und Kommandant der Heeresstreife Groß-Wien wegen seines Kontaktversuches mit den sich Wien nähernden Spitzen der sowjetischen Armeen verraten und in Floridsdorf »Am Spitz« öffentlich gehenkt wurde.

Andererseits entstand die andere Ebene, weil Schuschnigg bis zuletzt eine Gesprächssituation mit den österreichischen Nationalsozialisten unterhalten hat; sein Bruch mit Starhemberg im Frühjahr 1936 hat mit einen Grund darin, daß der Kanzler mit der *Gewaltanwendung* nach den tragischen Exekutionsmethoden des Jahres 1934 Schluß machen wollte, während der Fürst in der letzten Unterredung vor seinem Ausscheiden aus der Regierung nach früher Kenntnis im Umgang mit den Nazis bezweifelte, ob es überhaupt möglich sei, mit ihnen ohne Gewaltanwendung zu Rande zu kommen. Starhemberg wurde in seiner Ansicht auch nach 1938 durch die Haltung der demokratischen Großmächte des Westens bestätigt, die bis weit ins Jahr 1939 hinein dem Prinzip des britischen konservativen Ministerpräsidenten Chamberlain folgten, der vergebens »*appeasement*« predigte, um »*peace in our time*« zu sichern. Das war die Politik, die bekanntlich Mitursache der Polenkrise 1939 und des gleichzeitigen Bündnisses Hitlers mit Stalin war, was zum Ausbruch des Zweiten Weltkrieges führte.

Nach dem Scheitern der Aktion Reinthaller richtete die illegale Presse der Nationalsozialisten ihr Punktfeuer auf den Leiter des Pressedienstes des Bundeskanzleramtes und damaligen Vorsitzenden der Pressekammer, Eduard Ludwig. Ludwig besaß zur Zeit Seipels das besondere Vertrauen dieses Bundeskanzlers sowie seiner christlichsozialen Nachfolger; so hielt es auch Schuschnigg. Es war bei den Angriffen auf die Person Ludwigs nicht schwer nachzuweisen, daß er Freimaurer war; das und die Unterstützung des Systems durch den jüdischen Generaldirektor der Phönix-Versicherung ergab sichtlich das vollendete Bild jener Trias, der alles Unheil auf Erden zugeschrieben wurde: *Jesuiten,* deren Schüler der Kanzler gewesen ist, *Freimaurer,* wie sein Pressechef einer war, und *Juden* vom Schlag des Generaldirektors der »Phönix«. Von dieser Feststellung aus war es leicht, dieser Trias zuzuschreiben, sie hätte die Aktion Reinthaller zu Fall gebracht. Daß es die Staatspolizei war, die eine Kampfgemeinschaft derer in der Aktion Reinthaller und der militanten Nationalsozialisten im Untergrund festgestellt hatte und so von Wien aus besagter Aktion ein Ende bereitete, kam erst nach 1945 in der Öffentlichkeit zutage, die sich längst nicht mehr gerne solcher Dinge erinnerte. Ein Foto des Pressechefs Ludwig, diesmal in der zebragestreiften Kluft eines KZ-Häftlings, war nach dem Anschluß in der Monsterschau »Der ewige Jude« in der Nordwestbahnhalle inmitten der »Größen des Systems und der Judenknechte« wie Heinrich Gleißner, Alfons Gorbach und vieler anderer, alle in der KZ-Kluft, zu sehen.

Schuschnigg war nicht willens, schon nach den Erfahrungen mit der Aktion Reinthaller seine Befriedungsaktion im Umgang mit den Illegalen einzustellen, so wie er denn nun auch die Tätigkeit der SAG intensiviert wissen wollte. Das, was Schuschnigg vom Persönlichkeitsbild der Männer, mit denen er es im Verlauf dessen zu tun bekam, wie eine undurchdringliche Wand getrennt hat, war vielfach eine Haltung des prinzipiellen Antiklerikalismus, einer Kirchenfeindlichkeit auf der Gegenseite. Gerade das hat der Kanzler im Umgang mit gebildeten Menschen nie recht glauben können; dies um so weniger, als er es bei der fraglichen Kontaktaufnahme auch mit zwei Persönlichkeiten zu tun hatte, zu denen er ein vorbehaltloses Vertrauen besaß und deren Katholizität unübersehbar war.

Hiebei kam er zunächst als Unterrichtsminister mit dem Universitätsprofessor und späteren Rektor der Universität im Studienjahr 1936/37, Oswald Menghin, in engen Kontakt. Menghin, Südtiroler von Geburt, aus der Familie eines Gründers des dortigen katholischen Lehrerverbandes hervorgegangen, war seit 1906 Mitglied einer Wiener Verbindung des CV und bis zu dessen Auflösung im Jahr 1938 eifrig in den Verbindungen tätig. Er wurde 1938 Unterrichtsminister im Anschlußkabinett Seyß, ohne je Mitglied der NSDAP gewesen zu sein, denn er wollte ja nicht ins Lager der Illegalen übergehen, sondern, wie andere, einen verhängnisvollen Kampf, der im Juli 1934 zu schweren blutigen Verlusten auf beiden Seiten geführt hatte, zu einem Ende bringen. Dies im Auge, hat er den von zahlreichen im Krieg in Tiroler Regimentern gestandenen Persönlichkeiten unternommenen Versuch, ihn für die Sache der HW zu gewinnen, ausdrücklich abgelehnt.

Zugleich mit Menghin trat der Direktor des Kriegsarchivs, der gewesene k. u. k. Generalstäbler Edmund Glaise-Horstenau, in die Reihe der Brückenbauer, wie man damals sagte. So wie Menghin stand Glaise, der in der Seipel-Ära von Vaugoin zum Archivdirektor berufen worden war, immer Kreisen katholischer Akademiker nahe. In den kritischen Zeiten Anfang der dreißiger Jahre stand er an der Spitze der »Katholischen Akademikergemeinschaft«, die abseits des CV in Wien bestand, deren durchaus präsentabler Charakter unbestritten war und in der er kaum als einer der prominentesten Brückenbauer jener Zeit aufgetreten ist. Starhemberg mochte ihn nicht, traute ihm nie. Neueste wissenschaftliche Untersuchungen haben viele Details seines wenig attraktiven Bildes beseitigt; was blieb, war das tragische Geschick eines im Krieg bewährten Soldaten, der im Frieden als Wissenschaftler ausgezeichnete Arbeit leistete, aber im Wirrwarr der Grabenkämpfe der dreißiger Jahre sowohl bei den Illegalen als auch im Lager der Regierungsanhänger zu viele Anlässe für Verdacht gab. Dieses Schicksal traf noch mehr Seyß-Inquart, den Hauptmann Leopold als eine Kreatur Schuschniggs, aber auch eines jesuitischen Stils beschuldigte. Alle diese Brückenbauer, unter denen sich auch Priester befanden, mußten im Dritten Reich scheitern. Nicht wenige starben unter ungeklärten Umständen. In der Gestapo-Leitstelle Wien am Morzinplatz galt nach 1938 die Regel, daß von allen Schwarzen in Österreich die »national eingestellten Schwarzen die widerlichsten und manche die gefährlichsten« seien. Menghin war im Anschlußkabinett für kurze Zeit Unterrichtsminister, damit endete seine politische Karriere aber nicht, denn nach 1945 wurde er von den Amerikanern lange konfiniert, ehe man ihn nach Lateinamerika entließ, wo er seine wissenschaftliche Tätigkeit bis zum Tod erfolgreich fortsetzte. Glaise kam noch vor dem Juliabkommen 1936 in die Bundesregierung, er war Vizekanzler im Anschlußkabinett, zeigte sich nach 1938 gerne in seiner ihm ehrenhalber verliehenen Uniform eines hohen SA-Führers, scheiterte aber bei dem Versuch, nach 1941 im selbständigen Kroatien zusammen mit alten Kriegskameraden den Widerstand gegen Tito zu organisieren; er verübte nach 1945 in

Gewärtigung der Auslieferung an das kommunistische Jugoslawien Selbstmord. Seyß, Bundeskanzler, Reichsstatthalter, Reichsminister, Reichskommissar in Polen und in den Niederlanden, wurde im Prozeß gegen die Hauptkriegsverbrecher in Nürnberg 1946 gehenkt, aber nicht wegen seiner Tätigkeit in Österreich. Diese Männer und unzählige Österreicher aller politischen Richtungen, Kommunisten und Monarchisten ausgenommen, teilten in der Zwischenkriegszeit die Hingabe an die *Anschlußidee*, wie sie Karl Renner damals in der ersten Version der Verfassung der jungen Republik statuiert hatte, die Sieger aber mit ultimativen Drohungen endgültig zu unterdrükken versucht haben. So zuletzt 1932 in den Lausanner Protokollen der von Dollfuß erreichten Sanierungsanleihe.

Seyß unterschied sich sehr von Menghin und Glaise. Er kam aus der HW-Bewegung; nicht aus der von Fey geschaffenen und zu einiger Bedeutung gelangten WHW, sondern aus einer zahlenmäßig schwachen Formation, nämlich der des Steirischen Heimatschutzes, welche dieser in Wien unterhielt, die aber bekanntlich mit dem Übertritt zum Nationalsozialismus endete. Eine kleine, aber symbolhafte Äußerlichkeit unterschied in Wien die Männer der WHW und jene des Steirischen Heimatschutzes; letztere hatten als Kopfbedeckung eine Art Trachtenhut, während die WHW das Modell der Feldkappe der bestandenen k. u. k. Armee und deren Feldzeichen, das dreiblättrige Eichenlaub, trug.

Bei den letzten Nationalratswahlen der Ersten Republik demonstrierte die WHW für die Liste der Christlichsozialen Partei, der Steirische Heimatschutz aber vertrat die Parole der in der Steiermark aufgestellten Alternative mit der Parole: »Das deutsche Volk von Wien wählt Heimatblock weiß-grün.« Natürlich näherte sich Seyß Schuschnigg nicht in solcher Aufmachung, seine Herkunft aus der HW betonend. Erst nach 1938 bekannte Seyß, daß er seit 1931 Sympathisant der NSDAP gewesen ist; da trug er allerdings schon die Uniform eines hohen SS-Führers. Der Religionsunterricht seiner Kinder brachte Seyß in näheren Kontakt mit dem Pfarrer von Dornbach; dieser war im Ersten Weltkrieg Feldkurat des Salzburger Infanterie-Regiments Nr. 59 gewesen. Das Gespräch über Kriegserlebnisse ging über auf kirchliche Themen, und Seyß tat schließlich am Rand der Katholischen Aktion mit, die ohnehin schon daran war, die traditionelle Form des Vereinskatholizismus in Österreich ab- und aufzulösen. Man weiß, daß die Familie Seyß über den nunmehrigen eifrigen Kirchenbesuch des Vaters ein wenig überrascht war. Der aber schmunzelte: Das sei so etwas wie eine *nordische List,* und es wäre ganz gut, wenn ihn die guten Leute in Dornbach in der Kirche sähen. Seyß kondolierte nach dem Tod Dollfuß' dem Vorsitzenden des von Schuschnigg geschaffenen Clubs prominenter Intellektueller, dessen Vorsitzender der damalige Präsident der Nationalbibliothek, Josef Bick, war. Was Seyß den Illegalen bis 1938 tatsächlich einbrachte, ist umstritten. Sicher ist, daß er sich nicht vorbehaltlos mit den Absichten des deutschen Botschafters von Papen identifizierte und daß das in Regierungskreisen damals günstig vermerkt wurde. Es entsprach aber so ganz dem Wesen, fast möchte man sagen, der offiziersmäßigen Art von Ritterlichkeit Schuschniggs, daß er es bis 1938 für unmöglich hielt, daß Seyß eines der Pferde sein könnte, die von Papen vor den Wagen spannte, um sein Trojanisches Pferd ins Regierungslager zu bringen, auf daß aus dem Bauch des Pferdes jene Männer im Bundeskanzleramt das Heft in die Hand nehmen konnten, die keine Kämpfer wie jene des 25. Juli 1934 waren, aber ungleich erfolgreicher. Immerhin war Seyß bis zum 12. März 1938 andererseits gegen die Vereinigung Österreichs mit dem Dritten Reich (!).

Dem Ende der Aktion Reinthaller folgte ein Intermezzo von kurzer Dauer. Hauptmann Leopold konnte gemeinsam mit Glaise einen jener damals in rascher Folge gegründeten Vereine zustande bringen, deren Namen mit einer unterschiedlichen Mischung von Synonymen der Worte: deutsch, sozial und Gemeinschaft oder Verein allen Wissenden sagte, worum es eigentlich ging. Ein erster Versuch Leopolds war so plump angelegt, daß der Staatspolizei mühelos die Enttarnung gelang. Diese angeblichen oder tatsächlichen Befriedungsversuche fanden statt, während gleichzeitig die nationalsozialistischen Kämpfer keine Gelegenheit versäumten, um der Öffentlichkeit zu beweisen, daß der Nationalsozialismus in Österreich trotz des Verbots der Betätigung für die Partei und deren Gliederungen bestand und kämpfte.

Im Juli 1936, kurz nach dem Juliabkommen, sollte, wie erwähnt, in einer Großveranstaltung auf dem Wiener Heldenplatz die feierliche Verabschiedung der für die Olympischen Spiele 1936 in Berlin genannten österreichischen Mannschaft stattfinden. Beim Erscheinen Starhembergs, der nach seinem Regierungsaustritt noch Führer der Sport- und Turnfront war, kam es zu massenhaften Zwischenfällen, die von den in der Menge der Besucher eingesetzten Nationalsozialisten verursacht wurden und den Eindruck erweckten, als handle es sich bei den auf den Heldenplatz gekommenen Massen ausschließlich um Nationalsozialisten. Starhemberg ging nach Schluß seiner von Lärm unterbrochenen Rede seinen Weg zum Äußeren Burgtor mitten durch die Menge; er hatte während dieses Ganges mit dem Leben abgeschlossen; wäre er an jenem Tag gefallen, dann hätte das für die Illegalen einen Rückschlag bedeutet wie jenen, den sie nach dem 25. Juli 1934 erlitten hatten.

Die nächste Großkundgebung der Nationalsozialisten in Wien fand im Februar 1937 beim Besuch des Reichsaußenministers von Neurath in der Bundeshauptstadt statt. Diesmal hatten die Nationalsozialisten entlang der Mariahilfer Straße eine ähnliche Kundgebung arrangiert wie im Sommer zuvor bei der Verabschiedung der Olympiamannschaft. Es kam zu unglaublichen Szenen, wenn sich zum Beispiel SA-Männer vor den Wagen des Gastes warfen, um diesem unübersehbar zu demonstrieren, woran er in Österreich war. Noch war die Reaktion in VF-Kreisen groß genug, um zur Verabschiedung des Gastes eine noch zahlreichere Masse von Gegendemonstranten auf die Straße zu bringen. Die Regierung verhinderte die Skandalisierung des Staatsbesuches, indem sie die Abfahrt von Neuraths nicht auf dem Wiener Westbahnhof, sondern, unbemerkt von der Öffentlichkeit, auf einem Bahnhof der Strecke arrangierte.

Das Juliabkommen hatte unter anderem zur Folge, daß Reichsbürger, die in Österreich ansässig waren, an Feiertagen des Dritten Reiches die Hakenkreuzfahne hissen konnten. Am 1. Mai 1937 kam es in Pinkafeld zu einem Zwischenfall, bei dem es darum ging, daß Teile der Bevölkerung einem jungen Offizier des Bundesheeres folgten, der sich an die Fahne heranmachte. Das nun war eine eklatante Verletzung dessen, was im Juliabkommen österreichischerseits zugesagt worden war. Hitler soll bei Einlangen der Nachricht von diesem Zwischenfall getobt haben. Dem Ballhausplatz blieb nichts anderes übrig, als durchs kaudinische Joch zu gehen und sich in Berlin bittlich zu entschuldigen.

Den größten Erfolg hatte von Papen mit dem von ihm geförderten Kameradschaftstreffen österreichischer und deutscher Kriegsteilnehmer, das im Juli 1937 in Wels stattfand. Von Papen hat die dabei zustande gekommenen Szenen in seinen Memoiren genüßlich beschrieben. Es war ein krasser Mißbrauch jener Kriegskameradschaft, die über alle dramatischen und tragischen Ereignisse der dreißiger Jahre hinweg Bestand behalten hat. So trug zum Beispiel der in Berlin mit äußerstem Mißtrauen beobachtete österreichische Generalstabschef des Bundesheeres, General Jansa, das ihm seinerzeit verliehene Eiserne Kreuz I. Klasse von 1914. Und Schuschnigg hat es noch am 11. März 1938 in Erinnerung an den gemeinsamen Kampf der Mittelmächte und die daher rührende Kameradschaft abgelehnt, die bereitgestellten Verbände des Bundesheeres gegen die anrückende deutsche Wehrmacht marschieren zu lassen, weil nicht *deutsches Blut*, auch nicht in dieser Stunde, vergossen werden sollte. In Wels aber verunstaltete eine aus der ersten Nachkriegsgeneration rekrutierte SA das Fest. Es kam dazu, daß eine Alarmabteilung der österreichischen Gendarmerie mit »Bajonette auf!« und unterm Stahlhelm aus der Kriegszeit den Festplatz räumen mußte.

Noch immer gab Schuschnigg nicht auf. Nach dem erwähnten Scheitern des von Hauptmann Leopold geschaffenen und getarnten Deutschen Volksbundes wurde das Experiment gestattet, legalerweise eine Führungsgruppe der Illegalen ans Werk der Versöhnung zu lassen. Das war die Zeit des *Siebener-Ausschusses,* einer gemischten Gesellschaft, die sich in einem Bürolokal in der Wiener Teinfaltstraße, einen Steinwurf weit vom Sitz der illegalen Landesleitung der NSDAP, traf. Wieder hatte Hauptmann Leopold der Regierung gegenüber die formelle Leitung des Unternehmens in Händen. Motor des Ganzen war aber der wegen nationalsozialistischer Betätigung aus dem Staatsdienst entlassene Dipl.-Ing. Dr. Leopold Tavs, dessen radikale politische Gesinnung ihn nicht davor schützte, daß er das Opfer seiner mangelhaften Kenntnisse in der Kunst der Verschwörung wurde. Er war nämlich so unklug, die von ihm fertiggestellte Detailausarbeitung des Planes eines Umsturzes in Österreich in seiner Schreibtischlade im Büro des Siebener-Ausschusses zu verwahren, wo sie denn auch bei Verbot dieses Experiments der Staatspolizei in die Hände fiel. Nun erfuhr der Kanzler, was sich unter den Fittichen der Regierung im letzten Halbjahr 1937 getan hatte, was ihm und seiner Regierung zugedacht war. Neben Tavs trat der später zum Staatsrat ernannte Arzt Dr. Hugo Jury im Siebener-Ausschuß auf; an ihm kam bis zum Anschluß 1938 kein Versuch einer Befriedung mehr vorbei. Der aus dem Staatsdienst entlassene Dr. Egbert Mannlicher war ein hervorragender Jurist. Als Staatsbeamter alter Schule traf ihn diese Maßregelung des Systems mehr als jeden anderen hievon betroffenen Nationalsozialisten, doch als Politiker betrat er ein Gebiet, in dem er auf Extreme stieß, die er nach 1945 lieber vergessen hat, wenn er von seiner Verfolgung vor 1938 redete. Ebenfalls zu den Verärgerten gehörte der ehemalige Landesamtsdirektor Ferdinand Wolsegger, der aus Kärnten schon einiges von dem in die Szene nach Wien mitbrachte, was in diesem Bundesland die eigentlichen Macher vom März 1938, der Kärntner Major a. D. Hubert Klausner, den Hitler nach der Begegnung mit Schuschnigg in Berchtesgaden anstatt des abgehalfterten Hauptmanns Leopold zum letzten Landesleiter der Verbotszeit der NSDAP gemacht hat, der spätere zeitweise Gauleiter von Wien, Odilo Globocnik, und der nachmalige Gauleiter von Salzburg, zuletzt von Kärnten, Friedl Rainer, schon für den

Endkampf vorbereitet hatten. Das spätere Auftreten dieser Männer in Wien wird das in die Person Seyß gesetzte Vertrauen des Kanzlers illusorisch machen.

Um es vorwegzunehmen: Anfang 1938 konnte die illegale Tätigkeit derer in der Teinfaltstraße schon der Blinde mit dem Stock greifen. Menghin war damals diese Courage schon unheimlich, aber er warb weiterhin in nahestehenden Kreisen für seinen Kurs, namentlich in den katholischen Akademikerorganisationen, vor allem in Kreisen des ÖCV in Wien.

Auch Seyß gab nicht auf, als er sah, daß sich der Siebener-Ausschuß wie der Generalstab für die Machtergreifung der Nationalsozialisten in Österreich gebärdete. Er hat auch am 11. März 1938 nicht aufgegeben, die militärische Besetzung Österreichs hintanzuhalten, und berief einige *seiner* Männer in sein erstes und kurzlebiges Kabinett vom 12. März 1938, eines für ein »unabhängiges Österreich« (!).

Aber im Sommer 1937 versuchten er und der Kanzler es auf eine weitere Tour. Zugleich mit der Schaffung des Siebener-Ausschusses erfolgte im Verband der VF die Berufung eines Volkspolitischen Referenten. Hiebei taten sich der Generalsekretär Zernatto und Seyß zusammen, um diesen Mann im nationalen Lager zu finden. Seit dem Scheitern der Aktion Reinthaller und dem Juliabkommen hatten vor allem Glaise, Seyß und auch Menghin dem Kanzler immer wieder Exponenten des nationalsozialistischen Lagers vorgestellt, die sich tatsächlich zu einem *unabhängigen* Österreich bekannten und erklärten, sie wollten keine Partei gründen. Es gab in jenem Jahr 1937 Männer, die wie Menghin, Jury und In der Maur auch im Siebener-Ausschuß mit solchen Erklärungen aufwarteten. Unheil brachte in diese Ausgangslage der von seinem Gesandtschaftsposten in Ungarn abberufene HW-Mann Neustädter-Stürmer, der in Budapest wohl so etwas wie eine Gehirnwäsche mitgemacht haben muß; er, der anfangs in der Regierung Dollfuß ein radikales Vorgehen gegen die Nazis verlangt hatte und der am 25. Juli 1934 jenes fatale Abkommen mit den Männern der SS-Standarte 89 abschloß, das diesen freies Geleit für die Ausreise ins Dritte Reich in Aussicht stellte, mischte jetzt im Lager jener »betont Nationalen« mit, wo sein grundsätzlicher Antiklerikalismus quasi ein Entreebillett für seine Teilnahme am Endsieg des Nationalsozialismus in Österreich war. Jedenfalls hatten letztere Kreise neben Glaise einen Mann in der Regierung. Neustädter-Stürmer ließ in der Linzer Zeitung »Neue Welt« ein Proponentenkomitee für eine neuerliche Vereinsgründung veröffentlichen, das tatsächlich auch zuletzt Namen wie den des hochangesehenen Wiener Völkerrechtslehrers Alfred Verdroß enthielt, den man bisher eher von seiner Tätigkeit im Verband der katholischen Edelleute her kannte, jedenfalls aber als hervorragenden Wissenschaftler schätzte. Als Hauptmann Leopold, der Landesleiter der illegalen NSDAP, den Proponenten dieses Vereines seinen Dank für die *ihm* so zuteil werdende Unterstützung zukommen ließ, wurde die Stellung ihres Schutzherrn Neustädter-Stürmer als Regierungsmitglied unhaltbar; im März 1937 schied er, der bisherige Sicherheitsminister (!), aus dem Kabinett aus.

Was nun folgte, war eine Umkehr der Initiativen. Hatten bisher Exponenten des nationalen und des nationalsozialistischen Lagers als Vertrauensmänner zum Umgang mit der Bundesregierung gedrängt, so geschah es jetzt, daß Schuschnigg aus dem in Betracht kommenden Kreis von Österreichern einen Menschen auszuwählen suchte, der sich als Vertrauensmann und Mittler für das große Ziel einer Befriedung im Land hergeben sollte. Dabei wurde stillschweigend anerkannt, daß es sich um einen Menschen handeln *könnte*, der insgeheim schon drüben bei den anderen war, der bloß bisher nicht von der Staatspolizei entdeckt worden war. Man weiß heute nicht mehr, wie viele Fälle es gegeben hat, in denen hochgestellte Mitarbeiter und Nutznießer des Systems am 11. März 1938 hohnlachend die Belege ihrer illegalen Tätigkeit aus der Tasche gezogen haben, um den vom Unglück betroffenen Mitmenschen zu sagen, sie hätten diese doch oft genug gewarnt, doch wer nicht hören will, muß fühlen . . . Noch kläglicher war, daß ähnliche Typen sich 1945 in die Schar jener Widerstandskämpfer drängten, die im Dritten Reich tatsächlich Kopf und Kragen riskiert hatten und nun seltsame Figuren an ihrer Seite im neuen Österreich sahen. Diese Ereignisse, der *Umbruch* 1938 und der sogenannte *Rückbruch* 1945, haben schwer heilbare Verletzungen des moralischen Gefüges im Land verursacht.

Zur Sache: *Es ging um die Suche eines Volkspolitischen Referenten* für die Bundesleitung der VF. Eine ganze Kette von persönlichen Verbindungen mußte herhalten, bis man einen geeignet scheinenden Mann fand. Zunächst machten sich Seyß und Zernatto auf die Suche. Zernatto kannte aus Dichterkreisen den Salzburger Karl Heinrich Waggerl. Wer denkt ein halbes Jahrhundert später daran, diese Dichterpersönlichkeit im Gestrüpp jener Jahre zu finden! Aber Waggerl war mit Kajetan Mühlmann befreundet, einem Kurbler und Zwischenträger, der Funktionär der illegalen Landesleitung der NSDAP war und 1938 in Berchtesgaden und nachher in Wien zur Hochform auflief. Zernatto verstand sich mit Mühlmann, der ihm in der Nacht zum 12. März sogar seinen Schutz anbot.

Ein ganzes Räderwerk drehte sich. Zunächst schlug der Kanzler dem

Bundespräsidenten vor, Seyß in den Staatsrat zu berufen. Das geschah. Es konnte nur geschehen, weil im Lager der Illegalen die schon einflußreichen Männer von morgen, wie etwa Friedl Rainer, nicht aber der Landesleiter Hauptmann Leopold, gefragt wurden. Jetzt zeigten sich auch die Folgen der nach dem Juliabkommen erfolgten Massenamnestie. Die beiden Kärntner, Globocnik und Rainer, bekamen ein vollständiges Reservoir von Unterführern an die Hand, die nach ihrer Haft darauf brannten, mit dem System abzurechnen. Plötzlich waren ganze Reihen von Anwärtern auf bestimmte Führungsposten da, welche durch Verhaftungen immer wieder vakant geworden waren, Haftgenossen von gestern, Führungsanwärter von heute, Sieger von morgen, die einander in dem Bestreben beengten, den Lohn für ihre ausgestandenen Verfolgungen zu erhalten. Es gab arge Zerwürfnisse im Untergrund. Nach dem Anschluß machten Hitler und Bürckel rücksichtslos Ordnung. Das Dritte Reich hatte ja bessere Parteigenossen in Reserve als jene Österreicher, die seit 1933 so viel Murks angerichtet hatten.

Der Kanzler sprach sich von Anfang an gut mit Seyß. Man erzählte, daß die beiden beim ersten Zusammentreffen in der Dienstwohnung des Kanzlers zuweilen mehr von *musischen* Interessen als von *politischen* Aktualitäten geredet haben. Mag sein, daß Schuschnigg so die Tiefe der Persönlichkeit Seyß' ausgelotet hat; er selbst liebte es bis in seine Todesstunde, die Musik der Wiener Klassiker zu hören . . .

Seyß verließ den Hintertrakt des Hauses Landstraßer Gürtel 3 an diesem Tag im Besitz der Vollmacht, mit den Gliederungen der »nationalen Opposition« zu verhandeln. Alle bisherigen Visionen von einer Einbeziehung dieses Lagers in die VF wurden aufgegeben. Und dazu kam die Berufung des Volkspolitischen Referenten. Alles das ging über diverse Geleise und über verschieden gestellte Weichen. Wenn nachher von einem totalen Staat oder einer Diktatur in Österreich gesprochen wurde, dann steht dem entgegen, daß alle nach rechts und links hin laufenden Befriedungsaktionen so vor sich gingen, daß zwar die formelle Ernennung am Schluß quasi autoritär erfolgte, der zur Schlußfassung berufene staatliche Funktionär sich aber auf nicht wenige Zwischenmänner verlassen mußte, deren Namen im Amtskalender nicht zu finden waren, wohl aber vielleicht in den Karteien der Polizei.

Da gab es einen Zwischenfall: Das getarnte Büro der illegalen Landesleitung der NSDAP in der Helferstorferstraße wurde durchsucht, und die Polizei fand Belege dafür, daß sich, entgegen dem Juliabkommen 1936, Berlin sehr wohl und beständig in innenpolitische Dinge des Vertragspartners eingemischt hatte. In Berlin herrschte helle Aufregung wegen dieses neuerlichen Murks in Österreich. Glaise, übrigens Hofrat, machte sich auf, um in Berlin als Beschwichtigungshofrat zu fungieren und einen Hüftschuß zu verhindern. Er besuchte die Reichsminister von Neurath, Göring und Goebbels, um sicher zu gehen, daß man dort nach den seltsamen Funden in der Helferstorferstraße nicht etwa die Flinte ins Korn werfen oder etwas anrichten würde. Das nun tat Hitler selbst nicht. Er ließ sich Hauptmann Leopold nach Berchtesgaden kommen, las ihm gehörig die Leviten und erinnerte ihn an die im Juliabkommen übernommenen Verpflichtungen des Reiches. Man redete offenbar aneinander vorbei, denn Leopold war nachher überzeugt, daß in Österreich unter »nationaler Opposition« einfach die NSDAP zu verstehen sei und also er, und nur er, das Sagen hätte. Kaum daheim in Österreich, machte Leopold von dem Gebrauch, was Hitler ihm anheimgegeben hatte, nämlich die Faktoren zu nennen, die dem Landesleiter bei seiner Tätigkeit im Wege stünden oder dazwischenfunkten. Es wurde eine lange Liste, die mit Schuschnigg anfing; genannt wurden unter anderem Mühlmann, Fischböck, Handelsminister im Anschlußkabinett, Seyß, vor allem aber die jungen Männer der Tat wie Rainer und Globocnik und ein gewisser Wehofsich, ein Kurbler, wie es solche Kapazitäten der Intrige und Betulichkeit seinerzeit nicht einmal in der HW gegeben hat. Auch von Papen nannte Leopold. Seyß' Ernennung zum Staatsrat stellte er hin, als hätte sich damit der Kanzler »aus der Schlinge ziehen wollen«.

In Sachen Volkspolitisches Referat in der VF war Leopold nicht zu haben. Einen Kandidaten, der von Papen genehm war, lehnte er ab. Manchmal schien es, als wäre die deutsche Gesandtschaft in der Metternichgasse dem Hauptmann Leopold noch mehr zuwider als der Ballhausplatz. Das führte geradezu zu einem Abbruch der Beziehungen zwischen der illegalen Landesleitung und der deutschen Gesandtschaft. Es dauerte lange, bis endlich der Mann gekürt werden konnte, der als Volkspolitischer Referent in die Zentrale der VF in Wien »Am Hof«, formell vom Frontführer ernannt (!), einziehen konnte.

Der Betroffene hat seine Berufung und seine erste Begegnung mit dem Generalsekretär der VF und dem Frontführer in seinen 1939 erschienenen Erinnerungen an seine Beteiligung im »Letzten Kampf um Österreich« beschrieben. Wenn diese Schilderung zutrifft, dann ist der Vorgang der Betrauung des Auserwählten in die Zentrale der VF beiläufig erfolgt; man gewinnt den Eindruck, als wäre dieser letzte Befriedungsversuch lustlos und en passant vor sich gegangen.

Der Auserkorene hieß Dr. Walter Pembaur. Aus der Großdeutschen

Partei hervorgegangen, war er am Vorabend des sensationellen Wahlsieges der NSDAP in Innsbruck im Jahr 1933 amtierender Vizebürgermeister. Die nach ihrer dortigen Niederlage völlig desorientierten Christlichsozialen fürchteten, für ihren Kandidaten für den Bürgermeisterposten die Stimmen der SDAPÖ nicht mehr zu erhalten. Also waren sie bereit, mit der NSDAP zu paktieren (!). Die Chance, Bürgermeister zu werden, wäre für den Normaltyp eines Politikers verlockend gewesen. Die Christlichsozialen und die NSDAP hätten sich auf Pembaur geeinigt, aber dazu hätte dieser der NSDAP beitreten müssen, denn anders war der Gauleiter nicht zu haben. Pembaur lehnte den Beitritt ab; er hätte sich geschämt, wenn seine Mitbürger ihm gesagt hätten, er wäre der NSDAP beigetreten, um Bürgermeister zu werden. Im übrigen versuchte er sich im Herbst des Jahres in einem »Bund für österreichisch-deutsche Verständigung«. Aber in Österreich gingen die Uhren schon anders, denn im Dritten Reich hielt man es mit einer anderen Zeit. Da kam Theo Habicht an Pembaur heran. Er war damals der von Hitler den Österreichern gesetzte Landesinspekteur der NSDAP. Der meinte 1933:

»Der Kampf dauert nur mehr einige Wochen . . . Um mich werden Sie nicht herumkommen . . .«

Es gab in beiden Lagern zu viele Kleinpotentaten, denen es gefiel, in eigener Sache die anderen zu belehren, daß *man um sie nicht herumkäme*. Die Jahre vergingen, und eines Tages bekam Pembaur überraschend ein Schreiben des Präsidialbüros der VF Wien, mit dem er gebeten wurde, sich am Samstag, dem 12. Juni 1937, vormittags, beim Herrn Staatssekretär Zernatto einzufinden. Sichtlich hatte man »Am Hof« in Wien die einmal bei Hof üblichen veralteten Benehmitäten im Zuge der Neuerungen außer Kurs gesetzt.

Zum ersten Mal saß Pembaur dem Mann gegenüber, in dessen Hand der Kanzler die Möglichkeit gelegt hatte, noch einmal seine Befriedungsaktion in Richtung Nationalsozialisten zu betreiben. Anders als der Kanzler, der von der Persönlichkeit Zernattos fasziniert war, sah Pembaur den Generalsekretär der VF und Staatssekretär der Regierung so: Ein gewesener armer Student, der es in seiner Burschenschaft nicht ausgehalten hat, ein Wanderlehrer in Diensten des »Deutschen Schulvereins« im gemischtsprachigen Gebiet Kärntens, ein junger Dichter, der eine profitable Heirat einging und sichtlich auf der Leiter des Aufstiegs zum Minister stand. Es war keine gute Entreeszene im letzten Spiel.

Vom Hinweis auf das Juliabkommen ausgehend, sprach der Generalsekretär vom Plan der Regierung, ein eigenes Referat für die Ver-

ständigung mit den nationalen Kreisen zu schaffen. Ob Pembaur dafür Interesse hätte? Der Besucher hätte Fragen gehabt, aber er wurde mit der Bemerkung unterbrochen, ob er mitarbeiten möchte. Pembaur sagte:
»Wenn dies möglich ist und Erfolg verspricht . . .«
Da soll sich Zernatto erhoben haben und, indem er dem Besucher die Hand zum Abschied reichte, gesagt haben:
»Ich freue mich Ihres grundsätzlichen Einverständnisses. Sie sollen die Leitung des Referates erhalten. Alles Nähere werden Sie nachmittags vom Bundeskanzler hören. Kommen Sie um fünf Uhr wieder, wir fahren zusammen hin . . .«
Schuschnigg empfing Pembaur in seiner Dienstwohnung beim Belvedere. Der gewohnte akademische Ton der Rede des Kanzlers dämpfte wohl die Enttäuschung und die beginnende Hoffnungslosigkeit, die der Kanzler nach den verschiedenen Befriedungsaktionen im Umgang mit Nationalen und Nationalsozialisten gehabt hat. Er zählte diese Versuche ohne emotionelle Aufwallungen auf und kam zu dem Schluß, daß der Siebener-Ausschuß nicht lebensfähig sei. Merkwürdigerweise soll der Kanzler in diesem Zusammenhang Dr. Jury als den bezeichnet haben, mit dem man reden könne, doch könne man dies nicht mit Leuten, die mit dem Kopf durch die Wand wollen. Schuschnigg erinnerte, daß die Sache der Errichtung des Referats schon im Februar mit der deutschen Delegation abgesprochen worden sei. Ursprünglich sei das Referat Seyß-Inquart zugedacht gewesen. Es wurde nicht gesagt, daß Seyß sich damals nicht binden ließ. Nun sei Pembaur berufen, und der Kanzler versprach ihm Erfolg. Hier handle es sich nicht um ein Abenteuer. Und:
Die Aktion muß Erfolg haben.«
Ahnte der Kanzler, daß es das letzte Eisen war, das er noch im Feuer hatte? Jedenfalls ließ er Pembaur freie Hand bei der Auswahl der Mitarbeiter. Wieder nannte er Seyß, dann Menghin; Pembaur erwähnte Reinthaller, einen Namen, den der Regierungschef akzeptierte. Und wieder: Pembaur sollte freie Hand haben. Nachdem am Vormittag Zernatto dem eben Ernannten »alles Nähere« in der Unterredung mit dem Kanzler versprochen hatte, schloß dieser seinerseits die Unterredung mit den Worten:
»Alles Weitere besprechen Sie mit Staatssekretär Zernatto.«
Zwischen Tür und Angel ereignete sich ein kurzer, bezeichnender Wortwechsel. Der Kanzler, dessen Wohnung in Innsbruck einmal von Terroristen zerstört worden war, fragte Pembaur, ob dieser seine Wohnung in dieser Stadt aufgeben würde. Der Gefragte war sich

des Zusammenhangs nicht bewußt, bezog sie auf seine Aufgabe und erwiderte, er glaube, das wäre doch etwas leichtsinnig.

Das Volkspolitische Referat in der VF-Zentrale wurde, anders als jene in den Bundesländern, die *Klagemauer*, an der ein unentwirrbares Gedränge all jener entstand, die seit dem Kampf der NSDAP gegen die Regierung zu Schaden gekommen waren. Verständlicherweise behinderte diese zeitraubende, mühsame Tätigkeit die Erfüllung des *politischen* Auftrags, der dem momentan parteilosen ehemaligen Großdeutschen zuteil geworden war. Immerhin gelang es, die Referenten in den Bundesländern ausfindig zu machen und in Funktion zu bringen. Insgesamt waren sie nach Herkunft und Anschauung eine sehr gemischte Gesellschaft. Für Oberösterreich wurde der Zivilingenieur Karl Breitenthaler ernannt, der nach dem Anschluß Landesstatthalter wurde. Für die Steiermark wurde der Professor der dortigen Technischen Hochschule, Armin Dadieu, gewonnen, der 1933 nach dem Betätigungsverbot für die NSDAP aus der Partei entlassen worden war, damit ihm die Lehrkanzel erhalten bliebe; 1938 wurde er Gauhauptmann; nach einem Fronteinsatz als Stuka-Flieger lehrte er an der Hochschule und sorgte 1945 für die geordnete Übergabe der Geschäfte an den von der SPÖ gestellten neuen Landeshauptmann Reinhard Machold. In Wien rückte Viktor Miltschinsky, ein solider alter Großdeutscher, in die Landesleitung der VF ein, durchaus urban im Umgang mit den Amtswaltern seiner neuen Umgebung. Der Rechtsanwalt Albert Reitter, ein Nationalsozialist, wurde für Salzburg geworben, für Kärnten Josef Friedrich Perkonig, an sich eher mehr Dichter als Parteipolitiker. Für Tirol wurde der renommierte Universitätsprofessor Raimund Klebelsberg ernannt; im »Deutsch-österreichischen Alpenverein« hatte er eine Aura erlebt, die es im Österreich von 1937 nicht mehr gegeben hat. Die Volkspolitischen Referenten in den Bundesländern benutzten zum Teil ihre »Funktion in der VF«, um ihren unentwegten Kampf gegen die Regierung weiterzuführen; andere litten unter dem Mißtrauen, das ihnen sowohl von Anhängern der Regierung als auch von kämpferisch eingestellten Illegalen entgegengebracht wurde. Zumal in Graz hatte dieses Instrument der inneren Befriedung keine Chance. Der dortige Landesleiter der VF Alfons Gorbach wurde das erste Opfer der nach Berchtesgaden 1938 anfangs erhofften »Befriedung«. Gegen ihn, der als der »böswilligste VF-Landesleiter in Österreich« hingestellt wurde, liefen die Vorhuten der Illegalen in Wien so lange Sturm, bis er noch vor dem Kommen Hitlers enthoben und durch einen Funktionär der Bundesleitung ersetzt wurde; Gorbach wurde nach dem Anschluß mit dem ersten Prominententransport nach Dachau gebracht, obwohl er Schwerkriegsbeschädigter war. Eine Schwierigkeit erhob sich im Kreis der Volkspolitischen Referenten: Die Mehrzahl davon drängte auf den raschen Sturz des Systems und den sofortigen Anschluß an das Dritte Reich; es gab aber auch Stimmen, die der Ansicht Seyß-Inquarts folgten und es nach dem Sieg bei einem nationalsozialistisch gewordenen Österreich belassen wollten.

In den letzten Wochen vor dem Anschluß wurden in Wien Namen nationalsozialistischer Führer genannt, die sich die Sporen in den Bundesländern verdient hatten und von denen sich viele Illegale erwarteten, sie würden auch in der Bundesrepublik Mode machen: Jury in Niederösterreich, Klausner, Globocnik und Rainer in Kärnten, Kaltenbrunner, Mühlmann, Reinthaller und mittelbar auch Langoth in Oberösterreich, Hueber in Salzburg; die in der Vorverbotszeit in Wien hervorgetretenen Männer kamen nicht erst nach dem Anschluß nicht mehr zum Zug, den Sieg kassierten andere. Dazu kamen die vielfach mit Mißtrauen begrüßten Katholen: Wolf, Flor, Glaise-Horstenau; nicht zu vergessen ist in diesem Zusammenhang der erste nationalsozialistische Bürgermeister von Wien Hermann Neubacher, der seit den zwanziger Jahren nicht nur in dem von allen im Nationalrat vertretenen Parteien beschickten Österreichisch-deutschen Volksbund an der Spitze gestanden ist, sondern auch seit seiner wirtschaftlichen Tätigkeit in der GESIBA über feste Beziehungen zu sozialdemokratischen Kreisen verfügte, die er nach dem Anschluß zugunsten der im System geschädigten Linken honoriert hat.

So siechten nebeneinander der Siebener-Ausschuß und das Volkspolitische Referat dahin, bis die Staatspolizei, wie gesagt, eruierte, daß es dem Dr. Tavs im Siebener-Ausschuß eigentlich um einen Putsch in Österreich ging. Tavs verwahrte die sorgfältig ausgearbeiteten Pläne im Büro des Ausschusses, wo sie von der Staatspolizei entdeckt wurden. Das geschah im Jänner 1938. Seit diesem Zwischenfall *wußte der Kanzler, daß alle Bemühungen seiner Befriedungsaktion am Ende waren.* Der Gedanke, eine persönliche Aussprache mit Hitler zu suchen, den Dollfuß einmal ventiliert hatte, gewann im engsten Kreis um den Kanzler Bedeutung. Ob er den *Gedanken zur Tat* reifen lassen würde, verschwieg der Kanzler selbst in diesem Kreis . . .

Im Lauf des Jahres 1937 wurde sich der Kanzler bewußt, daß trotz der Tatsache, daß im Land selbst die Front gegen den Nationalsozialismus noch hielt, die *Lösung* des den Staat in seiner Existenz bedrohenden Konflikts nicht mehr bei Typen wie dem Landesleiter Leopold lag, zumal dieser alle diffamierte, die sich mit »dem Schuschnigg« einließen. Fest stand auch, daß die großen Demokratien des Westens nicht einen roten Heller in die Behauptung des

Dollfuß-Staates setzten. Der Duce hatte in einer Begegnung in Rocca delle Caminate so geredet, als erwarte er vom österreichischen Kanzler ein koalitionsähnliches (!) Bündnis der Regierung mit der nationalsozialistischen Opposition. Die Hinweise, daß derlei zu nichts führe, weil die Illegalen aus dem *Dritten Reich* und unter den Augen der dortigen Regierung *geführt, ermuntert* und *unterstützt* würden, hatte der Duce schon zu Dollfuß' Zeiten als Übertreibungen angesehen, die nach seiner Meinung von gewissen Typen in der Umgebung des Kanzlers ausgingen.

Da geschah etwas, das eine Warnung war. Nach dem Juliabkommen gab es gemischte Delegationen der beiden Vertragsstaaten. Als in einer die Frage Rüstung und Militär zur Sprache kam, bedeutete man den Österreichern, derlei könne doch nicht zielführend sein, solange im Bundesheer die Herren Zehner (Staatssekretär für Landesverteidigung) und Jansa (Generalstabschef) führend seien. Das war ein Wink, daß sich Berlin jeden etwaigen gewaltsamen Widerstand gegen eine allfällige Intervention vorweg energisch verbat.

Und da war die unangenehme Erinnerung des Kanzlers an die Begegnung mit dem Duce in Venedig. Der Duce hatte ja ein glänzendes Szenarium vorbereitet, wobei die Österreicher nicht wußten, ob der Aufwand ihnen galt oder den zahlreichen Gästen aus dem Dritten Reich, die auf einem KdF-Schiff in die Lagunenstadt gekommen waren und die der Duce während der Verhandlungen mit den Österreichern demonstrativ an Bord des Schiffes begrüßte. In der Sache wurde klar, daß Mussolini bereits entschlossen war, sich wegen Österreich keinen Konflikt mit Berlin einzuhandeln.

In VF-Kreisen wurden mehr und mehr üble Folgen des Juliabkommens erkannt. Als Antinazis geltende Funktionäre in Staat und VF wurden leise entfernt, sobald man erkannte, daß sie nicht auf dem Boden des Juliabkommens standen und demnach nicht mitmachen wollten. Hingegen wurde Guido Schmidt bei seinem Besuch in Berlin in den dortigen Kreisen als der eigentliche Macher des Juliabkommens mit übertriebener Aufmerksamkeit, gleichsam demonstrativ, begrüßt. Man wußte, daß er unter allen Umständen für die buchstabengetreue Erfüllung des Juliabkommens Gewähr bot. Aber seit dem Entstehen der Achse Berlin – Rom im Jahr 1936, die 1941 zur Stahlachse werden sollte, schrieb die illegale Presse, diese Achse sei der Spieß, an dem der Dollfuß-Staat gebraten würde. Der Duce ist im Umgang mit den Österreichern nie in einen solchen Ton verfallen oder auf die Überbetonung seines Zusammenhalts mit Berlin zu sprechen gekommen. Das überließ er zuweilen seinem Schwiegersohn, Graf Ciano, und dem Schreiberling im »Giornale d'Italia«, Gayda.

Ciano hatte dem Kanzler bei der Verabschiedung nach dem Staatsbesuch in Venedig eröffnet, es sei unangenehm, die Deutschen zum *Feind* zu haben. Und nach einer Pause: Sie seien auch als *Freunde* schwierig. Das waren keine Neuigkeiten für Schuschnigg, aber es mußte die Regierungskreise in Wien überraschen, wenn besagter Gayda nach der Heimkehr des Kanzlers auch in seiner Zeitung schrieb:

». . . Tatsächlich werden die Nationalsozialisten in Österreich bald dazu aufgerufen werden, die Verantwortung in der Vaterländischen Front zu teilen, was ein erster Schritt zur Teilnahme an der Regierung Österreichs sein wird. Unmittelbar bevorstehend ist die Ernennung eines nationalsozialistischen Ministers, der mit Bundeskanzler Schuschnigg und dem Staatssekretär die Festlegung sämtlicher Probleme behandeln wird.«

Da die in Wien tatsächlich getätigte Abschlagszahlung und die Berufung eines Volkspolitischen Referenten in die Zentrale der VF schwere Enttäuschungen für den Duce gewesen waren, brachten nun die Gedanken Gaydas den geheimen Wunsch des Duce klar zum Ausdruck. Da nutzten die in Wien und in Rom hiezu verlauteten Dementis gar nichts mehr. Die Krise war da. Und als das Jahr 1937 zu Ende ging, waren auch die Befriedungsaktionen der Regierung zu Ende.

Zu Neujahr machte Glaise sein Vortragsprogramm für die Reise ins Dritte Reich fertig; er wird außer Landes sein, wenn es zur Endkrise in Wien kommen wird. Der Kanzler sagte zu Neujahr zum Wiener Vertreter des »Daily Telegraph«, daß ein *Abgrund* Österreich vom Nationalsozialismus trenne. Auf einer Versammlung der VF seines Wohnbezirkes Hietzing sagte Fritz Bock, engagierter Werbeleiter-Stellvertreter in der Zentrale der VF, schon im Sommer 1937, daß der seit 1933 tobende Kampf durch die Tatsache gezeichnet sei, daß die deutsche Regierung über Schweine à la Frauenfeld (der ins Dritte Reich geflüchtete ehemalige Gauleiter von Wien und dort Reichstagsabgeordneter) Vorschriften mache. Bock wird ein Jahr später, so wie Gorbach, Adam, Figl, Gredler, Hecht, Hornbostel, Hüttl, Schmitz, Staud und andere, präferent ins KZ Dachau eingeliefert werden als einer in der ersten Vorhut der ehemaligen Volksverräter und Judenknechte in Österreich . . .

Der erhoffte Aufschwung der VF blieb trotz des Bemühens ihrer alten Kämpfer und Zernattos Ideen aus. Hingegen erlebte die monarchistische Bewegung in dieser Zeit einen bemerkenswerten Aufschwung, der auch der scharfen Beobachtung Berlins nicht entging.

Was seit 1918 nie der Fall gewesen war geschah. Die Monarchisten bekamen Massen in ihre Versammlungen, nämlich jene, die überzeugt waren, daß nur die Heimkehr des Kaisers Österreich vor dem Hitlerismus bewahren könne. Der damalige junge Hochschulassistent Willibald Plöchl, nach 1945 Ordinarius an der Universität, und andere Redner bekamen auf den Ruf *»Wir wollen unseren Kaiser!«* begeisterte Zustimmung.

In Berlin wird man daher alsbald an einer Geheimen Kommandosache basteln, weil Hitler sich für den Fall vorsehen wollte, daß in Österreich »verfassungsgemäße Zustände gefährdet« würden. In der im März 1938 verfaßten Endausfertigung einer Weisung an das Oberkommando der Wehrmacht trug diese Kommandosache die Bezeichnung »Sonderfall Otto«; das war also wohl mehr als eine gesuchte Tarnbezeichnung. Seit der geheimen Besprechung, die Hitler im November 1937 mit den Oberkommandierenden der drei Wehrmachtsteile, dem Reichskriegsminister und dem Reichsaußenminister geführt und in der er gegen den Widerstand der Militärs weitausholende Aggressionspläne verlautet hatte, erwähnte der Führer und Reichskanzler namentlich die »Zertrümmerung« der ČSR und Österreichs; seltsamerweise tat er dies nicht in der Reihenfolge des tatsächlichen Ablaufs des Geschehens im Jahr 1938. Das sollte *»blitzartig«* geschehen; Österreich sollte zertrümmert werden, was nach dem Umbruch in Form der Zerlegung in Reichsgaue auch tatsächlich erfolgte.

War es da ein Wunder, wenn in Wien der Dr. Tavs, ein alsbald aussortiertes Rädchen in der großen Maschinerie des Hitlerismus, nicht nur den Sturz des Systems planmäßig vorbereitete, sondern der SA an Ort einen mörderischen Anschlag auf den deutschen Botschafter von Papen zumutete oder mindestens das Einschlagen der Fenster des Gesandtschaftsgebäudes, um so der Regierung in Berlin jenen *accident* zu liefern, der ein direktes Einschreiten in Österreich rechtfertigte?

Die seit dem Juliabkommen 1936 in Österreich zum Vertrieb zugelassene »Essener Nationalzeitung« stimmte nun schon ohne Rücksicht auf Ermahnungen der Pressepolizei und entrüstete Leserbriefe, welche die der Regierung nahestehenden Zeitungen nachdruckten, die Bevölkerung auf das ein, was Göring höchstpersönlich am 11. März 1938 per Telefon erledigte: die Liquidierung des Dollfuß-Staates. Was aber folgte, war zunächst eine großartige Szene in dem szenenreichen Leben des Herrn von Papen.

Es geht aufs Letzte

Von Papens Falle klappt zu

Das Berlin, das der aus Österreich gekommene Graf Revertera im Herbst 1937 erlebte, unterschied sich denn doch sehr von der Reichshauptstadt, in die er als k. u. k. Verbindungsoffizier zum königlich-preußischen Kriegsministerium in jenem Winter vor 20 Jahren gekommen war. Diesen härtesten Winter des letzten Krieges haben die Berliner als den Steckrübenwinter im Gedächtnis behalten. Nichts von dieser unglücklichen Vergangenheit war in der nunmehrigen Hauptstadt des Dritten Reiches übrig. Wie reingefegt schien sie und prächtig geschmückt, nicht nur in Äußerlichkeiten, sondern im Glanz eines kulturellen Lebens ohnegleichen. All die Schüler und Schülerinnen Max Reinhardts, die auch nach 1945 diese Schule der Bühnenkunst wieder mit Stolz nennen werden, hatten den jetzt wieder in Österreich wirkenden Meister aus ihrer Erinnerung getilgt; der Name war vergessen gemacht. Österreicher der Bühnenkunst pflegten damals zu sagen: Arbeiten (und verdienen) in Berlin, leben in (im) (Dollfuß-)Österreich.

Und nicht nur das Bühnenleben erlebte eine Blütezeit. Das musikalische Berlin zeigte in Opernhäusern und Konzertsälen eine Vollkommenheit, der auch jene aus der Musikstadt Wien gekommenen Künstler, die nicht an dieser Vollkommenheit mitwirkten, ihren Respekt erwiesen. Die Hochschulen waren Stätten der Wissenschaft und Forschung; noch wirkten dort die Lehrer, die Kollegen einer Generation von Nobelpreisträgern waren, welche dann jenseits des Atlantiks daran waren, eine begonnene Entdeckung, an die die Deutschen Otto Hahn und Fritz Straßmann schon nahe herangekommen waren, weiterzuentwickeln, die nach dem Gelingen der Kernspaltung eine furchtbare Kriegswaffe werden sollte: die *Atombombe*.

Aber dem Grafen aus Österreich schien, als würden die Berliner nicht an Krieg denken. Gewiß gab es auch Beengtheiten. Butter war knapp. Kanonen statt Butter war noch kein Schlagwort, aber eine spürbare Alternative. Im Herrenclub, wo der Österreicher auch gespeist hat, konnte man freier reden. Nein, es gab keine Alternative zu Hitler. Man war in diesem exklusiven Cercle ganz unter sich. Es ging allerdings das Gerücht, daß von Papen im Vierunddreißigerjahr den damaligen Präsidenten der Katholischen Aktion der Reichshauptstadt zu Tisch gehabt hat; kurz danach, nach der Niederschlagung des sogenannten Röhm-Putsches, bekamen die Hinterbliebenen nur mehr die sterblichen Überreste des gewesenen Ministerialdirektors. Der Österreicher hörte, daß es im fünften Jahr der Machtergreifung Hitlers noch immer leicht war, ein ähnliches Schicksal zu erleiden, noch leichter aber, in eines der KZs zu kommen.

Wie die Massen der Arbeiterschaft diesen Umschwung hingenommen hätten, wollte der Österreicher erfahren. Man hat sie gleich nach der Machtergreifung führerlos gemacht, antwortete man ihm, ihre Organisationen aufgelöst, und die Jungen, die versuchten, den Kampf im Untergrund aufzunehmen, waren größtenteils KZ-Insassen geworden. Wie es in den KZs zuging, wollte der Graf wissen, weil ihm daheim die Nazis vorwarfen, es gäbe auch in Österreich längst KZs, also die sogenannten Anhaltelager vom Vierunddreißigerjahr. Die Herren lächelten und meinten, kurz gesagt, *kein Vergleich*. Wer einmal im KZ war und die Zeit hinter sich gebracht hatte, mußte sich bei der Entlassung zum Schweigen verpflichten; Bruch dieses Schweigegebots zog härteste Verfolgung nach sich. Man wechselte das Thema.

Niemand ahnte in jenem Spätherbst 1937, daß in einem Jahr im ganzen Dritten Reich die Synagogen brennen werden, ja daß Hermann Göring auf die glänzende Idee kommen wird, den also bedrängten Juden in Deutschland eine Sühneabgabe von Staats wegen aufzuerlegen. Das wird geschehen, nachdem der aus Polen stammende Herschel Grynspan am 7. November 1938 in Paris in die dortige Botschaft des Dritten Reiches gegangen war, um den Botschafter zu erschießen. Es sollte eine Rache für die Vertreibung von 15 000 polnischen Juden aus dem Dritten Reich sein. Aber Grynspan erreichte nur den jungen Legationssekretär vom Rath, der als Nazigegner suspekt war, und ihn erschoß er. Grynspan selbst überstand die nachfolgenden Jahre im Dritten Reich, lebte nach dem Krieg in Europa; sein Vater sagte später im Eichmann-Prozeß in Jerusalem aus. Aber die Juden im Dritten Reich erlebten eine Hölle. Jener Pöbel, der immer bei Gelegenheiten zum Plündern und Brennen bereit ist, gab sich gerne her, der von der Partei betriebenen Aktion in der Reichskristallnacht zu folgen; als die Straßen mit glitzernden Glasscherben übersät waren, wurden 20 000 Juden vom Fleck weg in KZs gebracht, eine winzige Vorhut im Vergleich zu den nachfolgenden Massen, die aus ganz Europa widerstandslos diesen Weg gegangen sind.

Nichts von all dem war im Spätherbst 1937 zu sehen oder auch nur zu ahnen. Im Jahr zuvor hatten in Berlin die Olympischen Spiele 1936 stattgefunden; man hatte es dabei klugerweise geschehen lassen, daß jüdische Sportfunktionäre im Vorbereitungskomitee tätig blieben, doch bei den Siegerehrungen hatten sich Szenen ereignet, die bald darauf als strafwürdige Verherrlichungen der Rassenschande vergessen gemacht wurden. Jetzt, im Siebenunddreißigerjahr, feierte der Reichsjägermeister Hermann Göring seine Internationale Jagdausstellung, zu der alles, aber auch wirklich alles, was nicht nur das Weidwerk betrieb, sondern etwas Einmaliges sehen wollte, wieder nach Berlin kam.

Graf Revertera hatte vor dem Krieg zusammen mit seinem Vater die Internationale Jagdausstellung im Wiener Prater besucht. Sie war wohl eine der letzten Lebensfreuden des alten Kaisers gewesen. Seiner Verbundenheit mit dem Weidwerk folgend, hatte der Kaiser nach der feierlichen Eröffnung noch mehrmals ohne Förmlichkeit die Ausstellung besucht und den Gästen bewiesen, daß das Gerücht, wonach er noch unlängst zur Jagd im Hochgebirge zu Pferd bergan geritten und mühelos auf den Haflinger aufgesessen war, stimmte.

Görings Auftreten als Gastgeber war anderer Art; er erschien auch als Reichsjägermeister in jenem, wie man sagte, *schlichten Prunk,* der weit über das hinausging, was man einmal dem letzten deutschen Kaiser Wilhelm II. in aller Welt so übel angerechnet hat. Über Görings Exzesse sah man 1937 lächelnd hinweg. Er überschüttete die Prominenz der Gäste mit einer ins Maßlose gehenden großzügigen Gastfreundschaft, stopfte ihnen – im wahrsten Sinne des Wortes – den Mund zu. So nahm er ihnen die letzte Zeit zum Nachsinnen durch großartige Veranstaltungen und Besichtigungen weg, bot dafür, das muß gesagt werden, ein Szenarium, an dem auch jene, die um der Jagd willen gekommen waren, nichts auszusetzen hatten, denn die wissenschaftlich-technische Gestaltung dieser internationalen Ausstellung lag in den Händen von Fachleuten, die noch mit jener Vorkriegstüchtigkeit der Deutschen am Werk gewesen sind, die man in aller Welt anerkennen mußte, teils aber schon fürchtete.

Göring war ganz bei der Sache. Eine Sache, um die es ihm ging, war unter anderem, dem aus Österreich gekommenen Grafen Bescheid zu stoßen, wie man in Berlin sagt. Zu diesem Zweck lud er Revertera nicht an einen weißgedeckten Tisch, sondern in das Reichsluftfahrtministerium, wo auch schlichter Prunk in der Chefetage herrschte, wo es aber nach Krieg roch, wie ein französischer Fliegergeneral meinte. Um das, was jetzt geschehen sollte, richtig und ganz zu verstehen, muß man wissen, daß es Göring war, der bei seinen Besuchen in Italien nicht nur Ordensdekorationen einheimste, wie die Gegenpropaganda es hingestellt hat, sondern mit dem Duce auch handfeste Realpolitik betrieb. Dazu gehörte, daß er den Duce konsequent von seiner 1934 zum Schutz der Unabhängigkeit Österreichs eingesetzten Politik abdrängte, um dafür die zunächst noch eher wenig freundliche Beziehung des Duce zum Führer zu einer furchtbaren Mächtigkeit im Europa von damals auszuweiten. Aber im Dezember 1937 war es noch nicht so weit, daß der Duce den Dollfuß-Staat endgültig fallen ließ wie eine heiße Kartoffel.

Göring wußte, daß man einem Österreicher, um ihn einzuschüchtern oder zu gewinnen, nicht mit einem Lob auf die Italiener kommen durfte, nicht einmal auf die oberflächlich mit Faschismus getünchten Italiener im letzten Jahrzehnt des dortigen Faschismus. Also fing Göring das Gespräch mit dem Grafen aus Oberösterreich etwa so an:

».. . Es ist einfach unerträglich, daß sich Italien dauernd zwischen die beiden deutschen Staaten stellt, sozusagen den Polizisten spielen will . . .«

Nein, soweit ging die Liebe der Österreicher im Siebenunddreißigerjahr, aber auch vorher, wirklich nicht; nicht einmal bei den Illegalen, die noch nicht ahnen konnten, daß der Tag nicht mehr fern war, an dem der Führer mit dem Duce einig wurde, die Deutschen im italianisierten Südtirol auszusiedeln, sie – aber das lag in noch fernerer Zukunft – in der im Rußlandfeldzug eroberten Krim anzusiedeln und sie dort der Obhut des gewesenen Gauleiters von Wien, Frauenfeld, zu überantworten.

An jenem Dezembertag im Siebenunddreißigerjahr sagte Göring zu Revertera, es sei an sich müßig, noch viele Worte über den Anschluß Österreichs an das Dritte Reich zu verlieren. Der Anschluß käme so oder so; er kenne ja die Mentalität der Österreicher. Als Verwundeter nach dem mißlungenen Münchener Putsch vom 9. November 1923 hatte er über die Grenze nach Tirol verbracht werden können. Dort hat man ihn nicht nur gesundgepflegt, sondern auch erleben lassen, daß es gut ist, im Land in den Bergen bei Gesinnungsfreunden Gast zu sein. Mehr noch: Der Justizminister der Regierung Vaugoin im Jahr 1930, Franz Hueber, war ein Schwager Görings, zwei der Schwestern Görings waren im Österreichischen verheiratet, und was sie ihrem Bruder nach 1933 in der Verbotszeit erzählten, ist leicht denkbar, war im Grunde aber bei der längst vorgenommenen Absicht Görings gar nicht nötig. Göring hat einmal dem Führer gesagt, dieser sei dem Reich noch die *Morgengabe* schuldig, nämlich Österreich. Für die beiden war es nur mehr eine Frage der Zeit; daß diese Landnahme erfolgen sollte, stand so fest wie in den zwanziger Jahren bei den begeisterten Kundgebungen der Österreicher, die ins Reich drängten.

Das war, als auch Spitzenpolitiker der SDAPÖ als Gäste ihrer Genossen in der Weimarer Republik begeistert von der Gemeinsamkeit redeten: Karl Renner, Karl Seitz, nicht zuletzt Theodor Körner im Kreis der Genossen des damals bestandenen Wehrverbandes der SPD, dem »Reichsbanner Schwarz-Rot-Gold«. Und – 1937 waren noch nicht ganz zehn Jahre vergangen, seit im 100. Todesjahr des Liederfürsten Franz Schubert die Wiener mit überwältigender Begeisterung die aus aller Welt zum »Allgemeinen deutschen Sängerbundesfest« in ihre Stadt gekommenen Gäste bewillkommnet haben. So etwas wischt man nicht weg wie Staub von Möbeln.

Heute, da amerikanische und sowjetische Großpolitiker mit den Repräsentanten der zu Kleinstaaten degenerierten europäischen Ländern reden, als hätten sie es mit eben entlassenen Kolonialländern zu tun, versteht man besser, wie es kommen konnte, daß der Graf aus Österreich, just kein Feigling, an jenem Dezembertag Göring nicht in die Parade fuhr. Daran hinderte ihn nicht nur die Tatsache, daß sein erbostes Vis-à-vis im letzten Krieg immerhin der letzte Kommandeur des auch vom Gegner geachteten Jagdgeschwaders »Richthofen« gewesen war, der von diesem Einsatz her den Orden »Pour le mérite« trug. Im Achtzehnerjahr haben die Gegner der Deutschen den Fliegertod Richthofens in ritterlicher Weise gemeldet und für ein ehrenvolles Begräbnis gesorgt. Was der österreichische Graf aber nicht wußte war die Tatsache, daß man schon im Jahr 1933 das Grab des auch mit dem »Pour le mérite« ausgezeichneten deutschen Kampffliegers Wilhelm Franckl – er fiel 1917 – verwüstet hat, weil dieser Jude war und daher nicht das Ehrengrab auf dem Alten Luisenfriedhof in Berlin verdiente.

Vor 1938 kannten überhaupt nur wenige Österreicher die Zustände in den Hinterhöfen des Dritten Reiches vom eigenen Ansehen. Den nach 1933 aus dem Reich nach Österreich geflüchteten Juden blieben ja die Folgen, die zumal nach den Nürnberger Rassengesetzen 1936 eintraten, zunächst erspart. Und alles, was nach der tiefgehenden Entzweiung, die 1933 eintrat, als Erinnerung an Deutschland auch den Gegnern des Nationalsozialismus in Österreich immerhin noch blieb, war *das Reich*, das freilich bald nichts mit dem Führerstaat gemeinsam behalten hat. Hitlers 1000-Mark-Sperre hat 1933 den einstens regen Fremdenverkehr, für den die sogenannten Reichsdeutschen das größte Kontingent gestellt haben, unterbrochen. Das von der Presse des Dritten Reiches unter Joseph Goebbels verbreitete Bild des Dollfuß-Österreich entsprach den Motiven des nunmehr zum Reichsminister aufgerückten Reichspropagandaleiters der NSDAP.

Jahre später erinnerte sich Revertera einem Koalitionspolitiker der Zweiten Republik gegenüber, wie Göring damals im Siebenunddrei-ßigerjahr immer drängender wurde in seiner Art, zu verlangen und zu drohen. So donnerte er den Österreicher nieder:

»Glauben Sie wirklich, Österreich wäre, wenn der Führer den An-schluß erzwingen wollte, in der Lage, sich zu wehren?«

Erzwingen, also das Land mit Gewalt nehmen, auf die Gefahr hin, daß es in Österreich immer noch Menschen gab, die bereit waren, ihr Leben zu opfern, weil sie um keinen Preis der Welt den Hitlerismus im Land haben wollten. Nun, Göring drängte zu einem Schluß des Gespräches und sagte offen heraus:

»Ich kann Ihnen sagen, der Zusammenschluß wird durchgeführt werden, geschähe was wolle, denn der Führer ist entschlossen, diese Frage unter allen Umständen zu bereinigen. Niemand wird sich da-gegen auflehnen.«

Göring durfte so reden, denn bei seiner Belehrung der führenden Persönlichkeiten der Wehrmacht im November dieses Jahres 1937 hatte der Führer und Reichskanzler in Anwesenheit des Reichsau-ßenministers gesagt, er werde die ČSR und Österreich »zertrüm-mern«. Nun kehrte Göring wieder die andere Seite seines Wesens hervor:

»Der Führer ist gegen jedes Blutvergießen, denn derlei wäre ein Un-glück für das deutsche Volk . . .«

Und nach einer Pause nachstoßend:

». . . vor allem gänzlich ausgeschlossen für die Österreicher.«

Dabei sah er dem Grafen ein wenig lauernd in die Augen. Was aber wäre, wenn die Österreicher, verdammt noch mal, doch schießen würden? Nur ein kleiner Haufen Unbelehrbarer, so rechnete man in Berlin. Göring verbarg seinen Blickausdruck und verabschiedete den Gast mit ausgesuchtester Höflichkeit. Er hatte ihn als verläßlichen Boten mit Drohungen vollgestopft, die der Graf, den Göring für einen *anständigen* Mann hielt, sicher der Regierung in Wien brüh-warm erzählen wird. Er war dem Grafen nicht böse, eher dankbar dafür, daß er sich diese üble Botschaft anhängen ließ. 1938 wird er ihn zum Dank dafür als Gaujägermeister in Aussicht nehmen; aber es gab nach dem Anschluß viele ehemalige Illegale im Land, die stür-misch dagegen protestierten. Sie bekamen recht, Revertera erhielt Gauverbot in Oberdonau, und so blieb ihm, im Altreich lebend, der unmittelbare Anblick der nationalsozialistischen Ostmark und der nachher auf ihrem Gebiet entstandenen Reichsgaue samt dem, was dort passierte, erspart. 1944, nach dem Attentat auf Hitler, hat man aber den Grafen vorsorglich verhaftet. Die Gestapo fand nichts in seinem Exilheim, sein Name schien auf keiner Liste auf, Revertera erlebte das Ende also nicht im KZ.

Als der Graf vom Besuch der Ausstellung heimkam, beeilte er sich, den Herren in Wien zu erzählen, was er bei Göring erlebt hatte. Die Herren nahmen diesen Immediatbericht mit einer merkwürdigen Gelassenheit auf. In Wien war eine Stimmung wie im Krieg, wenn man eine Großoffensive des Feindes erwartet, aber entschlossen ist, die Stellung zu halten, obwohl man nur zu sehr überzeugt ist, daß der siegreiche Feind sie mit großer Übermacht nehmen wird.

Manche haben nachher im Februar 1938 ein wenig aufgeatmet, als Gerüchte von seltsamen Vorgängen in der deutschen Wehrmacht umgingen. Es wurde nämlich bekannt, daß jener Reichskriegsminister von Blomberg, dessen Sympathien für Hitler diesem in der Zeit der Machtergreifung und bei der Niederschlagung des sogenannten Röhm-Putsches 1934 unentbehrlich gewesen waren, wegen einer *unehrenhaften Eheschließung* aus dem Dienst entlassen worden war. Ja daß man den Oberbefehlshaber des Heeres, Generaloberst von Fritsch, nach den Aussagen eines gedungenen Strichjungen wegen Homosexualität im Umgang mit Hitlerjungen dem gleichen Schicksal überantwortet hatte. Es wußten damals nur wenige, daß dieser Streich sorgfältig geplant war, daß man vor besagter Eheschließung Polizeiakten über das Vorleben der Braut zur Hand hatte, daß man aber Hitler als Trauzeugen fungieren ließ, um ihn nach Aufdeckung des Skandals vor der Öffentlichkeit als den moralischen Saubermann der Nation hinzustellen, der Gatten von ehemaligen Huren sowie Homosexuelle, die sich an der Jugend des Führers vergriffen, quasi die Uniform vom Leib gerissen und sie der Schande preisgegeben hat. Noch weniger ahnten aber, daß es Hitler dabei überhaupt nicht um Fragen der Moral ging, sondern um die Macht, um die *ganze und ausschließliche Macht* im Dritten Reich. Nachdem nämlich die beiden Generäle gefeuert waren, entstand jenes unselige Oberkommando der Wehrmacht, in dem der Gefreite des Ersten Weltkrieges, assistiert von General Keitel, den man »Lakaitel« nannte, die deutsche Wehrmacht in den Weiten Rußlands der größten Niederlage überantwortete, die ein deutsches Heer jemals erlitten hat.

Um es kurz zu machen: Selbst für Lächerlichkeiten, wie die ČSR und Österreich waren, mußte der Führer die deutsche Wehrmacht allein und fest in der Hand haben, denn im eroberten Wien und im eroberten Prag ereigneten sich ja nun die ersten Szenen jenes weitausholenden Vorhabens, mit dem der Führer der Deutschen nicht nur sein

»*Volk ohne Raum*« erlösen, sondern ganz Europa eine neue Ordnung geben wollte. Also war Österreich dran, übrigens noch vor der ČSR. So oder so, wie Hitler eine ausgemachte Sache zu charakterisieren pflegte.

Göring erkundete genau nach allen Seiten, ehe er im März 1938 zuschlug. Er wußte, daß der Führer noch immer der Vision nachhing, als *Führer der stärksten Landmacht* zusammen mit der imperialistischen Seemacht Großbritannien *eine neue und haltbare Ordnung herzustellen.* Für Göring war es wichtig zu wissen, wie es die Briten in dieser Hinsicht hielten. Zu diesem Zweck lud er den früheren britischen Luftfahrtminister Lord Londonderry zur Jagd ein. Gewesene Regierungsmitglieder können zwar nicht immer Auskünfte jüngsten Datums mitbringen, dafür aber sind sie oft schwatzhaft und zeigen sich angesichts des Tuns ihrer Nachfolger weiß Gott wie klug. Der Lord konnte aber nur bestätigen, daß Großbritannien gegenwärtig einen Premierminister hätte, der von Haus aus einer der friedfertigsten Menschen der Welt sei, daß somit von diesem Arthur Neville Chamberlain dem Dritten Reich keine Gefahr drohe, vielmehr eher die herzliche Erwartung, daß man zusammen mit Hitler dieser unruhigen Zeit das wird schenken können, was der Premierminister selbst *peace in our time* nannte. Auch der Außenminister sei von einer Frömmigkeit, die es einem Christenmenschen nicht erlaube, Kriege anzuzetteln . . .

Göring revanchierte sich, indem er dem jagdbeflissenen Briten einen Auerochsen zum Abschuß freigab. Aber der Forstverwaltung war leid um diesen Verlust in der von ihnen mit Fleiß betriebenen Aufzucht dieser Urtiere; sie verbrachten eine im Verenden befindliche Kuh dieser Rasse ins Jagdgebiet. Leider verendete das Tier, ehe der Lord zum Schuß kam. Er fuhr mit der glaubhaften Entschuldigung seines Gastgebers heim, wonach sich das edle Wild offenbar im Revier verlaufen hatte. So die Jäger und ihre Gehilfen, die eine schwere Einbuße verhinderten.

Das Schicksal Blombergs und Fritschs erfüllte sich am selben Tag, an dem von Papen ein Telefonat aus der Neuen Reichskanzlei erreichte. Darin wurde ihm ohne weitere Erklärung eröffnet, der Führer ließe ihm sagen, daß seine Mission in Wien beendet sei. Der Kollege in Berlin gab keine weitere Auskunft, außer daß er telefonisch vorweg dem Betroffenen mitteilte, was dieser sonst am nächsten Tag in den Zeitungen zu lesen bekommen hätte. Es ergab sich, daß gleichzeitig die Botschafter in London und in Rom abberufen wurden und der bisherige Botschafter in London, von Ribbentrop, nunmehr von Papens Behördenchef im Auswärtigen Amt geworden war. Letzteres

berührte von Papen nicht sehr, hatte er doch in seinem Leben schon ganz andere Potentaten hinters Licht geführt. Immerhin galt es für den Exbotschafter, rasch etwas zu tun. Er ließ seine im Gesandtschaftsgebäude lagernden und eventuell belastenden Materialien in die Schweiz befördern. Der damit beauftragte Mitarbeiter wurde nach dem Anschluß als Wasserleiche aus der Donau gefischt. Von Papen aber dachte Anfang Februar nach, ob er den Köder im politischen Gelände liegen lassen sollte, mit welchem er – und das war Papens Königsgedanke – den österreichischen Bundeskanzler in die Höhle des Löwen, also zu einem Gespräch mit Hitler, locken wollte. Von Papen war bekannt, daß der Kanzler seit dem Scheitern aller bisherigen Befriedungsaktionen ein Gedanke beschäftigte, der auch Guido Schmidt sehr gefiel, nämlich den Kampf, der im Land tobte und eine grausame Zerrissenheit erzeugte, durch ein Gespräch mit Hitler selbst zu beenden. Dieser war ja Führer (der NSDAP) *und* Reichskanzler (also Regierungschef und seit Hindenburg an der Spitze des Führerstaates). Es war das Manko des Juliabkommens, daß es nur den *Reichskanzler* Hitler band, nicht aber den *Führer* der NSDAP, der sofort nach Vertragsabschluß im Sechsunddreißigerjahr die Partei in Österreich aufs neue instruierte, wie sie ihren Kampf fortzusetzen hatte, ohne die Reichsregierung bloßzustellen. Für von Papen war dieses Leck im Juliabkommen kein Schaden, denn ihm war *alles* recht, was seinem Ziel, nämlich der Liquidierung des selbständigen Österreich und dem Anschluß dieses Landes an das Dritte Reich, dienlich war. In diesem Sinne war er die längste Zeit nach dem Juliabkommen mit der illegalen Landesleitung in Fühlung gewesen, bis er erkannte, was zuletzt auch Hitler einsah, daß es nämlich der bullige Hauptmann Leopold »nicht schaffte«.
In Nürnberg 1945/46 erhob der Militärgerichtshof der Siegermächte, von Papen hätte die Selbständigkeit Österreichs untergraben und das Land der »Nazi Gewaltherrschaft« ausgeliefert. Daß derlei Tätigkeiten mit den Rechten eines Missionschefs unvereinbar waren und von Papen mit dem Mißbrauch seiner diplomatischen Immunität gegen das internationale Recht verstoßen hatte, wurde nicht weiter releviert. Den Normalfall der Erledigung solcher Konflikte, daß nämlich der Aufenthaltsstaat einem solchen fremden Missionschef das Agrément entzieht, konnten sich die USA 1917 mit dem damaligen Botschafter Österreich-Ungarns erlauben, den sie des Landes verwiesen; für Hitler wäre das Anlaß gewesen, so oder so, loszuschlagen. Jetzt zeigte sich, wie recht nach dem Tod Dollfuß' jene Mitglieder der damaligen Regierung gehabt hatten, die von Papen solange wie möglich das Agrément verweigern wollten, weil sie diesen ehe-

maligen klerikalen Zentrumspolitiker der Weimarer Republik als Verräter kannten, nämlich als Verräter seines ehemaligen Parteifreundes in der klerikalen Zentrumspartei und Vorgänger im Amt des Reichskanzlers, Heinrich Brüning.

Seit Anfang 1938 waren unter den Kurblern in den Kaffeehausecken in ganz Österreich Gespräche in Gang, bei denen es sich um eine bevorstehende Mitbeteiligung der Nazis am System handelte. Noch immer gab es Typen, die derlei für ganz ausgeschlossen hielten, nach allem, was die Nazis seit 1933 in Österreich angerichtet hatten. Aber es gab schon genug Juden in Österreich, die nicht erst auf die Bestätigung solcher Gerüchte warteten, sondern vorsichtshalber außer Landes gingen. Wer Geld und Verbindungen hatte, war gut daran. Auf andere wartete die Hölle.

Nach und nach sickerte durch, daß der Generalsekretär der VF, Zernatto, zusammen mit Seyß an einer Punktation arbeitete, die den Kontakt mit Berlin in ordentlichen Bahnen zur Abwicklung bringen sollte. *Seyß ging zunächst nicht in die Regierung.* Dafür wurde eine Vorausabteilung in die Vertretungskörperschaften des Bundes ausgewählt und genehm gehalten: In den Staatsrat sollten Universitätsprofessor Srbik, ferner die Korsettstange im bestandenen Siebener-Ausschuß, Dr. Jury, und der fintenreiche Leiter des Hilfswerks, Franz Langoth, berufen werden; für den Bundeswirtschaftsrat war Ingenieur Reinthaller, dessen Aktion 1936 gescheitert war, auserwählt; Universitätsprofessor Menghin war für den Bundeskulturrat vorgesehen; dazu noch Friedl Rainer und ein gewisser Felix Kraus. Interessant ist, daß Hitler später am 12. Februar 1938 auf dem Berghof eben diese Namen genannt hat. Wieso das?

Seyß, dem ab nun alle Fäden bisheriger Befriedungsaktionen in die Hände gelegt werden sollten, ließ Wilhelm Keppler, eine Schlüsselfigur in den Tagen des Anschlusses, den Inhalt der Punktation wissen. Noch immer war Zernatto gutgläubig, lange noch vermeinte er sogar, Seyß hätte mit seiner Indiskretion den Boden für künftige Verhandlungen mit Berlin aufgelockert. Daß Hitler am 12. Februar 1938 bei seiner Begegnung mit Schuschnigg Kenntnis von den Absprachen Zernattos mit Seyß hatte, beweist, daß die bisherige Abwehrfront in Österreich bereits löchrig war; Löcher, durch die einzudringen den Vertrauensmännern des Führers nicht mehr schwergefallen ist. Ob Seyß damals vollends erkannt hat, daß die Auslieferung dieses mit Zernatto besprochenen Papiers den Belagerern der Festung den Hinweis auf den bereits beginnenden Zusammenbruch der Verteidigung lieferte, oder ob er noch blindlings vermeinte, er leiste damit einen Beitrag zum inneren Frieden und zur Besänftigung der in Berlin aufkeimenden Aktionsabsichten, ist umstritten. Freunde Seyß' haben ihre Gründe zu sagen, daß er kein Verräter war. Immerhin hat er am 11. März 1938 dem Telefonterror, den Göring ausübte, nicht befehlsmäßig gehorcht und bis zuletzt gegen die Entsendung deutscher Truppen zur angeblichen »Wiederherstellung von Ruhe und Ordnung in Österreich« angekämpft.

Von Papen reiste nach Verabschiedung von seinen Mitarbeitern in der Gesandtschaft zur Abmeldung beim Führer. Er fand Hitler eher passiv als tatbereit. Immerhin war sich Hitler bewußt, daß er mit seiner Anfang Februar vollzogenen »Wachablösung« von Spitzenfunktionären in Wehrmacht und Diplomatie ein Echo in der internationalen Politik erzeugt hatte, das seiner Sache vorderhand nicht zuträglich war. Wie man nachher gesagt hat, wollte Hitler nach besagter Wachablösung die Scheinwerfer der Medien in aller Welt von Berlin und dem dort erfolgten jüngsten Geschehen abwenden. Dazu brauchte er einen neuen Erfolg, einen persönlichen Erfolg. Den verschaffte ihm von Papen. Anfangs hörte Hitler dem zur Abmeldung auf dem Berghof in Berchtesgaden erschienenen von Papen nur mit halbem Ohr zu. Dann aber fuhr er auf, als dieser meldete, er hätte in Wien ein aussichtsreiches Unternehmen halbfertig hinterlassen: Schuschnigg wäre schon halb bereit, Hitler um eine Unterredung zu bitten.

»Das ist eine ausgezeichnete Idee«, sagte Hitler ohne weiteres Zögern; und:

»Bitte kehren Sie nach Wien zurück, um für die nächsten Tage eine Zusammenkunft mit dem Bundeskanzler zu verabreden. Ich würde mich sehr freuen, ihn hier [also auf dem Berghof in Berchtesgaden] zu sehen, um über alles offen zu reden.«

Von Papen antwortete, er sei als Missionschef in aller Form enthoben und habe seine Enthebung dem Ballhausplatz in amtlicher Form notifiziert. Also müßte der nunmehrige Geschäfträger seinen Plan zu Ende bringen. Von Papen, der eine neue Intrige heranreifen sah, machte es sichtlich Vergnügen, Hitler, der den Köder sofort gebissen hatte, zu sagen, die Weltpresse würde von einer solchen Wendung aufs neue alarmiert, nachdem schon seine Abberufung von Wien solches Aufsehen erregt hatte.

»Nichts da«, unterbrach ihn sofort der Führer, »ich bitte Sie, Herr von Papen, die Geschäfte in Wien wieder zu übernehmen, bis meine Unterredung mit dem Kanzler zustande gekommen ist.«

Ob diese nach 1945 von Papen beschriebene Szene tatsächlich so verlaufen ist, mag bezweifelt werden. Sicher ist, daß Hitler den Köder biß und daß die deutsche Regierung nach der formellen Abberufung von Papens keine Anstalten traf, für die neuerliche Entsendung des Exbotschafters das notwendige Agrément einzuholen. Aber was jetzt folgte, hatte nichts mit Diplomatie oder Fragen des Protokolls zu tun. Hitler hatte die »Sache« in der Hand, und diese Hand sollte ganz Europa jahrelang zu spüren bekommen, wenn erst die zunächst am Ende Österreichs weniger interessierten Staaten plötzlich einsehen mußten, daß Hitler mit ihnen nicht anders verfuhr als 1938 mit dem Ballhausplatz. Am 7. Februar 1938 war von Papen wieder in Wien. Unverzüglich überbrachte er dem Bundeskanzler die mündliche Einladung des Führers.

Schuschnigg berief für den folgenden Tag die Bundesregierung zu einer Sitzung ein. Seyß gehörte noch nicht der Bundesregierung an, aber er wurde ohne Verzug von Keppler informiert; die Tatsache dieser Erstinformation ist umstritten, sicher ist aber, daß Seyß spätestens am 9. Februar von dem österreichischen Illegalen Kajetan Mühlmann, der auch bei der Besprechung am 12. Februar auf dem Berghof eine Rolle spielen sollte, informiert wurde. In diesem Gewirr von Richtungen und Gerüchten tauchte auch das Getue Edmund Veesenmayers auf, der mehrfach engagiert war, und zwar sowohl im Reichssicherheitshauptamt als auch als Handlanger Kepplers. Von den führenden Illegalen dürfte Friedl Rainer als erster in Kenntnis vom bevorstehenden Treffen gewesen sein, weilte er doch damals gerade wieder einmal in Berlin. Rainer verließ jedenfalls sofort die Reichshauptstadt. Sein Aufruf in der Geschichte Österreichs war da.

Seyß verhandelte um diese Zeit nach der Rückkehr aus einem Urlaub noch immer mit Zernatto. Weder er noch Zernatto bekannten, daß sie von dem Großereignis wußten; Seyß erhielt das Aviso im Urlaub, Zernatto spätestens in der Sitzung des Ministerrats, wo der Kanzler die von Papen überbrachte Einladung Hitlers zur Diskussion stellte. Um es gleich hier zu sagen: Immer mehr ging in diesen Wochen die oberste Lenkung der Staatsgeschäfte in Österreich auf einen engeren Kreis von Vertrauten des Kanzlers über, zumal nach dem niederschmetternden Erlebnis, das Schuschnigg am 12. Februar auf dem Berghof gehabt hat. In ihm wuchs von Tag zu Tag die Überzeugung, daß Hitler nach dem sogenannten Abkommen von Berchtesgaden die Einmischung in innerösterreichische Verhältnisse ebensowenig abstellen würde wie seinerzeit nach dem Juliabkommen 1936.

Von Anfang an stand für die österreichische Regierung fest, die Öffentlichkeit im Land nicht im voraus von der bevorstehenden Begegnung der Kanzler der beiden Staaten zu informieren. Die Zeiten waren ohnedies windig seit dem Abessinienfeldzug Italiens und angesichts der fortdauernden Angriffe der Illegalen auf die Regierung im eigenen Land; eine momentane Schockwirkung konnte Reaktionen hervorrufen und zu unerwarteten zusätzlichen Konflikten führen. Mit dem Hinweis auf diese Geheimhaltung wurden die Vertreter der Großmächte und des Heiligen Stuhles in Wien auf diplomatischem Weg von der bevorstehenden Begegnung in Kenntnis gesetzt.

Was aber bewog die österreichische Regierung, dem Kanzler auf diesem Weg zu folgen? Zunächst ein Täuschungsmanöver Papens, der dem Bundeskanzler ausdrücklich versicherte, daß die Beziehungen zwischen Wien und Berlin, wie immer die Begegnung der beiden Kanzler auch ausgehen sollte, *nie hinter die Abmachungen vom 11. Juli 1936 zurückgehen würden,* ja daß bei der bevorstehenden Begegnung keine neuen Forderungen an die österreichische Regierung gestellt würden. Daß dem nicht so sein sollte, weiß man heute. Daß Hitler selbst mit diesen beiden Zusagen mit Hilfe von Papens den österreichischen Bundeskanzler getäuscht und in eine Falle gelockt hat, ist bei der Zielsetzung von Papens als ziemlich sicher anzunehmen; man kann sich heute auch kaum vorstellen, daß Hitler nicht vorweg von diesen Täuschungsmanöver, das ihm ja nie gehabte Chancen eröffnete, gewußt hat.

Und da war ein zweiter und sehr bezeichnender Grund für die Annahme der Einladung. Nur zu sehr haben die Westmächte, zumal Großbritannien, Österreich Vorwürfe gemacht, ja haben einzelne Politiker in London die Wiener Regierung richtig getadelt, weil sie die »Hand zur Versöhnung nicht ergriffen hat«.

Man hätte in Wien gewarnt sein sollen. Anders als in den Vorjahren ist Hitler im Jänner 1938 nicht am Jahrestag der Machtergreifung vor den Reichstag getreten, um den üblichen großangelegten jüngsten Rechenschaftsbericht vorzutragen. Man hätte sich denken können, daß Hitler von der Begegnung mit Schuschnigg doch mehr erwartete als schlimmstenfalls die Bestätigung der Regelung aus 1936, nämlich den persönlichen Erfolg; Hitler brauchte für den großen Korb seines Jahreserfolges nach besagter Wachablösung ein Dekorum, mit dem der ganze Glanz seiner Persönlichkeit erneut vor der Nation dastehen sollte.

Schuschnigg wurde in den Tagen vor Berchtesgaden 1938 nicht nur von Papen und von Berlin bedrängt. Die junge Führungsmannschaft der illegalen Hitlerbewegung im eigenen Land versuchte ihr Ansehen im Dritten Reich zu mehren, indem sie durch Vermittlung Mühlmanns wissen ließ, daß es ohne ihre Beteiligung nicht richtig laufen würde in Berchtesgaden.

Aus den für den Besuch in Berchtesgaden bereitgestellten Materialien erarbeitete Zernatto, also nicht der Außenminister, eine Punktation, an der Seyß zum Teil mitgewirkt hat. Dieser Umstand sowie die Tatsache, daß Schuschnigg anfänglich diese Punktation der Besprechung in Berchtesgaden zugrunde legen wollte, beweisen, wie groß das Vertrauen des Bundeskanzlers in die Person Seyß' war. Auch das Croquis eines Abschlußkommuniqués wurde hergestellt. Von all dem konnte Veesenmayer Berlin in den Grundzügen verständigen, was bedeutet, daß die von Schuschnigg für den Besuch bei Hitler vorbereitete Abwehrfront verraten, ja daß ihr Verlauf Hitler bekannt war, als er die Begegnung zum Anlaß nahm, Schuschnigg »fertig zu machen«, wie es Rainer später charakterisiert hat. Von jenem Sondierungsgespräch, das anfangs Papen erwartete, sollte keine Rede sein.

Nach 1945 hat von Papen behauptet, er hätte damals die Zustimmung Hitlers für das in Händen gehabt, was er dem Kanzler versprochen hat: Schlimmstenfalls keine Verschlechterung der Lage Österreichs, wie sie im Juli 1936 zwischen Berlin und Wien ausgehandelt worden war. Und: Hitler würde bei der bevorstehenden Begegnung keine neuen Forderungen stellen. Ob von Papen hierin Schuschnigg belogen hat oder ob er mit Wissen Hitlers den Kanzler hinters Licht geführt hat, war Schuschnigg bei Antritt seiner Reise ins Dritte Reich nicht bekannt. Tatsache ist, daß der Kanzler in seinen 1969 erschienenen Darlegungen seines Kampfes mit Hitler ausdrücklich und besonders darauf hinweist, daß er beide Versicherungen von Papens in Händen hatte und daß er an ihrer Richtigkeit auch nicht gezweifelt hat, bis in Berchtesgaden der Theaterdonner – Hitler redete gern von einem Bluff – über ihn unversehens hereingebrochen ist. Und so ist es geschehen:

Am Morgen des 12. Februar 1938, vier Jahre nach Ausbruch des Schutzbundaufstandes in Linz, stand auf dem Nebengleis des Salzburger Bahnhofs ein abgekoppelter Sonderwaggon. Er war während der Nacht an den fahrplanmäßigen Nachtzug angehängt gewesen. Einige Gendarmen schützten diesen alleinstehenden auffälligen Waggon vor Neugierigen. Im Waggon nahmen der Kanzler und Guido Schmidt das Frühstück. Ein Blick aus dem Waggonfenster zeigte das Bild eines trüben Wintertages, wie auch der 12. Februar 1934 in politicis einer gewesen ist.

Österreichischerseits waren von der Reise des Kanzlers und seines Staatssekretärs nur wenige Männer aus dem engsten Kreis um die Regierung verständigt. In Salzburg war man nicht schlecht erstaunt, als die dortige Garnison nach erfolgter Ausreise beider Staatsmänner ins Dritte Reich, also über eine von Gefahren umwitterte Grenze, verständigt wurde. Bis zum Eintreffen auf dem Berghof kam bei den beiden Österreichern das Gespräch mehrmals auf die Frage, ob es möglich und ratsam gewesen wäre, die Einladung Hitlers zurückzuweisen. Bei Erwägung der möglichen Reaktion Hitlers kam man aber jeweils auf einen Risikofaktor zu sprechen, der weit hinter dem zurückblieb, was Hitler an jenem Tag im Gespräch mit Schuschnigg tatsächlich herangezwungen hat. Man fürchtete zuvor tatsächlich nur eine üble Nachrede in der für den 20. Februar erwarteten Reichstagsrede Hitlers (!).

Es war 10 Uhr, als die beiden Staatsmänner über die Gleisanlagen zum Dienstwagen gingen, der sie zur Grenze bringen sollte. Mit ihnen nahmen der Adjutant des Kanzlers und ein Kriminalbeamter Platz. An der Staatsgrenze erwartete von Papen die Besucher jenseits des Schlagbaumes. Die Zollbeamten des Dritten Reiches erwiesen den Insassen des Fahrzeugs, in dem jetzt auch von Papen Platz genommen hatte, den üblichen Gruß durch Erheben der rechten Hand bis in Augenhöhe. Von Papen redete und redete während der Fahrt wie ein Conférencier, der nicht weiß, ob das von ihm angesagte Programm den Besuchern richtig Freude machen werde. Hitler sei in ausgezeichneter Stimmung (die Treiber hatten ihm ja das Wild vor die Flinte getrieben), auch einige Generäle würden auf dem Berghof anwesend sein. Auf Befragen des Kanzlers nannte von Papen den Chef des eben erst geschaffenen Oberkommandos der Wehrmacht, General der Infanterie Keitel, General der Flieger Sperrle (der sich im Spanischen Bürgerkrieg einen Namen gemacht hatte) und General von Reichenau (von dem man in Wien nicht wußte, wie nahe er in politischer Hinsicht dem Führer und Reichskanzler stand).

Die Österreicher nahmen die Anwesenheit der Militärs zur Kenntnis; etwas dagegen zu sagen hatten sie nicht. Als man an den Fuß der vereisten Zufahrtsstraße zum Berghof kam, war es notwendig, auf ein Raupenfahrzeug umzusteigen. Die Österreicher hofften, bis zum frühen Nachmittag die Besprechung hinter sich zu haben; in diesem Sinne wurde der Fahrer der Österreicher entlassen. Hitler selbst kam den Ankommenden entgegen, hinter ihm drei Generäle. Die gegenseitige Vorstellung verlief korrekt, dann bat Hitler Schuschnigg zum Vieraugengespräch in den ersten Stock des Berghofs.

Die sogenannte Unterredung war ein einziger Skandal. Alle Zusagen von Papens erwiesen sich als falsch; als nach 1945 Schuschnigg seinen Wortlaut des Verlaufs der skandalösen Szene der Öffentlichkeit bekanntgab, kommentierte der 1938 an Ort gewesene Keppler, der frühere Bundeskanzler sage die Wahrheit. Der spätere Gauleiter Rainer erzählte nach dem Anschluß im Kreis von Kampfgefährten, der Führer hätte Schuschnigg *angefaßt*, ihn *befetzt* und *angeschrien*. Schuschnigg, ein starker Raucher, durfte nicht rauchen, die gewollte Tortur gefiel den meisten deutschen Herren recht gut.

Und dann erlebte Schuschnigg, was der Duce schon 1934 bei seiner ersten sogenannten Unterredung mit Hitler in Venedig erlebt hatte: Einmal am Wort, war Hitler nicht mehr bereit, in eine Diskussion einzutreten. Versuchte Schuschnigg zuweilen zu Wort zu kommen, dann reagierte Hitler um so heftiger bei der Ausräumung jedes Einwurfs des Österreichers. Zunächst mußte sich der Kanzler einen Kurzlehrgang in österreichischer Geschichte anhören, der allein schon in einem dermaßen kontradiktorischen Gegensatz zu dem Wissensbesitz Schuschniggs stand, daß für die Behandlung der Sachfragen eigentlich nur mehr das Schlimmste zu erwarten war. Vieles von dem, was Hitler dabei aufführte, war *perfekt gespielt*. Aber sein Bekenntnis zu einem ihm und nur ihm erteilten Sendungsauftrag der Geschichte, diese Passage nahm Hitler jedenfalls stets ernst. Obwohl Hitler 1925 seine österreichische Staatsbürgerschaft leichthin aufgegeben hatte, um in Bayern freiere Hand zu haben und einer eventuellen Ausweisung nach Österreich aus dem Weg zu gehen, spielte er sich in diesem Moment als besserer Österreicher auf, als der Kanzler in seinen Augen war. Gerne glaubte Hitler das in einer Volksabstimmung von den Österreichern bestätigt zu erhalten; und doch schreckte er vor der nachher von Schuschnigg für den 13. März angekündigten einschlägigen Volksabstimmung dermaßen zurück, daß er den Umbruch denn doch lieber zuerst in die Hände der Wehrmacht legte, ehe er sich ohne Gegenkandidaten, ohne Gegenpartei und dergleichen *nach der Annexion* dem Volk im nunmehrigen Großdeutschen Reich stellte.

Es gab kein Gesprächsthema, das Hitler nicht im strikten Gegensatz zu Schuschnigg beurteilte: angebliche Grenzbefestigungen österreicherseits; der Verdacht eines vorherigen Wissens um den Juliputsch 1934. Er bluffe nicht; er habe noch alles erreicht, was er gewollt habe, und so weiter. Das Begehren des Österreichers, die konkreten Wünsche Hitlers zu erfahren, beantwortete dieser abrupt mit der Feststellung, jetzt werde gegessen, nachmittags werde man weiterreden. Auch bei Tisch blieb Hitler am Wort, wechselte sprunghaft die Themen, bis er schließlich auf sein Lieblingsthema, die großen Bauvorhaben des Dritten Reiches, zu sprechen kam. In diesem Zusammenhang malte er buchstäblich den Teufel an die Wand:

».. . Die Amerikaner sollen, *wenn sie deutschen Boden betreten*, sehen, daß man in Deutschland größer und schöner baut als in den Vereinigten Staaten . . .«

374

Er ahnte nicht, in welchem Bauzustand die Amerikaner die deutschen Städte vorfinden werden, nachdem ihre Luftwaffe beim Flächenbombardement über Zivilbehausungen ganze Arbeit geleistet hatte. Nicht genug damit, fiel auch noch der Satz: »Deutsche Mütter weinen nicht, wenn ihre Söhne für das Reich fallen . . .«

Die Tafel wurde aufgehoben, Hitler ging zu seiner Mannschaft, Schuschnigg konnte sich mit Schmidt bereden und – endlich rauchen. Es dauerte lange, und es war für die Österreicher ein quälendes Warten, bis sie ins Nebenzimmer geholt wurden, wo der neue Reichsaußenminister von Ribbentrop, aber auch von Papen anwesend waren. Schuschnigg erhielt einen maschinengeschriebenen Entwurf dessen, was als Berchtesgadener Abkommen in die Weltgeschichte eingehen sollte: faktisch die *artikulierten Kapitulationsforderungen Hitlers.* Ribbentrop bemerkte gleich, das Ganze müsse angenommen werden, es sei ohnedies das Äußerste, was der Führer einzuräumen beabsichtige. Und zwar: Die österreichische Regierung sollte über außenpolitische Fragen, die beide Länder berühren, nur nach erfolgtem Gedankenaustausch mit Berlin vorgehen; die österreichische Exekutive sollte dem Kanzler aus der Hand genommen und Seyß ausgeliefert werden; dieser sollte zu diesem Zweck in die Regierung aufgenommen werden; den österreichischen Nationalsozialisten sei *die legale politische Betätigung auf dem Boden der VF einzuräumen;* Seyß sollte beauftragt werden, für die Einhaltung der von der Regierung gegenüber den österreichischen Nationalsozialisten einzugehenden Verpflichtungen zu sorgen; alle wegen nationalsozialistischer Betätigung Bestraften sollten einer sofortigen Amnestie teilhaftig werden; und die Reichsregierung wollte sich punkto tatsächlicher Erfüllung der den Nationalsozialisten in Österreich zugeschanzten Ansprüche an das System an Seyß halten. Nach wie vor wurde von einer Nichteinmischung des Dritten Reiches in innerösterreichische Angelegenheiten geredet und getextet; aber Hitler berief, sobald die Österreicher draußen waren, die Führung der österreichischen Nazis zu sich, um ihnen zu sagen, daß die Zeiten des Hauptmanns Leopold vorbei seien und daß er den Major a. D. Hubert Klausner mit der Leitung der Partei in Österreich betrauen werde, durch den fortan strikteste Disziplin zu halten sei. So fing es an mit der von Hitler versprochenen »Nichteinmischung«.

Den Österreichern wurde nicht viel Zeit zum Nachdenken gelassen; schon rief sie Hitler zu sich, um ihnen vorweg zu erklären, dies sei sein allerletzter Versuch, und es dürfe am Entwurf kein Beistrich geändert werden. Speziell zu Schuschnigg gewandt, fuhr er fort: »Sie haben entweder zu unterschreiben, oder alles weitere ist zwecklos, und wir sind zu keinem Ergebnis gekommen; ich werde dann im Laufe der Nacht meine Entschlüsse zu fassen haben.«

Schuschnigg ging nicht darauf ein, sondern erklärte Hitler, daß dieser von seiner Unterschrift als Bundeskanzler allein nichts habe; er sei nur zur Antragstellung im Ministerrat und beim Bundespräsidenten befugt. Letzterer hätte über die Amnestie zu entscheiden. Hitler gab zu, daß Schuschnigg in diesem Punkt recht hätte. Dann folgte wieder ein Wutausbruch, als der Österreicher sich außerstande erklärte, binnen der geforderten drei Tage die gefertigten verbindlichen Erklärungen zu liefern; er werde sich aber für die Durchsetzung der Forderungen Hitlers einsetzen.

Nun folgte Hitlers große Szene. Er schrie, Schuschnigg müsse zustimmen und unterschreiben. Der Kanzler erwiderte, das ginge so nicht. Mit weitausholender Gebärde riß Hitler die Tür auf und schrie seinen wartenden Mitarbeitern zu: »General Keitel!« Zugleich forderte er den Österreicher auf, unter dem Eindruck eines überdeutlichen Appells an die Vertreter seiner Wehrmacht, den Raum zu verlassen. Von Papen setzte sich zu den verdatterten Österreichern; er, der versprochen hatte, schlimmstenfalls bliebe nach Berchtesgaden alles beim alten, also wie seit dem Juliabkommen 1936 gehabt.

Szenenwechsel: Hitler im Kreis seiner Mitarbeiter und Sachkenner aus Österreich. Jener Mühlmann, von dem schon die Rede war, wurde befragt, ob er als österreichischer Nationalsozialist glaube, daß dieses mit »Schoschnik« geschlossene Abkommen für die österreichischen Nationalsozialisten gut sei. Ansonsten sei er ohnedies entschlossen, auf der Stelle die österreichische Frage *so oder so* zu lösen, wenn es sein müsse auch blutig. Er schloß mit der Frage, ob »Schoschnik« den Vertrag überhaupt halten werde.

Mühlmann erzählte nach 1945 im Hochverratsprozeß, er habe Hitler glauben gemacht, Seyß glaube an Schuschniggs Zuverlässigkeit, und er selbst habe Seyß empfohlen. Der ins Zimmer kommende Reichsaußenminister unterbrach dieses Gespräch und sagte, *er wäre mit den Österreichern bis auf einen Punkt einig geworden: die Ernennung Seyß' zum Sicherheitsminister.* Hitler brauste auf.

»Sagen Sie Schoschnik, wenn er diese Forderung nicht akzeptiert, so marschiere ich noch in dieser Stunde.«

Das war ein Bluff. Denn mit Garnisonsverbänden, die nicht marschbereit gemacht sind, kann man nicht marschieren. Ribbentrop nahm die ultimative Forderung mit zu den Österreichern, die danach zustimmen mußten. Der Form wegen gab Hitler punkto Bedenkzeit für die Österreicher nach, ließ Schuschnigg holen und erklärte ihm, er habe sich zum ersten Mal in seinem Leben entschlossen (?), von einem gefaßten Beschluß abzugehen. In drei Tagen erwarte er die Durchführung. Es wurde noch ein wenig herumgeredet, dann machten sich die Sekretärinnen an die Ausfertigung der Reinschriften. Hitler wurde sichtlich gelöster. Ein wenig bummelwitzig brachte er einen Treppenwitz an, nämlich daß er es unverantwortlich fände, ein Instrument wie die deutsche Wehrmacht nicht zu benutzen. Von Papen bekam auf der Stelle ein Extralob und im Rückblick auf den 30. Jänner 1933 die Bestätigung, ohne ihn wäre alles im Kommunismus versunken. Das in Wien vorbereitete Kommuniqué wurde erst gar nicht in die Debatte gezogen; Hitler diktierte, was den Leuten gesagt werden durfte, nämlich daß auf dem Berghof eine Unterredung zwischen dem Führer und Reichskanzler und dem österreichischen Bundeskanzler stattgefunden habe. Basta. Alles übrige wollte Hitler in seiner Reichstagsrede am 20. Februar erwähnen.

Die Exemplare der Reinschrift wurden unterschrieben; die Einladung zum Abendessen lehnten die Österreicher dankend ab. Von Papen begleitete sie zum Raupenschlepper und meinte: Tja, so könnte der Führer manchmal sein, der Führer könne aber auch ausgesprochen charmant sein. Und das nächste Mal würde Schuschnigg vielleicht den anderen Hitler zu sehen bekommen. Siegesstrahlend konnte Hitler den Kampfring verlassen. Schuschnigg aber erklärte 14 Tage später von Papen, daß er ohne den von Hitler ausgeübten Zwang nicht unterschrieben hätte.

Eugen Lennhoff, Chefredakteur des von den Illegalen besonders heftig attackierten Judenblattes »Telegraf«, beschrieb 1938, aber schon jenseits des Atlantiks, den Ausgang des 12. Februar 1938 im Café Central. Hier, halbwegs zwischen der Kanzlei Seyß' und dem Innenministerium in der Herrengasse, sah er den künftigen österreichischen Innenminister Seyß im Gespräch mit dem noch amtierenden Glaise; zwischen beiden saß In der Maur. Glaise grüßte Lennhoff lässig, ja eher verlegen in Anwesenheit seiner beiden Tischpartner; er sollte zuletzt Vizekanzler im Anschlußkabinett Seyß werden, ansonsten aber in Verpflichtungen geraten, die ihn dann nach 1945 in den Selbstmord treiben werden.

Der Tag von Berchtesgaden aber wurde der Kritik jener überlassen, die mit Serien von Wenn und Aber nachträglich ihre Klugheit, Besonnenheit und ihre absolute Festigkeit gegenüber Hitler betonten. Daß in einigen Monaten die Regierungschefs der Westmächte, Chamberlain und Daladier, in der Frage des Schicksals der ČSR wie eine alte Gartenmauer umfallen werden, das ahnten Herr Lennhoff und die anderen Chefredakteure der österreichischen Tageszeitungen an jenem 12. Februar 1938 nicht.

HITLER DECKT DIE KARTEN AUF

Schuschnigg zittert nicht

Am vierten Jahrestag der Machtergreifung, am 30. Jänner 1937, erklärte Hitler vor dem Reichstag:
»Die Periode der Überraschungen ist abgeschlossen. Der Friede ist unser höchstes Gut.«
Die Überraschungen, die Hitler bis dahin dem Rest Europas zugemutet hat, konnten sich auch wirklich sehen lassen: Im März 1935 die Wiedereinführung der allgemeinen Wehrpflicht, zugleich die nunmehr vor aller Öffentlichkeit betriebene Aufrüstung; die Kündigung des Locarno-Vertrages durch die militärische Besetzung der entmilitarisierten Zone des Rheinlandes im März 1936; der im Zusammenhang mit der Aufrüstung verkündete Vierjahresplan am 30. Jänner 1937 und die zu all dem gehörenden Maßnahmen, mit denen Hitler jenes 1919 über das im Krieg besiegte Deutsche Reich geworfene Netz unzähliger Einschränkungen zerrissen hat.
Ein Jahr nach der am 30. Jänner 1937 gehaltenen Reichstagsrede zum Tag der Machtergreifung wartete das deutsche Volk zunächst vergeblich auf die fällige Gedenkrede zum 30. Jänner *1938*. Eine Flut von Gerüchten über den Anlaß dieses vermeintlichen Versäumnisses entstand. Die Auslandspresse hatte einen Aufhänger für üble Vorhersagen über die Weiterentwicklung der Verhältnisse im Dritten Reich und in Europa. *Hitler ist mit seinem Latein am Ende,* war die noch am wenigsten negative Deutung. Niemand dachte daran, daß Hitler im Begriff war, mit der letzten neben seiner Bewegung bestehenden Machteinrichtung im Dritten Reich, nämlich der Wehrmacht, abzurechnen. Wie er sich mit Hilfe übler Machenschaften Görings und Himmlers des bisherigen Reichskriegsministers von Blomberg und des Oberbefehlshabers des Heeres von Fritsch entledigte, ist schon erzählt worden. Man redete von einer dadurch verursachten Schwächung der Streitkräfte des Dritten Reiches und dachte dabei an die radikalen Säuberungen Stalins, mit denen dieser im Jahr zuvor begonnen hatte; hohe und höchste militärische Führer wurden von Sondergerichten in Schauprozessen abgeurteilt und erschossen. Der Vergleich stimmte nicht ganz. Stalin hatte seine Massenmorde

unter anderem auch deshalb verübt, um die nach seinen Plänen forcierte Aufrüstung der Roten Armee zugleich unter eine verschärfte Kontrolle politischer Kommissare zu stellen. Im Westen beglückwünschte man sich zu dieser Dekapitierung der Roten Armee, der man für geraume Zeit keine gefährliche Kampfkraft zutraute. Man übersah dabei meistens, daß diese angeblich verstümmelte Armee kurz danach den bis Mittelasien vorgedrungenen und bisher sieggewohnten japanischen Truppen eine beschämende Niederlage zugefügt hatte. Die an diesem Sieg beteiligten sibirischen Truppenverbände der Sowjetunion werden auch im Zweiten Weltkrieg die überraschende und letztlich entscheidende Wende im Ostfeldzug der deutschen Wehrmacht erkämpfen. Hitler aber hat, pochend auf die vorbildliche Diszipliniertheit des deutschen Heeres und die Autoritätsgebundenheit des in der Weimarer Republik entpolitisierten Offizierskorps, dasselbe erreicht, ohne mit Schauprozessen und Massenhinrichtungen zu Werke gehen zu müssen.

Berlin sorgte dennoch für weitere Überraschungen. Am 5. Februar 1938 berichteten die Tageszeitungen in Berlin, Wien, London, New York, Paris, Rom und Tokio sowie in allen anderen größeren Städten der Erde über die Umbesetzungen in höchsten Regierungsstellen des Dritten Reiches. *Wachablösung* hieß der von Joseph Goebbels ausgegebene Aufhänger für die deutsche Presse.

Nicht nur Blomberg und Fritsch haben gehen müssen; 30 weitere Generäle schieden aus dem Dienst; der in Offizierskreisen eher mäßig geschätzte General Wilhelm Keitel wurde als Gehilfe Hitlers in das neugeschaffene Oberkommando der Wehrmacht berufen, General von Brauchitsch, dessen Gesundheitszustand schon damals manchmal zu wünschen übrig ließ und der sich schon aus militärischen Erwägungen als Gegner der Kriegspolitik Hitlers bekannt hatte, folgte dennoch von Fritsch im Oberkommando des Heeres; jenes Heeres, das eigentlicher Träger der Tradition der bewaffneten Macht Preußens und des Deutschen Reiches gewesen ist. Generaloberst Göring wurde allerdings in seiner Erwartung, an die Spitze des neugeschaffenen Oberkommandos der Wehrmacht zu treten, enttäuscht. Dafür wurde er zum Generalfeldmarschall ernannt. Reichsaußenminister von Neurath, ein Überbleibsel von gestern, wurde auf ein Nebengleis abgeschoben und von Ribbentrop, an sich erst seit 1932 Parteigenosse, dafür aber Schwiegersohn des bekannten Sektfabrikanten Henkell, selbst erfolgreicher Spirituosengroßhändler, von einer adeligen Tante adoptiert und mit dem passenden Dekor für einen Rittmeister a. D. versehen. So wie Göring im Verlauf des Zweiten Weltkrieges durch verfehlte Dispositionen die Niederlagen der deutschen Luftwaffe in West und Ost, die kriegsentscheidend wurden, mitverursacht hat, verstand es von Ribbentrop 1939, den Konflikt mit Polen dermaßen zu internationalisieren, daß Großbritannien und Frankreich diesmal Anlaß fanden, dem Dritten Reich den Krieg zu erklären.

Zu all dem hieß es in den von Joseph Goebbels ausgegebenen Richtlinien für die deutsche Presse, daß Hitler nach eigener Ansicht die Befehlsgewalt über die gesamte Wehrmacht ausüben wird, und zwar *unmittelbar und persönlich.* Der gewesene Infanteriegefreite traute sich das zu; 1941, in der Krise vor Moskau, sagte er, als er von Brauchitsch enthob, er fühle sich durchaus in der Lage, das bißchen Operative, das mit der obersten Befehlsgewalt des Herrn im Führerstaat verbunden ist, selbst zu besorgen. General Alfred Jodl, der an der Seite Hitlers als Chef des Wehrmachtsführungsstabes den Krieg mitgemacht hat, war 1938 noch ein wenig skeptisch:

»(Der) Führer will die Scheinwerfer von der Wehrmacht ablenken, Europa in Atem halten und durch Neubesetzungen verschiedener Stellen nicht den Eindruck eines Schwächemoments, sondern einer Kraftkonzentration erwecken ...«

Ohne Zusammenhang mit dem Thema Wehrmacht schrieb Jodl damals in sein Tagebuch:

»Schuschnigg soll nicht Mut fassen, sondern zittern.«

Der österreichische Bundeskanzler hatte nach seiner Rückkehr von Berchtesgaden drei Tage Zeit, um zu beweisen, daß er bemüht war, die Ratifizierung des Abkommens zu erwirken. Das Abkommen vom 11. Juli 1936 war zwar als Basis im Pressekommuniqué erwähnt, was aber von Hitler erpreßt wurde, machte dieses Abkommen illusorisch. Die laut Endprotokoll übernommenen Verpflichtungen ließen sofort – nicht nur in Wien – das Gerede vom *Finis Austriae* aufkommen.

Mit der Berufung Seyß' in die Regierung erkaufte sich Wien nachträglich die Erstreckung der Frist für die anderen auferlegten Verpflichtungen um zwei Tage. Immer mehr wurde es klar, daß für Hitler alles andere unwichtig war, verglichen mit der Berufung Seyß' in die Regierung. Seyß meldete sich gleich nach seiner Berufung in Berlin als amtierender österreichischer Innenminister. In einem Aufruf an die Sicherheitswache sagte er, daß »deutsche Polizei noch niemals versagt hat«. Das besagte alles, um jeden Gedanken an Widerstand in der Exekutive zu zermürben und die Männer der Exekutive zu gefügigen Werkzeugen der immer mehr aus dem Untergrund hervordrängenden Nationalsozialisten zu machen. Am 11. März 1938 hat auch tatsächlich die österreichische Exekutive im Sinne Seyß' nicht versagt.

Für die verlangte und mehr auf Berlin eingerichtete Außenpolitik war Schmidt verantwortlich. Seine Erhebung zum Außenminister war schon *vor* Berchtesgaden von nationalsozialistischer Seite ausdrücklich gefordert worden; am 16. Februar erfolgte sie in aller Form. Er sollte dafür sorgen, daß laut Abkommen Österreich »diplomatische, moralische und pressepolitische Unterstützung nach Maßgabe der Möglichkeit und auf Ersuchen (!) des Reiches leisten wird«.

Die einmal vom Kanzler eingeleitete Befriedungspraxis mündete jetzt in die Aufgabe, die Zulassung des einzelnen Nationalsozialisten zur VF und zu anderen vaterländischen Einrichtungen unter bestimmten Voraussetzungen zu ermöglichen. Die in Berchtesgaden noch maßgeblich erschienene Feststellung von einer angeblichen Vereinbarkeit des Nationalsozialismus mit den Gegebenheiten in Österreich war angesichts des raschen Fortgangs der Veränderungen für Berlin nicht mehr von Interesse. Wozu überhaupt diese VF erwähnen? Für Schuschnigg schien es im Moment kein Opfer zu sein, mit der Berufung seines Bundesbruders Wilhelm Wolf ins Kanzleramt die Belassung der ursprünglich zur Entlassung bestimmten engeren Mitarbeiter Ludwig und Adam zu verhindern. Mit Wolf sollte der Kanzler allerdings noch seine Überraschungen erleben. Wolf, im Krieg nicht eingerückt, war nach 1918 als einer der ersten Angehörigen einer Verbindung des CV ins Unterrichtsministerium berufen worden; er avancierte zum Ministerialrat, wurde in Nazikreisen die »Hirnprothese« des jeweiligen Ministers genannt und war in den dreißiger Jahren der unangefochtene Mentor der Standesorganisation katholischer Hochschüler in Wien.

Die fällige Änderung im Heeresministerium blieb aus. In den Kommissionsverhandlungen, die nach dem 11. Juli 1936 zwischen Berlin und Wien geführt worden waren, war von einer engeren Zusammenarbeit beim Aufbau der bewaffneten Streitkräfte beider Länder die Rede gewesen. Damals schon hatte der aus Berlin gekommene Ministerialdirektor erklärt, derlei sei wünschenswert, aber angesichts der Tätigkeit von Herren wie Zehner und Jansa wohl kaum möglich. Jansa war als Generalstabschef für die Vorbereitung eines hinhaltenden Widerstandes im Falle eines Einmarsches deutscher Truppen in Österreich; er stand vor Berchtesgaden zur Pensionierung an. Ob er auf Druck von Berlin hin noch vor Berchtesgaden von dieser bevorstehenden dienstrechtlichen Maßnahme ausdrücklich in Kenntnis gesetzt wurde, ist umstritten. Von sich aus wußte der Feldmarschallleutnant selbstverständlich vom bevorstehenden Ende seiner aktiven Dienstzeit; eine Erinnerung von Amts wegen war in solchen Fällen nicht üblich. Um so leichter war *nach* Berchtesgaden die tatsächliche Versetzung in den Ruhestand. Sein Nachfolger, General Beyer, war wohl für Berlin gewährleistend. Er starb 1940 als General der Infanterie der deutschen Wehrmacht.

Hans Fischböck, ein ausgezeichneter Wirtschaftsfachmann, sollte auch ins Kabinett berufen werden; er selbst wollte warten, am 11. März 1938 nahm er dann den Ruf an. Bis dahin sollte er dem nunmehrigen Handelsminister Julius Raab in maßgebender Funktion betreffs des Warenverkehrs mit dem Dritten Reich zur Seite stehen. Die 1938 erneut gestellte Forderung nach einer Zoll- und Währungsunion, zuletzt eine Idee Kepplers und ein taktisches Manöver Görings, kam nie mehr zustande.

Die Haftvollzugsanstalten wurden von einsitzenden Nationalsozialisten geräumt. Anton Rintelen kehrte ins heimatliche Graz zurück und wurde während der dortigen legendär gewordenen *Volkserhebung* eine Symbolfigur des Kampfes und Sieges der Nationalsozialisten in Österreich.

Es gab nach Berchtesgaden aber auch Enttäuschte. Nicht nur in Regierungskreisen, wo manche nach der Rückkehr des Kanzlers die ärgsten Befürchtungen bei weitem übertroffen sahen; auch in den Reihen der einheimischen Nationalsozialisten waren viele jahrelang im Kampf gestandene Illegale geradezu erbost darüber, daß der Führer mit Schuschnigg einen Vertrag geschlossen hatte, anstatt ihn gleich in ein KZ zu stecken, in Österreich einzumarschieren und dem Spuk der Schuschnigger ein jähes Ende zu bereiten. Wie lange werden wir noch auf den Endsieg warten müssen, fragten sich die durch die Abberufung des Hauptmanns Leopold nicht nur enttäuschten, sondern von bösen Vorahnungen gequälten nationalsozialistischen Kämpfer der ersten Stunde. Es gab nicht wenige Illegale, die ein selbständiges nationalsozialistisches Österreich wollten, einen selbständigen Staat, nicht einen, in dem man wieder einen Landesinspekteur oder dergleichen ins Land geschickt bekam.

Bis auf den heutigen Tag gefällt es westlichen Staatsmännern und Historikern, den Österreichern schwere Vorwürfe wegen ihrer Unterwürfigkeit in der Endkrise des Jahres 1938 zu machen. Neuerdings ist eine Version im Schwange, die den März 1938 in Wien so darstellt, als wären zuletzt die Austrofaschisten quasi mit klingendem Spiel ins Lager der Nationalsozialisten hineinmarschiert. Daß gleich in den ersten Wochen nach dem Anschluß allein 67000 Österreicher strafweise den Arbeitsplatz verloren, noch viel mehr in zeitweilige »Schutzhaft« genommen wurden und der erste Großtransport von Österreichern nach Dachau durch Systemlinge gestellt wurde, wird der Enkelgeneration derer von damals viel zu selten erzählt.

In Rom schrieb am Tag nach Berchtesgaden der Schwiegersohn Mussolinis, Außenminister Graf Ciano, in sein Tagebuch, der Anschluß Österreichs sei unvermeidlich, man könne ihn nur hinausschieben. Nach einem Gespräch mit dem Schwiegervater erfuhr der Graf, daß der Duce über das nunmehrige Vorgehen Hitlers gegen das durch die Römischen Protokolle Italien verbundene Österreich eigentlich gar nicht erzürnt sei. Der Duce ärgerte sich bloß darüber, daß es geschehen war, ohne ihn vorher in der Sache gehörig zu kontaktieren. Er wird sich an diese Art des Führers, Politik zu machen, gewöhnen müssen. Diese Praxis wird ihn und das faschistische Italien in die Katastrophe des Jahres 1943 führen. Die Kommunisten werden den Duce und seine Freundin umlegen und die Leichen in Mailand am Gestänge einer Tankstelle aufhängen. Hitler ist die Erinnerung an das Ende des Duce nie mehr aus dem Sinn gegangen. Er war entschlossen, sich und seine Freundin nicht lebendig seinen Todfeinden zu überlassen.

Noch war nach Berchtesgaden in Wien in Kreisen der Regierung nicht jeder Gedanke an einen letzten Widerstand aufgegeben. Es gab nicht nur in ehedem weit rechts gestandenen Kreisen solche, die eine sofortige *Wiederaufstellung der HW und des Schutzbundes* vorschlugen. Auch der seinerzeitige Stabschef des Schutzbundes, Major a. D. Eifler, tat dies. Nicht gerade in den Reihen der Revolutionären Sozialisten, wohl aber in sozialistischen Gewerkschaftskreisen gab es Männer, die entschlossen waren, den Graben zu überwinden und auf die Regierung halbwegs zuzugehen. Unter ihnen war vor allem der Zweite Präsident des Nationalrates der Zweiten Republik, Friedrich Hillegeist, eine der Säulen beim Wiederaufbau des Staates nach 1945, aktiv tätig. Die so dachten, drängten auch auf den sofortigen Ersatz des Außenministers Schmidt durch den österreichischen Gesandten in London, Georg Franckenstein. Die Idee war nicht ganz kalt, aber Franckenstein hat wie jeder andere Missionschef gewußt, daß bei den Westmächten keine Hilfe für Österreich zu erwarten war; er selbst wäre mit dieser Berufung geradezu in Verlegenheit gekommen.

Man braucht nur zu hören, wie *prominente Engländer* damals dachten. Der britische Botschafter in Berlin, Sir Arthur Henderson, hatte 1936 schon beim Antrittsbesuch Schmidts in Berlin gesagt:

»Ihr seid doch Deutsche; na also ...«

Henderson, der Tränen in den Augen hatte, als er im September 1939 in Berlin die Kriegserklärung überreichte.

Graf Hoyos, Vorsitzender des österreichischen Staatsrates und der

Bundesversammlung, mußte sich bei einem Besuch auf der Insel von einer Tischdame aus konservativen Kreisen sagen lassen:

»Ich sage Ihnen, das einzige für euch [Österreicher] ist, zusammen mit Deutschland zu gehen und gemeinsam die Tschechoslowakei zu zertrümmern.«

Und doch war es London, das nach 1945 durch die britische Besatzungsmacht in Österreich Serien von zensorischen Rügen austeilte und zum Beispiel für seine Besatzungszone die Wiedergründung von CV-Verbindungen ohne Rücksicht auf die gerade von diesem Verband vor und nach 1938 gebrachten blutigen Opfer verboten hat ...

Die Wochenzeitschrift »Observer«, ein altrenommiertes und auflagenstarkes Sonntagsblatt für gehobene Leseransprüche, hat, wie Friedrich Funder mit Recht herausstellte, schon 1937 über Österreich geschrieben:

»Man soll sich über dieses kleine Österreich in England nicht den Kopf zerbrechen. Der Anschluß und das Verhalten beider Staaten überhaupt ist eine rein deutsche Familienangelegenheit.«

Es trifft keineswegs zu, was jetzt behauptet wird, daß nämlich die sogenannten Mutterländer der Demokratie, insbesondere deren Linksparteien, das faschistische Österreich 1938 deswegen im Stich ließen, weil es durch die Preisgabe der Demokratie sich selbst jenes Schicksal bereitet hatte, das es 1938 erleiden mußte. Man weiß, daß nicht nur Großbritannien, sondern auch andere garantiert echte Demokratien sehr wohl Bündnisse, ja sogar Kriegsbündnisse mit echten Diktatoren abgeschlossen haben. Der überrascht tuende Winston Churchill, der nach 1945 über den Eisernen Vorhang empört war, den nach seiner Version die Sowjets über der Mitte des Kontinents aufgehängt haben, hatte keinen Grund, Moskau wegen dieser Sache nachher Vorwürfe zu machen; er selbst ist ja während des Krieges einer der politischen Konstrukteure gewesen ...

In Paris war Österreich 1938 durch den Gesandten Alois Vollgruber vertreten. Vollgruber, schon im seinerzeitigen k. u. k. Ministerium des Äußern verdient tätig, nach 1945 erneut österreichischer Vertreter in Paris, mußte sich nach Berchtesgaden harte Kritiken durch die Presse des Dritten Reiches anhören. Ihm und dem Ballhausplatz wurde nämlich vorgeworfen, in der französischen Kammer eine aufregende Debatte über die Vorgänge in Berchtesgaden ausgelöst zu haben. Aber Vollgruber ließ sich weder durch die Aufgeregtheit in der Kammer noch durch übertriebene Äußerungen im Dritten Reich beirren. Er relativierte ganz richtig, daß es wieder einmal so war in Paris, daß die *Erregung groß*, die *Tatbereitschaft aber sehr gering* war. Auch im eventuellen Ernstfall (!), so Vollgruber wörtlich, würde Frankreich nach einem Energieanfall nicht aus seiner tatsächlichen Zurückhaltung heraustreten. So ist es denn auch tatsächlich am 11. März 1938, als in Wien alles zu Ende ging, gewesen. In Frankreich hat es just zu dieser Zeit wieder einmal eine Regierungskrise gegeben. Der nach dieser Krise wieder ins Amt gekommene Sozialist Léon Blum bezeigte eine mäßige Anteilnahme an dem Geschehen in Wien, das für ihn als nunmehr amtierender Ministerpräsident nur mehr eine bereits vollzogene Tatsache war. Es wird noch aufgelistet werden, wie in diversen Staatskanzleien das Geschehen vom 11. März 1938 aufgenommen wurde und wie in diesen Staatskanzleien das damalige Verhalten der Österreicher beiläufig hingenommen, nach 1945 aber hart gerügt worden ist.

In Paris war es jedenfalls schon im Februar 1938 so weit, daß der deutsche Botschafter berichten konnte, die Gegnerschaft der dortigen politischen Linken zur Möglichkeit des Anschlusses sei nur *platonischer Natur*. Otto Bauer, der das Märzereignis 1938 in seinem Todesjahr in Frankreich erlebte, hat bekanntlich den von Hitler vollzogenen Anschluß, unabhängig von der Art des Vollzugs, konsequenterweise als dauernd begrüßt, wie das seiner seit 1918 bezogenen Einstellung zu dieser Frage entsprochen hat. Nun, Frankreich hat nach dem Fall Österreichs in dem historisch gewordenen Münchener Abkommen vom 29. September 1938 die beginnende Zerschlagung der ČSR von 1918, immerhin Musterkind der westlichen Demokratien, *nicht bloß hingenommen, sondern,* so wie damals die im Amt befindliche konservative Regierung in London, zusammen mit dem faschistischen Italien und dem nationalsozialistischen Dritten Reich *in aller Form paktiert.* Ein Pakt, der in formeller Hinsicht nie gelöst worden ist.

In Österreich setzte sich in den Reihen der Illegalen bei allen Vorbehalten gegen das Abkommen von Berchtesgaden die Ansicht durch, es sei richtig gewesen, seinerzeit in ihrem Forderungsprogramm die Ernennung des damaligen Staatssekretärs Schmidt zum Bundesminister verlangt zu haben. Jetzt war Schmidt Außenminister, und man wird die von ihm betriebene Außenpolitik nach dem Anschluß dazu verwenden, um in ausländischen Staatskanzleien, wo man Bedenken wegen des Anschlusses zeigte, darauf hinzuweisen, daß es doch der Außenminister Schmidt gewesen ist, der noch bei Bestand des klerikofaschistischen Österreich dieses Endergebnis angebahnt hat.

Die seinerzeitigen Angehörigen der 1936 aufgelösten Wehrverbände taten sich da und dort wieder zusammen, was von Berlin sofort ausstellig vermerkt wurde. Allgemein wartete man aber auf die von Hitler für den 20. Februar angesetzte Reichstagsrede. Zum ersten Mal hörten viele Österreicher bei der Übertragung der Rede durch die RAVAG die Stimme Hitlers im österreichischen Rundfunk. Was sie zu hören bekamen, war ein großangelegter Erfolgsausweis Hitlers. Ausgehend von seinem persönlichen Erleben in der Kriegs- und Nachkriegszeit schilderte er den wirtschaftlichen Zusammenbruch am Ende der Weimarer Republik und erwähnte die sieben Millionen Arbeitslosen, die er bei Übernahme der Kanzlerschaft vorgefunden hatte. Die Österreicher waren nicht schlecht erstaunt über die Zahlen, die Hitler produzierte, sei es im Zusammenhang mit der Beseitigung der Arbeitslosigkeit und mit dem Wirtschaftsaufschwung, sei es bei der Nennung unvorstellbar hoher Produktionsziffern. Vor diesem Hintergrund zeichnete Hitler die Sprengung der Deutschland in Versailles auferlegten Fesseln, um dann sinngemäß auf das Österreichproblem überzugehen:

Er erwähnte Hindernisse, Schwierigkeiten und Mißverständnisse, die zwischen den beiden Staaten entstanden seien und die zu einer unerträglichen Lage, ja zu einer ernsten Katastrophe hätten führen können. Es fiel auf, daß Hitler von *Deutsch-Österreich* redete, einem Staat, den es unter dieser Bezeichnung seit 1919 nicht gab. Kam er aber auf das System zu sprechen, dann sagte er: »*das gegenwärtige Österreich*«. Ziel der Entspannung sollte demnach sein, daß »... jenen Bürgern, die sich zu nationalsozialistischen Ansichten bekennen, die gleichen legalen Rechte gewährt werden, wie sie anderen deutsch-österreichischen Bürgern zugute kommen«.

Dann sprach er vom Geist des 11. Juli 1936, und es hörte sich so an, als wäre in Berchtesgaden nichts anderes geschehen, als die Anbahnung eines über die damalige Regelung hinausgehenden »noch engeren, freundschaftlichen Zusammenwirkens in so vielen Sparten«, im politischen, persönlichen und wirtschaftlichen Felde zu erreichen. Kein Wort belehrte die Österreicher darüber, daß das unter Androhung von Waffengewalt, jedenfalls unter Bruch jener Teile der Abmachung vom Juli 1936 erfolgte, wonach beide Regierungen verpflichtet waren, sich nicht in innenpolitische Vorgänge im anderen Vertragsstaat einzumengen. Es klang wie Hohn, wenn Hitler in seiner Rede Schuschnigg für sein *Entgegenkommen* in Berchtesgaden, für die sofortige Annahme der Einladung, für die bewiesene Verständnisbereitschaft, für die warmherzige (!) Bereitwilligkeit, den Weg der Gemeinsamkeit zu gehen, dankte. Das klang, als hätte der betroffene Schuschnigg freiwillig so gehandelt, dabei hatte er quasi im Rücken die Laufmündung einer Pistole gespürt.

In Kreisen der unbedingten Anhänger der Regierung wurde die verfälschte Darstellung des Geschehens auf dem Berghof vielfach als

Versuch angesehen, die noch zum Widerstand entschlossenen Getreuesten des Kanzlers irrezumachen und ihnen einen Kanzler vorzustellen, der nicht nur nachgegeben hat, sondern freudig eine Kapitulation eingegangen ist. Denn: Im engeren Kreis sagte Hitler bald, Berchtesgaden genüge, um die völlige Zersetzung des österreichischen Staatswesens zu erreichen. Und dann wieder der Revolver im Rücken der Österreicher, wenn Hitler etwa sagte:

»... das deutsche Volk ist nicht länger gewillt, die Unterdrückung von zehn Millionen Deutschen an seinen Grenzen zu dulden ... Erfreulicherweise hat der österreichische Bundeskanzler Einsicht gezeigt, es kam ein befriedigendes Abkommen mit Österreich zustande.«

Mit Österreich, nicht mit Deutsch-Österreich, sondern mit dem System-Österreich. Und zu den zehn Millionen Deutschen, die Unterdrückung leiden mußten, rechnete Hitler natürlich die sechseinhalb Millionen Österreicher plus dreieinhalb Millionen Sudetendeutsche, auf die Hitler nun schon erklärtermaßen aus war.

Der österreichische Kanzler antwortete nicht vom Fleck weg. Er mußte den Bundespräsidenten, die loyalen Regierungsmitglieder, die noch tragenden Teile der VF nicht nur informieren, *sondern von der unausweichlichen Notwendigkeit der in Berchtesgaden erpreßten Maßnahmen überzeugen.* Das gelang sukzessive. Leider versäumte Schmidt die rascheste Verständigung der österreichischen Missionen im Ausland. Die Missionschefs waren zunächst auf ausländische Pressemeldungen angewiesen. Sicher wollte der Kanzler in dieser Lage jedes Anschüren des natürlichen Widerstands seiner Anhänger vermeiden. Es machte in der Presse des Dritten Reiches genug Getöse, daß die Beschäftigung der Parlamente in Paris und London die sogenannte Familienangelegenheit der Deutschen zu internationalisieren drohte. Das nun geschah nicht. Die Vorsprachen der Botschafter Frankreichs und Großbritanniens im Berliner Außenamt waren im Ton nicht viel mehr als Erkundigungen über das, was ohnedies in den Zeitungen breitgetreten wurde.

In Berlin wurde zunächst Nebelmunition verschossen. Rudolf Heß, Vertreter des Führers der NSDAP, verbot allen Reichsdeutschen, sich in innerösterreichische Verhältnisse einzumischen, nationalsozialistische Propaganda über die österreichische Grenze zu tragen oder Weisungen an österreichische Nationalsozialisten zu geben. Daß der Führer selbst sich *nicht* an diese Weisung gehalten hat, war selbstverständlich. Wenige Tage nach dieser Weisung Heß' hatte er eine Unterredung zu fünft: mit Hermann Göring und Wilhelm Keppler, beide Reichsbürger und sohin nach dem Heß-Erlaß gehalten, sich nicht in österreichische Parteiangelegenheiten zu mischen, sowie mit den beiden Österreichern Hauptmann Leopold und dem als sein Nachfolger vorgesehenen ehemaligen Hauptmann Hubert Klausner. Zunächst wurde Leopold um dessentwillen zur Rede gestellt, was eigentlich Tavs vermurkst hatte, nämlich Umsturzpläne in die Hände der österreichischen Polizei fallen gelassen zu haben. Klausner wurde beauftragt, die bisher illegale Betätigung der Hitlerbewegung in Österreich in eine legale umzuwandeln (!). Und: Seyß-Inquart sollte in seiner schweren Aufgabe unterstützt werden. Keppler wollte wissen, was mit der Österreichischen Legion geschehen sollte; aber Hitler wollte von ihrer Auflösung nichts wissen. Man schied in der Erwartung, daß fortan in Österreich eine raschere Entwicklung ihren Lauf nehmen würde.

In Österreich trat eine neue Führungsspitze unter Klausner zum Endkampf an. Die unermüdlichen Macher des Umsturzes vom 11. März wurden vor allem der Oberösterreicher Dr. Ernst Kaltenbrunner, dessen Körpergestalt und verwitterte Quarthiebseite im Gesicht den Jungen besonders imponierte; dann der Kärntner Dr. Friedl Rainer, von Beruf Notar, und schließlich der Kärntner Odilo Globocnik, ausersehen als künftiger Gauleiter von Wien nach dem Sieg. Bezeichnenderweise gehörte dieser Elite nicht einer jener Wiener Parteigenossen an, die einmal die Partei in der Vorverbotszeit aus ihrer bis dahin bestandenen Unbedeutendheit befreit und erstmals zu einem politischen Faktor gemacht hatten. Ebenso bezeichnend für den Charakter der Angriffsspitze war, daß die Männer von der SS gestellt wurden. Der im Exil lebende Führer der österreichischen SA, Reschny, blieb auf seine im Dritten Reich bestehende Aufgabe konfiniert.

Zwischen dem Heß-Erlaß und dessen Bruch durch Hitler lag die mit Spannung erwartete historische Reichstagsrede Hitlers. Es ist schon gesagt worden, wie kompromittierend diese Rede für Schuschnigg war; anstatt einen Rückzug des Österreichers bekanntzugeben, schilderte Hitler die Begegnung in Berchtesgaden so, als wäre ihm Schuschnigg geradezu offenen Herzens entgegengelaufen. Und da war die Passage mit den zehn Millionen Deutschen, die in Unterdrückung lebten. Schließlich war vom »Recht völkischer Selbstbestimmung« die Rede. Schuschniggs Erwartung, es in der Frage des Nationalsozialismus in Österreich fortan mit Seyß zu tun zu haben, wurde von Hitler durch die Berufung Klausners endgültig zerstört. Schlag auf Schlag traf das ohnedies wackelige Abkommen von Berchtesgaden. Der Kanzler schwieg, bis er am 24. Februar 1938 vor der Bundesversammlung des Ständestaates im Parlament das Wort

nahm. Ein letztes Mal hat die VF Wien unter dem Eindruck des Kru-
kenkreuzes und der rotweißroten Fahnen stehen können. Wo einmal
das Abgeordnetenhaus des Vielvölkerstaates getagt hatte, tagte die
Bundesversammlung. Besucher überfüllten den Raum, viele Tausen-
de (!) Wiener hörten in den umliegenden Straßenzügen die Ausführungen des Kanzlers aus den Lautsprechern.
Die Tagesordnung hatte einen Punkt, auf den der Kanzler einleitend
ausdrücklich verwies. Keine Sachdiskussion nach Berchtesgaden,
sondern ein fälliges Bekenntnis zu Österreich. Weitausholend zeigte
der Kanzler ein Geschichtsbild des Landes auf, beginnend mit Maria
Theresia und endend mit Engelbert Dollfuß. Die Rede wurde auf den
großen Plätzen der Landeshauptstädte mittels Lautsprechern übertragen. In Graz stellten die Illegalen die Masse unter den Zuhörern,
die dicht gedrängt auf dem Platz vor dem Rathaus standen. Als der
Name Dollfuß fiel, war die Hölle los. Der Dank des Kanzlers an Hitler fiel con sordino aus. Dafür erinnerte der Kanzler an einen Kampf
»Bruder gegen Bruder«; er sprach von ungezählten Opfern der Vernichtung, von einer Entzweiung, die blutgetränkte Spuren hinterlassen habe. Eindeutig stellte Schuschnigg die Loyalität zu *Deutschland*
heraus; aber er schied davon das Denken jener, die *»auf den Altar
ihres Denkens den nationalen Sozialismus stellen«*. Denn: Nicht Nationalsozialismus, nicht Sozialismus in Österreich, sondern *Patriotismus* sei die Parole. Der Beifall, der fast schon jeden Satz begleitete,
geriet zu einem Enthusiasmus, wie ihn der Kanzler bisher noch nie
bei seinen Reden erlebt hatte. Dann faßte er Posto:
»Wir wissen genau, daß wir bis zu jener Grenze gehen konnten [in
Berchtesgaden] und gingen, hinter der klar und eindeutig ein: Bis
hieher und nicht weiter! steht.«
Von da an erlebte Wien etwas, das jenen unvergeßlich bleiben wird,
die mitmachen mußten, was in derselben Stadt am 15. März auf dem
Heldenplatz geschah. Beide Male im Roten Wien. Ein unvorstellba
rer Stimmungsumschwung.
Schuschnigg schloß mit dem Hinweis auf die Unsterblichkeit Österreichs und dem Ausdruck der Entschlossenheit, diesen unabhängigen Staat zu verteidigen. Der Schlußsatz:
»Bis in den Tod: Rot-Weiß-Rot!«
wurde tatsächlich eine Parole, gegen die die nationalsozialistische
Propaganda zunächst ankämpfen mußte. Es waren die Grazer Nationalsozialisten, die in den folgenden Tagen ihrer Stadt den Ruf und
den später verliehenen Ehrennamen »Stadt der Volkserhebung« eingetragen haben. Mit aus der Umgebung herbeigeholten Einsatzfor-
mationen unternahmen es die vor dem Rathaus versammelten Illega-

len, mit der Übertragung der Kanzlerrede Schluß zu machen und auf ihre Weise zu feiern. Die Lieder der Bewegung erklangen, und eine Delegation brachte den eingeschüchterten Bürgermeister dazu, die Hakenkreuzfahne auf dem Rathaus zu hissen. Noch einmal leistete Schuschnigg gewaltsamen Widerstand. Drei Bataillone der Wiener Garnison, ein Panzerzug und ein Geschwader leichter Kampfflugzeuge wurden nach Graz instradiert. Was Bedeutung für nachher bekam war: Bei der angeblich vom Nationalsozialismus durchtränkten Truppe zeigten sich keine Anzeichen von Insubordination. Aber in Graz ließ der *Druck der Straße* nicht nach. Getragen von den Hochschülern, wurde eine Aktion gegen den Landesleiter der VF, Alfons Gorbach, den nachmaligen Bundeskanzler, in Szene gesetzt. Und in Wien wurde durch Interventionen erreicht, daß dieser »ärgste aller VF-Landesleiter« noch vor dem Kommen Hitlers enthoben wurde. Der anstatt Gorbach von Wien entsandte Vertreter büßte seine Vermessenheit, den vakanten Posten trotz allem zu übernehmen, mit langer KZ-Haft. Am 1. März marschierte in Graz trotz des Versammlungsverbotes die SA im Braunhemd in Stärke von 5000 Mann auf. Aufmarsch und jubelnde Zustimmung waren bestens organisiert.

Es folgten – in verschiedener Aufmachung – ähnliche Kundgebungen in allen Städten. Wo immer Seyß das Wort ergriff – mochte er auch versuchen, mäßigend zu wirken –, folgte seiner Rede eine jubelnde Kundgebung für Hitler und das Bekenntnis einer Kampfentschlossenheit, die Böses ahnen ließ, sollten sich die Gegner tatsächlich zum entsprechenden Widerstand entschließen.

Das Presseecho der Kanzlerrede war beträchtlich. Nicht nur in der von den »Tschechen und Juden« ausgehaltenen Presse, wie sofort die Gegenpropaganda lautete. Friedrich Funder zog noch einmal vom Leder, ehe ihn das Schicksal der letzten Nachhut im März ereilte: »Alle, die sich ehrlich zum parteilosen, berufsständischen Dollfuß-Österreich bekennen, wünschen nie wieder Veranstaltungen der NSDAP, der völkischen Vereine und dergleichen parteipolitischer Instanzen mehr zu erleben oder davon zu hören oder zu lesen. Das muß ein für allemal vorbei sein ...«

Die Reaktion im Dritten Reich war erwartungsgemäß. Der »Völkische Beobachter« brachte die Kanzlerrede ohne besondere Hervorhebung auf der siebenten (!) Seite. Noch immer beherrschte der Nachklang der Hitlerrede vom 20. Februar die Presseorgane des Dritten Reiches. Die erste Seite aber gebührte einer Großveranstaltung im Münchener Hofbräuhaus, wo der Jahrestag der Gründung der NSDAP gefeiert und mit der Rede Hitlers zum Ereignis des Tages wurde.

In Wien waren der Sitzung der Bundesversammlung Straßendemonstrationen der Anhänger der Regierung gefolgt, Störversuche seitens der Nationalsozialisten gingen in der Masse unter, zum letzten Mal verloren die Nationalsozialisten die Straße. Es war klar, daß sie nun nicht länger zögern durften mit dem entscheidenden Schlag. Würde die Begeisterung, die der Kanzlerrede gefolgt war, um sich greifen, könnten sich womöglich – wovon gemunkelt wurde – die Roten nach der Parole »*Lieber Schuschnigg als Hitler*« mit den Schwarzen, die ohnedies das letzte Kabinett Schuschniggs mehrheitlich besetzt hielten, zusammentun. Dann aber konnte eine unabsehbare Gefahr entstehen, nämlich eine Mehrheit gegen Hitler. War es aber überhaupt denkbar, daß die Nachbarn Österreichs derlei hinnehmen würden? Das faschistische Italien etwa oder das nationalsozialistische Dritte Reich, das Horthy-Ungarn im Osten, die Diktatur in Jugoslawien, wo das Serbentum gezwungen war, im Vielvölkerstaat von 1918 Methoden anzuwenden, die sonst nur in faschistischen Ländern im Schwang waren? Ganz gewiß aber würde in Prag Staatspräsident Beneš Himmel und Hölle in Bewegung setzen, um den aufkommenden Kampfruf der jungen Monarchisten in Österreich: »Wir wollen unseren Kaiser!« zum Verstummen zu bringen.

Viele Komplikationen und gefährliche Weiterungen schienen nach dem 24. Februar möglich. Eine nicht: Daß nämlich in denselben Straßen, in denen an jenem Februartag der Ruf »Bis in den Tod: Rot-Weiß-Rot!« von begeisterten Massen immer aufs neue wiederholt wurde, drei Wochen später der Einzug Hitlers in Wien von vielen Zehntausenden mit dem Gruß »Heil Hitler!« gefeiert werden sollte.

Wer die Wandlungen im guten Volk während der ersten drei Monate des Jahres 1938 mitgemacht hat, war ein Gebrannter fürs Leben und unempfindlich für solche Kundgebungen ...

DIE HAKENKREUZFAHNE ÜBER DEM BALLHAUSPLATZ

Sieger und Besiegte

Seit der Schuschnigg im Februar beim Hitler gewesen war, tat sich der Oberkellner des Speisesaales im Hotel Krantz-Ambassador am Neuen Markt in Wien schwer. Seit Jahren gewohnt, nur prominente und ihm wohlbekannte Gäste zu bedienen, denen er bei Gelegenheit sein berühmtes Autogrammbuch zur Eintragung vorzulegen pflegte, war er neuerdings unsicher. Es kamen Gäste, deren Prominenz nur dadurch ausgewiesen war, daß sie in Begleitung bisheriger politischer Prominenz erschienen oder daß für sie Tischbestellungen von den Präsidien des Bundeskanzleramtes oder des Innenministeriums vorweg bestätigt wurden.

Das Hotel Krantz-Ambassador hat seinen Haupteingang am Neuen Markt, kaum 100 Meter entfernt von einem anderen ehedem hochrenommierten Haus, dem Hotel Meissl & Schadn. Dort gab es keinen Oberkellner, der Gäste mit Autogrammwünschen behelligen durfte. Wer vor dem Krieg Gast des Hauses war, der brauchte keine Bestätigung von dritter Seite als Ausweis seiner Prominenz. Einmal hat man gesagt, im Speisesaal bei Meissl & Schadn säße an jedem Tisch mindestens eine Exzellenz. Dazu hatte das Haus eine uralte Tradition. Fischer von Erlach hat einmal ein nobles Etablissement gebaut, dessen Tradition fortwirkte, seit dort der Adel seine geschlossenen Ballveranstaltungen und Musikfeste abgehalten und Mozart den Herrschaften seine Klavierkompositionen vorgespielt hat. Dann aber gab es Zeiten, in denen der Adel das Haus zu meiden begann, denn es ereigneten sich dort gewisse Exzesse, deretwegen man sich nicht in ein dem Publikum offenes Hotel begab. Schließlich wurde das Relikt aus Zeiten architektonischer Höchstleistungen und feudalen Prunks abgerissen, und um die Jahrhundertwende, 1898, entstand eine architektonisch gestaltete Scheußlichkeit; aber die Herrschaften, nun schon viele Besitzbürger, kümmerten sich nicht um die mißlungene Nachahmung gekonnter Baugestaltung. Man kam wegen der Küche, denn diese war in der ganzen Monarchie wegen ihrer Rindfleischspeisen berühmt. Für das Begleitpersonal der Gäste, Kutscher und dergleichen, gab es, wie in jedem guten Haus, eine sogenannte »Schwemme«, also ein abgesondertes Lokal; die Schwemme bei Meissl & Schadn war mindestens so geschätzt bei Kennern wie jene des Grand-Hotels am Ring. In so einer Schwemme traf man zuweilen Connaisseurs von Rang. Kronprinz Rudolf hat in der Schwemme des Grand-Hotels die Elite der Fiaker seiner Zeit und deren Ambiente kennengelernt. Das dort ausgegebene Gulasch ging ebenso rasch weg wie der spritzige Wein aus dem nördlichen Niederösterreich, der einmal die Markenbezeichnung »Kutscherwein« trug, wozu es keiner Flaschenetikette bedurfte.

Das Hotel Meissl & Schadn, das im Zweiten Weltkrieg zerstört und nie mehr aufgebaut wurde, war Stätte eines historischen Ereignisses in der Zeit des Sterbens der Monarchie. Am 21. Oktober 1916 nahm, wie gewohnt, der k. k. Ministerpräsident Karl Graf Stürgkh im Speisesaal im ersten Stock das Mittagessen ein. Mit ihm zu Tisch saßen der amtierende k. k. Statthalter von Tirol und der Bruder des früheren k. u. k. Außenministers Aehrenthal.

Der dem Ministerpräsidenten von der Polizeidirektion Wien zur Begleitung und zum persönlichen Schutz beigegebene Kriminalbeamte versäumte, was seine Pflicht gewesen wäre, nämlich beim Kommen zuerst die Gäste im Speisesaal zu observieren, um nachzusehen, ob sich unter ihnen verdächtige Individuen befänden. Seit sich im Krieg Generäle, Reichsratsabgeordnete und andere Prominenz in Haft befanden, ja zum Teil abgeurteilt wurden, war man sich nicht mehr sicher, ob Prominenz von gestern auch Gewähr für heute bot. Längst wurden in aller Herren Länder hohe und höchste Persönlichkeiten von Attentätern überfallen, die keineswegs aus dem Verbrechermilieu stammten. Aber besagter Kriminalbeamter tat nicht, was seine Pflicht gewesen wäre, vielmehr eilte er in die Schwemme, um zu seinem Stammgericht zu kommen, ehe er – man war im Krieg und die Portionen waren rasch vergeben – zu kurz kam.

So konnte im Speisesaal, schräg gegenüber dem Ministerpräsidenten und seinen Tischgästen, der Sohn des in der Stadt bekannten Einigers und Führers der deutschen Sozialdemokraten in der Monarchie, Victor Adler, Friedrich, der dem Personal auch vom Sehen her bekannt war, Platz nehmen. Fast eine Dreiviertelstunde lang beobachtete der junge Adler den Ministerpräsidenten mit starrem Blick. Dann erhob er sich von seinem Platz, ging auf den Ministerpräsidenten zu, der sich seinerseits höflicherweise zum Gruß erhob, zog eine Pistole aus der Rocktasche und erschoß den wehrlosen und zudem sehbehinderten Grafen. Er schoß, weil der Ministerpräsident eine von einer Gruppe gebildeter und einflußreicher Männer geplante Kundgebung zugunsten einer Revitalisierung der parlamentarischen Demokratie hatte verbieten lassen. Mehr noch: Eben dieser Ministerpräsident hatte 1914, knapp vor Kriegsausbruch, das Abgeordnetenhaus, in dem die Vorkämpfer der nationalen und sozialen Revolution ihre Schau abzogen, heimgeschickt. Seither ging das Gerücht, der Krieg wäre nicht ausgebrochen, hätte das Abgeordnetenhaus im Juli 1914 in Wien getagt. Daß es diesen Krieg gebraucht hat, um nach der Niederlage der nationalen und sozialen Revolution in der Monarchie zum Sieg zu verhelfen, wußten natürlich nur jene, die im Krieg schon drüben in den Zentralen der Feindmächte saßen, um zusammen mit einer von ihnen selbst ausgewählten Elite in der Heimat für ihren Sieg über die Monarchie zu wirken ...

Der junge Adler, ein hochbegabter junger Wissenschaftler, kein Mörder, sondern fortan für die linke Linke ein Märtyrer, erreichte mit seiner Tat nichts. Er wurde zum Tod verurteilt, von dem jungen Kaiser Karl I. begnadigt und konnte schon Anfang November 1918 im Vorstand der deutschen Sozialdemokraten tätig werden, als es um den letzten Kampf gegen die Habsburgermonarchie ging. Sein Opfer begrub man in seiner steirischen Heimat. Man war bestrebt, nur ja kein weiteres Aufsehen in der schon von manchen Unruhen erschütterten Reichshaupt- und Residenzstadt Wien zu wecken.

Ebenfalls am Neuen Markt haben seit Jahrhunderten die Kapuziner ein Kloster, gleich gegenüber dem Hotel Ambassador. In den Gewölben des Klosters schuf sich das Haus Habsburg im 17. Jahrhundert seine Begräbnisstätte. Napoleon hat sie während seines Aufenthalts im eroberten Wien besucht und danach die im Kloster und in der Gruft befindlichen Proviantbestände seiner Truppen entfernen lassen, als ob er geahnt hätte, daß diese Gruft einmal seinem Sohn, dem Herzog von Reichstadt, als letzte Ruhestätte dienen wird. 1916, wenige Wochen nach dem Mord im Meissl & Schadn, wurde Kaiser Franz Joseph in der Kapuzinergruft zur letzten Ruhe geleitet. Seinen Neffen und Nachfolger, Kaiser Karl I., ließ die Republik auch nach dem Tod in der Verbannung lieber außer Landes.

Das Triangel Kaisergruft, Meissl & Schadn, Krantz-Ambassador war im März 1938 noch ein Überbleibsel jenes Österreich, das es seit jenem Jahr nicht mehr gibt. Der Mord am Ministerpräsidenten der Monarchie, der Tod des alten Kaisers und schließlich ein gewisses Gespräch, das Anfang März 1938 im Speisesaal des Krantz-Ambassador geführt wurde, kennzeichnen Etappen dieser Endsituation eines Staates, der einmal eine europäische Großmacht war. Das selbständige Österreich war im Europa von 1938 nicht länger von Bedarf, selbst in den Staatskanzleien seiner Macher, der Siegermächte von 1918, war es ständiger Anlaß von kostspieligen Hilfsmaßnahmen, lästigen Interventionen, zumal solcher in Berlin, ja überhaupt eine Entbehrlichkeit. Die letzte Stunde des selbständigen Österreich hatte geschlagen.

Am Vormittag des 4. März 1938 wurde aus dem Präsidium des österreichischen Innenministeriums, das jetzt in dem Palais untergebracht war, in dem 1916 der ermordete Ministerpräsident amtiert hatte, im Krantz-Ambassador angerufen und ein Tisch für vier Herren bestellt. Drei Gäste des Herrn Bundesministers und er selbst wollten ungestört speisen. Die Bestellung wurde mit äußerster Akkuratesse ausgeführt, ein Tisch in einer Ecke des Saales bereitgemacht. Das Aussehen der Prominenz, die nachher an diesem Tisch Platz nahm, setzte den Oberkellner in Verwirrung. Drei der Herren waren ihm, der sich doch in der Prominenz des klein gewordenen Staates auskannte, unbekannt.

Natürlich erkannte er den Herrn Innenminister Seyß-Inquart, den jeder Kaffeehauskellner vom Fleck weg mit »Herr Doktor« angeredet hätte und der auch tatsächlich ein Doktor war. Der Minister zog das eine Bein nach; wohl eine Kriegsverletzung, taxierte der Oberkellner, damals, 20 Jahre nach dem letzten Krieg, keine Seltenheit. Man vergab sich nichts, wenn man den Herrn Minister so umdienerte, wie man es im Umgang mit solchen Herren von früher her gewohnt war. Wer aber waren die Gäste des Herrn Ministers?

Der Oberkellner beschloß, sich Klarheit zu verschaffen. Nichts war ihm leichter als das. Er legte, nachdem der Kaffee serviert war, den Herren sein Autogrammbuch vor. Zuerst selbstverständlich dem Herrn Minister. Der aber gab erstaunlicherweise das Buch weiter an einen dem Oberkellner gänzlich unbekannten, etwa 50jährigen bebrillten Herrn, den er im Normalfall, eben als Brillenträger, einfach mit der Allerweltstitulierung »Herr Doktor« angesprochen hätte. Als zweiter schrieb sich auch ein Unbekannter ein, der seine Unterschrift hastig und sichtlich unwillig hinwarf. Der dritte Gast trug sich ein, aber erst nach dem Minister, eine Type, die der Oberkellner noch vor kurzem als einen »Nobody« agnosziert hätte. Aber die Zeiten waren momentan in raschem Wandel begriffen, und der Oberkellner war versiert genug, um in solchen Zeiten bei seiner Taxierung der Gäste nicht Maßstäbe von gestern anzulegen. Er war seit den Tagen des Umsturzes im Achtzehnerjahr diesbezüglich gewarnt.

Etwas wurde dem Oberkellner schon während der Beaufsichtigung des Servierens klar: Zwei der Gäste sprachen jenes Deutsch, das die Wiener etwas despektierlich als Piefkinesisch bezeichneten. Der Ältere der beiden anderen Gäste hatte an der einen Wange mehrere

Narben, wohl Schmisse aus der Studentenzeit, die damals viele Herren von Rang an sich hatten. Er war, wienerisch gesprochen, also ein G'studierter, gebrauchte aber das leicht dialektgefärbte Deutsch, das in Wien auch in besseren Kreisen gesprochen wurde und das nach dem Zweiten Weltkrieg oft einem Wienerisch Platz machte, das sich im Lied anhört wie die Sprache, die einmal die Hutschenschleuderer im Prater kultivierten. Der Herr Minister sprach ein nur leicht dialektgefärbtes Wienerisch, das sich zuweilen auch höhere Beamte gestatteten, wenn sie nicht gerade beim Vortrag dem Minister referierten.

Kaum aus dem Saal geeilt, schlug der Oberkellner das eben neubeschriebene Blatt seiner wertvollen Autogrammsammlung auf. Er las die Namen und war enttäuscht. Die erste Unterschrift lautete: Wilh. Keppler; sie war hingefetzt, als hätte sich ein Unternehmer noch rasch vor dem Weggehen die Unterschriftenmappe vorlegen lassen. Es handelte sich in der Tat um einen Unternehmer und Wirtschaftsfachmann aus dem Dritten Reich, der zudem schon jahrelang vertrauter Ratgeber Hitlers in Wirtschaftsangelegenheiten war, auch in der Zeit, als Hitler noch nicht Führer und Reichskanzler gewesen ist. Der Oberkellner konnte nicht wissen, daß er nicht nur einen Reichstagsabgeordneten der NSDAP vor sich hatte, sondern auch einen Ratgeber des nun auch schon in Österreich nicht länger unbekannten Hermann Göring, der in wenigen Tagen dem selbständigen Österreich den Todesstoß versetzen wird.

Wegen des anderen Piefkes konnte dem Oberkellner nicht einmal der Speiseträger, der seit der Vorverbotszeit in der SA war, Auskunft geben. Ebensowenig über den Brillenträger, dessen scharfer Blick auffallend war. In St. Pölten hätte man keine Schwierigkeiten mit der Agnoszierung dieses Herrn gehabt. Er war ein gesuchter Arzt, als Spezialist für Lungenkrankheiten allseits geschätzt. Im Kreis der dortigen Illegalen schätzte man den Herrn Doktor als eine der wertvollsten Akquisitionen der NSDAP aus der letzten Zeit, denn der Herr Doktor war nicht aus Zorn oder jugendlichem Eifer zur Partei gestoßen, sondern als ein reifer Mann, der als nationalsozialistischer Gemeinderat in der Stadt keineswegs zu den Überlauten gehörte, deren es genug unter den Nazis gab. Er war momentan sichtlich mehr von Bedeutung als der Herr Minister, der aufmerksam zuhörte, wenn der Doktor sprach. Der Minister ist, ohne daß es dem Oberkellner bewußt war, einmal Mitglied des Steirischen Heimatschutzes gewesen, kein Marschierer, aber aus Protest gegen die WHW des Fey, der ja jetzt, im Achtunddreißigerjahr, nicht mehr zu fürchten war. Der Minister ist in der Politik ein vorsichtiger Mann gewesen;

seit dem Einunddreißigerjahr sympathisierte er mit der NSDAP, beigetreten war er ihr noch nicht, damals im März 1938. Die vierte Unterschrift lautete: Dr. Veesenmayer. Den erkannte man schon an der Art des Haarschnitts als einen Reichsdeutschen, ehe er noch den Mund auftat. Er war ein berufsmäßiger Unruhestifter, den Hitler nach dem Anschluß Österreichs überall dort einsetzen wird, wo es darum gehen sollte, ein dem Führer und Reichskanzler unsympathisches System zu stürzen und ein nationalsozialistisches an die Macht zu bringen. Noch im Achtunddreißigerjahr wird der Veesenmayer dabei sein, wenn es darum geht, die Herrschaft Prags über die Slowakei zu erschüttern und den Slowaken einen selbständigen, dafür unter dem Schutz des Dritten Reiches stehenden eigenen Staat zu verschaffen. Und noch vor Kriegsausbruch 1939 wird er in ähnlichem Sinn in der 1919 vom Deutschen Reich losgerissenen deutschen Stadt Danzig tätig sein. Er und sein auf Seriosität bedachter momentaner Tischnachbar Dr. Keppler, immerhin schon Staatssekretär in Berlin. Sein Meisterstück wird Veesenmayer knapp vor Kriegsausbruch 1939 leisten. Noch immer wollten damals die Polen trotz der vorbehaltlosen Hilfestellung Londons nicht gegen das Dritte Reich losschlagen. Es bedurfte eines Zwischenfalls. Er wurde Hitler geliefert. Man steckte KZ-Insassen in polnische Infanterieuniformen, gab ihnen ungeladene Gewehre in die Hand und inszenierte mit diesem Haufen Unglücklicher das Schauspiel eines polnischen Überfalls auf den deutschen Sender Gleiwitz. Dabei wurde auch geschossen, aber nicht von den Männern aus dem KZ. Diese beförderte man nach Schluß der Szene ins Jenseits. Hitler aber konnte am 1. September in seiner historisch gewordenen Reichstagsrede vor aller Welt verkünden, es hätten Polen, nun auch *reguläres* polnisches Militär, auf Reichsgebiet geschossen, und fortan werde Schuß mit Schuß und Bombe mit Bombe vergolten werden. Und das am gleichen Tag, als in der Sowjetunion schon an der Grenze zu Polen mobile Verbände versammelt waren, die aus der Bereitschaft treten sollten, sobald die Deutschen in Polen eingedrungen wären. So entstand zwischen Polen und der Sowjetunion jene heute noch bestehende Grenze, die man als die *Rippentrop-Molotow-Grenze* bezeichnet, weil sie 1939 nach der Zerstörung Polens zwischen deutschen und sowjetischen Unterhändlern geschaffen wurde und so bis heute, obwohl Relikt der Hitler-Ära, in aller Welt anerkannt ist.

Man kann sich keinen größeren Unterschied vorstellen als jenen zwischen den beiden Österreichern und den beiden aus dem Dritten Reich gekommenen Gästen im Krantz-Ambassador.

Der Doktor aus St. Pölten hieß Hugo Jury. Er hatte in der Endzeit

der Monarchie als Prager Burschenschafter den Nationalitätenstreit in der Hauptstadt Böhmens erlebt und war jetzt Zeuge dessen, wie in der ČSR die gleichen Nationalitätenstreitigkeiten zwischen Tschechen, Slowaken, Ungarn und Ruthenen stattfanden, Nationalitäten, von denen jede ihren eigenen Staat wollte oder zum 1918 geschaffenen Staat ihrer Volksgemeinschaft heim wollte. Der Dr. Jury war in dem Sinn radikal, daß er nicht an Terroranschlägen der Nazis teilnahm, vielmehr einer Sache auf den Grund ging, an die Wurzel, lateinisch radex. Er wird am 10. März 1938 jenen Leitartikel für die »Wiener Neuesten Nachrichten« schreiben, der tags darauf der österreichischen Regierung und aller Welt klar machen wird, daß sich die österreichischen »Nationalen« an der vom Bundeskanzler auf den 13. März anberaumten Volksabstimmung, bei der es um den Fortbestand des Dollfuß-Staates gehen sollte, nicht mit einem Ja beteiligen werden. Dabei wird sich der Doktor den Teufel darum kümmern, daß er erst unlängst auf Vorschlag des Bundeskanzlers vom Bundespräsidenten in den *Staatsrat* des Systems als ein Vertrauensmann der Regierung im Umgang mit den Nationalen berufen wurde ...
Der Herr Minister war, als er im Ambassador zu Tisch saß, schon der Gefangene einer Situation, in die er sich in der Absicht begeben hatte, dem Bundeskanzler bei dessen Befriedungsaktionen gegenüber »Nationalen« und »betont Nationalen« behilflich zu sein. Aber die Gewalt der Tatsachen hatte nach der Begegnung des Bundeskanzlers mit Hitler in Berchtesgaden längst alle seine Ideale und Visionen überrannt, der deutsche Botschafter von Papen hatte ihn mit seinen schnurstracks auf den Anschluß gerichteten Finessen ausgetrickst. Im Moment ahnte der Bundesminister des Ständestaates nicht, was auf ihn zukam: letzter Bundeskanzler des Staates von 1918, nachher Reichsstatthalter der sogenannten Ostmark, Reichsminister ohne Geschäftsbereich, Stellvertreter des Generalgouverneurs im 1939 eroberten Polen, nachher bis 1945 Reichskommissar in den besetzten Niederlanden, im Testament Hitlers als Reichsaußenminister vorgesehen, als Gefangener der Alliierten im Nürnberger Kriegsverbrecherprozeß wegen Deportationen, Judenverfolgungen und Geiselerschießungen zum Tod verurteilt und hingerichtet. Was für ein Weg eines national gesinnten Mährers in der Monarchie und »betont Nationalen« im Dollfuß-Staat, eines Mitarbeiters in der Katholischen Aktion und Vorkämpfers eines gewaltlos vollzogenen Anschlusses Österreichs an das Deutsche Reich.
Das, was die vier Herren am 4. März im Krantz-Ambassador besprachen und worin sie sich einig wurden, unterschied sich denn doch sehr von dem, was nach dem 11. März mit Österreich geschehen ist.

Keppler hatte am 4. März einen in Berlin verfaßten präzisierten Forderungskatalog bei der Hand; den wollte er tags darauf Schuschnigg in dessen Wohnung am Landstraßer Gürtel 3 vortragen; er war überzeugt davon, daß der Kanzler angesichts der internationalen Lage und der Zustände im eigenen Land gar nichts anderes tun könnte als annehmen, um so der sukzessiven Machtergreifung der Nationalsozialisten in einem *selbständigen Staat* Österreich den Weg frei zu machen. Daß ein nationalsozialistisches Österreich selbständig bleiben sollte, war auch die Vorstellung Scyß'; ihm schien es zunächst kaum denkbar, daß die Westmächte, die seit 1919 einen Anschluß Österreichs an das Deutsche Reich mit allen Mitteln verhindert hatten, nun auf einmal dem Dritten Reich gewähren würden, was sie dem bestandenen demokratischen Österreich und auch Dollfuß anläßlich der Sanierung von 1932 strikt verboten hatten. Jurys ergänzender Plan, auf diese Weise den Anschluß auf *evolutionärem* Weg schließlich doch, je nach Lage, anzustreben, war damit nicht ausgeschlossen. Die notwendigen taktischen Verrichtungen wollte man so oder so Veesenmayer überlassen.

Eine Woche vor dem 11. März war die Lage noch keineswegs völlig geklärt, wenngleich die österreichischen Nationalsozialisten in einzelnen Bundesländern und an den Hochschulen schon so taten, als lebten sie im Dritten Reich: Hakenkreuzfahnen erschienen in der Öffentlichkeit, das Parteiabzeichen, die »Pletschn«, wie die Wiener bald nach dem Anschluß sagten, wurde am Rockaufschlag sichtbar getragen, Parteifunktionäre trugen jenes Hoheitsabzeichen, das bald Hunderttausende Österreicher auf der rechten Brustseite ihrer Wehrmachtsbluse tragen sollten. Andererseits entledigten sich nicht wenige Betuliche oder Ängstliche bereits ihres VF-Abzeichens, jenes rotweißroten Bandes im Knopfloch, das Dollfuß 1933 als Symbol einer erneuten Sammlung aller Österreicher gedacht hatte und das die Illegalen spöttisch den G'wissenswurm der Staatsbeamten nannten.

Das Hervortreten der Nationalsozialisten nach der Begegnung der beiden Kanzler in Berchtesgaden rief eine unerwartete Reaktion hervor. Die Versammlungen der Monarchisten waren auf einmal mit jenen Österreichern überfüllt, die überzeugt davon waren, daß nur noch die Monarchie das Land vor Hitler retten konnte.

Der Ruf: »Wir wollen unseren Kaiser!« drang nicht nur an die Ohren des in Belgien im Exil lebenden Retters, er wurde auch in Berlin nicht überhört. Dort beschäftigte man sich längst mit der Frage, was zu geschehen hätte, wenn die Österreicher tatsächlich wieder ihre Monarchie bekämen. Für Hitler war es ein klarer Fall: Er würde die Rückkehr der Habsburger mit allen ihm zur Verfügung stehenden Mitteln zu verhindern wissen, zumal im gegebenen Fall damit zu rechnen war, daß die Nachfolgestaaten ČSR und Jugoslawien diese Rückkehr als eine Bedrohung ihrer staatlichen Existenz ansehen und danach handeln würden; wohl auch die Ungarn, die nach dem Tod des 1936 verstorbenen Gömbös ihre Interessen weiterhin auf Hitler abgestellt hatten und nicht auf die Habsburger.

Schuschnigg beantwortete einen aus Belgien gekommenen Brief und gebrauchte die Anrede »Euere Majestät«; allein die Anrede bekundete die persönliche Gesinnung des Kanzlers, der allerdings nicht damit rechnete, daß die Übergabe der staatlichen Macht an einen Kaiser die Unabhängigkeit des Landes retten könnte. Bekanntlich trug jene *Geheime Kommandosache,* mit der unterm 11. März 1938 der Einmarsch von Truppen der deutschen Wehrmacht in Österreich vorsorglich geregelt war, den Betreff: *Unternehmen Otto.*

Als Keppler am Tag nach dem Essen zu viert dem Kanzler in dessen Dienstwohnung sein aus Berlin mitgebrachtes Forderungsprogramm vortrug, stieß er auf das Nein des Kanzlers. Vergebens hatte Keppler vorher versucht, den Außenminister Guido Schmidt für sein Vorhaben zu gewinnen, um so beim Kanzler leichter anzukommen. Das nachher von Schuschnigg bestätigte gute Benehmen Kepplers und sein Gerede nach diesem Gespräch, das am 5. März nach 16.45 Uhr stattfand, täuschte nicht darüber hinweg, daß Keppler bestrebt war, Schuschnigg just jene Forderungen Hitlers anzudrehen, die der Kanzler schon am 12. Februar gerade noch hatte abbiegen können. Das betraf nicht nur eine förmliche Legalisierung der NSDAP, sondern schwere Eingriffe der Reichsführung in das Gefüge des Bundesheeres, der Wirtschaft sowie vor allem auch des Medienwesens, das mit dem Erscheinen der Parteizeitungen der NSDAP in Österreich einen völlig anderen Charakter bekommen hätte.

Man darf rückschauend sagen, daß Schuschnigg nach diesem Ultimatum, für dessen Überreichung man in Berlin schlauerweise den normalen diplomatischen Weg vermieden hat, entschlossen war, eher einen *letzten Widerstand* zu leisten, als die Dinge laufen zu lassen und so der erwarteten »evolutionären Entwicklung« Raum zu geben. Keppler selbst war nach dem Ende der Begegnung in der Kanzlerwohnung nicht enttäuscht. Er resümierte vielmehr:

Die österreichische NSDAP sei nun in bester Verfassung. Von Hauptmann Leopold, den Hitler nach Berchtesgaden abgesetzt hatte, würde in der Partei kaum mehr gesprochen. In Graz hätte man den Weg vorgezeigt, den es jetzt zu gehen gelte, also zu *handeln,* als ob die NSDAP schon legal sei. Klugerweise zeige die Partei nicht gleich ihre ganze Mächtigkeit, um so Schuschnigg mit einem Imponiergehabe Konzessionen abzupressen und in der Öffentlichkeit den Eindruck zu erwecken, als könnte die NSDAP *nur mit Macht und Gewalt* den Staat erobern. Große Hoffnungen setzte Keppler bezeichnenderweise auf Seyß, von dem er unterm 6. März berichtete, der Sicherheitsminister bediene sich bei seinen *amtlichen* Aufgaben bereits der SA und der SS.

Bestand für Schuschnigg noch eine Leitung zum Duce? Schuschnigg wollte sich dessen sicher sein, als er daranging, eine *Volksabstimmung* anzuberaumen, die Hitlers Plänen in die Quere gekommen wäre. Zu diesem Zweck hatte der Kanzler den österreichischen Militärattaché in Rom, Oberst Emil Liebitzky, nach Wien berufen, um ihn entsprechend zu instruieren. Von Liebitzky hieß es, er hätte gute Beziehungen zu Machthabern in Rom, in gewissem Maße zum Duce selbst. Nach einem Gespräch entließ der Bundeskanzler den Oberst mit dem Auftrag, den Duce vom Plan einer Volksbefragung ins Bild zu setzen, ihn laufend über den weiteren Gang der Dinge zu informieren und seine Ansicht zu dem kalkulierten Risiko zu erforschen. Nicht mehr ganz neuen Informationen zufolge rechnete man am Ballhausplatz noch mit jener Auslassung Mussolinis, wonach dieser gesagt haben soll, er werde Hitler bei einem Eingreifen in österreichische Verhältnisse nicht in den Arm fallen, vorausgesetzt, Berlin würde ihn *vorher* in Kenntnis setzen. Hitler hielt sich aber bekanntlich nicht an die Erfüllung der vom Duce gestellten Bedingung; und der Duce nahm, unbeschadet aller in den Römischen Protokollen von 1934 Österreich gegenüber eingegangenen Verpflichtungen, die ohne sein vorheriges Wissen eingeleitete Annexion Österreichs hin.

Was Schuschnigg seit dem Gespräch mit Keppler in petto hatte, das kam auf das hinaus, was man dem Kanzler schon unmittelbar nach seiner Rückkehr aus Berchtesgaden auf einer Tagung der Landesleiter der VF vorgeschlagen hat: eine Volksabstimmung, die ein Ja zur Selbständigkeit bringen konnte. In den ersten Märztagen besprach der Kanzler insgeheim mit seinen engsten Freunden und Beratern diese Möglichkeit. Auf heimatlichem Boden, in Tirol, wollte der Kanzler die Parole für eine binnen kürzester Frist anberaumte Volksabstimmung ankündigen, die am Sonntag, dem 13. März 1938, stattfinden sollte. Die Landesleitung Tirol wurde angewiesen, dafür eine repräsentative Versammlung der Amtswalter der VF zu organisieren. Dabei wurde nur eine Rede des Kanzlers angekündigt, die Vorbereitung der Volksabstimmung blieb geheim; sie zu organisieren wurde Aufgabe des Generalsekretärs der VF, Guido Zernatto, der anfänglich nicht für den Plan war, der aber dem Regierungschef und Frontführer die loyale Gefolgschaft nicht versagte. Das Konzept der

zu stellenden Frage an das Volk war einfach und nahezu kongruent
mit der einschlägigen Formulierung in der Dollfuß-Verfassung 1934.
Wer älter als 24 Jahre war, sollte mit Ja oder Nein auf die Frage antworten, ob er für »ein freies und deutsches, unabhängiges und sozia-
les, christliches und einiges Österreich, für Friede und Arbeit und
Gleichberechtigung aller, die sich zu Volk und Heimat bekennen«,
sei.
Die Feindlage im Land und die internationale Lage war für dieses
Vorhaben nicht ermutigend. Es sprach sich herum, daß Hitler, entgegen seinem in Berchtesgaden gegebenen Versprechen, sofort nach
der Begegnung mit Schuschnigg und ehe der Kanzler in der Bundesversammlung zum letzten Widerstand aufgerufen hat, sehr wohl jenen Einfluß auf innerösterreichische Verhältnisse genommen hatte,
auf den er am 12. Februar verzichtet hatte. Der Inhalt der alten Warnung, wonach das Wort des *Reichskanzlers* nicht den *Führer* der
NSDAP binde, kam, wie längst in Österreich befürchtet, zum Tragen. Das geschah, indem *der Führer selbst sofort nach Berchtesgaden
seine Partei in Österreich reorganisierte.*
Die damaligen verläßlichen österreichischen Vertreter im Ausland,
Vollgruber in Paris, Berger-Waldenegg in Rom und Franckenstein in
London, konnten nichts berichten, was den Kanzler hätte ermutigen
können. Obwohl es Vollgruber gelang, die im Demissionsstadium
befindliche Regierung des Liberalen Camille Chautemps ein wenig,
die Kammer um so mehr zu alarmieren; aber Chautemps ließ sich auf
kein ernstes Risiko zugunsten Österreichs ein, und er wird auch 1940
als einer der ersten für die *Kapitulation* gegenüber der siegreichen
deutschen Wehrmacht sein. In Österreich tauchte da und dort die
Idee auf, Guido Schmidt abzulösen, aus London Baron Franckenstein auf den Ballhausplatz zu holen, überhaupt die Struktur und die
ganze Einstellung des Regimes zu ändern.
In Rom verschloß sich der Duce seltsamerweise dem alten HW-
Mann und Gefährten Berger-Waldenegg; dafür kam Oberst Liebitzky zuletzt doch noch an den Duce heran. Als der Oberst von einer
Volksabstimmung redete, verglich Mussolini dieses Vorhaben mit
dem Scharfmachen einer Handgranate, die leicht in der Hand des
Schützen explodiert. Liebitzky konnte leider den Kanzler nicht vor
dessen Abreise nach Innsbruck erreichen; die fernmündliche Information erreichte diesen erst, als die Sache mit der Volksabstimmung
heraußen war.
Lange, manche meinten später zu lange, setzte der Kanzler sein Vertrauen in die Person Seyß'. Seyß war kein Verräter, er war nur für die
ihm vom Kanzler zugedachte gefährliche politische Mittlerfunktion

nicht geeignet; er hätte die Aufgabe besser nicht übernommen. Was Seyß bei Schuschnigg zuviel an Vertrauen genoß, das ging ihm in den Reihen der Illegalen ab. Er war kein Parteigenosse, viele hielten ihn für einen verkappten Schwarzen. Anfang März war schon das Verhängnis über ihn hereingebrochen. In Berlin und in den Reihen der Führung der Illegalen erwartete man nämlich bloß mit Bestimmtheit, daß diesmal – anders als am 25. Juli 1934 – die nun von Seyß befehligte staatliche Exekutive auf die Seite der Nationalsozialisten treten wird. Wäre es am 11. März 1938 anders gekommen, dann hätte Seyß wohl jenes böse Ende genommen, das ihn erst nach 1945 erreichte; 1938 freilich nicht inmitten eines Meeres von Toten. Verrätern drohte im Dritten Reich die Feme. Wer wirklich in jenen Tagen Schuschnigg verraten hat, obwohl Seyß bis zum 11. März seinen Dienst um ihn korrekt ausgeübt hatte, sollte sich erst nach dem Anschluß herausstellen, als in der nationalsozialistisch gewordenen Ostmark die sogenannten *Märzveilchen,* wie die Illegalen die Typen mit dem raschen Gesinnungswandel nannten, sprossen. Unbedingt verlassen konnte sich der Kanzler auf die in den Bundesländern tätigen Landeshauptleute und Landesführer der VF. Ihnen trug er letztlich seinen Plan einer Volksabstimmung vor und fand keinen Widerspruch. Am 8. März, am Tag vor der Ankündigung der Volksabstimmung vor der Öffentlichkeit, informierte der Kanzler Seyß in aller Form und rückhaltlos. In diesem Vieraugengespräch sagte Seyß, nicht ahnend, was auf ihn zukommen sollte, dem Kanzler offen und ehrlich die Unterstützung bei diesem gefahrvollen Unternehmen zu.

Wollte Seyß das Versprechen halten, dann durfte er nicht die Führer der Illegalen im ungewissen lassen, die sich sukzessive in Wien, im Hotel Regina nahe der Votivkirche, sammelten. Das geschah unbehelligt von der Polizei, die ihre einschlägigen Beobachtungen der Polizeidirektion, also auch dem Sicherheitsressort und dessen Leiter Seyß, meldete. Nachdem Seyß dem Kanzler sein Wort gegeben hatte, suchte er das Conveniat der Illegalen auf. Dort stieß er auf heftigsten Widerstand. Es war vor allem der *Staatsrat Jury,* der zusammen mit Friedl Rainer erklärte, es komme überhaupt nicht in Frage, den Führer zu verraten und den Schuschnigg bei seinem verräterischen Vorhaben zu unterstützen. Jetzt hätte die letzte Möglichkeit für Seyß bestanden, seinen Auftrag als Bundesminister und Vertrauter des Kanzlers zurückzulegen. Von nun an war er ein Getriebener.

In der Zentrale der VF auf dem Platz »Am Hof« übernahm es Zernatto, für die absolute Geheimhaltung des Planes bis zur Publikmachung durch den Kanzler zu sorgen. Man kannte lange Zeit den Namen jener jungen Bürokraft, der Zernatto einen ersten Entwurf diktierte. Diese hat ein Exemplar der Niederschrift ihrem Geliebten zugespielt, der das wichtige Papier sofort im Hotel Regina ablieferte. Von dort wurde unverzüglich ein Kurier über die Grenze nach Bayern geschickt, wo dieser es dem Grenzkommissar, einem SS-Untersturmführer, übergab.

Als Ausweispapiere bei der Volksabstimmung sollten gelten: die Mitgliedskarte der VF, der Meldezettel und die damaligen Erkennungskarten. Dem Wahlleiter sollten Beisitzer aus den Reihen der VF-Mitglieder zur Seite stehen. Für 17 Uhr war Schluß der Stimmabgabe anberaumt. Wahlberechtigt waren alle, die das 24. Lebensjahr hinter sich hatten. Das 1937 geschaffene Sturmkorps der VF sollte für die Bedeckung der Behälter mit den abgegebenen Stimmen während der Beförderung zu den Zählstellen sorgen.

Schuschnigg selbst hatte den Modus noch nicht erfahren beziehungsweise genehmigt, da erhoben sich in Berlin wilde Proteste. Es hieß, daß der Entwurf des *Abstimmungsmodus* vorzeitig aus der Kanzlei des Bürgermeisters Schmitz gekommen wäre, sei es aus dem Rathaus, sei es aus der Landesleitung Wien der VF. Unbestritten ist, daß der Vertreter der Rheinmetall-Borsig-Werke in Wien in den Besitz des fraglichen, noch nicht genehmigten Entwurfs gelangt war; er händigte ihn dem Militärattaché in der deutschen Gesandtschaft, Generalleutnant Wolfgang Muff, aus, von wo der Weg nach Berlin klar gegeben war.

Es war Seyß, der mithalf, den Abstimmungsmodus zu adjustieren; man kam ihm in der VF entgegen, um seine Stellung im Umgang mit den Illegalen zu stärken. Zu diesem Zweck wurde die Möglichkeit einer korporativen Stimmabgabe der öffentlich Bediensteten, noch dazu an Amtsstellen, gestrichen; den Wahlkommissionen sollten auch Vertrauenspersonen der Volkspolitischen Referenten, also »betont Nationale«, beigegeben werden; der Schutz der Wahllokale wurde der staatlichen Exekutive, letztlich Seyß, übertragen. Leer abgegebene Stimmzettel sollten ungültig sein und nicht, wie zuerst gedacht, als Ja-Stimmen zählen. Für Seyß kam aber schon all das und anderes zu spät. Er war über die Brücke und vollends drüben bei den Nazis, *ehe er sich dessen ganz bewußt war.* Ihn befiel Scham, so daß er anfing, lieber *brieflich* dem Kanzler seine Vorbehalte aufzuzeigen. Schuschnigg nahm sich viel Zeit, um seiner Antwort eine lange Genesis der Entwicklung seit 1934 voranzustellen. Ergebnis dieses Briefwechsels war, daß Seyß sich außerstande erklärte, den Illegalen ein Ja zur Volksabstimmung abzuringen. Ihm nahm jetzt Jury sein Amt ab, der ganz andere Vorstellungen und radikalere Absichten hatte als Seyß. Wie es durchsickerte, daß Berlin schon am 10. März umschaltete und eine *militärische* Aktion gegen Österreich ins Auge faßte, ist unklar. Tatsache ist, daß Hitler selbst erst in der Nacht zum 12. März eine Weisung Nummer 1 zum »Unternehmen Otto« ergehen ließ; auch diese trug noch nicht seine Unterschrift, die folgte erst am selben Tag um 13 Uhr nach, als sich Hitler bereits auf österreichischem Boden befand und man gewahr wurde, daß es keiner Drohgesten gegenüber Unbelehrbaren in Österreich bedurfte, weil dem Führer ein »Blumensieg«, wie man später sagte, zuteil wurde.

Die Rollen wurden neu verteilt. Keppler, der am 6. März nach der Unterredung mit Schuschnigg nach Berlin geflogen war, wurde neuerlich nach Wien beordert, um an Ort die Endkämpfe um die Machtergreifung unter Kontrolle zu nehmen. Hingegen flog der künftige Gauleiter von Wien, Globocnik, nach Berlin, um eine Weisung für die im Hotel Regina versammelten Österreicher einzuholen. Rainer organisierte den Aufstand der Illegalen im Land. Seyß stieß wieder zum Kanzler, verschwieg ihm aber, was er im Hotel Regina erfahren hatte, tat so, als wäre er mit letzter Kraft noch an der Seite Schuschniggs. Er verblieb im Kabinett Schuschnigg, seine Kompetenz als Sicherheitsminister war für das Vorhaben der Illegalen unersetzlich. Glaise-Horstenau beeilte sich nicht, seine Vortragsreise im Dritten Reich abzubrechen, er wollte mit einem speziellen Wissen nach Wien kommen.

Um diese Zeit dachten nur wenige Politiker in Österreich an eine militärische Aktion Hitlers. Erst viel später wurde bekannt, daß Hitler schon am 12. Februar 1938, nach der Heimfahrt Schuschniggs, angesichts der damals getroffenen Absprachen zu seiner engeren Umgebung gesagt hat, er wäre lieber *marschiert.* Der Gedanke, die deutsche Wehrmacht zur Endlösung des Österreichproblems einzusetzen, hat ihn nachher nicht mehr verlassen. Er hat seinen Parteigenossen in Österreich nach vielen Fehlschlägen nicht mehr zugetraut, aus eigener Kraft und ohne direkte Hilfe aus dem Dritten Reich mit der Regierung in Wien fertig zu werden. Wenn man ihm sagte, es stünden schon 80 Prozent der Bevölkerung hinter ihm, dann traute er solchen Zahlen nicht recht; sie waren tatsächlich auch weit übertrieben. Nachträglich betrachtet, ist eher anzunehmen, daß eine rechtzeitige und gut vorbereitete Volksabstimmung, die ja auf die Entscheidung *Schuschnigg oder Hitler* hinauslief, wahrscheinlich den österreichischen Nationalsozialisten eine Niederlage eingetragen hätte. So wie nur das Gerücht in Berlin aufkam, wonach Schuschnigg für den 13. März 1938 eine Volksabstimmung anberaumen wolle, handelte Hitler rasch; er sah die Gefahr. Am 9. März verkündete Schuschnigg in Innsbruck die tatsächliche Abhaltung dieser Abstimmung für den

13. März. Tags darauf erkundigte sich Hitler beim Generalstabschef des Heeres, Generaloberst Ludwig Beck, wie es mit den Einmarsch-plänen für die Besetzung Österreichs stünde.

Beck konnte nur melden, daß es einen Plan für das »Unternehmen Otto« gebe, die Versammlung und Bereitstellung der dafür notwendigen Truppen stünde aber noch aus. Hitler dachte nicht an eine Machtdemonstration der deutschen Wehrmacht, er erwartete aber, daß eine symbolisch gedachte Besetzung des österreichischen Staats-gebietes mit relativ schwachen Kräften ausreichen würde. Seltsamer-weise rechnete man in Berlin schon zu diesem Zeitpunkt damit, daß in Wien noch keine Dispositionen für einen eventuellen Einsatz des Bundesheeres getroffen waren.

Hitler lag daran, das militärische Element der Machtergreifung in Österreich nur am Rand des Geschehens einer nationalsozialisti-schen »Volkserhebung« einzusetzen. Nolens volens entschloß er sich zu einer bloß partiellen Mobilmachung, nachdem ihm entgegen-gehalten worden war, daß Garnisonstruppen nicht marschbereit sein können. Danach erging seine Weisung für das Zusammentreten eines Armeekommandos mit der Ordnungsnummer 8 und dem Sitz in Dresden. Die fragliche Mobilmachungsorder Hitlers ging am 10. März zwischen 18.30 Uhr und 18.55 Uhr nur an die Armeekorps VII (München) und XIII (Nürnberg). Dazu sollte eine Panzerdivision treten. Hiefür bekam Generaloberst Beck, 1944 eines der Opfer des verfehlten Unternehmens gegen Hitler am 20. Juli jenes Jahres, die einschlägigen Weisungen des Führers und Obersten Befehlshabers der Wehrmacht. Einwände Becks aus dieser Zeit sind nicht bekannt-geworden.

Die für den Einsatz in Österreich bestimmten Panzerverbände stan-den unter dem Befehl des Schöpfers der legendären deutschen Pan-zerwaffe, des damaligen Generalleutnants Guderian; Chef des Stabes war der 1943 mit den Resten der 6. Armee in Stalingrad in Gefangen-schaft geratene Oberst Paulus. Überhaupt wurde die militärische Be-setzung Österreichs für viele im Verlauf des Zweiten Weltkrieges hervorgetretene deutsche Truppenführer die Bewährungsprobe. Göring sorgte selbstverständlich dafür, daß die Infanterieeinheit der deutschen Luftwaffe, die seinen Namen trug, mit dabei war; Hein-rich Himmler war darauf aus, daß genügend SS-Verbände möglichst früh an Ort waren, vor allem in Wien, um erste Proben späterer Be-seitigung jedweden Widerstands dadurch zu bezeigen, daß man sich der Führungskader des Feindes bemächtigte. Feind war im März 1938 zunächst das »System« in Österreich, seine Büttel und Knechte, die man Judenknechte genannt hat.

Noch liegt im österreichischen Kriegsarchiv der Aufmarschplan für eine »österreichische Westarmee«, die im Kriegsfall DR (Deutsches Reich) an der Traunlinie in Oberösterreich zur Verteidigung eingesetzt werden sollte. Diese Ausarbeitung des damaligen Vorstandes der Operationsabteilung im Landesverteidigungsministerium kam unter der persönlichen Leitung des befähigten Chefs des Generalstabs, General Jansa, zustande. Sie war nicht nutzlos, wie heute behauptet wird, solange der Staat auf die Behauptung seiner Unabhängigkeit nachdrücklich bedacht war. Daß man in Berlin den Staatssekretär im Landesverteidigungsministerium Zehner (er wurde im März 1938 ermordet) und den Generalstabschef im Fadenkreuz mißtrauischer Beobachtungen hielt, ergibt sich unter anderem daraus, daß auf einer Tagung der gemischten Kommissionen gemäß dem Juliabkommen 1936 der aus Berlin gekommene Ministerialdirektor eine militärische Kooperation beider Staaten ausschloß, solange in Wien »die Herren Zehner und Jansa« im Dienst wären. Tatsächlich hat Hitler am 12. Februar 1938 in Berchtesgaden die Außerdienststellung Jansas verlangt; Schuschnigg konnte darauf hinweisen, daß der Generalstabschef altersbedingt demnächst in den Ruhestand treten würde. Nach Berchtesgaden, vor der Befassung des Ministerrates und der Informierung des Bundespräsidenten, hatte Schuschnigg eine Unterredung mit Zehner und Jansa. Jansa reichte am 16. Februar sein Pensionierungsgesuch ein. Er hat wohl nicht ernsthaft geglaubt, daß der Kanzler nach den fatalen Auswirkungen von Berchtesgaden bei seinem Vorhaben bleiben und ihn bei der fälligen Regierungsumbildung statt Zehner in die Regierung berufen würde. Jansa vertrug sich mit Zehner nicht gut. Man darf annehmen, daß die Dinge am 11. März wohl zum Teil einen anderen Verlauf genommen hätten, hätte an diesem Tag Jansa als Generalstabschef des Heeres disponiert. Und: Der ursprüngliche Text der im Rundfunk verbreiteten Abschiedsrede Schuschniggs vom Spätnachmittag des 11. März 1938 enthielt bekanntlich ein Wort, das der Kanzler vor dem Mikrophon nicht mehr gebraucht hat, das Wort »wesentlich«. Ein *wesentlicher Widerstand* ist aber beim Einmarsch deutscher Truppen nicht geleistet worden. Auf jeden Widerstand hat man am Ballhausplatz erst buchstäblich in letzter Stunde verzichtet; es sollte – so der Kanzler – kein deutsches Blut vergossen werden. Dieser Umstand und die Tatsache, daß schon der erste Einsatz des Bundesheeres während der Kämpfe um das Burgenland gegen ungarische Freischärler, die in Niederösterreich eingefallen waren, auch die ersten Toten und Verwundeten dieses Heeres gefordert hat, widerlegen die in der Zweiten Republik erhobene ungeheuerliche Behauptung, dieses Heer hätte nur auf Arbeiter und Arbeiterwohnungen geschossen, sei aber im März 1938 zu feig gewesen, Widerstand zu leisten. Nachträglich betrachtet, ist es nicht leicht abzuschätzen, was damals ein blutiger Zusammenstoß des Bundesheeres mit der deutschen Wehrmacht zur Folge gehabt hätte. Hitlers Mythos wäre zweifellos für immer zerstört gewesen, wenn ihm bei seiner Rückkehr nach Österreich, aus dessen Staatsverband er 1925 ausgetreten war, ein solcher Zwischenfall begegnet wäre. Wie viele der Toten des Zweiten Weltkrieges, zumal jene 230 000 Gefallenen, 110 000 Vermißten und 104 000 Ziviltoten aus Österreich, am Leben geblieben wären – wer denkt noch an diese verschollenen Gräber . . .

Am Freitag, dem 11. März 1938, langten nachts erste Mitteilungen aus dem Dritten Reich und auch amtliche Meldungen österreichischer Stellen ein, wonach sich jenseits der Grenze ernste Bedrohlichkeiten bemerkbar machten. Auf bayerischem Boden wurden Straßensperren errichtet, man hörte den Fahrlärm von Lkw-Kolonnen und sichtete schließlich auffahrende Panzer. Kurz nach 4 Uhr wurde der Leiter der Deutschlandabteilung im Bundeskanzleramt-Auswärtige Angelegenheiten, Max Hoffinger, in seiner Wohnung angerufen. Es meldete sich die Telegrammannahme Wien und teilte mit, daß aus München ein Telegramm mit dem Wortlaut »Leo reisefertig« eingelangt sei. Hoffinger wußte sofort Bescheid. Es handelte sich um das vereinbarte Codewort für den Fall eines drohenden Einmarsches der deutschen Wehrmacht. Hoffinger verständigte sofort seinen politischen Ressortleiter Guido Schmidt. Ehe dieser noch den Regierungschef in seiner Dienstwohnung alarmieren konnte, traf dort über die direkte Leitung der Polizeidirektion Wien die Meldung des zuletzt zum Staatssekretär für Sicherheitswesen aufgerückten Wiener Polizeipräsidenten Michael Skubl ein. Sie lautete, die deutsche Grenze sei seit einer Stunde hermetisch gesperrt, die deutschen Zollbeamten seien abgezogen und der Eisenbahnverkehr sei unterbrochen.

Es war 5.30 Uhr am Morgen des 11. März 1938. Schuschnigg beeilte sich, ins Kanzleramt zu kommen. Auf dem Weg dahin machte er im Stephansdom halt, um vor dem damals im Querschiff angebrachten Gnadenbild der Muttergottes ein kurzes Gebet zu verrichten. Er hat diese Szene nie vergessen: der von Kerzen nur schwach erleuchtete Dom, die Betenden im Umkreis des Bildes, eine tiefe Stille und ein Gottvertrauen der einfachen Frauen und Mütter, die nicht ahnten, welchen Zeiten ihre Männer und Söhne alsbald entgegengehen werden. Gestärkt verließ der Kanzler den Dom, den er erst nach Jahrzehnten wieder betreten sollte.

Im Gebäude des Kanzleramtes waren die Reinigungsfrauen noch nicht mit ihrer Morgenarbeit fertig. Sie grüßten mit einigem Erstaunen den vor dem üblichen Dienstantritt die Stufen emporeilenden Bundeskanzler. Um 7 Uhr erschien auch der Leiter der Politischen Abteilung des Außenressorts im Haus. Die erste Nachricht, die an jenem Tag in amtlichen Dingen am Ballhausplatz eintraf, war die, wonach der bisherige Botschafter von Papen überraschend von Aspern abgeflogen sei. Von Papen ahnte, was jetzt seinen bisherigen österreichischen Gesprächspartnern bevorstand. Derlei Szenen hatte er am 30. Juni 1934 selbst in Berlin erlebt. Es lag ihm nicht, Zeuge dessen zu sein, was er angerichtet hatte.

Schuschnigg wollte sich nicht auf Risken einlassen, deren Gefährlichkeit er am 25. Juli 1934 erlebt hatte. Die nach der Detachierung von Teilen des Gardebataillons ins aufständische Graz in Wien verbliebenen zwei Kompanien sowie genügend Sicherheitswachebeamte wurden zur Abriegelung des Ballhausplatzes eingesetzt, MGs und Munitionsvorräte in die Wachstube des Kanzleramtes geschafft. Es war alles getan, um einen Überraschungserfolg der österreichischen Nationalsozialisten zu verhindern; es fehlte bis zuletzt bloß der ausdrückliche Befehl, deren eventuelles Eindringen ins Kanzleramt zurückzuweisen, wenn nötig mit Gewalt.

Dann erreichte den Kanzler eine besonders alarmierende Nachricht. Der Leiter des Bundespressedienstes, Gesandter Ludwig, legte dem Kanzler eilends die eben herausgekommene Ausgabe des Organs der Nationalen und der Nationalsozialisten »Wiener Neueste Nachrichten« vor. Der Leitartikel vom Tag stammte von dem unlängst vom Bundespräsidenten zum Staatsrat ernannten Dr. Hugo Jury, der seinen Gesinnungsfreunden eindringlich riet, jede Zustimmung bei der für den 13. März 1938 anberaumten Volksabstimmung zu unterlassen. Dieses vorweggenommene klare Nein war für den Kanzler Anlaß, sich mit Seyß ins Benehmen zu setzen; aber Seyß war telefonisch nicht erreichbar.

Inzwischen hatte der diensthabende Sekretär des Kanzlers, Franz Krisch, im Krieg Kaiserjägeroffizier, die aus Panzerplatten zusammenzusetzende Schutzwand aufgestellt, die verhindern sollte, daß vom nahen Hochhaus der am Schreibtisch arbeitende Kanzler unter gezieltes Gewehrfeuer genommen werden konnte. Krisch war vor längerer Zeit vor einem von daher drohenden Anschlag gewarnt worden und hatte, sehr zur Überraschung seines Chefs, für diese Deckung gesorgt.

Langsam drang verstärkter Straßenlärm ins Haus. Lkws, besetzt mit Leuten der VF, fuhren durch die Straßen der Stadt, streuten Flugzettel und riefen die Abstimmungsparole aus:

»Für ein freies, deutsches, christliches Österreich . . .«
In dieser Stunde bestand ein vager Zusammenhalt mit den illegalen
Sozialisten, vor allem mit Gewerkschaftsfunktionären. Zwei Männer im Lager der Linken hatten sich in letzter Stunde entschieden für
eine gemeinsame Abwehrfront gegen den andrängenden Nationalsozialismus eingesetzt: Friedrich Hillegeist, der in der Zweiten Republik an hervorragender Stelle tätig wurde, zuletzt als Zweiter Präsident des Nationalrates, und der gewesene Stabschef des Schutzbundes, Major a. D. Eifler, der ein Zusammengehen der Feinde vom Februar 1934 versucht hatte; ein Einsatz, der ihm alle Leiden eingetragen hat, die ein KZ-Häftling auf sich hatte, bis er Anfang 1945 den
Tod erlitt. Es liefen viele solche Fäden in jenen Tagen und Stunden.
Man wird sich sicher einmal darüber erkundigen, so wie auch eine
wissenschaftliche Fundierung der Geschichte der NS-Bewegung in
der Verbotzeit fälliger Auftrag für österreichische Historiker wäre.
Der für den Kanzler zunächst unerreichbare Seyß befand sich in dieser Stunde auf dem Flugplatz Aspern. Er wartete auf den aus Berlin
kommenden Ministerkollegen Glaise-Horstenau, von dem er die
neuesten Informationen für das erwartete, was zu tun das Schicksal
ihm auferlegte. Glaise schilderte ihm eine Szene, die Hitler bei Eintreffen der Nachricht von einer drohenden Volksabstimmung in
Österreich seiner Umgebung gemacht hatte. Göring drängte daraufhin sofort auf geeignete Maßnahmen, um derlei binnen zwei Stunden
(!) zu verhindern und anstatt der Volksabstimmung des »Schoschnik«, wie Hitler den Namen des Kanzlers artikulierte, nach weiteren
14 Tagen eine nach dem Muster des Saarplebiszits von 1935 anzuberaumen. In diesem Sinn empfing Seyß aus Berlin auch die Instruktion: Sollte er nicht binnen Kürze antworten, dann würde man in
Berlin annehmen, er sei »verhindert« zu telefonieren.
Dies im Sinn, begaben sich Seyß und Glaise zu Schuschnigg. Die
Uhrzeit war 9.30. Ab diesem Zeitpunkt wußte der Bundeskanzler,
daß er mit einer offensiven Gegenaktion Berlins zu rechnen hatte, die
nicht auf gewohntem diplomatischem Weg spürbar werden würde.
Immerhin war es eine der Seltsamkeiten dieses 11. März, daß zwei
österreichische Minister die gefährliche Ultima ratio Berlins angesagt
haben. Glaise tat das mit den Worten:
»Du, wenn wir nicht mit dem Plebiszit aufhören, marschiert der Hitler ein.«
So der sieben Jahre später im Prozeß gegen die Hauptkriegsverbrecher in Nürnberg erhobene Wortlaut. Du, das reflektierte auf das unter Offizieren der alten Armee übliche kameradschaftliche Du; wir,
das deutete immerhin noch eine gewisse Solidarität an, die bei Glaise

nicht ganz verschwunden war. Aber dann machten sich beide Minister schnurstracks auf den Weg in die Wohnung des nachmaligen Handelsministers im Anschlußkabinett Seyß, Hans Fischböck, der an sich nach Berchtesgaden nicht berufen war, die Machtergreifung der Nationalsozialisten in Österreich zu betreiben, sondern die Handelsbeziehungen des Landes mit dem Dritten Reich besser in Gang zu bringen. Die beiden Bundesminister machten mit Fischböck gemeinsame Sache und setzten einen Brief auf, mit dem sie den Kanzler aufforderten, längstens bis 14 Uhr die Volksabstimmung abzusetzen.

Allmählich kam jetzt der Druck der Straße mit in die Szene. Während der Kanzler beim Bundespräsidenten war, kamen aus Graz Nachrichten, wonach in der steirischen Hauptstadt der Rücktritt Schuschniggs und der baldige Anschluß Österreichs an das Dritte Reich von demonstrierenden Nationalsozialisten verlautbart wurde. In Graz wurde der dortige Landesführer der VF, Alfons Gorbach, als der übelste aller VF-Bonzen hingestellt und daraufhin in Wien tatsächlich dessen sofortige Abberufung durchgesetzt. Noch existieren die dichtbeschriebenen Listen, auf denen sich vor allem Studenten in Graz und Leoben hinter diese Forderung stellten, darunter nicht wenige, die nach 1945 eifrige Parteigänger des Dr. Gorbach wurden. Der an die Stelle Gorbachs nach Graz geschickte zweite Generalsekretär der VF, Engelbert Dworschak, konnte sich gegenüber der Straße nicht mehr durchsetzen. Die vor wenigen Tagen dahin detachierten Truppen der Wiener Garnison hatten Befehl, sich jeder Intervention zu enthalten ...

In Wien waren am 11. März zu Mittag die Dinge noch unter Kontrolle einer Polizei, für deren verläßliche Haltung Skubl beim Kanzler eintrat. *Vorläufig*, hatte Skubl gesagt. Im Kanzleramt drängte sich schon allerlei Volk, Männer von gestern und auch solche, die die Lage von morgen peilten. Die zuständigen Männer von heute waren in der Umgebung des Kanzlers rar. Der Bundespräsident stand allerdings eisern hinter dem von ihm ernannten Kanzler; die Volksabstimmung, der er vorweg zugestimmt hatte, war freilich nicht sein Fall. In dieser Stunde faßte Schuschnigg den Plan, vor einer wachsenden Drohung aus Berlin eventuell zurückzuweichen und die Volksabstimmung abzusagen. Nun war Zernatto bei ihm; mit ihm besprach er die Lage. Nach Zernatto erschienen ungerufen Seyß und Glaise, die beiden Unglücksvögel des Tages; ihnen teilte der Kanzler mit, daß er die Volksabstimmung absagen werde. Man möge das Göring mitteilen.

Warum Göring? Hitler lag daran, den Umsturz in Wien nicht unter

Anwendung der üblichen diplomatischen oder militärischen Drohungen zu erzwingen, sondern das Bild einer *Volkserhebung* zu bekommen. Er überließ es Göring, in seiner Gegenwart die Telefonate zu führen, die in Wien den gewünschten Droheffekt ausübten. Damit setzte Hitler das Auswärtige Amt in Berlin in die Lage, vorsichtige Erkundigungen, die von ausländischen Missionen unter der Hand betreffs Österreich gestellt wurden, mit dem Hinweis abzutun, man wisse überhaupt nichts von einschlägigen Maßnahmen des Dritten Reiches, hielte sich an die am 11. Juli 1936 und die am 12. Februar 1938 mit dem österreichischen Regierungschef getroffenen Vereinbarungen. Was sich momentan in Österreich tue, ereigne sich außerhalb des Gesichtskreises des Auswärtigen Amtes.

Göring hatte bereits vor einiger Zeit im sogenannten »Forschungsamt des Reichsluftfahrtministeriums« eine Abhöranlage installieren lassen, welche Aufnahmen wichtiger Telefonate besorgte, von denen man Göring Reinschriften vorlegte. Diese Aufzeichnungen wurden später viel benutzt; ihre Echtheit ist unbestritten.

Um 15.05 Uhr telefonierte Göring nach einem Telefonat mit dem Führer und Reichskanzler mit Seyß in Wien. Er stieß nach seiner Forderung wegen der Abberaumung der Volksabstimmung sofort weiter vor mit dem Verlangen, Schuschnigg habe das Abkommen von Berchtesgaden gebrochen und sei für Berlin untragbar (!); *er müsse also zurücktreten.* Seyß und Glaise müßten durch ihre gleichzeitige Demission den Bruch mit Schuschnigg spektakulär machen. Den Vollzug dieser Anordnung erwartete Göring binnen einer Stunde; träfe keine telefonische Verständigung ein, dann nähme er an, es sei alles wie gefordert geschehen.

Göring blieb weiter am Werk. Die erwähnte Frist war noch nicht vergangen, da erreichte Seyß um 15.55 Uhr ein Telefonat Görings. Unverblümt drückte Göring die Forderung aus, wonach Seyß mit der sofortigen Bildung einer Regierung durch den Bundespräsidenten zu betrauen sei. Damit kam Göring mit seinen Pressionen an das österreichische Staatsoberhaupt heran. Er sollte aber einigen Ärger mit Miklas haben.

Nun war für Seyß und Glaise keine Zeit zu verlieren; Seyß machte sich Notizen von den Forderungen Görings und begab sich zusammen mit Glaise zum Kanzler. Schuschnigg selbst hat beschrieben, wie es war, als ihm seine Minister die ultimativen Forderungen aus Berlin vorgetragen haben, und wie er nach Anhörung dessen ein Telefonat mit dem Duce in der Telefonzentrale angefordert hat. Dann seien die drei in eine Fensternische des Salons getreten. Ihnen gegenüber, auf der anderen Straßenseite, ragten die Fundamente des nie

fertiggestellten Front-Hauses der VF auf. Seyß seien die Tränen gekommen, als ihn der Kanzler nach seinem *persönlichen* Standpunkt fragte. Glaise soll gesagt haben:
»Man weiß nicht, ob man als anständiger Mensch unter diesen Umständen noch mitmachen kann.«
Seyß verhielt sich schweigend, als der Kanzler die Ansicht Glaises ausdrücklich bestätigte. Aber er und Glaise taten weiter mit, sehr lange noch; und mit ihnen viele Österreicher, die sich nicht besser verhalten haben als Petrus in der Nacht, als Christus verraten wurde und Petrus seinen Herrn verleugnete. Die beiden Minister gingen, der Kanzler bestellte das Telefonat mit Rom ab und begab sich zum Bundespräsidenten. Währenddessen entzifferte man im Haus ein aus Rom gekommenes Telegramm, in dem es hieß, die italienische Regierung erkläre, sie könne in der gegenwärtigen Lage keinen Rat geben, wenn sie konsultiert würde.
Das Gespräch des Bundespräsidenten mit seinem Bundeskanzler verlief dramatisch. Miklas verlangte, Schuschnigg müsse im Amt bleiben; der Kanzler bestand ebenso nachdrücklich auf seiner Demission. Es kam ein Kompromiß zustande: Der Bundespräsident asservierte die Rücktrittserklärung, beauftragte aber Schuschnigg und sein Kabinett, wie üblich, mit der Fortführung der Regierungsgeschäfte. Letzteres war *üblich* bei einem Regierungswechsel, *im gegebenen Fall* rechnete allerdings der Bundespräsident damit, daß es ihm doch noch gelingen würde, die Regierung Schuschnigg über die momentane Gefahr hinweg im Amt zu behalten. Diesen Optimismus teilte der Kanzler freilich nicht. Er ging in seinen Arbeitssalon zurück und tat, was jedes Regierungsmitglied in statu demissionis tut: Er räumte die Laden seines Arbeitstisches und nahm sein persönliches Eigentum an sich.
Um diese Zeit war Keppler auf der Flugreise von Berlin nach Wien. Er sollte und wollte den Rücktritt Schuschniggs betreiben, im übrigen aber den Machtwechsel ohne dramatische Konflikte »auf friedlichem Weg« lösen. Daran hat sich Keppler gehalten, wie noch zu erzählen sein wird. Immerhin hatte aber Hitler bereits seinerseits das Berchtesgadener Abkommen gebrochen, das Anlaufen des »Unternehmens Otto« veranlaßt und sich mit seinen Weisungen an die Bundesminister Seyß und Glaise in innerösterreichische Angelegenheiten auf die drastischste Weise eingemischt, wenngleich er Göring vorschob. Als sich Keppler bei Hitler abmeldete, soll dieser – nach dem Protokollinhalt des sogenannten Wilhelmstraßenprozesses von 1948 – eher leutselig gesagt haben, er möchte nun wieder auf den Boden des Berchtesgadener Abkommens zurückkommen (!). Dazu

brauchte es eine geeignete Regierung in Wien, am besten eine unter Seyß-Inquart. Aber als ausdrückliche Bedingung hätte Hitler, laut Keppler, letzteres nicht gefordert. So wenigstens Keppler zehn Jahre später vor Gericht. Immerhin hat am 11. März Hitler noch einmal einen Stau der Teilmobilmachung angeordnet ...

Aber Göring gab keine Ruhe. Er amtierte jetzt in der Neuen Reichskanzlei in Gegenwart Hitlers und seines Adjutanten sowie – von Papens (!). Es war 17 Uhr, da klingelte das Telefon in der deutschen Gesandtschaft in Wien. Der Posten des Missionschefs war nach dem Abgang Papens vakant, Göring mußte sich mit einem Zugeteilten, Herrn Dombrowski, begnügen. Göring fragte diesen, was es mit einer Absicht Seyß' auf sich habe, wonach das Verhältnis Deutschland–Österreich auf eine neue Basis gestellt werden solle. Der Beamte wußte nichts davon, konnte sich derlei auch nicht vorstellen; dann aber meinte er, wahrscheinlich solle die Unabhängigkeit Österreichs erhalten bleiben, sonst aber alles nationalsozialistisch werden. Davon hielt Göring wenig. Was Göring aus Dombrowski nicht herausbekommen konnte, hoffte er in einem weiteren Telefonat mit dem Militärattaché Muff zu erfahren. Der erwies sich aber auch als uninformiert, kam jedoch Göring ungefragt mit einem Bedenken, als er andeutete, andere Mächte könnten sich in die Affäre einschalten. Göring schnitt ihm das Wort ab:
»Das vertreten wir. Die außenpolitische Linie wird ausschließlich von Deutschland vertreten in dieser Richtung.«
Ja, so war es. Guido Schmidt in Wien war nur mehr der Registrator unangenehmer Meldungen. Nur 20 Minuten brauchte Göring, um mit seinem Telefonterror fortzufahren. Diesmal holte er Seyß aus. Der aber vertröstete den Anrufer; ja, er habe dem Bundespräsidenten gesagt, dieser möge ihm die Kanzlerschaft übertragen, aber eine solche Entscheidung dauere eben einige Stunden. Und dann sagte der auf Grund der Dollfuß-Verfassung 1934 amtierende Sicherheitsminister des Bundesstaates Österreich, *wir* (!) hätten die SA und die SS *seitens der Partei* angewiesen, den Ordnungsdienst zu übernehmen. Wir, damit meinte er sich selbst im Verein mit der NSDAP.
Aber das genügte Göring ganz und gar nicht. So ginge das nicht, belehrte er seinen Ministerkollegen in Wien. Es müsse sofort dem Bundespräsidenten mitgeteilt werden, daß dieser per sofort Seyß die Macht als Bundeskanzler zu übergeben habe. Weiter, daß er die Besetzung des Kabinetts Seyß so anzunehmen habe, wie gesagt worden ist. Also Seyß als Bundeskanzler und das Heer ... An dieser Stelle brach Seyß sein Telefonat ab und sagte Göring, der Mühlmann sei gekommen.

Der Mühlmann. In Wien gebraucht man bei der Namensnennung den bestimmten Artikel sowohl abwertend als auch anerkennend. Man darf annehmen, daß Seyß den Mühlmann als einen Kalfakter ansah, und Mühlmann hat bei seinem Marsch über die Fronten seiner Zeit hinweg tatsächlich allerlei Masken getragen und Interessen vertreten. Jetzt aber nahm er Seyß den Handapparat weg, um selbst mit Göring zu sprechen. Gerade diese Passage der Gespräche ist in Berlin nur unvollkommen aufgenommen worden. Später, im Hochverratsprozeß, hat Mühlmann behauptet, er hätte Seyß ins Ohr geflüstert, dieser möge Göring unverhohlen die Wahrheit sagen. Er fürchtete damals im Achtunddreißigerjahr in diesem Moment, Göring wolle einmarschieren und den Nazis im Land die Sache aus der Hand nehmen. Göring bot nämlich seine spezielle Unterstützung für die Männer an, die an sich schon im Kanzleramt seine Forderungen vertraten, allein vertreten konnten. Mühlmann meinte daher, niemand bedrohe ihn und die anderen, man würde schon allein mit der Sache fertig werden. Göring verlangte trotzdem Seyß an den Apparat und sagte im Befehlston:
»Also, bitte folgendes: Sie möchten sich sofort mit dem Generalleutnant Muff (!) zum Bundespräsidenten begeben und ihm sagen, wenn nicht unverzüglich die Forderungen, wie benannt, angenommen werden, dann erfolgt heute nacht der Einmarsch ... Sagen Sie ihm, es gibt keinen Spaß jetzt ... Der Einmarsch wird nur dann aufgehalten, wenn wir [in Berlin] bis 7.30 Uhr die Meldung haben, daß der Bundespräsident die Kanzlerschaft Ihnen übertragen hat ...«
Dann folgten Detailforderungen: Die Wiederherstellung der Partei mit allen ihren Gliederungen. Im ganzen Land sollten die Nationalsozialisten hochgehen (aus dem Untergrund hervorkommen). Muff möge mit Seyß zum Bundespräsidenten gehen. Er, Göring, werde anschließend Muff dieselbe Weisung geben. Wenn *der* Miklas das bisher nicht in vier Stunden kapiert habe, dann müsse er es jetzt eben in vier Minuten kapieren. »Na, gut«, schloß Seyß am anderen Ende des Drahts.
Muff brachte nachträglich am 12. März zu Papier, wie er Miklas mit dem Einmarsch von 200 000 Mann gedroht hätte und daß dieser die volle Verantwortung trage. Seyß war, entgegen der Weisung Görings, nicht mit beim Bundespräsidenten. Muff holte sich bei Miklas eine Abfuhr, die ihn zu sehr ärgerlichen Kommentaren verleitete. Nun kam Keppler ins Spiel. Ihm diktierte Göring die Liste der Mitglieder der Regierung Seyß; die Grenzen sollten gesperrt werden (damit niemand sein Vermögen ins Ausland verschieben könne). Partei und SA sollten Uniform anlegen. Die Posten der Landeshauptleute

seien mit Nationalsozialisten zu besetzen. Die Vaterländische Front sei aufzulösen. Und das alles sollte bis 19.30 Uhr erfüllt sein. Göring drohte mit 240 000 Mann. Jetzt blieb Göring gleich in der Leitung, redete bald mit diesem, bald mit jenem. Die erwähnte Weigerung des Bundespräsidenten quittierte er mit dem Auftrag an Seyß, dieser möge das Staatsoberhaupt absetzen (!).

Noch behielt der Bundespräsident die Nerven; auch Schuschnigg; aber Guido Schmidt drängte zur Demission. Ihm war eine Abdankung unter dem Druck der Straße sichtlich peinlich. Gerade an dieser Front hätte aber noch ein letzter Widerstand der Regierung stattfinden können, zumal die Angreifer *kein Aufsehen* und *kein Blutvergießen* wünschten; es sollte ja ein spontaner Akt werden. Noch immer dachte der Bundespräsident an eine Umstellung nach dem ihm gewohnten Ritual. Er bot dem Heeresinspektor, General der Infanterie Schilhawsky, die Nachfolge Schuschniggs an; aber der General sagte, seine Gesundheit sei nicht die beste und von Politik verstünde er nichts. Auch den im Haus befindlichen ehemaligen Bundeskanzler Otto Ender befragte der Bundespräsident, aber der meinte dankend, er habe schon genug. Schilhawsky nahm von seinem Besuch im Kanzleramt die Weisung mit, das Heer so von den Grenzen zu lösen, daß ein Zusammenstoß mit deutschen Truppen vermieden wird.

Jetzt streunten schon Nationalsozialisten in den Gängen des Kanzleramtes. Mühlmann traf Glaise und fragte ihn nach dem Stand der Dinge. Und der Minister des noch im Amt befindlichen Kabinetts Schuschnigg antwortete:

»Is scho' a Leich ...«

Mühlmann wollte wissen, wer schon eine Leiche sei. Und der Herr Minister antwortete in dem ihm eigenen Dialekt:

»Da Schuschnigg. Hat scho' kapituliert. Ich hab es immer g'sagt: Mach deine (!) Wahlen net. Die [Deutschen] werd'n marschieren. Und er macht die Wahlen doch. Jetzt is er a Leich.«

Noch immer war kein neuer Kanzler und keine neue Regierung bestellt. Schuschnigg wollte abtreten, vorher aber die Öffentlichkeit des Landes richtig ins Bild setzen. Um 19.45 Uhr waren die Herren von der RAVAG mit dem Aufbau eines Mikrophons im Sterbezimmer Dollfuß' fertig, es folgte die Ansage, und dann sprach Schuschnigg. Er erklärte, auftragsgemäß dem Volk mitzuteilen, daß *wir* der Gewalt weichen. *Wir* würden um keinen Preis deutsches Blut vergießen, daher sei das Heer angewiesen, für den Fall, daß der (angedrohte) Einmarsch stattfinde, ohne *wesentlichen* – hier unterbrach der Kanzler seine Rede, sagte anders als im Konzept:

»... *ohne Widerstand* sich zurückzuziehen und die Entscheidung der nächsten Stunden abzuwarten.«

In dieser Stunde drängten sich die einberufenen Reservisten des Jahrgangs 1915 in den Kasernen. Es war verständlicherweise nichts vorbereitet für ihre Einkleidung oder Verpflegung und Unterbringung. »Aus is's«, sagte ein Vizeleutnant, der das Ganze schon im Achtzehnerjahr mitgemacht hatte, zu den Reservisten, die wissen wollten, ob sie heimgehen könnten, nachdem der Krieg nicht stattfinde. Der Kanzler aber schloß mit einem *deutschen* Wort, als er einen Herzenswunsch ausdrückte:

»Gott schütze Österreich!«

Den Dienst im Senderaum der RAVAG versah der Bruder Schuschniggs, der im Achtzehnerjahr als Militärschüler mit Schulkameraden zusammen die letzte Wache des von den Nobelgarden verlassenen Kaiserpaares in Schönbrunn gestellt hatte. Er legte eine Platte mit den Variationen des Haydnschen Kaiserquartetts auf. Für die Nationalsozialisten war es, als hörten sie die Melodie des Deutschlandliedes. Noch während die Platte lief, verließ Arthur Schuschnigg das Gebäude, um erst nach dem Krieg in Tirol wieder einen Zugang zum Rundfunk in Österreich zu finden. Auch Göring legte eine Platte auf; man kann sie auf den Relikten der Abhöreinrichtung seines Ministeriums noch hören. Auf dieser ist festgehalten, daß Göring mit einigem Unmut auf ein Telegramm wartete, das er brauchte, um vor der Welt den Eindruck zu erwecken, als ob die deutsche Wehrmacht nur auf spontanen Wunsch der neuen Regierung Seyß einmarschiere, also kein Aggressionsakt vorliege. Aber Miklas hatte Seyß noch gar nicht berufen, und Seyß selbst dachte nicht daran, um den Einmarsch fremder Truppen zu ersuchen, da um diese Tageszeit die Machtergreifung der österreichischen Nationalsozialisten ohne fremde Hilfe widerstandslos hätte zu Ende geführt werden können. Und – die Exekutive des Sicherheitsministers Seyß trug in Wien bereits zum Teil die Hakenkreuzarmbinde an der Uniform.

Jetzt hatte Keppler Göring am Hals, der ihn tribulierte und immer wieder das fragliche Telegramm mit dem Hilferuf einer österreichischen Regierung verlangt hat. Weder Keppler noch Seyß waren, wie schon gesagt, auf das Kommen der deutschen Wehrmacht aus; sie wollten im Moment keinen Anschluß, sondern ein nationalsozialistisches Österreich, in dem *sie* und nicht die in Berlin das Wort hätten. Göring aber wurde schließlich bescheiden, als ihm Keppler mitteilte, es käme kein Telegramm:

»Also *bitte,* legen Sie ihm [Seyß] das Telegramm [gemeint war der

Textentwurf] vor und sagen Sie ihm, wir *bitten,* er braucht das Telegramm ja gar nicht abzuschicken. Er braucht nur zu *sagen:* ›Einverstanden.‹«

Das wollte Keppler veranlassen. Aber das Telegramm ging nie ab. Zehn Jahre später sagte Keppler im Wilhelmstraßenprozeß aus, Seyß habe bei seiner Weigerung als amtierender Innenminister die mangelnde Ressortkompetenz vorgeschützt. Man wolle darüber reden, wenn er, Seyß, erst einmal Bundeskanzler sei. Angeblich sagte Seyß zum Schluß, Keppler solle »machen, was er will« (!).

Um 21.54 Uhr rief der Reichspressechef in Wien an und verlangte Keppler, der als Staatssekretär des Dritten Reiches schon im Bundeskanzleramt des noch souveränen Bundesstaates Österreich amtierte, und verlangte das Telegramm. Ihm sagte Keppler, Seyß sei einverstanden mit dem, was Göring brauche. Da konnte der Reichspressechef nur offen heraus sagen: »Das ist ja hervorragend! Ich danke Ihnen.«

Wegen des Telegramms ging die Telefoniererei bis in die ersten Morgenstunden des 12. März weiter. Seyß, Keppler und andere aber erlebten in Wien die Machtergreifung der Nationalsozialisten, ehe das deutsche Militär im Land war, und waren strikt dagegen, daß die spontane Handlung der Österreicher durch militärische Aktionen des Dritten Reiches ein schlechtes Bild bekomme.

Die RAVAG sendete jetzt nur mehr, was von nationalsozialistischer Seite ihr zukam, und das pünktlich. So erlebten die Österreicher die Machtergreifung am Radio. Es wurde Mitternacht, bis der von allen verlassene Bundespräsident Seyß mit der Regierungsbildung betraute. Die Ministerliste lag vor, man wird die Herren am morgigen Tag vereidigen. Dann werden schon die Ministerien von den übelsten Typen des Systems gereinigt sein. Sollten solche Typen es wagen, ins Haus zu kommen, wird ihnen der Portier den Entlassungsbescheid aushändigen.

Das Bundeskanzleramt wurde von SS-Männern, die Seyß noch als Innenminister rufen ließ, besetzt. Sie kümmerten sich nicht um die schwerbewaffnete Garde, die auftragsgemäß alles geschehen ließ. Einige dieser SS-Männer waren am 25. Juli mit dabei gewesen, sie gingen durchs Haus und jagten die letzten Gehilfen des Systems aus ihren Büros. Der gewesene Kanzler verließ in Begleitung Seyß' den Ballhausplatz. Noch in der Nacht ist er in seiner Dienstwohnung koniniert worden. Das war der Anfang von mehr als sieben Jahren Haft im Dritten Reich.

Schon wurden die Radiohörer schläfrig; die vielen Neuerungen ermüdeten, wirkten nicht mehr so sensationell wie in der Stunde des

Umbruchs, als die ersten dieser Meldungen verlautbart wurden. Um 1 Uhr ergriff der Landesleiter der NSDAP in Österreich, Major a. D. Hubert Klausner, das Wort und verkündete im Rundfunk, Österreich sei frei, sei nationalsozialistisch. Und er schloß: »Unser Ziel ist erreicht: Ein Volk, ein Reich, ein Führer! Heil unserem Führer! Heil Hitler!«

Vom Balkon des Kanzleramtes wehte in der lauen Vorfrühlingsnacht die Hakenkreuzfahne. Einer der Demonstranten hatte die Fassade des Palais erklommen und die mitgebrachte Fahne diesem Antlitz einer vergangenen Zeit quasi mitten ins Gesicht gesteckt.

Das war, als noch nicht ein Soldat der deutschen Wehrmacht, der Militärattaché Muff ausgenommen, auf österreichischem Boden stand. Noch immer war nicht entschieden, ob es zum Anschluß kommen wird. Dann aber rollte der Wagen des Führers und Reichskanzlers hinter seinen Truppen auf österreichischen Straßen in Richtung Linz. Überall begrüßten die Menschen den Führer, der Empfang im Roten Linz, wo am 12. Februar 1934 der Schutzbundaufstand ausgebrochen war, war überwältigend. Hitler erschien auf dem Balkon des Rathauses, zu seiner Rechten der letzte illegale Gauleiter von Oberösterreich, August Eigruber, zu seiner Linken Bundeskanzler Seyß-Inquart.

Immer wieder von Jubel unterbrochen, sprach Hitler. Vielleicht hat er in dieser Stunde an seine in Linz verbrachte Schulzeit gedacht, an die Krankheit seiner über alles in der Welt geliebten Mutter oder gar an den jüdischen Arzt, der so selbstlos der einsam sterbenden Frau beigestanden ist. Hitler hat ihm das nie vergessen, auch nicht in dieser Stunde. Es wird einem nach 1945 verbreiteten Gerücht vorbehalten sein zu behaupten, auch dieser Arzt sei von dem furchtbaren Schicksal der Juden in Österreich betroffen gewesen. Die in den USA lebende Tochter des Arztes hat dieses falsche Gerücht aus der Welt geschafft und erzählt, wie Hitler ihrer Familie im Achtunddreißigerjahr geholfen hat.

Auf dem Balkon stehend, dachte Hitler noch nicht daran, Österreich als ein Land dem Dritten Reich einzuverleiben. Dies, obwohl Seyß, neben ihm stehend, jenen Artikel 88 des Diktats von Saint-Germain aus 1919 einseitig aufkündigte, der Österreich verpflichtete, sich *jeder* Handlung zu enthalten, die mittelbar oder unmittelbar seine Unabhängigkeit gefährden konnte. Seipel und Dollfuß haben bei den Sanierungsaktionen der Jahre 1922 und 1932 ausdrücklich dieses böse Odium auf sich nehmen müssen. 1922 hat Otto Bauer in scharfen Worten diesen *Landesverrat* gegeißelt. Dollfuß wurde bei diesem Anlaß 1932 in die Richtung gedrängt, die ihm die Verachtung der

Nationalen und der Sozialisten eingetragen hat. Jetzt, am 12. März 1938, schwiegen die großen Demokratien.

Wieder war es der in Berlin weilende Göring, der Hitler nach Anhören der Reportage aus Linz per Telefon eingeblasen hat: »Wenn die Begeisterung und Aufnahme so gut ist, *warum machen wir es nicht ganz?*«

So hat es nach 1945 Ribbentrop im Kriegsverbrecherprozeß in Nürnberg geschildert. Linz – das war das Ende Österreichs. Noch ehe Hitler in Wien eintraf, bekamen die Staatskanzleien in Berlin und in Wien Auftrag, für den Text eines Anschlußgesetzes Sorge zu tragen. Die in Wien erhielten nachher den Text, und am 13. März 1938 rief Seyß die erreichbaren Mitglieder seines Kabinetts zusammen, um auf Grund der Dollfuß-Verfassung 1934 (!) ein Anschlußgesetz als österreichisches Gesetz zu beschließen. Die Reichsregierung, auch nur unvollständig in Berlin versammelt, übernahm das österreichische Gesetz als Reichsgesetz und sorgte dafür, daß es raschest im Reichsgesetzblatt veröffentlicht wurde. Aber der Triumph, den Hitler am 15. März 1938 im Roten Wien erlebte, übertraf die Erfolge aller bisherigen Regieeinfälle des Reichsministers für Volksaufklärung und Propaganda Joseph Goebbels. Während vorweg eine gewisse Prominenz aller vor Dollfuß bestandenen Parteien ihr Ja zum vollzogenen Anschluß in Zeitungen abdrucken ließ, wütete der finstere Terror in der Stadt. Nicht die alten Kämpfer aus Österreich nahmen das Heft in die Hand, vielmehr machte Hitler den 44jährigen Gauleiter der Saarpfalz, Josef Bürckel, zum Gauleiter von Wien.

Er wurde nach der gemäß einem grandiosen Programm Goebbels' erfolgten Volksabstimmung vom 10. April 1938, die ein mehr als 99prozentiges Ja zur »vollzogenen Wiedervereinigung Österreichs mit dem Deutschen Reich« erbrachte, zum *Reichskommissar* für die Durchführung dieser Wiedervereinigung. Was 1918/19 Herzenswunsch von so vielen Österreichern war, was Dollfuß im Kampf gegen den Nationalsozialismus im Bekenntnis zum Begriff »deutsch« auch in seiner Verfassung gehütet wissen wollte, das degenerierte unter der Hand Bürckels rasch. Eine Horde von Ariseuren jüdischer Betriebe, brutalen Gestapo-Funktionären und Anführern von Rollkommandos wühlte im Gefüge eines toten Staates. Noch ehe die Menschen Österreichs in den Reichsgauen wohnten, die auf dem Boden des von den Landkarten getilgten Staates entstanden, wußten sie, daß es in Dachau und anderen Orten des »Altreichs« KZs gab. Systemlinge und Juden gehörten jetzt dahin. Gleichzeitig erstarb etwas, und die ersten standen auf, um Widerstand zu leisten, selbst auf die Gefahr des Todes hin. Menschen des geistigen Lebens, die dem

Mythos des Achtunddreißigerjahres erlegen waren, weil sie vermeinten, es sei Gesetz, *im Alter nicht die Ideale der Jugend zu vergessen,* versuchten einen öden Gleichschaltungsprozeß zu unterbrechen. Aber es war bald Krieg, und nach diesem Krieg war nicht ein Hauch dessen mehr über dem Land, was 1938 stürmisch geweht hat. Das bedeutet, daß man das Wort »deutsch« in allen Belangen gelöscht hat, in die es einmal, zuweilen mit oft übergroßer Betulichkeit, eingefügt worden war. Österreich wurde frei, aber um den Inhalt des Begriffs ringen die Texter von Bücher ebenso wie Politiker, die oft weitab stehen von der Erkenntnis dieses Wortes. Unter den Trümmern der im Krieg verwüsteten Welt von gestern liegen die Toten: Nicht nur Juden, deren Leichen zu Asche verbrannt wurden, auch über 100 000 Frauen, Kinder und Greise, die in der Heimat den Tod im Bombenhagel fanden; viele davon, die gehofft haben, daß die Ihren aus dem Krieg heimkehren würden. 230 000 Gefallene und 110 000 Vermißte in verschollenen Gräbern. 1985 wird man Schmach und Schande auch über diese guten Österreicher ausschütten, denn ein englischer Historiker wird sie als SS-Butcher in die Reihe der großen Mordbanden der Weltgeschichte einordnen.

ES WURDE NICHT GESCHOSSEN

Am Nachmittag des 11. März 1938 ging ich auf den Ballhausplatz. Ich wollte zu meinem Minister, zum damaligen Unterrichtsminisiter Hans Pernter, stoßen, einem der engsten Mitarbeiter Kurt von Schuschniggs. Nach dem Abkommen vom 12. Februar 1934 in Berchtesgaden war ich zuletzt doch noch im Unterrichtsministerium anstatt mit Kultusagenden mit studentischen Fragen beschäftigt worden. Von Wien aus versuchten wir, an den Hochschulen die Vorbereitungen für die auf den 13. März 1938 angesetzte Volksabstimmung zu organisieren. In den frühen Nachmittagsstunden rissen aber bereits die telefonischen Verbindungen mit Innsbruck und Graz ab. Das letzte Wort, das mir aus Graz ein Freund via Telefon zurief, war: Ante portas.

Am Vormittag war ein Sprecher der illegalen Revolutionären Sozialisten im Hochschulreferat der Wiener Landesführung der Vaterländischen Front erschienen, um womöglich eine gemeinsame Abwehrfront gegen die Machtergreifung der Nationalsozialisten zu organisieren. Die vorangegangene Nacht war stürmisch verlaufen. Einige Freunde waren beim Plakatieren von illegaler SA angeschossen worden. Aber das Angebot von links kam, obwohl bereits alles in Fluß geraten war, völlig unerwartet, jedenfalls längst zu spät. Ich mußte meinem Minister jedenfalls Meldung machen.

Während ich mir vor dem Bundeskanzleramt die wenigen Worte meiner Meldung, für die mein Minister wahrscheinlich nur wenig Zeit haben würde, zurechtlegte, wurde ich aus meinen Gedanken durch das jähe Abbremsen einer Limousine aufgeschreckt. Aus dem Wagen sprang der Heeresinspektor, General der Infanterie Schilhawsky. Der General verschwand so rasch in der Toreinfahrt, daß die beiden Ehrenposten des Bundesheeres nicht einmal ihren Präsentiergriff hinbekamen. Jahre nachher erfuhr ich erst, daß der General ausersehen war, nach Kurt von Schuschnigg die Kanzlerschaft zu übernehmen. Nicht um einen Krieg gegen die zum Einmarsch bereite deutsche Wehrmacht anzufangen, sondern um ein blutiges Chaos in Österreich zu vermeiden. Es war eine jener Stunden, in denen, hüben wie drüben, Soldaten aufgerufen wurden.

Meinen Minister traf ich nicht. Aber ich sah im Kanzleramt Gesichter, denen ich oft an der Hochschule Aug' in Aug' gegenübergestanden hatte. Die Vorhuten des Umbruchs waren also bereits im Bundeskanzleramt. Über allem war die Stimmung da, die man im Krieg erlebt, wenn der Gegner die eigene Stellung aufrollt: Da und dort hebt einer die Hände, andere fliehen oder werden gefangengenommen, nur wenige Widerstandsnester sind noch umkämpft. Um seines Verhaltens in dieser Stunde verdient der damalige Bundespräsident Wilhelm Miklas, vielgeschmäht wie er im heutigen Österreich ist, dankbaren Respekt. Sein Verhalten in letzter Stunde hätte manchem europäischen Staatsoberhaupt, das nachher unter die Räder des Hitlerismus kam, als Vorbild dienen können.

Mit einer Befragung des österreichischen Volkes hat Kurt von Schuschnigg eine letzte Chance für ein mehrheitliches Ja zu Österreich nutzen wollen. Daß die Chance bestand, bestätigten uns damals, 1938, die ultimativen Drohungen aus Berlin und der noch vor dem Abstimmungstag (13. März 1938) angesetzte Einmarsch der deutschen Wehrmacht in Österreich. Als ich aber schließlich an jenem Dies ater Europas, am 11. März 1938, im Bundeskanzleramt das Geraune von einer Vertagung oder Absage der Volksabstimmung hörte, schien nur mehr eine Frage offen zu sein: Würde das Bundesheer auf einrückende deutsche Truppen schießen, und würden auch wir von der Miliz eingesetzt werden? Kurt von Schuschnigg hat vor aller Öffentlichkeit, in einer Rundfunkansprache, die Antwort auf diese Frage auf sich genommen: Wir weichen der Gewalt. Aber: Gott schütze Österreich.

Aus: Heinrich Drimmel, Die Häuser meines Lebens, Erinnerungen eines Engagierten, Wien 1975, Seite 203 ff.

EPILOG

Nach allem, was beim Ende des selbständigen Staates Österreich in der Welt geschehen ist, drängt sich die Frage auf, wie sich *das Ausland* mit dem Schicksal dieses Staates abgefunden hat. Um es gleich zu sagen: *Es rührte sich keine Hand.* Am 11. März 1938 übergaben in Berlin der französische Botschafter André François-Poncet und der britische Geschäftsträger, ein Legationssekretär, im Auftrag ihrer Regierungen Noten, in denen gegen die in Wien überreichten *Ultimaten* protestiert wurde. Die Regierungen, die hinter diesen papierenen Protesten standen, waren danach: In Paris war die Regierung des linksliberalen Ministerpräsidenten Camille Chautemps am 10. März zurückgetreten, die darauffolgende Regierung des Volksfrontpolitikers Léon Blum kam erst am 13. März ins Amt. In London amtierte die Regierung des konservativen Arthur Neville Chamberlain, dessen Appeasementpolitik des Jahres 1938 sowie seine 1939 der polnischen Regierung voreilig gegebene Carte blanche zu den auslösenden Elementen des Zweiten Weltkrieges gehörten. Berlin aber war in der angenehmen Lage, daß das dortige Auswärtige Amt mit Recht darauf hinweisen konnte, *es wisse nichts von den fraglichen an Wien gerichteten Ultimaten;* diese Pression übte bekanntlich unter den Augen Hitlers der Reichsluftfahrtminister Hermann Göring mit den Methoden des Telefonterrors aus.

Mexiko kann sich zugute halten, daß es 1938 für Österreich eingetreten ist. Jahrzehnte später wurde von mexikanischer Seite auf dem Mexikoplatz in Wien ein Gedenkstein gesetzt, auf dem in spanischer Sprache diese, wie es heißt, einmalige Haltung eines zentralamerikanischen Staates vermerkt, aber für die meisten Wiener unverständlich ist.

Viel bezeichnender ist angesichts der 1985 wieder hervorgeholten Akten betreffend das Österreich der dreißiger Jahre jenes Aktenmaterial, das in Deutschland den Feuersturm des Zweiten Weltkrieges überstanden hat, so daß der Inhalt der einschlägigen Drahtberichte der deutschen Botschafter im Wortlaut erhalten ist.

Am 13. März depeschierte der deutsche Botschafter in *Paris* folgendes: »Zu den Ereignissen in Österreich setzt sich hier immer mehr die Meinung durch, daß in der österreichischen Frage für Frankreich nichts mehr zu erreichen ist.« So die Stimmung zum Zeitpunkt, in dem in der französischen Hauptstadt bereits eine neue Regierung unter Léon Blum die Geschäfte übernommen hatte. Blum hat 1939 auch den Vertrag des Dritten Reiches mit der Sowjetunion, der bekanntlich zum Ausbruch des Zweiten Weltkrieges führte, als einen *Beitrag zum Frieden* klassifiziert. Blum überlebte – im Unterschied zu zahlreichen französischen Juden – 1945 das KZ Buchenwald.

Ähnlich wie Frankreich reagierte sichtlich auch *Großbritannien.* Hier der Wortlaut des Drahtberichts des dortigen deutschen Botschafters vom 12. März 1938: »Methode deutschen Vorgehens findet zwar schärfste Verurteilung der Presse, vermittelt jedoch einheitlichen Eindruck, daß man sich mit dem Ende der Schuschnigg-Politik in Österreich abgefunden hat.« Daran ist bemerkenswert, daß London im weiteren Verlauf der Ereignisse sich nicht nur mit der weitab von jeder Demokratie geschehenen Politik anderer Staaten abgefunden hat, sondern mit diesen in ein Kriegsbündnis gegen das Dritte Reich eingetreten ist.

Auch das Telegramm des deutschen Botschafters in *Washington* trägt das Datum 12. März 1938. In Washington konnte der Botschafter die amtliche Äußerung des Außenministers Cordell Hull, der während des Zweiten Weltkrieges die USA an die Seite Großbritanniens gebracht hat, einholen, die lautete: »Er [Cordell Hull] dankte mir für die Mitteilung. Aus einigen wenigen Fragen, die er mir stellte, ging hervor, daß er durchaus Verständnis für unser Vorgehen hat.«

Belgrad, sonst sehr intensiv an Vorgängen an seiner Nordgrenze interessiert, reagierte eher beiläufig. Unterm 12. März 1938 telegrafierte der dortige deutsche Botschafter: »Umschwung in Österreich von hiesiger Öffentlichkeit sowie amtlichen Kreisen mit völliger Ruhe aufgenommen.«

In *Hankau* wandte sich der chinesische Präsident Marschall Tschiang Kai-schek von sich aus an den deutschen Botschafter mit Worten, die im Telegramm an Berlin so beschrieben sind: »Marschall Tschiang Kai-schek bat mich heute, Führer und Reichskanzler zu drahten, daß er Einigung zwischen Deutschland und Österreich persönlich nach dem Motto: Ein Volk – ein Reich, begrüße.« China trat im Zweiten Weltkrieg an der Seite der Westalliierten in den Krieg gegen das Dritte Reich ein; Tschiang war 1945 noch einer der »Großen Vier« der Erde. 1949 mußte er jedoch mit seinen letzten Getreuen nach Taiwan übersiedeln, da das von ihm mißverwaltete Riesenreich in die Hände der Kommunisten fiel; ihm selbst verblieb von seiner einstigen Machtfülle nur eine Winzigkeit auf einer Insel.

Von anderen Meldungen deutscher Missionschefs dieser Zeit darf eine in diesem Zusammenhang nicht übergangen werden. Sie stamm-

te vom Staatsoberhaupt eines Österreich durch Jahrhunderte benachbarten Staates, der seine eigene Selbständigkeit bis in die Zeit des Zweiten Weltkrieges äußerst bedachtsam mit den ihm zur Verfügung stehenden verschiedenen Möglichkeiten verteidigt hat. Am 14. März telegrafierte der deutsche Gesandte in *Bern* den Inhalt der Unterredung, die er mit dem schweizerischen konservativen Staatsoberhaupt Giuseppe Motta gehabt hat. Das liest sich so: »Bundesrat Motta ausdrückte mir gegenüber Bewunderung über Art und Weise der Durchführung des Anschlusses durch den Führer, den er infolge innerpolitischer Zerrissenheit Österreichs seit langem als unabwendbar angesehen hat. Bezeichnete Anschluß als größtes weltgeschichtliches Ereignis seit dem Weltkrieg. Vertrat Auffassung, daß Konfliktgefahr auch für später (!) nicht bestehe.«
Fast ein halbes Jahrhundert später holten Staaten der freien Welt des Westens die Österreichakten der dreißiger Jahre wieder hervor, um über die Zweite Republik mit großer Selbstgefälligkeit zu urteilen. Dabei wurden offenbar eigene Bezugsakten aus dem Schicksalsjahr 1938 nicht mitausgehoben oder, wenn dies geschah, das damalige seltsame Verhalten gegenüber Österreich unter Verschluß gehalten.

Dramatis Personae

(Jeweils, soweit eruierbar, Lebensdauer, Herkunft, Berufsbeschäftigung sowie öffentliche Tätigkeiten im Zeitraum 1934 bis 1938. Siehe auch im ersten Band der Trilogie, »Vom Umsturz zum Bürgerkrieg«, Seite 410 ff., und im zweiten Band, »Vom Justizpalastbrand zum Februaraufstand«, Seite 342 ff.)

Adam, Walter (1886–1947), im Krieg Generalstabsoffizier, nachher Mitarbeiter Friedrich Funders, 1934 Bundeskommissär für Heimatdienst, 1934–1936 Generalsekretär der VF, dann Leiter der Bundespressedienstes, 1938–1943 KZ.

Adamovich, Ludwig d. Ä. (1890–1955), Universitätsprofessor, 1938 Justizminister im letzten Kabinett Schuschnigg, 1946–1955 Präsident des Verfassungsgerichtshofes.

Adler, Friedrich (1879–1960), nach 1914 Führer der linken Linken in der deutschen SDAP, 1916 Mörder des k. k. Ministerpräsidenten Stürgkh, zum Tod verurteilt, von Kaiser Karl sukzessive vollständig begnadigt, am 1. November 1918 in den Parteivorstand der SDAPÖ gewählt, 1919–1923 Abgeordneter zur Konstituierenden Nationalversammlung, nachher des Nationalrates, 1920 in »Zweieinhalber Internationale« (Wiener Internationale), 1923–1939 Sekretär der Zweiten Internationale (Sozialistische Arbeiterinternationale).

Alexander I., (1888–1934), 1914 Regent von Serbien, 1921–1934 König von Jugoslawien, scheiterte beim Versuch, den 1918/19 entstandenen Nationalitätenstaat auf Belgrad zu zentralisieren; im Konflikt mit Autonomiebestrebungen der Kroaten 1934 von einem kroatischen Emigranten beim Staatsbesuch in Marseille erschossen, faktisch ein »königlicher« Diktator.

de Angelis, Maximilian (1889–1974), 1910 als Leutnant ausgemustert, zuletzt als Hauptmann dem k. u. k. Generalstab zugeteilt, 1918/19 in italienischer Kriegsgefangenschaft, nachher Volkswehr und Bundesheer, 1933 Oberst; seit 1937 in NSDAP, als Parteigenosse illegale Betätigung im Bundesheer; 12. März 1938 Staatssekretär für Landesverteidigung im Anschlußkabinett; in deutscher Wehrmacht zuletzt General der Gebirgstruppen.

Arzt, Leopold (1883–1955), Universitätsprofessor, enger Freund Dollfuß', verhinderte am 25. Juli 1934 auf Wunsch der Angehörigen Sezierung des Toten im Gerichtsmedizinischen Institut; dazu Version der Nationalsozialisten: Verhinderung der Aufdeckung einer »schändlichen Krankheit« des Toten (!); Gerücht wurde nach 1945 erneut in Umlauf gesetzt.

Bachinger, Franz (1892–1938), Landwirt, politische Laufbahn im liberalen Landbund für Österreich, 1932/33 Bundesminister für innere Verwaltung im Kabinett Dollfuß I, 1933 Staatssekretär für Forstwesen, 1934 entfernt am Juliputsch der Nationalsozialisten beteiligt, kriegsgerichtliches Verfahren wurde eingestellt; 1929 führend bei der Schaffung der »Bauernwehren« des Landbundes, die 1934 in einzelnen Bundesländern an der Seite der Nationalsozialisten kämpften.

Bardolff, Karl Freiherr von (1865–1953), ließ sich 1899 als Fähnrich der Reserve aktivieren, Generalstab, 1911–1914 als Oberst Vorstand der Militärkanzlei des Thronfolgers Franz Ferdinand, 1914–1918 erfolgreicher Truppenführer und Generalstäbler, 1918 im k. u. k. Kriegsministerium Sektionschef, ausgeschieden und in Privatwirtschaft tätig; 1921 ausersehen als repräsentativer Führer einer Heimatschutzbewegung; in der Zwischenkriegszeit als Präsident des Deutschen Klubs prominente Persönlichkeit mit weitreichendem Einfluß im nationalen Lager.

Bauer, Otto (1881–1938), brachte 1917 aus russischer Kriegsgefangenschaft die Maxime einer linken Linken in die deutsche SDAP, 1918/19 Staatssekretär für Auswärtige Angelegenheiten, trat auf Bitten Renners unter dem Druck der Alliierten zurück (vertrat konsequent den Anschluß der Republik an das Deutsche Reich, exponierte sich bei der Verteidigung Südtirols gegen ungerechtfertigte Ansprüche Italiens), 1926 Androhung einer Diktatur des Proletariats, nach Teilnahme am Februarputsch 1934 im Exil (Leiter des Auslandsbüros der österreichischen Sozialdemokraten in Brünn, dort Herausgeber der AZ), trat nach 1934 scharf gegen Zusammenarbeit illegaler Sozialdemokraten und Nationalsozialisten im Kampf gegen Dollfuß und Fey auf; anerkannte bis zum Tod den im März 1938 vollzogenen Anschluß Österreichs an das Dritte Reich.

Beck, Ludwig (1880–1944), Berufsoffizier im preußischen Heer und in der Reichswehr, 1933 von Hitler zum Chef des Truppenamtes (nach 1935 Generalstab des Heeres) berufen; Gegner einer verfrühten Aggressionspolitik Hitlers, organisierte auf Weisung Hitlers im März 1938 den Einmarsch in Österreich, 1944 als Beteiligter am Putschversuch vom 20. Juli nach verfehltem Selbstmordversuch von einem Feldwebel befehlsgemäß erschossen.

Beneš, Eduard (1884–1948), nach Kriegsausbruch ab 1915 im Exil, leitete von Paris aus Schaffung einer Exilregierung der im Entstehen begriffenen

ČSR von 1918, 1918−1935 Außenminister, 1921/22 zugleich Ministerpräsident (für damalige Seipel-Sanierung!), 1935−1938 als Staatspräsident entschieden gegen den Anschluß Österreichs an das Dritte Reich, 1938 im Kampf gegen die erste Teilung der ČSR gescheitert (Münchener Abkommen); Exilregierung in London; nach 1945 wieder Staatspräsident, führend bei der grausamen »Umsiedlung« der Sudetendeutschen, 1948 im Prager Kommunistenputsch endgültig gescheitert, zur Abdankung gezwungen, seither im eigenen Land Unperson.

Berger-Waldenegg, Egon (1880−1960), 1905−1918 im diplomatischen Dienst, nach Übernahme der politischen Ressortleitung durch Otto Bauer freiwillig ausgeschieden, 1929 Beitritt zur HW in der Steiermark, organisierte nach Schwenkung des Steirischen Heimatschutzes zum Nationalsozialismus eine der Bundesführung loyale HW im Land, staatliche Funktionen in Land und Bund, 1934/35 Justizminister, 1934−1936 Außenminister und entschiedener Gegner der von ihm frühzeitig erkannten Absichten von Papens; nachher Gesandter in Rom; schuf dort 1943 ein »Österreichisches Büro«; zuletzt in Graz im Ruhestand.

Berghammer, Stefan (1900−1966), Kriegsfreiwilliger von 1918 (!), nach Kriegsgefangenschaft in Italien als Angestellter tätig, 1927 Beitritt zur HW und deren Organisator im oberösterreichischen Kohlenrevier; 1934 Bundeswirtschaftrat, Multifunktionär in der HW; unterstützte ab 1937 Schwenkung Neustädter-Stürmers zu den Nationalsozialisten, daher führend bei der Gründung des »Deutsch-sozialen Volksbundes«; im Siebener-Ausschuß dessen Gewährsmann; nach Auflösung des »Deutsch-sozialen Volksbundes« aus dem Bundeswirtschaftsrat gestoßen; im Dritten Reich in diversen Wirtschaftspositionen, 1945 im Lager Glasenbach interniert, 1955−1960 Funktionär der FPÖ.

Beyer, Eugen (1882−1940), Berufsoffizier nach 1918 in Volkswehr und Bundesheer, nach der Pensionierung Jansas im Februar 1938 der Berlin genehme Generalstabschef des Bundesheeres, nach dem Anschluß Übernahme in deutsche Wehrmacht, zuletzt General der Infanterie.

Biedermann, Karl (1890−1945), 1918 Hauptmann, nachher Beamter der Postsparkasse, 1928 Beitritt zur WHW, 1934 Kommandant des Jäger-Bataillons III, nachher X, nach hervorragendem Einsatz während der Februarkämpfe wurde ein Gemeindewohnhaus nach ihm benannt; nach Auflösung der HW 1936 illegal für NSDAP tätig, 1939 reaktiviert, zuletzt Major und Kommandant des sogenannten Wachregiments Wien; beim Versuch, mit auf Wien vorrückenden Sowjetstreitkräften Kontakt aufzunehmen, verraten, zum Tod verurteilt und zusammen mit zwei Mitverurteilten in Wien-Floridsdorf »Am Spitz« öffentlich gehenkt.

Blaschke, Hans (1896−?), Oberleutnant der Reserve, Dipl.-Ing., Patentanwalt (daher Kontakt zu Dr. Tavs), stellte am 25. Juli 1934 Lieferautos für

Transport der auf das Bundeskanzleramt angesetzten SS-Standarte bei, versuchte nach Scheitern des Putschversuchs in Wien noch letzten Widerstand angesichts des Ausbruchs der Kämpfe in den Bundesländern; nach 1938 höherer SS-Führer, Beigeordneter für kulturelle Angelegenheiten, Stadtrat, 1943 bis April 1945 kommissarischer Bürgermeister von Wien; hinterließ Rechtfertigung für Einsatz am 25. Juli 1934, die auch im Dritten Reich umstritten blieb.

Blomberg, Werner von (1878–1946), Berufsoffizier im preußischen Heer, trat in die Reichswehr ein, machte in der Weimarer Republik Karriere, seit 1931 Sympathisant Hitlers, 1933 von diesem als Reichswehrminister in die Regierung aufgenommen, 1934 an der Seite Hitlers bei der Unterdrückung des sogenannten Röhm-Putsches initiativ beteiligt, seither unbedingter Gefolgsmann Hitlers, 1935 Oberbefehl über die neue Wehrmacht, 1936 erster Generalfeldmarschall; Heinrich Himmler und Hermann Göring gelingt es im Jänner/Februar 1938, vor den Augen Hitlers von Blomberg und den damaligen Oberbefehlshaber des Heeres von Fritsch in vorgetäuschte Skandalaffären zu verwickeln, die Hitler Handhabe bieten, beide Militärs zu entheben und als Oberster Befehlshaber der Wehrmacht den letzten möglichen Widerstand im Führerstaat zunichte zu machen. Blomberg starb als Kriegsgefangener der U.S. Army.

Bock, Fritz (geb. 1911), führend in katholischen Jugendorganisationen; einer der ersten Mitarbeiter in der VF, zuletzt engster Mitarbeiter im Werbereferat des Generalsekretariats unter Major a. D. Becker; 1938 im ersten Transport von Systempolitikern nach Dachau (KZ 1938/39), 1947–1952 Staatssekretär im Handelsministerium, nachher im Finanzministerium, 1956 Bundesminister für Handel und Wiederaufbau, zuletzt Vizekanzler; Präsident des Donaueuropäischen Instituts und Vorsitzender des Aufsichtsrates der Creditanstalt-Bankverein.

Brandl, Franz, 1918 führend an der Seite des Wiener Polizeipräsidenten Schober bei der Bereitstellung einer Exekutive für die Umsturzzeiten; Nachfolger Schobers; unter Staatssekretär Fey zunächst führend beteiligt an Waffensuchen in Arbeiterheimen und im scharfen Vorgehen gegen nationalsozialistische Attentäter; im März 1933 Einschreiten gegen in Bereitschaft gehaltene Verbände der WHW; von Dollfuß nach Selbstausschaltung des Nationalrates enthoben, sprach er schon am 16. Mai 1933 auf der letzten legalen Großkundgebung der NSDAP in Wien, nach erklärtem Eintritt in die NSDAP blieb erwartetes Hervortreten im Juliputsch 1934 aus.

Bulgari, Anton (1877–1934), Malergehilfe, nahm 1934 nicht am Schutzbundaufstand teil, war aber verantwortlich für das Massaker an Bundesheerangehörigen auf dem nach 1945 bis heute nach ihm benannten Platz in Linz; Todesurteil am 22. Februar vollstreckt.

Bulla, Adolf (1899–1944), Theresianist, Militärakademie, 1916 für Kaiser-
jäger ausgemustert, 1918 Oberleutnant; Starhembergs Jugendfreund in
Innsbruck (Universität, Corps Rhaetia, Freikorps Oberland), am 9. November 1923 neben Starhemberg bei Marsch zur Feldherrenhalle;
1928–1936 erfolgreicher Führer des Studentenfreikorps Wien, 1939 reaktiviert, als Major und Abteilungskommandeur 1944 nahe Nettuno gefallen;
nach Starhembergs Weggang aus Österreich einer der beiden letzten, die
Briefverkehr des Fürsten mit daheim besorgten.

Bürckel, Josef (1895–1944), nach Kriegsdienst Lehre, 1925 Gauleiter der
NSDAP in der Rheinpfalz, 1930 Reichstagsabgeordneter, 1934 Bevollmächtigter der Reichsregierung für die Saarabstimmung (Nachfolger von
Papens!), 1935 Regierungschef des Saarlandes, 1938 nach Ablösung Glo-
bocniks Gauleiter von Wien, seit April des Jahres »Reichskommissar für
die Wiedervereinigung Österreichs mit dem Reich«, zuletzt Reichsstatthalter in Wien; Versuch, Österreich in jeder Hinsicht gleichzuschalten, scheiterte, hinterließ hiebei eher Schäden für das Dritte Reich und rief Widerstände selbst in Kreisen der Nazis hervor; nach Frankreichfeldzug 1940
Reichsstatthalter für die »Westmark« (Zivilverwaltung in Lothringen);
1944 Tod durch Selbstmord.

Buresch, Karl (1878–1936), Rechtsanwalt, führender niederösterreichi-
scher christlichsozialer Politiker in Land und Bund, 1931/32 als Bundeskanzler Vorgänger Dollfuß', in dessen Kabinetten sowie in Kabinett
Schuschnigg I er 1933–1936 verschiedene Ressorts und Funktionen beklei-
dete, zuletzt Gouverneur der Postsparkasse.

Buttinger, Joseph (geb. 1906), nach Verbot der SDAPÖ Vorsitzender des
ZK der Revolutionären Sozialisten, 1938/39 Obmann des Auslandsbüros
der österreichischen Sozialdemokraten in Paris, Emigration in die USA,
nach 1945 durch Publikationen hervorgetreten, in Österreich nicht mehr
parteipolitisch tätig geworden.

Chamberlain, Arthur Neville (1869–1940), seit 1918 konservativer Abgeordneter im britischen Unterhaus, 1937–1940 Premierminister, vertrat
Appeasement-Politik gegenüber Hitler, 1939 aber vorbehaltloser Beschüt-
zer der polnischen Politik und damit mitschuldig am Ausbruch des Zweiten Weltkrieges; als erster Regierungschef einer Großmacht distanzierte er
sich vor 1938 von der Verteidigung der Unabhängigkeit Österreichs.

Charvat, Johann (1888–1934), einer der höchstdekorierten Subalternoffiziere in der k. u. k. Armee; als Major und Kompaniekommandant 1934 im
Kampf gegen aufständische Nationalsozialisten gefallen; in Kameradenkreisen längst als Sympathisant (Illegaler?) der Hitlerbewegung bekannt.

Churchill, Sir Winston (1874—1965), ab 1900 Abgeordneter der konservativen, ab 1905 der liberalen Partei im britischen Unterhaus (Rückkehr zu den Konservativen erst in den zwanziger Jahren), im Ersten und im Zweiten Weltkrieg initiativ im Kampf gegen die Machtposition des Deutschen Reiches, 1919 neben anderen schuldig an der endgültigen Zerstörung des Zusammenhalts im Donauraum beteiligt, beklagte er nachträglich in seinen Memoiren den Untergang der habsburgischen Ordnungsmacht und prangerte die Misere in den Nachfolgestaaten an.

Ciano, Galeazzo, Conte di Cortellazzo (1903—1944), 1922 Teilnehmer am sogenannten Marsch auf Rom, 1925 Diplomat, 1930 Heirat mit der ältesten Tochter des Duce; ab 1930 steile Karriere, 1936 als Außenminister Mitkonstrukteur der Achse Rom – Berlin, aber desinteressiert an der Bindung Roms an die Römischen Protokolle 1934, zugleich wachsende Vorbehalte gegen Kriegspolitik Hitlers; zuletzt Gegner der gescheiterten Kriegspolitik seines Schwiegervaters Mussolini, den er am 25. Juli 1943 bei der Abstimmung im Faschistischen Großrat verriet; von den Deutschen an Mussolini ausgeliefert, dieser inszenierte gegen ihn Schauprozeß und veranlaßte höchstpersönlich die Erschießung.

Czermak, Emmerich (1885—1965), Gymnasialprofessor und -direktor, als Christlichsozialer 1929 von seinem Landsmann Streeruwitz als Unterrichtsminister in dessen Regierung berufen, 1930—1932 in vier weiteren Kabinetten Chef dieses Ressorts; als letzter Obmann der Christlichsozialen Partei wahrte er im Konflikt Loyalität zu Dollfuß; 1938 inhaftiert.

Czernetz, Karl (1910—1978), aus der Sozialistischen Arbeiterjugend hervorgegangen, nach 1934 Aktivist unter den Revolutionären Sozialisten, 1938 als Emigrant in London einer der ersten Sozialisten, die Otto Bauer in dessen Behauptung widersprachen, der 1938 vollzogene Anschluß Österreichs sei endgültig; nach 1945 Abgeordneter im österreichischen Nationalrat, engagiert beteiligt an der Sozialistischen Internationale und in der Europabewegung.

Daladier, Edouard (1884—1970), 1919—1958 als Linksliberaler (mit Unterbrechung während der Kriegszeit) Abgeordneter zur Pariser Kammer; mehrmals Minister; als Ministerpräsident 1938—1940 Mitunterzeichner des Münchener Abkommens von 1938 zur Teilung der ČSR, 1939 im Zuge der militärischen Verpflichtung gegenüber Polen und der daraus erfolgten Kriegserklärung an das Dritte Reich mitschuldig am Kriegsausbruch; 1936/37 unterstützte er zusammen mit Sozialisten und Kommunisten das Experiment einer Volksfront in Frankreich; Gegner de Gaulles, aber auch der NATO und der Bewaffnung Westdeutschlands.

Daluege, Kurt (1897—1946), aus der SA hervorgegangen, seit 1928 steile Karriere in der SS, 1933 Befehlshaber der preußischen Polizei, 1936 Chef der Ordnungspolizei, leitete 1938 Einmarsch der Polizeiformationen in Österreich und erste »Massensäuberungen«; als ehemaliger stellvertretender Reichsprotektor in Böhmen und Mähren nach 1945 in Prag abgeurteilt und hingerichtet.

Deutsch, Julius (1884—1968), nach Scheitern des Februaraufstandes 1934 aus Österreich in die ČSR geflüchtet, in Brünn im Auslandsbüro der österreichischen Sozialdemokraten tätig, 1936—1939 in Spanien (zuletzt als General) in der Republikanischen Armee am Kampf gegen Franco beteiligt, 1940 Emigration in die USA; nach 1945 Leiter der sozialistischen Verlagsanstalten; mit der SPÖ in Konflikt geraten und zuletzt nicht länger parteipolitisch tätig.

Dinghofer, Franz (1873—1956), langjähriger deutschnationaler und großdeutscher Politiker, schloß 1922 das historische Bündnis der Nationalen mit den Klerikalen unter Seipel, ab 1928 Präsident des Obersten Gerichtshofes, 1938 verabschiedet.

Dobler, Johann (?—1934), Polizeirevierinspektor, HW, dann zur NSDAP übergegangen, mitbeteiligt an den Vorbereitungen des Überfalls auf das Bundeskanzleramt am 25. Juli 1934, nach Verrat des Vorhabens in Haft, beging bei Überstellung vom Polizeigefangenenhaus in die Polizeidirektion Wien Selbstmord.

Dobretsberger, Josef (1903—1970), Universitätsprofessor, Gegner des HW-Kurses in Österreich, 1935 von Schuschnigg in die Regierung geholt, 1938 als Universitätsrektor in Graz knapp dem KZ entgangen; im Exil Lehrtätigkeit in Istanbul; schrieb nach Heimkehr aufsehenerregende Bücher, nach deren Tendenz er als Anreger eines Linkskatholizismus in Österreich angesehen wurde; nach Gründung der von kommunistischer Seite geförderten »Demokratischen Union« aus dem ÖVP ausgeschlossen (spätere Wiederaufnahme in der Ära der Neuen Linken).

Dollfuß, Engelbert (1892—1934), Agrarpolitiker 1921—1934, 1932 Bundeskanzler, unternahm es, eine Alternative sowohl zum Austromarxismus als auch zum Nationalsozialismus in Kraft zu setzen, vermied durch Beharren auf den damaligen Ideen einer christlichen Sozialreform die von Mussolini verlangte Faschisierung Österreichs sowie den im Dritten Reich entstandenen totalen Staat; am 25. Juli 1934, am Vorabend einer weiteren entscheidenden Begegnung mit Mussolini, beim Anschlag der SS-Standarte 89 auf das Bundeskanzleramt umgebracht; hinterließ eine unfertige Organisierung der VF seinem Nachfolger als Frontführer, dem schon von ihm berufenen Vizekanzler Starhemberg; Schuschnigg Nachfolger im Kanzleramt.

Domes, Johann (?—1934), als Angehöriger des nationalsozialistischen Soldatenbundes 1933 aus dem Heer entlassen, Teilnehmer beim Überfall auf das RAVAG-Gebäude in der Wiener Innenstadt, vom Militärgerichtshof zum Tod verurteilt und hingerichtet.

Draxler, Ludwig (1896—1972), hochdekorierter Frontoffizier, nach 1918 Studienfreund Starhembergs (Corpsbruder, Freikorps Oberland), Rechtsanwalt, seit 1928 in HW, 1934 Staatsrat, 1935/36 Finanzminister, verblieb auch nach Ausscheiden Starhembergs auf dessen Wunsch in Regierung Schuschnigg, 1938 KZ, vertrat in der Zweiten Republik als Rechtsanwalt Vermögensansprüche des Hauses Habsburg-Lothringen an den Staat.

Eden, Sir Anthony (1897—1977), 1923 als Konservativer im britischen Unterhaus, mehrmals Außenminister; während des Abessinienkonflikts 1935 trieb seine feindselige Haltung Mussolini an die Seite Hitlers; schied als Gegner der Appeasement-Politik Chamberlains aus der Regierung; schloß 1940 als Mitglied des Kriegskabinetts 20jährigen Beistandspakt mit UdSSR; totaler Mißerfolg im Suezkonflikt 1956 bedeutete Ende seiner politischen Laufbahn (damals Premierminister), während welcher die wichtigsten Phasen der Zerstörung des britischen Empires vor sich gingen.

Eichmann, Adolf (1906—1962), in Solingen geboren, Familie übersiedelte später nach Linz (daher heutige Fehlbehauptung, er sei wie Hitler Österreicher gewesen), 1932 Beitritt zur NSDAP, bis 1933 Vertreter von Vacuum Oil Company, im Dritten Reich ab 1934 im Judenreferat des Reichssicherheitshauptamtes (ab 1939 Leiter), 1937 Besuch in Palästina, versuchte nach Anschluß Österreichs Auswanderung der Juden zu betreiben; nach 1939 Anbahnung der sogenannten Endlösung der Judenfrage in Europa; entkam nach 1945 nach Argentinien; sensationelle Entführung durch israelischen Geheimdienst rief erbitterte Kontroverse in UNO hervor, wobei Golda Meir Vorrang der Vergeltungsansprüche gegenüber internationaler Rechtsordnung vertrat; am 1. Juni 1962 in Ramle (Israel) hingerichtet.

Eifler (Edler von Lobenstedt), Alexander (1890—1945), im Krieg bewährter Frontoffizier, bei Ausbruch des Februaraufstandes 1934 als Stabschef des (illegalen) Schutzbundes in Haft, 1935 im Schutzbundprozeß zu 18 Jahren Kerker verurteilt, jedoch bereits zu Weihnachten dieses Jahres aus der Haft entlassen, versuchte 1938, nach Berchtesgaden, eine Front der Feinde vom Februar 1934 gegen drohende Machtergreifung der Nationalsozialisten zustande zu bringen, 1938 KZ, in Dachau gestorben.

Eigruber, August (1907—1947), Schlosser, avancierte vom HJ-Führer in Steyr 1938 zum Gauleiter und Reichsstatthalter in Oberösterreich, erlebte an der Seite Hitlers triumphalen Empfang des Führers und Reichskanzlers im Roten Linz, 1945 grausam mißhandelt, 1947 im Mauthausenprozeß zum Tod verurteilt und hingerichtet.

Ender, Otto (1875−1960), christlichsozialer Politiker, 1918 für den Anschluß Vorarlbergs an die Schweiz, 1918−1930 und 1931−1934 Landeshauptmann von Vorarlberg, 1920−1934 Mitglied des Bundesrates, 1930/31 Bundeskanzler (am 11. März 1938 neuerliche Betrauung abgelehnt), 1933/34 Bundesminister für Verfassungs- und Verwaltungsreform (anhand der von Sektionschef Robert Hecht entwickelten Maßstäbe zur Handhabung des kriegswirtschaftlichen Ermächtigungsgesetzes aus 1917), 1934−1938 Präsident des Rechnungshofes.

Feder, Gottfried (1883−1941), seine 1927 erschienene Broschüre »Das Programm der NSDAP und seine weltanschaulichen Grundlagen« wurde vor der Machtergreifung Hitlers wirkungsvolle Werbeschrift für die Hitlerbewegung (Kampf gegen die Hochfinanz, Brechung der Zinsknechtschaft, Interpretation des Programmpunktes »positives Christentum« u. a.); Hochfinanz zwang Hitler, Feder auf einflußlosen Lehrstuhl an der TH Charlottenburg abzuschieben; starb, fast unbemerkt von der Öffentlichkeit, bei Ausbruch des Krieges gegen UdSSR.

Feike, Ernst (?−1934), Infanterist im Bundesheer, einziger aktiver Angehöriger des Bundesheeres, der im Verband der SS-Standarte 89 am Überfall auf das Kanzleramt teilnahm; kriegsgerichtliches Verfahren; am 7. August 1934 als einer der ersten aus der SS-Standarte zum Tod verurteilt und gehenkt.

Felleis, Roman (1902−1945), von Jugend auf in sozialdemokratischer Bewegung, 1934 Teilnahme am Schutzbundaufstand, nachher Funktionär der Revolutionären Sozialisten, im RS-Prozeß 1936 zu mehrjähriger Kerkerstrafe verurteilt, bald nachher begnadigt; blieb in Österreich und fiel 1939 der Gestapo in die Hände, 1939 KZ, starb im KZ Buchenwald.

Fellner, Anton (1907−1967), als Student in Wien Angehöriger einer prominenten CV-Verbindung und 1930 deren Senior, nachher Anstellung im oberösterreichischen Landesdienst, ging zur Hitlerbewegung über und wurde, vorzüglich getarnt, erfolgreich in deren Pressewesen während der Verbotszeit tätig, nach 1938 Gaupresseleiter; nach 1945 Angestellter der VÖEST, neuerliche journalistische Betätigung scheiterte.

Fey, Emil (1886−1938), Berufsoffizier im Krieg, Goldene Tapferkeitsmedaille, viermal verwundet, zuletzt Maria-Theresien-Orden; brachte nach Justizpalastbrand 1927 HW in Wien auf die Beine, 1932 Staatssekretär für das Sicherheitswesen, nach Scheitern des Versuchs eines Modus vivendi mit Nationalsozialisten deren schärfster Gegner in der Regierung Dollfuß; der Major Fey trug mit dem Major Eifler den politischen Kampf der Ära 1933/34 als Militär aus (sukzessive Entwaffnung des Schutzbundes wurde Anlaß zum Februarputsch); im Juli 1934 wurde ihm Sicherheitsressort entzogen; versagte nachher politisch beim Überfall der Nationalsozialisten auf Bundeskanzleramt, deren Geisel er wurde; nachträglich bei Freund und Feind kursierendes Gerücht von »Packelei« mit den Putschisten nicht haltbar, zerstörte aber sein Renommee; im Konflikt mit Starhemberg (Duellforderung!) aus der HW ausgeschlossen; ging nach Anschluß zusammen mit seiner Familie freiwillig in den Tod.

Figl, Leopold (1902–1965), Agraringenieur, Studium in Wien und Berlin, im Niederösterreichischen Bauernbund zuletzt Direktor; 1934 Führer der Ostmärkischen Sturmscharen in Niederösterreich, 1934–1938 Mitglied des Bundeswirtschaftsrates; nach dem März 1938 schwersten Verfolgungen ausgesetzt, zweimalige KZ-Haft, zuletzt in Gewärtigung eines Verfahrens vor dem Volksgerichtshof in Lebensgefahr; 1945 und 1962–1965 Landeshauptmann von Niederösterreich, 1945–1953 Bundeskanzler, 1945–1951 Bundesparteiobmann der ÖVP, 1953–1959 Außenminister, 1959–1962 Erster Präsident des Nationalrates; Symbolgestalt der Ära des Wiederaufbaus nach 1945 und beharrlicher Vorkämpfer für Abschluß des Staatsvertrags von 1955 und Ende der Besatzung.

Fleisch, Arbogast (1884–1970), wurde Dollfuß als Ministerialrat im Landwirtschaftsministerium näher bekannt, nachher Sektionschef im Bundeskanzleramt, Bundeskommissär für Personalangelegenheiten; entging 1938 trotz der von ihm nach 1934 geleiteten Säuberungsaktion der ihm in der Verbotszeit von den Nationalsozialisten angedrohten Vergeltung; nach 1945 trotz Rehabilitierung zeitweilig nicht im ÖCV.

Flor, Fritz (1905–1939), aus katholischer bündischer Jugend hervorgegangen, seit 1931 HW (Presse und Publizistik), im Gefolge des niederösterreichischen HW-Führers Alberti im Jänner 1934 bei Geheimverhandlungen mit Nationalsozialisten gestellt und festgenommen; 1938 Beamter im Unterrichtsministerium; seit Jahren mit Seyß-Inquart in Verbindung, von diesem in die Reichsstatthalterei geholt; gehörte zu jenen »nationalen Katholen«, deren Ende nicht ganz geklärt ist.

Foppa, Hermann (1882–1959), Ladiner, von Jugend auf in antiklerikaler deutschnationaler und großdeutscher Bewegung tätig, 1930–1934 Nationalratsabgeordneter, bis zuletzt auf parlamentarischem Boden als Oppositionsredner gegen Dollfuß aufgetreten; schloß im Mai 1933 namens der Großdeutschen Volkspartei Kampfabkommen mit NSDAP (gerichtet gegen Regierung Dollfuß, regelte zugleich Übertritt zur NSDAP).

Franckenstein, Georg Freiherr von, seit 1905 im diplomatischen Dienst, 1920–1938 in London, zuletzt als Missionschef; versuchte dort vor 1938 vergebens Interesse für die Unabhängigkeit Österreichs zu aktivieren; als britischer Staatsbürger geadelt und hochbetagt gestorben.

Frank, Hans (1900–1946), seit 1923 in NSDAP, Rechtsanwalt (Vertreter Hitlers), 1933 bayerischer Justizminister, als solcher von der Landesleitung der Nationalsozialisten in Wien als Redner bei Parteiveranstaltung eingeladen, wurde ihm schon am Flugplatz bedeutet, daß sein Kommen unerwünscht sei, er also umkehren müsse; Reichsrechtsamtsleiter der NSDAP, 1934 Reichsminister für Justiz; als Generalgouverneur in Polen nach 1945 zum Kriegsverbrecher erklärt und in Nürnberg abgeurteilt und gehenkt.

Frauenfeld, Alfred Eduard (1898–?), nach dem Ersten Weltkrieg Bankbeamter, 1929 Bezirksleiter NSDAP/Wieden, 1930 Gauleiter, 1932 Gemeinderat und Stadtrat in Wien, 1933/34 inhaftiert, Juni 1934 Flucht ins Dritte Reich, 1935 Geschäftsführer, auch Präsident der Reichstheaterkammer, Mitglied des Reichskulturrates, 1936 Reichstagsabgeordneter, 1943/44 Generalkommissar für die Krim, nach Räumung der Krim Leiter der Abwicklungsstelle in Wien; 1943 zeitweise als Ersatz für Baldur von Schirach gedacht; lebte nach 1945 zuletzt unangefochten in der Bundesrepublik Deutschland.

Fritsch, Werner Freiherr von (1880–1939), Berufsoffizier im preußischen Heer, nach 1918 in Reichswehr (zuletzt Chef der Heeresleitung), verdient um Aufbau des deutschen Heeres unter Hitler, 1937 erklärter Gegner der weitausholenden Aggressionsabsichten Hitlers (so auch betreffs Österreich), Anfang 1934 durch eine von Himmler und Göring gelenkte Kampagne unter den Augen des Führers zu Unrecht diskriminiert (Homosexualität, Umgang mit Hitlerjungen), im Februar 1938 im Verlauf der »Wachablösung« enthoben; Offiziersehrenrat rehabilitierte das Ansehen des Generals, Göring inszenierte daraufhin einen Schauprozeß, als dessen Ergebnis der zuvor als Zeuge gedungene Strichjunge der falschen Zeugenaussage überführt und sofort erschossen, das Ansehen Fritschs in der Öffentlichkeit wiederhergestellt wurde; das Ziel Hitlers war indessen erreicht, ein Gegner seiner Aggressionspolitik war kaltgestellt. 1939 wählte Fritsch vor Warschau den Freitod im Feuerkampf.

Funder, Friedrich (1872–1959), nach anfänglichem Theologiestudium in Graz Jusstudium in Wien; Parlamentsberichterstatter am Anfang der Ära Lueger, später Herausgeber und Chefredakteur der parteiunabhängigen »Reichspost«; trat 1933 vorbehaltlos an die Seite Dollfuß', 1934 Staatsrat, 1938 verhaftet und KZ-Haft (zugleich Ende der »Reichspost«); nach 1945 als Herausgeber und Gestalter der Wochenzeitschrift »Die Furche« allseits anerkannt in der Meinungsbildung beim Aufbau der Zweiten Republik.

Gabriel, Leo (1902–1987), Philosoph, seit 1949 Universitätsprofessor in Wien, zusammen mit Henz führend beim Aufbau des VF-Werkes »Neues Leben« in Wien, 1951 in Österreich bahnbrechend mit seinem Werk »Existenzphilosophie von Kierkegaard bis Sartre«, zuletzt engagiert bei wissenschaftlicher Bewältigung des Friedensproblems der Gegenwart.

Gerl, Josef (1902—1934), von Jugend an in sozialdemokratischen Organisationen; Wehrsportler, nachher im Schutzbund, 1934 am Aufstand beteiligt, seitdem unter jenen, die zusammen mit nationalsozialistischen Untergrundkämpfern Rache am Regime nehmen wollten; erschoß in der Nacht nach einem mißglückten Sprengstoffanschlag auf eine Signalanlage einen nichtsahnenden Sicherheitswachebeamten, der ihn in einem Park traf und routinemäßig zur Ausweisleistung anhielt; zum Tod verurteilt und hingerichtet.

Gföllner, Johannes (1867—1941), 1915—1941 Diözesanbischof von Linz, trat als Anhänger der Monarchie und grundsätzlicher Gegner des Nationalsozialismus mehrmals mit scharfen Erklärungen gegen die illegalen Nationalsozialisten und ihre Kampfmethoden hervor.

Glaise-Horstenau, Edmund (1882—1946), Berufsoffizier, im Ersten Weltkrieg zuletzt Armeeoberkommando, als Generalstabsoberst aus dem Heer geschieden, unter Seipel zum Generalstaatsarchivar und Leiter des Kriegsarchivs befördert; zunächst im Kreis um die Regierungskoalition der Christlichsozialen und Großdeutschen, auch Vorsitzender der Katholischen Akademikergemeinschaft; noch vor dem Juliabkommen 1936 als Bundesminister ohne Geschäftsbereich in die Regierung Schuschnigg II berufen; erwarteter Einfluß auf Kreise »Nationaler« und »betont Nationaler« blieb eher aus; nach Berchtesgaden 1938 Bundesminister für innere Verwaltung, 1938 Vizekanzler im Anschlußkabinett; 1941—1945 Bevollmächtigter des deutschen Generals in Kroatien; 1945 »automatical arrest«, beging in Gewärtigung seiner Auslieferung an Jugoslawien Selbstmord.

Glas, Franz (1865—1944), als Student in Graz Burschenschafter, 1933/34 Staatssekretär für Justiz im Kabinett Dollfuß II (anfängliche Ansätze einer Befriedungsaktion der Regierung im Umgang mit nationalen Kreisen).

Glass, Fridolin (1910—1943), Infanterist im Bundesheer, 1932 Landesleiter des Deutschen (nationalsozialistischen) Soldatenbundes, 1933 wegen illegaler Betätigung aus dem Heer entlassen, Hochschulstudium abgebrochen, 1934 Umwandlung der SS-Militärstandarte in SS-Standarte 89, versagte am 25. Juli 1934 als sogenannter militärischer Leiter des Anschlags auf das Bundeskanzleramt, konnte aber der kurzfristigen Haft entgehen (!), Flucht in ČSR mit Unterstützung der deutschen Gesandtschaft in Wien, 1939 kurze Zeit Gaupropagandaleiter in Wien, 1939 bei Kriegsausbruch zum Heer eingerückt (Propagandakompanien, Sonderaufträge in Südosteuropa), 1943 in Rußland gefallen.

Gleißner, Heinrich (1893—1984), Studium in Prag begonnen, CV Saxo-Bavaria, im Krieg Offizier bei Kaiserschützen (Goldene Tapferkeitsmedaille), Beamter der Landwirtschaftskammer für Oberösterreich, 1933/34 Staatssekretär für Land- und Forstwirtschaft im Kabinett Dollfuß II, 1934—1938 und 1945–1971 Landeshauptmann von Oberösterreich, bedeutender Politiker und Staatsmann in Land und Bund; unterlag 1951 als Präsidentschaftskandidat Theodor Körner zufolge verfehlter Wahltaktik seiner Partei.

Globocnik, Odilo (1904–1945), aus konservativer Familie stammend, bei SA, 1930 Mitglied der NSDAP, 1933 SS und stellvertretender Gauleiter für Kärnten, 1938 Stabsleiter der Landesleitung, zusammen mit Friedl Rainer und anderen der jüngeren Führungsschicht Macher des Umbruchs vom März 1938, nachher kurze Zeit Gauleiter von Wien, Reichstagsabgeordneter; von Bürckel abgeschoben; als hoher Polizei- und SS-Führer sowohl bei Ausrottung der Juden im Osten wie im Kampf gegen Partisanen im Adriaraum hervorgetreten; 1945 Selbstmord.

Goebbels, Joseph (1897–1945), 1914 kriegsuntauglich, studierte an verschiedenen deutschen Hochschulen, Mitglied einer katholischen Studentenvereinigung und von dorther Bezieher einer Studienbeihilfe; 1924 Eintritt in NSDAP, zunächst für sozial-revolutionären Gregor Strasser, dann rechtzeitig zu Hitler umgeschwenkt, eroberte Berlin für die NSDAP, 1928 Reichstagsabgeordneter; 1929 Reichspropagandaleiter der NSDAP, 1933 Reichsminister für Volksaufklärung und Propaganda; redegewandt und zynisch in der Polemik, unterstellte er die gesamte Publizistik im Führerstaat seiner Kommandopolitik, am 20. Juli 1944 entscheidend am Scheitern des Anschlags auf den Führerstaat in Berlin beteiligt; sagte von sich 1945 abschließend, man werde ihn in Geschichtsdarstellungen entweder zu den größten Staatsmännern oder zu den größten Verbrechern zählen; organisierte nach dem Anschluß Österreichs grandiosen Wahlkampf, der am 10. April 1938 zum bisher größten Wahlsieg der NSDAP führte.

Gömbös, Gyula (1886–1936), im Ersten Weltkrieg Berufsoffizier, 1920 Funktionär der ungarischen Bauernpartei, verließ diese 1921 während der Restaurationsversuche König Karls IV.; als Rassist mit Vorbehalt für Horthy, 1932–1936 Ministerpräsident, unterzeichnete 1934 die Römischen Protokolle; schwenkte bald von dieser Linie der Außenpolitik in Richtung Berlin ab; Mussolinis Versuch, Dollfuß mehr an Gombos zu ketten und damit Wien von der Konfrontation mit Hitler und dem Nationalsozialismus abzubringen, scheiterte.

Gorbach, Alfons (1898–1972), hochdekorierter und schwerverwundeter Frontoffizier im Ersten Weltkrieg, nach Jusstudium Beamtenlaufbahn; Funktionär der Christlichsozialen Partei der Steiermark, 1933–1938 Landesführer der dortigen VF, 1937/38 Landesrat, nach Berchtesgaden 1938 erwirkten die illegalen Unterhändler von der Regierung in Wien seine Abberufung als Landesführer noch vor dem Anschluß; 1938–1942 und 1944/45 im KZ; 1945–1970 Nationalratsabgeordneter, 1945–1953 und 1956–1961 Dritter Nationalratspräsident, Nachfolger Raabs als Bundesparteiobmann der ÖVP und als Bundeskanzler; Bereitschaft zur Zusammenarbeit mit politischem Gegner der Zeit vor 1938 bewährte sich während seiner Kanzlerschaft 1961–1964, zuletzt als »Koalitionspolitiker« nach parteiinternem Richtungswechsel von der Spitze verdrängt (trotz Wahlerfolg bei Nationalratswahl 1962 und knappester Niederlage bei Wahl des Bundespräsidenten 1965).

Göring, Hermann (1893–1946), Berufsoffizier und bewährter Kampfflieger im Ersten Weltkrieg, 1922 Beitritt zur NSDAP und führend bei Aufbau der SA; nach mißglücktem Putsch vom 9. November 1923 als Verwundeter nach Tirol geflüchtet (zwei Schwestern mit Österreichern verheiratet, Göring Schwager Huebers), 1928 Reichstagsabgeordneter, 1932 Reichstagspräsident, als solcher maßgeblich an Machtergreifung Hitlers beteiligt, nach 1933 steile Karriere im Dritten Reich (Beförderung vom Hauptmann zum General und Generalfeldmarschall, zuletzt seit 1940 Reichsmarschall), verantwortlich für folgenschwere Fehler bei Aufbau und Einsatz der deutschen Luftwaffe; leitete am 11. März 1938 unter den Augen Hitlers einen »Telefonterror« zur Einschüchterung Seyß-Inquarts sowie letzten Widerstands und erzwang die Berufung Seyß' zum Bundeskanzler; Selbstmord nach Todesurteil im Nürnberger Prozeß.

Gotzmann, Leo (1893–?), nach Kriegsdienstleistung 1920 in Wiener Sicherheitswache, 1933 als Kommandant der Alarmabteilung abgelöst, Verdacht der illegalen Betätigung für NSDAP im Juliputsch bestätigt, 1934 zu lebenslangem Kerker verurteilt (Teilnahme als aktiver Angehöriger der Sicherheitswache), 1938 Oberregierungsrat im Wiener Polizeipräsidium.

Guderian, Heinz (1888–1954), Berufsoffizier im preußischen Heer, im Dritten Reich Schöpfer der Panzerwaffe und erfolgreicher Führer großer Panzerverbände in der Ära der Blitzkriege und -siege, 1941 im Konflikt mit Hitler zur Führerreserve versetzt, 1943 Generalinspekteur der bereits schwer dezimierten Panzerwaffe, nach dem 20. Juli 1944 Chef des Generalstabs des Heeres (ausgenommen Westfront), 1945 nach neuerlichem Konflikt mit Hitler aus dem Dienst geschieden; 1938 meisterte er beim Einmarsch in Österreich noch bestehende Mängel der Panzerverbände.

Habicht, Theo(dor) (1898–1944), 1919 als Heimkehrer aus dem Krieg Kommunist, 1926 Beitritt zur NSDAP, 1927–1931 Kreisleiter in Wiesbaden, 1931 Landesgeschäftsführer, 1931 Reichstagsabgeordneter, 1932 Landesinspekteur der NSDAP in Österreich mit Sitz in Linz, Kontakte mit österreichischer Regierung enden 1934 mit Anschwellen der Terroraktionen, im Zuge des Verbots der Betätigung für die NSDAP ins Dritte Reich abgeschoben; übernahm dort im Sender München die gegen die österreichische Regierung geführte Rundfunkpropaganda; nach eher bescheidenen Verwendungen auf kommunalpolitischem Gebiet sowie in der Auslandspropaganda zur Wehrmacht eingerückt; als Major und Bataillonskommandeur im Osten gefallen.

Habsburg-Lothringen, Otto (von) (geb. 1912), seit 1916 Kronprinz, nach 1919 im Exil, erlebte er 1922 den tragischen Tod seines Vaters in der von den Siegermächten verfügten Verbannung auf Madeira; erfolgreiches Studium in Belgien; erlebte im Exil Anwachsen der monarchistischen Bewegung während der Endkrise des Ständestaates; richtete nach Berchtesgaden im Februar 1938 unter Berufung auf den von Schuschnigg 1917 geleisteten Offizierseid an den Bundeskanzler die Aufforderung, die Regierungsgeschäfte an ihn abzugeben, Schuschnigg verweigerte unter der Anrede »Euere Majestät« am 2. März die Zustimmung und behielt damit angesichts des schon bestehenden Operationsplanes Hitlers für den »Sonderfall Otto« recht; nach Emigration in die USA zugunsten Wiederherstellung eines unabhängigen Österreich tätig, dennoch versagten 1945 die Besatzungsmächte die Zustimmung zur erfolgten ersten Rückkehr nach Österreich; Streit um die nach dem Habsburgergesetz notwendige Zustimmung von Regierung und Hauptausschuß des Nationalrates zur Rückkehr nach Österreich entzweite damalige große Koalition; FPÖ unterstützte das damalige Nein der SPÖ bei Parlamentsabstimmung, womit das Ja der ÖVP gefallen war; Bruno Kreisky und Franz Olah, damals noch heftigste Widersacher, wurden 20 Jahre später verständnisvolle Förderer der Rückkehr von Mitgliedern der Dynastie nach Österreich.

Hackl, Josef (?—1934), Wiener Sicherheitswachebeamter, als Mitglied der SS-Standarte 89 am Überfall auf das Bundeskanzleramt beteiligt, im August des Jahres gehenkt.

Hammerstein-Equord, Hans (1881—1947), Offizier im Krieg, Beamter, Dichter, zuletzt Politiker; 1934 Sicherheitsdirektor für Oberösterreich, 1934/35 Staatssekretär für Sicherheitswesen im Kabinett Schuschnigg I, 1936 Bundesminister für Justiz, zuletzt Bundeskommissär für Kulturpropaganda, 1944/45 KZ.

Hassel, Ulrich von (1881—1944), seit 1908 im diplomatischen Dienst des Deutschen Reiches, zuletzt 1932—1938 als Botschafter in Rom, von Hitler abberufen, entdeckte 1934 Verrat des österreichischen Botschafters Rintelen an dessen Regierung in Wien; wurde von Berlin angewiesen, sich strikte aus »der Sache« herauszuhalten; gehörte zum ersten Kader der Verschwörer vom 20. Juli 1944; Schauprozeß vor Volksgerichtshof und grausame Hinrichtung.

Hauser, Carry (1895—1985), Maler, Graphiker, Bühnenbildner, Schriftsteller, Vizepräsident des Hagenbundes, 1928 Präsident des Pen-Clubs u. a. m., 1936 zusammen mit Henz in VF-Werk »Neues Leben«, 1939—1947 Exil.

441

Hecht, Robert (1889–1938), Jurist, während des Ersten Weltkrieges in Ministerialverwendung, nach 1918 zuletzt Sektionschef in der Ära Dollfuß – Schuschnigg; brachte bereits 1932 Dollfuß dazu, das sogenannte Kriegswirtschaftliche Ermächtigungsgesetz aus 1917 bei Finalisierung der Credit-Anstalt-Sanierung in Anwendung zu bringen; zusammen mit Ministerialrat Jäckl am Zustandekommen der Maiverfassung 1934 maßgeblich beteiligt; so auch 1936 an der Liquidierung der Wehrverbände; am 1. April 1938 im ersten Transport nach Dachau, im KZ ermordet.

Heinz, Karl (1895–1965), im Krieg eingerückt, nachher in Sozialistischer Arbeiterjugend und Schutzbund (dessen Sekretär); blieb nach Haftentlassung im Land, flüchtete erst nach 1938 ins Exil, zuletzt nach Schweden, schloß sich nach 1945 nicht der SPÖ in der Heimat an.

Heischmann, Josef, 1933 Major in der Wiener Sicherheitswache, als Kompaniekommandant der Alarmabteilung wegen nationalsozialistischer Betätigung verdächtigt, transferiert; nach Teilnahme am Juliputsch 1934 zu 15 Jahren Kerker verurteilt, seit Berchtesgaden 1938 in Freiheit.

Helmer, Oskar (1887–1963), Schriftsetzer, für deutsche SDAP schon vor 1914 tätig, 1917 am Matrosenaufstand in Cattaro beteiligt, 1919/20 und 1945–1959 Mitglied der Konstituierenden Nationalversammlung bzw. Abgeordneter zum Nationalrat, 1921–1934 Mitglied der niederösterreichischen Landesregierung, bemüht um Ausgleich der 1933 ausbrechenden Gegnerschaften, gleichzeitig Schutzbundführer in Niederösterreich, 1934/35 festgenommen; 1945–1959 als politischer Leiter des Innenressorts erfolgreich tätig, »Achse Raab – Helmer« in persönlicher Freundschaft gefestigt; höchste Verdienste in Wahlkämpfen der Besatzungsära angesichts der Förderung der KPÖ durch sowjetisches Besatzungselement.

Henz, Rudolf (1897–1987), katholischer Schriftsteller, Pionier des österreichischen Rundfunkwesens, 1938 aus der RAVAG entlassen, 1945–1957 Programmdirektor, Initiator der Einführung des Fernsehens; 1936 in VF Leiter des VF-Werkes »Neues Leben«; 1947–1958 Präsident der Katholischen Aktion Österreichs, zuletzt Ehrenvorsitzender des Kunstsenats.

Himmler, Heinrich (1900–1945), aus streng katholischer Familie stammend, blieb er frommer Mutter zeitlebens verbunden; bei Kriegsschluß 1918 als Offiziersanwärter nicht mehr an der Front; Diplomlandwirt; Männer wie Röhm und Strasser, an deren Liquidierung er 1934 beteiligt war, brachten ihn in die Hitlerbewegung; nach Bekleidung unterschiedlicher Parteifunktionen seit 1929 Reichsführer SS (Schutzstaffeln in der SA); ständiger Versuch der Verselbständigung der SS gelang erst 1934 durch Liquidierung von Röhm und dessen Anhängern in der SA; nach 1933 wachsender Einfluß auf das Sicherheitswesen im Führerstaat, perfekter Terror mit Ausgestaltung des KZ-Wesens sowie der insgeheim erfolgten Liquidierungen ohne Gerichtsverfahren; praktischer Vertreter der Ideologie von einer Elite-Rasse bei gleichzeitiger Ausrottung der rassisch ungeeigneten und gefährlichen Typen in der Bevölkerung, insbesondere auch in den im Krieg besetzten Gebieten; nach Niederschlagung der Verschwörung vom 20. Juli 1944 auf dem Höhepunkt der Macht, die mit dem Niedergang des Dritten Reiches zugrunde ging; im April 1945 nach Aufdeckung geheimer Beziehungen zu den Alliierten von Hitler aller Ämter enthoben und aus der Partei ausgestoßen; in Regierung Dönitz unerwünscht, versuchte er in Anonymität unterzutauchen; machte nach Gefangennahme durch britische Truppen seinem Leben ein Ende; 1938 mit an der Spitze der in Österreich eindringenden Wehrmachts- und SS-Formationen, organisierte er Massenverhaftungen und richtete auch in der Ostmark die im Dritten Reich schon gewohnte SS-Herrschaft ein.

Hindenburg, Paul von Beneckendorff und von (1847–1934), als Secondeleutnant im preußischen Heer 1866 im Krieg gegen Österreich ausgezeichnet, 1914 bereits als General der Infanterie im Ruhestand; reaktiviert, wurde er durch Siege an der Ostfront populär und 1917 von Kaiser Wilhelm II. an die Spitze der Obersten Heeresleitung berufen; konnte Niederlage im Westen nicht verhindern, vollbrachte aber bei geordneter Heimführung der Feldtruppe allseits anerkannte Leistung; 1925–1934 Reichspräsident, gab nach langem Zögern dem »böhmischen Gefreiten« Hitler dennoch die Macht in die Hände, die dieser noch zu Lebzeiten Hindenburgs in einem perfekten Führerstaat ausübte; Entsendung von Papens nach Wien war eine der letzten Verfügungen Hindenburgs.

Hitler, Adolf (1889–1945), gebürtiger Österreicher, verließ 1913 angesichts der »Verjudung Wiens« und des dortigen Völkergemisches Wien und Österreich; rückte 1914 zur bayerischen Armee ein; als Meldegänger hoch dekoriert, verblieb er nach 1918 in der Reichswehr (auch während des Räteputsches 1919 in München), nachher von der DAP als Versammlungsredner verwendet und in die Partei kooptiert, verkündete er am 24. Februar 1920 Parteiprogramm der zur NSDAP gewordenen DAP; 1920 ohne Erfolg Versammlungsredner in Österreich; zeitweiliger Austritt aus NSDAP; am 9. November 1923 scheiterte sein Putschversuch in München, nachher bis Weihnachten 1924 in Haft (Wiederaufbau der Partei übernahm der 1934 liquidierte Gregor Strasser); 1925 entledigte er sich österreichischer Staatsbürgerschaft, lebte bis Februar 1932 als Staatenloser im Reich; Erwerb der deutschen Staatsbürgerschaft ermöglichte erfolgreiche Teilnahme an der Wahl des Reichspräsidenten im Jahr 1932 (30 Prozent der abgegebenen Stimmen); am 30. Jänner 1933 von Hindenburg zum Reichskanzler berufen. Hitler verfolgte zu allen Zeiten mit verschiedener Intensität den Anschluß Österreichs an das Reich; am 12. März 1938 entschloß er sich angesichts des triumphalen Empfangs im Roten Linz, entgegen dem Traum österreichischer Nationalsozialisten von einem gleichgeschalteten, aber staatlich unabhängigen Österreich, den staatlichen Anschluß zu vollziehen.

Hodža, Milan (1878–1944), bis 1914 slowakischer Politiker im Belvederekreis Franz Ferdinands; erlebte 1905–1918 als Abgeordneter im ungarischen Reichstag Diskriminierung der nicht-magyarischen Nationalitäten in Ungarn; 1918/19 von Masaryk bei der Gründung der ČSR getäuscht (ČSR wurde kein Nationalitätenstaat, sondern zentriert auf Vormacht der Tschechen in Prag); mehrmals Minister, 1935–1938 Ministerpräsident; geneigt, wirtschaftlichen Zusammenhalt im Donauraum zu verbessern; Hodža-Plan scheiterte; mußte im Herbst 1938 den von Beneš provozierten Spruch von München (erste Teilung der ČSR 1938) hinnehmen; nach Rücktritt Emigration in die USA, dort gestorben.

Hofer, Franz (1902–1975), im Verkaufsgeschäft tätig; erst 1931 NSDAP beigetreten, 1932 Gauleiter von Tirol und Vorarlberg, floh in HW-Uniform aus der Kerkerhaft in Innsbruck, trat mit großem Beifall als anscheinend Schwerverwundeter auf dem Parteitag des Sieges (1933) auf; nachher bemüht, Flüchtlinge aus Österreich im Dritten Reich zu sammeln; 1938 Gauleiter, nachher Reichsstatthalter von Tirol und Vorarlberg; 1943 Reichsverteidigungskommissar; Alliierte wurden seiner nicht habhaft; starb in Westdeutschland.

Hollnsteiner, Johannes (1895–1971), Dr. theol., Chorherr, Professor an der Theologischen Fakultät der Universität Wien, Anfang der dreißiger Jahre Mentor der dortigen katholisch-deutschen Hochschülerschaft; behaupteter besonderer Einfluß auf Dollfuß umstritten; fiel nach 1938 vom Priestertum ab, wurde im Dritten Reich mit Funktionen bei Beschlagnahme kirchlichen Vermögens betraut, geriet aber in Konflikte und trat deswegen nach 1945 als politisch Geschädigter auf; im seinerzeitigen Lehramt unanbringlich, betrieb er dennoch seine Rehabilitierung als Naziopfer.

Holzmeister, Clemens (1886–1983), Sohn verarmter Tiroler Eltern; Familie wanderte nach Brasilien aus, daher dortige Staatsbürgerschaft; Architekturstudium in Wien, erlangte schon in der Zwischenkriegszeit als Architekt und Akademieprofessor internationales Ansehen, 1934 Staatsrat, Rektor der Akademie der bildenden Künste in Wien vor 1938 (und nach 1945), nach 1938 im Exil gestaltete er unter Kemal Atatürk die neue Hauptstadt der Türkei, Ankara; nach 1945 wieder in Salzburg erfolgreich, so als Bühnenbildner; Rückkehr an die Akademie (bis 1957), 1959 Präsident des Kunstsenats, bewährt in Bemühungen um die Wahrung des kulturellen Antlitzes Österreichs in der Zeit des Übergangs zu einer Moderne, in der seine Schüler mit neuen Leistungen hervorragen.

Holzweber, Franz (?–1934), im Bundesheer zuletzt Wachtmeister; zusammen mit Otto Planetta und Fridolin Glass im Vorstand des 1933 aufgelösten Deutschen Soldatenbundes; als Hauptmann verkleidet am 25. Juli 1934 am Überfall auf das Bundeskanzleramt beteiligt; versuchte vergebens, den sterbenden Dollfuß dazu zu bewegen, sich mit einer Kanzlerschaft Rintelens abzufinden; am 31. Juli zusammen mit Planetta als erster gehenkt.

Hönigl, Paul, als Polizeioberkommissär der Alarmabteilung der Wiener Sicherheitswache zugeteilt, unter Fey transferiert, nach Teilnahme am Überfall auf das Bundeskanzleramt zu zwölf Jahren schweren Kerker verurteilt, nach Berchtesgaden 1938 in Freiheit.

Hornbostel, Theodor (1889–1973), bis 1918 Konsularkonzeptsbeamter im k. u. k. Ministerium des Äußern, Diplomat, ab 1937 im Bundeskanzleramt-Auswärtige Angelegenheiten Leiter der politischen Abteilung, galt als konsequenter Vertreter eines auf die Hilfen Mussolinis abgestellten Kurses, 1938 KZ Dachau.

Hoßbach, Friedrich (1894–1980), Berufsoffizier im preußischen Heer, nach 1918 in Freikorps, 1920 Reichswehr, 1934–1938 Adjutant des Heeres bei Hitler; fertigte die Niederschrift der am 5. November 1937 stattgefundenen Besprechung der künftigen außenpolitischen und militärischen Absichten Hitlers an; Teilnehmer waren: von Neurath, Raeder, Göring sowie die zeitweise widersprechenden Generäle von Fritsch und von Blomberg. Hitler wird nachher beide innerhalb von knapp zwei Monaten entlassen; von seinen Plänen, ČSR und Österreich (so die Reihenfolge der Nennung in der Besprechung) zu »zertrümmern«, ist Hitler nicht abgegangen. Die im Februar 1938 in Berchtesgaden geführte Unterredung mit Schuschnigg zwecks angeblicher Normalisierung der Beziehungen zwischen dem Dritten Reich und Österreich war demnach ein bewußtes Täuschungsmanöver Hitlers sowie von Ribbentrops, von Papens und ihrer Gehilfen. Hoßbach wurde zuletzt im Krieg wegen einer eigenmächtig ausgeführten Rückzugsbewegung im Jahr 1945 enthoben.

Hudl, Paul (»Putschmajor«), im Krieg hochdekorierter Reserveoffizier (Kronenorden), nachher Holzhändler; er vertratschte den Putschplan für den 25. Juli 1934, von welchem Wissen aber die Exekutive nicht rechtzeitig Gebrauch machte; im Überfallkommando der SS trat er als Major verkleidet auf, ohne deswegen an der Führung des Unternehmens maßgebend beteiligt zu sein; vom angeblichen Inhalt seines damals mit Fey, einem ehemaligen Regimentskameraden, geführten Gesprächs war nachher zum Nachteil Feys viel die Rede, ohne daß Beweise vorliegen; zu lebenslänglicher Haft verurteilt, kam er nach Berchtesgaden in Freiheit, ohne im Dritten Reich die erwartete hohe Belohnung zu bekommen.

Hueber, Franz (1894–1981), aus dem Deutschen Turnerbund hervorgegangen, kehrte er als Oberleutnant der Reserve aus dem Krieg zurück; er war einer der in Österreich beheimateten Schwäger Görings; als Notar in Mattsee tätig, gehörte er zu den Gründern der HW in Salzburg, 1925 bereits Landesführerstellvertreter; um so erstaunlicher sein Eintritt ins Kabinett Vaugoin am Vorabend der Nationalratswahlen 1930, bei denen er auf der Liste des oppositionellen Heimatblocks kandidierte; 1933 trat er nach dem Verbot der Betätigung für die NSDAP aus der HW aus, unterhielt aber mit Wissen Berlins bis 1939 Kontakte zu Mitgliedern im ehemaligen HW-Lager; 1938 Justizminister im Anschlußkabinett Seyß; nach 1938 SA-Brigadeführer, Reichstagsabgeordneter und Unterstaatssekretär im Reichsjustizministerium, zuletzt Präsident des Reichsverwaltungsgerichtshofes; nach 1945 »automatical arrest«, zuletzt in Glasenbach; 1948 in Österreich von einem Volksgerichtshof wegen Hochverrats zu 18 Jahren Kerker verurteilt, aber 1950 entlassen.

Hülgerth, Ludwig (1875—1939), Berufsoffizier, nach 1918 militärischer Leiter im Kärntner Abwehrkampf, zuletzt im Bundesheer Feldmarschallleutnant; 1928 Bundeswehrführer der HW (ohne politischen oder militärischen Einfluß während des Pfrimer-Putsches), 1934—1936 Landeshauptmann von Kärnten, 1936 Generalkommandant der in Gründung befindlichen Frontmiliz, 1936—1938 Vizekanzler im letzten Kabinett Schuschnigg, bot im März die Miliz auf, blieb aber nach dem Anschluß unbehelligt.

In der Maur, Gilbert (1887—1959), 1909 als Kavallerieoffizier ausgemustert, 1914 schwer verwundet, zuletzt k. u. k. Rittmeister, nach 1918 Journalist und Schriftsteller, 1926—1934 Chefredakteur der »Wiener Neuesten Nachrichten«, in der Verbotszeit Korrespondent für Zeitungen im Dritten Reich, Mitglied der illegalen Landesleitung, inhaftiert (auf persönliche Intervention Schuschniggs entlassen), 1936 im Siebener-Ausschuß, 1938 zusammen mit Hauptmann Leopold u. a. kaltgestellt, 1939—1945 in deutscher Wehrmacht, zuletzt Major.

Innitzer, Theodor (1875—1955), Studium der Theologie in Wien, 1917 Generalsekretär der Leo-Gesellschaft, Universitätsprofessor, Ende der zwanziger Jahre als Rektor auch bei der Mehrheit der national eingestellten Hörerschaft geachtet; 1929/30 Sozialminister im Kabinett Schober III, 1932 zum Erzbischof von Wien ernannt, 1933 Kardinal; Versuche von nationalsozialistischer Seite, Innitzer von der gegnerischen Einstellung abzubringen, scheiterten; im Ständestaat wiederholt zugunsten einer Struktur im Sinne der kirchlichen Soziallehre hervorgetreten; die im März 1938 von sogenannten Brückenbauern mit Zustimmung Bürckels verfaßte Empfehlung des Episkopats für die Volksabstimmung vom 10. April zugunsten einer nachträglichen Bestätigung des Anschlusses unterzeichnete er unter Druck seitens Bürckels mit dem Deutschen Gruß; bereits im Herbst 1938, nach Sturm der HJ auf Erzbischöfliches Palais, im scharfen Konflikt mit Bürckel (Massendemonstration der Wiener gegen Innitzer auf dem Heldenplatz);

nach 1945 um damals versuchte Versöhnung der Gegner im Bürgerkrieg bemüht, erlebte er als päpstlicher Delegat beim Wiener Katholikentag 1952 bei der Begegnung mit Bundespräsident Theodor Körner einen versöhnlichen Ausklang seiner Tätigkeit in bewegten Zeiten.

Jäckl, Hugo (1878–1944), schon vor 1918 im Konzeptsdienst; 1934 in der Verfassungsabteilung des Bundeskanzleramtes, dort an der Ausfertigung des Textes der Maiverfassung 1934 gemäß den Richtlinien Hechts tätig; ab Oktober 1938 Ministerialdirigent im Reichsministerium des Innern.

Jansa (Edler von Tannenau), Alfred (1884–1963), bis 1918 Angehöriger des Generalstabs der k. u. k. Armee, im Bundesheer Oberst, als Generalmajor Teilnehmer an der Genfer Abrüstungskonferenz 1932/33; 1933–1935 Militärattaché in Berlin und Zeuge der beginnenden Aufrüstung des Dritten Reiches, danach als Leiter der Sektion III faktischer Chef des (1919 verbotenen) Generalstabs, 1936 offiziell mit dieser Funktion nach Einführung der Bundesdienstpflicht betraut; bereits in den auf Grund des Juliabkommens 1936 stattgefundenen Kommissionsverhandlungen zwischen Berlin und Wien wurde releviert, daß deutscherseits eine intensivierte Zusammenarbeit mit Österreich nicht möglich sei, solange »Männer wie Zehner und Jansa« im Dienst seien; zur Zeit von Berchtesgaden bereits zur Pensionierung anstehend, ersparte er der Bundesregierung ernsthafte Erörterung eines militärischen Widerstands im Fall eines Angriffs der deutschen Wehrmacht. Die aus der Ära Jansa vorliegenden Pläne für eine derartige Verteidigung werden neuerdings in ihrer Bedeutung unterschätzt, ebenso auch die im Heer bestehende Bereitschaft zum Widerstand; sein in Berlin genehmer Nachfolger starb 1940 als General der Infanterie.

Jonas, Franz (1899–1974), strebte im Ersten Weltkrieg zur Marine, wurde zur Infanterie einberufen; nahm 1919 im Verband der Volkswehr am Kärntner Abwehrkampf teil; von Jugend auf in der sozialdemokratischen Bewegung, war er im Februar 1934 Bezirksparteisekretär in Wien-Floridsdorf; Flucht in die ČSR, kehrte freiwillig zurück und war 1935 Mitangeklagter im Sozialistenprozeß (wurde freigesprochen); 1945 Stadtrat von Wien, 1951–1965 Bürgermeister, 1965–1974 Bundespräsident. Anders als sein Vorgänger Adolf Schärf favorisierte er Zusammengehen der SPÖ mit der FPÖ am Beginn der Ära Kreisky.

Jury, Hugo (1887–1945), als Student in Prag Burschenschafter; als erklärter Parteigänger der Deutschnationalen und Großdeutschen Partei trat er 1931 verhältnismäßig spät der NSDAP bei, 1936 stellvertretender Landesleiter der illegalen NSDAP in Österreich; nach Berchtesgaden in den Staatsrat berufen, trat in Fortsetzung seiner im Siebener-Ausschuß begonnenen Politik für die Beschleunigung des Anschlusses an das Dritte Reich ein; am 11. März 1938 druckten die »Wiener Neuesten Nachrichten«

sein Nein zu der von Schuschnigg für den 13. März anberaumten Volksabstimmung ab; Sozialminister im Anschlußkabinett Seyß; seit 1938 Reichstagsabgeordneter, Gauleiter von Niederdonau, SS-Oberführer; beging im
Frühjahr 1945 angesichts des Zusammenbruchs der Verteidigung Nieder-
österreichs gegen die eindringenden sowjetischen Truppen Selbstmord.

Kamba, Franz, als »verläßlicher« Kriminalbeamter 1934 zum Dienst im
Bundeskanzleramt eingeteilt; Schlüsselfigur im Juliputsch in Wien; wesentlich an der Vorbereitung sowie Ausrüstung des Überfalls auf das Bundeskanzleramt beteiligt, meldete er rechtzeitig die Verschiebung der für 24.
Juli angesetzten Ministerratssitzung auf den nächsten Tag; übernahm am
25. Juli vorzeitig Dienst im Bundeskanzleramt, um bei Eintreffen der Putschisten an Ort zu sein; überbrachte während der Besetzung des Bundeskanzleramtes erpreßten Aufruf Feys an die Exekutive und die Bevölkerung
betreffend die Übernahme der Kanzlerschaft durch Rintelen dem Polizeipräsidenten Seydel, der hievon die Rumpfregierung im Landesverteidigungsministerium in Kenntnis setzte; drohte, es würden alle im Bundeskanzleramt eingeschlossenen Personen »niedergemacht«, falls er nicht
rechtzeitig aus der Polizeidirektion zurückgekehrt sein sollte; entging dem
Kriegsgericht und der Justifizierung.

Kaltenbrunner, Ernst (1903–1946), als Student in Graz Burschenschafter,
Rechtsanwalt in Linz, wo er sich der NSDAP und der SS anschloß; 1934
wegen Verschwörung zu sechs Monaten Haft verurteilt, verlor er Zulassung als Anwalt; 1937 Führer der SS in Österreich; sein Zusammentreffen
mit Seyß wurde im März 1938 von entscheidender Bedeutung für den Endkampf; im Kabinett Seyß Staatssekretär für Sicherheitswesen (nunmehr SS-
Brigadeführer und weitere Karriere in SS), mit großer Entschiedenheit bei
Säuberung der Behörden und Inhaftierung von Systemlingen tätig; nach
Ermordung Heydrichs 1943 mit der Führung des Reichssicherheitshauptamtes betraut; entwand der Wehrmacht Spionage und Spionageabwehr; initiativ beteiligt an der Endlösung der Judenfrage, zögerte er nicht, noch zu
Lebzeiten aus eigenem Entschluß Kontakt mit Geheimdienst der Alliierten
aufzunehmen; letzter Gefechtsstand im österreichischen Altaussee hatte
seltsame, bleibende Gerüchte von wertvollen Hinterlassenschaften des
Dritten Reiches zur Folge; fiel in die Hände der Amerikaner und wurde
1946 in Nürnberg abgeurteilt und gehenkt.

Kammerhofer, Konstantin (1899–1958), nach Kriegsdienst und Gefangenschaft zuerst in der völkischen Turnerbewegung tätig, beruflich im Wein-
geschäft; ab Mitte der zwanziger Jahre in der HW, 1929 an den schweren
Zusammenstößen in St. Lorenzen, 1931 am Pfrimer-Putsch beteiligt; nach
Konflikt mit Pfrimer für Verselbständigung des Steirischen Heimatschutzes; nach Verbot der Betätigung für diesen im Sommer 1933 Abschwenken
zu den Nazis; nach 1938 zuerst Polizeipräsident von Innsbruck, nachher in
hohen SS- und Polizeirängen in besetzten Gebieten tätig; 1945 in Öster-

reich festgenommen, als Kriegsverbrecher verfolgt, aus der Haft entflohen und der Auslieferung an Jugoslawien entgangen (in Belgrad in Abwesenheit abgeurteilt), weiterhin unbehelligt bis zum Tod in Hannover.

Karwinsky, Karl (1888–1958), im Krieg Kavallerieoffizier, nachher Beamter, Präsidialchef in der niederösterreichischen Landesregierung, 1933 Sicherheitsdirektor für Niederösterreich, 1933 bis Mai 1934 Staatssekretär für Sicherheitswesen, dann bis 29. Juli (am 25. Juli 1934 im Bundeskanzleramt von Putschisten festgehalten) für Angelegenheiten des Bundeskanzleramtes, zuletzt bis Oktober 1935 Staatssekretär für Justiz, KZ.

Keppler, Wilhelm (1882–1960), jahrelang Hitlers persönlicher Berater in Wirtschaftsfragen; Verbindungsmann zwischen NSDAP und Wirtschaft, Mittelsmann für die in der Krise der Hitlerbewegung Ende 1932 wichtige Begegnung Hitlers mit dem Bankier Baron Schröder; 1933 Reichstagsabgeordneter, seit 1936 auch Vertrauter Görings in Wirtschaftsfragen; 1935 Beitritt zur SS (im Krieg Himmlers Beauftragter zur Verwaltung der Betriebe in den besetzten Ostgebieten); entscheidendes Eingreifen beim Anschluß Österreichs; 1938/39 in der Slowakei und in Danzig eingesetzt; Staatssekretär im Auswärtigen Amt; Keppler überbrachte am 5. März 1938 Schuschnigg jenes Ultimatum, das praktisch auf die Auslieferung der Staatsgewalt an die Hitlerbewegung hinauslief und das daher von Schuschnigg abgelehnt wurde; nach 1945 im sogenannten Wilhelmstraßenprozeß zusammen mit Diplomaten des Dritten Reiches abgeurteilt, was seiner tatsächlichen parteipolitischen Bedeutung als nächster Berater Hitlers nicht gerecht wurde; der US-Hochkommissär in Westdeutschland ließ Keppler zudem bald nach Urteilsverkündung in Freiheit setzen.

Kern, Wilhelm (geb. 1909), Sohn eines höheren Polizeibeamten, seit 1932 im CV, nach 1933 illegal für die NSDAP tätig; nahm im Verband der SS-Standarte 89 am 25. Juli 1934 am Überfall auf das Bundeskanzleramt teil; nach Haftzeit unbehinderte Ausreise ins Dritte Reich, Blutordensträger, bis 1945 als höherer Verwaltungsbeamter in Niederdonau tätig.

Klausner, Hubert (1892–1939), 1914 als Fähnrich aktiviert, 1915 schwer verwundet (Verlust eines Armes), seitdem nicht mehr an der Front, 1918 Volkswehr und Bundesheer, 1933 wegen illegaler Betätigung enthoben, nachher gegen Wartegebühr beurlaubt; seit 1922 in NSDAP, 1933 Gauleiter in Kärnten, 1938 letzter illegaler und erster legaler Landesleiter der NSDAP (nach Berchtesgaden von Hitler ernannt), Minister für politische Willensbildung im Anschlußkabinett Seyß, zuletzt wieder Gauleiter von Kärnten.

König, Berthold (1875–1954), in der sozialistischen Gewerkschaftsbewegung ab 1928 Zentralsekretär der Eisenbahner, 1931–1934 Abgeordneter zum Nationalrat; hatte am 12. Februar 1934 in der Geheimbesprechung in

Wien Vorbehalte und Bedenken wegen der Befolgung eines Generalstreiks (die sich als berechtigt erwiesen); nach Februarereignissen Flucht in die ČSR; dort Mitarbeiter im Auslandsbüro der österreichischen Sozialdemokraten, nach 1938 Auswanderung nach Schweden.

Koref, Ernst (geb. 1891), bis zur Entlassung im Jahr 1934 Mittelschulprofessor; nach 1945 Landesschulinspektor und Hofrat; im Krieg Offizier, 1918 Sekretär des Arbeiterrates, vor 1934 und nach 1945 Gemeinderat in Linz; als Bürgermeister von Linz 1945–1962 Motor bei Gründung der Linzer Hochschule; als Abgeordneter zum Nationalrat bis 1958 sowie des Bundesrates bis 1965 übte er einen weit über die eigene Fraktion (SPÖ) hinausreichenden Einfluß auf die politische Entwicklung nach 1945 aus; trat nach Ausscheiden aus der Tagespolitik mehrmals als Mentor und Mahner hervor; Gehalt und Tendenz seiner Erinnerungen in Buchform bestätigten, was er bereits an Ansehen hatte; 1936 scheiterte sein Versuch, seinen Lebensberuf als Lehrer wieder aufzunehmen; nach 1938 durch Intervention seines ehemaligen Schülers Kaltenbrunner vor KZ-Haft und anderen Verfolgungen bewahrt.

Kreisky, Bruno (geb. 1911), als Schüler und Hochschüler in der Zwischenkriegszeit zugleich rege Tätigkeit in sozialdemokratischen Jugend- und Hochschülerorganisationen; im Februar 1934 als Meldegänger eingesetzt; nach 1934 bei Revolutionären Sozialisten im Untergrund tätig, Ende 1934 Vertreter auf der sogenannten Brünner Reichskonferenz seiner Partei; offenbar zufolge Verrats im Jänner 1935 wegen Verdachts des Hochverrats festgenommen und Ende März 1935 im Sozialistenprozeß zu einem Jahr schweren Kerkers verurteilt, anderthalb Monate später aus Haft entlassen; für Studienjahre 1935/36 und 1936/37 als Folge der Verurteilung von den Hochschulen verwiesen; im März 1938, nach Abschluß seiner Prüfungen zur Promotion anstehend, festgenommen und bis August des Jahres neuerlich in Haft; nationalsozialistischer Haftgenosse aus der Systemzeit, Josef Weninger (1948 in Österreich hingerichtet), erleichterte Ausreise nach Schweden; dort Vorsitzender des Klubs österreichischer Sozialisten und darüber hinaus politisch tätig; im Juli 1946 der neuerrichteten Mission in Stockholm als Attaché zugeteilt, Rückkehr nach Österreich. Hier eigentliches politisches Lebenswerk, wobei langjährige sozialistische Alleinregierung (die erste in Österreich) große Änderung der politischen Szenerie bewirkte; Bundeskanzler, Ehrenvorsitzender der SPÖ; führend in Sozialistischer Internationale und in deren Auftrag in Konfliktzonen tätig.

Kun, Béla (1886–1939), Sohn begüterter Eltern, in russischer Kriegsgefangenschaft zum kommunistischen Agitator und Aktivisten geschult; 1919 mit der Einsetzung einer Rätediktatur in Ungarn beauftragt; nach Zusammenbruch des Systems nach Österreich geflüchtet; Wiener Regierung lehnte Auslieferung an Ungarn ab; während der zwanziger und der dreißiger Jahre verschiedene Aufträge in Diensten des Stalinismus, so nach 1934 Versuch einer internationalen Kampagne gegen Österreichs Regierungssystem; in die UdSSR zurückgekehrt, fiel er als Jude einer der Mordserien des Stalinismus zum Opfer.

Kunschak, Leopold (1871–1953), Sattlergehilfe, Gründer der christlichen Arbeiterbewegung, 1913–1919 Mitglied des Wiener Gemeinderates sowie des niederösterreichischen Landesausschusses, 1919 Abgeordneter zur Konstituierenden Nationalversammlung, 1920–1933 und 1945–1953 Abgeordneter zum Nationalrat, nach 1945 dessen Erster Präsident; scharfer Gegner der HW, in HW-Kreisen als Béla Kun-schak verächtlich gemacht.

Lahr, Fritz (1890–1953), k. u. k. Berufsoffizier, 1914–1918 Frontdienst, zeitlebens dem Rennsport verbunden; 1920 bei Frontkämpfervereinigung, nach Justizpalastbrand 1927 führend beim Aufbau der WHW; dort Vertreter Feys; 1934–1938 Erster Vizebürgermeister von Wien; blieb als einziger der drei Bürgermeister auch nach dem 11. März 1938 in Funktion und begrüßte namens der Stadt die in Wien einrückenden Truppen der deutschen Wehrmacht; Verbindung mit nationalsozialistischen Spitzenfunktionären bewahrte ihn nach 1938 vor politischer Verfolgung, zumal er schon 1936 wegen berechtigter Kritik an Zuständen in der obersten Führung der HW knapp vor deren Auflösung ausgeschlossen worden war.

Langoth, Franz (1877–1953), Lehrer, deutschnationaler und großdeutscher Politiker, seit 1909 im oberösterreichischen Landtag, seit 1918 Mitglied der Landesregierung, 1919–1934 Landeshauptmannstellvertreter; an der Seite Reinthallers Mentor der Nationalen Aktion, die er 1938 zusammen mit illegaler Hitlerbewegung als Hauptstütze des Nationalsozialismus während der Verbotszeit bezeichnete; 1938 Reichtstagsabgeordneter, 1944/45 Oberbürgermeister von Linz; »automatical arrest« nach 1945.

Leeb, Franz (?–1934), Sicherheitswachebeamter, nahm als aktiver Angehöriger der Wiener Sicherheitswache am 25. Juli 1934 in Uniform und bewaffnet am Anschlag auf das Bundeskanzleramt teil; nach kriegsgerichtlichem Urteil im August gehenkt.

Lengauer, Josef (1898–1966), Arbeiter im Alpine-Werk Donawitz, Gründer und erster Vorsitzender der dortigen Unabhängigen Gewerkschaft, 1930–1934 Abgeordneter des Heimatblocks zum Nationalrat, schwenkte nach Auflösung der HW im Jahr 1936 auf die von Neustädter-Stürmer eingeschlagene Richtung ein und wurde Proponent des Deutsch-sozialen Volksbundes; Versuch, nach Machtergreifung des Nationalsozialismus in Österreich beim neuen System anzukommen, scheiterte.

Leopold, Josef (1889–1941), Berufsunteroffizier, hochdekoriert im Krieg, nach 1918 Volkswehrleutnant, zuletzt Hauptmann im Bundesheer, 1932 Landtagsabgeordneter in Niederösterreich; in der Verbotszeit nicht immer erfolgreich als standhafter illegaler Gauleiter in Österreich; nach Berchtesgaden kaltgestellt; ließ sich reaktivieren und fiel 1941 als Oberstleutnant und Bataillonskommandeur in Rußland.

Liebitzky, Emil (1892–1961), Berufsoffizier, im Krieg Artillerieoffizier, im Bundesheer zuletzt Oberst, 1938 ausgeschieden; 1938–1945 in Privatwirtschaft; nach 1945, noch vor Abschluß des Staatsvertrages, unermüdlich in Vorbereitung der Aufstellung eines Bundesheeres tätig, an dessen Spitze er nachher trat; von historischer Bedeutung ist seine Tätigkeit als Militärattaché in Rom während der Ära der Beziehungen Wien – Rom gemäß den Römischen Protokollen; Kontakte mit dem Duce lieferten dem Ballhausplatz wichtige Einblicke in das Vorhaben Mussolinis; zuletzt erhaltene Warnung des Duce vor der für den 13. März anberaumten Volksabstimmung kam zu spät in die Hände des Kanzlers, um noch Vorbereitungen dieses kalkulierten Risikos eventuell zum Stillstand zu bringen.

Löhr, Alexander (1885–1947), seit 1907 Offizier in k. u. k. Armee, im Krieg verdient um Aufbau der österreichisch-ungarischen Luftwaffe; nach 1918 im Bundesheer, Schöpfer einer Luftwaffe; in deutscher Luftwaffe zuletzt Generaloberst; befehligte Einsatz einer Luftflotte in Kriegen gegen Polen, Rußland und Jugoslawien; dann im Südosten Wehrmachtsbefehlshaber, Oberbefehlshaber der auf dem Balkan eingesetzten Heeresgruppe E und zuletzt 1945 Oberbefehlshaber Südost, als der er für geordneten Rückzug sorgte, was vielen Österreichern das Leben vor Exzessen im Partisanenkrieg rettete; nach 1945 Schauprozeß in Belgrad angesichts der Zerstörung großer Teile Europas durch Terrorangriffe alliierter Luftstreitkräfte, wegen des 1941 befehlsgemäß auf Belgrad angesetzten Luftangriffe abgeurteilt und erschossen; Gedenktafel in Wien mußte weisungsgemäß 1985 entfernt werden.

Ludwig, Eduard (1883–1967), im Bundespressedienst des Bundeskanzleramtes 1919–1938, zuletzt dessen Leiter, 1938 KZ.

Lugmayer, Karl (1892–1955), 1919/20 als Volksbildner in der Ära Julius Deutsch in der Volkswehr tätig; nachher langjähriger Leiter des niederösterreichischen Volksbildungswerkes; Verfasser des Linzer Programms der christlichen Arbeiterbewegung 1923; unter Dollfuß im Juli 1934 in den Arbeitskreis der VF zur Gewinnung der Arbeitnehmerschaft berufen, 1934 Leiter des Arbeitskreises Volksbildung in der VF sowie Referent in damaliger Einheitsgewerkschaft; Bundeskulturrat, nach 1945 Ministerialrat, auch Unterstaatssekretär im Unterrichtsministerium, Abgeordneter und erster Träger des Preises für Verdienste um Volksbildungswesen.

Maitzen, Ludwig (?–1934), Sicherheitswachmann im Stand der Wiener Sicherheitswache, am 25. Juli in Uniform und bewaffnet am Überfall auf das Bundeskanzleramt beteiligt, im August verurteilt und hingerichtet.

Maleta, Alfred (geb. 1906), nach Studium in Graz 1934–1938 Kammeramtsdirektor der Arbeiterkammer Linz, 1936 mit Untersuchung »Der Sozialist im Dollfußstaat« hervorgetreten; 1938–1941 KZ; nach 1945 im Sozialministerium, 1951–1960 Generalsekretär der ÖVP in der Ära Raab, 1960–1970 Bundesobmann des ÖAAB, 1962–1970 Erster, dann bis 1975 Zweiter Präsident des Nationalrates.

Mannlicher, Egbert (1882–1973), seit 1905 im Staatsdienst, unter Julius Deutsch im Staatsamt für Heereswesen, nachher Bundeskanzleramt und Innenministerium sowie Verwaltungsgerichtshof, 1934 in Ruhestand versetzt, 1937 im Siebener-Ausschuß, 1938 reaktiviert (Reichsstatthalterei, Bundes-, nachher Reichsverwaltungsgerichtshof – Außenstelle Wien).

Mayer, Friedrich (1887–1937), Berufsoffizier, Major in der Volkswehr, 1921 Landesstabsleiter der Selbstschutzverbände in Oberösterreich, 1933 Bundesstabsleiter der HW, als zweiter Generalsekretär der VF Platzhalter Starhembergs zur Zeit, als die HW noch nicht korporativ der VF beigetreten war; Staatsrat.

Menghin, Oswald (1888–1973), gebürtiger Südtiroler, seit 1906 im CV, Universitätsprofessor für Urgeschichte in Wien 1918–1945, dazwischen Gastprofessor in Kairo; grundlegende Arbeiten zur Vor- und Frühgeschichte, 1936 von Schuschnigg mit Kontaktaufnahme zu »Nationalen« und »betont Nationalen« betraut; 1937 Mitglied des Siebener-Ausschusses; im Anschlußkabinett Seyß kurz Unterrichtsminister, kein Mitglied der NSDAP; nach 1945 in »automatical arrest«, zuletzt in Buenos Aires als Wissenschaftler tätig.

Messersmith, George (1883–1960), 1934–1957 Generalkonsul der USA in Berlin, 1934–1939 Missionschef in Wien; bei aller Gegnerschaft zum Nationalsozialismus zugleich Gegner des klerikalen Anstrichs der österreichischen Regierung.

Miklas, Wilhelm (1872–1956), Gymnasialprofessor und -direktor, 1907–1928 Mitglied der jeweiligen gesetzgebenden Korperschaft, 1923–1928 Nationalratspräsident, 1928–1938 Bundespräsident (Rücktritt nach der Weigerung, das Anschlußgesetz vom 13. März 1938 zu unterzeichnen). 1933 weigerte er sich, entgegen den Verfassungsbestimmungen den Nationalrat nach dessen Selbstausschaltung am 4. März durch eine rechtswidrige Notverordnung zu reaktivieren; stand trotz seiner Vorbehalte, die er als alter Christlichsozialer gegen den Ständestaat hatte, 1934–1938 zu Dollfuß und Schuschnigg, nachdem es sich im Deutschen Reich erwiesen hatte, daß Hitler mit den Methoden der Demokratie die Demokratie überwinden konnte. SPÖ-Fraktion in der großen Koalition der Zweiten Republik versagte der Familie Miklas nach dem Tod des ehemaligen Politikers die von Bundeskanzler Raab beantragte Kondolenzerweisung; Bundespräsident Theodor Körner besorgte dann den Akt der Pietät aus eigenem Entschluß.

Morreale, Eugenio (1891–1976), Journalist, unter Mussolini Korrespondent des »Popolo d'Italia« in Wien, 1928–1936 Leiter des Pressedienstes der italienischen Gesandtschaft, nach Juliabkommen 1936 nach Baltimore versetzt; Gewährsmann für Dollfuß.

Mosley, Sir Oswald (1896–1980), britischer Politiker (Konservativer, dann Arbeiterpartei); 1929/30 in Labour-Regierung, 1932 Gründer der »British Union of Fascists« (1940 verboten), 1940–1943 interniert, 1948 neuerlicher Versuch der Gründung einer faschistischen Bewegung in England.

Mühlmann, Kajetan (1898–?), im Krieg in k. u. k. IR 59, schwer verwundet, nachher Studium der Kunstgeschichte, in der Verbotszeit Leiter der Abteilung 7 der illegalen Landesleitung der NSDAP, Macher des Umbruchs vom März 1938 (eingeschaltet in Telefonterror Görings); Staatssekretär in österreichischer Anschlußregierung Seyß, Abteilungsleiter in Reichsstatthalterei, von Göring als Kunstsachverständiger herangezogen, zugleich dessen Vertrauensmann im Sicherheitsdienst der SS.

Muff, Wolfgang (1880–1947), 1933 Militärattaché der deutschen Gesandtschaft in Wien, seit Herbst 1933 in Kenntnis verschiedener Putschpläne der österreichischen Nationalsozialisten, hierüber regelmäßig Bericht der Gesandtschaft nach Berlin; Hitler bestimmte zuweilen selbst Zeit oder Unzeit solcher Vorbereitungen; warnte am 11. März 1938 Göring am Telefon vor dessen Absicht, direkt in innerösterreichische Belange einzugreifen und so dem Dritten Reich internationale Verwicklungen einzuhandeln; mit Hitler im Rücken konnte Göring derlei zurückweisen und schließlich den deutschen Militärattaché unzuständigerweise dazu bringen, bei Bundespräsident Miklas persönlich vorzusprechen und Übertragung der Regierungsbildung an Seyß zu erzwingen; nach Scheitern dieser Aktion beschönigte er eigenen Mißerfolg in weiterem Telefonat mit Göring mit der Meldung, es sei ein militärischer Widerstand in Österreich nicht mehr zu erwarten; blieb nach Anschluß in Wien bei der Eingliederung des Bundesheeres in deutsche Wehrmacht und Säuberung des bisherigen österreichischen Offizierskorps tätig; im Zweiten Weltkrieg als General der Infanterie 1943 aus der Wehrmacht ausgeschieden.

Mussolini, Benito (1883–1945), so wie sein Vater zuerst Sozialist, im Krieg 1915 umgeschwenkt und für Krieg gegen Österreich-Ungarn als Chefredakteur einer sozialdemokratischen Zeitung (!) eingetreten; als Korporal verwundet, nach 1918 Sammlung der »Männer der ersten Stunde« seiner faschistischen Bewegung, 1922 vom König zum Ministerpräsidenten berufen, übte er dieses Amt bis 1943 aus; während der Völkerbundaktionen gegen das im Krieg mit Abessinien befindliche Italien in seiner Vereinsamung näher an Hitler herangerückt, trat er 1940 an dessen Seite in den Zweiten Weltkrieg ein; nach verlorenem Krieg 1943 von Großfunktionären seiner Partei an die Hofpartei verraten; nach Absetzung durch den König in Haft, aus der ihn Hitler befreien ließ, um ihn im besetzten Norditalien die Rolle des machtarmen Staatsoberhauptes einer »Italienischen Sozialen Republik« spielen zu lassen; beim Zusammenbruch des Dritten Reiches auf der Flucht von kommunistischen Partisanen ermordet; Leichnam in Mailand zur Schau gestellt.

Neubacher, Hermann (1893−1960), Studium in Wien, nach Kriegsteilnahme Generaldirektor der GESIBA, im Österreichisch-deutschen Volksbund gemeinsam mit Seyß-Inquart, Hans Eibl u. a. (1,3 Millionen Mitglieder dank korporativen Beitritts von Organisationen wie Gewerkschaften), 1938 1940 Bürgermeister von Wien (fortwirkende gute Beziehungen zu Sozialisten aus der Zeit der GESIBA), nachher in diplomatischer Verwendung (Bukarest, Athen, Belgrad); 1951 in Belgrad zu 20 Jahren Kerker verurteilt, aber bald entlassen; zuletzt Berater der Stadtverwaltung in Addis Abeba.

Neurath, Konstantin Freiherr von (1873−1956), seit 1901 im Konsular- und diplomatischen Dienst des Deutschen Reiches, 1922−1930 Botschafter in Rom, nachher bis 1932 in London; 1932 Reichsaußenminister im Kabinett Papen, im Zuge der »Wachablösung« 1938 zum Reichsminister ohne Geschäftsbereich degradiert, 1939−1941 Reichsprotektor für Böhmen und Mähren; nominell Parteimitglied und SS-Obergruppenführer (!); nach 1945 in Nürnberg zu 15 Jahren Gefängnis verurteilt, vorzeitig entlassen, sein Staatsbesuch in Wien Anfang 1937 bot den Nationalsozialisten Gelegenheit zu Demonstrationen; die am Ballhausplatz hinterlassenen Forderungen Neuraths ließen bereits ahnen, was auf Österreich zukam.

Neustädter-Stürmer (eigentlich Marchese Gozzani), Odo (1885−1938), Jurist, 1912 Statthaltereibeamter, 1914−1918 Kriegsdienst, Beamtenlaufbahn in Oberösterreich fortgesetzt, früher Parteigänger der HW, 1931 Abgeordneter des Heimatblocks, zuletzt Klubobmann; 1933 von Dollfuß als Staatssekretär in die Regierung berufen, zunächst um die Verwirklichung der Idee des Ständestaates bemüht, daher Nazigegner; mißglückte Intervention zur Beendigung der Besetzung des Kanzleramtes am 25. Juli 1934; Konflikte mit Fey und Starhemberg; 1934/35 im Kabinett Schuschnigg I, nach Gesandtentätigkeit von Schuschnigg in dessen Kabinett IV berufen, aber nach Abschwenken zur nationalsozialistischen Opposition entlassen; 1937 zusammen mit Glaise-Horstenau führend bei Gründung des Deutsch-sozialen Volksbundes, schickte er einen Nationalsozialisten als Interessenvertreter in Siebener-Ausschuß; entging Anfang 1938 knapp einer Festnahme; beging nach dem Anschluß aus verschiedenen Motiven Selbstmord.

Olah, Franz (geb. 1910), bis 1934 Funktionär der Gewerkschaftsjugend; während des Schutzbundaufstandes so wie Kreisky Meldegänger, Mitglied des ZK der Revolutionären Sozialisten, 1934–1945 mehrfach in Haft und KZ; 1945–1973 führend im Gewerkschaftsbund, zuletzt dessen Präsident, 1963/64 Innenminister in den Kabinetten Gorbach II und Klaus I; im Konflikt aus der SPÖ geschieden.

Papen, Franz von (1879–1969), preußischer Berufsoffizier, Generalstab, als Militärattaché in Washington 1915 der Sabotage und Spionage beschuldigt und ausgewiesen; nachher an der Front in Frankreich, zuletzt in Palästina eingesetzt; 1920 Mitglied der katholischen Zentrumspartei, bis 1932 Reichstagsabgeordneter; maßgebend beteiligt am Sturz der Regierung seines Parteifreundes Brüning, dessen Nachfolger als Reichskanzler; seither parteilos, nach Demission Ende 1932 beteiligt am Sturz seines Nachfolgers Schleicher; unter Hitler Vizekanzler; nach mehreren nicht ungefährlichen Schwenkungen am 28. Juli 1934 noch von Hindenburg zum Gesandten in Wien ernannt; auch hier geschickt im Ausmanövrieren seiner Gegner in der österreichischen Regierung; lockte Schuschnigg im Februar 1938 nach Berchtesgaden; bis zum Anschluß im März 1938 wiederholt zwischen Wien und Berlin unterwegs; mißachtet von den alten Kämpfern in der NSDAP, blieb er für Hitler bis 1945 unentbehrlich, so als Botschafter in Ankara; 1945 von US-Truppen gefangengenommen, in Nürnberg 1946 freigesprochen, jedoch von Spruchkammer in Westdeutschland zu acht Jahren Arbeitslager verurteilt; 1949 entlassen, führte er Prozeß um Zuerkennung seiner Majorspension, die ihm erst 1968 endgültig abgesprochen wurde. Seine Memoiren »Der Wahrheit eine Gasse« verdecken meisterlich die Tätigkeit eines begabten Politikers, der seine Meisterschaft im Intrigieren und Finassieren oftmals beweisen konnte. Sein Beitrag zum Anschluß Österreichs blieb nach 1945 ohne Folgen.

Pembaur, Walter (1886 – um 1950), großdeutscher Politiker in Tirol; lehnte 1933 nach Wahlsieg der NSDAP bei der Gemeinderatswahl in Innsbruck das ihm angebotene Amt des Bürgermeisters wegen des zugleich geforderten Beitritts zur NSDAP ab; im Sommer 1937 von Guido Zernatto dem Frontführer als Volkspolitischer Referent in der Bundesführung der VF vorgeschlagen und ernannt; sein Beitrag zur Befriedungsaktion Schuschniggs scheiterte nicht zuletzt daran, daß ihn die Illegalen ausnützten, bei wichtigen Maßnahmen aber umgingen.

Pernter, Hans (1887–1951), studierte Meteorologie; im Krieg Ballonbeobachter, nachher im Unterrichtsministerium Präsidialist, Leiter der Bundestheaterverwaltung, Sektionschef, Staatssekretär für Unterricht im Kabinett Schuschnigg I, nachher bis zum Anschluß Minister; enger Vertrauter des Kanzlers, auch dessen Stellvertreter in Ostmärkischen Sturmscharen; nach 1938 drei Jahre KZ; 1945 Mitbegründer und erster Parteiobmann der ÖVP, zuletzt Abgeordneter zum Nationalrat und Leiter der Kunstsektion im Unterrichtsministerium.

Planetta, Otto (1899–1934), 1916 freiwillig eingerückt, nach 1918 in Volkswehr, dann Gendarmerie, zuletzt Stabswachtmeister im Bundesheer, 1929 NSDAP, zusammen mit Fridolin Glass und Franz Holzweber an der Spitze des Deutschen (nationalsozialistischen) Soldatenbundes im Heer, Bruder Offizier im Bundesheer, Schwester mit CVer verheiratet, als Arbeitsloser führend bei Aufstellung und Einsatz der SS-Standarte 89, am 25. Juli 1934 tödliches Attentat auf Dollfuß, am 31. Juli abgeurteilt und gehenkt.

Plöchl, Willibald (1906–1972), als Sohn eines prominenten Mitglieds einer Verbindung des CV nach 1918 demonstrativ nicht dieser Verbindung beigetreten, nachdem er daran war, die erste katholische (kaisertreue) Landsmannschaft zu gründen; 1938 im Endkampf um Österreich als erfolgreicher Redner in Massenkundgebungen jener Österreicher prominent geworden, die angesichts der drohenden Machtergreifung der Nationalsozialisten letzten Widerstand durch Wiedererrichtung der Monarchie leisten wollten (gleichzeitiger Briefwechsel Otto Habsburg-Lothringens mit Schuschnigg); seit 1938 im Exil, zog er zuletzt akademische Laufbahn politischer Betätigung vor; nach 1945 Universitätsprofessor und in wissenschaftlichen Kontakten mit der Ostkirche sowie im katholischen Vereinsleben tätig.

Preziosi, Gabriele (1884–?), seit 1908 im diplomatischen Dienst des Königreichs Italien (Rom, St. Petersburg, London, Prag, Bukarest), als Kenner der mitteleuropäischen Verhältnisse vom Duce geschätzt; 1934–1936 Gesandter in Wien, nach Abkühlung der Beziehungen des Duce zu Wien nach Belgien versetzt, zuletzt Gesandter in Buenos Aires, wahrscheinlich dort gestorben.

Proksch, Alfred (1891–1981), Eisenbahnangestellter, früher Parteigänger der NSDAP in Österreich, 1928–1931 stellvertretender, 1931–1933 verantwortlicher Landesleiter, 1933 Flucht ins Dritte Reich, 1936 Reichstagsabgeordneter, zuletzt Präsident des Landesarbeitsamtes für Wien, Niederdonau und Oberdonau; einer der nach dem Anschluß enttäuschten Ostmärker.

Proksch, Anton (1897–1975), Buchdruckergehilfe, im Krieg ausgezeichneter Zugsführer in RegTelAbt, 1924–1934 Gewerkschaftsfunktionär, nach 1934 bei Revolutionären Sozialisten (Sozialistenprozeß 1935!), 1945–1966 Abgeordneter zum Nationalrat, 1948 Generalsekretär des ÖGB, 1956–1966 Sozialminister.

Quisling, Vidkun (1887–1945), lernte als Mitarbeiter Fritjof Nansens nach dem Ersten Weltkrieg bei den Hilfsaktionen für Rußland die Ausrottungsmethoden im Klassenkampf der Ära Lenin – Trotzki kennen; seitdem militanter Antikommunist; 1931–1933 am Ende der nichtsozialistischen Ära Norwegens Verteidigungsminister; 1933 Gründung der faschistischen »Nasjonal Samling«, versuchte zugleich Anlehnung an Hitler, was aber zuletzt zu schweren Mißverständnissen führte; warnte Ende 1939 Hitler vor bevorstehendem Überfall Englands auf die skandinavische Halbinsel; nach der Eroberung Norwegens durch die deutsche Wehrmacht Chef einer bald entmachteten Regierung; nach 1945 wegen Hoch- und Landesverrats zum Tod verurteilt und hingerichtet; »Quisling« wurde Synonym für Kollaborateure nationalsozialistischer Besatzungsregime in Europa (so in Holland Mussert, in Belgien Degrelle).

Raab, Julius (1891–1964), Studium an Technischer Hochschule Wien, CV-Norica, 1914–1918 Fronteinsatz als ausgezeichneter Sappeuroffizier, nachher als Unternehmer im Baugewerbe tätig; 1927–1934 christlichsozialer Abgeordneter zum Nationalrat, bis 1932 führend in HW tätig, nachher Aufbau eines Gewerbebundes; 1938 Handelsminister im letzten Kabinett Schuschnigg; 1945–1961 Nationalratsabgeordneter der ÖVP, als Staatssekretär der Provisorischen Staatsregierung Renner auf Weisung des sowjetischen Besatzungselements ausgeschieden, 1945–1953 Klubobmann der ÖVP-Parlamentsfraktion, hiebei erfolgreiche Partnerschaft mit Bruno Pittermann (Klubobmann der SPÖ-Fraktion); 1953–1961 Parteiobmann und Bundeskanzler; 1945 Gründer und bis 1963 Präsident des Österreichischen Wirtschaftsbundes, zusammen mit Gewerkschaftsbundpräsident Anton Böhm schuf er als Präsident der Bundeswirtschaftskammer die »Sozialpartnerschaft«; seit 1955 als Staatsvertragskanzler historische Bedeutung vollendet.

Rainer, Friedl (1903–1947), 1918/19 Teilnahme am Kärntner Abwehrkampf gegen Jugoslawien, Studium in Graz, Burschenschaft Ostmark, Notar; seit 1923 in NSDAP, 1933 SS, unter Hauptmann Leopold in Landesleitung Österreich; im Umbruch 1938 einer der Macher aus der jüngeren Führungsgeneration, 1938 Gauleiter von Salzburg, Reichstagsabgeordneter, 1941 Gauleiter von Kärnten, 1943 Chef der Zivilverwaltung im besetzten Krain und Küstenland, 1947 in Jugoslawien abgeurteilt und hingerichtet.

Rauter, Hanns (1895–1949), im Krieg Offizier bei Kaiserjägern, Studium an Technischer Hochschule Graz, Corpsier, seit 1919 in Selbstschutzverbänden gegen radikale Linke tätig; schuf den Gesamtverband aller HW-Formationen in der Steiermark und Österreich (Stabsleiter); lehnte Pfrimer-Putsch 1931 ab; organisierte ab 1932 Schwenkung des Steirischen Heimatschutzes zur Hitlerbewegung; während der Verbotszeit im Dritten Reich um geflüchtete Nationalsozialisten bemüht, lenkte zum Teil Juliputsch 1934 in Kärnten von Bayern aus; 1940 als hoher SS- und Polizeiführer zum Stab des Reichskommissars Seyß in die Niederlande abgeordnet;

brachte über diesen und sich selbst das Verhängnis des Jahres 1945 durch Serien brutaler Verfolgungen von Gegnern der Besatzungsmacht, die im Land unvergessen sind; 1949 abgeurteilt und erschossen.

Reinthaller, Anton (1895–1958), Diplomingenieur, Bauernführer in der großdeutschen und nationalsozialistischen Partei, versuchte nach dem Juliputsch 1934 mit der »Nationalen Aktion« (auch Aktion Reinthaller) illegaler NS-Bewegung in Österreich wieder mehr Betätigungsmöglichkeit zu verschaffen; einschlägige Verhandlungen mit Regierungsstellen scheiterten 1936; 1938 Landwirtschaftsminister im Kabinett Seyß, Reichstagsabgeordneter, dann in Berlin Unterstaatssekretär im Fachministerium, zuletzt Landesbauernführer in Niederdonau; nach 1945 in Haft. Unterstützte zusammen mit Julius Raab 1957 die Kandidatur des parteiunabhängigen Professors Wolfgang Denk bei der Wahl des Bundespräsidenten; nach Scheitern dieses einmaligen Zusammengehens von FPÖ mit ÖVP aus der Tagespolitik ausgeschieden.

Reither, Josef (1880–1950), letzter Reichsbauernführer, 1931–1938 mit Unterbrechung Landeshauptmann von Niederösterreich, bis knapp vor Ausbruch der Februarkämpfe 1934 bemüht, militärischen Konflikt im Bürgerkrieg zu verhindern, 1934/35 Landwirtschaftsminister; 1938 KZ, 1944 von Verschwörern vom 20. Juli ohne sein Wissen zusammen mit Karl Seitz als Zivilbevollmächtigter in Österreich ausersehen, daher neuerlich in Haft; 1945–1949 wieder Landeshauptmann von Niederösterreich.

Rendulic, Lothar (1887–1967), Berufsoffizier in k. u. k. Armee, nach 1918 im Bundesheer; 1932 Mitglied der NSDAP, in Unkenntnis dessen von Dollfuß als Militärattaché nach Paris entsandt (sprach schon im Jänner 1934 mit ungarischem Militärattaché von wahrscheinlicher Ermordung Dollfuß'); 1936 nach Aufdeckung der Mitgliedschaft bei der NSDAP abberufen und in den zeitlichen Ruhestand versetzt; nach 1938 steile Karriere in deutscher Wehrmacht, zuletzt Generaloberst; 1945 in amerikanischer Kriegsgefangenschaft, nachher Anklage in Nürnberg wegen Kriegsverbrechen und zu 20 Jahren Gefängnis verurteilt; 1951 aus der Haft entlassen. Haft und lange gerichtliche Prozedur verhinderten die von Norwegen und Jugoslawien verlangte Auslieferung, die amerikanischerseits nicht gewollt war.

Renner, Karl (1870–1950), 1907–1918 Reichratsabgeordneter der deutschen SDAP, auch k. k. Direktor der Bibliothek des Reichsrates und im Krieg Direktor im Ernährungsamt der Regierung; 1918 und 1945 Staatskanzler bei Gründung der Ersten und der Zweiten Republik; löste durch seinen aus parteitaktischen Gründen erfolgten Rücktritt als Erster Präsident des Nationalrates und Verhandlungsleiter sogenannte Selbstausschaltung des Nationalrates aus; nach Februarkämpfen in Untersuchungshaft, aber keine Anklageerhebung; lehnte Beteiligung am Kampf der Revolutionären Sozialisten ab; konsequenter Verfechter der Anschlußidee seit 1918, so auch 1938 bei Volksabstimmung nach bereits vollzogenem Anschluß; fast ununterbrochen Vertreter einer Koalition der beiden großen Parteien in Österreich, so auch nach 1945 der Koalition ÖVP – SPÖ; 1945–1950 Bundespräsident.

Reschny, Hermann (1898–1971), 1916–1919 Offizier, Gewerbeschullehrer, alter Kämpfer der NSDAP, 1932 Abgeordneter zum niederösterreichischen Landtag und von diesem in den Bundesrat entsandt; nur am Rand an gewissen Vorbereitungen zum Juliputsch 1934 beteiligt; rechtzeitige Flucht nach München; 1936 Reichstagsabgeordneter, höherer SA-Führer; nach 1938 zuletzt Führer der SA-Gruppe Donau in Wien; mit Kriegsbeginn Hauptmann in deutscher Wehrmacht, 1944/45 im Wehrkreiskommando XVII; 1948 zu 16 Jahren Haft verurteilt, 1957 Haftentlassung.

Revertera, Peter (Graf) (1893–1966), im Ersten Weltkrieg in militärischer und diplomatischer Verwendung; an der Seite Starhembergs am Aufbau der HW beteiligt; ab 1932 wachsender Einfluß auf Landes- und Bundespolitik; 1934–1938 Sicherheitsdirektor von Oberösterreich, wichtiger Verhandlungspartner in Gesprächen mit Reinthaller und Langoth (Aktion Reinthaller versackte 1936), Ende 1937 von Göring in Vieraugengespräch über die Absicht eines Anschlusses Österreichs an das Dritte Reich ins Bild gesetzt; nach 1945 »Gespräch der Feinde« von 1934 (zusammen mit Julius Deutsch); verteidigte FPÖ gegen ÖVP in der Ära Raab.

Rintelen, Anton (1876–1946), Jurist, als Universitätsprofessor zuletzt in Graz, gehörte zur letzten Prominenz der Christlichsozialen Partei (König Anton von Steiermark), Gegner von Seipel und Dollfuß, Ehrenmitglied aller in der Steiermark bestehenden Verbindungen des CV; deckte 1931 den fatalen Pfrimer-Putsch, 1932/33 Unterrichtsminister unter Dollfuß, nachher in wachsender Opposition zum Kanzler; von Dollfuß als Gesandter nach Rom abgeschoben; versuchte von dort aus mit Hilfe illegaler Nationalsozialisten neuerlich in Wien an die Spitze zu kommen; erwarteter Sturz der Regierung am 25. Juli 1934 blieb aus; Selbstmordversuch; lebenslange Kerkerhaft; nach dem 12. Februar 1938 enthaftet; 1938 Reichstagsabgeordneter; Pensionsansuchen nach 1945 kam wegen vorzeitigem Tod nicht zur Erledigung.

Röhm, Ernst (1887–1934), im Krieg ausgezeichneter Berufsoffizier der bayerischen Armee, nach 1918 in der Reichswehr, am 9. November 1923 an der Seite Hitlers, nach Verbot der NSDAP Tätigkeit in verschiedenen nationalen Formationen, Typus des »politischen Soldaten«; 1929/30 Instruktor in Bolivien; nach Rückkehr in wachsender gefährlicher Konkurrenz mit Göring und dem ihm noch unterstehenden Führer der SS, Heinrich Himmler; sogenannter Röhm-Putsch vom 30. Juni 1934 war kein Aufstand gegen Hitler, sondern Absicht, die unfertige Machtübernahme vom 30. Jänner 1933 nach den Ideen eines Sozialismus auf nationaler Grundlage und einer politisch von der SA getragenen Armee zu vollenden; auf Befehl Hitlers erschossen, zugleich mit ihm alle jene Gegner Hitlers und seiner damaligen Führungsclique, deren Liquidierung nach 1933 zunächst versäumt worden war.

Roosevelt, Franklin D. (1882–1945), 1913 von Wilson als Unterstaatssekretär für die Marine berufen, 1919 im Gefolge Wilsons in Versailles; errang auf dem Höhepunkt der 1929 ausgebrochenen Weltwirtschaftskrise so wie Hitler die Macht im Staate, die er ohne viel Rücksichtnahme auf die Gesetzeslage für seine später vom Obersten Gerichtshof aufgehobenen Notstandsmaßnahmen ausnützte; stieß in Ostasien mit dem Machtanspruch Japans, in Europa mit jenem Hitlers zusammen, womit die USA in Machtkämpfe in Übersee und in den Zweiten Weltkrieg verwickelt wurden. Seine kurzsichtige Bündnispolitik mit Stalin führte 1945 zur »zweigeteilten Welt«; die von ihm verlangten Atombomben, deren Abwurf deutschen Städten zugedacht war, fielen nach dem Kriegsende in Europa auf japanische Städte.

Rotter, Konrad (1886–1936), nach langjährigem Dienst in der Wiener Sicherheitswache von Steinhäusl ins Kriminalbeamtenkorps übernommen, zuletzt Kriminal-Bezirksinspektor; im Dienst wie seit 1926 in der NSDAP außergewöhnlich bewährt; Amtsträger der Partei, zielstrebig bei Auswahl des Kaders für den Überfall auf das Bundeskanzleramt am 25. Juli 1934; 1932 Wahl in den Wiener Gemeinderat (zugleich Landtag), Mandantsverlust nach Verbot der Betätigung für NSDAP (Juni 1933); suchte vergebens Ordnung in den Wirrwarr der Vorbereitung des Juliputsches in Wien zu bringen; am 25. Juli wegen Versagens der militärischen Führung des Überfallkommandos (Glass) persönlich nicht zum Kampfeinsatz gekommen; gelangte via ČSR (dort nahe Familienangehörige) am 2. August nach Berlin; im »Flüchtlingshilfswerk« der NSDAP betreut, jedoch zur Vermeidung einer Bloßstellung der Zentralen von Staat und Partei im Dritten Reich in Reserve gehalten; gestorben in Berlin, in München begraben.

Salazar, Antonio de Oliveira (1889–1970), Professor für Volkswirtschaftslehre an der Universität Coimbra; wurde nach Serien von Umsturzhandlungen und Regierungswechseln 1932 Ministerpräsident; schuf bis zu seinem Tod Stabilität und einigen Wohlstand im Land, was nach dem Militärputsch der Linken von 1974 und dessen Folgen weitgehend zunichte gemacht wurde; verzichtete auf die Säbelherrschaft der Militärs. Während des Zweiten Weltkrieges war Portugal letzter Zufluchtsort für europäische Juden vor ihrer Flucht nach Übersee. Die von Salazar hinterlassene Ordnung war daher nach 1945 entbehrlich und wurde mit Hilfe portugiesischer NATO-Offiziere gestürzt, der Rest der Kolonien des Landes dem Kommunismus ausgeliefert.

Schärf, Adolf (1890–1965), Jusstudium in Wien, im Krieg Offizier, bei Kriegsende beamteter Mitarbeiter in der Parlamentsfraktion der deutschen SDAP; in der Kampfabstimmung zum Sturz der Regierung Dollfuß am 4. März 1933 im Nationalrat übernahm er widerstrebend den Auftrag, dem Ersten Präsidenten Karl Renner (der die Verhandlungen im Plenum leitete) den Auftrag einer Rumpfparteiexekutive seiner Partei zu überbringen, aus parteitaktischen Gründen seine Funktion niederzulegen, um als stimmberechtigtes Fraktionsmitglied der Opposition (SDAPÖ und Großdeutsche) zur Mehrheit zu verhelfen; 1933/34 Bundesrat; 1945–1957 Vorsitzender der SPÖ und Vizekanzler der Ära Figl – Raab; 1957–1965 Bundespräsident; Schärf war für die Aufrechterhaltung der nach 1945 entstandenen großen Koalition ÖVP – SPÖ sowie eine Einigung im Sachlichen innerhalb der Koalition.

Scharitzer, Karl, alter Kämpfer der NSDAP; nach 1938 auch stellvertretender Gauleiter in Wien, holte nach dem Abgang des Bürgermeisters Neubacher 1940 aus Hessen den dortigen Regierungspräsidenten Philipp W. Jung nach Wien (zuerst kommissarischer, dann amtierender Bürgermeister); zu seiner Zeit wurde nach Abgang des zuletzt wenig geschätzten Gauleiters Bürckel ein Teil des Wiener Rings nach diesem Reichskommissar aus 1938 (der nachher dieses Amt in Lothringen besorgte) benannt.

Schattenfroh, Franz (1898–1974), 1916 als Kavallerieoffizier ausgemustert, Volkswehr, als Titularrittmeister ausgeschieden, Diplomkaufmann, Journalist und Schriftsteller, seit 1925 im nationalsozialistischen Pressewesen tätig, 1927 Chefredakteur der »Deutschösterreichischen Tageszeitung«, 1932 Gemeinderat in Wien, als Bundesrat entsandt, 1934–1938 Landesleiterstellvertreter, 1938 zusammen mit Hauptmann Leopold kaltgestellt.

Schilhawsky, Sigismund (1881–1949), im Krieg zuletzt Korps-Generalstabschef, nach 1918 im Bundesheer, von Vaugoin ins Heeresministerium berufen, seit 1932 Heeresinspektor und General der Infanterie; lehnte am 11. März 1938 die Übernahme der Kanzlerschaft nach Schuschnigg wegen Inkompetenz in politischen Dingen und aus gesundheitlichen Gründen (?) ab.

Schlegel, Josef (1869–1955), erlebte als Jusstudent in Wien und Senior der »Norica« die Angriffe der deutsch-freisinnigen Studenten und Professoren gegen die Katholen; 1901–1918 Mandatar der Christlichsozialen Partei im Reichsrat, seit 1903 auch im oberösterreichischen Landtag, 1909 Mitglied des Landesausschusses (nachher Landesregierung), 1919–1927 Landeshauptmannstellvertreter, bis 1934 Landeshauptmann; unter der Pression der HW zurückgetreten; vertrat die Konsenspolitik seines Vorgängers Prälat Johann Hauser; 1947–1953 Präsident des Bundesrechnungshofes.

Schmidt, Guido (1901–1957), Jurist, galt als begabter und ambitionierter junger Beamter, zuletzt in der Kabinettskanzlei Miklas'; längst in guten Verbindungen mit von Papen, wurde er 1936 als Nachfolger des Papen-Gegners Berger-Waldenegg in die Regierung berufen; als konsequenter Vertreter des mit dem Juliabkommen 1936 eingeschlagenen Kurses einer Normalisierung der Beziehungen zur Regierung des Dritten Reiches (unter Ausklammerung der Belange der NSDAP in Österreich) loyaler Mitarbeiter Schuschniggs als Außenminister; nach 1945 des Hochverrats beschuldigt, wurde er freigesprochen; eine Wiederaufnahme in den ÖCV erfolgte trotz Intervention Friedrich Funders nicht.

Schmitz, Richard (1885–1954), Offizier im Krieg, nach Heimkehr Fortsetzung der Mitarbeit in der Christlichsozialen Partei, 1919 als Gemeinderat in Wien; 1920–1934 Nationalratsabgeordneter, 1922–1924 und 1933/34 Sozialminister, 1926–1929 Unterrichtsminister (erreichte trotz der Zerwürfnisse nach dem 15. Juli 1927 im Kompromiß mit sozialdemokratischer Opposition die erste größere Teilreform der Schulorganisation: vierjährige Volksschule, vierjährige Hauptschule, erleichterter Übertritt von der Hauptschule in die Oberstufe, sohin Erfüllung der seit der Französischen Revolution von der Linken geforderten Struktur des Schulwesens), 1930 Vizekanzler unter Vaugoin und Sozialminister, 1934 Bundesminister ohne Geschäftsbereich, nach den Februarkämpfen Bundeskommissär, dann Bürgermeister von Wien; 1938 wegen seines angeblichen Versuches, zusammen mit Kommunisten einen Aufruhr gegen den bevorstehenden Anschluß organisiert zu haben, sowie wegen seines »penetranten« Katholizismus im KZ (bis 1945); nach 1945, so wie die meisten »Systempolitiker«, nicht mehr als Parteipolitiker tätig.

Schönburg-Hartenstein, Alois (Fürst) (1858–1944), erfolgreicher Truppenführer im Krieg, 1933/34 Staatssekretär, dann Bundesminister im Heeresministerium, suchte während der Februarkämpfe 1934 in Wien durch persönliches Dazwischentreten blutigen Auseinandersetzungen ein Ende zu bereiten; vertrat die österreichische Regierung im August 1934 bei den Trauerfeierlichkeiten für Hindenburg (letztmalig) in der Uniform eines k. u. k. Generalobersten.

Schuschnigg, Kurt (von) (1897–1977), als Artillerieoffizier seit 1918 in italienischer Kriegsgefangenschaft; Jusstudium in Innsbruck, Senior der dortigen »Austria«, Rechtsanwalt; 1927 als Christlichsozialer jüngster Abgeordneter zum Nationalrat, 1929 im Verfassungsausschuß bei Verfassungsreform hervorgetreten; nach 1930 Gründer und späterer Reichsführer der Ostmärkischen Sturmscharen, die im Verlauf der Bürgerkriegsära zum Wehrverband wurden; 1932–1934 Justizminister, ab 1933 auch Unterrichtsminister (finalisierte die unter Bundeskanzler Schober begonnenen Konkordatsverhandlungen mit dem Vatikan); nach der Ermordung Dollfuß' gemäß dessen Wunsch Kanzler; konsequent geübte Befriedungspolitik gegenüber illegalen Sozialisten und Nationalsozialisten vertiefte vielfach begründeten Konflikt mit Starhemberg; 1936 Bruch mit Starhemberg; Juliabkommen mit Berlin; bis zuletzt ehrlich um Befriedung im Lande bemüht, erlag seine Politik der von Hitler nach Berchtesgaden 1938 ausgeübten Vis absoluta; seit der Nacht zum 12. März als gewesener Regierungschef in Haft, erlebte er erst im Zusammenbruch des Dritten Reiches den Anfang seiner Befreiung aus der Haft; zunächst in Gewahrsam der U.S. Army in Italien (das war, als auch in der US-Zone Österreichs gewisse Systempolitiker in Haft genommen wurden); Offizierskamerad in Innsbruck verhalf Schuschnigg schließlich zu Professur in St. Louis; nach Beendigung seiner dortigen Lehrtätigkeit Rückkehr nach Tirol, wo er 1977 verstarb und unter Teilnahme nur der Politiker des Landes begraben wurde.

Seidl, Georg (1896–1968), studierte Geschichte, übernahm nach dem Tod des älteren Bruders die väterliche Landwirtschaft; hochdekorierter Frontoffizier (Goldene und Silberne Tapferkeitsmedaille für Offiziere), Nationalratsabgeordneter in Erster und Zweiter Republik, Bundeswirtschaftsrat 1934–1938; alarmierte am Nachmittag des 25. Juli 1934 die HW des Weinviertels und trug damit wesentlich zur Pazifizierung der Verhältnisse in Niederösterreich bei (als HW-Führer der Richtung Raab zugehörig).

Seitz, Karl (1869–1950), als Sozialdemokrat in der Ära Lueger vom Schuldienst ausgeschlossen; 1901–1918 Reichsratsabgeordneter; zusammen mit dem Parteivorsitzenden Victor Adler erteilte er im November in Schönbrunn die endgültige Absage der deutschen SDAP auf die Bitte des Monarchen um Mithilfe dieser Partei bei rascher Beendigung der Kampfhandlungen; 1918/19 Mitglied und Präsident der Provisorischen Nationalversammlung, nachher auch der Konstituierenden Nationalversammlung; Nationalratsabgeordneter und 1920–1923 Zweiter Präsident; 1923–1934 Bürgermeister von Wien; seine Beteiligung am Geschehen des 12. Februar 1934 (Alarm für Ausrufung des Generalstreiks durch Schutzbündler in den Wiener städtischen Betrieben und Bewaffnung des Schutzbundes) wurde weder während der folgenden mehrmonatigen Untersuchungshaft noch nachher restlos geklärt; 1934 in Freiheit gesetzt, erfreute er sich vor und nach 1938 des Ansehens in der Öffentlichkeit; so wie Karl Renner hat auch Karl Seitz in konsequenter Fortsetzung ihrer seit 1918 auf den Anschluß gerichteten Staatspolitik sein Ja zu der als nachträgliche Bestätigung des vollzogenen Anschlusses hochstilisierten Volksabstimmung vom 10. April 1938 ausgesprochen; nach dem Anschlag auf Hitler (20. Juli 1944) wurde der ihm unbekannt gebliebene Plan entdeckt, Karl Seitz zusammen mit Josef Reither nach dem Tod Hitlers an die Spitze einer Zivilverwaltung in Österreich zu berufen, daher Haft und ungewisses Schicksal in der Zeit des Zusammenbruchs von 1945; im Herbst 1945 Alterspräsident der ersten Sitzung des neugewählten Nationalrates; Seitz blieb als Bürgermeister des Roten Wien der Zwischenkriegszeit Symbolfigur dieser Erfolgsära.

Selinger, Rudolf (1890–1960), 1911–1934 Offizier; 1932 als Instruktions-offizier der nach dem 15. Juli 1927 organisierten Alarmabteilung der Wiener Sicherheitswache zugeteilt; 1933 Beitritt zur NSDAP, 1933/34 nur an Putschvorbereitungen beteiligt, nach Juliputsch verhaftet, im August 1934 aus dem Bundesheer entlassen, 1935 zu lebenslänglichem schwerem Kerker verurteilt; am 12. März 1938 als Oberst reaktiviert, Übernahme in deutsche Wehrmacht; nach 1945 mehrmals in Haft.

Seydel, Eugen (1879-?), Jusstudium, 1902 Konzeptspraktikant, 1917 Ministerialsekretär, 1923 Ministerialrat, als solcher zuletzt im Bundeskanzleramt zuständig für Beamtenangelegenheiten und Dienstrecht; Oktober 1932 mit der Funktion eines Polizeivizepräsidenten für Wien betraut, Dezember 1932 zum Polizeivizepräsideten, März 1933 zum Polizeipräsidenten ernannt, Juni 1933 zum Sicherheitsdirektor, am 10. Februar 1934 auch zum Sicherheitskommandanten für Wien bestellt; Ende September 1934 pensioniert, wohl infolge seines laschen Verhaltens am 25. Juli; blieb nach dem Anschluß ungeschoren.

Seyß-Inquart, Arthur (1892–1946), im Krieg Kaiserjägeroffizier und schwer verwundet; Jusstudium in Wien, nachher Rechtsanwalt; ohne Betätigung in der Parteipolitik engagierte Teilnahme an unterschiedlichen Organisationen, welche in den zwanziger Jahren bestandene Anschlußidee von 1918 wachhalten und zur Verwirklichung bringen sollten; seit 1931 Sympathisant, aber nicht Mitglied der NSDAP; Schlüsselfigur in der von Schuschnigg betriebenen Befriedungspolitik mittels Heranziehung von »Nationalen« und »betont Nationalen«; im Zuge dessen nach dem Juliabkommen 1936 von Miklas in den Staatsrat berufen; nach Gewaltandrohung Hitlers beim Besuch Schuschniggs in Berchtesgaden (12. Februar 1938) als Minister für innere Verwaltung und Sicherheitswesen in die Bundesregierung berufen; verhängte zur Beruhigung im Land (?) allgemeines Versammlungsverbot, bereiste aber selbst die wichtigsten Landeshauptstädte, wo er in Massenversammlungen zu den Illegalen sprach und damit bei diesen den sicheren Eindruck erweckte, daß dieser Sicherheitsminister nicht – wie 1934 – die Exekutive einsetzen wird, wenn die Nationalsozialisten erneut nach der Macht im Staate greifen. Das war die Wende, es folgte das unbehinderte Auftreten der Nationalsozialisten in der Öffentlichkeit (Hakenkreuzfahnen und -abzeichen, Aufmärsche usw.). Als Schuschnigg angesichts dieser Entwicklung am 9. März 1938 eine Volksabstimmung zugunsten des in der Verfassung 1934 definierten selbständigen Österreich ankündigte, brach der Aufruhr im Land los; am 11. März erzwang Hermann Göring mit Wissen Hitlers in Serien von Telefonanrufen in Wien den Rücktritt Schuschniggs und zuletzt die Betrauung Seyß' mit der Bildung einer neuen Regierung; das Rumpfkabinett des neuen Regimes beschloß am 13. März 1938 auf Grund eines in Berlin genehmgehaltenen Textes auf Grund der Dollfuß-Verfassung 1934 ein Anschlußgesetz, das dem Staat von 1918 ein Ende bereitete; Seyß selbst war nicht von Anfang an für diesen staatlichen Anschluß, sondern für die Gleichschaltung eines selbständigen Österreich mit dem Dritten Reich; auf alle Fälle hat er nicht, wie nachher behauptet, die Entsendung deutscher Truppen zur Herstellung von Ruhe und Ordnung in Österreich erbeten; 1938/39 Reichsstatthalter in Wien; die Aburteilung und Hinrichtung Seyß' in Nürnberg 1946 hatte mit seiner Tätigkeit 1934–1938 in Österreich nichts zu tun; sie war Folge seiner späteren Berufung zum Reichskommissar im eroberten Polen und im besetzten Holland und der dortigen wilden Kämpfe der Widerstandsbewegungen mit dem Besatzungsregime.

Sinzinger, Adolf (1891–1974), seit 1910 in k. u. k. Armee, 1918 Hauptmann, nachher Volkswehr und Bundesheer, seit 1924 in NSDAP, 1933 von Glass als möglicher Mittäter bei Anschlag auf Bundeskanzleramt genannt, in deutscher Wehrmacht zuletzt Generalleutnant, 1944 Kommandant von Wien.

Skubl, Michael (1877–1964), als Student in Wien aktiv in einer Waffenverbindung; Konzeptsbeamter der Wiener Sicherheitswache unter Schober, nach dem 25. Juli 1934 Polizeipräsident von Wien; seit 1937 und im letzten Kabinett Schuschnigg Staatssekretär für Sicherheitswesen, als solcher in die Regierung Seyß übernommen, aber auf Verlangen Kaltenbrunners kurz danach aus der Regierung entfernt und mit Gauverbot belegt.

Spann, Othmar (1878–1950), vor 1918 Privatdozent in Brünn, in Wien 1919–1938 Professor für Gesellschaftslehre und Nationalökonomie; die große Wirksamkeit seiner Vorlesungstätigkeit nahm ab, als in den dreißiger Jahren sowohl Sozialisten als auch Nationalsozialisten seine Vorlesungen mieden; die Strahlungskraft des »Spann-Seminars« blieb, sie richtete sich nicht zuletzt gegen die österreichische Version des Ständestaates; Spann begrüßte im März 1938 den vollzogenen Anschluß, wurde aber sofort in Haft genommen und qualvollen Verhören unterzogen; faktisch einer der »Geschädigten«, wurde diese Tatsache in der Zweiten Republik nicht anerkannt, er blieb vom Lehramt ausgeschlossen und kämpfte die längste Zeit vergebens um den ihm zustehenden Ruhebezug.

Srbik, Heinrich (Ritter von) (1878–1951), Historiker, bedeutendster Vertreter einer gesamtdeutschen Geschichtsauffassung, 1912 Universitätsprofessor in Graz, ab 1922 in Wien; gab 1936 gemeinsam mit dem Literarhistoriker Josef Nadler (1884–1963) den Sammelband »Österreich, Erbe und Sendung im deutschen Raum« heraus; Werk reflektierte durch wissenschaftliche Qualität und gediegene Stoffauswahl trefflich auf ziemlich viele in der Zeit der Anschlußbewegung der zwanziger Jahre engagierten Kreise und war so auch für die im Untergrund kämpfenden Nationalsozialisten nützlich; obwohl beide Herausgeber nach Herkunft und Anschauung andere Ziele im Auge hatten als Hitler, kamen sie selbst in den stärkeren Sog der Hitlerbewegung und damit in unverdient harte Diskriminierung nach

1945; Srbik 1938 Reichstagsabgeordneter, Präsident der vormals österreichischen Akademie der Wissenschaften; bis zuletzt stets bemüht, echte österreichische Substanz nicht in der Gleichschalterei zugrunde gehen zu lassen.

Stalin, Josef (1879–1953), aus dem orthodoxen Priesterseminar unter nie ganz geklärten Umständen entlassen, nahm er sofort politischen Kampf in der damaligen Sozialdemokratischen Arbeiterpartei Rußlands (SDAPR) auf, 1903 Bolschewik; als Nachfolger Lenins steigerte er die massenhafte Ausrottung des Klassenfeindes, die unter Lenin und Trotzki organisiert worden war, in der blutigen Ära des Stalinismus zum größten Massenmord der Weltgeschichte; 1939 führte sein Bündnis mit Hitler zum Ausbruch des Zweiten Weltkrieges, was vielfach vergessen gemacht wurde; als »Uncle Joe« in den USA verharmlost, wurde er 1941 Verbündeter der Westalliierten; im Februar 1945 überrannte er den sterbenskrank nach Jalta gekommenen Roosevelt mit seinen fertigen Plänen, die nicht nur auf die Vernichtung des Hitlerismus, sondern des »Kapitalismus« in aller Welt abzielten. In seiner Zeit verzögerte er konsequent den fälligen Abschluß des Staatsvertrags der Siegermächte mit Österreich, um sich in der Zeit des kalten Krieges die strategisch und politisch wichtige Position einer Besatzungsmacht in großen Teilen Österreichs zu sichern und dort das sogenannte »Deutsche Eigentum« ungehindert in Besitz nehmen zu können.

Starhemberg, Ernst Rüdiger (Fürst) (1899–1956), als Fähnrich zu Kriegsende an der Front ausgezeichnet; nachher Studium in Innsbruck, das er zwecks Teilnahme an den Kämpfen der deutschen Freikorps und anderer nationaler Formationen abbrach; nach Teilnahme am Putsch vom 9. November 1923 begann sukzessive Abwendung vom Hitlerismus; ab 1927 in der HW Aufstieg vom Ortsführer zum Bundesführer; 1930 Innenminister unter Vaugoin, gleichzeitig auch Gegenkandidat der führenden Regierungspartei im Heimatblock; kurze Tätigkeit als Nationalratsabgeordneter; 1931 in Haft wegen des eher vagen Verdachts der Bereitschaft zur Teilnahme am Pfrimer-Putsch; die Ende 1932 begonnene Schwenkung zum Dollfußkurs verfestigte die Standfestigkeit der heftig umstrittenen Koalitionsregierung Dollfuß gegenüber Sozialisten und Nationalsozialisten; nach der Ermordung Dollfuß' Frontführer der VF und Vizekanzler am Anfang der Ära Schuschnigg; persönliche und sachliche Gründe erschwerten Zusammenarbeit beider, zumal Starhemberg die von Schuschnigg in Richtung links und rechts betriebene Befriedungspolitik als aussichtslos ablehnte; 1936 Ausscheiden aus der Regierung und widerstandslos hingenommene Auflösung der HW im Zuge der Abschaffung aller Wehrverbände; im März 1938 im Ausland, erlebte er Konfiskation seines ganzen Vermögens sowie die Ausbürgerung; Versuch, gegen das Dritte Reich in den Reihen der Alliierten zu kämpfen, scheiterte, restliches Exil in Lateinamerika; 1955 nach Österreich zurückgekehrt, führte eine Debatte mit einem kommunistischen Reporter zu Schlaganfall und plötzlichem Tod.

Staud, Johann (1882–1939), hervorgegangen aus christlicher Arbeiterbewegung; Generalsekretär der christlichen Gewerkschaften, nach Auflösung der sozialdemokratisch gelenkten Gewerkschaften an der Spitze der Einheitsgewerkschaft; Verdacht, daß diese Organisation und der von christlichen Gewerkschaftern gegründete Wehrverband »Freiheitsbund« sowohl von Sozialdemokraten als auch von Nationalsozialisten unterwandert worden ist, durch Einzelbeispiele erhärtet; Mitglied des Bundeswirtschaftsrates, 1938 im KZ Flossenbürg, dort 1939 gestorben.

Steidle, Richard (1881–1940), christlichsozialer Politiker in Tirol, als Bundesratsmitglied 1930 zugleich an der Spitze der HW; nachher rascher Machtverlust; 1933 durch einen aus dem Dritten Reich gekommenen Attentäter schwer verletzt; als Generalkonsul nach Triest abgeschoben, im KZ Buchenwald gestorben.

Steinhäusl, Otto (1879–1940), hervorragender Kriminalist im Verband der Polizeidirektion Wien; für den Fall eines Gelingens des Anschlags vom 25. Juli 1934 als Polizeipräsident von Wien vorgesehen; Steinhäusl selbst vermied Hervortreten während des Überfalls, war dazu nur nach Erhalt einer »Weisung aus dem Bundeskanzleramt« bereit (!); 1935 zu sieben Jahren schweren Kerkers verurteilt; 1938 in Freiheit und zum kommissarischen Leiter des Wiener Polizeipräsidiums ernannt, 1940 Polizeipräsident, starb nach kurzer Amtszeit.

Stepan, Karl Maria (1894–1972), studierte in Wien, im Krieg Oberleutnant der Reserve, von Dollfuß 1933 zum Generalssekretär der VF berufen, 1934–1938 Landeshauptmann der Steiermark; 1938 KZ, nach 1945 im Verlagswesen tätig.

Stockinger, Friedrich (1894–1968), Hochschulstudium durch Frontdienstleistung unterbrochen, nachher Kaufmann; als Jugendfreund Dollfuß' von diesem 1933 in die Bundesregierung berufen, enger Vertrauter des Kanzlers; 1936 als Handelsminister ausgeschieden, verblieb er nach 1945 in Kanada im Exil; dort zuletzt Handelsdelegierter.

Suchenwirth (eigtl. Suchanek), Richard (1896–1965), Mittelschullehrer; ursprünglich deutschnational, nachher Großdeutsche Partei, lehnte Zusammengehen der Großdeutschen mit den Christlichsozialen unter Seipel ab; beendete Richtungsstreitigkeiten unter österreichischen Nationalsozialisten durch die ausdrückliche Hinorientierung auf Hitler, was in der Bezeichnung »NSDAP (Hitlerbewegung)« zum Ausdruck kam. 1932 Gemeinderat und Landtagsabgeordneter in Wien, 1933/34 Anhaltelager Wöllersdorf, Flucht nach Deutschland, Geschäftsführer der Reichsschrifttumskammer, 1943 Universitätsprofessor in München, gestorben in Westdeutschland.

Suvich, Fulvio (1887–?), Irredentist im alten Österreich, als Faschist Abgeordneter zur römischen Kammer, Völkerbunddelegierter, 1932 unter dem Duce Staatssekretär im Außenamt; Ende Jänner 1934 in Wien, um einerseits Faschisierung Österreichs zu betreiben und andererseits »nutzlosen« Konflikt Dollfuß' mit den Nationalsozialisten zu bereinigen; redete dem Duce ein, Dollfuß sei von Männern umgeben, die krampfhaft eine Kampfstellung gegen Nationalsozialisten verhindern und Gefahr der NS-Bewegung übertreiben; mit bloßer Gewaltanwendung werde man der Nazis nicht Herr werden; 1936 bis Kriegsausbruch 1939 Botschafter in Washington; starb als Rechtsanwalt in Triest.

Tauschitz, Stephan (1889–1969), Landbündler, gründete 1933 zusammen mit Winkler »Nationalen Wirtschaftsblock und Landbund«, ab 1933 Gesandter in Berlin, Juli/August 1934 Staatssekretär für auswärtige Angelegenheiten, nachher wieder in Berlin, wo er nach 11. März 1938 auftragsgemäß Geschäfte an Reichsregierung abgegeben hat; teilte mit großen Vorbehalten Politik des Ballhausplatzes gegenüber Drittem Reich, versäumte aber nie, Anzeichen einer gegen Österreich gerichteten aggressiven Politik Berlins in Wien aufzuzeigen.

Tavs, Leopold (1898–1985), Dipl.-Ing., Dr., Beamter, zuletzt im Österreichischen Patentamt, seit 1927 Sympathisant der NSDAP, in Vorverbotszeit rührig unter der Beamtenschaft tätig, 1934 vom Dienst enthoben und zeitweise Haft, 1936 aus Haft entlassen, Stellvertretender Gauleiter unter Leopold, 1937 im Siebener-Ausschuß, 1938 nach Aushebung des Büros des Ausschusses in Haft (Verfasser des Tavs-Planes für gewaltsamen Umsturz in Österreich), nach Berchtesgaden zusammen mit Hauptmann Leopold ins Reich abgeschoben, nach Anschluß Kommunalpolitiker in Wien, Gaupropagandaleiter, zuletzt Kreisleiter; dann 1945 Privatangestellter.

Thyssen, Fritz (1873–1951), führender deutscher Großunternehmer, der Hitler 15 Jahre lang unterstützte und schließlich 1931 der NSDAP beitrat; 1933 von Göring zum preußischen Staatsrat ernannt; nach 1933 umsichgreifender Antisemitismus und Kirchenfeindlichkeit entfremdeten Thyssen der Hitlerbewegung (sein Vater war Anhänger der katholischen Zentrumspartei); nach Kriegsausbruch Flucht in die Schweiz, schriftliche Absage an Hitler, Entzug der deutschen Staatsbürgerschaft; 1941 zusammen mit seiner Frau in Frankreich aufgegriffen und bis 1945 im KZ; nach 1945 Ausreise nach Südamerika; mit all dem konnte Thyssen seine anfänglichen und unerläßlichen Beiträge zur Machtergreifung Hitlers freilich nie mehr gutmachen. Hinterließ seine Erinnerungen: »I paid Hitler«.

Vaugoin, Carl (1873–1949), ursprünglich Berufsoffizier, dann Landesbeamter in Niederösterreich; christlichsozialer Politiker, 1919 Wiener Gemeinderat, 1920–1933 Abgeordneter zum Nationalrat, 1930–1934 Bundesparteiobmann, verfolgte »Wiener Richtung«, 1921 und 1922—1933 Heeresminister, 1930 Bundeskanzler, 1933—1936 Präsident der Verwaltungskommission der Bundesbahnen, nach Bloßstellung im Phönix-Skandal aus dem öffentlichen Leben ausgeschieden. Vermied als Heeresminister beharrlich Waffeneinsatz des Bundesheeres bei inneren Unruhen, stellte aber zur Vermeidung blutiger Konflikte zwischen den Wehrverbänden Assistenzverbände zur Unterstützung der Exekutive zur Verfügung, daher auch Gegnerschaft zur HW; 1938/39 inhaftiert, nachher Zwangsaufenthalt in Thüringen.

Veesenmayer, Edmund (1904—?), Studium der Wirtschaftswissenschaften, auch Dozent in diesem Fach, als Unternehmer Inhaber beträchtlicher Geschäftsanteile an Firmen in Österreich, was ihm Möglichkeit zur Teilnahme am Kampf der Nationalsozialisten gegen Regierung Dollfuß bot; als Parteigenosse Schützling Kepplers, in den Dienst des Berliner Auswärtigen Amtes aufgenommen, dort als SS-Angehöriger gewissen Einfluß genutzt; eingesetzt bei Intervention Görings anläßlich Anschluß Österreichs, nachher ebenso bei Verselbständigung der Slowakei, zuletzt im unabhängig gewordenen Kroatien am Werk; mitbeteiligt am Programm der »Endlösung«; nach 1945 von amerikanischem Militärtribunal zu 20 Jahren Haft verurteilt, aber alsbald nach persönlicher Intervention des US-Hochkommissars aus der Haft entlassen.

Wächter, Otto Gustav (1901—1945), Sohn eines k. u. k. Offiziers und Heeresministers im Jahr 1922 unter Breisky und Schober; seit der Hochschulzeit national eingestellt, fand der Rechtsanwalt Weg in die NSDAP und die SS; Mitarbeiter des Landesinspektors Habicht, nachher in illegaler Landesleitung Österreich, führend bei Planung und Durchführung des Juliputsches 1934, rechtzeitige Flucht aus Österreich nach Scheitern des Putsches; nach 1938 als Staatskommissar in der Reichsstatthalterei Wien mit der radikalen Säuberung des Beamtenkorps betraut; 1939 Gouverneur im besetzten Krakau, zuletzt Generalleutnant der Waffen-SS, starb nach Kriegsende auf der Flucht in Italien in einem Kloster.

Weninger, Ernst (1899—1948), wegen illegaler Tätigkeit während der Verbotszeit (zeitweise zusammen mit Kreisky 1936) in Haft, nach 1938 SS-Standartenführer und Bürgermeister von Neunkirchen; verhalf Kreisky nach dem Anschluß zur Vollendung seines Jusstudiums und zur Ausreise nach Schweden; nach 1945 im Prozeß vom österreichischen Volksgerichtshof abgeurteilt und gehenkt.

Wenninger, Heinrich (1887—1950), Kaufmann in Oberösterreich, stets loyaler Gefolgsmann Starhembergs, 1930 Landesführer der oberösterreichischen HW, 1934 Mitglied der Landesregierung, zuletzt Landesstatthalter, 1938 KZ Dachau; zusammen mit Adolf Bulla letzter Verbindungsmann Starhembergs nach dessen Weggang aus Österreich.

Weydenhammer, Rudolf (als Illegaler in Österreich nannte er sich Williams, Rudolph), so wie sein Vater zunächst in der (klerikalen) Bayrischen Volkspartei, schloß er sich frühzeitig der Hitlerbewegung an; seine wirtschaftliche Betätigung ermöglichte ihm, getarnt durch Firmenbeteiligungen, eine erfolgreiche Tätigkeit während der Vorverbots- und Verbotszeit der NSDAP in Österreich; Landesinspekteur Habicht holte ihn in die österreichische Landesleitung der NSDAP. Am 7./8. März 1934 brachte er in Rom die Begegnung mit Rintelen zustande, um welchen Kontakt nachher der aus Österreich geflüchtete Student Reinhard Spitzy besorgt blieb. Wichtig war dabei, das Mißtrauen zu bändigen, das in Österreich gestandene Illegale dem »schwarzen Deserteur« Rintelen zum Teil entgegenbrachten, als bekannt wurde, dieser sei als Nachfolger Dollfuß' ausersehen. Im Trio Glass, Wächter, Weydenhammer war letzterer der Kopf des Unternehmens vom 25. Juli 1934; gekämpft hat der ehemalige bayerische Hauptmann aber beim Juliputsch nicht. Die deutsche Gesandtschaft in Wien besorgte nach Scheitern des Putsches seine ordnungsgemäße Ausreise in die ČSR – unter Bedeckung eines Botschaftsangehörigen.

Winkler, Franz (1890–1946), Agrarstudium in Wien, Landbundpolitiker, 1930–1934 Abgeordneter zum Nationalrat, 1930–1932 Innenminister unter Ender, Buresch und Dollfuß; 1932/33 Vizekanzler; im Konflikt mit HW-Fraktion aus der Regierung ausgeschieden, nachher undurchsichtige Beziehungen zu Sozialdemokraten und Nationalsozialisten; am 25. Juli 1934 mit den Putschisten in Verbindung; geschickt abgefaßte Memoiren verdeckten seine unter allen Umständen bewiesene Unzuverlässigkeit; Parteianwärter, aber 1938 nicht in die NSDAP aufgenommen.

Winter, Ernst Karl (1895–1959), im Krieg Regimentskamerad Dollfuß'; dann Angehöriger einer Wiener CV-Verbindung; an sich Monarchist, stammt von ihm aus den zwanziger Jahren die Formel: »Rechts stehen und links denken«; wissenschaftlich hochbegabt (Privatdozent an Universität Wien), scheiterte er im politischen Alltag; 1934 nach den Februarkämpfen von Dollfuß mit der Anbahnung der Befriedung mit den im Untergrund kämpfenden Sozialisten betraut (hiezu Funktion eines Wiener Vizebürgermeisters), scheiterte die »Aktion Winter« nach dem Tod Dollfuß' vollends; 1938 in die USA emigriert, kam er nach Rückkehr nach Österreich an Universität nicht an.

Winterer, Franz (1892–1971), Berufsunteroffizier, nach 1918 Volkswehrleutnant, zuletzt Hauptmann im Bundesheer, von Jugend auf in ASKÖ und bei Naturfreunden; 1945 in Provisorischer Staatsregierung Renner Unterstaatssekretär für Heerwesen (wurde von sowjetischem Besatzungselement als Neomilitarismus untersagt), 1945–1949 Abgeordneter zum Nationalrat, bis 1967 Präsident von ASKÖ und Naturfreunden sowie bis zum Tod Vizepräsident des Österreichischen Olympischen Comitees.

Wohlrab, Erich (?−1934), als aktiver Wiener Sicherheitswachebeamter am Juliputsch teilgenommen (in Uniform und bewaffnet), kriegsgerichtlich abgeurteilt und gehenkt.

Wolf, Wilhelm (1894−1939), studierte während des Ersten Weltkrieges Philosophie in Innsbruck; Archivbeamter in Bregenz, als einer der ersten CV-Angehörigen zur Dienstleistung ins Unterrichtsministerium einberufen; Anfang der dreißiger Jahre Mentor der Katholisch-deutschen Hochschülerschaft in Wien. Nach der Begegnung Schuschnigg − Hitler in Berchtesgaden im Februar 1938 forderungsgemäß ins Kanzleramt berufen (Ende der dortigen Ära Ludwig − Adam im Bundespressedienst). Im Anschlußkabinett Seyß-Inquart Außenminister; nachher im Sinne seiner nationalkatholischen Herkunft unterschiedlich tätig, kam er bei einem Unfall unter rätselhaften Umständen ums Leben.

Wrabel, Robert (1900−1967), nach Besuch der Lehrerbildungsanstalt 1918 eingerückt (Offiziersprüfung), 1921 Eintritt in Bundesgendarmerie, 1933 Major, Vizekanzler Fey zugeteilt (mit ihm am 25. Juli 1934 im Bundeskanzleramt eingeschlossen), 1938 widerlegte sofortige Entlassung Gerücht der angeblichen Zusammenarbeit mit Juliputschisten; Offizier in der deutschen Wehrmacht, nach 1945 in »automatical arrest« der U.S. Army, nach Entlassung Wirtschaftstreibender; 1957 als Oberst in den Stand des Heeres übernommen, 1964 als Brigadier in den Ruhestand getreten.

Zehner, Wilhelm (1883−1938), Offizier in k. u. k. Armee, nach 1918 im Bundesheer, 1933 Generalmajor, von Dollfuß zum Staatssekretär für Landesverteidigung berufen; zuletzt General der Infanterie, am 11. April 1938 in seiner Wiener Wohnung von einem Rollkommando erschossen.

Zernatto, Guido (1903−1943), politische Tätigkeit ließ nach 1945 diesen begnadeten Dichter vergessen machen; 1919 Teilnahme am Kärntner Abwehrkampf (Studium unterbrochen, erst später maturiert), anfängliche Tätigkeit in der Wirtschaft, Studium in Wien, aktiv bei Burschenschaft »Albia«, 1925 Herausgeber der Kulturzeitschrift »Kärntner Wochenzeitschrift«, 1929 Präsident des Verbandes katholisch-deutscher Schriftsteller, Vizepräsident des Österreichischen Bundesverlages, 1936 von Schuschnigg unter dem Eindruck der Begegnung mit der Persönlichkeit Zernattos als Staatssekretär in die Regierung und als Generalsekretär der VF berufen; scheiterte am Bemühen, die Bürokratisierung der VF zu überwinden und erneut eine Bewegung in Gang zu setzen; zuletzt Bundesminister; 1938 verließ er mit Rücksicht auf seine Frau Österreich, das Angebot der neuen Herren im Land, gerichtet an den Dichter, lehnte er ab. Die Emigration in den USA bestand er nicht, er starb in der Kälte einer Fremde, die ihm verschlossen blieb.

Znidaric, Theodor (1905–1946), hervorgegangen aus den Unabhängigen Gewerkschaften der HW, 1935/36 Staatssekretär zum Schutz der Arbeiter und Angestellten; Leiter des Sozialreferates der VF; 1937 Deutsch-sozialer Volksbund; nach dem Anschluß Generalsekretär der Simmering-Graz-Pauker AG; 1944 Gestapo-Haft, 1945 Strafbataillon, 1946 in russischem Internierungslager gestorben.

Zuckmayer, Carl (1896–1977), 1914 als Kriegsfreiwilliger eingerückt, nach dem Krieg Studium, Dramaturg an verschiedenen deutschen Theatern, schon seit 1926 im österreichischen Henndorf daheim; nach 1933 ausschließlich in Österreich tätig, hinterließ in seinen nach 1945 erschienenen Werken eine eindrucksvolle Beschreibung des Lebens eines »jüdischen Emigranten aus Hitlerdeutschland« in Österreich, 1938 von Österreich in die Schweiz, zuletzt in die USA emigriert; kam 1946, zuerst als Beauftragter der amerikanischen Regierung, nach Deutschland zurück, zuletzt schweizerischer Staatsbürger mit starken Bindungen an Österreichs Theaterwelt.

Sachbezogenheiten

(Siehe auch im zweiten Band der Trilogie, »Vom Justizpalastbrand zum Februaraufstand«, Seite 366 ff.)

Aktion Reinthaller: Siehe Nationale Aktion.

Aktion Winter: Befriedungsaktion, begonnen unter Dollfuß nach dem Ende der Februarkämpfe 1934, 1934—1936 dem Vizebürgermeister von Wien Ernst Karl Winter übertragen.

Alliierte und assoziierte Mächte: Im Krieg 1914—1918 gegen Deutschland und Österreich-Ungarn verbündete Mächte (Entente: französisch-englisches Bündnis, entstanden 1904, Beitritt Rußlands 1907, nachher auch noch andere Staaten).

Amnestie(n): Wiederholte Begnadigungen ganzer Gruppen wegen Teilnahme am Kampf gegen die Bundesregierung inhaftierter Nationalsozialisten und Sozialisten; trugen fast nichts zur erstrebten Befriedung bei, ergänzten aber die Führungskader der im Untergrund weiterhin kämpfenden Illegalen.

Anhaltelager: Lager Wöllersdorf (Niederösterreich), errichtet im Sommer 1933 zur Konfinierung der am Kampf gegen die Regierung beteiligten Nationalsozialisten, nachher vor allem zur zeitweiligen Anhaltung der an den beiden Putschversuchen des Jahres 1934 beteiligten Sozialisten und Nationalsozialisten; außer Wöllersdorf noch Anhaltelager Kaisersteinbruch (Burgenland) und Messendorf bei Graz (Steiermark).

Anschluß: Seit 1848 unter den Deutschen der Monarchie wachsende Bestrebung, an der staatlichen Einigung aller Deutschen teilzuhaben; seit 1918 erklärter Wille zum Anschluß der Republik Österreich an das Deutsche Reich.

Antifaschismus: Zuerst von Kommunisten gebrauchte Sammelbezeichnung für alle nichtkommunistischen Bewegungen (daher auch für Sozialdemokraten!); nach 1933 in Österreich von sozialistischer Seite gebrauchte Charakterisierung für alle gegen rechts gerichteten Gruppen.

Antimarxismus: Sammelbezeichnung für alle, die sich gegen die im Anschluß an Karl Marx entstandenen Ideologien wandten; in Österreich speziell in bezug auf gegen den Austromarxismus gerichtete Kräfte gebraucht.

Arbeiterkammern: Öffentlich-rechtliche Organisationen zur Vertretung der Interessen der Arbeitnehmer, im Ständestaat in anderer Form im Rahmen der berufsständischen Ordnung gedacht.

Arbeitsdienst: Als »Freiwilliger Arbeitsdienst« um 1933 vor allem auch vom Heimatblock als Voraussetzung für eine Regierungsbeteiligung verlangt, von der SDAPÖ als Methode der Ausbeutung der Arbeiterklasse radikal abgelehnt; im Ständestaat vor allem beim Bau der Glocknerstraße mit gutem Erfolg eingesetzt und geleistet.

Arbeitslosigkeit: Als Massenarbeitslosigkeit regelmäßig wiederkehrende Erscheinung im Industriesystem; die 1929 nach dem Krach an der New Yorker Börse entstandene Massenarbeitslosigkeit wurde sowohl für die Hitlerbewegung als auch für die Präsidentschaftskandidatur Franklin D. Roosevelts treibende Kraft.

Assistenzkorps: Im Sommer 1933 rekrutiert aus Angehörigen der HW und der OSS (Ostmärkische Sturmscharen), gedacht als Assistenzverband der staatlichen Exekutive, um das Bundesheer selbst von gewissen Einsätzen fernzuhalten; Ausbilder wurden vom Bundesheer gestellt.

Aufmarsch- und Versammlungsverbot: Seit 1918 mehrmals erfolgte Beschränkung des einschlägigen Grundrechts zur Verhinderung von gewaltsamen Ausschreitungen oder Zusammenstößen politischer Gegner.

Autoritäres Regime: Verallgemeinernde Bezeichnung für Regierungsformen, die durch sukzessive oder überraschende Maßnahmen einen Wegfall der Begrenzungen der Regierungsgewalt erstreben und zur Zusammenfassung der bisher verteilten Macht- und Einflußmöglichkeiten (Einzelpersonen, Klassen, Parteien, Pressure-groups u. a. m.) führen. Zu unterscheiden vom totalen Staat.

Bauernbund: Nach 1906 aus dem Niederösterreichischen Bauernbund hervorgegangene Organisation das »Reichsbauernbundes« der Deutschen in der Monarchie; verblieb bis zur Auflösung im Jahr 1938 eine selbständige Organisation, zugleich aber auch tragende Bewegung der Christlichsozialen Partei und der VF.

Bauernwehr: 1930 geschaffener Wehrverband des antiklerikalen Landbundes für Österreich, richtete sich speziell gegen die HW, Teile davon nahmen beim Juliputsch 1934 an der Seite der SA am Kampf gegen die Exekutive teil.

BdM: Als »Bund deutscher Mädel« einzige im Dritten Reich erlaubte Organisation für die weibliche Jugend, im Verband der HJ (Hitler-Jugend).

Berchtesgadener Abkommen: Diktat des Führers und Reichskanzlers Adolf Hitler vom 12. Februar 1938, mit dem dem österreichischen Bundeskanzler Schuschnigg ein System von Maßnahmen aufgetragen wurde, die einer Beschleunigung der Machtergreifung des Nationalsozialismus in Österreich dienen sollten.

Berufsstände: In der Ära Dollfuß im Sinne der christlichen Soziallehre begonnene Gliederung der gesellschaftlichen Ordnung im Staat; zugleich als Alternative zu Marxismus und Nationalsozialismus gedacht; unterschied sich durchaus vom totalitären System des italienischen Faschismus.

Bischofskonferenz: Regelmäßige Tagung der Diözesanbischöfe, deren politische Schlußfassungen nach der zu Weihnachten 1933 erfolgten Verurteilung des Nationalsozialismus (im Gegensatz zu der im Deutschen Reich bereits eingetretenen Schwenkung) den Widerstand gegen das Eindringen des Nationalsozialismus verstärkten.

Blut und Boden: Ausgehend von der Ideologie, daß ein gesunder Staat im eigenen Volk und auf eigenem Grund Bestand hat, im Zusammenhang mit der nationalsozialistischen Rassenlehre Fundament des Führerstaates und damit vor allem Wurzelboden des im Dritten Reich entstandenen SS-Staates.

Bundesheer: 1920 anstatt der 1918/19 unter Julius Deutsch geschaffenen, sozialistisch motivierten Volkswehr organisiert; die von Oberst Theodor Körner begonnene, systematisch betriebene Modernisierung nach dem Vorbild der Reichswehr kam damit zum Ende; unter dem christlichsozialen politischen Ressortleiter Carl Vaugoin (1921–1933) verlor das Heer vollends den sozialistischen Charakter, das nachfolgende Eindringen nationalsozialistischer Elemente wurde scharf unterbunden; unter Vaugoin wurde konsequent die Verwendung des Heeres als Assistenzkörper von Polizei und Gendarmerie bei inneren Unruhen vermieden; 1934 erlitt das Heer als Assistenzkörper der übrigen Exekutive schwere blutige Verluste im Kampf gegen Schutzbund und SA; die in der Märzkrise 1938 anbefohlene Mobilmachung wurde schließlich zur Vermeidung blutiger Auseinandersetzungen mit der deutschen Wehrmacht abgebrochen.

Bundeskanzler: Vorsitzender (nicht Dirigent) des Ministerrates; seit Verfassungsänderung 1929 ohne Beteiligung des Nationalrates vom Bundespräsidenten frei ernannt; dieser wird im Verhinderungsfall vom Bundeskanzler vertreten; in der Ära Dollfuß war der Bundeskanzler Inhaber der Macht nach der Selbstausschaltung des Nationalrates am 4. März 1933; durch die Maiverfassung 1934 wurde die führende Machtbefugnis des Bundeskanzlers angesichts des Kampfes gegen den Nationalsozialismus verstärkt; dies kam 1938 dem Exponenten der Nationalsozialisten, Bundeskanzler Seyß-Inquart, zugute, der mittels der bisher von den Illegalen stets scharf bekämpften Maiverfassung 1934 das Anschlußgesetz zustande brachte und anstatt des aus dem Amt geschiedenen Bundespräsidenten in Kraft setzte.

Bundesverfassung: Die seit 1867 in der österreichischen Reichshälfte bestehende Rechtskontinuität wurde mit der illegalerweise zustande gekommenen Provisorischen Bundesverfassung 1918 unterbrochen; zu einer Sanierung dieses Zustandes ist es weder durch die Bundesverfassung 1920 noch durch die nachfolgenden Verfassungsexperimente gekommen.

Bürgerkrieg: Bewaffnete Auseinandersetzung verschiedener Gruppen in einem Staat, auch Anschlag einer bewaffneten Gruppe auf bestehende Ordnungsmacht im Staat zum Zweck der Machtergreifung (Schutzbundaufstand, Juliputsch 1934).

Christlichsoziale Partei: 1893 aus der Partei Karl Luegers hervorgegangen. Nach dem Tod Luegers (1910) begann ein nur zeitweilig in der Ära Seipel unterbrochener Niedergang der Partei: Niederlage bei der Reichsratswahl 1911 gegen das Wahlbündnis von Sozialdemokraten und Deutschnationalen in Wien, 1927 im Verband der damaligen Einheitsliste (zum Vorteil der Großdeutschen) und 1930 als Folge der Kandidatur des aus dem Steirischen Heimatschutz hervorgegangenen Heimatblocks, der gegen die WHW Feys auftrat, die die Christlichsoziale Partei unterstützte. Der nachfolgende krasse Zerfall der Partei (Gemeinderatswahl in Wien 1932) zwang 1933 Dollfuß zur Sammlung der gegen Austromarxismus und Nationalsozialismus gerichteten Kräfte in Österreich im Verband der Vaterländischen Front (beginnendes Ende des Parteienstaates).

ČSR (*Č*eskoslovenská *R*epublika), seit dem Kommunistenputsch 1948 *ČSSR* (*Č*eskoslovenská Socialistiká *R*epublika): Während des Ersten Weltkrieges mit Hilfe der alliierten Feindmächte der Monarchie herangebildet (sukzessive Anerkennung einer Exilregierung in Paris, Anerkennung der Verbände einer tschechoslowakischen Legion als kriegsverbündete Macht usw.); 1934 unterstützte der Gesandte der ČSR in Wien, Zdenko Fierlinger (1948 zur KPČ übergegangen), den Schutzbundaufstand, im Juli konnten flüchtige Nationalsozialisten unbeanstandet die Grenze zur ČSR überschreiten.

Deutscher Soldatenbund: In der Vorverbotszeit Standesorganisation national gesinnter Angehöriger des Bundesheeres; 1933 im Zusammenhang mit dem Betätigungsverbot für die NSDAP aufgelöst; Männer und Führung der SS-Standarte 89, die am 25. Juli 1934 den Überfall auf das Bundeskanzleramt ausführte, rekrutierten sich größtenteils aus diesem Kreis.

Diktatur: Herrschaft eines Diktators (Einzelperson oder Personengruppe) mit unbeschränkter Gewalt; »Diktatur des Proletariats« laut Linzer Programm 1926 der SDAPÖ; »Macht im Staate« laut Programm der HW in der Fassung des Gelöbnisses der HW in Korneuburg 1930; »Führerstaat« als Ziel der nationalsozialistischen Bewegung; laut herrschender Meinung nach 1945 »Dollfuß-Diktatur« in Österreich.

Drittes Reich: Begriff aus der mittelalterlichen Ideenwelt gemäß der Vorstellung von drei aufeinanderfolgenden Reichen in Europa, später von Dichtern und Philosophen als Motiv übernommen; Arthur Moeller van den Bruck, Theoretiker einer »konservativen Revolution«, machte 1923 mit seinem Hauptwerk »Das dritte Reich« den vieldeutigen Begriff zum gängigen Schlagwort: Dem tausendjährigen Heiligen Römischen Reich und dem Bismarck-Reich von 1871 sollte ein drittes Reich folgen. Hitler übernahm zeitweise diesen propagandistisch wirksamen Ausdruck als politisches Schlagwort, lehnte ihn aber später ab. Der 1933 entstandene Führerstaat bekam und behielt trotzdem im Sprachgebrauch die Bezeichnung Drittes Reich (auch nach der Schaffung des Großdeutschen Reiches von 1938).

Einheitsliste: Listenkoppelung nichtmarxistischer Parteien der zwanziger Jahre (Christlichsoziale, Großdeutsche, Landbund), geriet bei Nationalratswahl 1927 zum eklatanten Mißerfolg der Christlichsozialen, wurde nachher als Alternative zu der in der SDAPÖ fast geschlossen auftretenden Linken nicht mehr wiederholt.

Ermächtigungsgesetz: In diesem Zusammenhang das im Juli 1917 (RGBl. 307) rechtens verabschiedete »Kriegswirtschaftliche Ermächtigungsgesetz«, das der jeweiligen Regierung angesichts der durch die Kriegsverhältnisse in Österreich geschaffenen Lage ein Notverordnungsrecht einräumte; mit dem Überleitungsgesetz zur Verfassung 1920 ging es in den Gesetzeskatalog der Republik über; Abgeordnete der SDAPÖ verlangten in den zwanziger Jahren die Eliminierung dieses Gesetzes, es überdauerte aber in seiner Geltung auch die im Verein mit der SDAPÖ zustande gebrachte Verfassungsreform 1929; in der Ära Dollfuß wurde es erstmals schon 1932 zur endgültigen Sanierung der Credit-Anstalt auf Rat des späteren Sektionschefs Hecht herangezogen; nach der Selbstausschaltung des Nationalrates am 4. März 1933 wurde es als Notstandsmaßnahme vor allem bei der Abwehr des Nationalsozialismus, erst nach dem Februaraufstand des Schutzbundes auch zum Verbot der SDAPÖ herangezogen.

Exekutive: Nach dem Prinzip der Gewaltentrennung dritte Staatsfunktion neben Gesetzgebung und Rechtsprechung, hier: Organe der öffentlichen Aufsicht, Hilfsorgane der Exekutivgewalt des Staates; in Österreich: Gendarmerie, Bundessicherheitswache, Kriminalbeamte, städtische Wachen; Mitheranziehung des Bundesheeres als Assistenz gesondert geregelt, aber bis 1934 nicht beansprucht; seit Sommer 1933 Assistenzkorps des Bundes-heeres, rekrutiert aus HW und OSS, nachher Freiwilliges Schutzkorps zur Verfügung des Sicherheitsministers.

Faschismus: Die von Mussolini nach seiner Machtergreifung definierte legi-timierende Staatsidee seines Herrschaftssystems, von dritter Seite als un-ausbleibliche Folge auf die Ausbreitung des Marxismus in Europa und auf ein Versagen des Kapitalismus westlicher Prägung gewertet. Faschismus für Mussolini kein Exportartikel; Dollfuß ging in dem 1933 mit dem Duce geführten Briefwechsel nie auf den Begriff Faschismus ein; im Europa der Zwischenkriegszeit bestanden in allen europäischen Ländern (die UdSSR ausgenommen) faschistische und quasifaschistische Bewegungen, auch in den Mutterländern der neuzeitlichen Demokratie.

Föderalismus: Die einer Gebietskörperschaft eines Staates eingeräumte Selbstverwaltung; in den Demokratien der Neuzeit neben dem Zentralis-mus anerkannte Teilgliederung; Republik von 1918 übernahm endgültig und vollends das während der Verfassungsexperimente des 19. Jahrhun-derts in Österreich zuzeiten ausgebildete föderalistische Prinzip; der von Dollfuß nach 1933 anerkannte Föderalismus im Ständestaat trennte dieses Experiment vom Prinzip des totalen Staates, zumal in der Ära Dollfuß der Föderalismus eine legitime Opposition gewisser Kreise des Systems gegen die obwaltenden zentralistischen Vorhaben erlaubte.

Frauenreferat: Sogleich nach Schaffung der VF entstanden, Leitung durch die aus der Katholischen Frauenorganisation Österreichs (KFÖ) gekom-mene Fanny Starhemberg (vorher Mitglied des Bundesrates und einfluß-reich in der Ära Seipel); sieben Arbeitsgemeinschaften des Referats, darun-ter eine für Frauen und Beruf und eine für staatsbürgerliche Aufgaben der Frau.

Freidenker: Seit 1887 in verschiedenen Organisationen als weltanschauli-cher Ausdruck von Antiklerikalismus und Areligiosität wirksam, »Öster-reichischer Freidenkerbund« nach 1918 Vorfeldorganisation der SDAPÖ; daneben und zugleich von Otto Bauer gefördert der »Bund der religiösen Sozialisten Österreichs«.

Freiheitsbund: Entstanden in Wien angesichts des Brandes des Justizpala-stes am 15. Juli 1927, ursprünglich gedacht als Versammlungsschutz und zur Abwehr des Betriebsterrors; der Freiheitsbund marschierte 1930 zu-sammen mit den HW-Formationen in Korneuburg auf, seine Führung lehnte aber das dort verlangte Gelöbnis (Korneuburger Eid) ab; seitdem in scharfem Gegensatz zur HW, entwickelte er sich zugleich zu einem jener Wehrverbände, die 1934 zusammen mit der HW und den OSS sowie den christlichen Turnern sowohl beim Februar- wie beim Juliputsch antraten;

nach 1934 suchten nicht wenige Sozialdemokraten und Nationalsozialisten im Freiheitsbund Unterschlupf, um so vor der HW geschützt zu sein.

Gendarmerie: Entstanden nach den Napoleonischen Kriegen nach dem Beispiel der in der Lombardei und in Venetien vorgefundenen, ausgezeichnet organisierten Exekutive des vormaligen Königreichs Italien; 1850 zunächst militärisch organisiert, bis 1918 verwaltungsmäßig dem k. k. Landesverteidigungsministerium zugeordnet; 1918 vollends demilitarisiert, bewährte sich die Gendarmerie unter den schwierigen Verhältnissen der Zwischenkriegszeit als Wahrer der Staatsautorität.

Gerichtswesen: Teilnahme des Volkes an der Rechtsprechung seit 1848 bleibende Forderung; unter Kaiser Franz Joseph I. Einrichtung der Geschwornengerichte; sozialistischerseits nach 1918 trotz Versagens im sogenannten Schattendorfer Prozeß (Anlaß zu den Exzessen des 15. Juli 1927) vehement in der bestehenden Form verteidigt, gelang erst in der Zweiten Republik die fällige Reform.

Gewerkschaften: Freie (sozialistische) Gewerkschaften, Christliche Gewerkschaften, Nationale Gewerkschaften, Unabhängige (HW) Gewerkschaften, in denen in der Zeit bis 1934 Richtungsgewerkschaften bestanden. 1934 Einheitsgewerkschaft im System des Ständestaates, nach 1945 Gewerkschaftsbund (ÖGB), im Zeichen der nunmehrigen Sozialpartnerschaft einflußreiche Organisation zur Wahrung der Interessen der Arbeitnehmer.

Großdeutsche Volkspartei: 1920 anstatt der zahlreichen deutschnationalen Parteien aus der Zeit der Monarchie entstanden; in der Ära Seipel Koalitionspartner der Christlichsozialen; als dritte Kraft überstand sie als Gesinnungs- und Kampfgemeinschaft im Bündnis mit der NSDAP Betätigungsverbot im Ständestaat; nach 1945 Nachfolgepartei FPÖ mit eher nationalliberalem Charakter nach langjähriger Rolle als Oppositionspartei zuletzt Koalitionspartner der SPÖ nach der Ära Kreisky.

Großdeutsches Reich: Ideal der großdeutsch Denkenden in Österreich, als Alternative zum deutschen Nationalstaat des 19. Jahrhunderts; am 15. März 1938 rief Hitler in Wien das Großdeutsche Reich aus, diese Bezeichnung löste mehr oder weniger die vorher geübte Kennzeichnung »Drittes Reich«, zumal im offiziellen Staats- und Parteisprachgebrauch, ab; Zertrümmerung des Großdeutschen Reiches durch die Sieger von 1945.

Grüne Front: 1933/34 bestand ein Kampfbündnis von Teilen des noch legalen liberalen Landbundes mit der illegal tätigen NSDAP; während des Juliaufstandes 1934 kämpften da und dort Kampfverbände der liberalen Bauernwehr gemeinsam mit der SA gegen die Wehrverbände und die Exekutive.

Heimatblock: Entstanden am Vorabend der Nationalratswahl 1930 aus Kreisen des Steirischen Heimatschutzes und im Konflikt mit der WHW unter Fey; fügte der Christlichsozialen Partei tatsächlich jenen Mandatsverlust zu, der genügte, um SDAPÖ wieder zur mandatsstärksten Fraktion im Nationalrat zu machen, worauf Karl Renner Erster Nationalratspräsident wurde; sohin Mitverursacher der am 4. März 1933 erfolgten Selbstauflösung des Nationalrates; zerfiel in der Dollfuß-Ära, Anhänger schwenkten größtenteils zur Hitlerbewegung ab.

Heimatdienst: 1933 von der Bundesregierung eingerichteter Informationsapparat, entstanden während der ersten scharfen Auseinandersetzung mit den Nationalsozialisten; die Leitung wurde dem Chefredakteur der »Wiener Zeitung«, Pankraz Krukenhauser, übertragen, der auch erster Generalsekretär der VF wurde; wegen der mangelnden Eignung Krukenhausers (andere sagten, wegen seines Hinneigens zum Nationalsozialismus) übernahm der bisherige Mitarbeiter der »Reichspost«, Oberst a. D. Walter Adam, die Leitung des Heimatdienstes, später auch des Generalsekretariats der VF.

Heimwehr: Auch Heimatschutz u. ä. benannt (die Illegalen verspotteten sie als Ha-Weh), entstand nach 1918 außerhalb Wiens als einer der in den Bundesländern bestandenen Selbstschutzverbände (Ortswehren, Arbeiterwehren, Bauernwehren usw.); 1936 von Regierungs wegen aufgelöst. Der Handschlag zwischen Dollfuß und Starhemberg im Frühjahr 1933 trennte Starhemberg endgültig von den Nationalen in Österreich und sicherte den Bestand der Regierung Dollfuß sowie die Kampfkraft der Regierungsverbände während der beiden Putschunternehmen des Jahres 1934. In Wien entstand die WHW erst nach zahlreichen mißglückten Experimenten angesichts des Brandes des Justizpalastes unter dem Major a. D. Emil Fey. Nach dem Juliereignis 1927 entwickelte sich die HW zu einer Volksbewegung, wie es seit der Luegerzeit rechts von der Mitte keine mehr gegeben hatte. Christlichsoziale, Nationale, Liberale, nicht zuletzt Juden traten angesichts der Drohungen des Austromarxismus zusammen. Wenn auch die HW an Zahl ständig zunahm, so ging ihr doch bis zuletzt mangels eines brauchbaren Aktionsprogramms und wegen einer überhandnehmenden Führungskrise eines ab: die Idee der Aktion. Der zunächst schwere Kampf gegen links erlahmte nach 1934, um so stärker flammten die Auseinandersetzungen mit den Illegalen auf; im letzteren Kampf hat die HW die meisten Todesopfer aus den Reihen der Exekutive und der Wehrverbände gebracht; der sich im Sommer 1936 anbahnende Ausgleich mit Berlin schien den Bestand der Wehrverbände entbehrlich zu machen. Starhemberg, der in guten Tagen unzählige zur HW gebracht hatte, harmonierte mit Schuschnigg keineswegs so gut wie vordem mit Dollfuß; zudem geriet er in eine ausweglose Verstrickung mit Fey. Die Vorstellung, daß nach der Auflösung der HW der Großteil der Männer in die »Frontmiliz« übertreten würde, erwies sich als unrealistisch.

Hitlerbewegung: Im Sprachgebrauch vielfach Bezeichnung für die NSDAP, die zeitweise zusätzlich in Klammern die Bezeichnung »Hitlerbewegung« zur Unterscheidung von gewissen Splittergruppen führte; der Klammerausdruck kennzeichnete die Tatsache, daß die NSDAP in Österreich fast ausnahmslos auf die Person Hitlers eingeschworen war, der selbst bereits 1925 seine österreichische Staatsbürgerschaft aufgegeben hatte.

Hoßbach-Protokoll: Als Adjutant Hitlers führte am 5. November 1937 der damalige Infanterie-Hauptmann Heinrich Hoßbach das Protokoll einer Besprechung, die Hitler in Anwesenheit des Reichsaußenministers und der Oberbefehlshaber der drei Wehrmachtsteile führte. Hitler legte an diesem Tag die Pläne zur Gewinnung des »Lebensraumes« im Osten dar und sprach in diesem Zusammenhang ausdrücklich von einer »Zertrümmerung« Österreichs. Über die Einwände der Militärs und des Reichsaußenministers ging Hitler hinweg; diese Kritiker sollten im Februar 1938 einer Säuberung, genannt Wachablösung, an der Spitze des Reiches zum Opfer fallen.

Industriellenverband: Bis 1938 »Bund österreichischer Industrieller«, übernahm nach der Zertrümmerung des Wirtschaftsraumes der Donaumonarchie die Interessenvertretung der Industrie im kleingewordenen Österreich, nunmehr schon in Konkurrenz mit der beginnenden Verstaatlichung der Wirtschaft. Für die SDAPÖ war er nur der Geldgeber der Büttel des Kapitalismus im Klassenkampf; tatsächlich folgte der anfänglichen Unterstützung der Dollfuß-Regierung 1936 jener Schwenk, der die Hinwendung zum mächtigen Wirtschaftswachstum im Dritten Reich und dessen Folgen erkennen ließ.

Juliabkommen: Unter dem Zwang der Folgen, die 1935/36 die Hinwendung des Duce zu Hitler auslöste, sah sich die Regierung Schuschnigg genötigt, zu einem Modus vivendi mit der Regierung in Berlin zu kommen. Berlin sagte zu, sich in innerösterreichische Verhältnisse nicht einzumischen, falls Wien sich gleichermaßen gegenüber dem Reich verhalten würde (!). Diese scheinbare Reziprozität war wertlos, weil einerseits die Regierung in Wien gar nicht in der Lage war, eine eventuelle Einmischung im Reich zu versuchen, andererseits das Deutsche Reich aber und die vom Abkommen nicht berührte Führung der NSDAP keineswegs daran dachten, den Kampf zur Untergrabung der Unabhängigkeit Österreichs aufzugeben. Was Hitler nach dem Juliabkommen 1936 gegenüber Österreich noch nicht zustand, das holte er sich am 12. Februar 1938 beim Besuch Schuschniggs in Berchtesgaden unter Androhung militärischer Maßnahmen.

Katholischer Volksverein: Entstanden in der Zeit der Monarchie angesichts der Angriffe eines militanten Antiklerikalismus des auf dem Höhepunkt seiner Macht befindlichen Liberalismus; länderweise organisiert, wurde er nach der Entstehung der Christlichsozialen Partei die Massenorganisation, die Lueger nie gehabt hat oder mit einem umfassenden Programm zusammenbringen konnte. In den dreißiger Jahren geriet der Volksverein in den Sog der im Aufbau befindlichen Katholischen Aktion; dies, zusammen mit dem Rückzug des Klerus aus dem politischen Tagesgeschehen, bedeutete eine empfindliche Schwächung der ideologisch ausgerichteten Abwehrkräfte in der Auseinandersetzung mit dem Nationalsozialismus (Bundeskanzler Seyß-Inquart kam als Mitarbeiter in der Katholischen Aktion Dornbach in den Sichtkreis des Ballhausplatzes).

Kleine Entente: Nach der Zertrümmerung der Donaumonarchie entstand unter Anleitung der französischen Regierung ein Bündnissystem zwischen der ČSR (Eduard Beneš), Jugoslawien (Nikola Pašić, genannt bereits 1914 nach dem Mord in Sarajevo) und Rumänien (Ionel Brătianu, der 1916 den Schwenk des mit Wien verbündeten Rumänien ins Lager der Entente bewerkstelligt hatte). Der Duce wollte das Dollfuß-Österreich zuweilen in dieses Bündnis bugsieren, indessen gerieten alle Staaten der Kleinen Entente zuletzt in die Hände Hitlers.

Kommunistische Internationale: Nach der Ersten Internationale (1864), der Zweiten Internationale (1889), der sogenannten Zweieinhalbten Internationale (auch Wiener Internationale, 1923) entstand abseits vom demokratischen Sozialismus 1919 die Dritte Internationale als Trägerin von Lenins anfänglicher Idee einer Weltrevolution. In den dreißiger Jahren schwand zuweilen die Distanz der Kommunisten zu den Sozialdemokraten, als der Aufstieg Hitlers eine sogenannte Volksfront (Kommunisten, Sozialdemokraten, Linksliberale) notwendig erscheinen ließ; das Volksfront-Experiment in Spanien und in Frankreich endete für viele Genossen tödlich: Sie fielen nach der Rückkehr aus dem Spanischen Bürgerkrieg der grausamen Verfolgung unter Stalin zum Opfer.

KPÖ: Entstand im Umsturz 1918 aus Angehörigen der linken Linken der SDAPÖ; bis 1934 nicht im Nationalrat vertreten; radikal im Kampf gegen den Ständestaat und das Dritte Reich, erbrachte sie 1938–1945 schwere Blutopfer; 1961 trennte sie sich vom System des Stalinismus, verlor aber alle nach 1945 innegehabten Nationalratssitze.

Landbund für Österreich: Entstanden 1919 als »Deutsche Bauernpartei«; stützte sich als Alternative zum Bauernbund vor allem auf freisinnige und evangelische Teile der bäuerlichen Bevölkerung; als Regierungspartei mit Bauernbündlern auch in den Landwirtschaftskammern in einem Boot, konnte 1930 nach der Nationalratswahl noch neun Abgeordnete stellen. Nach dem Bruch der Christlichsozialen mit den Großdeutschen wurde der Landbund in der Anfangszeit der Ära Dollfuß ein unentbehrlicher Koalitionspartner in der Bundesregierung. Der Konflikt mit der HW-Regierungsfraktion und die Gefahr, im Bündnis mit Dollfuß das nationale Wählerpotential zu verlieren, führten zum Exodus aus dem Kabinett Dollfuß I.

Der Versuch, als Alternative zur VF in Graz eine »Nationalständische Front« zustande zu bringen, scheiterte von Anfang an. Teile des Landbundes hielten mit Dollfuß Kontakt (gingen nach 1945 in die ÖVP), andere kämpften in den Bauernwehren zusammen mit der SA im Juli 1934; danach behördliche Auflösung der Partei.

Lebensraum: Mitte des 19. Jahrhunderts im Sinne eines Sozialdarwinismus aufgekommene Formel für Gebietsforderungen und koloniale Expansionen der Staaten; in der Anfangszeit der NSDAP ein viel verwendetes Schlagwort; der 1928–1930 erschienene Kolonialroman von Hans Grimm, »Volk ohne Raum«, lenkte das Parteiinteresse auf später aufgegebene Kolonialforderungen.

Legitimisten: Vertreter eines legitimen Anspruchs des Hauses Habsburg-Lothringen auf die Wiedererlangung der Herrschaftsgewalt.

Liberale: Die liberalen und nationalliberalen Parteien, die es in der Monarchie in allen Nationen und Nationalitäten gab und die – zusammengefaßt zumal – seit der Verfassungsära ex 1867 zeitweise eine machtvolle Stellung im Politischen ausübten, gingen mit der Monarchie in Österreich zugrunde. Das Zusammengehen von Freisinnigen und Deutschnationalen bei der Schaffung des sogenannten Linzer Programms im Jahr 1881 zerfiel, als das Programm nicht der tatsächlichen Entwicklung Rechnung tragen konnte (Überwiegen antisemitischer Ansichten gegenüber dem nach wie vor bestehenden Antiklerikalismus). Lueger hatte an allem, was zum Linzer Programm führte, keinen Anteil; die bei der Formulierung des Programms bestandene Allianz Georg von Schönerers und Victor Adlers überdauerte aber in stets gewandelter Form alle parteipolitischen Veränderungen und erwies sich in der Monarchie wie in der Republik zuweilen als Basis der gemeinsamen Gegnerschaft zu den Epigonen der Lueger-Partei. In der Zweiten Republik bildeten 100 Jahre nach dem Entstehen des Linzer Programms Liberale und Sozialdemokraten eine Koalitionsregierung.

Mieterschutz: Das 1917 geschaffene Gesetz zugunsten der Erhaltung der Mietwohnungen jener, deren Ernährer eingerückt war, bekam nach 1918 eine unerwartete Bedeutung: Es wurde der Pivot der Wohnungspolitik im Roten Wien und blieb als solcher umstritten; den Großleistungen des sozialen Wohnbaus der Gemeinde stand ein weiterer Beitrag zur Auslaugung des Mittelstandes gegenüber, eine völlige Verkümmerung der privaten Bautätigkeit – Mängel, die in den achtziger Jahren jenseits parteipolitischer Orientierungen überwunden werden.

Militärgerichtshof: Nach den Ereignissen des Juli 1934 geschaffenes Ausnahmegericht zur gerichtlichen Verfolgung der an den Gewalttaten der SA und der SS Beteiligten; die nachträgliche Schaffung eines Gerichtsstandes bleibt umstritten; Militärs und Zivilisten, die 1934 in besagten Gerichtshöfen amtierten, traf nach 1938 ein grausames Schicksal.

Militärverband: Nach 1918 sozialdemokratische Standesvertretung im Heer.

Nationale Aktion: Gemeinhin Aktion Reinthaller genannt; nach dem 25. Juli 1934 in Kreisen der Illegalen in Oberösterreich unternommener Versuch, nach der diskriminierenden Wirkung des Dollfuß-Mordes wieder mit der Regierung ins Gespräch zu kommen und für die Reorganisierung der im Untergrund weiterhin angreifenden Illegalen Raum zu schaffen. Das Programm der Aktion ging von der Aufhebung des 1933 verhängten Betätigungsverbots zugunsten der NSDAP und ihrer Gliederungen aus und zielte auf die Wiedereinsetzung der NSDAP und ihrer Mitglieder in den bis zum Verbot innegehabten Stand im öffentlichen und privaten Leben ab (hiezu entsprechende Schadensgutmachungsansprüche). Bundeskanzler Schuschnigg ermächtigte den Sicherheitsdirektor für Oberösterreich Revertera, mit den Exponenten der Aktion Reinthaller (nach 1945 Bundesparteiobmann der FPÖ) und dem ehemaligen prominenten großdeutschen Landespolitiker Langoth in Fühlung zu bleiben. Die Aktion versandete, und Reinthaller sowie Langoth gerieten zuletzt in staatspolizeiliche Untersuchung. Wahrscheinlich aber ist zutreffend, was vor 1938 als Warnung an den Bundeskanzler gesagt wurde und nach dem März 1938 von Langoth in Anspruch genommen wurde: Die Machtergreifung des Nationalsozialismus in Österreich war vornehmlich die Tat der illegalen Kämpfer und der als Hilfsmaßnahmen getarnten Aktivitäten Langoths. In diesem Sinne erfüllte sich tatsächlich das, was nach dem 25. Juli 1934 Anlaß dieses Vorhabens war.

Nationalrat: Unter Bruch der Verfassung 1867 konstituierte sich am 21. Oktober 1918 eine aus den 1911 gewählten deutschen Reichsratsabgeordneten bestehende Provisorische Nationalversammlung, aus der bald die Exekutive eines Staates hervorging, der rechtlich nicht bestand. 1919 erfolgte unter Verzicht auf eine Volksabstimmung die Wahl einer Konstituierenden Nationalversammlung; weitere Wahlen erfolgten auf dieser fraglichen Basis 1920, 1923, 1927 und 1930. Nach Ende des Zweiten Weltkrieges fand die erste Nationalratswahl im Herbst 1945 statt.

Nationalständische Front: Siehe unter Landbund.

Nationalverband deutscher Offiziere: Offiziersvertretung im Bundesheer mit großdeutscher Zielsetzung, nach 1930 mehr und mehr mit nationalsozialistischem Charakter und daher dem Verbot verfallen.

New Deal: Sanierungsprogramm des 32. Präsidenten der USA, Franklin D. Roosevelt, mit dem die Folgen der nach dem Börsenkrach von 1929 zuerst in den USA ausgebrochenen schweren Wirtschaftskrise und Arbeitslosigkeit unter Kontrolle gebracht werden sollten (zeitweise Schließung der Banken, Abwertung des Dollars, Verbot der Ausfuhr sowie des Hortens von Gold- und Devisenbeständen, drastische Einschränkung der landwirtschaftlichen Produktion, regionale Notstandshilfemaßnahmen, Verbesserung der Lage von Arbeitern und Bauern, Einrichtung von Arbeitslosen-, Invaliden-, Alters- und Hinterbliebenenversicherungen nach längst bestehenden europäischen Vorbildern). Fast alle diese ad hoc getroffenen Maßnahmen der Roosevelt-Administration wurden später vom Obersten Gerichtshof der USA als bar jeder rechtlichen Grundlage erklärt – nachdem sie ihre politische Wirkung im Sinne der Administration erfüllt und eine drohende Katastrophe verhindert hatten.

Österreichisch-deutscher Volksbund: Bis 1933 von allen im Nationalrat vertretenen politischen Parteien im Sinne der Anschlußidee unterstützt; nach dem korporativen Beitritt der Gewerkschaften hatte der Bund zuletzt 1,3 Millionen Mitglieder.

Österreichische Legion: Militärisch organisierte Einrichtung im Dritten Reich zur Erfassung aller seit 1933 aus Österreich geflüchteten Nationalsozialisten; im Juliputsch gedacht als eine auf österreichischem Gebiet tätige Formation, drohte Hitler ihren Einsatz in Österreich am 12. Februar 1938 dem österreichischen Bundeskanzler an, wobei Hitler nicht versäumte, diesen Einsatz als einen Rachefeldzug hinzustellen.

Parteien im Dollfuß-Staat: KPÖ (1933 aufgelöst), NSDAP samt Gliederungen (Betätigungsverbot im Sommer 1933), SDAPÖ (behördlich aufgelöst nach dem Schutzbundaufstand 1934), Großdeutsche Volkspartei (seit 1933 in Kampfgemeinschaft mit der NSDAP, 1934 aufgelöst), Landbund für Österreich (1934 aufgelöst), Christlichsoziale Partei (Selbstauflösung 1934).

Pfrimer-Putsch: Unter Förderung durch den Landeshauptmann der Steiermark Anton Rintelen traten am 13. September 1931 insgesamt 15000 gut bewaffnete Kämpfer des Steirischen Heimatschutzes an, um anstatt der Republik ein Staatswesen nach den Vorstellungen des zeitweiligen Führers der Gesamt-HW Pfrimer zu schaffen. Der drohende Zusammenstoß mit dem Schutzbund fand nicht statt. Die aufgebotenen HW-Formationen beendeten ihre Aktion am selben Tag, nachdem bekanntgeworden war, daß sie nicht auf die Hilfe des Bundesheeres rechnen durften, vielmehr vom Heeresminister Vaugoin bereits Heeresformationen aus Wien und Niederösterreich in Richtung Steiermark instradiert wurden. Pfrimer lehnte im Prozeß den Vorwurf des Hochverrats ab, weil sich sein Unternehmen gegen einen Staat richtete, der selbst 1918 unter Bruch der Rechtskontinuität kraft der Gewalt der Tatsachen entstanden war. Das Scheitern des Pfrimer-Putsches führte zur Zersplitterung der HW, von der bald Teile zur NSDAP abschwenkten, andere unter Starhemberg zusammen mit Dollfuß an der Abwehr des Nationalsozialismus teilnahmen.

Proporz: Seit dem Bestehen der parlamentarischen Demokratie der neuesten Zeit System der Verteilung von Mandaten und Ämtern je nach dem Stimmenverhältnis bei Wahlen; in Österreich entstand nach 1918 das von Karl Renner ausgeklügelte Proporzwahlrecht (Verhältniswahlrecht), das in ruhigen Zeiten Gewähr bot und erst in jüngster Zeit unter gewissen Aspekten geändert wurde und wird. In den österreichischen Bundesländern (Wien und Vorarlberg ausgenommen) entstand in der Ersten Republik das gesetzlich geordnete Modell einer Proporzregierung, wodurch allen im Landtag in einem gewissen Ausmaß vertretenen politischen Parteien die Teilnahme an der Ausübung der Regierung ermöglicht wird.

Quäkerhilfe: Mit Billigung der Regierung Dollfuß entstand diese in England aufgebotene Hilfseinrichtung, die den Familien der im Kampf gegen die Regierung gefallenen Schutzbündler und den seither inhaftierten Sozialdemokraten zu Hilfe kommen sollte. Ein Großteil der Helfer rekrutierte sich aus den Reihen der britischen Arbeiterpartei und war in diesem Sinne gleichermaßen im Dollfuß-Österreich tätig.

Rassenlehre, Rassenkunde: Forschungsbereich der biologischen Anthropologie, betreffend Entstehung, Verbreitung, Variabilität, Charakterisierung und Klassifizierung der Menschenrassen; in jedem Fall zugleich weltanschaulich-politisch beeinflußt. So in den USA angesichts der indianischen Ureinwohner und deren fast völliger Ausrottung sowie gegenüber den aus Afrika importierten Negersklaven. In Westeuropa von folgenschwerer Bedeutung (Affäre Dreyfus), in Österreich um 1870 Arierparagraph in einzelnen nationalen Vereinigungen. Hitler hielt Luegers »Scheinantisemitismus« für »schlimmer als gar keinen« (siehe »Mein Kampf«). Im Programm der NSDAP fand der Rassenantisemitismus in Punkt 4 Ausdruck: Staatsbürger kann nur sein, wer Volksgenosse ist, Volksgenosse kann nur sein, wer deutschen Blutes ist, ohne Rücksicht auf Konfession. Kein Jude kann Volksgenosse (und also deutscher Staatsburger) sein. Dem entsprachen nach 1933 das Reichsbürgergesetz und die hiezu ergangenen zahlreichen Verordnungen sowie das Blutschutzgesetz: die berüchtigten Nürnberger Gesetze aus 1935. Sowohl Regierung als auch Episkopat in Österreich haben dagegen von Anfang an nicht nur Widerspruch erhoben, sondern auch deswegen den opferschweren Abwehrkampf bis 1938 geführt. Das Dollfuß-Österreich wurde das erste Exilland der aus dem Dritten Reich flüchtenden Juden, für das System waren die Flüchtlinge kein »unerwünschtes Volk«; viele Funktionäre dieses Regimes wurden nach 1938 als »Judenknechte« ins KZ eingeliefert und 1939 in der Monsterschau »Der ewige Jude« in der Aufmachung von KZ-Häftlingen der allgemeinen Verachtung preisgegeben.

Reichsbanner Schwarz-Rot-Gold: Seit 1924 politischer Kampfverband der SPD in der Republik von Weimar; gleichzeitig mit dem Republikanischen Schutzbund in Österreich entstanden, unterschied er sich von diesem durch die größere Radikalität der Kampfesweise. Sozialdemokratische Spitzenfunktionäre aus Österreich (Karl Renner, Theodor Körner u. a.) ergriffen bei Aufmärschen des Reichsbanners öfters das Wort und nutzten den Anlaß, um den auch von der SDAPÖ grundsätzlich bis zur Machtergreifung Hitlers verfochtenen Anschlußgedanken (Anschluß = Abschluß der nationalen Revolution von 1918 in Österreich) zum Ausdruck zu bringen.

Religiöse Sozialisten: In den zwanziger Jahren von Otto Bauer geförderter »Bund der religiösen Sozialisten Österreichs«; eine ehemalige Erzherzogin und Enkelin Kaiser Franz Josephs I. wurde 1928 Mitglied des Bundes (seit 1925 gehörte sie der SDAPÖ an).

Revolution: Ein plötzlicher Machtwechsel, aber auch die dem offenen Ausbruch vorangehende Anbahnungsphase und die dem Wechsel folgende langfristige Umwälzungs- und Umschichtungsphase (Alexander Solschenizyn); zum Unterschied: ein mit staatsstreichähnlicher Technik durchgeführter Umsturz oder Umsturzversuch, der in der Regel von subalternen Gruppen durchgeführt wird; Staatsstreich im Gegensatz dazu Aktion von Initiatoren, die (noch nicht voll) auch Inhaber der Staatsgewalt sind; Umsturz als Ablösung führender Repräsentanten einer politischen Ordnung, verbunden mit Änderung des Systems (Deutsch-Österreich 1918 ff.); Aufstand, gewaltsame Auflehnung mit dem Ziel, eine Änderung der sozialen und/oder politischen Zustände durchzusetzen bzw. die Regierung zu stürzen (Februar- und Juliputsch 1934); Umbruch, in der Landwirtschaft erfolgtes Wenden (Umbrechen) der Acker- bzw. Wiesenkrume, von den Nationalsozialisten in Österreich gebrauchte Kennzeichnung des Geschehens vom März 1938; die nach 1945 verwendete Bezeichnung »Rückbruch« wurde nicht ständiger Wortgebrauch.

Revolutionäre Sozialisten: Nach den Februarkämpfen anstatt der verbotenen SDAPÖ im Untergrund entstandene illegale Parteiformation, die den Kampf gegen die Regierung unter weitgehendem Verzicht auf Gewaltanwendung fortsetzte; Sozialistenprozeß 1936 erweckte Interesse der Öffentlichkeit im In- und Ausland, dabei verhängte Haftstrafen wurden jedoch meistens nur zum geringsten Teil tatsächlich vollstreckt. Die Unabhängigkeitserklärung vom 27. April 1945 unterzeichneten für den Vorstand der österreichischen Sozialdemokratie Karl Renner und Adolf Schärf namens der nunmehrigen SPÖ (ausgewiesen als Partei der Sozialdemokraten und revolutionären Sozialisten); die Wiederaufnahme des Namens Sozialdemokratische Partei, analog der SPD in Westdeutschland, stand seither zuweilen zur Diskussion, wurde aber ausdrücklich zurückgestellt.

Römische Protokolle: Nach den Februarkämpfen am 17. März 1934 in Rom zustande gekommener Vertrag, gezeichnet von den Regierungschefs Italiens (Mussolini), Österreichs (Dollfuß) und Ungarns (Gömbös), der für Österreich neben einer wirtschaftlichen Bedeutung vor allem eine gewisse Gewähr dafür bot, daß sich der Duce bis auf weiteres einer Annexion Österreichs durch das Dritte Reich widersetzen werde.

SA: Hervorgegangen aus dem von Josef Berchtold geschaffenen »Stoßtrupp Hitler«; seit 1923 Träger des offenen, meist gewaltsamen Kampfes gegen das Weimarer System und die »Novemberverbrecher von 1918«; nach dem gescheiterten Hitler-Putsch 1923 sowie nochmals 1932 verboten, zuletzt von Papen wieder zugelassen, trug die SA vor allem in Berlin den Kampf um die Straße rücksichtslos aus; nach der Machtergreifung Hitlers im Jänner 1933 ohne die bis dahin gewohnte Kampfaufgabe, versuchte ihr Stabschef Ernst Röhm 1934 eine Beschleunigung der von Hitler betriebenen »allmählichen Revolution«; Hitler führte am 30. Juni 1934 die Liquidierung Röhms und anderer hoher SA-Führer an; bei der Gelegenheit wurde mit Politikern abgerechnet, die, listenmäßig erfaßt, bei der Machtübernahme Hitlers noch einmal mit dem Leben davongekommen waren.

Schober-Block: Eigentliche Bezeichnung »Nationaler Wirtschaftsblock«; letzter Versuch, die antiklerikalen bürgerlichen Wählerkreise (Großdeutsche, Landbündler) unter der Ägide des vielfach anerkannten gewesenen Bundeskanzlers und Ministers sowie Polizeipräsidenten von Wien Johannes Schober mit einer gemeinsamen Liste zu kandidieren. Der Versuch lohnte sich. Die schon im Zerfall befindlichen Parteien der Großdeutschen, des Landbundes sowie des ad hoc gesammelten Wirtschaftsblocks brachten es noch einmal auf sieben bzw. neun und drei Mandate; dieses Zerbröckeln der nichtmarxistischen Front der zwanziger Jahre und das gleichzeitige Kandidieren von Teilen der HW auf der Liste des Heimatblocks geriet zum Vorteil der SDAPÖ, die so zum ersten Mal seit 1920 die relative Mehrheit im Nationalrat und damit den Posten des Ersten Präsidenten für Karl Renner erringen konnte. Die Szene für die weitere Entwicklung war vollends dadurch gestellt, daß die große Verliererin dieser Wahl, die vergreiste Lueger-Partei, nunmehr die Fraktion der Großdeutschen und des Heimatblocks gegen die von ihr geführte Regierungskoalition hatte.

Schutzbund: Abgekürzt Schubu genannt, 1923 als umfassender Wehrverband aus den bisherigen Ordnungstrupps der SDAPÖ entstanden; rekrutierte sich im übrigen aus ehemaligen Angehörigen der alten Armee, der Volkswehr und des Bundesheeres sowie jugendlichen Wehrsportlern der Arbeiterturnvereine. Die Bewaffnung übertraf, wie das Jahr 1934 ergab, bei weitem jene der HW (mehr MGs als MG-Schützen); so wie die Mannschaft der HW litt auch jene des Schutzbundes unter Differenzen innerhalb der Führung: Der technische Berater des Schutzbundes, Generalmajor a. D. Körner, gab seine anfangs bestehende Idee von einer aus dem Schutzbund und roten Gewerkschaftern in der Gendarmerie, der Polizei sowie sozialistisch gesinnten Wehrmännern gestellten »Roten Armee« auf und wandte sich gegen den zuletzt im Februar 1934 ausgeführten Plan des Stabschefs des Schutzbundes Major a. D. Eifler, dem er die Militarisierung des Schutzbundes vorwarf. Dies führte 1934 weiters zum Konflikt zwischen den beiden gewesenen Majoren Eifler und Fey, die tatsächlich die dramatische Auseinandersetzung der Februartage in Wien nach den erlernten, rein militärischen Führungsmethoden austrugen; wobei Fey anfangs dachte, den Kampf mit Waffen durch die von Staats wegen zu erfolgende Entwaffnung des Schutzbundes verhindern zu können (!); ein Risiko für den Schutzbund, dem sich dieser entzog, indem er am 12. Februar 1934 losschlug, als er Gefahr lief, daß seine in Linz im Hotel Schiff gelagerten Waffenbestände von der Exekutive beschlagnahmt wurden.

Sicherheitsdirektoren: 1933 in den einzelnen Bundesländern eingeführte Organe der unmittelbaren Bundesverwaltung, die der Generaldirektion für die öffentliche Sicherheit im Innenministerium unterstanden; zuständig für Angelegenheiten der Sicherheitspolizei, wurde der in der Bürgerkriegsära verstärkten Kompetenz auch jene in Waffen-, Schieß- und Sprengstoffangelegenheiten sowie der Pressepolizei, des Vereins- und Versammlungswesens usw. übertragen; einige der Sicherheitsdirektoren erwarben sich bei der Abwehr der Anschläge auf das Regierungssystem im Jahr 1934 besondere Verdienste (Hammerstein-Equord, nachher Staatssekretär und Bundesminister, Revertera, hervorgetreten im Umgang mit der Nationalen Aktion 1935/36, u. a.); obwohl eine Einrichtung aus der »Systemzeit«, wurden die 1938 aufgelösten Sicherheitsdirektionen nach 1945 mit dem damaligen Behördenüberleitungsgesetz in Österreich wieder eingeführt.

Siebener-Ausschuß: Ab 1937 letzter Versuch Schuschniggs, mit einer geduldeten Interessenvertretung der Nationalsozialisten eine Befriedungsaktion zustande zu bringen; staatspolizeiliche Erhebungen ergaben Ende 1937, daß die enragierten Nationalsozialisten des Siebener-Ausschusses (Dr. Tavs, Dr. Jury u. a.) längst nicht mehr auf Befriedung, sondern auf Beschleunigung der Beseitigung des »Systems« aus waren; behördliche Durchsuchung der Büros förderte fertige Pläne zur gewaltsamen Machtergreifung der Nationalsozialisten in Österreich, aber auch untrügliche Beweise dafür zutage, wonach entgegen den Abmachungen vom 11. Juli 1936 Staats- und Parteidienststellen des Dritten Reiches nach wie vor in dieses Kampfgeschehen in Österreich unterstützend eingriffen.

Sozialdemokratische Partei: Einigung der deutschen Sozialdemokraten in der Monarchie gelang Victor Adler an der Wende 1888/89, als er angesichts des 1885 deklarierten Antisemitismus im Programm der Deutschnationalen den endgültigen Bruch mit seiner früher eher national-freisinnigen Anschauung vollzog; Versuche, deutsche, tschechische, polnische, ruthenische, slowenische, kroatische und italienische Sozialdemokraten, soweit

490

ihre Parteien im Reichsrat vertreten waren, zu einigen, scheiterten – zumal am Widerstand der Tschechen (1906); interfraktioneller Zusammenhalt aller sozialdemokratischen Abgeordneten im Reichsrat blieb nicht zuletzt dank der überragenden Persönlichkeit Victor Adlers dennoch meistens gewahrt; zog 1918 die soziale Revolution dem Kampf für die nationale Revolution vor.

Soziale Arbeitsgemeinschaft (SAG): Hervorgegangen aus dem im Juli 1934 von Dollfuß innerhalb der VF geschaffenen Arbeitskreis zur Einleitung einer Befriedung nach den Februarereignissen; mit Rundschreiben der VF vom 31. März 1935 erfolgte formelle Gründung der SAG auf dem Boden der VF (VF-Mitgliedschaft für Mitarbeiter nicht erforderlich).

SS: Abkürzung für Schutzstaffeln der NSDAP; 1925 im Verband der SA entstanden und dieser unterstellt; Heinrich Himmler, seit 1929 Leiter (nicht Führer) der SS, gründete noch vor Hitlers Machtergreifung zusammen mit Reinhard Heydrich den Sicherheitsdienst (SD) der SS; Niederschlagung des angeblichen SA-Putsches vom 30. Juni 1934 brachte SS und Himmler die Verselbständigung; von da an ständige Entwicklung zum »SS-Staat« innerhalb des Dritten Reiches; Himmlers Idee der »Rückkehr zu Grund und Boden« erzeugte unter anderem die Vorstellung eines großgermanischen Reiches (bis zum Ural) und einer Ansiedlung von Wehrbauern in den eroberten Ostgebieten; der rücksichtslose Kampf gegen das Judentum im Dritten Reich wurde während des Zweiten Weltkrieges eine europaumspannende Vernichtungsaktion; Himmlers Versuch, beim Zusammenbruch des Dritten Reiches Kontakte mit den Alliierten aufzunehmen, wurde entlarvt, Himmler aller Ämter entkleidet, von Hitler selbst aus der Partei ausgeschlossen. Himmler traf am 12. März 1938 noch vor den Vorausabteilungen der deutschen Wehrmacht in Wien ein, wo er zum ersten Mal praktizierte, was später auch jene Länder traf, die 1938 glaubten, Österreich im Stich lassen zu dürfen.

Ständestaat: Von politischen Gegnern der Regierung in Erinnerung an die Ära Metternich »System« genannt, bestand 1934–1938; entgegen der geläufigen Version folgte Dollfuß dabei nicht landfremden Einflüssen, wie jenen des faschistischen Italien. Die Idee einer ständischen Ordnung entstand unter den frühen Programmgestaltern der Christlichsozialen Partei schon in den achtziger Jahren des 19. Jahrhunderts; die Ende der zwanziger Jahre unleugbare Krise der parlamentarischen Demokratie, des Parteienwesens, vor allem aber die absolute Verneinung des Klassenkampfprinzips sowie des Nationalsozialismus bestärkte jene Kernschichten der zugrundegehenden Partei in der Absicht, im Verein mit den aus den Wehrverbänden kommenden militanten Gruppen eine Abwehrfront, gestützt auf die Idee eines selbständigen Österreich, zu schaffen. Dollfuß schuf unter Berufung auf die päpstliche Enzyklika »Quadragesimo anno« die Anfänge eines Zusammenschlusses zur Abwehr der von links und rechts kommenden Angriffe. Mit der von Othmar Spann vertretenen Version einer berufsständischen Ordnung hatte das Experiment Dollfuß' nur den Namen gemeinsam. Die mit der Maiverfassung 1934 institutionalisierte ständische Gliederung und Ordnung konnte inmitten des Kampfes um die Selbständigkeit Österreichs nicht verwirklicht werden.

Steirischer Heimatschutz: Unterschied sich von der WHW unter Emil Fey schon in der Uniformierung; Fey legte auf die Pflege österreichischer Traditionen Gewicht, also die Feldkappe anstatt des vom Steirischen Heimatschutz getragenen Hutes. Der deutschnationale und teilweise scharf antiklerikale Kurs des Steirischen Heimatschutzes wurde anläßlich der Nationalratswahl 1930 sichtbar, als er für eine selbständige Liste (Heimatblock), die WHW unter Fey aber für die Christlichsoziale Partei demonstrierte; nach dem mißglückten Pfrimer-Putsch 1931 richtete sich die Enttäuschung der Männer verstärkt gegen die »Schwarzen«, deren Heeresminister Carl Vaugoin Verbände des Bundesheeres aus Wien und Niederösterreich gegen die Pfrimer-Putschisten in Marsch setzte. Als Dollfuß im Sommer 1933 das Verbot einer Betätigung für die NSDAP erließ, traf dieses auch jene Teile des Steirischen Heimatschutzes, die sich bald nach dem Pfrimer-Putsch Hitler unterstellt hatten; jene damals noch dem Nationalrat angehörenden Abgeordneten des Heimatblocks, die sich nicht dem Regierungskurs angeschlossen hatten, waren die ersten Mandatare, die im Dollfuß-Österreich ihr Mandat einbüßten. Seyß-Inquart gehörte einer in Wien bestandenen Formation des Steirischen Heimatschutzes an und bekannte später, daß er nicht sofort die Schwenkung zum Nationalsozialismus gesinnungsmäßig mitgemacht hatte.

Streik, Generalstreik: Der von der SDAPÖ angesichts der Ereignisse vom 15. Juli 1927 sowie des Schutzbundaufstandes 1934 ausgerufene Generalstreik kam nicht zustande; seither hat es keinen Versuch mehr gegeben, aus parteitaktischen Gründen in Österreich einen Generalstreik auszurufen.

Sturmkorps (SK): 1937 auf dem Boden der VF entstandene Ordnungstruppe, deren Uniformierung sich bewußt von jener der bis 1936 bestandenen Wehrverbände unterschied; im letzten Jahr des Dollfuß-Staates mehrmals in scharfe Zusammenstöße mit Nationalsozialisten geraten, wurde es im März 1938 alarmiert, aber nicht eingesetzt.

Tausend-Mark-Sperre: Mit Verfügung der Reichsregierung vom 27. Mai 1933 wurde eine Visumgebühr für jede Ausreise eines deutschen Staatsbürgers nach Österreich vorgeschrieben (1000 RM); damit sollte der bis dahin rege Zustrom reichsdeutscher Touristen nach Österreich unterbunden und der nationalsozialistischen Propaganda in Österreich eine Unterstützung zuteil werden; die illegale Presse hörte denn auch bis 1938 nicht auf, immer wieder darauf hinzuweisen, daß die Wirtschaft in den von der Tausend-

492

Mark-Sperre betroffenen Bundesländern das Opfer des Systems geworden sei.

Turnerbund: 1862 Zusammenfassung der deutschen Turnvereine in der Monarchie, nach Vereinigung mit Turnvereinen im Deutschen Reich fortan 15. Turnkreis in diesem Verband; 1919 Gründung des »Deutschen Turnerbundes« in Österreich; seit 1923 eigene Wehrzüge in größeren Vereinen rekrutiert; 1927 Anschluß an die HW, im Herbst aber bereits aus der HW wieder ausgetreten; davon zu unterscheiden ist der Verband »Deutsche Wehr«, der 1931 zur nationalsozialistischen Bewegung überging.

Turnverein: 1900 Gründung der Christlich-deutschen Turnerschaft, stellte ab 1930 kleine, aber sehr gut ausgebildete und gut geführte Wehrzüge, die später auch zum Schutzkorps gehörten; der Bombenanschlag (Handgranaten?) auf eine Abteilung christlich-deutscher Turner nahe Krems am 19. Juni 1933 (ein Toter, 29 Verwundete) löste das Verbot der Betätigung für die NSDAP und die zu den Nationalsozialisten übergegangenen Teile des Steirischen Heimatschutzes aus.

Vaterländische Front: Abkürzung VF wurde von Illegalen durch die Auslegung »*v*ollständig *f*ertig« lächerlich gemacht. Idee, der Front der Nationalsozialisten eine Abwehrfront gegenüberzustellen, war 1933 in Kreisen der zum Widerstand entschlossenen Christlichsozialen, aber auch der HW rege. Der Aufmarsch der HW zu einer »Türkenbefreiungsfeier« (Erinnerung an 1683) im Mai 1933 zeigte eine überraschende Kampfstärke der Verbände, die nach dem Verfall der letzten Jahre nur mehr wenige der HW zugemutet hatten. Unter dem Eindruck dieser Kundgebung im Roten Wien und nach scharfen Konflikten mit Nationalsozialisten entstand der konkrete Wille zu einer gemeinsamen politischen Abwehrfront. Am 21. Mai 1933 druckte die »Wiener Zeitung« einen Aufruf mit der Überschrift: »Hinein in die vaterländische Front«, ab. Die Initiative Bundeskanzler Dollfuß' wurde in dem Aufruf mehrmals betont und Dollfuß als der Mann bezeichnet, der »sich an die Spitze der vaterländischen Front« stelle. Das Wort »vaterländisch« war noch klein geschrieben, der Eigenname »Vaterländische Front« wurde erst kurz danach geprägt. Am 11. September 1933 hielt Dollfuß seine sogenannte Trabrennplatzrede, welche die Substanz und die Zielsetzung der VF erkennen ließ: Einheitsfront statt Parteihader, Papstenzyklika »Quadragesimo anno«, aber nicht italienischer Faschismus als Grundlage und Alternative zu Klassenkampf und Nationalsozialismus, das Kruckenkreuz (damals längst Ordensdekoration der staatlichen Auszeichnungen) als Symbol abendländischer Tradition. Dollfuß erster Frontführer, seit Mai 1934 Starhemberg sein Stellvertreter, nach 25. Juli Nachfolger; 1936 Schuschnigg als amtierender Bundeskanzler zugleich Frontführer nach Ausscheiden Starhembergs aus der Politik. 1934 korporativer Beitritt der HW zur VF ein Erfolg Starhembergs. 1938 auf Verlangen Hitlers in Berchtesgaden Betätigung für Nationalsozialisten auf dem Boden der VF

(!). Liquidatoren der VF im Jahr 1938 Walter Trnik und Albert Hantschk (beide vorher Angehörige von gleichfalls nach dem Anschluß aufgelösten Verbindungen des ÖCV).

Verfassungsreform: Rechtskontinuität des Verfassungsstaates aus 1867 bereits beim Umsturz 1918 unterbrochen; in Sukzession dessen Verfassungsnovelle 1929, Maiverfassung 1934, Anschlußgesetz 1938 auf Grund der Maiverfassung 1934 (!); Wiederherstellung der Republik im Geist der Verfassung 1920 am 27. April 1945.

Volksabstimmung: Seit 1934 wurde Schuschnigg mehrmals der Vorschlag gemacht, mit einer Volksbefragung der Regierung die gebotene Festigkeit gegenüber Anschlägen auf den Staat zu geben. 1936 wurde an markanter Stelle ein »Demokratie-Experiment« gemacht: Für die nach 1934 geschaffenen Werksgemeinschaften wurde eine Vertrauensmännerwahl ausgeschrieben, wobei fast zwei Drittel der zuvor ernannten Vertrauensmänner wiedergewählt wurden. Dazu kamen ähnliche Ergebnisse im bäuerlichen Bereich. Die Überzeugung ging aber dahin, daß erst nach gehörigen Verhandlungen mit sozialistischen Unterhändlern aus Gewerkschaftskreisen eine Mehrheit für die Parole der Regierung »Lieber Schuschnigg als Hitler« zu erzielen wäre. Nach Berchtesgaden 1938 wurde eine einschlägige Volksabstimmung Ultima ratio der Regierung; der diesbezügliche Aufruf Schuschniggs vom 9. März 1938 war für Hitler angesichts der Gefahr einer eventuellen Niederlage seiner Parteigenossen in Österreich mitbestimmend dafür, daß er die »Volkserhebung der Nationalsozialisten in Österreich« durch ein militärisches Eingreifen der deutschen Wehrmacht unterstützte.

Zeittafel

Jänner: Nationalsozialistische Terroranschläge erreichen am Vorabend des Besuches des Beauftragten Mussolinis, Suvich, in Wien einen Höhepunkt. Die deutsche Reichsregierung weist einen österreichischen Protest gegen die aus dem Dritten Reich stammenden Angriffe sowie die Richtigkeit des einschlägigen Dossiers zurück; Hitler nennt die Anschuldigungen des Ballhausplatzes *absurd,* durch nichts belegt oder erwiesen.
Ja des Duce zur Unabhängigkeit Österreichs, aber gewisse Vorbehalte hinsichtlich des Kampfes Dollfuß' gegen die Nationalsozialisten.

Februar: Protestaufmarsch von 100 000 niederösterreichischen Bauern in Wien gegen nationalsozialistische Anschläge.
Die HW versucht in einzelnen Bundesländern »schwarz-rote« Packelei in den Landesregierungen zu zerschlagen, um maßgebenden Einfluß zu gewinnen. Dollfuß vertagt Beilegung dieses Konflikts bis zu seiner Rückkehr aus Budapest; geplanter Termin dieses vom Duce verlangten Besuches: erste Februarhälfte (!).
Fey verfolgt konsequent sein Ziel, durch Beschlagnahme der Waffen des seit März 1933 verbotenen Schutzbundes der SDAPÖ militärischen Konflikt zwischen Schutzbund und staatlicher Exekutive zu verhindern.

12. bis 16. Februar: Aufstand des Schutzbundes bricht bei Waffensuche in Linz los. Zentrale der SDAPÖ läßt Waffendepots des Schutzbundes öffnen und Schutzbund in ganz Österreich zum Kampf bereitstellen.
Rundfunkappell Dollfuß' an die im Kampf stehenden Aufständischen, Waffen niederzulegen und so bei Waffenstreckung bis 15. Februar, 12 Uhr, Straffreiheit zu erlangen, bringt nur Teilerfolge.
Todesopfer in den Februarkämpfen: Vorläufige Zahlen: Exekutive 128 Tote, Schutzbund 137. Tatsächliche Opfer der Exekutive 125 (Bundespolizei 30, Bundesgendarmerie 12, Bundesheer 29, Heimatschutz 30, Freiwillige Schutzkorps 12 [11 HW], Ostmärkische Sturmscharen 6, Freiheitsbund 6).
Auflösung der SDAPÖ, Annullierung der von dieser Partei besetzten Nationalratsmandate und weitgehende Beschlagnahme ihrer Wirtschaftsunternehmungen.
Dreimächtegarantie Italiens, Frankreichs und Englands zugunsten Unabhängigkeit Österreichs als teilweise Reaktion auf die Zurückweisung des

österreichischen Protests in Berlin vom Jänner; die Großmächte stellen sich ausdrücklich gegen die Einmischung des Dritten Reiches in innerösterreichische Verhältnisse, mischen sich aber in die gleichzeitigen Bürgerkriegsereignisse und deren Folgen nicht ein (!).

März: Schaffung einer Einheitsgewerkschaft.

17. März: Unterzeichnung der Römischen Protokolle (Mussolini, Dollfuß, Gömbös), womit unter anderem die Unabhängigkeit Österreichs von den Vertragspartnern gewährleistet wird.

April: Zahl der unterstützten Beschäftigungslosen übersteigt 300 000.
Sogenannte Dollfuß-Verfassung 1934 wird auf Anraten des juristischen Gewährsmannes Dollfuß', Robert Hecht (29. Mai 1938 als Jude ermordet), auf Grund des Kriegswirtschaftlichen Ermächtigungsgesetzes aus 1917 von der Bundesregierung beschlossen.

30. April: Letzte Sitzung des 1930 gewählten Nationalrates (zuletzt Rumpfparlament mit 76 Stimmberechtigten) bestätigt alle seit März 1933 auf Grund des Ermächtigungsgesetzes aus 1917 ergangenen Notverordnungen der Regierung und mit zwei Gegenstimmen (großdeutsche Abgeordnete) »Dollfuß-Verfassung 1934«.
Radikale Aktionen der Nationalsozialisten gegen diesen »Verfassungsbruch«. Verstärkung der bis zum 11. März 1938 anhaltenden Terroraktionen der Nationalsozialisten (»Illegalen«); zahlreiche Terroristen und Funktionäre der NSDAP fliehen ins Dritte Reich, wo sie für die Fortsetzung des Kampfes Schutz der Berliner Regierung genießen. Das im September 1933 zuerst für Nationalsozialisten errichtete Anhaltelager Wöllersdorf ist mit jenen Illegalen überfüllt, denen eine Flucht nicht gelang oder die den Kampf in Österreich durchstehen wollen.

Mai: Der Bundesführer der HW, Ernst Rüdiger (Fürst) Starhemberg, löst Emil Fey (Führer der WHW) als Vizekanzler ab; Fey bleibt aber für das Sicherheitswesen zuständig.
Die im Herbst 1933 gefaßten Pläne für einen bewaffneten Überfall der Illegalen auf das Bundeskanzleramt zwecks Sturzes des »Systems« werden wieder aufgenommen und in Berlin mit Ministerialdirektor Gerhard Köpke abgesprochen; Reichsaußenminister von Neurath wird hievon in Kenntnis gesetzt; gleichzeitige Informierung Hitlers neuerdings nachgewiesen.
Hitler bespricht sich in Berlin mit dem am 13. Juni 1933 aus Österreich abgeschafften und abgeschobenen bisherigen Landesinspekteur und eigentlichen Führer der NSDAP in Österreich, Theo Habicht, der von München aus an der Vorbereitung des Überfalls auf das Bundeskanzleramt am 25. Juli führend beteiligt sein wird.
Wiedereinführung der Todesstrafe nach gehäuften gefährlichen Spreng-

stoffanschlägen der Nationalsozialisten gegen wichtigste Bahnverbindungen und andere Einrichtungen in Österreich.

1. Mai: Feierliche Proklamation der Dollfuß-Verfassung für einen »Bundesstaat« auf christlicher und ständischer Grundlage, zugleich Übernahme des 1933 rechtens mit dem Vatikan abgeschlossenen Konkordats in den innerstaatlichen Rechtsbereich (Schule, Ehe usw.).

25. Mai: Theo Habicht und sein Landsmann Rudolf Weydenhammer sowie die Österreicher Otto Wächter und Fridolin Glass, Hauptmacher des Putschversuchs vom 25. Juli 1934, werden sich in Zürich über die Ausführung dieses Putsches einig.

Juni: Kontaktaufnahme der nach den Februarkämpfen 1934 im Untergrund organisierten Revolutionären Sozialisten mit dem Auslandsbüro der österreichischen Sozialdemokraten in Brünn (Otto Bauer u. a.).

30. Juni: Sogenannter Röhm-Putsch im Dritten Reich.

10. Juli: Bildung des letzten Kabinetts Dollfuß. Der Kanzler nunmehr ressortzuständig für Äußeres, Inneres, Landesverteidigung, Sicherheit sowie Land- und Forstwirtschaft; hiezu jeweils Staatssekretäre: Tauschitz (Äußeres), Baron Karwinsky (Sicherheit), Generalmajor Zehner (Landesverteidigung), Ulrich Ilg (Landwirtschaft). Fey als sogenannter Generalkommissär für außerordentliche Sicherheitsmaßnahmen wird hiemit die Kompetenz für die staatliche Exekutive entzogen. (Siehe Auswirkung am 25. Juli 1934!)

12. Juli: Zusicherung von Straffreiheit bei Sprengstoffablieferung bis 18. Juli; danach Risiko der Todesstrafe für Sprengstoffbesitz (als Folge erneut verstärkter Anschläge der Nationalsozialisten).

Juli: Putsch läuft an. Nationalsozialistisches Rollkommando, das Bundespräsident Miklas in Velden (Kärnten) festnehmen und zur Ernennung einer nationalsozialistischen Bundesregierung zwingen soll, fällt auf der Fahrt dahin nach Verrat in die Hände der Exekutive.

25. bis 30. Juli: Putsch der Nationalsozialisten. Am 25. Juli mißglückter Überfall auf die RAVAG; um 12.55 Uhr dringen Angehörige der SS-Standarte 89 ins Bundeskanzleramt ein. Dollfuß auf der Flucht vor Putschisten im Ecksalon des Palais erschossen. Kämpfe dehnen sich auf ganz Österreich aus, ausgenommen Burgenland, Niederösterreich und Vorarlberg. Selbstmordversuch des Exchristlichsozialen und Exlandeshauptmannes der Steiermark sowie ehemaligen Unterrichtsministers unter Dollfuß (!), Anton Rintelen, der in Wien von den Putschisten als kommender Regierungschef in Reserve gehalten wurde. Mussolini unterstützt österreichi-

sche Regierung gegen Bedrohungen aus dem Dritten Reich durch Truppenkonzentration an der Grenze zu Österreich. Direkte Intervention des deutschen Gesandten bei Liquidierung des Überfalls auf das Bundeskanzleramt.
Kämpfe der österreichischen Exekutive gegen Nationalsozialisten fordern um ein Fünftel *mehr* Todesopfer als bei der Abwehr des Schutzbundaufstandes im Februar des Jahres: insgesamt 151 Tote (im Februar 125), davon Bundespolizei 2, Bundesgendarmerie 10, Bundesheer 21 (mehr als das dänische Heer bei der Abwehr der deutschen Wehrmacht im Zweiten Weltkrieg verlor!), HW 111, Ostmärkische Sturmscharen 7.

29. Juli: Kurt von Schuschnigg bildet sein erstes Kabinett, er wird damit Nachfolger Dollfuß' als Regierungschef. Der bisherige zweite Frontführer der VF tritt an deren Spitze.

Juli: Berlin versucht tatsächliche Kontakte zu den Putschisten zu verschleiern. Hitler beruft daher den am 25. Juli schwer kompromittierten Gesandte des Dritten Reiches aus Wien ab und ernennt seinen im Dritten Reich ohnedies höchst mißliebigen Vizekanzler Franz von Papen zu seinem ihm unmittelbar unterstellten Sondergesandten in Österreich (dieser wird sich im Endkampf um Österreich als »Trojanisches Pferd« Hitlers erweisen).
Bundesregierung zögert, dem äußerst verdächtigen von Papen Agrément zu erteilen, muß aber nach den Trauerfeierlichkeiten für Dollfuß zustimmen, um neuerliche Konfrontation zu vermeiden.

August: Von Papen trifft in Wien ein.
Bundeskanzler Schuschnigg hat seine erste Begegnung als Regierungschef mit Mussolini. Der Duce unterstreicht die positive Bedeutung der italienischen Truppenkonzentration an der österreichischen Grenze. Intern aber erklärt er, er werde nie mehr – so wie nach dem 25. Juli – »allein zum Brenner marschieren«. (Erster tiefer Riß in den Beziehungen zwischen Rom und Wien nach Tod Dollfuß'.)
Der liberale, antiklerikale »Landbund für Österreich«, dessen Bauernwehren nach dem 25. Juli zum Teil an der Seite der SA am Putschunternehmen beteiligt waren, wird aufgelöst, dessen Landesobmann für Oberösterreich, Franz Bachinger, wegen des Verdachts des Hochverrats in Haft genommen (Bachinger gehörte 1933 als Landwirtschaftsminister dem Kabinett Dollfuß I an!), aber nicht vor Standgericht gestellt.
Hinrichtung des nach den Februarkämpfen 1934 mit den Nationalsozialisten sympathisierenden ehemaligen Schutzbündlers Josef Gerl (Sprengstoffanschlag auf Bahnsignalanlage in Wien, tödliche Verwundung eines Sicherheitswachebeamten bei nachfolgender Perlustrierung).

31. August: Justifizierung der zum Tod verurteilten Teilnehmer am Überfall auf das Bundeskanzleramt. (Nach 1938 Benennung von Verkehrsflächen nach den Justifizierten; Reichsstatthalter enthüllt im Juli 1938 ihnen gewidmete Gedenktafel an der Außenmauer des Bundeskanzleramtes.)

September: Der von der Vollversammlung des Völkerbundes mit fast einstimmigem Beifall (nur Joseph Goebbels enthielt sich dessen) aufgenommenen Rede Schuschniggs folgt am 27. September neuerliche feierliche Deklaration Italiens, Frankreichs und Großbritanniens zugunsten der staatlichen Unabhängigkeit Österreichs.

Beginn der Spannung zwischen Bundeskanzler Schuschnigg und Vizekanzler Starhemberg. Starhemberg traut den vom Kanzler herangezogenen Sprechern der sogenannten »betont Nationalen« nicht, denen der Regierungschef die Mitwirkung bei einer Befriedungsaktion der Regierung gegenüber den Nationalsozialisten zumutet.

Oktober: Erstmaliges Zusammentreten der in der Verfassung 1934 vorgesehenen gesetzgebenden Körperschaften im »Haus der Bundesgesetzgebung« (bisher Parlament) in Wien: Staatsrat, Bundeskulturrat, Bundeswirtschaftsrat und Länderrat.

November: Zusammentreffen des Bundeskanzlers mit dem Duce in Rom. Mussolini noch nicht ganz vom negativen Eindruck seiner im Frühjar 1934 erfolgten ersten Begegnung mit Hitler befreit, aber sichtlich kühler als im Gespräch mit Dollfuß; trotz äußerlich betonter Bereitwilligkeit, Österreichs Unabhängigkeit gegenüber Anschlägen aus dem Dritten Reich zu schützen, beginnendes Abrücken von bisheriger Österreichpolitik Italiens. Routinemäßiger Besuch des Bundeskanzlers in Budapest.

1935

Jänner: Zahl der Beschäftigungslosen steigt weiter an.

Februar: Staatsbesuch des Bundeskanzlers in Paris und London. Spannung innerhalb der Regierung verstärkt sich, nachdem Vizekanzler und HW- sowie Frontführer Starhembergs ausgesprochene Gegnerschaft zu den »Schwarzen« bekannt wird.

April: Letzte Triple-Entente Italiens, Frankreichs und Großbritanniens zugunsten der Unabhängigkeit und Aufrüstung Österreichs in Stresa (Oberitalien) als Folge der Wiedereinführung der allgemeinen Wehrpflicht im Dritten Reich nach einseitig erfolgter Außerkraftsetzung der einschlägigen Verbotsbestimmungen des Friedensvertrages von Versailles 1919.

Mitte April: Im sogenannten Schutzbundprozeß gegen die im Zusammenhang mit dem Februaraufstand 1934 des bereits 1933 aufgelösten Republikanischen Schutzbundes der SDAPÖ Festgenommenen werden der ehemalige Stabschef Alexander Eifler, ferner Rudolf Löw und 19 Kreis- und Bezirksführer zu schweren Kerkerstrafen, einige von jahrelanger Dauer, verurteilt. Zu Weihnachten 1935 befinden sich Major Eifler und die meisten Abgeurteilten im Zuge der nach links hin getätigten Befriedungsaktion bereits wieder auf freiem Fuß.

Mai: Hitler erklärt, trotz nachweisbarer Unterstützung der Nationalsozialisten in Österreich bei ihrem Kampf gegen die Regierung, er habe nicht die Absicht, Österreich zu annektieren oder anzuschließen oder sich in interne Angelegenheiten Österreichs einzumischen.
Von Papens Versuche, die Beziehungen zwischen Berlin und Wien wieder zu »normalisieren«, scheitern am Widerstand der HW-Fraktion in der Regierung. Der spätere Außenminister Berger-Waldenegg, im Kabinett Schuschnigg I zunächst noch Justizminister, widersteht bis zu seiner Ausbootung im Mai 1936 den Verlockungen von Papens.

Oktober: Mussolini muß nach Eröffnung der Kampfhandlungen gegen das afrikanische Kaiserreich Abessinien mit eventuellen Sanktionen unter der Ägide des Völkerbundes rechnen; Österreich erklärt in Genf vorweg, es würde sich an solchen Maßnahmen gegen Italien nicht beteiligen.
Schuschnigg begegnet aufkommenden Meinungsverschiedenheiten mit maßgebenden HW-Kreisen durch Aufnahme von Politikern christlichsozialer Herkunft in die Bundesregierung (zunächst Dobretsberger, Strobl; auch Exbundeskanzler Buresch verbleibt als Minister ohne Ressortbereich im Kabinett).

November: Die Sanktionen des Völkerbundes gegen das im Krieg mit dem Mitgliedsstaat des Völkerbundes Abessinien im Krieg befindliche Italien treten in Kraft. Österreich absentiert sich davon. Das Dritte Reich aber, seit Oktober 1933 ohnedies nicht mehr Mitglied des Völkerbundes, wird zum gegebenen Partner des isolierten Italien. Die verstärkte Orientierung der Politik des Duce in Richtung Berlin bekommt so jenen Sinn, der im Oktober 1936 zur (Stahl-)Achse Berlin – Rom und damit zu einer gewissen Bedrohung Österreichs führt.

Dezember: In Verfolg der Bemühungen um eine Befriedung im Inneren verfügt die Regierung Schuschnigg zu Weihnachten eine weitreichende Amnestie für politische Gefangene. Von den seit den Februarkämpfen 1934 festgenommenen Sozialdemokraten werden 1505 von anfangs 1521, von den Juliputschisten 440 von anfangs 911 entlassen. Die Amnestierten verstärken sofort zum Großteil die Korps der Unterführer der im Untergrund kämpfenden Nationalsozialisten und Sozialdemokraten.

1936

Jänner: Die im Winter auf 1935 auf dem Höhepunkt gestandene Zahl der unterstützten Arbeitslosen sinkt im Winter auf 1936 auf den Stand zu Beginn der Weltwirtschaftskrise im Winter auf 1930. Mit der Erhöhung der Zahl der Beschäftigten sinkt aber nicht zugleich die Zahl der Arbeitssuchenden. Der Tiefstand des Prokopfeinkommens im Jahr 1935 ist jedenfalls überwunden. Streik- und Aussperrungsverbot führen erstmals zum System der Zwangsschlichtung.

16. Jänner: Treffen Schuschniggs mit dem Ministerpräsidenten der ČSR, Milan Hodža. (Hodža gehörte bis 1914 zum Belvederekreis um den Thronfolger Franz Ferdinand und war der einzige Ministerpräsident der ČSR, der auf eine reelle Zusammenarbeit mit Österreich aus war.)

9. März: Gegenbesuch Hodžas in Wien.

16. März: Im sogenannten Sozialistenprozeß wurde gegen 28 Angehörige der Revolutionären Sozialisten und zwei Kommunisten wegen Hochverrats und anderer Verstöße gegen die bestehenden Strafgesetzbestimmungen verhandelt. In Fortführung der von der Regierung auch gegenüber der Linken versuchten Befriedungsaktion waren die Anklagen weniger scharf gefaßt als jene im Schutzbundprozeß des Vorjahres. Die Strafen fielen verhältnismäßig niedrig aus. Aber auch diese verhängten Strafen und Straffolgen wurden größtenteils nachgesehen; nach dem Umbruch erfreuten sich die 1936 Verurteilten besonderen Entgegenkommens, wobei sich der Wiener Bürgermeister der Umbruchszeit, Dipl.-Ing. Dr. Hermann Neubacher (ehedem in GESIBA), hervortat.

21. bis 23. März: Konferenz der Mächte des Dreierpaktes 1934 führt zur Ergänzung der Römischen Protokolle, ändert aber nicht mehr den Zugzwang, der Mussolinis Außenpolitik näher an Berlin heranführt. Austritt Italiens aus dem Völkerbund, dem jetzt schon vier Großmächte der Erde nicht angehören: USA, Deutsches Reich, Italien, Japan.

25. März: Phönix-Skandal in Wien erschüttert Ansehen des Systems und ermöglicht eine Intensivierung der antisemitischen Propaganda der Nationalsozialisten, die immer mehr System und Judentum als in einer Linie befindlich aufzeigen. Mehrere in den Skandal verwickelte Personen begehen Selbstmord, prominente Politiker werden untragbar.

1. April: Einführung der Bundesdienstpflicht und damit der allgemeinen Wehrpflicht vom 18. bis zum 42. Lebensjahr. Das Bundesheer übernimmt die militärische Ausbildung der fortan auf dem politischen Boden der VF vereinigten Wehrverbände.

13. Mai: Starhembergs Glückwunschtelegramm an den Duce nach dem Endsieg im Abessinienkrieg bei gleichzeitiger Herabsetzung der demokratischen Westmächte wird unmittelbarer Anlaß zum Rücktritt Starhembergs als Regierungsmitglied und Frontführer. Vorstellungen der Westmächte wegen dessen Telegramms an den Duce. Starhemberg scheidet als 37jähriger endgültig aus dem politischen Leben des Landes aus. Innenminister Baar-Baarenfels, an sich anfangs zum Widerstand gegen die Ausbootung der HW bereit, wird von Schuschnigg mit Zustimmung Starhembergs zum Vizekanzler und politischen Ressortleiter für Inneres und Sicherheit berufen, politisch aber faktisch kaltgestellt. Als weiteres HW-Mitglied tritt Ludwig Draxler, Jugendfreund Starhembergs, als Finanzminister in das Kabinett Schuschnigg II ein. Schuschnigg übernimmt zugleich anstatt Starhemberg die Führung der VF, zweiter Bundesführer der VF wird – eher bloß nominell – Baar-Baarenfels. Guido Zernatto wird Staatssekretär und Generalsekretär der VF.

14. Mai: Folgenschwere Regierungsumbildung. Starhemberg scheidet nach Kontroverse mit Regierungschef in der Frage der sogenannten Normalisierung der Beziehung zu Berlin aus dem Kabinett Schuschnigg II aus. Mit ihm aber auch Außenminister Berger-Waldenegg (HW), der sich bis zuletzt den fraglichen Normalisierungsbestrebungen von Papens widersetzt, weil diese nicht auf ein Ende des Kampfes der österreichischen Nationalsozialisten gegen das »System« aus sind, sondern lediglich die Beziehungen von Staat zu Staat regeln und Wien an Berlin binden sollen. Hitler, Führer und Reichskanzler, war bis 1938 zu keinem Zeitpunkt bereit, von direkten oder indirekten Einflußnahmen der Parteizentralen und des Staates auf innerösterreichische politische Verhältnisse abzuweichen.

11. Juli: Von Papen erreicht den Abschluß eines »Normalisierungsabkommens« zwischen Wien und Berlin, das aber am Terrorkampf der österreichischen Nationalsozialisten nichts ändert, zumal Hitler nach Vertragsabschluß den illegalen Gauleiter der NSDAP in Österreich, Hauptmann Leopold, in Berchtesgaden beauftragt, den Kampf gegen die österreichische Regierung mit dem Ziel, diese zu stürzen, fortzusetzen. Bisheriger Kabinettsdirektor der Präsidentschaftskanzlei, Guido Schmidt, maßgebend am Zustandekommen des Juliabkommens beteiligt, wird als Staatssekretär für Äußeres in die Bundesregierung berufen, ebenso der Präsident der Katholischen Akademikergemeinschaft, Generalstaatsarchivar Glaise-Horstenau, letzterer wegen seiner Beziehungen zu »Nationalen« und »betont Nationalen« in Österreich. Sogenanntes Juliabkommen ändert nichts an den Kampfabsichten der Nationalsozialisten in Österreich, ermöglicht aber Berlin, den direkten Einfluß auf innerösterreichische Verhältnisse zu intensivieren.

Juli: Die nach dem Dollfuß-Mord eingeleitete Befriedungsaktion Reinthaller – Langoth endet mit der polizeilichen Einvernahme beider nationalsozialistischer Politiker und Hausdurchsuchung in beider Wohnungen.

August: Rost van Tonningen, nach 1932 Kontrolleur des Völkerbundes hinsichtlich der Verwendung der gewährten Mittel zur Finanzierung Österreichs, erklärt, die gebesserte Wirtschaftssituation in Österreich mache die Fortdauer dieser Kontrolle überflüssig, und verläßt Wien.

12. August: Mussolini warnt österreichischen Militärattaché in Rom vor andauernden Aggressionsabsichten Hitlers gegenüber Österreich und meint, Österreich habe angesichts dessen nur mehr »20 Monate Zeit«.

Oktober: Die Frontmiliz unter General Hülgerth faßt endgültig alle Reste der bestandenen Wehrverbände zusammen und regelt die engere Beziehung der Miliz zum Heer sowie zur VF-Führung.

25. Oktober: Mussolini geht im Vertrag mit Berlin auf neuen Kurs seiner Mitteleuropapolitik: Interessengemeinschaft Hitler - Mussolini (Berlin anerkennt Annexion Abessiniens, und beide Staaten gehen nach Anerkennung Francos beim Eingreifen in den Spanischen Bürgerkrieg einheitlich vor) gerät zum alsbaldigen schweren Nachteil des unabhängigen Österreich.

3. November: Endgültiges Ausscheiden der HW aus der Bundesregierung; aber ehemaliger HW-Minister Neustädter-Stürmer kehrt nach Tätigkeit als Gesandter in Budapest als Befürworter einer über bloße Befriedung hinausgehenden Politik Wiens gegenüber dem Nationalsozialismus zurück. Ansonsten sichtbare »Schwarzfärbung« des Kabinetts durch Aufnahme von Politikern christlichsozialer Herkunft.

11. November: Vertreter der Staaten der Römischen Protokolle 1934 tagen in Wien; Österreich und Ungarn anerkennen Annexion Abessiniens; Tagung bringt aber keinen positiven Ertrag für Österreichs Stellung in der internationalen Politik.

19. November: Guido Schmidt, auf offiziellem Besuch in Berlin, erntet Lob in Regierungskreisen und in nationalsozialistischen Medien des Dritten Reiches.

1937

4. Februar: In Fortsetzung seiner Befriedungsaktion genehmigt Schuschnigg sogenannten Siebener-Ausschuß, um nicht nur »Nationale« und »betont Nationale«, sondern auch – so wörtlich – Unentwegte (Nationalsozialisten) zur Mitarbeit an der Seite der Regierung zu gewinnen. Die erklärten Nationalsozialisten Dr. Jury und Dr. Tavs sind für die nach wie vor im Angriff auf die Regierung befindlichen illegal tätigen Nationalsozialisten Gewähr dafür, daß mit der Schaffung des Siebener-Ausschusses die Kampftätigkeit keinen Abbruch erfährt.

14. Februar: In Fortsetzung dieser Befriedungspolitik kündigt Schuschnigg die Schaffung eines Volkspolitischen Referates in der Zentrale der VF an; diesem soll die Schaffung solcher Referate auf Landesebene folgen.

22./23. Februar: Stürmisch verlaufene Demonstrationen der Wiener Nationalsozialisten beim Besuch des Reichsaußenministers von Neurath in Wien beweisen, daß die Kampfentschlossenheit der Nationalsozialisten nicht abflaut. Von Neurath beschäftigt sich in Wien weniger mit zwischenstaatlichen Beziehungen Wien – Berlin als mit eklatanten Einmischungen Berlins in innerösterreichische Angelegenheiten, so z. B. mit Gewaltandrohung für den Fall der Restauration der Habsburger-Monarchie und mit wirtschaftspolitischen Forderungen, die auf einschlägige Gleichschaltung mit dem Dritten Reich und die entsprechende Abhängigkeit Österreichs hinauslaufen. Stürmische Gegenkundgebungen von Regierungsanhängern bei der Abreise von Neuraths beweisen vollends, daß ein Fortschreiten auf dem Boden des Juliabkommens 1936 die Kampfsituation im Land eher verschärft, die Abhängigkeit Österreichs vom Dritten Reich aber klar zutage bringt. Faschistisch gelenkte Presse Italiens drängt fortan auf Umorientierung der Politik Wiens auf Berlin sowie weitgehende Nachgiebigkeit gegenüber österreichischen Nationalsozialisten. Daher ist in diesen Organen nicht mehr von der Aufnahme »Nationaler« und »betont Nationaler« in die österreichische Regierung die Rede, sondern von der Berufung von »Nationalsozialisten«. Noch vermeidet der Duce nach außen hin diese Sprache, er läßt zu weit gehende Vorstöße der Presse Italiens offiziell dementieren. In Wien dementiert man ebenfalls derlei Gerüchte, wie etwa Aufnahme von Nationalsozialisten in die Regierung. Immerhin besteht in Österreich noch für Nationalsozialisten das im Sommer 1933 ausgesprochene Betätigungsverbot.

20. März: Nach den Zwischenfällen bei und nach Neuraths Besuch in Wien löst Schuschnigg den Sicherheitsminister Neustädter-Stürmer ab und beruft an dessen Stelle den Wiener Polizeipräsidenten Michael Skubl in die Regierung (Skubl seit seiner Studentenzeit Angehöriger einer Wiener nationalen Waffenverbindung).

April: Glaise-Horstenau, auf ständigen Vortragsreisen im Dritten Reich, bringt meistens auch »Ratschläge« seitens dortiger Regierungskreise mit nach Österreich; diesmal ist Glaise bei Hitler zu Besuch.

21. bis 23. April: Treffen Schuschniggs und Schmidts mit Mussolini und Ciano in Venedig. Der Duce beeindruckt die Gäste aus Österreich durch Inszenierung einer theatralischen Szene in der Lagunenstadt. Zugleich erfreut er sich als der Schöpfer der Freizeitorganisation »Dopo lavore« am Besuch eines KdF-Schiffes mit Gästen aus dem Dritten Reich. Ehe die Österreicher Venedig verlassen, fliegt der Duce im selbstgesteuerten Flugzeug ab. Ciano warnt bei Verabschiedung die Österreicher, die »Deutschen als Feind zu haben«; sie seien aber auch »als Freunde sehr schwierig«. Für den nachmals berüchtigten Kommentar des »Giornale d'Italia«, Leibblatt des Duce, will dieser nachher keine Verantwortung übernehmen. In-

dessen hätten Schuschnigg und seine Freunde in Österreich trotzdem gewarnt sein müssen, als sie folgenden Text lasen:
».. . Tatsächlich werden die Nationalsozialisten in Österreich bald dazu aufgerufen werden, die Verantwortung in der Vaterländischen Front zu teilen, was den ersten Schritt zur Teilnahme an der Regierung Österreichs bilden wird. Unmittelbar ist die Ernennung eines nationalsozialistischen Ministers, der mit Bundeskanzler Schuschnigg und Staatssekretär für die VF Zernatto die Festlegung sämtlicher zwischen den beiden Bewegungen in Schwebe befindlichen Probleme behandeln wird.« Wien dementiert derlei angeblich in Venedig getroffene Abmachungen. Dieses Dementi wird in Rom offiziell bestätigt.

26. April: Der Duce erhält von dem nach Rom gekommenen Hermann Göring den Verzicht des Dritten Reiches auf den Schutz Südtirols gegen die ununterbrochene Italianisierung, noch schüttelt der Duce den Kopf zu apodiktischen Drohungen Görings in der Österreichfrage. (Siehe Februar/ März 1938.) Aber er widerspricht nicht mehr.

Mai: Teilnahme Schmidts an Krönungsfeierlichkeiten in London ergibt freundliche Bemerkungen zur Österreichfrage, aber keine weiteren Bestätigungen des bisherigen Interesses an der Unabhängigkeit dieses selbständigen Staates.

Mitte Juni: Konsequente Fortsetzung der Befriedungsaktionen der Regierung gegenüber nationalen Kreisen. Offizielle Berufung des ehemaligen großdeutschen Vizebürgermeisters von Innsbruck, Walter Pembaur, zum Volkspolitischen Referenten; Seyß wird vom Bundespräsidenten in den Staatsrat berufen und mit der Aufgabe, alle Beziehungen zwischen der Regierung und den Illegalen zu regeln, betraut.

24. Juni: Ausarbeitung einer Weisung für den Mob-Fall der deutschen Wehrmacht; darin enthalten »Sonderfall Otto«, sieht militärisches Einschreiten des Dritten Reiches im Falle der Rückkehr Otto Habsburgs nach Österreich und der Wiedererrichtung der Monarchie vor. Sommerarbeitslosigkeit unterschreitet in Österreich erstmals seit 1931 Grenze von 200000.

29. September: Nochmaliger und letzter Besuch Hodžas in Wien; Hodža-Plan zur Neuordnung des Zusammenhalts der Donaustaaten nicht zuletzt an Einwendungen Frankreichs gescheitert.

10. November: Hitler erklärt vor Oberbefehlshabern der drei Wehrmachtsteile und Außenminister von Neurath die nach seiner Ansicht nicht länger zu vertagenden Aggressionspläne, darunter in erster Linie die Annexion der ČSR und Österreichs (nachher im sogenannten Hoßbach-Protokoll allgemein zur Kenntnis gelangt). Militärs erklären aber, Wehrmacht sei für die Ausführung dieser Pläne noch nicht schlagfertig; Hitler geht über Einwände hinweg und entledigt sich im Jänner 1938 der unbequemen Warner in Form einer sogenannten Wachablösung.

1938

Ende Jänner: In Berlin kursieren Gerüchte von bevorstehenden großen Veränderungen an der Spitze von Wehrmacht und Diplomatie; 1934 betrafen derlei Aktionen die SA, jetzt hauptsächlich die Wehrmacht. Dem Reichskriegsminister von Blomberg wird der Vorwurf gemacht, er hätte eine Frau »mit bewegter Vergangenheit« geheiratet, den Oberkommandierenden des Heeres, Generaloberst von Fritsch, beschuldigt man fälschlich der Homosexualität. Beide Beschuldigten müssen aus dem Dienst scheiden; Hitler legt sich das »Oberkommando der Wehrmacht« bei und hat damit den letzten zu Opposition und Kritik neigenden Machtfaktor unter ausschließlicher Kontrolle.
Gleichzeitig macht Wiener Staatspolizei Hausdurchsuchung im Büro des Siebener-Ausschusses und erbeutet ein von Dr. Tavs verfaßtes »Aktionsprogramm für 1938«. Demnach soll eine Übergangsregierung den Weg zur Machtergreifung der Nationalsozialisten in Österreich anbahnen. Sollte sich Schuschnigg in den Weg stellen, dann läge es am Dritten Reich, mit Teilen seiner Wehrmacht in Österreich einzumarschieren. Dazu gehörte der Plan, von Papen durch Illegale aus dem Weg zu räumen und so jenen Zwischenfall zu schaffen, der es Hitler erlaubt, über Österreich herzufallen; davon blieb zuletzt das Vorhaben, die Fensterscheiben der deutschen Gesandtschaft einzuwerfen und so der österreichischen Regierung ein unentschuldbares Versäumnis vorzuwerfen.

2. Februar: Von Papen erfährt durch telefonische Verständigung aus der Reichskanzlei seine Abberufung; der Anlaß dazu (Teilmaßnahme der Wachablösung!) wird ihm nicht mitgeteilt. Die zahlreichen anderen Umbesetzungen durch Hitler zeitigen eine Weltsensation, die Hitler mit dem Hinweis, es handle sich nur um eine Wachablösung, vergebens zu beschwichtigen versucht. Er sucht daher die Scheinwerfer des Weltinteresses vom Dritten Reich abzulenken.

6. Februar: Von Papen meldet sich auf dem Obersalzberg bei Hitler; er benutzt die Gelegenheit, Hitler von unfertigen Plänen Schuschniggs zu informieren, wonach dieser nach dem Scheitern seiner Befriedungsaktionen im eigenen Land ein Gespräch mit dem Führer und Reichskanzler im Sinn hat. Hitler wittert sofort die Chance, macht Abberufung von Papens rückgängig, schickt diesen nach Wien zurück und beauftragt ihn, Schuschnigg nach Berchtesgaden zu locken.

12. Februar: Besprechung Hitlers mit Schuschnigg auf dem Berghof in Berchtesgaden unter Beiziehung österreichischer Nationalsozialisten als

Sachinformanten und Generälen der deutschen Wehrmacht zwecks Einschüchterung des Gastes aus Österreich. Ein Vieraugengespräch und Gewaltdrohungen Hitlers machen Schuschnigg bereit, das sogenannte Berchtesgadener Abkommen anzunehmen und zusammen mit Schmidt zu unterschreiben. Erste Folgen dessen: Gleichschaltung der Außenpolitik des Ballhausplatzes mit jener der Berliner Wilhelmstraße, Aufnahme Seyß' in die Bundesregierung und Auslieferung der Exekutive an diesen, Ermöglichung einer legalen Betätigung der NSDAP auf dem Boden der VF und in allen öffentlichen Einrichtungen. Seyß soll Erfüllung dieses Programms übernehmen. Sofortige Generalamnestie für alle bis zum 12. Februar wegen politischer Betätigung in Haft befindlichen Nationalsozialisten.

16. Februar: Bundespräsident Miklas fügt sich dem Unvermeidlichen und ernennt auf Schuschniggs Vorschlag Seyß zum Innen- und Sicherheitsminister. Zugleich Erweiterung des letzten Kabinetts Schuschniggs u. a. durch Berufung des sozialistischen Gewerkschafters Adolf Watzek, weitere Christlichsoziale und Liberale. Seyß apostrophiert bereits Sicherheitswache als »deutsche Polizei« und meldet sich als Polizeiminister in Berlin bei Hitler und Heinrich Himmler.

17. Februar: Vertrauensmänner der Wiener Arbeiterschaft legen sich unter Anleitung sozialistischer Funktionäre auf Widerstand gegen die drohende gewaltsame Umorientierung Österreichs und die Schmälerung der Macht der Arbeiterschaft fest.
Otto Habsburg richtet an Schuschnigg den Appell, ihm die Regierungsgewalt zu verschaffen; Schuschnigg lehnt, obwohl selbst Monarchist, ab, da derlei das drohende Einschreiten Hitlers nur beschleunigen würde, den Widerstand in Österreich aber nicht verstärken könnte.

20. Februar: Reichstagsrede Hitlers als großangelegter Erfolgsbericht mit gleichzeitigem Hinweis darauf, daß seinen Volksgenossen nicht zuzumuten ist, länger anzusehen, wie (in der ČSR und in Österreich) zehn Millionen wegen ihrer Verbundenheit mit dem Reich »schwerstes Leid zugefügt wird«. Gedämpfter Dank an Schuschnigg wegen Berchtesgadener Abkommen.

24. Februar: Schuschnigg spricht vor der österreichischen Bundesversammlung im Haus der Bundesgesetzgebung. Er reflektiert in vieler Hinsicht auf Hitlers Rede, bezeichnet es aber als erste Pflicht seiner Regierung, die Freiheit und Unabhängigkeit Österreichs zu erhalten. Große Begeisterung im Haus setzt sich in den Straßen der Stadt fort. Parole: Bis in den Tod – Rot-Weiß-Rot!

1. März: Otto Bauer im Exil: Arbeiterschaft bereit, gegen Hitler zu kämpfen, aber nicht für Schuschnigg. Damit wird die sich anbahnende Kampfbereitschaft der Wiener Arbeiterschaft am Vorabend der Besprechung ihrer Vertreter bei Schuschnigg theoretisch illusorisch gemacht.

3. März: Schuschnigg empfängt die von Friedrich Hillegeist geführte Delegation illegaler Gewerkschafter. Ihr Angebot wird im Hinblick auf die Erklärung Bauers vom 1. März vom Regierungschef eher zögernd angenommen. In diesen Tagen Rundreise Seyß' durch Österreich, jeweilige Großkundgebungen der Nationalsozialisten anläßlich seines Kommens werden nicht länger von der staatlichen Exekutive gestört; es spricht ja ihr Ressortchef.

5. März: Hitlers langjähriger Experte Wilhelm Keppler überbringt Schuschnigg in dessen Wohnung die ultimativen Forderungen aus Berlin. Schuschnigg muß darin die Aufforderung zur Kapitulation erblicken und lehnt daher ab.

6. März: Zunehmende Entfremdung zwischen Schuschnigg und Seyß, letzterer kann sich gegen die offen auftretende Führung der österreichischen Nationalsozialisten nicht durchsetzen. Seyß erfährt von Schuschniggs Plan einer Volksabstimmung, die praktisch auf ein Ja für Schuschnigg und dessen Regierung hinausläuft, und verspricht, in seinem Wirkungskreis für ein Ja bei der Abstimmung zu werben.

9. März: Schuschnigg gibt in Innsbruck vor Amtswaltern der VF Plan einer für den 13. März anberaumten Volksabstimmung bekannt. Heftige Gegendemonstrationen der Nationalsozialisten setzen sofort an Ort ein.

10. März: Zusammenstöße in ganz Österreich zwischen Regierungsanhängern und Nationalsozialisten.

11. März, 2 Uhr: Hitler gibt Weisung 1 zum »Sonderfall Otto«, zunächst noch ohne seine Unterschrift, die am selben Tag um 13 Uhr hinzukommt.
3 bis 4 Uhr: Österreichische Grenzorgane melden Wiener Zentralen militärische Maßnahmen jenseits der Grenze.
4.30 Uhr: Der österreichische Generalkonsul in München alarmiert Ballhausplatz mit Codewort für Bereitstellung deutscher Truppen zum Einmarsch in Österreich.
5.30 Uhr: Schuschnigg wird durch Staatssekretär Skubl in seiner Wohnung angerufen und begibt sich daraufhin ins Bundeskanzleramt. Anders als am 25. Juli 1934 erfolgt diesmal rechtzeitig vorher die Zernierung des Ballhausplatzes (Teile des Gardebataillons des Heeres und der Sicherheitspolizei).
7 Uhr: Von Papen verläßt ohne Angabe von Gründen eilends Wien. Glaise trifft kurz nachher mit neuesten Nachrichten aus Berlin auf dem Flugplatz Aspern ein und bespricht sich mit Seyß. Für Schuschnigg sind vorerst beide nicht erreichbar.

9 Uhr: Seyß und Glaise bei Schuschnigg. Sie überbringen Hitlers Drohungen und schlagen vor, bis 10.30 Uhr Volksabstimmung abzusagen und sie in anderer Form in etwa 14 Tagen neu anzuberaumen und besser vorzubereiten.

Danach stoßen Seyß und Glaise zu den in einem Privatbüro versammelten nationalsozialistischen Führern der in Gang befindlichen Umbruchsbewegung. Forderung an Schuschnigg, bis 14 Uhr Volksabstimmung abzusagen. Aus Graz, später als »Stadt der Volkserhebung« ausgezeichnet, kommt Nachricht, daß dort auf den Straßen bereits die Abberaumung der Volksabstimmung sowie Rücktritt Schuschniggs verlautbart werden. Schuschnigg läßt Plan der Volksabstimmung fallen.

Um Mittag: Beginn des Telefonterrors Görings mit dem Ziel, von Berlin aus Regierung zu Fall zu bringen und Machtergreifung der Nationalsozialisten in Österreich zu erzwingen.

15.15 Uhr: Göring verlangt, daß Seyß nach Rücktritt Schuschniggs mit Regierungsbildung betraut wird. Bundespräsident Miklas weigert sich, Schuschniggs Rücktritt anzunehmen.

17.26 Uhr: Seyß meldet Göring telefonisch, er erwarte binnen einiger Stunden Bildung seiner Regierung. Über deren Zusammensetzung wird am Ballhausplatz schon beraten; SA und SS seien dabei, »den Ordnungsdienst zu übernehmen, Legalisierung der NSDAP noch nicht möglich«.

18 Uhr: Keppler trifft mit letzter Instruktion aus Berlin in Wien ein. Ihm diktiert Göring per Telefon die neue Ministerliste. Göring setzt jetzt Telefonterror über mehrere Kanäle fort und bringt Miklas in Bedrängnis durch Aufgebot des deutschen Militärattachés (!).

18 Uhr: Exbundeskanzler Ender und General Schilhawsky lehnen Nachfolge Schuschniggs ab.

19.45 Uhr: Schuschniggs Abschiedsansprache, Hinweis auf den Druck militärischer Sanktionen; ausdrückliche Weisung, daß Bundesheer gegen einrückende Truppen der deutschen Wehrmacht keinen Widerstand leiste.

Gleichzeitig: Göring droht, jeden österreichischerseits geleisteten weiteren Widerstand als Hochverrat anzusehen und etwaige Täter vor ein deutsches Standgericht zu stellen. Zugleich läßt er offiziös verlauten, es seien keine ultimativen Forderungen Berlins an die Regierung in Wien gestellt worden, vielmehr hätte die dortige Regierung die Truppenentsendung von sich aus erbeten. Letzteres hat Seyß aber bis zuletzt zu tun abgelehnt.

22 Uhr: Seyß ermöglicht einem Kommando der SS, Bundeskanzleramt zu besetzen und jeden dortigen Widerstand zu ersticken.

Seyß mit Regierungsbildung betraut auf Grund der bis dahin abgelehnten Dollfuß-Verfassung.

12. März, 2 Uhr: Seyß geleitet Schuschnigg in dessen Wohnung, die sogleich unter die Bewachung durch die SA gestellt wird. Beginn der siebenjährigen Haft Schuschniggs: Gestapo Morzinplatz, nachher München, zuletzt KZ.

Text des Gesetzes über die »Wiedervereinigung Österreichs mit dem Deutschen Reich«, in Berlin konzipiert, wird fernmündlich mit Ballhausplatz abgesprochen.

13. März: Bundespräsident Miklas tritt auf Drängen Seyß' zurück und überträgt diesem gemäß § 77 der Dollfuß-Verfassung das Amt des Staatsoberhauptes.
Sitzung des Rumpfkabinetts Seyß-Inquart; Beschluß des Anschlußgesetzes.
In Berlin anwesende Mitglieder der Reichsregierung fassen im Auftrag des schon auf österreichischem Boden befindlichen Hitler konformen Beschluß, womit österreichisches Bundesverfassungsgesetz als Reichsgesetz rezipiert und durch sofortige Verlautbarung in Kraft gesetzt wird.

Tatzeugen von damals, die der Autor gesprochen hat

Der Gesprächszeitraum erstreckte sich in einigen Fällen von damals bis heute, in anderen Fällen ereignete er sich nach 1945, zum Teil endete der Kontakt 1938.

Adamovich, Ludwig
Arzt, Leopold
Auer, Erich
Baar-Baarenfels, Eduard
Burghardt, Anton
Czermak, Emmerich
Dechant, Rudolf (quoad Weinheber)
Dollfuß, Engelbert
Deutsch, Julius
Draxler, Ludwig
Eibl, Hans
Ender, Otto
Fey, Emil
Fischer, Ernst
Funder, Friedrich
Glaise-Horstenau, Edmund
Glass, Fridolin
Gleißner, Heinrich
Gorbach, Alfons
Habel, Franz Josef
Hantsch, Hugo
Heer, Friedrich
Hildebrand, Dietrich
Hollnsteiner, Johannes
Holzmeister, Clemens
Innitzer, Theodor
Kemptner, Alois

Kimmel, Josef
Körner, Theodor
Knoll, August Maria
Kunschak, Leopold
Lahr, Fritz
Langhammer, Leopold
Lugmayer, Karl
Mell, Max
Meßner, Johannes
Miltschinsky, Viktor
Nadler, Josef
Pernter, Hans
Pfliegler, Michael
Proksch, Anton
Raab, Julius
Rinaldini, Josef
Rudolf, Karl
Schärf, Adolf
Schmitz, Richard
Schreyvogl, Friedrich
Schuschnigg, Kurt
Seidl, Josef
Seifert, Josef
Starhemberg, Ernst Rüdiger
Stockinger, Friedrich
Vogelin, Erich (Eric)
Werkgartner, Anton
Winter, Ernst Karl